औपनिवेशिक शासन
उन्नीसवीं शताब्दी और स्त्री प्रश्न

औपनिवेशिक शासन
उन्नीसवीं शताब्दी और स्त्री प्रश्न

रूपा गुप्ता

राजकमल प्रकाशन

ISBN : 978-93-88933-67-4

मूल्य : ₹995

पहला संस्करण : 2019

प्रकाशक : राजकमल प्रकाशन प्रा. लि.
1-बी, नेताजी सुभाष मार्ग, दरियागंज
नई दिल्ली-110 002

शाखाएँ : अशोक राजपथ, साइंस कॉलेज के सामने, पटना-800 006
पहली मंजिल, दरबारी बिल्डिंग, महात्मा गांधी मार्ग, इलाहाबाद-211 001
36 ए, शेक्सपियर सरणी, कोलकाता-700 017

वेबसाइट : www.rajkamalprakashan.com
ई-मेल : info@rajkamalprakashan.com

मुद्रक : बी.के. ऑफसेट
नवीन शाहदरा, दिल्ली-110 032

AUPNIVESHIK SHASAN
UNNEESVEEN SHATABDI AUR STREE PRASHN
by Rupa Gupta

मेरे बेटे **मनन** के लिए
जिसकी संवेदनशीलता भावी पीढ़ी के प्रति
आश्वस्त करती है

अनुक्रम

भूमिका

इतिहास का एक आश्वस्तकारी रूप यह होता है कि उसका वर्तमान मनुष्य के अधिकारों का अधिक समर्थक दिखाई देता है। वह क्रमशः मनुष्य के पक्ष में अधिक होता जाता है। इस क्रम में वह अपनी स्थापनाओं की मीमांसा करता चलता है। इसमें और सुधार की सम्भावनाओं का एक तरीका प्रचलित रीतियों-नीतियों का परीक्षण है। किसी उपलब्धि को मील का पत्थर बनाने के लिए इतिहास को पहले रास्ते के पत्थर हटाने पड़ते हैं। उपलब्धियों के मार्ग में रुकावट बनीं समाज में प्रतिगामी प्रवृत्तियों की आलोचना सभ्यता के विकास में सहायक बनती है। विकसित होते मानव समाज के इतिहास के कुछ बिन्दु सर्वदा प्रश्नों के घेरे में रहे हैं। विभिन्न समाजों की अग्रगामी शक्तियाँ उत्तरोत्तर उन्नति के लिए न केवल इन पर प्रश्न उठाती रही हैं, बल्कि पश्चगामी या यथास्थितिवादियों से यथासम्भव टकराती भी रही हैं, फिर भी प्राचीन और सभ्य कहे जाने वाले देशों में इनके समुचित उत्तर अब तक नहीं मिले हैं। इस परिप्रेक्ष्य में वैश्विक समाज, भारतीय समाज और विशेषकर हिन्दी भाषी समाज में स्त्री प्रश्न अभी भी विकट अवस्था में हैं।

स्त्री प्रश्नों के उठते ही परम्परा की बात स्वयं चली आती है। सम्भवतः स्त्री प्रश्न और परम्परा जिस सहज भाव से एक साथ आविर्भूत होते हैं वैसा तो धार्मिक प्रश्नों के साथ भी नहीं होता। भारतीय समाज ने स्त्री से इतर धार्मिक रीति-रिवाजों पर जैसा लचीला रुख अपनाया, स्त्री से जुड़ी मान्यताओं, रीतियों और नियमों पर वैसी उदारता कतई नहीं बरती। स्त्री के अस्तित्व को परम्परा का पर्याय बनाने का कार्य मुख्यतः 'कल्पना की स्त्री' के द्वारा किया जाता रहा है। कल्पना की यह स्त्री समाज में जीती-जागती स्त्री के आदर्शीकृत रूप का ढाँचा है। स्त्री के पारम्परिक रूप के समर्थकों को आज भी स्त्री सम्बन्धी विधि-विधानों के बदलने की आवश्यकता दिखाई नहीं देती, क्योंकि उनकी कल्पना की स्त्री जैसी उन्नीसवीं सदी में थी वैसी ही अब भी है। पिछली और वर्तमान सदी की आधुनिक स्त्री की समस्याएँ भी जब बार-बार परम्परा और संस्कृति के परिप्रेक्ष्य में ही समाधान खोजती हैं तो सुदूर मानव इतिहास में न सही निकट के इतिहास में जाकर खोजबीन आवश्यक हो जाती है। उन्नीसवीं सदी नवजागरण की सदी है और आधुनिकता इसी नवजागरण का प्रतिफलन

है। चूँकि 'आधुनिक स्त्री' के जन्म का श्रेय भी इसी शती को दिया जाता है तो इक्कीसवीं सदी में आधुनिक स्त्री की समस्या का समाधान खोजने इसी शताब्दी के पास जाना होगा। यह पुस्तक आज इक्कीसवीं शताब्दी के दूसरे दशक में भी आधुनिक स्त्रियों के सामने मुँह बाए खड़े प्रश्नों की जड़ तक पहुँचने की चेष्टा है।

यह पुस्तक उन्नीसवीं सदी में स्त्री से जुड़े विश्वासों-अविश्वासों, धारणाओं-रूढ़ियों, भावनाओं-पूर्वग्रहों, आग्रहों-दुराग्रहों और प्रश्नों-उत्तरों से उलझने-सुलझने का प्रयास है। यह पुस्तक मेरे डी.लिट्. के शोध कार्य 'भारतेन्दु युगीन विचारधारा : स्त्री और जाति प्रश्न' का एक परिवर्द्धित भाग है। इसे अगली शताब्दियों—बीसवीं और इक्कीसवीं से जोड़ने के लिए सिद्धान्तों का थोड़ा-बहुत सामान्यीकरण किया गया है ताकि यह मात्र शोधकार्य के दायरे में सीमित न रहे तथा पठनीय बन सके।

मूलत: जागरण की सदी कहलाने वाली उन्नीसवीं सदी राष्ट्रवाद की भी सदी है। एकाएक देशोत्थान से जुड़े सभी कारक उसके लिए महत्त्वपूर्ण हो उठते हैं। यहाँ तक कि धर्म का भी एक समाज उद्धारक संस्करण तैयार होने लगता है, अत: स्त्री पर चर्चा स्वाभाविक है, क्योंकि धर्म की मुख्य पालनकर्ता स्त्री है। ईश्वर रीति-रिवाजों और कर्मकांडों के बाद धर्म और समाज का एक बड़ा भाग स्त्री भी घेरती है, इसलिए स्त्री के लिए बिना आधुनिकता की ओर प्रयाण सम्भव नहीं था। यह पुस्तक उसी यात्रा के विभिन्न प्रश्नों पर तटस्थ विचार का प्रयास है।

हिन्दी साहित्य के इतिहास में भारतेन्दु युग सन् 1850 से 1900 ई.तक चिह्नित किया जाता है। भारतेन्दु हरिश्चन्द्र (1850-1885) के छोटे, किन्तु अत्यन्त सक्रिय जीवन में हिन्दी में उनके अप्रतिम योगदान ने इस काल को निर्विवाद रूप से भारतेन्दु युग बनाया। उन्होंने हिन्दी साहित्य और भाषा का ऐसा उर्वर वातावरण तैयार किया जो उनके देहान्त के पश्चात् भी लेखकों को प्रेरित और प्रभावित करता रहा। उन्नीसवीं सदी के उत्तरार्द्ध के भारतेन्दु युग में हिन्दी के साहित्यिक संस्कार बदलने लगे थे यद्यपि रीतिकालीन लीक पूरी तरह नहीं छूटी थी, आधुनिकता का अबाध प्रवेश अभी तक नहीं हुआ था, यहाँ तक कि भक्ति साहित्य भी प्रचुर मात्रा में रचा जा रहा था, सन् सत्तावन का प्रथम स्वाधीनता संग्राम लड़कर हारा जा चुका था फिर भी राष्ट्र और समाज के परिवर्तित होते परिवेश में हिन्दी साहित्य गहरे गुणात्मक और परिमाणात्मक रूप में परिनिष्ठित और संवर्द्धित हो रहा था। आधुनिकता और परम्परा के तनाव की संवेदना और चिन्ता के जिस नए धरातल पर यह साहित्य रचा जा रहा था वही भारतेन्दु युगीन विचारधारा है तथा स्त्री से जुड़े कुछ मूलभूत प्रश्न इस विचारधारा का महत्त्वपूर्ण अंश हैं।

भारतेन्दु युगीन इस विचारधारा का राजनीति में भारत में अंग्रेज़ों के आगमन, तकनीक में छापाखाना के विकास, संस्था में फोर्ट विलियम कॉलेज की स्थापना और सामाजिक समूहों में मध्यवर्ग के उदय से अत्यन्त महत्त्वपूर्ण सम्बन्ध है। यह

विचारधारा एक छोर पर भक्तिकाल की मोक्ष कामना, रीतिकाल के बारहमासा, नायिका भेद और शृंगार वर्णन से जुड़ी है तो इसके दूसरे छोर पर नई वैज्ञानिक प्रगति और तार्किकता से पनप रही आधुनिकता और इसके वाहक अंग्रेज़ों की शोषण नीति से त्रस्त देश की दुर्दशा से गहरे सरोकार रखती है। भारतीय नवजागरण के दिशा-निर्देशन में भारतेन्दु युगीन साहित्य की विचारधारा की युगान्तकारी साझेदारी है।

अपनी पिछली शताब्दी अठारहवीं सदी की तुलना में उन्नीसवीं सदी जटिल होने लगी थी। समाज, धर्म, राजनीति, संस्कृति, अर्थ और इतिहास के नए अर्थ खुलने लगे थे। लगभग सभी क्षेत्रों में चली आ रही पुरानी व्यवस्थाएँ करवटें बदलने लगी थीं। प्रथमतः राजनैतिक परिस्थितियाँ बदलीं। पिछली सदी के शासक देश में अगली सदी के शासक का प्रवेश करवा चुके थे। राजनैतिक घटना-क्रम के तेजी से बदलते परिदृश्य में प्लासी का युद्ध निर्णायक सिद्ध हुआ। 1757 ई. में ही इस युद्ध की पराजय ने देश को ब्रितानी शोषकों के सामने परोस दिया। औपनिवेशिक शासन के अन्तर्गत देश की बदली हुई परिस्थितियों को समझते न समझते उन्नीसवीं सदी का प्रथमार्द्ध व्यतीत हो गया।

'औपनिवेशिक शासन, उन्नीसवीं शताब्दी और स्त्री प्रश्न' शीर्षक इस पुस्तक में भारतवर्ष, विशेषकर भारत के उस विशाल भू-भाग जिसे आज हिन्दी प्रदेश कहा जाता है, में जागरूकता लाने के लिए प्रयासरत हिन्दी भाषा के बौद्धिकों और मनीषियों की विचारधारा प्रस्तुत करने का प्रयास किया गया है। अपने समय के ये मनीषी न केवल अपनी परम्परा से भलीभाँति परिचित थे, बल्कि देश-दुनिया में घटित होने वाली स्थितियों और उससे पड़ने वाले परिणामों के प्रति भी पूर्णतः सजग थे। इन विचारकों ने अपनी पूरी सजगता एवं सीमित संसाधनों के साथ अपने राष्ट्र और समाज हेतु अपनी मेधा और शक्ति का भरपूर उपयोग किया। अपनी युगीन परिस्थितियों में उस काल के देश चिन्तकों ने जागरूकता फैलाने हेतु छपाई माध्यम को सबसे अनुकूल पाया। एकाएक पूरे देश ने छपे हुए शब्दों के महत्त्व को पहचाना। यह ज्ञान के साधारणीकरण का उत्कर्ष काल है। अभी तक छापेखाने की सुविधा न होने के कारण पुस्तकें हस्तलिखित रूप में ही उपलब्ध थीं। ज्ञान की आधार पुस्तकों तक सबकी पहुँच अब भी नहीं थी, किन्तु अब राष्ट्रभावना से युक्त छोटा ही सही, ऐसा 'पढ़ा-लिखा वर्ग' तैयार हो गया था जो विदेशी राज की शोषण नीति और उसकी खोटी नीयत को समझता था तथा देश की जनता को भी यह समझाना चाहता था। परम्परा और आधुनिकता से जूझते इन साहित्यकारों ने राष्ट्रचिन्ता की वह नींव डाली जिस पर आगे चलकर आज़ादी के स्वप्न का ढाँचा तैयार हो सका। सम्पूर्ण स्वाधीनता की उपलब्धि इन राष्ट्रचिन्तकों की ऋणी है जिन्होंने तन-मन-धन से इस देश की जनता को देश की अवस्था से परिचित करवाने के असम्भव प्रतीत होते कार्य का बीड़ा उठाया एवं उसके निर्वाह में बड़ी सीमा तक सफलता प्राप्त की। यह

कहना अत्युक्ति न होगी कि बीसवीं शती की राजनैतिक सजगता सन् सत्तावन के स्वाधीनता संग्राम और भारतेन्दु तथा उनके मंडल जैसे पूरे देश के 'देशी' विद्वानों की जागृति फैलाने की प्राणपण चेष्टाओं का अगला पड़ाव है।

राष्ट्रचिन्ता में लीन इन विद्वानों, लेखकों, पत्रकारों, विचारकों और समाज सुधारकों के सामने परम्परा और आधुनिकता के द्वन्द्व की अवश्यम्भावी बाधा उपस्थित थी। इनमें से किसी ने भी इससे कतराकर निकलने का प्रयास नहीं किया और न ही कोई इससे कतराकर निकल पाया। पुराने प्रश्नों के सामने नए उत्तर और उन नए उत्तरों के सामने नए प्रश्न खड़े थे। पुराने उत्तरों के सामने नए प्रश्न और उन नए प्रश्नों के सामने नए उत्तर खड़े थे। इन विचारकों की अपनी सामाजिक अवस्थिति थी। समाज में पुराने के प्रति मोह और नए के प्रति आकर्षण का व्यापक सम्मोहन फैल रहा था। कभी परिवर्तन की बाढ़ में अपनी भूमि पर पकड़ बनाए रखने की स्वाभाविक चेष्टा नए के स्वागत के मार्ग में बाधा बन रही थी, तो कभी नए को सम्पूर्णतः आत्मसात् करने की लालसा में अपने पैरों तले की सदियों से आश्वस्त करती भूमि के धसकने का संकट डरा रहा था। इन संकटों में सबसे कठिन संकट स्त्री की अवस्था और उससे सम्बद्ध सामाजिक प्रश्न के थे। इस पुस्तक में केवल भारतेन्दु युगीन हिन्दी बौद्धिक ही नहीं वरन् बंगला और मराठी के कुछ विचारकों की उपलब्धियों के साथ उनसे छूट गए वैचारिक बिन्दुओं की भी चर्चा है। इस पुस्तक के पाँच अध्यायों में उन्नीसवीं शताब्दी के औपनिवेशिक शासन और उसमें मुख्यतः स्त्री सम्बन्धी प्रश्नों की पड़ताल तथा तटस्थ विश्लेषण की प्रस्तुति का प्रयास है।

पुस्तक का प्रथम अध्याय '**भारतेन्दु युग : उन्नीसवीं शताब्दी और औपनिवेशिक परिस्थितियाँ**' है। इस अध्याय में उन्नीसवीं सदी की औपनिवेशिक परिस्थितियों और हिन्दी नवजागरण के अन्तर्सम्बन्धों का विश्लेषण किया गया है। जिस प्रकार इतिहास के बनने में केवल एक धारा महत्त्वपूर्ण नहीं होती उसी प्रकार इतिहास विश्लेषण की भी कोई एक ही धारा नहीं होती, कम-से-कम दो दृष्टियाँ तो महत्त्वपूर्ण होती ही हैं। भारत में लगभग एक सौ नब्बे वर्ष के अंग्रेज़ी राज के आकलन की भी मुख्यतः दो दृष्टियाँ रहीं—एक दृष्टि के अनुसार अंग्रेज़ न आए होते तो भारतवर्ष अब भी बैलगाड़ी में चल रहा होता। अंग्रेज़ों ने पिछड़े, ग़रीब, मूर्ख, बर्बर हिन्दुस्तान को सभ्य बनाया, जीने योग्य बनाया, मनुष्य बनाया। उन्होंने केवल धर्मकुंड में गोते खाते और रीतिकालीन कविता-शायरी करते अत्याचारी सामन्तवादी समाज को आधुनिक- बोध और वैज्ञानिक दृष्टिकोण से जोड़ा। दूसरा दृष्टिकोण अंग्रेज़ों द्वारा भारत की लूट की विस्तृत जानकारी देता है। यह वर्ग कहता है कि आज के प्रशासनिक भ्रष्टाचार, रिश्वतखोरी, डाली का लेन-देन, पदवी-पुरस्कार वितरण और साधारण जन विरोधी शासन नीतियाँ अंग्रेज़ों की ही देन हैं। पहला वर्ग अंग्रेज़ों को न्यायप्रिय बतलाता है तो दूसरा उनके क्रूर, बर्बर और शोषक चेहेरे को सामने

रखता है। भारतीय भाषाओं के पैरोकार अंग्रेज़ी भाषा को इस देश पर लादे जाने के कारण इसकी नैसर्गिक प्रतिभा का बन्ध्याकरण मानते हैं तो अंग्रेज़ी की महत्ता से लाभान्वित गद्‌गद वर्ग इसे विश्व सम्पर्क की भाषा बताता है। एक वर्ग भारतीय प्रगति को अंग्रेज़ी राज की नियामतों का नतीजा मानने का तीव्र विरोधी है तो दूसरा उनके योगदान से अभिभूत है। एक के लिए सन् 1857 का संग्राम प्रथम भारतीय स्वाधीनता संग्राम है तो दूसरे के लिए वह सिपाही विद्रोह, गदर या बलवा है। संक्षेप में एक दृष्टि को राष्ट्रवादी दृष्टि और दूसरी दृष्टि को औपनिवेशिक दृष्टि कहा जा सकता है।

द्वितीय अध्याय '**औपनिवेशिक आर्थिक शोषण, हिन्दी नवजागरण और भारतेन्दु हरिश्चन्द्र**' में औपनिवेशिक शासन काल में हिन्दी नवजागरण के बीज और उसके पल्लवन के परिवेश की प्रस्तुति का प्रयास है। इस अध्याय में मध्य भारत (आज के हिन्दी प्रदेश) की परिस्थितियों एवं इसके विद्वान रचनाकारों के सक्रिय योगदान पर विचार किया गया है। उपनिवेशित भारत अंग्रेज़ शासकों द्वारा तीन प्रेसीडेंसियों में विभाजित किया गया था—बंगाल प्रेज़िडेंसी, मद्रास प्रेज़िडेंसी और बम्बई प्रेज़िडेंसी। बंगाल प्रेज़िडेंसी का क्षेत्र अवध तक फैला हुआ था। इस बंगाल प्रेज़िडेंसी में 'बंगाल' शब्द ने बड़ा ग़ज़ब ढाया है, विशेषकर बिहार और पूर्वी उत्तर प्रदेश पर। कुरीतियों और अन्धविश्वासों की आलोचना करते समय इस बंगाल प्रेज़िडेंसी के पूरे विस्तार का ध्यान रखा ग़या है, किन्तु सुधारों के प्रयासों और अन्य उपलब्धियों की चर्चा करते समय अक्सर बंगाल प्रेज़िडेंसी को केवल आज का बंगाल भी समझ लिया जाता है और इस प्रकार बंगाल प्रेज़िडेंसी के उन भागों की गतिविधियों और उपलब्धियों को, जो अब बंगाल में नहीं हैं, किन्तु तब बंगाल प्रेज़िडेंसी में थे, बंगाल का ही कृतित्व मान लिया जाता है। जबकि अंधविश्वासों, रूढ़ियों और पिछड़ेपन की चर्चा करते समय ठीक इससे उलट प्रक्रिया का पालन होता है।

अंग्रेज़ों को मुग़लों से पहले-पहल बिहार, बंगाल और उड़ीसा तीनों की दीवानी मिली थी पर सबसे पहला प्लासी का युद्ध उन्होंने बंगाल में जीता था। नवाब सिराजुद्‌दौला को हराकर सबसे पहले उन्होंने यहीं पैर जमाए थे। अवध तक पहुँचते-पहुँचते तो उन्हें 80-90 वर्ष लग गए थे। अंग्रेज़ी शिक्षा का प्रचार-प्रसार भी बंगाल में सबसे पहले और सबसे ज़्यादा हुआ। अंग्रेज़ी राज-काज चलाने के सबसे अधिक 'कलपुर्जे' बंगाल ने दिए। अत: बंगाल सबसे पहले अंग्रेज़ी दीक्षित हुआ और तद्‌नुसार प्रवृत्तियों के आधार पर नए परिवर्तन अर्थात् भारतीय नवजागरण की शुरुआत प्रथमत: अंग्रेज़ी दीक्षित इसी बंगाल से मानी गई है। हिन्दी तथा अन्य भारतीय नवजागरण और बंगला नवजागरण का एक मुख्य अन्तर अंग्रेज़ी शिक्षा का अन्तर है। द्वितीय अध्याय में औपनिवेशिक शासन के अन्तर्गत भारतीय

नवजागरण के परिप्रेक्ष्य में हिन्दी नवजागरण के अवस्थान को समझने का प्रयास है। इस अध्याय में अपनी सामाजिक कुरीतियों से लड़ते आज के हिन्दी प्रदेश का इतिहास है।

सन् सत्तावन के प्रथम स्वाधीनता संग्राम को निर्ममतापूर्वक कुचलकर अंग्रेज़ अपनी लूट-खसोट से जनता का ध्यान हटाने के लिए भारतीय जीवन, दर्शन, धर्म, समाज और इतिहास को 'बर्बर और असभ्य' घोषित कर 'सुधारों' का उपक्रम कर रहे थे। यह काल इन्हीं उपक्रमों के दिखावे और फिर उनसे हाथ खींच लेने का है। यह जानना रोचक होगा कि बंगाल में विधवा-विवाह करवाने के लिए सबसे अधिक जाने जाने वाले ईश्वरचन्द्र विद्यासागर अपने जीवन के अन्तिम दशकों में एक भी विधवा-विवाह करवाने में असफल रहे थे। इस काल में उन्हें अंग्रेज़ों का बहु-प्रचारित सहयोग नहीं मिला था। कुल मिलाकर यह समय आत्मविश्लेषण का समय है। बुद्धिजीवियों और पत्रकारों के लिए वर्नाक्यूलर प्रेस ऐक्ट के दबाव में सरकार के विरुद्ध खुलकर कुछ भी लिखना दुष्कर कार्य था। यह वह समय था जब भारतीय समाज अपने पराभव और अपनी दुर्दशा के आन्तरिक कारणों की पड़ताल कर रहा था। द्वितीय अध्याय '**औपनिवेशिक आर्थिक शोषण हिन्दी नवजागरण और भारतेन्दु हरिश्चन्द्र**' उन्नीसवीं सदी में अंग्रेज़ों की नंगी लूट और उससे त्रस्त भारतीय समाज विशेषकर हिन्दी जाति की दुर्दशा के प्रति सचेत साहित्यकारों के वैचारिक साहित्य का विश्लेषण करता है।

तृतीय अध्याय '**धर्म, खंडित आधुनिकता एवं स्त्री**' में केवल हिन्दी या भारतीय नहीं बल्कि पूरे विश्व के स्त्री के प्रति धर्म की विद्वेषपूर्ण भावना का एक विहंगम अवलोकन है। आश्चर्यजनक रूप से संस्कृत में लिखा गया अति विशद और गहन धार्मिक तथा अन्य साहित्य जितना स्त्री विद्वेषी है विश्व की अन्य भाषाओं का धार्मिक साहित्य, यहाँ तक कि तथाकथित बड़े-बड़े विचारकों का बौद्धिक साहित्य भी उतना ही स्त्री द्वेषी (Misogynstic) है। आँखें मूँदकर धर्म का जैसा अन्धानुकरण स्त्री समाज ने किया वैसा दूसरा उदाहरण दुर्लभ ही होगा। स्त्री की धमनियों में प्रवाहित यह धर्म वास्तव में उन्हें 'हीन मानव' (Lesser human being) के तौर पर गढ़ता है और उनके मानवीय सम्मान को क्रमशः घटाता चलता है। धर्म ने शोषित स्त्री को महान बताकर उसके निकास का अन्तिम द्वार भी बन्द कर दिया। पितृसत्तात्मक समाज ने जिस कौशल से धर्म का उपयोग किया (अब भी कर रहा है) उसे थोड़ी-सी बाधा आधुनिकता से मिली अवश्य, किन्तु जैसा कि आधुनिकता लगभग सभी क्षेत्रों में अपने दावों पर खरी नहीं उतर पाई, स्त्री के मामले में वह और भी असफल रही। समाज में स्त्री और पुरुष के लिए अलग-अलग आधुनिकता आई। पुरुष के लिए आधुनिकता का एक अर्थ था (है) तो स्त्री के लिए इसका बिलकुल दूसरा अर्थ था (है)। धर्म ने पुरुषों को पहले से ही अपने क्षेत्र में छूट दे रखी थी, भारतीय

आधुनिकता ने भी वही काम किया। उसने पुरुष का ही पक्ष लिया जो कि स्वाभाविक ही है क्योंकि इसके नियन्ता भी पुरुष थे।

चतुर्थ अध्याय '**स्त्री और उन्नीसवीं सदी के उत्तरार्द्ध का हिन्दी साहित्य**' में पैंतीस वर्षों के सामाजिक प्रश्नों में समाविष्ट स्त्री प्रश्नों को सम्बोधित करने का प्रयास है। ये पैंतीस वर्ष वस्तुत: भारतेन्दु का जीवन काल है। अभी आर्थिक और राजनैतिक प्रश्नों में स्त्री का समावेश प्रश्नातीत है।

उन्नीसवीं सदी के भारतीय नवजागरण में सभी भारतीय भाषाओं के साहित्य में आत्ममंथन आरम्भ हुआ। इस आत्मविश्लेषण में यूँ तो विचार के कई बिन्दु थे, किन्तु जिन बिन्दुओं पर विचारकों को सबसे अधिक ठिठकना पड़ा वे धर्म, भौतिक उन्नति स्त्री और जाति के प्रश्न थे। भारतीय दर्शन और संस्कृति की महानता इन प्रश्नों पर फीकी पड़ जाती थी। पूर्ण राजनैतिक पराधीनता 'गुलाम' होने की पीड़ा को लगातार तीखा बना रही थी। फिर भी मानवी के केवल जननी रूप को महत्त्व दिया जाना आरम्भ हुआ क्योंकि इससे 'बालक' के पालन-पोषण की गुणवत्ता बढ़ने की सम्भावना थी। स्त्री शिक्षा स्त्री हेतु नहीं, उसके व्यक्तित्व के अन्य पक्षों के विकास हेतु नहीं, बल्कि इसलिए आवश्यक थी कि वह बालक को उचित प्राथमिक शिक्षा दे सके। अन्यथा पति भक्ति, कुल धर्म, धर्म परायणता और सतीत्व की दृष्टि से तो 'हिन्दू नारी' की समानता संसार की अन्य स्त्रियाँ कर ही नहीं सकतीं। आधुनिकता ने आरम्भिक स्त्री शिक्षा का बस इतना-सा ही मार्ग प्रशस्त किया। पारम्परिक समाज ने अपनी प्राचीन विदुषियों और सन्नारियों के स्मरण सहित स्त्री के अक्षर ज्ञान की पहल के साथ उसके नारकीय जीवन की ओर दृष्टिपात किया। यहाँ यह कहना आवश्यक है कि स्त्री का उद्धार इसलिए भी अत्यावश्यक हो उठा क्योंकि वह देशोद्धार का ही एक अंग था, जिस आगामी सन्तति से जीर्णोद्धार की आशा की जा रही थी उसकी जननी स्त्री ही थी।

यह जानना भी आश्चर्यजनक होगा कि स्त्री सम्बन्धी प्रश्नों पर उन्नीसवीं सदी के कुछ विद्वान बेहद तल्खी के साथ भी लिख रहे थे। राधाचरण गोस्वामी जैसे पारम्परिक विद्वान की इस संलग्नता को समझने के लिए उनकी पुस्तक **विधवा-विवाह विवरण** को देखना पर्याप्त होगा। साथ ही उनके द्वारा सम्पादित *भारतेन्दु* में ही नहीं अन्य पत्र-पत्रिकाओं में स्त्री विषयक लेखों की प्रमुखता रहती थी। इसके अतिरिक्त प्रचुर पौराणिक सामग्री का, जिसमें नायिकाएँ भी केन्द्र में थीं, का प्रकाशन बिहार के खड्गविलास प्रेस में हुआ था, इनमें पौराणिक नायिकाओं पर ही पुस्तकें लिखी गई थीं जो स्त्री प्रश्न की जाँच-पड़ताल में और सहायक सिद्ध होंगी। इस पुस्तक की एक उपलब्धि राधामोहन गोकुल के साहित्य की क्रान्तिकारी भावना है। इस लेखिका ने अपनी पुस्तक राधामोहन गोकुल की अप्राप्य रचनाओं की सामग्री की खोज के दौरान हिन्दी की उस क्षीण तार्किक और वैज्ञानिक परम्परा

को जाना जो अब तक आँखों से ओझल-सी रही है। इस पुस्तक में उसे भी सहेजा गया है।

पंचम अध्याय में उन्नीसवीं सदी के अन्तिम डेढ़ दशकों में सम्बोधित स्त्री प्रश्नों को चिह्नित करने का प्रयास है। 1885 ई. में ए.ओ. ह्यूम ने कांग्रेस का गठन किया। प्रथम बार गुलाम भारतीयों की अंग्रेज़ सरकार से, अनुनय-विनय की ही सही, बातचीत के लिए एक संस्था संगठित हुई। यह वर्ष आसन्न भारतीय राजनीति के सूत्रपात का वर्ष है। इन पन्द्रह वर्षों में यद्यपि स्त्री प्रश्नों में कोई बड़ा गुणात्मक अन्तर देखने को नहीं मिलता फिर भी विस्तार दिखाई पड़ता है। कांग्रेस के बाद के अधिवेशनों में स्त्री सम्मिलित की गई। इस प्रकार उन्नीसवीं सदी के अन्तिम डेढ़ दशक में स्त्री प्रश्न प्रकारान्तर से एक वृहद राजनैतिक परिप्रेक्ष्य से जुड़ता है। वास्तव में विचारधारा के बहुमुखी और जटिल सम्बन्धों को देखते हुए भारतेन्दु युगीन साहित्यकारों, जो पत्रकार, विचारक, सुधारक और उपदेशक सभी भूमिकाओं का निर्वाह करते हैं, के द्वारा स्त्री सम्बन्धी महत्त्वपूर्ण बिन्दुओं को सम्बोधित किए जाने की जाँच-पड़ताल अत्यन्त रोचक रही है। इस युग के साहित्यकारों की विश्व दृष्टि औपनिवेशिक परिवेश के उस निर्णायक दौर में भारतीय राष्ट्रीय चेतना की वाहक बनकर तद्‌युगीन समाज में अत्यन्त सजग हो उठी थी। इस साहित्यकार वर्ग की विचारधारा राष्ट्रीयता, जातीयता तथा अन्य भावनाओं के विकास के साथ स्त्री प्रश्न के विशेष अर्थ में प्रयुक्त है। यह विशेष अर्थ उस चयन प्रक्रिया का परिणाम है जिसमें कुछ बिन्दुओं को केन्द्रीय प्रमुखता से सम्बोधित किया गया और कुछ को पीछे धकेल दिया गया। इतिहास, संस्कृति और समाज के प्रति अपने निजी और सामाजिक दृष्टिकोण के माध्यम से इस युग के बुद्धिजीवी साहित्यकारों, पत्रकारों ने पढ़े-लिखे तथा सामान्य जनों के लिए एक सामाजिक-ऐतिहासिक दृष्टि का निर्माण किया। इस बात की खोजबीन कि हमारी आज की स्त्री सम्बन्धी दृष्टि के कुछ तार इस युग से भी जुड़ते हैं कि नहीं, एक सार्थक प्रयास होगी।

उन्नीसवीं सदी के हिन्दी साहित्य का पुनर्पाठ आवश्यक है। हमने इस काल के देश हितैषियों द्वारा अतीत के महिमामंडन की भूलों पर अनेक प्रश्न उठाए हैं, किन्तु स्वयं वर्तमान के दृष्टिकोण से अतीत के मूल्यांकन की भूल कर रहे हैं। यह ग़लती तब और बड़ी हो जाती है जब हम इन साहित्यकारों का सम्यक् अध्ययन और विश्लेषण किए बिना ही इन्हें हीन श्रेणी का रचनाकार, विचारक और इतिहासकार मान बैठते हैं। सन् 1882 ई. में भारतेन्दु हरिश्चन्द्र ने हंटर शिक्षा आयोग के समक्ष अपना लिखित वक्तव्य प्रस्तुत किया था। इस प्रश्नावली के कुल सत्तर प्रश्नों में से दूसरे प्रश्न कि "क्या आपको लगता है कि आपके प्रान्त में प्राथमिक शिक्षा व्यवस्था ठीक है तथा यह समाज के विकास की आवश्यकता पूर्ति में सक्षम है? क्या आप प्रशासन में सुधार अथवा शिक्षण के सुधार के लिए

कोई सुझाव दे सकते हैं ?" के अपने सवा दो पृष्ठ लम्बे उत्तर में निर्भीकतापूर्वक व्यवस्था पालन की त्रुटियाँ गिनवाई थीं, "मुझे लगता है कि शिक्षा समिति द्वारा स्कूल प्रबन्धन का वर्तमान तंत्र आपत्तिजनक है। समिति के सरकारी अधिकारी उनके अपने जिले से दूर स्कूलों में कभी नहीं जाते। गैर सरकारी सदस्य भी स्कूल समिति की सभा में इसलिए नहीं जाते, क्योंकि वे अपने देश से प्यार करते हैं और उसकी शिक्षा व्यवस्था सुधारना चाहते हैं, बल्कि इसलिए जाते हैं कि ऐसे स्थानीय निकायों का सदस्य होना गौरव की बात है और इन समितियों में कलक्टर उपस्थित रहते हैं। मैं ऐसे कई सदस्यों को जानता हूँ जो उस प्रान्त की स्थानीय भाषा को जानते तक नहीं फिर भी स्कूल व्यवस्थापक समिति में हैं। वे सिर्फ़ इसलिए सदस्य हैं, क्योंकि वे समाज के अभिजात वर्ग से आते हैं। इस वर्ग से सम्बद्ध होने पर भी उनमें कोई विशिष्टता नहीं है।...जहाँ तक मैं समझता हूँ व्यावहारिक तौर पर ये शिक्षा समिति बेकार है। मैं ऐसे सदस्यों को जानता हूँ जो स्कूल समिति के सदस्य होते हुए अपने कार्यक्षेत्र के बारे में कुछ नहीं जानते। वे हलका और तहसील के स्कूलों के बीच के अन्तर तक को नहीं समझते।"

द्विवेदी युग, छायावाद युग एवं छायावादोत्तर अन्य युगों के साहित्य और पत्रकारिता के सन्दर्भ में सामाजिक उन्नति और राष्ट्रवाद के विकास के साथ ही स्त्री सम्बन्धी विषयों पर साहित्यकारों के बीच हुई व्यापक चर्चा के पर्याप्त सूत्र और आधार भारतेन्दु युग में मिलते हैं। उन्नीसवीं सदी में अनमेल विवाह, वर-कन्या विक्रय, स्त्री दासता, स्त्री अशिक्षा, गृह कलह, स्त्री परित्याग, स्त्री की असहायता, पुरुष अनाचार और सामन्ती व्यवस्था में छुआछूत से भरी सामाजिक व्यवस्था पर कुठाराघात करता अमूल्य साहित्य रचा गया। यह निस्संकोच कहा जा सकता है कि प्रेमचन्द के साहित्य में इन्हीं प्रवृत्तियों के विरोध की प्रौढ़ता लक्षित होती है। इस परिप्रेक्ष्य में भारतेन्दु युगीन विचारधारा में स्त्री के प्रश्नों के महत्त्वपूर्ण बिन्दुओं पर यह कहा जाना आवश्यक है कि सामान्यतः भारतीय नवजागरण और विशेषतः हिन्दी नवजागरण उतना प्रतिक्रियावादी नहीं है जितना कि प्रमाणित किया जाता रहा है। डॉ. रामविलास शर्मा जैसे अप्रितम विद्वान ने जितनी सामग्री में हिन्दी नवजागरण का तटस्थ मूल्यांकन करने का प्रयास किया उसकी तुलना में अब अधिक सामग्री उपलब्ध है। भारतेन्दु युगीन साहित्य से सावधानी से छाँटे गए कुछ उदाहरणों के आधार पर इस काल के साहित्यकारों को स्त्री विरोधी, जाति और हिन्दूवादी प्रमाणित किया जाता रहा है उसकी एक पड़ताल आवश्यक है। यह देखा जाना आवश्यक है कि अगली शताब्दी के आलोचक उनका मनमाना मूल्यांकन तो नहीं कर रहे।

इस पुस्तक में भारतेन्दु युगीन विचारधारा के विश्लेषण की परिधि को चिह्नित का प्रयास किया गया है। इस सम्बन्ध में यह भी उल्लेखनीय है कि इन साहित्यकारों के विचारों के मुख्य केन्द्रों के संकलन की भी आवश्यकता है। ये संकलन उनके सम्बन्ध

में छाई वैचारिक धुंध छाँटने में सहायक होंगे तथा विषय केन्द्रित होने पर उनकी प्रभावान्विति अधिक गहरी होगी। जैसे उन्नीसवीं सदी में स्त्री सम्बन्धी वैचारिक धुंध के सन्दर्भ में एक उदाहरण देना उचित होगा। "स्त्री स्वातंत्र्य मेरे लिए प्राण प्रिय वस्तु है।" यह वक्तव्य राधाचरण गोस्वामी का है। उन राधाचरण गोस्वामी का जिन्हें घोर साम्प्रदायिक, ब्राह्मणवादी और स्त्री विरोधी खाते में डाल दिया गया है।

ऐसा ही एक अन्य उदाहरण देखें-1891 के भारतेन्दु में प्रकाशित एक लेख में यह छपा कि—"हिन्दू नाम एक जाति का है जिसमें ब्राह्मण, क्षत्रिय, वैश्य, शूद्र, अन्त्यज, चांडाल, ब्राह्मो, जैनी, सिख सभी शामिल हैं।" इस लेख में यह भी कहा गया है कि पहले हिन्दू एक ही धर्म था और उसमें जाति भेद नहीं था, जब से वर्ण भेद हुआ तभी से फूट हुई। यहाँ 'हिन्दू' शब्द जिस जाति के अर्थ में प्रयुक्त हो रहा है वह अर्थ 'कास्ट' (Caste) नहीं है। राधाचरण गोस्वामी जैसे धार्मिक माने जाने वाले रचनाकारों की देश और समाज चिन्ता पुनर्पाठ की माँग करती है।

उन्नीसवीं सदी के हिन्दी साहित्यकारों को आज बहुतेरे ज्ञानाभिमानी विद्वान प्रतिक्रियावादी कह रहे हैं, किन्तु ये विद्वान यह नहीं देख पाते कि इन्हीं मनीषियों ने हिन्दी समाज के शिक्षित वर्ग में धर्म के स्थान पर साहित्य को प्रतिष्ठित किया। अपना और समाज का मुक्ति विमर्श धर्म में नहीं साहित्य की परिधि में खोजा। साहित्य को दरबार से निकलकर जन आँगन में ला खड़ा करने का दुष्कर कार्य इन्होंने ही साधा था, साहित्य की जिस प्रगतिकामी भूमिका पर हम आज मुग्ध हैं वह इन्हीं की देन है। स्वयं सामन्ती वर्ग के होते हुए भी अनेकों विचारकों ने उनके अपने वर्ग से आगे बढ़कर सोचा। उनका साहित्य उनके विचारों में हो रहे इस क्रान्तिकारी परिवर्तन का साक्षी है "अपनी खराबियों के मूल कारणों को खोजो। कोई धर्म की आड़ में, कोई देश की चाल की आड़ में, कोई सुख की आड़ में छिपे हैं।...कुछ मत डरो, जब तक सौ-दो सौ मनुष्य बदनाम न होंगे, जात से बाहर न निकाले जाएँगे, दरिद्र न हो जाएँगे, क़ैद न होंगे, वरंच जान से न मारे जाएँगे तब तक कोई भी देश न सुधरेगा" का आह्वान करने वाले भारतेन्दु हरिश्चन्द्र उस धनाढ्य परिवार के हैं जिसके हित औपनिवेशिक शासन के साथ जाने से अधिक सधते, किन्तु उन्होंने अपनी हितपूर्ति का मार्ग नहीं चुनकर देशोन्नति और समाजोद्धार का रास्ता चुना। उन्होंने धार्मिक परिवार का होकर यह कहने का साहस किया "धर्म की उन्नति से ज़्यादा जहाँ धीरे-धीरे पूरे समाज की उन्नति का स्वप्न प्रमुखता पाने लगे। बहुत सी बातें जो समाज विरुद्ध मानी है, किन्तु धर्म शास्त्रों में जिनका विधान है उनको चलाइए जैसे जहाज का सफर, विधवा-विवाह आदि। लड़कों को छोटेपन ही में ब्याह करके उनका बल-वीर्य-आयुष्य सब मत घटाइए...कुलीन प्रथा, बहु विवाह को दूर कीजिए, लड़कियों को भी पढ़ाइए...जाति में कोई चाहे ऊँच हो या नीच हो सबका आदर कीजिए। जो जिस योग्य हो उसको वैसा मानिए।"

जहाँ ब्रज प्रेमी साहित्यिक हिन्दी पत्रकारिता के लिए अपना तन-मन-धन न्योछावर करने लगें, संस्कृत के विद्वान हिन्दी को संस्कृत से भी अधिक वैज्ञानिक मानने लगें, हिन्दू-मुस्लिम एकता पर प्रताप नारायण मिश्र और उनके पहले भारतेन्दु हरिश्चन्द्र जैसे साहित्यकार अत्यधिक बल देने लगें, देश की प्रगति के लिए दोनों का एक दूसरे का हाथ मज़बूत करना आवश्यक बताएँ, मिलकर प्रगति करने की सलाह दें, तो इन चेष्टाओं का सम्यक् मूल्यांकन होना ही चाहिए।

वस्तुत: पहले बीसवीं शताब्दी और अब इक्कीसवीं शताब्दी के सामने अभी भी शिक्षा जैसे उन्नीसवीं शताब्दी के ही चिरन्तन प्रश्न खड़े हैं। धर्म, समाज, शिक्षा, राष्ट्रवाद, सम्प्रदायवाद, स्त्री और जाति के प्रश्न अब भी नहीं सुलझे और उलझ भले ही गए हों। बीसवीं सदी के आरम्भिक मूल्यकर्ता उन्नीसवीं सदी से दूर नहीं थे, किन्तु बाद के आलोचक विद्वानों ने अपने समय की हर समस्या की जड़ उन्नीसवीं सदी में खोज ली। यह बहुत स्वाभाविक भी था। चूँकि हमारी कई समस्याएँ आधुनिकता तथा परम्परा के संघात से जन्मी थीं इसलिए इस सदी में उनका कारण खोजा जाना भी वैध है, क्योंकि उन्नीसवीं सदी आधुनिकता की सदी है, किन्तु बीसवीं सदी की अपनी भूलों और चारित्रिक पतन को विस्मृत नहीं कर देना चाहिए। अपने चारित्रिक स्खलन के लिए दूसरे को सम्पूर्णत: दोषी मान लेना मानवोचित स्वभाव तो हो सकता है पर न्यायपूर्ण नहीं।

कहने का यह तात्पर्य कतई नहीं है कि उन्नीसवीं सदी का सम्पूर्ण साहित्य विचारधारात्मक रूप में बहुत आगे का साहित्य है या इस सदी के अपने अन्तर्विरोध नहीं हैं। विचारधारा का प्रश्न यूँ ही बहुत जटिल है उस पर भी साहित्य को ऐतिहासिक परिप्रेक्ष्य में रख उसके युग की विचारधारा का विश्लेषण और भी कठिनाई और जोखिम से भरा कार्य है। यद्यपि लम्बे काल तक साहित्य को मनोरंजक सामग्री समझा गया पर इतिहास दृष्टि निरूपण में साहित्य को भी एक स्रोत मानने की अवधि भी छोटी नहीं है। पिछले कई दशकों में किसी काल के इतिहास को समझने में साहित्य भंडार का खुलकर उपयोग किया गया है। कहना न होगा कि साहित्य मीमांसा के औज़ार इतिहास विश्लेषण की पद्धति से तनिक भिन्न हैं। इस पुस्तक में प्राथमिक स्रोत के रूप में हिन्दी तथा अन्य भारतीय भाषाओं में उपलब्ध साहित्य के ऐतिहासिक विश्लेषण का प्रयास है। इस सदी की परम्परागत और निजी दोनों तरह की समस्याएँ हैं। हिन्दी लेखकों की रचनाओं में उपस्थिति प्रतिक्रियावादी तत्त्वों का उद्‌घाटन तो होना ही चाहिए, उनके अन्तर्विरोधों को भी रेखांकित किया जाना चाहिए, किन्तु यह भी देखा जाना चाहिए कि वे अपने युग की प्रगतिशील प्रवृत्तियों के साथ कैसा व्यवहार कर रहे हैं और साथ ही यह भी कि युगीन परिस्थितियाँ उन्हें कैसे व्यवहार के लिए बाध्य कर रही हैं। हम पाते हैं कि भारतेन्दु युगीन साहित्यकारों में स्वयं भारतेन्दु, राधाचरण गोस्वामी, प्रतापनारायण मिश्र,

बालमुकुन्द गुप्त, माधव मिश्र इत्यादि रचनाकार उत्तरोत्तर परिवर्तित हो रहे थे और अपने युग की माँग को समझ रहे थे। उनके भीतर का यथार्थ बोध उन्हें सामाजिक सरोकारों से अधिकाधिक जोड़ता है, समाज की मुक्ति में उन्हें सहायक बनाता है और इस बात को तटस्थ दृष्टकोण से विश्लेषित किए जाने की आवश्यकता है। क्या यह उचित नहीं कि हम उन्नीसवीं सदी और उसके साहित्य का परीक्षण उसकी स्थिति के अनुसार करें? वर्तमान की दृष्टि से अतीत के मूल्यांकन का प्रयास न कर उसे उसके ही सन्दर्भ में समझने की यथासम्भव निष्पक्ष चर्चा होनी चाहिए। इस पुस्तक में इसी का प्रयास है।

यह पुस्तक मेरे बेटे मनन को समर्पित है। उसके सारे काम हो जाने के बाद उसका 'बड़ी उदारता' से यह कहना कि 'माँ तुम अब अपनी पढ़ाई कर लो' कम बड़ी बात नहीं है। मेरे उन सभी स्वजनों और मित्रों को हार्दिक धन्यवाद जो चाहते हैं कि मैं उनसे लगभग प्रत्येक सप्ताह मिलूँ और प्रत्येक वर्ष एक पुस्तक लिखूँ। अपने ऐसे सभी शुभाकांक्षियों को हृदय से आभार।

इस पुस्तक को रूपाकार देने में कम्प्यूटर और टाइपिंग की उलझनों से मुझे एकदम मुक्त रखने के लिए मेरे शोधार्थी ब्रजेश चौधरी का विशेष धन्यवाद। राजकमल प्रकाशन के श्री अलिंद महेश्वरी को उनके सहयोग और सहज व्यवहार के लिए अशेष धन्यवाद। उनकी कार्यपटुता के पश्चात् भी पुस्तक में बच रही त्रुटियाँ मेरी हैं।

—रूपा गुप्ता
प्रोफ़ेसर, हिन्दी विभाग
वर्द्धमान विश्वविद्यालय
गुलाबबाग, वर्द्धमान-713104

प्रथम अध्याय

भारतेन्दु युग : उन्नीसवीं शताब्दी और औपनिवेशिक परिस्थितियाँ

भारतीय नवजागरण के नाम से परिचित परिघटना उन्नीसवीं शताब्दी में घटित हुई। भारतीय इतिहास में उन्नीसवीं सदी की अत्यन्त निर्णायक भूमिका रही है। आज इक्कीसवीं शताब्दी के द्वितीय दशक के अन्त में इसकी पुष्टि और स्वीकृति हेतु तथ्यों और प्रमाणों की भरमार है। लगभग दो शतकों तक औपनिवेशिक शासनाधीन सामान्यत: एशियाई और अफ्रीकी देशों विशेषत: भारतवर्ष के भविष्य की विचारधारा की नींव मुख्यत: इसी सदी में पड़ी। भारत में आधुनिकता, विज्ञान, तकनीक और पूँजी का आगमन उन्नीसवीं सदी में हुआ। इस सदी में भारतीय राजनीति, समाज और धर्म व्यवस्था में विदेशी घात-प्रतिघात की तीव्रता और उससे उत्पन्न प्रतिक्रिया की अनुगूँज अब भी सुनाई देती है। उन्नीसवीं सदी के भारत में औपनिवेशिक हस्तक्षेपों एवं उसके प्रति स्वीकार-अस्वीकार भाव से उद्‌बुद्ध चिन्तन और उसके व्यावहारिक प्रयोग को सामान्यत: भारतीय नवजागरण कहा जाता है। हिन्दी नवजागरण इस भारतीय नवजागरण के अस्तित्व का बड़ा भाग घेरता है।

भारतीय नवजागरण की प्रधान विशिष्टता यह मानी गई है कि मध्यकालीन अन्धविश्वास, रूढ़िवादिता और धर्म केन्द्रित सामाजिकता की संवेदना और अभिरुचि में परिवर्तन हुआ। विज्ञान के आगमन से तर्क का प्राधान्य बढ़ा। तर्क की प्रधानता ने भारतवर्ष में आधुनिकता की राह सुगम की। भारतीय समाजों के पश्चिम से नए परिचय ने उसे गति प्रदान की और संरचनागत परिवर्तन किए। नई शिक्षा के नए उजाले ने भारतीय समाज की बहुत-सी कुरीतियों का विनाश किया। राष्ट्रबोध से सम्पन्न नए वर्ग ने नई संस्थाओं की नींव डाली जिसे नई राजनैतिक शक्ति ने पूरा सहयोग दिया। मुद्रण यंत्र के आविष्कार और प्रसार ने बुद्धि को बढ़ावा दिया।

एक ही काल खंड में नई बुद्धि, शिक्षा और गति से लैस यह जागरण भारतवर्ष के विभिन्न प्रान्तों में घटित हुआ और सामूहिक तौर पर भारतीय नवजागरण कहलाया।

इसी सदी में नई राजनैतिक और आर्थिक व्यवस्था का उदय हुआ, पुराने ढाँचे टूटे, और नए का निर्माण हुआ। भारतीय नवजागरण के लिए इस बात का उल्लेख आवश्यक है कि न तो इसका पुराना ढाँचा पूरी तरह तहस-नहस हुआ और न ही नया ढाँचा पूरी तरह निर्मित हो पाया। यह भी दोहराना आवश्यक है कि ऐसा सम्पूर्ण भारतीय नवजागरण के साथ घटित हुआ। एक नई औपनिवेशिक राजनैतिक-आर्थिक शक्ति के सामने सर्वथा विवश दिखने वाले भारतीय समाज ने एकदम घुटने नहीं टेके। विरोध की बहुत सी गौण धाराएँ मिलकर एक मुख्य धारा बनाने में सफल रहीं जिसका आरम्भिक रूप सांस्कृतिक था। सांस्कृतिक प्रतिरोध के नए स्वर आत्मोन्मुखी भी थे अत: भारतीय समाज को आत्मालोचना की नई शक्ति मिली। सामान्यत: भारतीय नवजागरण और विशेषत: हिन्दी नवजागरण के इस आत्मालोचनात्मक स्वर की या तो पूर्णत: अनदेखी की जाती है या पूर्वग्रह युक्त विश्लेषण। दोनों ही स्थिति में इसकी तटस्थ आलोचना नहीं हो पाती। नवजागरण में अत्यन्त मद्धम गति से स्त्री, जाति, धर्म, किसान, देश और अपनी पराधीनता के सम्बन्ध में उठ रहे स्वरों का विश्लेषण अधूरा रह जाता है। भारतीय नवजागरण के अन्य अंशों की तुलना में यह अपूर्ण और दुराग्रही विश्लेषण सबसे अधिक हिन्दी नवजागरण के लिए किया गया।

भारतीय नवजागरण के विभिन्न घटकों में जिन प्रान्तों के नवजागरण को विशिष्टता प्रदान की गई उनमें हिन्दी प्रदेश (अर्थात् तत्कालीन हिन्दी भाषा-भाषी राज्यों का समुच्चय) का नाम लम्बे समय तक नहीं लिया जाता था। हिन्दी से इतर भाषाओं के विद्वानों और अंग्रेज़ी के बुद्धिजीवियों ने ही नहीं, बल्कि ख़ुद हिन्दी के विद्वानों ने भी भारतीय नवजागरण के नाम पर बस मराठी, बंगला और पंजाबी नवजागरण की ही चर्चा की। कुछ इतिहासकार उड़िया और गुजराती नवजागरण तक भी गए, किन्तु हिन्दी नवजागरण का विश्लेषण तो दूर वे इसकी सम्भावना पर विचार करने को तैयार नहीं थे। ऐसे विद्वानों ने हिन्दी नवजागरण को नकारने की चेष्टा की। कुछ ने इसे पूरी तरह बंगला नवजागरण का परिणाम बताकर (प्रमाणित कर नहीं) छुटकारा पाया, कुछ एक ने तो इसके विरुद्ध हास्यास्पद कुतर्क भी दिए। हिन्दी नवजागरण के अस्तित्व विलोपन के ऐसे सघन प्रयासों के उपरान्त भी इसकी सत्ता अपनी जड़ों, विशिष्टताओं, निजताओं और प्रमाणों के साथ स्थापित हुई।

भारतीय नवजागरण में अपना स्थान तलाशने के क्रम में हिन्दी के कुछ विद्वानों ने अब तक उपेक्षित हिन्दी नवजागरण पर चर्चा आरम्भ की। इस सन्दर्भ में सबसे महत्त्वपूर्ण नाम रामविलास शर्मा का है। डॉ. रामविलास शर्मा के हिन्दी नवजागरण एवं हिन्दी जाति के अवधारणा सम्बन्धी सुदीर्घ-सुचिन्तित लेखन ने विद्वानों और शोधकर्ताओं को इस ओर प्रेरित किया। उनके इन प्रयासों को दोनों ओर से पूरा सहयोग मिला—समर्थन का भी विरोध का भी।

डॉ. रामविलास शर्मा से पहले हिन्दी नवजागरण की अवधारणा पर कोई बातचीत ही नहीं थी। रामविलास शर्मा ने अपने अनथक प्रयास से उन्नीसवीं सदी के उपलब्ध साहित्य को विश्लेषित किया। वे उन गिने-चुने विद्वानों में से थे जिन्होंने सन् सत्तावन के प्रथम स्वाधीनता संग्राम को कभी बलवा, विद्रोह, म्यूटिनी नहीं कहा। हिन्दी नवजागरण के सम्बन्ध में रामविलास शर्मा के स्पष्ट विचारों, ठोस सामग्री और अकाट्य तर्कों ने इसका उपहास उड़ाने वालों की उग्रता का शमन किया। रामविलास शर्मा ने अपने तीस-चालीस वर्षों के अथक एवं सुनिर्दिष्ट परिश्रम से, दृष्टि से ओझल कर दिया गया हिन्दी नवजागरण सामने रखा। रामविलास जी के शोधकार्य के बाद कई शोधार्थियों ने इस दिशा में काम किया जिसके परिश्रमस्वरूप उन्नीसवीं सदी की विपुल सामग्री सामने आई। रामविलास शर्मा द्वारा हिन्दी नवजागरण की अवधारणा की स्थापना ने इन शोधार्थियों की राह सुगम की। हिन्दी नवजागरण पर रामविलास शर्मा का विशद चिन्तन अप्रतिम है। उन्नीसवीं शताब्दी में घटित हिन्दी नवजागरण पर विस्तृत चर्चा से पहले भारतवर्ष में औपनिवेशिक आधिपत्य के प्रसार की संक्षिप्त चर्चा अनुपयुक्त न होगी।

ब्रिटिश आगमन कालीन भारत की राजनैतिक-आर्थिक परिस्थितियाँ— उन्नीसवीं सदी में नई राजनैतिक और आर्थिक व्यवस्था का उदय मुग़ल साम्राज्य के पतन और ब्रिटिश साम्राज्य की स्थापना के बीच हुआ। इतिहासकारों में इस बात पर कम ही विवाद है। विशाल मुग़ल साम्राज्य का पतन औरंगजेब के शासनकाल से ही आरम्भ हो गया था। सन् 1707 में उसकी मृत्यु के पश्चात् इस प्रभुतासम्पन्न साम्राज्य की गिरती साख को सँभालने वाला कोई उत्तराधिकारी नहीं मिला। शक्तिशाली मुग़लों की सत्ता अन्दरूनी विद्रोहों से निर्बल होने लगी। बाह्य आक्रमणों की कमी पहले भी कभी नहीं रही थी। शिवाजी के औरंगजेब को ललकारने के बाद भी मराठों ने लूटपाट बन्द नहीं की। 1738 ई. में एक ओर मराठे दिल्ली के निकटवर्ती क्षेत्रों को लूट रहे थे तो दूसरी ओर सन् 1738-39 में ही नादिरशाह ने दिल्ली पर आक्रमण किया। यद्यपि 1748 ई. में दिल्ली पर प्रथम अफगानी आक्रमण असफल रहा, किन्तु अहमदशाह अब्दाली ने 1756-57 में पंजाब हस्तगत कर लिया और दिल्ली को जी भरकर लूटा। इधर सन् 1757 में नवाब सिराजुद्दौला अंग्रेज़ों से प्लासी की लड़ाई में हार गए। दिल्ली में शक्तिहीनता की यह अवस्था थी कि सन् 1761 की पानीपत की तीसरी लड़ाई में मुग़लों और मराठों की संयुक्त सेना अहमदशाह अब्दाली से हार गई। अपनी सेना के विद्रोह के कारण अहमदशाह अब्दाली अफगानिस्तान लौट गया अन्यथा दिल्ली की राजगद्दी का इतिहास दूसरा ही होता।

अंग्रेज़ों ने सन् 1757 ई. के प्लासी युद्ध में बंगाल के नवाब सिराजुद्दौला को पराजित कर भारतवर्ष में शासक के रूप में पहले-पहल पाँव जमाए। बंगाल में टिकने के बाद अंग्रेज़ों ने फ्रांसीसी, पुर्तगाली तथा डच औपनिवेशिक शक्तियों को इस देश

में निरस्त किया। सन् 1764 ई. में अंग्रेज़ों ने मुग़ल सम्राट शाहआलम को बक्सर युद्ध में पराजित कर तब के बंगाल, बिहार और उड़ीसा की दीवानी ली। अंग्रेज़ों ने अवध पर क़ब्ज़ा नहीं लिया। उनकी कूटनीतिक समझ ने अवध को मराठों तथा अन्य आक्रमणकारियों के लिए छोड़ दिया। इसके साथ ही अंग्रेज़ों के सामने वह कठिन प्रश्न खड़ा था कि अगर वे मुग़लों के सम्पूर्ण प्रभुत्व को नकारते तो मुग़लों द्वारा प्रदत्त उस दीवानी का कोई महत्त्व नहीं रह जाता। इधर मराठे और सिक्ख अभी भी एक शक्ति के रूप में विद्यमान थे। सत्रह वर्षों बाद एक अंग्रेज़ एजेन्ट को लिखे अपने पत्र में क्लाइव ने कहा—"I take the Shah's authority to be of as much importance as on Act of Parliament in England if supported by as strong a force." (Major Browne, Memorandum on the Affairs of Delhi, India Office Home Miscellaneous Series, Vol.-I, Teen Murti Library, New Delhi, Page 336) अगर क्लाइव मुग़ल सत्ता को उसके साम्राज्य में बनाए रखने में असफल होता तो यह बंगाल पर भी लागू होता। क्लाइव ने मुग़लों को कोटा और इलाहाबाद छब्बीस लाख रुपये में सौंप दिए। और बदले में बंगाल की दीवानी ले ली। अवध को अपने पास रखने के लिए नवाब शुजाउद्दौला ने अंग्रेज़ों को पचास लाख रुपये दिए साथ ही अंग्रेज़ों से एक रक्षा सन्धि की जिसमें सेना के खर्च का भार अवध के नवाब पर था और सेना का नियंत्रण और दायित्व अंग्रेज़ों के पास था। शुजाउद्दौला को यह सन्धि मराठों को ध्यान में रखते हुए अधिक सुगम जान पड़ी। उसे यह समझ नहीं आया कि उसके सन्धिकर्ता उसे दिखाई दे रहे शत्रुओं से अधिक ख़तरनाक हैं। बाद के दिनों में इसी सन्धि के मसौदे के आधार पर वेलेज़ली ने कम्पनी का वह मकड़जाल तैयार किया जिसमें उसने एक के बाद एक भारतीय रियासतें फँसाईं। सन् 1803 ई. तक अंग्रेज़ असी और लासवारी के युद्धों में मराठों को ध्वंस कर चुके थे। औपनिवेशिक शासन ने 1849 ई. में सिक्खों के पतन के बाद 1856 ई. तक अवध पर क़ब्ज़ा कर लिया। इस बीच धीरे-धीरे वे कई देशी रियासतें हड़प चुके थे। यह 'हड़पना' सन् 1857 ई. के प्रथम स्वतंत्रता संग्राम का एक प्रमुख कारण था। सन् सत्तावन के प्रथम स्वाधीनता संग्राम की असफलता के बाद भारतवर्ष का अधिकार ईस्ट इंडिया कम्पनी से सीधे ब्रिटिश सरकार के पास पहुँचा।

इस स्थान पर मुग़लों की केन्द्रीकृत शासन-व्यवस्था के प्रशासनिक ढाँचे पर संक्षिप्त दृष्टिपात समीचीन होगा। मुग़ल प्रशासनिक ढाँचे के शीर्ष पर बादशाह होता था। चूँकि मुग़ल शासन सैन्य बल पर आधारित था अत: सैन्य संगठन साम्राज्य का प्रमुख कारक था। मुग़ल बादशाह अकबर ने इस सैन्य कुलीन को मनसबदारी व्यवस्था में संगठित किया था। ये मनसबदार सीधे बादशाह के प्रति जवाबदेह होते थे क्योंकि इनकी नियुक्ति, पदोन्नति, जागीरों का आवंटन और हस्तान्तरण या जागीर से मनसबदार का निष्कासन—सब कुछ बादशाह द्वारा होते थे। मनसबदार

बादशाह के प्रति निजी तौर पर वफादार या शत्रु होते थे। मुग़ल साम्राज्य के पतन का एक बड़ा कारण इन कुलीनों में बादशाह के प्रति निष्ठा का अभाव था। अठारहवीं सदी के अन्य सुयोग्य शासकों में निज़ामुल मुल्क, अबुल खाँ, सआदत खाँ, ज़करिया खाँ, मुर्शिदकुली खाँ और सवाईजी जैसे योग्य शासकों का नाम लिया जा सकता है। मज़े की बात यह है कि मुसलमानों को एक ही समूह मानने वालों ने बिना इसे समझे ही बाद के हिन्दुस्तान को 'हिन्दू' और 'मुसलमान' दो अति स्पष्ट समुदायों में बाँटकर ऐतिहासिक विश्लेषण किए, यही कारण है कि वे सन् 1857 के प्रथम स्वाधीनता संग्राम की साझी विरासत का सही ढंग से विश्लेषण नहीं कर पाए।

वास्तव में मुग़ल काल में "मनसबदार पद की नियुक्ति जैसी बातों के लिए निर्णायक तत्त्व वंश या जातीय पृष्ठभूमि होती थी। मुग़ल कुलीनों का एक बहुत बड़ा हिस्सा बाह्य लोगों का था, जो मध्य एशिया के विभिन्न भागों से आए थे, लेकिन धीरे-धीरे उनका भारतीयकरण होता गया, हालाँकि यह भारतीयकरण साम्राज्य की किसी सुसंगत नीति के बिना ही हुआ। इसलिए कुलीन वर्ग विभिन्न जातीय-धार्मिक समूहों में विभाजित रहा और उनमें तूरानी और ईरानी समूह सबसे महत्त्वपूर्ण थे। जो लोग मध्य एशिया के तुर्की-भाषी क्षेत्रों से आए थे, वे तूरानी कहलाए जबकि वर्तमान ईरान, अफगानिस्तान और इराक के फ़ारसी क्षेत्रों से आने वालों को ईरानी कहा जाता था। तूरानी सुन्नी और ईरानी शिया मुसलमान थे और इस कारण उनकी आपसी शत्रुता और जलन को एक धार्मिक रंग मिल गया। यद्यपि मुग़लों का सम्बन्ध एक तूरानी नस्ल से था, पर उन्होंने तूरानियों के प्रति कोई निजी कृपा दृष्टि नहीं दिखाई। कुलीनों में दूसरे समूह अफगान, शेखज़ादे या भारतीय मुसलमान और हिन्दू थे। हिन्दुओं में मुख्यतः राजपूत और मराठे थे जिनको साम्राज्य की विविध राजनैतिक आवश्यकताओं के कारण कुलीनवर्ग में शामिल किया गया था।" (Mughal Nobility under Aaurangzeb, Athar Ali, Asia Publishing House, Bombay, 1966, p. 175

इसके साथ ही औरंगजेब द्वारा जीते गए दकनी राज्य बीजापुर और गोलकुंडा के राज्य सेवा में लिप्त कुलीनों को भी कुलीनवर्ग में सम्मिलित कर लिया गया, ये दकनी समूह कहलाए। इन सभी कुलीनों की आपसी प्रतिस्पर्धा का मूल कारण उनके बीच की आर्थिक असमानता थी। इतिहासकार सतीशचन्द्र ने इसे 'जागीरदारी संकट' कहा है। उनके अनुसार प्रशासन का खर्च इतना अधिक था कि उसे उठाने के बाद युद्ध का खर्च और जागीरदार-मनसबदार के जीवन स्तर को बनाए रखने के लिए आवश्यक आर्थिक संसाधन उपलब्ध नहीं थे।

मुग़ल दरबार षड्यंत्रों का अड्डा बन गया था। प्रत्येक दल का लक्ष्य बादशाह का सान्निध्य प्राप्त कर अधिकाधिक आर्थिक संसाधन प्राप्त करना था। असन्तुष्ट दलों की बादशाह के प्रति वफादारी ख़त्म होती गई। सेना में बेतहाशा भ्रष्टाचार

बढ़ा। अब मनसबदारों ने अपेक्षित संख्या में सिपाही और घोड़े रखना कम कर दिए जिससे स्वाभाविकतः सैन्य बल दुर्बल हुआ। "सत्रहवीं सदी के अन्तिम तथा अठारहवीं सदी के प्रारम्भिक वर्षों में बार-बार होने वाले किसान विद्रोहों को भी मुग़ल साम्राज्य के पतन का एक प्रमुख कारण माना जाता है। शासक कुलीनवर्ग के संकट का इससे कुछ सम्बन्ध रहा होगा। यह भी सम्भव नहीं है। ऊपर से आरोपित एक साम्राज्य को और उस पर धीरे-धीरे बढ़ रहे आर्थिक दबावों को सम्भवतः ग्रामीण समाज ने पूरी तरह स्वीकार नहीं किया था और एक केन्द्रीय सत्ता के विरुद्ध क्षेत्रीय भावनाएँ तो थीं ही। इस कारण मुग़ल साम्राज्य की स्थापना के आरम्भ से ही किसानों का असन्तोष उसके इतिहास का एक स्थायी तत्त्व बना रहा। अठारहवीं सदी में जब केन्द्रीय सत्ता की कमजोरियाँ स्पष्ट हो गईं और मुग़ल सेना को बार-बार मात खानी पड़ी और साथ ही साथ जब मुग़ल शासक वर्ग का दमन बढ़ता गया, तब शाही सत्ता का प्रतिरोध व्यापक भी बना और अधिक दृढ़संकल्प भी। अधिकांश मामलों में इन विद्रोहों का नेतृत्व असन्तुष्ट स्थानीय ज़मींदारों ने किया और दमन से पीड़ित किसानों ने उनका पूरा-पूरा साथ दिया।" (प्लासी से विभाजन तक आधुनिक भारत का इतिहास, शेखर बंद्योपाध्याय, ओरिएंट ब्लैक स्वान, हैदराबाद-2006, पृ. 6) यहाँ पर उन इतिहासकारों को ध्यान देना चाहिए जो सन् सत्तावन के प्रथम स्वाधीनता संग्राम से किसानों का जोड़ नहीं देख पाते और इसे कुछ देशी रजवाड़ों का असन्तोष बताकर 'बलवा' या 'सिपाही विद्रोह' कहते हैं। ऐसे इतिहासकार देशी रियासतों के राजाओं, सामन्तों, जागीरदारों और किसानों के आपसी सम्बन्धों को समझ पाने में असमर्थ हैं।

इस प्रकार के इतिहासकारों की यह असमर्थता अकारण नहीं है। इनके विश्लेषण के उपकरण पश्चिमी थे। पूर्व का विश्लेषण पश्चिम के उपकरणों और उसकी दृष्टि से किए जाने पर सम्यकता की आशा नहीं की जानी चाहिए। ऐसे इतिहासकारों की आलोचना करते हुए प्रसिद्ध इतिहासकार सुशोभन सरकार ने बंगला नवजागरण की विफलता के तीन कारणों की ओर संकेत किया है। उसमें पहला कारण शिक्षित तबके द्वारा विदेशी ब्रितानी शासकों के शोषक चरित्र को न समझ पाना था। हमारे इतिहासकारों ने औपनिवेशिक शासक के शोषक चरित्र के प्रति अपनी दृष्टि उसी नासमझी के साथ आगे भी संचालित की। विदेशी मानदंड, विदेशी उपकरण, विदेशी दृष्टिकोण से देशी परिस्थितियाँ, देशी समझदारी-नासमझी, देशी व्यवस्था सही परिप्रेक्ष्य में विश्लेषित हो सकने में पर्याप्त सन्देह रह जाता है। इसे विशेषकर धर्म, किसानों-मज़दूरों की स्थिति, राष्ट्रवाद, जाति और स्त्री के सन्दर्भ में देखा जाना चाहिए। भारत में औपनिवेशिक शासकों के उदार और प्रगतिशील रूप की लगातार वकालत करने वाले यदि उनके देशों में इन सन्दर्भों में उपजी भूमि पर तनिक दृष्टिपात कर लेते तो भारतीय इतिहास लेखन का स्वरूप भिन्न होता।

उन्नीसवीं सदी में इंग्लैंड और यूरोप की राजनैतिक स्थितियाँ—बहुत पहले से नहीं बस वहीं से जहाँ से मुग़ल काल के इतिहास पर चर्चा की गई है, पश्चिमी इतिहास विशेषकर इंग्लैंड और फ्रांसीसी इतिहास पर संक्षिप्त चर्चा सहायक होगी। पश्चिम को विज्ञान का उपहार सत्रहवीं सदी में मिला। 1642 ई. में गैलीलियो की मृत्यु हुई तो न्यूटन का जन्म हुआ। 1727 ई. में न्यूटन की मृत्यु तक पश्चिम शोध पद्धति वैज्ञानिक पद्धति के रूप में स्थापित हो चुकी थी। वैज्ञानिक खोज नौवहन, खनन, कृषि और विभिन्न उत्पादनों में सफलतापूर्वक प्रयुक्त होने लगी थी। गुरुत्वाकर्षण के सिद्धान्त से न्यूटन ने पृथ्वी तथा विभिन्न ग्रहों के एक-दूसरे को अपनी ओर खींचने को व्याख्यायित किया। पृथ्वी के गुरुत्वाकर्षण के सिद्धान्त ने भौतिक संसार की अनेक जटिलताओं को सरल कर दिया। खगोलशास्त्री जर्मन भाषी पोलैंड निवासी कॉपरनिकस पहले सौरमंडल के केन्द्र में सूर्य और उसकी परिक्रमा करते अन्य ग्रहों तथा पृथ्वी की स्थिति स्थापित कर चुके थे। उनसे एक सदी बाद जर्मन खगोलशास्त्री कैपलर ने उन्हें सही प्रमाणित किया और गैलीलियो की दूरबीन ने इस सिद्धान्त पर मुहर लगा दी।

क्या चिकित्साशास्त्र, क्या प्राणीशास्त्र, क्या रसायनशास्त्र और क्या भौतिकशास्त्र हर क्षेत्र में विज्ञान ने अभूतपूर्व छलाँग लगाई। डारविन (1809-1873) के विकासवाद का सिद्धान्त (1859) आने से पहले माइक्रोस्कोप, पेंडुलम घड़ी और थर्मामीटर आ चुके थे। भौतिक दुनिया से सम्बद्ध कुछ अद्‌भुत खोजों ने मनुष्य का अनुभव से अधिक तर्क और प्रमाण में विश्वास दृढ़ किया। फ्रेंच विद्वान देकार्त (1596-1650) बहुत पहले ही प्रत्येक विषय पर सन्देह करने की आवश्यकता पर बल दे चुके थे। मनुष्य के पास ईश्वर के बाद एक अत्यन्त शक्तिशाली अस्त्र विज्ञान आ गया था। अब प्रकृति उसके लिए रहस्य नहीं रह गई थी। बेकन और देकार्त ने वैज्ञानिक सभ्यता के आरम्भ की उद्‌घोषणा कर दी थी।

दर्शन के क्षेत्र में भी महत्त्वपूर्ण हस्तक्षेप कर गेटे, कांट, हेगेल, विलियम हगिंस, वुल्फ, शेली, डारविन और मार्क्स जैसे वैज्ञानिकों और दार्शनिकों ने पश्चिमी विचारधारा में क्रान्तिकारी परिवर्तन किए। कहाँ तेरहवीं सदी में यूरोप का धर्मयुग सम्भवत: सबसे भयानक धर्मयुद्ध में लिप्त था! अपनी सामन्ती व्यवस्था में यूरोप दो सौ वर्षों तक रक्तरंजित धर्मयुद्ध लड़ता रहा। धर्मयुद्ध के समाप्त होते न होते इंग्लैंड और फ्रांस में सौ वर्षों तक चलने वाली लड़ाई छिड़ गई। 15वीं सदी में इंग्लैंड के सामन्त वर्ग में 'गुलाबों का युद्ध' छिड़ गया जिसमें एक ओर उन्होंने आपस में लड़कर अपनी शक्ति नष्ट की दूसरी ओर यूरोप में हिंसा, अव्यवस्था और उपद्रव का असह्य वातावरण बना। एक के बाद एक किसान विद्रोह हुए। 1348 ई. में यूरोप में भीषण महामारी फैली। इस महामारी की चपेट में आकर फ्रांस, इंग्लैंड, हॉलैंड, बेल्जियम और जर्मनी की एक-तिहाई से अधिक जनसंख्या

समाप्त हो गई। मिस्र, उत्तरी अफ्रीका, मध्य एशिया में भी यह महामारी फैली। इसे 'काली मौत' कहा जाता है। इस दौरान हुए किसान विद्रोह, जिसमें शिल्पियों, दस्तकारों और निम्न श्रेणी के पादरियों ने भी भाग लिया, सफलता नहीं मिली पर बाद के विद्रोहों की सफलता के लिए इसने आवश्यक भूमि तैयार की। इस बीच मुद्रा प्रधान अर्थव्यवस्था के प्रचलन और शहरों की बढ़ती संख्या ने किसानों और मज़दूरों की मुक्ति के लिए नए मार्ग खोले। सामन्त भी अब अपनी जागीर से अधिकाधिक मुनाफा कमाना चाहते थे। इन सबके बीच बड़े रोचक समीकरण बने। इंग्लैंड और फ्रांस के राजा निरंकुश सामन्तों पर अपना नियंत्रण चाहते थे और व्यापारी अपने व्यापार को फलता-फूलता देखना चाहते थे। किसान, व्यापारी, उद्योगपति और मज़दूर ने राजा को अपना हितैषी माना। परिणाम यह हुआ कि पश्चिमी यूरोप के देशों में राजा और व्यापारियों के बीच 'थर्ड स्टेट' अन्योन्याश्रित सम्बन्ध बना। राजा ने व्यापारियों के पक्ष में खुलकर क़ानून बनाए। पहले-पहल ये व्यापारी सौदागर के रूप में दिखे। बाद में बड़े महाजन और बैंकर बन गए। पूँजीवाद का आरम्भ हुआ। पूँजीवाद का यह दौर अधिकतर नगरों में आरम्भ हुआ। सामन्तों का विनाश कर राजा अब वेतनभोगी कर्मचारी और सेना रखने में सक्षम था। पूँजीवाद के उन्मेष में बदली हुई परिस्थिति का सर्वाधिक योगदान था। मध्यपूर्व में ईसाई धर्म-स्थानों को मुसलमानों से मुक्त कराने हेतु लगभग अनवरत चले धर्मयुद्ध (क्रूसेड), वाणिज्य का उन्मेष और विस्तार, शहरों का विकास और राष्ट्रीय राजतंत्र के उत्कर्ष ने पूँजीवाद के लिए उर्वर भूमि तैयार की। अब यहूदी महाजनों के साथ ईसाई महाजन भी सूद लेने लगे। क्रूसेड के दौरान और उसके तुरन्त बाद वाणिज्य का अप्रत्याशित प्रसार हुआ। इटली के नगर इससे सबसे अधिक लाभान्वित हुए। अत: सबसे पहले महाजनी प्रथा या बैंकिंग का उदय इटली में हुआ। इटली के फ्लोरेंस नगर में कुछ परिवारों ने 'बैंकिंग' आरम्भ की। ये परिवार नागरिकों की सम्पत्ति अपने पास सुरक्षित रखते थे और जमा धनराशि को पोप या सामन्तों को ऊँची ब्याज दर पर उधार देते थे। ये बैंकर व्यवसायियों को भी ऊँची ब्याज दर पर क़र्ज़ देते थे। ये बैंकर साहित्य, कला एवं संस्कृति के संरक्षण और प्रसार में भी धन खर्च कर रहे थे। समाज में अपनी पकड़ मज़बूत बनाने हेतु उनके इन कार्यों ने संस्कृति के क्षेत्र में नवजागरण का उन्मेष किया।

इटली के फ्लोरेंस शहर के महाजनी परिवार जिनमें आरम्भ में मेडिसी परिवार (Medici Family) सर्वाधिक प्रमुख था, नवोदित पूँजीपतियों का मुखिया और पुनर्जागरण का सम्प्रसारक बना। बीतते समय के साथ उत्पादन के तरीकों में भी परिवर्तन हुआ। घरेलू या कुटीर उत्पादन प्रणाली अठारहवीं सदी के अन्तिम चरण तक कल-कारखानों में परिवर्तित हो गई थी। इनमें काम करने वाले मज़दूरों को केवल मज़दूरी मिलती थी। कच्चे माल, साज-सामान, औज़ार, उपकरण आदि पर

मालिक वर्ग का सम्पूर्ण अधिकार रहता था। पूरा मुनाफा सम्पूर्णतः मालिक का होता था। वाणिज्यवाद (Mercantilism) के विकास के पहले पूर्वी एशिया को जाने वाले नए समुद्री मार्ग तथा अमेरिकी महादेशों की खोज के फलस्वरूप अन्तरर्राष्ट्रीय व्यापार फल-फूल रहा था। मध्यकालीन गिल्ड का स्थान चार्टर कम्पनी ले चुकी थी। वाणिज्यवाद को अति संक्षेप में इसकी तीन विशेषताओं द्वारा जाना जा सकता है—(1) आर्थिक राष्ट्रवाद, (2) पैतृकवाद (Paternalism) और (3) साम्राज्यवाद।

आर्थिक राष्ट्रवाद ने आर्थिक रूप से आत्मनिर्भर राष्ट्र का मूलमंत्र चुना। नए उद्योगों की स्थापना, निर्यात में वृद्धि और आयात में कमी इनकी कार्य शैली के प्रमुख कारक तत्त्व थे। वाणिज्यवाद के समर्थकों ने सरकार को जनता के सजग अभिभावक के रूप में काम करने को कहा। पैतृकवाद से पूँजीवाद की पूँजी उसी परिवार के पास सुरक्षित रहनी थी। राज्य की बढ़ती शक्ति और प्रतिष्ठा इन परिवारों को सुरक्षा प्रदान करती थी। पूरे यूरोप में वाणिज्य प्रसार की एक-सी सुगम स्थितियाँ नहीं थीं अतः भिन्न-भिन्न देशों में यह अपनी निजी विशिष्टताओं के साथ फैला।

पूँजी और व्यापार के विस्तार के लिए नए-नए बाज़ारों की खोज होने लगी। विदेशों में व्यापार करने वाले व्यापारियों को आवश्यक सरकारी समर्थन और सहायता मिले। इंग्लैंड के हेनरी सप्तम ने फ्लैंडर्स की सरकार से सन् 1496 ई. में एक व्यापारिक समझौता किया जिसे 'मैगनस इंटर कर्सस' अथवा 'महान समझौता' कहा जाता है। फ्रांसीसी राजाओं ने सोलहवीं शती में तुर्की सुल्तानों के साथ अनेकों व्यापारिक सन्धियाँ कीं जिनसे पश्चिमी राष्ट्रों में फ्रांसीसी व्यापारियों को अनेकों सुविधाएँ मिलीं। अब वेनिस के सौदागरों की तुलना में फ्रांस और ब्रिटेन जैसे राष्ट्र के समर्थित व्यापारी अधिक सुविधापूर्ण स्थिति में थे। अब निर्यात बढ़ाने के लिए सरकारें वित्तीय सहायता कर रही थीं। निर्यात की लक्ष्य सामग्री के उत्पादन पर वित्तीय अनुदान या कर में छूट मिलती थी। ये सरकारें अपने देश के उत्पादकों की सहायता हेतु आयात पर भारी कर लगाती थीं जिससे उन्हें प्रतियोगिता का सामना न करना पड़े।

औपनिवेशिक सत्ता के विभिन्न आर्थिक चरण—यह वाणिज्यवाद स्वतंत्र व्यापार से समाप्त हुआ। उन्नीसवीं सदी में अमेरिकी और फ्रांसीसी क्रान्तियों ने स्वतंत्र व्यापार की पृष्ठभूमि को सफल बनाया। भारत में ब्रिटिश औपनिवेशिक शासन के अधिकार क्षेत्र का विकास कुछ चरणों में हुआ। अधिकार के प्रारम्भिक दौर में उनकी स्थिति शासक की नहीं थी। उनका मुख्य उद्देश्य भारतवर्ष का आर्थिक दोहन था। अतः इस प्रथम दौर में उन्होंने खुली लूट मचाई। इतिहासकार आर.पी. दत्ता ने 'इंडिया टुडे' में औपनिवेशिक काल की अर्थव्यवस्था का विश्लेषण करते हुए अंग्रेज़ों के शोषण को तीन भागों में विभाजित किया है। प्रथम भाग 'वाणिज्यिक' है जिसका काल सन् 1757 से 1813 ई. तक था। इस कालक्रम में

व्यापार पर ईस्ट इंडिया कम्पनी का एकाधिकार था। ईस्ट इंडिया कम्पनी ने इस देश को दोनों हाथों से लूटने के लिए जो रणनीति बनाई वह यह थी कि यह कम्पनी अतिरिक्त राजस्व से तैयार भारतीय माल (विशेषत: बंगाल के माल) को मनमाने रूप से कम कीमत पर खरीदकर इंग्लैंड एवं यूरोप भेजती थी। इस बीच अठारहवीं सदी के उत्तरार्द्ध में इंग्लैंड में औद्योगिक क्रान्ति का प्रारम्भ हो चुका था। इस क्रान्ति ने व्यापार का नक्शा बदल दिया। सन् 1813 ई. से लेकर 1857 ई. तक की अवधि मुक्त व्यापार के औद्योगिक एवं पूँजीवादी शोषण की रही। भारत बड़ी तेजी से मैनचेस्टर के कपड़ों के बाज़ार और कच्चे माल के स्रोत के रूप में परिवर्तित हुआ। इस तेजी ने इस देश की पारम्परिक हस्तकलाओं को उखाड़ फेंका। मार्क्स ने इस पर टिप्पणी करते हुए कहा कि यह वह समय था जब घर में सूती कपड़ों की भरमार कर दी गई थी।

भारत में औपनिवेशिक युग के दूसरे चरण उदारवादी पूँजीवाद का प्रारम्भ उन्नीसवीं सदी के दूसरे दशक से माना जाता है। रजनी पाम दत्त और विपनचन्द्र ने सन् 1813 से दूसरे चरण का आरम्भ माना है। इस चरण में ईस्ट इंडिया कम्पनी ने अपनी नीतियों में परिवर्तन किए। अपनी सुविधाओं के लिए कम्पनी ने भारत के आधुनिकीकरण के प्रयास का आरम्भ किया। उदारवादी पूँजीवाद शासित देशों में विकास की विचारधारा को साथ लेकर चला। पहले ही कहा जा चुका है कि विकास की अवधारणाएँ उनकी अपनी थीं जिनकी श्रेष्ठता के बारे में वे निश्चिन्त थे। इस विचारधारा के अन्तर्गत यह माना गया कि भारत के विकास के साथ-साथ यहाँ के निवासियों को शासन में सहयोग के लिए 'थोड़ा-बहुत तैयार' किया जाए।

अपनी अवधारणा को लागू करने के पहले यहाँ के बारे में एक नकारात्मक विचारधारा का पोषण किया गया। भारतीय सभ्यता की आलोचना के पीछे मंशा यह थी कि औपनिवेशिक सत्ता द्वारा लाए जा रहे परिवर्तनों को यहाँ की जनता सहज स्वीकृति दे दे। मिशनरियों ने यहाँ के धर्म, आचार-विचारों पर तथा अंग्रेज़ शोधकर्ताओं ने यहाँ की सभ्यता-संस्कृति पर अनेक आक्रमण किए। मिशनरियों ने अपने धर्म प्रचार और उसकी श्रेष्ठता प्रतिपादन से पहले यहाँ के धर्म को नितान्त निकृष्ट घोषित किया। अन्तर्विरोधों से घिरे तथा रूढ़ियों, कर्मकांडों से जकड़े सनातन धर्म के विरुद्ध ये बातें यहाँ की जनता ने सुनी भी, किन्तु ऐसे लोग संख्या में बहुत अधिक नहीं थे। मिशनरियों एवं शोधकों की इन 'विशिष्ट खोजों एवं निष्कर्षों' पर जागरूक बुद्धिजीवी वर्ग में तीखी प्रतिक्रिया हुई और इस प्रतिक्रिया ने उन्हें और भी अधिक 'धार्मिक' बनाया। उन्होंने एक तरफ औपनिवेशिक शोधकर्ताओं द्वारा निरूपित तथ्यों का खंडन किया और दूसरी तरफ संस्कृति के उन विशिष्ट तत्त्वों को सामने रखने का प्रयास किया जो उनमें हीन-भावना का निवारण कर आत्मविश्वास उत्पन्न कर सकते थे और साथ ही उनकी संस्कृति के

श्रेष्ठ होने की भावना को बलवती कर सकते थे। हिन्दी प्रदेश में भारतेन्दु हरिश्चन्द्र ऐसे ही प्रबुद्ध जनों में अग्रणी थे।

औपनिवेशिक सत्ता का तीसरा चरण सन् 1857 से प्रारम्भ होता है। रजनी पाम दत्त इसे 'फाइनेन्स कैपिटलिज़्म' का काल मानते हैं। सन् सत्तावन के प्रथम स्वाधीनता संग्राम एवं पूँजीवाद के इस नए चरण के आरम्भ के कारण व्यवस्था एवं स्थितियों में महत्त्वपूर्ण परिवर्तन घटित हुए। सन् सत्तावन के संग्राम के पूर्व उदारवाद, किसान की तरक़्क़ी और मध्यवर्ग की शिक्षा के प्रयास के लिए अब स्थान नहीं था। यह कहना ग़लत नहीं होगा कि सन् सत्तावन के बाद ब्रिटिश हुकूमत और अधिक नस्लवादी तथा कट्टर हो गई। इतिहासकार एरिक स्टोक्स ने एक उच्चाधिकारी के हवाले से कहा है कि इस विद्रोह ने पुरानी व्यवस्था का अन्त कर दिया। जिसमें एशियाई और यूरोपियन दृष्टि, क़ानून, सेना और व्यवस्था की पद्धतियों को मिलाने का 'असम्भव प्रयास' किया गया था। इसके फलस्वरूप साठ और सत्तर के दशक में औपनिवेशिक राजसत्ता ने कुछ उग्र क़ानून बनाए। दूसरी ओर इस समय भारत में राष्ट्रीय आकांक्षाएँ अंग्रेज़ी सरकार के ख़िलाफ़ एक स्वरूप धारण करने लगी थीं। इस प्रकार एक ओर व्यवस्था का दबाव बढ़ने लगा था तो दूसरी ओर कुछ नए उपकरण एवं माध्यम आ रहे थे जो समाज के विभिन्न वर्गों के बीच एक सामान्य आधारभूमि तैयार कर रहे थे। छपाईखाने के आगमन, डाक, यातायात व्यवस्था के सम्प्रसार ने उन आकांक्षाओं को तीव्रता प्रदान की जिन्हें हम राष्ट्रवाद की प्रारम्भिक अभिव्यक्ति मानते हैं। सुदीप्त कविराज ने उस काल के सम्बन्ध में बिलकुल सही कहा है कि उस समय अंग्रेज़ी हुकूमत के अन्त की यथार्थवादी कल्पना नहीं की जा सकती थी। उस समय यह एक आम धारणा थी कि सभी प्रकार की प्रगति के मूल स्रोत ब्रिटिश राजसत्ता और व्यवस्था हैं। औपनिवेशिक सत्ता के 'ज्ञान-विज्ञान' के प्रसार से लोग प्रभावित थे। क़ानून, व्यवस्था, वाणिज्य, शहरीकरण, सड़क निर्माण, रेल परिवहन का विस्तार, डाक सेवा की सुविधा, शैक्षिक संस्थान एवं अन्य वैज्ञानिक उपलब्धियों से उत्पन्न धारणा अंग्रेज़ों के पक्ष में थी पर यह प्रश्न भी उठाया जा रहा था कि महान भारतीय संस्कृति के पराधीन होने के कारण क्या हैं? देश के कुछ हिस्सों में एक संगठित राजनीतिक प्रयास विफल हो चुका था और कोई अन्य राजनैतिक संस्था उभरकर नहीं आ पाई थी। ऊपरी नेतृत्व के अभाव में शिक्षित मध्यवर्ग ही स्वदेशी विचारों का वाहक बना। इसी वर्ग ने अनगढ़ राष्ट्रीय आकांक्षाओं को अभिव्यक्ति प्रदान की।

इतिहासकार बी.बी. मिश्रा के अनुसार सन् 1870 के दशक में मध्यवर्ग की निर्मिति आरम्भ हुई। उनके अनुसार यह श्रेणी मुख्यत: 'प्रोफ़ेशनल क्लास' के रूप में उभरी, वाणिज्य एवं औद्योगिक प्रगति के कारण नहीं। मध्यवर्ग का निर्माण मुख्यत: शैक्षणिक, न्यायिक और प्रशासनिक विकास से जुड़ा हुआ था। वे आगे

कहते हैं कि कुछ विशिष्ट परिस्थितियों के कारण इस वर्ग के लोग ऊँची जाति से थे। ये समूह (वकील, सरकारी कर्मचारी, चिकित्सक, शिक्षक, लेखक, विद्वान इत्यादि) मध्यवर्ग के अग्रदूत बने। अस्सी के दशक में मध्यवर्ग की संख्या में तेजी से बढ़ोतरी दीख पड़ती है।

इस मध्यवर्ग ने संस्थाओं के महत्त्व को भलीभाँति समझा एवं उनके गठन की ओर ध्यान दिया। विशेषकर सन् 1860 के दशक के मध्य के उपरान्त संस्थाओं की स्थापना में वृद्धि हुई। मध्यवर्ग के विचारों के प्रति आपसी आदान-प्रदान ने उनके चिन्तन में एकसूत्रता उत्पन्न की। इतिहासकार तपन रे चौधुरी मानते हैं कि "मध्यवर्ग की इस बढ़ती संख्या ने उनमें एक आत्मविश्वास भी पैदा किया। अब पश्चिमी ज्ञान गिने-चुने लोगों की सम्पत्ति न होकर एक बड़े वर्ग के पास पहुँच चुका था।" (Europe Reconsidered, Tapan Ray Chowdhury, Oxford University Press, Delhi, 1989, p. 1)

'रेनेसाँ' और भारतीय वातावरण—औपनिवेशिक शासन के दूसरे चरण में 'मुक्त व्यापार' (1873 से 1858 ई., Free Trade) के आरम्भिक काल अर्थात् उन्नीसवीं सदी के दूसरे दशक तक बंगाल में पाश्चात्य शिक्षा प्राप्त बुद्धिजीवियों का स्पष्ट अस्तित्व प्रकाश में आया। मुक्त बाज़ार व्यवस्था की आवश्यकताओं को पूरा करने के लिए कृषि उत्पादनों से लेकर यातायात और शिक्षा के क्षेत्र में घटित हो रहे परिवर्तनों ने इस अंग्रेज़ी शिक्षा प्राप्त वर्ग को भारतीय समाज का सबसे प्रखर वर्ग बना दिया। नीतिगत दृष्टि से यह वर्ग सबसे सुविधाजनक स्थिति में था। अंग्रेज़ों ने इस वर्ग को अपनी आवश्यकतानुसार सहायता एवं समर्थन दिया। धर्म राजनीति का बहुत बड़ा अस्त्र रहा है। केवल उपनिवेशितों ने ही नहीं औपनिवेशिक सत्ता ने भी धर्म का उपयोग किया। इंग्लैंड ने ईसाई धर्म और संस्कृति के प्रचार के लिए मिशनरियों को भारत भेजा। इन मिशनरियों ने अपनी धर्म प्रचार की गतिविधियों से अंग्रेज़ी शिक्षा के प्रचार के साथ स्थानीय भाषाओं को भी बढ़ाया। मिशनरियों ने अपने धर्मप्रचार के स्थानों की स्थानीय भाषाएँ सीखीं। अनपढ़ स्थानीय जनता को स्थानीय भाषा लिखाना-पढ़ाना अधिक सरल था। बंगाल में पहले-पहल क़ब्ज़ा जमाने के कारण अंग्रेज़ों ने बहुत से प्रयोग सर्वप्रथम यहीं किए। अपने धर्मप्रचार हेतु मिशनरियों ने साथ ही बंगला भाषा के उन्नयन में भी सहायता दी। धर्म परिवर्तन के कार्य में लगी मिशनरियों द्वारा भारतीय भाषाओं के प्रयोग से भारतीय भाषाओं को लाभ हुआ। सन् 1793 में मिशनरियों के एक दल के साथ मिशनरी कैरे आए थे। कैरे और उनके दो सहयोगियों ने नए बंगाल के निर्माण में महत्त्वपूर्ण भूमिका निभाई। बंगला गद्य की नींव डालने वालों में कैरे भी हैं। इन मिशनरियों को स्थानीय भाषाओं से कोई लगाव नहीं था, उसका उपयोग उनकी आवश्यकता थी। सन् 1834 में भारत में अंग्रेज़ी भाषा के प्रति श्रेष्ठता ग्रन्थि के शिकार मैकाले का आगमन

हुआ। ''मैकाले ने अंग्रेज़ी भाषा की शिक्षा का इतने जोरों के साथ समर्थन किया और पूर्वी साहित्य के प्रति ऐसी उपेक्षा प्रकट की कि अन्त में संवत् 1892 (7 मार्च, सन् 1835) में कम्पनी की सरकार ने अंग्रेज़ी शिक्षा का प्रस्ताव पास कर दिया और धीरे-धीरे अंग्रेज़ी के स्कूल खुलने लगे। भारतीय सामाजिक व्यवस्था से प्रताड़ित जिन लोगों ने ईसाई धर्म स्वीकार किया उन्होंने भी अपना ध्यान अंग्रेज़ी पर लगाया।'' (हिन्दी साहित्य का इतिहास, नगेन्द्र (सम्पा.), नेशनल पब्लिकेशन हाउस, नई दिल्ली, 1989, पृ. 220)

अंग्रेज़ी शिक्षा से लैस इस भारत में चेतना की एक नई लहर दिखाई पड़ी। देश में बंगाल अंग्रेज़ी शिक्षा सम्पन्नता में सबसे आगे था। चेतना की इस लहर को इतिहासकारों ने यूरोपीय रेनेसाँ की तर्ज पर ही परखा। इसे 'जागरण', 'नवजागरण', 'पुनर्जागरण', 'रेनेसाँ' इत्यादि कहा, किन्तु अलग हवा, मिट्टी और पानी में पनपे इस 'नवजागरण' की मूल प्रकृति उस 'रेनेसाँ' से एकदम भिन्न थी जो यूरोप में पन्द्रहवीं सदी में प्रारम्भ होकर तीन-चार सौ वर्षों की लम्बी अवधि तक वहाँ के अन्धकार को दूर कर परिवर्तन करने में सक्षम हुआ। सामान्यत: भारतीय नवजागरण के सन्दर्भ में बंगाल में हुए 'नवजागरण' को केन्द्र में माना जाता है, किन्तु बंगाल के 'नवजागरण' पर विचार करने पर यह प्रतीत होता है कि पिछली सदी में हुए इस वैचारिक आन्दोलन के सन्दर्भ में 'नवजागरण' अथवा 'रेनेसाँ' का प्रयोग उपयुक्त नहीं है। बंगाल के इस वैचारिक आन्दोलन को ठीक इसी अर्थ में 'नवजागरण' मानने में कठिनाइयाँ हैं।

यह सही है कि सन् 1815 में राजा राममोहन राय के कलकत्ता बस जाने के बाद से बंगाल के 'भद्रलोक' समाज में वैचारिक उथल-पुथल का एक दौर प्रारम्भ हुआ जिसने औपनिवेशिक आधुनिकतावाद के प्रभाव को बंगाल में बढ़ाया और बंगालियों का एक वर्ग पूरे भारत में सबसे आगे माना जाने लगा। अंग्रेज़ी शिक्षा को अपनाने में बंगालियों ने सबसे अधिक उत्साह दिखाया, किन्तु अंग्रेज़ों द्वारा किए जा रहे परिवर्तनों का प्रभाव अपनी आर्थिक सीमाओं के साथ उस समय उनके अधीनस्थ भारत के अन्य हिस्सा तो क्या पूरे बंगाल पर एकरूपता से नहीं पड़ा। कुछ क्षेत्र विशेषों को ही इन परिवर्तनों का लाभ मिला। कलकत्ता पर इसका सबसे व्यापक प्रभाव पड़ा, स्मरण रहे यह उन्नीसवीं सदी का कलकत्ता है। उदारवादी पूँजीवादी व्यवस्था के प्रभावी होने के पहले से ही वहाँ स्थायी बन्दोबस्त तथा अन्य सुधारों के कारण एक वर्ग, जो इस नई व्यवस्था के अन्तर्गत लाभान्वित था, उभरकर सामने आया। अंग्रेज़ी शिक्षा एवं पाश्चात्य विचारों को यह वर्ग पर्याप्त रूप से अपना चुका था। इस वर्ग ने अपना केन्द्र कलकत्ता बनाया। 1815 ई. से 1850 ई. तक अनेक महत्त्वपूर्ण व्यक्तित्व एवं संस्थाएँ उभरीं जिन्होंने कलकत्ता के 'भद्रलोक कुलीन बंगाली समाज' में आधुनिकता का प्रसार करने में सफलता पाई, किन्तु अपने मूल

रूप में 'रेनेसाँ' जहाँ घटित हुआ था वहाँ यह एक वर्ग का विशेषाधिकार नहीं था। यहाँ आधुनिक शिक्षा एवं परम्परागत शिक्षा के बीच रचनात्मक सम्बन्ध नहीं बन पाया और 'आधुनिकतावाद' का जो विकास बंगाल में हुआ उससे एक वर्ग तो अंग्रेज़ी शिक्षा पाकर औपनिवेशिक दौर में भारतीयों को प्राप्त सुविधाएँ पाने लगा लेकिन सामान्य जनता को रेनेसाँ का लाभ नहीं मिला। कुछ अपवादों को छोड़ दिया जाए तो बंगाल के उन्नीसवीं सदी के इतिहास को दो भागों में विभाजित किया जा सकता है—एक भाग में कलकत्ता के कुछ मध्यवर्गीय कुलीन परिवार आएँगे जो अंग्रेज़ों के निकट होते जा रहे थे और दूसरे भाग में पूरे बंगाल का बाकी बचा हुआ हिस्सा जो नवजागरण से किसी भी प्रकार जुड़ा हुआ नहीं था, उससे लाभान्वित होना तो दूर की बात है। केवल मध्यवर्गीय कुलीन भद्रलोक के मध्य बंगाल के नवजागरण के फैलने की पुष्टि इतिहासकार अमलेन्दु दे के इस कथन से होती है। मध्यवर्ग की सकारात्मक भूमिका स्वीकार करते हुए वे कहते हैं, "इसमें कोई सन्देह नहीं कि ब्रिटिश सम्पर्क से जो शिक्षित हिन्दू मध्यवर्ग बंगाल में उभरा उसने 'बंगाल रेनेसाँ' के नाम से जानी जाने वाली घटना प्रक्रिया में महत्त्वपूर्ण भूमिका निभाई, किन्तु यह जागरण मुख्यत: कलकत्ता शहर केन्द्रित हिन्दुओं का था, यद्यपि इसका थोड़ा-बहुत प्रभाव कुछ छोटे शहरों और गाँवों में भी महसूस किया गया जहाँ शिक्षित हिन्दू रहते थे। इस रेनेसाँ के मनीषियों का बंगला भाषा, साहित्य एवं जातीय जागृति में महत्त्वपूर्ण योगदान रहा जिसके परिणामस्वरूप आधुनिक बंगाल की नींव पुख्ता हुई। इसके योगदान को स्वीकार करते हुए भी हमें इस कटु सत्य को मानना पड़ता है कि यह जागरण साधारण जनता के बीच नहीं फैल पाया, केवल शिक्षित मध्यवर्ग के बीच सिमटकर रह गया। मुस्लिम जनता और हिन्दू समाज के निम्न वर्ग के लोग इस जागरण से सही अर्थों में लाभान्वित नहीं हो सके। अत: इस विशेषण 'बंगाल रेनेसाँ' को कलकत्ता केन्द्रित हिन्दुओं के जागरण के अतिरिक्त और कुछ नहीं कहा जा सकता।" (एसेज़ इन ऑनर ऑफ, प्रो. एस.सी. सरकार, रूट्स ऑफ सैपेरेटिज़्म इन नाइन्टीन्थ सेंचुरी बंगाल, अमलेन्दु दे, तीन मूर्ति पुस्तकालय, नई दिल्ली, पृ. 337) बंगाल का यह जागरण जनता के बीच बंगाल के बाहर तो क्या बंगाल के गाँवों तक नहीं पहुँचा।

हिन्दी नवजागरण पर विचार करने से पहले 'रेनेसाँ' या 'रेनेसाँस' (Renaissance) पर चर्चा कर लेना उचित रहेगा जो नवजागरण की मूल प्रेरणा माना गया है। मूलत: रेनेसाँ (Renaissance) शब्द का अर्थ है—पुनर्जन्म। यह इटली की भाषा के Rinascenza, Rinascimento से आविर्भूत हुआ। वास्तव में Rinascimento शब्द का व्यवहार उन व्यक्तियों के लिए हुआ जिन्होंने Rinascenza में ग्रीक और लैटिन क्लासिक साहित्य के पुनर्जन्म में सहभागिता की। रेनेसाँ का आरम्भ चौदहवीं सदी के उत्तरार्द्ध से माना जाता है। यह परिघटना पन्द्रहवीं और सोलहवीं बल्कि सम्भवत:

उसके बाद भी घटित होती रही। रेनेसाँ के कालखंड की सुव्यवस्थित व्याख्या के लिए इतिहासकारों ने इसे आरम्भिक (Early), मध्य (Middle), शीर्ष (High) और उत्तरार्द्ध (Late) काल में बाँटा है।

पश्चिम के जिन व्यवस्थित सिद्धान्तों को भारतीय समाज पर अधकचरे ढंग से लागू किया गया, रेनेसाँ भी उनमें से एक है। भारतीय नवजागरण या पुनर्जागरण को इस प्रकार सुव्यवस्थित कालक्रम में विभाजित नहीं किया गया। हाँ, हिन्दी नवजागरण को रामविलास शर्मा ने चार चरणों में अवश्य विभाजित किया और हिन्दी नवजागरण के क्रमिक विकास का एक ठोस ढाँचा प्रस्तुत किया है।

सामान्यत: हम सभी जानते हैं कि रेनेसाँ या यूरोपीय पुनर्जागरण का प्रारम्भ इटली में हुआ, किन्तु इस तथ्य से लगभग अपरिचित हैं कि इसके उदय का मूल कारण व्यापार था। पश्चिमी सभ्यता के विकास में चौदहवीं, पन्द्रहवीं और सोलहवीं शताब्दी में हुई सांस्कृतिक प्रगति का काल पुनर्जागरण काल या रेनेसाँ कहलाता है। यह रेनेसाँ यूनानी और रोमन सभ्यता-संस्कृति के प्रभाव से घटित हुआ। रोमन साम्राज्य के अन्त के पश्चात् उसके शिक्षा प्रतिष्ठान बन्द होने के कारण यूनानी और लैटिन भाषाओं का ज्ञान लुप्त हो रहा था। ईसाई धर्म अपने विकास के साथ धार्मिक अन्धविश्वासों, सामन्ती व्यवस्थाओं और रूढ़ियों का गढ़ बन गया था। चर्च और पादरी इसके सबसे बड़े आश्रयदाता और समर्थक थे। इटली व्यापार का सबसे बड़ा केन्द्र था। यहाँ के धनी व्यक्तियों ने विचार, कला, साहित्य और संस्कृति की प्रगति के लिए धन खर्च किया। व्यापार के प्रसार के साथ शहरों का विकास हो रहा था। धनी वर्ग के पास पादरियों की ही भाँति विद्याध्ययन के अवसर थे, साथ ही धनपति कला और संस्कृति के प्रश्रयदाता बन गए थे। इटली का फ्लोरेंस शहर केवल रेनेसाँ का ही सबसे बड़ा केन्द्र नहीं था, बल्कि सबसे धनी शहर भी था। इटली के इस नए धनिक वर्ग ने प्राचीन कला, साहित्य और संस्कृति के पुनरुद्धार के साथ धार्मिक अन्धविश्वासों को चुनौती दी। यूरोप की लौकिक विचारधारा को धर्म पर वरीयता दी गई। नगरों के स्वतंत्र वातावरण में व्यापारियों के लिए सामन्तप्रथा और उसके समर्थक चर्च से लड़ना सरल था। व्यापारियों ने चर्च की कटु आलोचना आरम्भ की। अभी तक जो जनता प्राचीन परिपाटियों से बँधी हुई थी वह अब उन्हें सन्देह की दृष्टि से देखने लगी। अब प्रत्येक विचार और संस्था पर प्रश्न उठाए जाने लगे। उनके पक्ष-विपक्ष में होने वाले वाद-विवाद से विचार स्वातंत्र्य और ज्ञान की प्रगति हुई। ज्ञान पर चर्च का एकाधिकार टूटा। रेनेसाँ का मूल वैचारिक केन्द्र लौकिकता थी, पारलौकिकता से लोगों का मोहभंग हुआ।

पश्चिम में मध्यकाल की समाप्ति में मुख्य कारक विचारधाराओं में 'मानववाद' का प्रमुख स्थान है। पश्चिमी मध्यकाल में वहाँ की धार्मिक मान्यता के अनुसार मानव एक हेय प्राणी था। "मध्यकाल में धार्मिक घटाटोप के कारण समस्त मूल्यों

और प्रतिमानों का स्रोत किसी न किसी दिव्य सत्ता को माना जाता था। मानववादियों ने इस मान्यता का तिरस्कार किया। उन्होंने यह घोषित किया कि सम्पूर्णतम मनुष्य ही मनुष्य का प्रतिमान है। इसके लिए मानववादियों ने एक ओर मानवोपरि दिव्य सत्ता का निषेध किया और दूसरी ओर अमानवीय यांत्रिकता का। मानववादी यह मानते हैं कि मनुष्यों में जो पाशविक है और जो दिव्य है, उन दोनों के मध्य में कुछ ऐसा है जो पूर्णतः मानवीय है और उसी को नैतिकता, कला, सौन्दर्यबोध तथा अन्य आचार-विचार का प्रतिमान मानना चाहिए।'' (हिन्दी साहित्य कोश, भाग-1, धीरेन्द्र वर्मा (प्रधान सम्पा.), ज्ञानमंडल, वाराणसी, पृ. 314)

इस प्रकार पश्चिम के रेनेसाँ अथवा पुनर्जागरण अथवा नवजागरण का मुख्य बिन्दु धर्म बनाम मानवता था। मानवतावाद की प्रमुखता के कारण ईश्वर से सम्बन्ध रखने वाले धर्मशास्त्र का स्थान मानवतावादी दर्शन ने ले लिया। कला, विज्ञान और सभी बौद्धिक एवं व्यावहारिक क्षेत्रों में मनुष्य केन्द्र में आ गया। अब इस संसार का अधिष्ठाता ईश्वर नहीं मनुष्य बन गया। मध्ययुगीन ईसाई धर्मशास्त्री मानव शरीर और बुद्धि को तुच्छ मानते थे। वे मानते थे कि ईसाई प्रेरणा के बिना मनुष्य नैसर्गिक सत्य के दर्शन नहीं कर सकता। रेनेसाँ कालीन दर्शनशास्त्री अपने यूनानी और रोमन पूर्वजों की भाँति मानव सौन्दर्य और प्रतिभा के विश्वासी तथा गुणगानकर्ता बने। इस मानवतावाद ने सामान्य मानव समूह ही नहीं, बल्कि व्यक्ति का भी गुणगान किया। मध्यकालीन पादरी मानव अहंकार को उसका सबसे बड़ा शत्रु मानते थे। वे सब कुछ ईश्वर की कृपा मानते थे। मनुष्य की उपलब्धियाँ ईश्वर की देन थीं। भारतीय सन्दर्भ में कबीरदास पहले ही कह चुके थे—

ना कछु किया न करहिंगे ना करने जोग सरीर।
जो कछु किया सो हरि किया भया कबीर कबीर॥

(कबीर ग्रन्थावली, श्यामसुन्दर दास (सम्पा.),
प्रकाशन संस्थान, नई दिल्ली, 2010, पृ. 112)

भारतवर्ष में अपने व्यक्तिवादी गुणों के साथ इस मानवतावादी रेनेसाँ ने जब प्रवेश किया तब भी 'हरि इच्छा' ही मुख्य धार्मिक, सामाजिक और सांस्कृतिक दर्शन था। बहरहाल रेनेसाँ ने व्यक्ति की चहुँमुखी प्रतिभा के विकास पर अपना गहरा विश्वास व्यक्त किया। ईसाई पादरियों ने अहंकार को सबसे बड़ा शत्रु माना था, किन्तु रेनेसाँ कालीन प्रतिभाशाली कलाकारों को अहंकारी होने पर भी सम्मानित किया गया। केवल अहंकारी ही नहीं बेनवेनुतो सेलिनी जैसे झूठे, चोर, खूनी और बलात्कारी को पुनर्जागरण काल में प्रतिभाशाली कलाकार होने के कारण सम्मान दिया गया।

जैसा कि पहले कहा जा चुका है कि रेनेसाँ को मुख्यतः धनिक और व्यापारिक वर्ग ने पोषित किया जिसे राजसत्ता का प्रश्रय मिला और आगे चलकर इससे

लाभान्वित देशों ने औपनिवेशिकता को बढ़ावा दिया। पश्चिमी देशों के राज्य समर्थित व्यापारी अपने देश के धन-बल को बढ़ाने हेतु एशियाई और अफ्रीकी देशों से व्यापार करने निकल पड़े। ये सीधे-सादे व्यापारी नहीं थे, अपितु अपनी कूटनीति से ऐसे देशों का स्वामी बनना चाहते थे। अंग्रेज़, डच, फ्रांसीसी आदि विभिन्न देशों को अपना उपनिवेश बनाने की होड़ में लग गए। भारतवर्ष में अंग्रेज़ व्यापार की नीयत जताकर प्रविष्ट हुए और लगभग दो सौ वर्षों तक शासन कर यहाँ से गए। तराजू पर चढ़कर आए व्यापारी ने ऐसी डंडी मारी कि सिंहासन पर जा बैठा। इसके लिए उसने सत्ता के सभी उपकरणों को साधा। इस देश में खुली लूट मचाने के लिए उसने केवल और केवल अपनी सुविधानुसार क़ानून बनाए। इस देश की विभाजित राजनैतिक शक्तियों से मनचाहे लाभ लिये और उन्हें भी अपने अनुकूल वातावरण बनाने के लिए बाध्य किया। स्थायी बन्दोबस्त इसका सबसे सटीक उदाहरण है।

औपनिवेशिक शासकों द्वारा खुली आर्थिक लूट की चर्चा अगले अध्याय में की जाएगी। इस स्थान पर उनकी 'सर्वप्रशंसित' क़ानून व्यवस्था की संक्षिप्त चर्चा समीचीन होगी।

क़ानून व्यवस्था—औपनिवेशिक दृष्टिसम्पन्न इतिहासकारों द्वारा रेल के बाद अंग्रेज़ों की अक्षय कीर्ति में अदालतों और क़ानून व्यवस्था का सबसे अधिक योगदान माना गया। संक्षेप में इन अदालतों की न्याय-व्यवस्था और न्यायप्रियता पर दृष्टिपात करना असंगत न होगा। भारत के कृषि प्रधान देश होते हुए भी इसके कृषकों की सत्ता में कभी भागीदारी नहीं रही। भागीदारी के इस अभाव ने प्रत्येक युग में किसानों को पीड़ित किया। अंग्रेज़ भी इसके अपवाद नहीं थे। बंकिमचन्द्र कहते हैं कि कॉर्नवालिस द्वारा वास्तविक भूस्वामियों अर्थात् कृषकों से भूमि छीनकर तहसीलदारों को दिया जाना प्रजा के लिए बड़ा आघात था। इस व्यवस्था ने किसानों का भाग्य फोड़ दिया। बंकिमचन्द्र ने स्थायी बन्दोबस्त को अंग्रेज़ों पर कलंक माना है, चिरकलंक, स्थायी कलंक, क्योंकि यह बन्दोबस्त स्थायी है। यद्यपि उन्होंने अंग्रेज़ों को सन्देह लाभ देने का पूरा प्रयास किया। उन्हें लगता था कि ब्रिटिश शासकों ने भारत के कृषकों का जानबूझकर अनिष्ट नहीं किया, वे इस देश से अपरिचित थे, अपनी तरफ से तो उन्होंने 'देश का भला' करने का ही प्रयास किया। अगर "राज प्रतिनिधियों की अट्टालिका की छाया तले लाखों-लाखों लोगों पर अत्याचार हो रहा है, उसका कोई प्रतिकार नहीं होता, क्यों? ज़मींदार प्रजा को पकड़ मँगवाकर क़ैद कर रहे हैं, मार-मार कर रुपये वसूल रहे हैं, उनकी फसल लूट रहे हैं, भूमि छीन रहे हैं, सर्वनाश कर रहे हैं फिर भी प्रतिकार क्यों नहीं होता? कुछ लोग कहेंगे इसके लिए राजपुरुषों ने क़ानून बनाए हैं, अदालतें बनाई हैं, इसमें गवर्नमेंट का क्या दोष है? हम भी यही पूछते हैं। क़ानून है—पर उस क़ानून के अनुसार अपराधी ज़मींदार दंडित क्यों नहीं होता? अदालत है—उस अदालत में

दोषी ज़मींदार ही सदैव विजयी क्यों होता है? इसका क्या कोई उपाय नहीं है? जिस क़ानून से केवल दुर्बल दंडित हो जो बलवान पर लागू न हो ऐसा क़ानून किस काम का? जो अदालत केवल दुर्बल पर बल दिखाती हो, बलवान के ऊपर नहीं वह अदालत क्यों कर रहे हैं? शासन दक्ष अंग्रेज़ क्या इसकी कोई सुविधि नहीं बना सकते? यदि ऐसे नहीं कर सकते तो फिर शासन दक्षता पर गर्व क्यों करते हैं? यदि कर सकते हैं फिर अपने प्रमुख कर्तव्य निर्वाह की अवहेलना क्यों करते हैं? हम इन दीन-हीन छह करोड़ बंगाली कृषकों के लिए अंग्रेज़ों के समक्ष हाथ जोड़कर रुदन करते हैं—इनका मंगल हो! अंग्रेज़ों का राज्य अक्षय रहे! वे निरुपाय कृषकों की ओर दृष्टिपात करें। यह क़ानून अदालत में कृषक का कोई उपकार क्यों नहीं कर पाता इसका एक कारण संक्षेप में बताऊँगा।'' (बंकिमचन्द्र चट्टोपाध्याय के निबन्ध : एक संकलन—रूपा गुप्ता (अनुवादक और सम्पादक), स्वराज प्रकाशन, नई दिल्ली, 2010, पृ. 221)

बंकिमचन्द्र चट्टोपाध्याय प्रथम कारण मुकदमे में अतिशय व्यय बताते हैं जो ग़रीब किसान या अन्य किसी निर्धन-शोषित द्वारा उठाया जाना सम्भव नहीं। ''ज़मींदार धनी हैं वे अदालत का खेल खेल सकते हैं। दोष हो या न हो, इच्छा होते ही वे कृषकों को अदालत में उपस्थित करते हैं। इसलिए धनवान की ही जय होती है, अतः कृषकों की दुर्दशा होती है। अतएव क़ानून, अदालत धनवानों द्वारा कृषकों को पीड़ित करने का और एक उपाय भर हैं।

द्वितीयतः अदालतें बहुत दूर हैं। इतनी दूर हैं कि वे कृषकों के लिए उपकारी नहीं हो सकतीं। किसान अपना घर-द्वार, खेती आदि छोड़कर, दूर जाकर मुकदमा नहीं लड़ सकता। व्यय की बात छोड़ दें तो भी किसानों के कार्यों की क्षति होती है और इससे उनके अनेक अनिष्टों की सम्भावना रहती है। कृषक यदि गुमाश्ते के विरुद्ध नालिश करने जाएगा तो इस मौके का लाभ उठाकर गुमाश्ते के दबाव से लोग उसका धान चुराकर ले जाएँगे नहीं तो कोई और कृषक गुमाश्ता से पट्टा लेकर उसकी ज़मीन पर दखल कर लेगा। इसके अतिरिक्त हमारे देश के लोग, कुछ अपवादों को छोड़कर, आलस्य के वशीभूत हैं। जल्दी से किसी कार्य के लिए उठ खड़े नहीं होते, तत्परता नहीं दिखाते। दूर जाना नहीं चाहते। इसलिए कृषक ज़मींदार का अत्याचार सह लेगा पर दूर जाकर उसका प्रतिकार करना नहीं चाहेगा। न्यायकार्य के लिए नियुक्त लोग जानते हैं कि उनके न्यायालय में निकटवर्ती स्थानों के अनेक मुकदमे होते हैं, दूर के मुकदमे प्रायः नहीं होते। अतएव न्याय के निकट रहने पर अत्याचार पर जैसा नियंत्रण सम्भव है, वह दूर रहने पर सम्भव नहीं है। इसका एक परिणाम यह भी हुआ कि गुमाश्ते ही न्यायाधीश का काम करने लगे हैं। जब कोई कृषक, किसी दूसरे पर अन्याय करता है, तब उसकी नालिश ज़मींदार के गुमाश्ते से की जाती है। जब गुमाश्ता स्वयं अत्याचार करता है, तब उसकी नालिश नहीं

होती। जो व्यक्ति स्वयं परपीड़क है एवं चार पैसों के लोभ में सब प्रकार के अत्याचार करने को तैयार है उसके हाथों में न्याय कार्य रहने पर देश का कितना अनिष्ट हो रहा है, उसे बुद्धिमान लोग समझ सकते हैं।'' (वही, पृ. 222)

तीसरा कारण अदालतों के फैसलों में होने वाली देर है। इसका कारण अदालतों में न्यायाधीशों की कमी है। चौथा कारण वर्तमान क़ानून की अतार्किकता और जटिलता है। इसे भी बंकिमचन्द्र उदाहरण सहित समझाते हैं, ''मान लो गुमाश्ते या किसी और ने किसी दुखी प्रजा पर कोई गुरुतर अन्याय किया है। गुमाश्ता को सेशन अदालत के हवाले किया गया। सेशन में मुकदमे के गवाहों के बयान पर प्रतिवादी का अपराध प्रमाणित हुआ, लेकिन निर्णय जूरी के हाथ में है। जूरी महाशय इस कार्य के नूतन व्रती हैं, प्रमाण-अप्रमाण कुछ नहीं समझते। जब गवाहों के बयान हो रहे थे तब उनमें से कोई अपनी गणना में लगा हुआ था, कोई दुकान की लेनदारी-देनदारी का मन ही मन हिसाब लगा रहा था, कोई थोड़ी तन्द्रा में था। वकील जब जिरह कर रहे थे तब थोड़े क्षुधातुर थे और सोच रहे थे कि घर पर गृहिणी ने खाने के लिए क्या-क्या बनाया होगा। जब जज साहब दुर्बोध बंगला में अपना चार्ज सुना रहे थे तब वे मन ही मन जज साहब की दाढ़ी के सफेद बाल गिन रहे थे। जज साहब ने जब अन्त में कहा, ''प्रतिवादी को सन्देह का लाभ मिलेगा'', वही केवल उनके कानों तक पहुँचा। जूरी के सभी महाशयों को सन्देह है—कुछ सुना नहीं, कुछ समझा नहीं, सुन-समझकर किसी निर्णय पर पहुँचने का अभ्यास नहीं है। हो सकता है वह क्षमता भी नहीं है अत: प्रतिवादी को ही सन्देह लाभ दे दिया। गुमाश्ता महाशय छूटकर फिर से कचहरी में जा जमे। वादी डरकर सपरिवार फरार हो गया। दोषी के विरुद्ध गवाही देने वालों की जर-ज़मीन गुमाश्ते ने छीन ली। हम लोग बड़े सन्तुष्ट हुए क्योंकि जूरी ने न्याय किया है—विलायती प्रथानुसार न्याय किया है—हम बड़े सभ्य हो गए हैं।'' (वही, पृ. 224)

बंकिमचन्द्र चट्टोपाध्याय अदालतों की कमियों का पाँचवाँ कारण विचारकों की अयोग्यता मानते हैं। इसका कारण वे उनका विदेशी होना मानते हैं, यद्यपि अंग्रेज़ न्यायाधीश सुशिक्षित हैं, उनमें सद्भावना की भी कोई कमी नहीं, फिर भी उनमें न्याय कार्य की वैसी दक्षता नहीं है जैसी होनी चाहिए। बंकिमचन्द्र यह नहीं भूलते कि दूसरे दर्जे के न्यायाधीश विदेशी नहीं, इसी देश के हैं। ऐसे में सभी स्थानों पर कैसे अन्याय हो सकता है? ''इसका प्रथम उत्तर है कि सभी बंगाली न्यायाधीश न्याय कार्य के योग्य नहीं हैं। बंगाली न्यायाधीशों में अनेक मूर्ख, स्थूल बुद्धि, अशिक्षित अथवा झूठे हैं। इस सम्प्रदाय के न्यायाधीश सौभाग्य से दिन पर दिन अल्पसंख्यक होते जा रहे हैं। तथापि विशेष रूप से योग्य बंगाली न्यायाधीश किसी विशेष श्रेणी में नहीं हैं। इस कारण इन देशी विचारकों की उन्नति नहीं, पदोन्नति नहीं है! जो वकालत द्वारा अधिक उपार्जन में सक्षम हैं, वे सभी सक्षम

लोग न्यायाधीश पद के प्रार्थी नहीं होते। अतः मध्यम एवं अधम श्रेणी के न्यायाधीशों के न्यायकर्ता होने पर क्या होगा। अपील में आख़िरी न्याय तो अंग्रेज़ों के हाथों में ही रहता है। नीचे न्याय होने पर भी ऊपर न्याय नहीं होता एवं यही अन्याय परिणाम के रूप में आता है। बहुत से न्यायाधीश न्याय में सक्षम होते हुए भी अपील के भय से ऐसा नहीं करते। वही करते हैं जो अपील में टिकेगा। इस विषय में हाईकोर्ट कई बार विशेष तौर पर अनिष्टकारी होता है। वे नीचे के मध्यम श्रेणी के न्यायाधीशों को न्यायपद्धति सिखाते हैं, क़ानून समझाते हैं—कहते हैं, इस प्रकार न्याय करो, इस क़ानून का अर्थ इस प्रकार समझो। कई बार ये सारी विधियाँ भ्रमात्मक होती हैं—कभी-कभी तो हास्यास्पद भी हो उठती हैं, किन्तु निचली श्रेणी के न्यायाधीशों को उन्हीं के अनुरूप चलना होता है। ऐसे बहुत से सबऑर्डिनेट जज, मुंसिफ और डिप्टी मजिस्ट्रेट हैं जो हाईकोर्ट के जजों की अपेक्षा चीज़ों को बेहतर समझते हैं किन्तु उन्हें अपेक्षाकृत अविज्ञ लोगों के निर्देशानुसार चलना पड़ता है।'' (वही, पृ. 224-25)

वर्नाक्यूलर प्रेस ऐक्ट, राजभक्ति और शोषण और भारतेन्दु युग— ध्यातव्य है कि बंकिमचन्द्र चट्टोपाध्याय डिप्टी मजिस्ट्रेट होने के कारण ब्रिटिश न्याय व्यवस्था से अत्यन्त निकट से परिचित थे। उन्नीसवीं सदी में अंग्रेज़ों द्वारा लगाए गए वर्नाक्यूलर प्रेस ऐक्ट के कारण भारतीय लेखकों और पत्रकारों के लिए सत्य को ठीक उसी रूप में लिखना सम्भव नहीं था। प्रेस पर क़ानूनी प्रतिबन्ध था, अतः अंग्रेज़ों की स्तुति के आवरण में ही अपनी कष्ट निवेदन सम्भव था। उस समय के पत्रकारों की यह रणनीतिक आवश्यकता थी। अधिकांश सजग विचारकों, लेखकों को राजभक्ति के आवरण में 'देशभक्ति' दिखानी पड़ी। इतिहासकार बिपनचन्द्र ने इस सम्बन्ध में कहा है, ''भारतीय पत्रकारों ने बड़ी अक्लमन्दी से काम लेते हुए कई ऐसे तरीके खोज निकाले, जिससे उन्हें इस क़ानून की गिरफ़्त में फँसाया न जा सके। मिसाल के तौर पर धारा 124, से बचने का उन्होंने अनोखा तरीका खोजा। चूँकि ब्रिटिश सरकार के प्रति जिन लोगों की निष्ठा सन्देह से परे होती थी, उन पर 124 लागू नहीं होती थी, इसलिए भारतीय पत्रकार जब साम्राज्यवादी शोषण के ख़िलाफ़ अपने लेखों में आग उगलते थे, तो उसके साथ ही महारानी और ब्रिटिश सरकार के प्रति गहरी निष्ठा जताने वाली बातें भी लिख देते थे।'' (भारत का स्वतंत्रता संघर्ष, बिपनचन्द्र, हिन्दी माध्यम कार्यान्वय निदेशालय, दिल्ली विश्वविद्यालय, दिल्ली, 1990)

भारतेन्दु युगीन लगभग सभी रचनाकारों को इस कौशल का आश्रय लेना पड़ा। हिन्दी नवजागरण के प्रधान स्तम्भ माने जाने वाले भारतेन्दु हरिश्चन्द्र को भी आरम्भ में यह कौशल अपनाना पड़ा। हिन्दी नवजागरण से अज्ञात कारणों से खफा रहने वाले औपनिवेशिक दृष्टि सम्पन्न आलोचकों-इतिहासकारों को अज्ञात कारणों से ही यह कौशल दिखलाई न दिया। दिखलाई देने पर भी समझ में आ जाने की कोई

प्रतिभूति देना सम्भव नहीं। ऐसे विद्वानों ने नवजागरणकालीन रचनाकारों को उनकी राजभक्ति के लिए जी भर कोसा। राष्ट्रभक्ति की झलक उन्हें मिली ही नहीं तो वे भला उस पर क्या लिखते!

किन्तु जहाँ तक राष्ट्र चिन्ता का प्रश्न है भारतेन्दु जैसे रचनाकार के भक्ति साहित्य में भी देश चिन्ता का स्वर मिलता है। इस अध्याय में भारतेन्दु साहित्य से ही अधिकांश उद्धरण चुने गए हैं। हिन्दी नवजागरण के अत्यन्त महत्त्वपूर्ण रचनाकार होने के कारण सन् 1850 से 1900 ई. तक का काल उन्हीं के नाम से अभिहित हो भारतेन्दु युग कहलाता है। दूसरे महत्त्वपूर्ण रचनाकारों के अधिक उद्धरण देने का लोभ पूरा करने पर अत्यधिक विस्तार भय का भी संकट है। अत: सुगमता की दृष्टि से अधिकतर स्थानों पर भारतेन्दु को उनके युग का प्रतिनिधि मानकर उन्हें उद्धृत किया गया है।

भारतेन्दु हरिश्चन्द्र ने राजभक्ति के आवरण में देशभक्ति की अभिव्यक्ति को आगे चलकर छोड़ दिया। इस कारण उन्हें कई बार सरकारी कोपभाजन भी बनना पड़ा। सरकार ने उन्हें नोटिस दिया, उनसे बालाबोधिनी की प्रतियाँ लेना बन्द कर दिया। राजभक्ति की आड़ में भारतेन्दु हरिश्चन्द्र के कई उद्‌गार मुहावरे बन गए। चूँकि इस अल्पायु, किन्तु अति प्रतिभाशाली रचनाकार को गद्य और पद्य दोनों में ही दक्षता हासिल थी, अत: उन्होंने काव्य और निबन्ध दोनों विधाओं का खुलकर उपयोग किया। अंग्रेज़ों द्वारा देश दोहन पर भारतेन्दु ने लिखा—

अंग्रेज़ राज सुख साज सबै भारी।
पै धन विदेश चलि जात यहै अति ख्वारी।
ताहू पर महँगी काल रोग बिस्तारी।
दिन-दिन दूने दु:ख ईस देत हा हा री।
सबके ऊपर टिक्कस की आफत भाई।
हा हा! भारत दुर्दशा न देखी जाई।

(भारतेन्दु समग्र, पृ. 461)

इससे अधिक देश दुर्दशा का स्पष्ट वर्णन क्या होगा? देश की ऐसी अवस्था हो गई कि देखी नहीं जाती। अंग्रेज़ी शासन देश को दिनोंदिन दरिद्रता की ओर धकेल रहा है—"मर्दुमशुमारी की रिपोर्ट देखने से स्पष्ट होता है कि मनुष्य दिन-दिन यहाँ बढ़ते जाते हैं और रुपया दिन-दिन कमती होता जाता है। तो अब बिना ऐसा उपाय किए बिना काम नहीं चलेगा कि रुपया भी बढ़ै और वह रुपया बिना बुद्धि न बढ़ेगा। भाइयो, राजा-महाराजों का मुँह मत देखो, मत यह आशा रखो कि पंडित जी कथा में कोई ऐसा उपाय बतलावेंगे कि देश का रुपया और बुद्धि बढ़े। तुम आप ही कमर कसो, आलस छोड़ो। कब तक अपने को जंगली हूस, मूर्ख, बोदे, डरपोकने, पुकरवाओगे। दौड़ो इस घुड़दौड़ में पीछे पड़े तो फिर कहीं ठिकाना

नहीं है। 'फिर कब राम जनकपुर ऐहैं' अबकी जो पीछे पड़े तो फिर रसातल ही पहुँचोगे।'' (वही, पृ. 1011)

भारतेन्दु देशवासियों को ललकारते हैं कि आगे बढ़ो आलस्य त्यागो। ''अंग्रेज़ों के राज्य में सब प्रकार का सामान पाकर, अवसर पाकर भी हम लोग जो इस समय उन्नति न करें तो हमारा केवल अभाग्य और परमेश्वर का कोप ही है।'' (वही, पृ. 1011) अंग्रेज़ों के रहते हमें सारे गुर सीख लेने चाहिए। भारतेन्दु के मन के एक कोने में अंग्रेज़ों से देशमुक्ति की कामना है इसलिए वे उनकी तुलना परदेशी प्रियतम से करते हैं—''भगवान कहते हैं कि पहले तो मनुष्य जनम ही बड़ा दुर्लभ है, सो मिला और उस पर गुरु की कृपा और मेरी अनुकूलता। इतना सामान पाकर भी जो मनुष्य इस संसार-सागर के पार न जाए उसको आत्म हत्यारा कहना चाहिए। वही दशा इस समय हिन्दुस्तान की है। अंग्रेज़ों के राज्य में सब प्रकार का सामान पाकर, अवसर पाकर भी हम लोग जो इस समय पर उन्नति न करें तो हमारा केवल अभाग्य और परमेश्वर का कोप ही है। सास के अनुमोदन से एकान्त रात में सूने रंगमहल में जाकर भी बहुत दिन से जिस प्रान से प्यारे परदेसी पति से मिलकर छाती ठंडी करने की इच्छा थी, उसका लाज से मुँह भी न देखे और बोले भी न, तो उसका अभाग्य ही है। वह तो कल फिर परदेस चला जाएगा। वैसे ही अंग्रेज़ों के राज्य में भी हम कुएँ के मेढक, काठ के उल्लू, पिंजड़े के गंगाराम ही रहें तो हमारी कमबख्त कमबख्ती फिर कमबख्ती है।'' (वही, पृ. 1011)

भारतेन्दु अपने देश की दुर्दशा और उसके वास्तविक कारणों से भलीभाँति परिचित हैं। देशवासी केवल आवश्यक वस्तुओं पर ही नहीं विलास सामग्री पर भी धन का अपव्यय कर रहे हैं और यह सारा धन अन्ततः विलायत जाएगा। 22 दिसम्बर, 1874 के 'कविवचन सुधा' में भारतेन्दु ने लिखा—''चाहे कैसे भी द्रव्य एकत्र किया हो अन्त में सब जाएगा विलायत में, क्योंकि हमारी शोभा की सब वस्तुएँ वहाँ से आवेंगी, कपड़ा, झाड़ फानूस, खिलौने, काग़ज़ और पुस्तक इत्यादि सब वस्तु विलायत से आवेंगी उसके बदले यहाँ से द्रव्य जाएगा तो परिणाम यह होगा कि चाहे किसी उपाय से द्रव्य लो अन्त में तुम्हारे देश से निकल जाएगा।'' (वही, पृ. 1090)

अंग्रेज़ों ने दोहरी चालाकी की है। एक तो देश में उद्योग-धन्धे पनपने नहीं दिए, दूसरी भारतीयों का ध्यान अंग्रेज़ी शिक्षा पर लगा दिया। भारतीयों को केवल क्लर्क बनाया, उन्हें केवल बहाली दी। 9 फरवरी, 1874 के कविवचन सुधा में भारतेन्दु ने लिखा—''अब भी हम लोगों को कला कौशल्य की ओर ध्यान देना चाहिए। लोगों को तो अंग्रेज़ी वस्तुओं की रुचि लगी है तो अंग्रेज़ों के समान सब पदार्थों के कारखाने यहाँ नियत किए जाएँ पर अभी यहाँ के व्यापारियों में इतना सामर्थ्य नहीं है कि अंग्रेज़ों के समान लोहा-पीतल इत्यादि मूल्यवान पदार्थ लेकर मिट्टी के वस्तु तक बनावें जैसे कि अंग्रेज़ी व्यापारी माल भेजने लगे। देखो बढ़ई आदि छोटे-छोटे

व्यापारियों को काम मिलना कठिन हो गया है यहाँ तक कि घर की खिड़कियाँ-दरवाज़े आदि सब विलायत से बनकर आते हैं। इस धोखे का मुख्य कारण यही है जो अंग्रेज़ों ने सबों के चित्त को अंग्रेज़ी भाषा की तरफ खींचा जो यथार्थ है कि हम लोगों ने कला कौशल्य की ओर ध्यान नहीं दिया और उन्होंने तो इसी मिस से हम लोगों को 'बहाली दी' और द्रव्य सब विदेश ले गए।" (वही, पृ. 1090)

बिना कला-कौशल के विकास से ये पढ़े-लिखे लोग किस काम आएँगे? अंग्रेज़ी न्याय के भरोसे बैठे भारतवासियों का सर्वस्व लुट जाएगा। 16 फरवरी, 1874 के कविवचन सुधा में भारतेन्दु कहते हैं, "जाने को तो यहाँ से तत्त्व खिंचकर जाता है और आने को शीशा, खिलौना और कलम-पेंसिल आती है। बड़े-बड़े एम.ए. और बी.ए. अब इस दुर्भिक्ष में किस काम आवेंगे, एक राजा अच्छा पढ़ा-लिखा और एक बाँसफोड़ कभी दोनों एक जंगली टापू में छोड़ दिए गए थे वहाँ के लोग उनकी बोली नहीं समझते थे और क्रूर थे, राजा का सौन्दर्य-बुद्धि-विद्या वहाँ कुछ काम न आई। उस बाँसफोड़ ने बाँस और लकड़ी लेकर माला बनाई उसे देखकर जंगली लोग बड़े प्रसन्न हुए और उसी लकड़ी की माला की कृपा से उन दोनों को भोजन मिला। तो हे देशवासियो, तुम भी इस निद्रा से चौंको, इनके न्याय के भरोसे मत फूले रहो। ये विद्या कुछ काम न आवेगी, यदि तुम हाथ के व्यापार सीखोगे तो तुम्हें कभी दैन्य नहीं होना पड़ेगा, नहीं तो अन्त में यहाँ का सब धन विलायत चला जाएगा, तुम मुँह बाये रह जाओगे।" (वही, पृ. 1090)

8 फरवरी, 1874 के कविवचन सुधा में भारतेन्दु निर्भीकतापूर्वक अंग्रेज़ों को उनका भारत का विकास कर यहाँ से चले जाने का वादा स्मरण करवाते हैं— "कुछ काल पहले अंग्रेज़ लोग जब हिन्दुस्तान के विषय में व्याख्यान देते थे तब यही प्रकट करते थे कि हम केवल इस देश के लाभार्थ राज्य करते हैं यही चिल्ला-चिल्लाकर सर्वदा कहा करते कि हम सदैव हिन्दुस्तान की बुद्धि के निमित्त विचार करते हैं कि हम लोग इस देश की वृद्धि करेंगे और यहाँ के निवासियों को विद्यामृत पिलावैंगे और राज्य का प्रबन्ध किस भाँति करना है, यह ज्ञान जब प्रजा को स्वतः हो जाएगा तब हम लोग हिन्दुस्तान का सब राज्य प्रबन्ध यहाँ के निवासियों को देकर स्वाधीन कर देंगे और अन्त को सबसे राम राम कहकर जहाज पर पैर रख स्वदेश गमन करेंगे। यह वार्ता हम लोग अपनी गढ़ी हुई नहीं कहते। फिर इन्हीं अंग्रेज़ों की मुख्य करके पादरियों के जो व्याख्यान प्रसिद्ध हुए हैं उनसे स्पष्ट प्रकट होता है कि यह प्रकार पाठकजनों के देखने में निस्सन्देह आया ही होगा इसमें सन्देह नहीं।" (वही, पृ. 1091)

यहाँ के निवासियों को उन्होंने न तो सभ्य बनाया और न ही उन्नति की ओर कोई प्रयास किया। सन् 1858 के अपने घोषणा पत्र को महारानी लागू न कर सकी, बल्कि दिनोंदिन भारत की दीनता बढ़ती जा रही है—"अंग्रेज़ों ने हम लोगों

को विद्यामृत पिलाया और उससे हमारे देश-बान्धवों को बहुत लाभ हुए इसे हम लोग अमान्य नहीं करते, परन्तु उन्हीं के कहने के अनुसार हिन्दुस्तान की वृद्धि का समय आने वाला हो सो तो एक तरफ रहा पर प्रतिदिन मूर्खता, दुर्भिक्षता और दैन्य प्राप्त होता जाता है। अंग्रेज़ों ने उनको अपने विद्या की रुचि लगाकर राजनीति में उनके चित्त को आकर्षण किया और सच्ची विद्या उन्हें न दिया और यही कारण है कि हम लोग इनकी माया से मोहित हो गए और हम लोगों को अपनी हानि दृष्टि में न पड़ी।'' (वही, पृ. 1091)

हानि भी कोई साधारण नहीं, लाखों-लाखों भारतवासी भूख, रोग, महँगाई और अकाल से मरने लगे—''बंगाल में दुर्भिक्ष क्या है केवल अनीति के बीज का फल है। क्या कारण है कि दिन-दिन महँगाई बढ़ती जाती है और अन्न गत वर्ष में 12 सेर का बिकता था सो इस वर्ष में 8 सेर बिकने लगा। विचार करो कि बीस वर्ष पूर्व अन्न 40 सेर का बिकता था अब उसका पंचमांश क्यों हो गया ?...अब तो प्रतिवर्ष कहीं न कहीं दुष्काल पड़ा ही रहता है, मुख्य करके अंग्रेज़ी राज में इसका घर है और बहुधा ऐसा सुनने में आया है कि विसूचि का रोग जो अब सम्पूर्ण भारत खंड में छा रहा है अंग्रेजों के राज के आरम्भ से इसका प्रारम्भ हुआ है।

...जब अंग्रेज़ विलायत से आते हैं प्राय: कैसे दरिद्र होते हैं और जब हिन्दुस्तान से अपने विलायत को जाते हैं तब कुबेर बनकर जाते हैं...इससे सिद्ध हुआ कि रोग और दुष्काल इन दोनों के मुख्य कारण अंग्रेज़ ही हैं।'' (वही, पृ. 1092)

20 जुलाई, 1874 के कविवचन सुधा ने रायबहादुर आदि खिताबों पर लिखा—''बंगाल में अकाल पड़ा है। इसके समाप्त होने पर खिताब का भाव निस्सन्देह बहुत सस्ता हो जाएगा। यहाँ तक कि टके सेर बिके तो आश्चर्य नहीं, हम ग्राहकों को समाचार देते हैं कि वे प्रस्तुत हो रहें, केवल थोड़ा सा काग़ज़ रँगने, झूठी मीठी रिपोर्ट कर देने पर खिताब मिल जाएगा। पर ढंगबाज़ी शर्त है। रायबहादुर, राजा, रौव्वाब स्टार सब बाज़ार में आवेंगे। ग्राहक लोग मियानी खोल रखें।'' (वही, पृ. 1092)

31 अगस्त, 1874 के कविवचन सुधा में 'सच मत बोल' शीर्षक से भारतेन्दु ने समस्त भारतवासियों के दु:खों का कारण अंग्रेज़ों को माना—''अख़बार वाले इतना भूँकते हैं कोई नहीं सुनता। अंधेर नगरी है। व्यर्थ न्याय और आज़ादी देने का दावा है। सब स्वार्थ साधते-साधते ही कहोगे। गवर्नमेंट के लोग तुमसे भला न मानेंगे। सारांश यह कि सच्ची बातें जिनसे कहोगे वे तुम्हें शत्रु जानेंगे।

मुसलमान लोग अंग्रेज़ों की अपेक्षा सौ गुना अपव्ययी थे, परन्तु वे लोग इस देश के निवासी थे। इससे उनका अर्थ समुदाय इसी देश में व्यय होता था...जिस प्रकार अमेरिका उपनिवेशित होकर स्वाधीन हुई वैसे ही भारतवर्ष स्वाधीनता लाभ कर सकता है परन्तु भारतवर्ष उपनिवेशित होने से इसके विपक्ष में भी बहुत आपत्ति है।

बीस करोड़ भारतवर्ष पर पचास हज़ार अंग्रेज़ शासन करते हैं। ये लोग प्राय: शिक्षित और सभ्य हैं, परन्तु इन्हीं लोगों के अत्याचार से सब भारतवर्षी गण दुखी रहे हैं।" (वही, पृ. 1092) इससे बढ़कर स्वाधीनता की आकांक्षा और अभिव्यक्ति क्या होगी?

देश की कारीगरी नष्ट हो गई, कोई नया कला कौशल नहीं आया। अंग्रेज़ों ने बस दो बातें सिखा दीं—भीख माँग कर पेट भरने की कला और डिग्रियाँ हासिल करना। पर इन ग्रेजुएटों का यह देश क्या करेगा? अपनी मुकरियों में भारतेन्दु कहते हैं—

तीन बुलाए तेरह आवैं।
निज निज विपदा रोई सुनावैं।
आँखौ फूटे भरा न पेट।
क्यों सखी सज्जन नहिं ग्रेजुएट।

(वही, पृ. 256)

भारत की क़ानून व्यवस्था ने न्याय न देकर नए-नए फंदे तैयार किए हैं—

नई-नई नित तान सुनावै।
अपने जाल में जगत फँसावै।
नित नित हमें करे बल सून।
क्यों सखी सज्जन नहिं क़ानून।

(वही, पृ. 256)

जिस देश में क़ानून फंदेबाज़ हो उस देश की पुलिस और अमला कैसे हो सकते हैं?—

रूप दिखाकर सब रस लूटै।
फंदे में जो पड़ै न छूटै।
कपट कटारी जिय में हूलिस।
क्यों सखी सज्जन नहिं पूलिस।

(वही, पृ. 256)

नवोदिता हरिश्चन्द्र चन्द्रिका में सन् 1884 में प्रकाशित 'नये जमाने की मुकरी' में भारतेन्दु ने अंग्रेज़ों पर सबसे संक्षिप्त और सटीक टिप्पणी की हैं—

भीतर भीतर सब रस चूसै।
हँसि हँसि के तन मन धन मूसै।
जाहिर बातन में अति तेज
क्यों सखी सज्जन नहिं अंग्रेज़।

(वही, पृ. 256)

जिन अंग्रेज़ों के लिए भारतेन्दु ने 'हँसि हँसि के तन-मन-धन मूसै' कहा, उन अंग्रेज़ों की भारत की उन्नति में अति सक्रियता एवं महत्त्वपूर्ण योगदान गुण-गान करने वाले को एकाध उदाहरण और देना शायद पर्याप्त है—"द्वारिकानाथ गांगुली से लेकर प्रफुल्लचन्द्र राय तक ('चाय पीना या कि कुली का खून पीना') अनेक लोगों ने चाय बागान के कुलियों की गुलामी के बारे में लिखा है, पर जब तक ब्रिटिश पूँजी इस व्यापार में प्रबल थी, तब तक मज़दूरों की स्थिति 1825 के पहले के वेस्टइंडीज के चीनी व्यवसाय अथवा 1860 के पहले के रुई के खेतों में काम करने वाले गुलामों के समान थी।" (आधुनिक भारत का आर्थिक इतिहास (1850-1947), सब्यसाची भट्टाचार्य, राजकमल प्रकाशन, नई दिल्ली, 2013, पृ. 15)

आश्चर्य है कि भारतेन्दु को केवल राजभक्त प्रमाणित करने वालों को इनमें से कोई उदाहरण दिखाई नहीं दिया। या वे देखना ही नहीं चाहते थे? इस उद्धरण के सन्दर्भ में यह जानना रोचक होगा कि ब्रिटिश आगमन के काफ़ी अर्से बाद तक भारतीय चाय नहीं पीते थे। आज जिस चाय के बिना कार्य-संस्कृति प्रभावित हो जाती है, उस चाय को भारतीयों में लोकप्रिय पेय बनाने के लिए अनेक प्रकार के विज्ञापनों का सहारा लिया गया। इन विज्ञापनों में एक विज्ञापन एक पहलवान का था जिसकी 'शक्ति और स्फूर्ति' का रहस्य उसका चायपान था। अंग्रेज़ सरकार ने अंग्रेज़ पूँजीपतियों के लिए नए व्यवसाय के अवसर जुटाने के लिए चाय बागानों का निर्माण किया। चाय का सबसे बड़ा निर्यातक चीन था और उन्नीसवीं सदी के शुरुआती दो-तीन दशकों में इंग्लैंड भी चीन से ही चाय मँगवाता था। चीन से चाय का आयात अत्यन्त खर्चीला था। ईस्ट इंडिया कम्पनी ने अपनी जेब से जाने वाले इस खर्च को बचाने के लिए अपने कर्मचारियों की सहायता से भारत में चाय की खेती आरम्भ की। आरम्भिक दौर में ईस्ट इंडिया कम्पनी ने चीनी चाय के साथ कुछ देशी जंगली पौधों को मिलाकर चाय की खेती आरम्भ की। "1833 में नियमानुसार सरकारी स्वामित्व और निर्देशन में चाय के बगीचे शुरू किए गए और बाद में यही 'असम कम्पनी' नाम से देश की सबसे बड़ी और सबसे पुरानी चाय कम्पनी बनी। यह कम्पनी ब्रिटिश सरकार ने अंग्रेज़ व्यापारियों के हाथ बेच दी। जब यह कम्पनी बेची जा रही थी, उस समय द्वारकानाथ ठाकुर खरीदना चाहते थे, मगर सरकार किसी नेटिव व्यापारी के हाथ चाय कम्पनी बेचने को राजी न हुई। निष्कर्ष यह निकलता है कि चाय के व्यवसाय की पहलकदमी और इसके शुरुआती खर्चे भारत सरकार, यानी भारतीय करदाता के सिर पड़े और जब मुनाफा शुरू हुआ तो यह व्यवसाय अंग्रेज़ व्यापारियों के हाथ चला गया। इंग्लैंड में पंजीकृत ब्रिटिश पूँजी से तैयार बहुत सी कम्पनियाँ सर की खास ज़मीन पर, राजस्वमुक्त जगह पाकर, असम चाय व्यापार में जुटीं। स्पष्टत: सरकार ने न केवल चाय व्यवसाय को जन्मने में पहलकदमी की और उत्पादक की भूमिका में आ ख़त्म हुई, बल्कि चाय बागान

मालिकों की खातिर मज़दूर बाज़ार (Labour Market) में हस्तक्षेप करके अपने पक्षपाती रवैये का एक और उदाहरण प्रस्तुत किया।'' (वही, पृ. 15)

चाय की खेती हेतु मज़दूरों की आवश्यकता थी और जिन स्थानों में यह खेती की जानी थी वे कम जनसंख्या वाले क्षेत्र थे। वास्तव में जिन स्थानों को खेती के लिए चुना गया था वहाँ खेती नहीं होती थी, इसलिए वहाँ लोग बसे हुए नहीं थे। ''जिन स्थानों पर चाय के बगीचे लगाए गए वहाँ प्राय: खेती नहीं होती थी और जनसंख्या बहुत कम थी, इसलिए सरकार ने सुदूर प्रदेशों से (सरकारी आदेश द्वारा) दक्षिण बिहार से ओरांव और मुंडा जाति के आदिवासियों तथा मध्य प्रदेश के आदिवासियों को 'कुली' के रूप में वहाँ विस्थापित किया। ये लोग मौका पाते ही वापस अपने जन्मस्थानों को भाग जाते थे, इसलिए 1860 में सरकार ने एक क़ानून बनाया कि अगर 'कुली' शर्त तोड़कर चला जाता है तो उनका यह अपराध फ़ौजदारी क़ानून के तहत सज़ा पाने योग्य माना जाएगा।'' (वही, पृ. 15)

ब्रिटिश सत्ता द्वारा औपनिवेशिक भारत में भारतीय जनता की खुशहाली, भारतीय उद्योग-धन्धों की उन्नति, विज्ञान एवं शिक्षा के क्षेत्र में भारतीयों की अभूतपूर्व प्रगति, स्त्रियों एवं दलितों के उद्धार हेतु अंग्रेज़ी शासन द्वारा उठाए गए 'साहसिक' कदम, परिवहन एवं सिंचाई के उन्नत साधनों की प्राप्ति, अभूतपूर्व न्याय व्यवस्था, अपने देश में लागू समता, स्वतंत्रता और भाईचारा के नारे को भारत पर भी चरितार्थ करना आदि-आदि के जिन गुणगानों से भारतवर्ष गूँजता रहा उसकी वास्तविकता पर प्रश्नचिह्न लगाने वालों को घोर उपेक्षा का शिकार होना पड़ा। औपनिवेशिक शासन से सुविधा प्राप्त रियासतों, घरानों, बुद्धिजीवियों और इतिहासकारों ने इस औपनिवेशिक झूठ का ऐसा ताना-बाना बुना कि ब्रिटिश शासकों की सत्ता लोलुपता, निर्ममता, अत्याचार, अनाचार, भ्रष्टाचार, अनीतियाँ और मूर्खताएँ छिप गए। उँगलियों पर गिने जा सकने लायक जो सहृदय अंग्रेज़ प्रशासक भारत आए उनकी सराहना सबने की, विशेषकर सदियों से प्रशासनिक कुप्रबन्ध और अत्याचार झेलती निरीह भारतीय जनता ने। अपने शासन की असफलताओं और दुर्नीतियों को ढकने के लिए अंग्रेज़ इतिहासकार और उनसे आगे बढ़कर औपनिवेशिक दृष्टि सम्पन्न भारतीय इतिहासकारों ने अंग्रेज़ आगमन से पहले के भारतवर्ष और भारतीयों का ऐसा अराजकतापूर्ण चित्र खींचा मानो इस देश में कुछ भी अच्छा नहीं था, सब कुछ अंग्रेज़ लेकर आए और जो ला नहीं पाए उसे उन्होंने अपने सुदीर्घ शासन(1757-1947) में भारतवासियों को कृपापूर्वक प्रदान किया। जिन मूर्ख, बर्बर, असभ्य और अनपढ़ भारतवासियों को सभ्य, सुसंस्कृत, उन्नत और सुशिक्षित बनाने का दायित्व उन्हें 'गॉड' (GOD) के द्वारा सौंपा गया था उससे ठीक उलट उनकी निर्वहन प्रक्रिया ने इस देश को दरिद्रता की गहरी खाई में ढकेल दिया। जबकि एक विशिष्ट दृष्टिसम्पन्न इतिहासकार भाट की भूमिका में बने रहे। इस प्रकार के

लोगों को न अंग्रेज़ों का अन्याय दिखाई दिया और न हिन्दी साहित्य में उसका साहसपूर्ण विरोध।

इतिहासकार बिपिनचन्द्र अपनी प्रसिद्ध पुस्तक 'भारत में आर्थिक राष्ट्रवाद का उद्भव और विकास' का आरम्भ निम्नलिखित जिन दो उद्धरणों से करते हैं वे ब्रिटिशकालीन भारत की घोर निर्धनता, दरिद्रता और भयंकर शोषण को दर्शाते हैं—

"यदि यह सिद्ध किया जा सके कि अंग्रेज़ी शासनकाल में भारत भौतिक सम्पन्नता की दृष्टि से पहले की तुलना में और अधिक पिछड़ गया है तो इसे मैं आत्म निन्दा मानने को एकदम तैयार हूँ और स्वीकार करता हूँ कि इस स्थिति में हमें भारत को अपने नियंत्रण में रखने का कोई अधिकार नहीं।

जार्ज हैमिल्टन, भारत सचिव"

"भारत की घोर दरिद्रता इतनी अधिक उद्वेगजनक है कि किसी भी अन्य देश की सरकार इस प्रकार की स्थिति में इस प्रश्न को गम्भीरतापूर्वक सोचने को विवश होती अन्यथा देश में क्रान्ति हो गई होती।

जर्नल ऑफ पूना सार्वजनिक सभा"

(भारतवर्ष में आर्थिक राष्ट्रवाद का उद्भव और विकास, बिपन चन्द्र, अनामिका प्रकाशन, नई दिल्ली, 2008, पृ. 19)

भारतीयों को अपने देश में पड़ रहे लगातार दुर्भिक्षों ने झकझोर कर रख दिया। यद्यपि उन्नीसवीं सदी के देशहित चिन्तक लम्बे समय तक इस भ्रम में रहे कि अंग्रेज़ इस देश को न समझ पाने और इस देश से अपरिचित होने के कारण इस प्रकार की प्रजा विरोधी नीतियाँ बना रहे हैं, किन्तु 1871 ई. में दादाभाई नौरोजी के उद्घोष कि देश निरन्तर दरिद्र तथा पंगु बनता जा रहा है, ने सबको महारानी विक्टोरिया के घोषणापत्र की मोह निद्रा से जगाया। यद्यपि यह जागना प्रथम बार का जागना नहीं था, इससे पहले सन् सत्तावन का प्रथम भारतीय स्वाधीनता संग्राम अंग्रेज़ों के संत्रास से पीड़ित भारतीय कृषक और उनके सिपाही बेटों द्वारा लड़ा गया था। उन्हें उन देशी रियासतों ने नेतृत्व और असलाह प्रदान किया जो अन्यायपूर्ण ढंग से अंग्रेज़ों द्वारा ज़ब्त कर ली गई थीं। सन् सत्तावन का प्रथम स्वाधीनता संग्राम भारतीय हार गए। इस हार ने न केवल भारतवर्ष को और 90 वर्षों तक गुलाम बनाए रखा वरन् हिन्दुस्तानियों का एक और भयंकर नुकसान हो गया। अंग्रेज़ हिन्दुस्तान में हिन्दू और मुसलमान की एकता से परिचित हो गया। हालाँकि सन् सत्तावन के संग्राम, जिसे अंग्रेज़ और अंग्रेज़ी दां इतिहासकारों द्वारा गदर, सिपाही विद्रोह और बलवा जैसे नामों से इतिहास पुस्तकों अतएव जनता की स्मृति में भी दर्ज करवाया, को अधिक सफलता उत्तर-पश्चिम भारतवर्ष में मिली, किन्तु इसकी धमक पूरे देश में फैली। सन् सत्तावन के संग्राम के पीछे केवल धार्मिक भावनाएँ आहत होना नहीं था। इसके पीछे अंग्रेज़ों की वह भयंकर शोषण नीति थी जिसने इस देश को कंगाल कर दिया

था। देश की बढ़ती बदहाली से उपजे भयंकर असन्तोष को ही सन् सत्तावन के संग्राम में अभिव्यक्ति मिली थी।

सन् सत्तावन को प्रथम स्वाधीनता संग्राम के रूप में देखा गया था, किन्तु फिर भी पढ़े-लिखे भारतीयों ने देश का शासन सीधे ब्रिटेन की संसद के हाथों में जाने पर आकाश कुसुम के स्वप्न देखने आरम्भ कर दिए थे। इन स्वप्नों को देखे जाने का पर्याप्त कारण भी था। ईस्ट इंडिया कम्पनी के हाथों से भारत का शासन सीधे इंग्लैंड की महारानी के हाथों चला गया। महारानी ने अपनी 'काली प्रजा' से भी अपनी प्रजा की तरह संरक्षण देने के लम्बे-चौड़े वायदे किए। सम्भवत: घोषणापत्रों की मक्कारी इसी से आरम्भ होती है। यह घोषणापत्र कहता है—

Act of the Better Government of India. On the termination of the Indian Mutiny of 1857 the British Crown assumed the government of India. On November 1, 1858, a Royal Proclamation was read at the Durbar in Allahabad announcing Queen Victoria's principles for the future Government of India. Whereas, for weighty reasons, we have resolved, by and with the advice and concent of the lords spiritual and temporal and commons, in Parliament assembled, to take upon ourselves the government of territories in India, heretofore administered in trust for us by the Honorable East India Company.Now, therefore, we do by this presents notify and declare that, by the advice and concent aforesaid, we have taken upon ourselves the said government; and we here by call upon all our subjects within the said territories to be faithful, and to bear true allegiance to us, our heirs and successors, and to submit themselves to the authority of whom we may hereafter from time to time see fit to appoint to administer the government of our said territories in our name and on our behalf.

We hereby announce to the native princess of India, that all treaties and engagements made with them by or under the authority of the Honorable East India Company are by us accepted, and will be scrupulously maintaind, and we look for the like observance on their part.

We desire no extention of our present territorial possession; and, while we will permit no aggression upon our dominions or our rights to be attempted with impunity, we shall sanction no encroachment on those of othes. We shall respect the rights, dignity, and honour of native princes as our own; and we desire that they, as well as our own subjects, should enjoy that prosperity and that social advancement which can only be secured by internal place and good government.

We hold ourselves bound to the natives of our Indian territories by the same obligations of duty which bind us to our other subjects, and those obligations, by the blessing of Almighty God, we shall faithfully and conscientiously fulfill. Firmly relying ourselves on the truth of Christianity, and acknowledging with gratitude the solace of religion, we disclaim alike the right and the desire to impose our convinctions on any of our subjects. We declare it to be our royal will and pleasure that none be in anywise favoured, non molested or disquieted, by reason of their religious faith or observances, but that all shall alike enjoy the equal and impartial protection of the law; and we do strictly charge and enjoing all those who may be in authority under us that they abstain of all interference with the religious belief or worship of any of our subjects on pain of our highest displeasure.

And it is our furthure will that, as far as may be, our subjects, of whatever race or creed, be freely and impartially admitted to offices in our service, the duty of which they may be qualified by their education, ability, and integrity, duly to discharge. ...Our clemency will be extended to all offenders, save and except those who have been or shall be convicted of having derectly taken part in the murder of British subjects. With regard to such demands of justice forbid exercise of mercy.

To those who have willingly given asylum to murderers, knowing them to be such, or who may have acted as leaders or instigators in revolt, their lives alone can be guaranteed; but in apportioning the penalty due to such persons, full consideration will be given to the circumstances under which they have been induces to throw off their allegiance; and large indulgence will be shown to those whose crimes may appeared to have originated in too credulous acceptance of the falls reports circulated by designing men.

To all others in arms against the government we hereby promise unconditional pardon, amnesty, and oblivion of all offences against ourselves, our crown and dignity, on the return to their homes and peaceful pursuits.

(NATIONALISM AND REALISM: 1852-1879- Hans Kohh, D. VAN COMPANY, INC., LONDON, 1968, P. 132-33)

भारतीय जनता ने बुरी तरह कुचले गए सन् सत्तावन के स्वाधीनता संग्राम और उसके नेतृत्व को अपने स्मृतियों से विस्मृत न होने दिया। ये स्मृतियाँ वर्नाक्यूलर प्रेस ऐक्ट को धोखा देती हुई उस ऐक्ट की पहुँच से बाहर जनमानस और उसके लोकगीतों में सुरक्षित हो गईं। उन्नीसवीं सदी के उत्तरार्द्ध की ओर देश में बढ़ते दुर्भिक्षों की निरन्तरता ने—"देश को इस बुरी तरह से जकड़ा कि उसके भयंकर परिणाम ने अंग्रेज़ों द्वारा स्वतः प्रस्तुत विदेशी शासन में शान्तिपूर्वक तथा सामान्य गति से उन्नतिशील भारत के चित्र को झकझोर कर रख दिया **और साथ ही** विवश प्रजा की स्थिति की ओर ध्यान देने के लिए शासकों को **विवश कर दिया**।" (भारतवर्ष में आर्थिक राष्ट्रवाद का उद्भव और विकास, बिपनचन्द्र, पृ. 19) देश के सभी राष्ट्रवादी विचारकों और चिन्तकों ने देश की इस दुर्दशा पर गहन विचार आरम्भ किया। हिन्दी नवजागरण के सभी विद्वानों और चिन्तकों ने इसमें महत्त्वपूर्ण भूमिका निभाई। उन्नीसवीं सदी की हिन्दी पत्रकारिता का सर्वप्रमुख उद्देश्य देशहित

की चिन्ता है। हिन्दी पत्रकारिता की दृष्टि से उन्नीसवीं सदी को दो भागों में विभाजित करके देखा जाए तो (सन् सत्तावन के पहले और उसके आसपास की हिन्दी पत्रकारिता तथा सन् सत्तावन के बाद उन्नीसवीं सदी के उत्तरार्द्ध की हिन्दी पत्रकारिता) भारतेन्दु हरिश्चन्द्र के कविवचन सुधा के पहले से ही उसकी एक अच्छी-खासी परम्परा मिलती है। इस परम्परा के दोनों ही भागों में देश चिन्ता की निरन्तरता खंडित नहीं होती। देशहित चिन्तकों ने देश की दरिद्रता को सामने रखा। उन्होंने अपने आँकड़ों की प्रामाणिकता का बड़ा सटीक रास्ता चुना। दादा भाई नौरोजी, सखाराम गणेश देउस्कर, भारतेन्दु हरिश्चन्द्र और बंकिमचन्द्र चट्टोपाध्याय आदि जिन लोगों को इस पुस्तक में उद्धृत किया गया है, उन सभी ने अपने कथनों की प्रामाणिकता हेतु औपनिवेशिक प्रशासनिक आँकड़ों और शासकों तथा अधिकारियों के कथन का उपयोग किया। इसका सर्वाधिक सदुपयोग दादा भाई नौरोजी और सखाराम गणेश देउस्कर ने किया। यह निस्संकोच कहा जा सकता है कि राह दिखाने वाले दादा भाई नौरोजी ही थे जिन पर हिन्दी नवजागरण के कई लेखकों ने पुस्तकें लिखीं। केवल नौरोजी ही नहीं, इन लेखकों ने लाला लाजपत राय, लोकमान्य तिलक जैसे समकालीन तथा अन्य प्रेरणास्पद प्राचीन और मध्यकालीन व्यक्तियों की जीवनियाँ लिखीं। समकालीन व्यक्तियों में नौरोजी सबसे प्रेरणास्पद व्यक्ति थे। यह दादा भाई नौरोजी ही थे जिन्होंने 1876 में अपने निबन्ध 'पॉवर्टी इन इंडिया' में घोषणा की : ''भारत कई प्रकार से गम्भीर रूप से विपन्न है और दरिद्रता में दबा हुआ है। बहुसंख्यक भारतीय जनता को मूल आवश्यकताओं की पूर्ति के लिए भी उपयुक्त साधन प्राप्त नहीं हैं।'' उन्होंने दरिद्रता को 'विशिष्ट विषय' बनाया तथा अपने 'जीवन के लक्ष्य', भारत के वास्तविक स्थिति के प्रति अंग्रेज़ी जनता को जगाना, की पूर्ति के लिए वर्षों तक सारे इंग्लैंड में अभियान जारी रखा। वृद्धावस्था के साथ यह महान वृद्ध पुरुष (ग्रैंड ओल्ड मैन) कोमल होने की अपेक्षा और अधिक उग्र बनते गए तथा कठोर शब्दों का ही नहीं प्रत्युत हिंसापरक भाषा का प्रयोग करने लगे। 1881 में उन्होंने 'भारत की दुर्भाग्यग्रस्त हृदय-विदारक तथा खून खौलाने वाली स्थिति' की भर्त्सना की। 1895 में उन्होंने घोषित किया : 'भारत भूखा मर रहा है।' 1900 में उन्होंने कहा, ''सत्य यह है कि भारतवासी एक प्रकार के दास हैं। दशा अमरीकी दासों से भी बुरी है क्योंकि अमरीकी दासों के स्वामी अपनी सम्पत्ति से अपने दासों की देखभाल तो करते हैं।'' (आधुनिक भारत का आर्थिक इतिहास, पृ. 14-15)

इतिहासकार सब्यसाची भट्टाचार्य अपनी पुस्तक में अंग्रेज़ी शासन के शोषण को क्रमवार चिह्नित करने की एक विधि निकालते हैं। वे अपनी पुस्तक के माध्यम से सन् 1850 से आज तक के आर्थिक इतिहास का विकास और प्रकृति समझने का प्रयास करते हैं। वे कहते हैं, ''मान लीजिए एक आदमी हमारे देश में 1850 में पैदा हुआ, उसकी उम्र जब तीन साल की थी तब बम्बई से थाना (थाणे) और इसके कुछ

महीने बाद कलकत्ता से हुगली तक की पहली रेल लाइन बिछाई गई। उसकी उम्र जब चार साल की थी तब बम्बई में एक पारसी सज्जन के उद्यम से पहली सूती कपड़ा मिल तैयार हुई। इसके दो साल बाद रिसड़ा में अंग्रेज़ों द्वारा पहली जूट मिल खोली गई। हमारे इस प्रतिनिधि नागरिक की उम्र जब सात साल की थी तभी सिपाही विद्रोह का धमाका हुआ और इसके बाद इंग्लैंड की महारानी का राज्य यहाँ शुरू हुआ। ईस्ट इंडिया कम्पनी बीते साल की तरह हुई। 'क्वीन' ने स्वराज्य खास 'प्रोक्लेम' किया। घोड़ा, तोप, रोशनी के बीच आई मायाविनी आशा कि क्वीन के खास राज्य में किसी प्रकार का दु:ख न होगा। गर्भस्थ शिशु जब तक इस दुनिया में न आ जाए तब तक लोगों को यह आशंका बनी रहती है कि पता नहीं लड़का होगा या लड़की। 'क्वीन' के 'प्रोक्लेमेशन' से दुनिया की वही हालत हुई। हमारे काल्पनिक भारतीय नागरिक की उम्र जब 10 साल की थी तब भारत के प्रथम वित्तमंत्री ने, (तब उनको वाइसराय की कौंसिल के वित्त-सदस्य की पदवी दी गई थी।) भारत का पहला बजट बनाया हमारे इस काल्पनिक नागरिक का बाप अगर पैसे वाला हुआ तो उसे पता चल गया होगा कि इस देश में पहली बार उसी साल आयकर लागू किया गया था। और बारह वर्ष की उम्र में वह शायद महारानी द्वारा चलाया गया पहला 'काग़ज़ का रुपया' देखेगा। अगर वह आदमी व्यापारी होता तो प्राय: उन्हीं दिनों वह देखता कि विदेशी वाणिज्य, खासकर रुई का निर्यात काफ़ी तेजी से बढ़ रहा है। भले ही उसे इसका असली कारण मालूम न हो कि संयुक्त राज्य अमेरिका में उन्हीं दिनों अश्वेत लोगों को दास प्रथा से मुक्त करने के सवाल को लेकर गृहयुद्ध छिड़ा हुआ था, जिस कारण अमेरिका से रुई का निर्यात बन्द हो गया था। फलस्वरूप इंग्लैंड में रुई के दाम बढ़ गए थे और भारत से रुई का निर्यात बढ़ा था। इसका एक लाभ यह था कि बम्बई बन्दरगाह और बम्बई के व्यापारियों की खूब उन्नति हुई। हमारे इस काल्पनिक आदमी की उम्र जब उन्नीस की हुई तब बाहरी देशों के साथ वाणिज्य ने एक नया मोड़ लिया, क्योंकि उसी साल स्वेज नहर खुली। वास्कोडिगामा के समय से चालू सुदूर अफ्रीका के केप अन्तरीप को पार करके यूरोप जाने का रास्ता प्राय: बन्द हो गया। इधर इस देश में रेल लाइनों की लम्बाई बढ़कर 1832 मील लम्बी हो गई। क्या यह सब देश की समृद्धि का परिणाम है?'' (वही, पृ. 16)

सब्यसाची भट्टाचार्य के इस कल्पित पात्र की आयु बढ़ती है और 1877 के दिल्ली दरबार की जय-जयकार तक पहुँचती है। इस समय काल्पनिक भारतीय नागरिक की आयु 27 वर्ष थी। सब्यसाची यहाँ पर रुक जाते हैं। अब वे काल्पनिक भारतीय नागरिक की आयु बढ़ाने को तैयार नहीं हैं क्योंकि ''अगर यह औसत भारतीय हो तो इसे इतने दिनों तक ज़िन्दा रहने देना ठीक नहीं होगा, क्योंकि 1881 की जनगणना के अनुसार शिशु-मृत्यु, भुखमरी और महामारी की बदौलत भारत में जन्म लेने वालों की औसत उम्र पच्चीस साल थी। कहना न होगा कि ब्रिटिशकालीन

भारत के लिए यह औसत उम्र अस्वाभाविक नहीं है : यहाँ 1931 में औसत आयु 26 वर्ष और 1941 में 31 वर्ष थी।'' (वही, पृ. 16)

उम्र को आगे न बढ़ाकर सब्यसाची भट्टाचार्य फिर पीछे लौटते हैं। पीछे लौटने पर इस काल्पनिक भारतीय नागरिक की आयु के तीसरे, चौथे और पाँचवें वर्ष में वर्तमान राजस्थान, महाराष्ट्र और तमिलनाडु में अकाल पड़ा। ''इसकी दस वर्ष की उम्र में उत्तर प्रदेश से कच्छ तक उत्तरी भारत अकाल से पीड़ित था। उसकी बारह वर्ष की उम्र में महाराष्ट्र और मध्य प्रदेश में भयंकर खाद्याभाव हुआ। 16-17 की उम्र में उड़ीसा और दक्षिण भारत में भयंकर अकाल पड़ा और महामारी फैली। 18 से 20 की उम्र में उत्तर प्रदेश, राजस्थान, मध्य प्रदेश में अकाल पड़ा। 22 से 24 की उम्र तक बिहार और मध्य प्रदेश अकाल पीड़ित हुए। 26-27 की उम्र में पहले तमिलनाडु, आन्ध्र प्रदेश, कर्नाटक और महाराष्ट्र फिर उत्तर प्रदेश में अकाल पड़ा और महामारी फैली। सरकारी आँकड़ों के अनुसार 1850 से अब (1877) तक अकाल से मरने वालों की संख्या 42 लाख थी और उससे प्रभावित होने वालों की संख्या 9 करोड़ 32 लाख थी।'' (वही, पृ. 16-17)

तत्पश्चात् सब्यसाची भट्टाचार्य बंकिमचन्द्र चट्टोपाध्याय का प्रसिद्ध कथन कि 'आजकल बड़ा शोर है कि हमारे देश की उन्नति हो रही है...यह उन्नति किन लोगों की हो रही है', और भारतेन्दु की प्रसिद्ध पंक्तियाँ, 'अंग्रेज़ राज सुख साज सजै सब भारी, पै धन विदेश चलि जात यहै अतिख्वारी' उद्धृत करते हैं। इन दोनों वक्तव्यों के आलोक में वे इसी काल में हो रही इंग्लैंड की अभूतपूर्व आर्थिक उन्नति का विवरण देते हैं, ''इस काल में हमारी राष्ट्रीय आय का ठीक-ठीक हिसाब नहीं मिलता, पर इंग्लैंड में आँकड़े ही आँकड़े हैं। 1855 में इंग्लैंड में प्रति व्यक्ति राष्ट्रीय आय 18.3 पौंड स्टर्लिंग थी जो 1870 में बढ़कर 28.4 पौंड स्टर्लिंग हो गई। अध्यापक मिचेल और डीन के अनुसार यह प्रति व्यक्ति राष्ट्रीय आय बढ़ती ही जा रही थी। 1890 में 37.8 पौंड स्टर्लिंग और 1910 में 41.9 पौंड स्टर्लिंग। इसे 19वीं शताब्दी में होने वाली औद्योगिक क्रान्ति का फल माना जाता है और उलटी दिशा में हिसाब किया जाए तो हम देखेंगे कि 1750 में राष्ट्रीय आय का 40 से 45 प्रतिशत कृषि उत्पादों से आता था। यह अनुपात 1851 से 20 प्रतिशत पर पहुँच गया था और 1881 में औद्योगिक आय में वृद्धि के कारण 10 प्रतिशत पर जा पहुँचा था। उन्नीसवीं शताब्दी के शुरू के वर्षों में 40 प्रतिशत लोग इंग्लैंड में कृषि कार्य में लगे हुए थे। औद्योगिक क्रान्ति के फलस्वरूप 1901 में सिर्फ़ 8.5 प्रतिशत लोग कृषि-उत्पादन में लगे रह गए। औद्योगिक वस्तुओं में निर्यात के कारण साथ ही साथ, विदेशों के साथ वाणिज्य में वृद्धि हुई। 1790 में इस स्रोत से राष्ट्रीय आय का सिर्फ़ 14 प्रतिशत आया था जबकि 1880 में 36 प्रतिशत। कुल मिलाकर इससे समझा जा सकता है कि इंग्लैंड की औद्योगिक क्रान्ति ने वहाँ की अर्थव्यवस्था को दौड़ा दिया

था और औद्योगिक उत्पादन की तुलना में खेती वहाँ एकदम गौण हो गई थी। औद्योगिक वस्तुओं के निर्यात से आमदनी बढ़ी और सबसे बड़ी बात यह है कि उनकी प्रति व्यक्ति राष्ट्रीय आय अभूतपूर्व ढंग से बढ़ने लगी।'' (वही, पृ. 22) 1790 में विदेशी वाणिज्य से 14 प्रतिशत आय 1880 में 36 प्रतिशत तक पहुँचती है। इस समय अगर सब्यसाची भट्टाचार्य अपने काल्पनिक नागरिक की आयु गणना करते तो वह तीस वर्ष होती और 1885 की जनवरी में चौंतीस वर्ष। 1885 में भारतेन्दु हरिश्चन्द्र की मृत्यु के समय उनकी ठीक यही आयु थी।

राष्ट्रवाद और हिन्दी भाषी भूखंड में अंग्रेज़ी शिक्षा का प्रसार—यह बड़ा रोचक संयोग है कि सब्यसाची भट्टाचार्य के काल्पनिक भारतीय नागरिक का जन्म वर्ष भारतेन्दु हरिश्चन्द्र का जन्म वर्ष है। भारतेन्दु का जन्म 9 सितम्बर, 1850 ई. में हुआ था। उनकी 6 जनवरी, 1885 में मृत्यु हो गई। अपने संक्षिप्त जीवन में सब्यसाची द्वारा गिनवाई गईं और छोड़ दी गईं अनेक महत्त्वपूर्ण घटनाओं के वे साक्षी बने। विशेषकर भारतवासियों की दरिद्रता और दुर्दशा पर उन्होंने स्वयं लिखा, दूसरों से लिखवाया। अपने देशवासियों के कष्ट निवारण के लिए दूसरे स्तरों पर भी सक्रिय थे। भारतेन्दु के देशप्रेम पर चर्चा करने से पहले उन्नीसवीं सदी के राष्ट्रप्रेम और आज के राष्ट्रीयतावाद में अन्तर कर लेना उचित होगा। उन्नीसवीं सदी के राष्ट्रवाद में विदेशी शासन के पंजे में फँसे अपने देश हित की चिन्ता, देशोन्नति के उपाय और देशोद्धार की चिन्ता पाई जाती है। इस राष्ट्रचिन्ता में वे देश में विभिन्न वर्गों और श्रेणियों की असमानता पर अधिक ध्यान नहीं देते। यह उस समय की आवश्यकता थी। ''देश में राष्ट्रीयतावादी रणनीति ज़्यादा महत्त्वपूर्ण थी, वर्गीय विषमता नहीं। राजा और प्रजा के बीच की जातिगत विषमता को दरकिनार करके और सम्पूर्ण देश बनाम विदेशी शासकों के बीच विभेद को सामने रखकर वर्ग-निर्विशेष पददलित जाति को एकत्रित करना, राष्ट्रीय चेतना को प्राथमिकता देकर जनसाधारण में प्रचारित करना ही यह रणनीति थी। इस रणनीति की यथार्थपरकता के बारे में बहुत कुछ कहा जा सकता है और कहा भी गया है, फिर भी तत्कालीन परिवेश की यथार्थपरकता एक चीज़ है और ऐतिहासिक विश्लेषण में इस दृष्टिकोण को आज भी बनाए रखना दूसरी चीज़ है।'' (वही, पृ. 22)

तत्पश्चात् इतिहासकार सब्यसाची भट्टाचार्य एक अत्यन्त महत्त्वपूर्ण प्रवृत्ति रेखांकित करते हैं। वे राष्ट्रीयतावादी नेताओं के मनोभाव और साधारण नागरिक के देशप्रेम की दूरी को रेखांकित करते हैं। सब्यसाची भट्टाचार्य स्पष्ट कहते हैं कि ''अंग्रेज़ शिक्षित शहरी बुद्धिजीवियों द्वारा देशप्रेम की सृष्टि नहीं हुई है। वह पहले भी था। यद्यपि 'देश' की धारणा विभिन्न मातृभाषाओं के गर्भ में भिन्न-भिन्न रूप में प्रस्फुटित हुई थी—आर्यावर्त, पितृभूमि, हिन्दुस्तान, वतन, कौम इत्यादि रूपों में।'' (वही, पृ. 22)

औपनिवेशिक दृष्टिसम्पन्न या औपनिवेशिक शासकीय विचारधारा की आँखों पर पट्टी बाँधे इतिहासकारों और बुद्धिजीवियों ने कहीं अनजाने में और कहीं जानबूझकर यह चूक की। उन्होंने आर्यावर्त, पितृभूमि और जननी जन्मभूमि जैसे शब्द आते ही इनके लेखकों को पिछड़ा, पोंगापंथी और प्राचीनतावादी प्रमाणित करने में अपना दम-खम लगा दिया। हिन्दुस्तान, वतन, जातीयता, जाति और कौम जैसे शब्दों के आते ही इन दिव्य-दृष्टि सम्पन्न बुद्धिजीवियों ने देशहित में अपने को झोंक चुके व्यक्तियों पर साम्प्रदायिकता का आरोप लगा दिया। कुछ स्वघोषित बुद्धिजीवी तो ऐसी हड़बड़ी में थे कि उन्होंने उस वक्तव्य को पूरा पढ़ा भी नहीं जिसके आधार पर उन्होंने किसी रचनाकार को साम्प्रदायिक कहकर उसके पूरे कृतित्व पर प्रश्नचिह्न लगाने का अपराध किया। अगर अतीत की दृष्टि से वर्तमान को देखा जाना संकटपूर्ण है तो वर्तमान की दृष्टि से अतीत को देखा जाना उससे भी अधिक संकटपूर्ण है। क्योंकि अतीत के राष्ट्रउपासक अपने पक्ष में कुछ कहने के लिए उपस्थित नहीं हैं। राष्ट्र-चिन्ता में अपना सब कुछ झोंक देने वाले, अपना सर्वस्व स्वाहा कर अपना अन्त समय अति निर्धनता और कष्ट में बिताने वाले, जेल जाने वाले, कुर्की सहने वाले, अपने लक्ष्य हेतु मर मिटने वालों के कृतित्व को 'हिन्दू परम्परा का राष्ट्रीयकरण' या 'बँटा हुआ घर' कहकर ख़ारिज कर दिया। इन महान राष्ट्रवादियों के संघर्ष और कृतित्व को नकारते हुए उन पर विभिन्न आरोप इस तरह लगाए गए मानो देशभक्ति के कार्यों का उन्हें 'ठेका' दिया गया था। उस ठेके के पैकेज में धर्मनिरपेक्षता, जाति निरपेक्षता और प्रगतिशीलता का निर्वाह इन बुद्धिजीवियों की दी हुई परिभाषा, इनकी समझ और इनकी व्याख्यानुसार ही होना चाहिए था। चूँकि उन्नीसवीं सदी की अति विषम सामाजिक, राजनैतिक, सांस्कृतिक, आर्थिक और ऐतिहासिक परिस्थितियों में संघर्षरत विचारकों, मनीषियों और रचनाकारों की मेधा अभी के इन तथाकथित प्रगतिशील आलोचकों के अनुसार व्यवहृत नहीं हुई इसलिए उन्हें बुद्धिजीवी कहलाने का अधिकार नहीं है। इसलिए हिन्दी प्रदेश में कोई विचारक नहीं हुआ। जो लिखने-पढ़ने वाले दिखे वे केवल साम्प्रदायिक और जातिवादी थे। 'बंगाल प्रेज़िडेंसी' में जो कुछ शुभ और राष्ट्रहित में घटित हो रहा था वह बंगालियों की देन थी और 'बंगाल प्रेज़िडेंसी' की सारी प्रतिगामिता के लिए ये हिन्दी भाषी विचारक उत्तरदायी थे। देशभक्ति, राजनीति और दर्शन जैसी बुद्धिजीवी परिघटनाओं से इनका क्या वास्ता?

अप्रैल 1834 ई. में वेस्टर्न प्रोविन्सेज़ नामक अलग प्रेज़िडेंसी का गठन हुआ। 1837 ई. में गठित अपर प्रोविन्सेज़ (Upper Provinces) प्रेज़िडेंसी के लिए एक अलग प्रशासनिक खंड बना जिसे शिक्षा एवं पुस्तक प्रकाशन का दायित्व दिया गया। अवध के नवाब सादत अली खान ने अपनी रियासत में ईस्ट इंडिया कम्पनी को इसके लिए जगह दी। कम्पनी की ओर से लॉर्ड वेलेज़ली ने हेनरी को यहाँ

फैली अशान्ति और हिंसा को सँभालने का भार सौंपा। ईस्ट इंडिया कम्पनी ने सर्वप्रथम 1813 ई. में उत्तर-पश्चिम प्रान्त के निवासियों की शिक्षा में रुचि दिखलाई। "In 1823, the Government appointed a General committees of Public Instruction with J.H. Horington as President, H.H. Wilson as Secretary, Dr. Lumsden and L. Price in charge of Muslim and Hindu education. The committee had Oriental Learnings and followed what is known as the Oriental Policy. 125 (History of Printing and Publishing in India, Vol. III, B.S. Kesavan, National Book Trust India New Delhi, 1997, p. 150) 1823 ई. में सरकार ने जन शिक्षा हेतु एक जनरल कमिटी का गठन किया जिसके अध्यक्ष हेरिंगटन और सचिव एच.एच. विल्सन बनाए गए। डॉ. लुम्सडेन और एल. प्राइस को मुस्लिम और हिन्दू शिक्षा का दायित्व सौंपा गया। इस समिति का ओरियंटल रुझान देखते हुए इसकी अपनाई गई नीतियाँ ओरियंटल नीतियाँ कहलाईं।

इसके पहले बंगाल में काम कर चुके जोनाथन डंकन ने 1791 ई. में उत्तर-पश्चिम प्रान्तों के लिए बनारस पाठशाला स्थापित की थी। 28 अक्टूबर, 1791 में किराए के एक मकान में यह पाठशाला संस्कृत पाठशाला अथवा संस्कृत कॉलेज के नाम से जानी गई। यह मैदागिन टैंक के पास थी। इसमें अस्सी रुपये प्रतिमाह वेतन की दर से दो और सौ रुपये प्रतिमाह वेतन की दर से छह पंडित नियुक्त किए गए थे। इसमें नौ विद्यार्थियों हेतु मुफ्त शिक्षा का प्रावधान किया गया। 1821 ई. में इसका नाम बनारस कॉलेज कर दिया गया। इस अवसर पर बनारस के महाराज ने एक हज़ार रुपये एवं अन्य रईसों ने चार हज़ार तीन सौ अठहत्तर रुपये दान में दिए। 1830 ई. में जून महीने में बनारस में ही एंग्लो इंडियन सेमिनरी स्थापित की गई। कई चढ़ाव-उतार से गुज़रते हुए, सन् 1858 में महारानी विक्टोरिया द्वारा भारत का शासन भार ग्रहण करने के पश्चात् इसका नाम क्वीन्स कॉलेज कर दिया गया। 1823 ई. में अंग्रेज़ों ने आगरा कॉलेज खोला। इस कॉलेज के लिए पंडित गंगाधर शास्त्री के नाम पर मुफ्त भूमि आवंटित हुई। 1772 ई. में खुले देहली कॉलेज का रुझान भी ओरियंटल ही माना गया। 1828 ई. में इसका नाम डेलही ओरियंटल कॉलेज कर दिया गया।

इसी क्रम में 1848 ई. में रुड़की में सिविल इंजीनियरिंग कॉलेज, 1869 ई. में लाहौर कॉलेज खोला गया। 1887 ई. में इलाहाबाद यूनिवर्सिटी की स्थापना हुई जो वास्तव में सर विलियम मूर द्वारा एक किराए के मकान में चलाए जा रहे कॉलेज से विकसित हुई। 1875 ई. में मुस्लिम एंग्लो ओरियंटल स्कूल अलीगढ़ में स्थापित किया जा चुका था। "For a long time the students of Northern India including the North Western Provinces had to go to Calcutta for medical education in 1854, When the new building of the Thomason Hospital at Agra was ready, Lt. Governor Colvin Sought the permission of the Governor General to make arrangements for Providing medical instruction. The Hospital started medical classes in 1865." (वही, पृ. 153)

उत्तर-पश्चिम प्रान्तों में अंग्रेज़ों द्वारा शिक्षा के इन छिटपुट प्रयासों के अतिरिक्त और कुछ भी नहीं किया गया। हाँ, ईसाई मिशनरियों ने अपने धर्म प्रचार के लिए पूरे देश में दूर-दराज गाँवों तक कई स्कूल खोले—"By 1850 all over the Northern region of the country, Missions were flourishing. The stations occupied were Agra (BMS 1811) (CMS 1813), Allahabad (PN 1836), Almora (LMS 1850), Ambala (PN 1848), Amritsar (CMS 1851), Bareilly (MEFB 1856), Banaras (CMS 1817, IMS 1820), Bhagalpur (CMS 1850), Calcutta (BMS 1801, CMS 1816, SPG 1814, IMS 1817, CSPM & CSPMW 1830, 1840), Kanpur (SPG 1833), Chhapra (Bihar GM 1840), Chittor (RCA 1854), Chambal (B 1849), Dehra Dun (PN 1855), Delhi (BMS 1818, SPG 1853, Fatehgarh (PN 1844), Fatehpur (PN 1853), Gazipur (GM 1853), Ghorakhpur (CMS 1823), Hazaribagh (GM 1853), Hyderabad, sindh (CMS 1856), Jessore (BMS 1804), Jabalpur (CMS 1855), Jullundhar (PM 1847), Karachi (CMS 1850), Kishangarh (CMS 1831), Kolhapur (PN 1853), Lahore (PN 1849), Lucknow (MEFB 1858), Ludhiana (PN 1834), Mainpuri (PN 1843), Meerut (CMS 1815), Multan (CMS 1856), Mussorie (PN 1847), Muzaffarpur (GMO 1840), Nagpur (GFS 1846), Nainital (MEFB 1858), Patna (BMS 1816), Peshawar (CMS 1854), Puri (BMS 1825), Rajkot (IP 1841), Ranchi (GM 1845), Rawalpindi (PN 1856), Saharanpur (PN 1836), Sailkot (UP 1855, UPW 1855), Sikandra (CMS 1839)." (वही, पृ. 153-54)

निश्चय ही ईसाई मिशनरियों का इन दूर-दराज देहाती क्षेत्रों में अपने मिशन खोलने का मुख्य उद्देश्य मानवता की सेवा करना था। इसके साथ यह भी निश्चयपूर्वक कहा जा सकता है कि इनका मुख्य उद्देश्य केवल मानवता की सेवा करना नहीं था। अपने धर्म के प्रचार और अन्य धर्मावलम्बियों का ईसाई धर्मान्तरण भी इनके प्रधान उद्देश्य का एक मुख्य अंग था, किन्तु विडम्बना यह है कि आज जिन आँकड़ों को देखकर जिस निष्कर्ष पर सहजता से पहुँचा जा सकता है उसी के उल्लेख मात्र से भारतीय नवजागरण के पुरोधाओं को सम्प्रदायवादी और प्रतिक्रियावादी कहा गया। हिन्दी नवजागरण के मनीषियों पर इस सन्दर्भ में विशेष कृपादृष्टि रखी गई। इन्हीं हलचलों के बीच एक और महत्त्वपूर्ण घटना घटित हो गई थी। उत्तर-पश्चिमी प्रान्तों में जिस समय छापाखाने की स्थापना और विकास का प्रयास चल रहा था, उसी दौरान फ़ारसी को राजकाज की भाषा से हटाकर उसके स्थान पर हिन्दी अपनाने की घोषणा की गई।

"Another change introduced in the administration of revenue at the time was the adoption of the Hindi language in place of the Persian as the medium of official transaction. Secretary, Board of Revenue to commissioners of Divisions on 29 July, 1836. Wrote, "All the oral communications of the revenue officials of every class with the people are in the vernacular dialect. It is obviously desirable that all the records and the written communications should be in the same language similarly intelligible to this great body of the people." The change was how ever brought about to begin with Bundelkhand and Saugar and Narmada Territory were Nagari script and Hindi language were almost universaly in use. In 1850 a uniform rate of postage was fixed irrespective of distance and the charge for newspapers was fixed at one anna each." (वही, पृ. 149)

सन् 1857 तक सर विलियम जोन्स के प्रादुर्भाव, एशियाटिक सोसायटी, कलकत्ता फोर्ट विलियम कॉलेज की स्थापना एवं जॉन बॉर्थविक गिलक्राइस्ट के प्रयासों से छापाखाना के विस्तार एवं हिन्दी प्रकाशन के विकास की ओर बहुत सारा कार्य हुआ। स्कूली किताबें छापी गईं एवं पाठ्यक्रम तैयार किए गए। आरम्भ में तो पाठ्यक्रमों के अनुरूप किताबें लिखवाई गईं। बाद में अन्यान्य पुस्तकें भी धड़ल्ले से छपकर प्रकाशित होने लगीं।

फोर्ट विलियम कॉलेज और हिन्दी—4 मई, 1800 ई. में कलकत्ते में फोर्ट विलियम कॉलेज की स्थापना हुई। कलकत्ता उन दिनों ब्रिटिशराज की राजधानी था। फोर्ट विलियम कॉलेज की स्थापना एक विशेष ध्येय के अन्तर्गत की गई थी। फोर्ट विलियम कॉलेज की 18 अगस्त, 1800 ई. को हुई सभा की कार्यवाही के विवरण में वेलेज़ली ने इस कॉलेज की स्थापना के कारणों पर प्रकाश डालते हुए कहा—"The British possessions in India now Constitutes one of the most extensive and populous empires in the world. The immediate administration of the government of the various provinces and nations composing thins empire, is principally considered to the European civil servents of the East India company...The duty and policy of the British Government of India therefore, require that the system of confiding the immediate exercise of every branch and department of the government to Europeans educated in its own service, and subject to its own direct control, should be diffused as widely as possible, as well with a view to stability of own interests as to the happiness and welfare of our native subjects.

इस घुमावदार, लच्छेदार और प्रशासनिक वक्तव्य का सीधा-सा अर्थ यह था कि 'नेटिव प्रजा' के शासन हेतु यूरोपियनों को यहाँ की भाषा सिखाने के लिए इस कॉलेज की स्थापना की गई। इसे फोर्ट विलियम कॉलेज की नियमावली के नवें नियम की प्रस्तावना में और भी स्पष्ट कर दिया कि इस महान संस्था को भारत में ब्रिटिश साम्राज्य की स्थिरता एवं अच्छे प्रशासन तथा ईस्ट इंडिया कम्पनी के स्वार्थ और सम्मान हेतु स्थापित किया गया है—

The most noble Richard marquis Wellesley, night of the illustrious order of Saint Patrick, etc. etc., Governor General in council, deeming the establishment of Such an Institution and system of discipline, education and study, to be requisite for the good Government and stability of the British Empire in India and for the maintenance of the interests and honour of the honorable the English East India Company. (वही, पृ. 153)

बहरहाल इंग्लिश ईस्ट इंडिया कम्पनी की सुगमता के लिए स्थापित फोर्ट विलियम कॉलेज ने जो पहला काम किया वह था हिन्दी और उर्दू में विभेद स्थापित करना। गिलक्राइस्ट ने कॉलेज काउंसिल के सचिव चार्ल्स रॉथमैन को चौवालीस पुस्तकों की सूची सौंपी जिसमें चौबीस प्रकाशित एवं बीस प्रकाशन हेतु तैयार पुस्तकों के नाम थे। इन पुस्तकों के अन्य विवरणों को छोड़कर इनके नाम एवं लेखकों के नाम पर एक दृष्टिपात करना अनुचित न होगा। प्रकाशित हो चुकी बीस पुस्तकें इस प्रकार थीं—

	पुस्तक का नाम	**लेखक का नाम**
1.	गुलिस्तान	मीर शेर वली अफ़सोस
2.	बाग़ी उर्दू	मीर शेर वली अफ़सोस
3.	नक़लियात-ए लुक़मानी	तरणी चरण मित्र, मौलवी अमानुलुल्लाह, सदल मिश्र, पंडित मीर बहादुर वली, मीर शेर वली अफ़सोस, श्री लाल कब और गुलाम अशर
4.	कुरान-ए-शरीफ़	मीर बहादुर वली, मौलवी अमानुलुल्लाह, मौलवी फुजुलुल्लाह और मिर्जा काज़िम वली जवान
5.	हातिमताई	हैदर बख्श
6.	प्रेमसागर	श्री लाल कब
7.	नस्त-ए-बेनज़ीर	मीर बहादुर वली
8.	इख़लाकी हिन्दी	मीर बहादुर वली
9.	गुल बकावली	निहालचन्द
10.	इख़लाक-डल-मोहसिन	मीर उम्मन
11.	कला काम	कुन्दन लाल
12.	राजनीति	श्री लाल कब (शुद्ध ब्रजभाषा में हितोपदेश भी लिखी)
13.	गुलदस्त	हैदर बख्श
14.	हुसैन इख्तिलात	मीर अबुलक़ासिम
15.	गुल सनोवर	बासित खान
16.	दिलरुबा	तोताराम
17.	फ़िरोजशाह	मुहम्मद बख्श
18.	मर्सिया ऑफ मिस्कीन	मीर जाफ़र

अपने अगले बीस वर्षों में फोर्ट विलियम कॉलेज हिन्दुस्तानी और भाखा के प्रश्न से जूझता रहा। लल्लू लाल जी और तरणी चरण मित्र को हिन्दुस्तानी प्रेस से जोड़ दिया गया। इस दौरान सदल मिश्र की तुलसीकृत रामायण, हैदर बख्श द्वारा बहार-ए-दानिश का अनुवाद, खलल खान की क़िस्सा ए रिज़वान और इंतखाब-ए-सुल्तान तथा प्रेमसागर और बैताल पचीसी के पुनर्मुद्रण के अतिरिक्त यहाँ और कोई कार्य नहीं हुआ। इस बीच लल्लू लाल जी ने फ़ारसी छापाखाने के नए अक्षरों के लिए आवेदन दिया। वे इन नए अक्षरों में अपनी नकलियात-ए-हिन्दी (लतीफ-ए-हिन्दी) प्रकाशित करना चाहते थे। पुरानी पुस्तकों के पुनर्मुद्रण के साथ अधिकारी रीबक (Roebuck) ने अपने निर्देशन में बेणी नारायण की दीवान-ए जहान, काशी राज की पंजाबी भाषा में गुलिस्तान (1812), विद्या दर्पण और गुरुमुखी लिपि में पंजाबी डिक्शनरी (1813) के प्रकाशन की व्यवस्था करवाई। 1825 ई. में फिरदौसी का शाहनामा छपने की सूचना मिलती है।

विलियम प्राइस के कार्यकाल 1823-30 के दौरान तरणी चरण ने हिन्दी और हिन्दुस्तानी की पुस्तकों पर काम किया। विलियम प्राइस ख़ुद को हिन्दी प्रोफ़ेसर कहलवाना पसन्द करते थे। उन्होंने हिन्दी की पुरानी कृति पृथ्वीराज रासो की ओर समिति का ध्यान आकृष्ट किया। प्राइस ने आइन-ए-अकबरी मेकेन्जी के संग्रहों की ओर भी ध्यान दिलाया। वे इस संकलन में कुछ नाटक भी रखना चाहते थे। विलियम प्राइस ने हिन्दी को देवनागरी लिपि में टाइप करने पर जोर दिया साथ ही हिन्दी भाषी क्षेत्र से किसी भाखा मुंशी की नियुक्ति पर बल दिया। विलियम प्राइस प्रेमसागर, राजनीति, सभाविलास और तुलसीकृत रामायण की सहायता से प्रशासनिक अधिकारियों को ब्रजभाषा सिखाते थे। विलियम प्राइस ने लन्दन में सन् 1821-28 में अपनी हिन्दुस्तानी व्याकरण की पुस्तक भी प्रकाशित करवाई जिसका शीर्षक 'अ न्यू ग्रामर ऑफ हिन्दुस्तानी लैंग्वेज़ विद सिलेक्शन्स फ्रॉम द बेस्ट ऑथर्स' (A New Grammar of Hindustani Language with selections from the best authors) था।

फोर्ट विलियम कॉलेज में अध्यक्ष डॉ. जॉन गिलक्राइस्ट के प्रोत्साहन पर हिन्दी खड़ी बोली में पुस्तकें लिखी जाने के पहले अकबर के शासनकाल में गंगकवि की चन्द छन्द बरनन की महिमा (1603) और पटियाला के रामप्रसाद निरंजनीकृत भाषा योग वासिष्ठ (1741) के उत्तम उदाहरण मिले हैं। आचार्य रामचन्द्र शुक्ल अपनी पुस्तक हिन्दी साहित्य के इतिहास के अध्याय आधुनिक काल (संवत् 1900-1980) गद्य खंड प्रकरण-1 के सामान्य परिचय : गद्य का विकास में आधुनिक काल के पूर्व गद्य की अवस्था में संवत् 1407 (सन् 1350 ई.) में ब्रजभाषा में गद्य की पुस्तकें मिलने का उल्लेख करते हैं। वे सन् 1343 ई. की ब्रजभाषा के गद्य का नमूना प्रस्तुत करते हैं—"श्री गुरु परमानन्द तिनको दंडवत है। हैं कैसे परमानन्द आनन्दस्वरूप हैं सरीर जिन्हि को, जिन्हि के नित्य तें शरीर चेतन्नि अरु आनन्दमय होतु है। मैं जु हौं

गोरिष सो मछन्दरनाथ को दंडवत करता हौं। हैं कैसे वे मछन्दरनाथ! अस्मज्योति निश्चल हैं अन्त:करन जिनके अरु मूलद्वार तैंछक चक्र जिनि नीकी तरह जानैं।''

शुक्ल जी स्पष्टत: कहते हैं, ''इसे हम निश्चयपूर्वक गद्य का पुराना रूप मान सकते हैं। साथ ही यह भी ध्यान होता है कि यह किसी संस्कृत लेख का 'कथभूती' अनुवाद न हो। चाहे जो हो, है यह संवत् 1400 के ब्रजभाषा गद्य का नमूना।'' (हिन्दी साहित्य का इतिहास, आचार्य रामचन्द्र शुक्ल, हरीश प्रकाशन मन्दिर, आगरा, पृ. 276) यानी सन् 1343 ई. की ब्रजभाषा का नमूना। यहाँ पुन: उल्लेखनीय है कि विलियम प्राइस अपने कार्यकाल (1823-30) के दौरान प्रशासनिक अधिकारियों को ब्रजभाषा सिखाते थे। यहाँ मन में यह प्रश्न उठता है कि क्या वे ब्रजभाषा की कविता पढ़ाते थे? निश्चय ही प्रशासनिक अधिकारियों को काव्य का रसास्वादन करवाना उनका उद्देश्य नहीं था। बाद में विलियम प्राइस ने हिन्दुस्तानी का जो व्याकरण लिखा उस पर निश्चय ही ब्रजभाषा के व्याकरण का गहरा प्रभाव था।

आचार्य रामचन्द्र शुक्ल ब्रजभाषा गद्य के कुछ और नमूने देते हैं। इनमें वे विट्ठलनाथ, नाभादास जी, बैकुंठमणि शुक्ल और सूरति मिश्र के गद्य का उदाहरण प्रस्तुत करते हैं। सूरति मिश्र के सम्बन्ध में शुक्ल जी कहते हैं—''इन्होंने संवत् 1767 में संस्कृत से कथा लेकर बैताल पचीसी लिखी, जिसको आगे चलकर लल्लू लाल ने खड़ी बोली हिन्दुस्तानी में किया। जयपुर नरेश सवाई प्रतापसिंह की आज्ञा से लाला हीरालाल ने संवत् 1852 में आइन अकबरी की भाषा वाचनिका नाम की एक बड़ी पुस्तक लिखी।

भाषा इसकी बोलचाल की है जिसमें अरबी-फ़ारसी के कुछ बहुत चलते शब्द भी हैं। नमूना यह है—अब शेख अबुल फ़ज़ल ग्रन्थ को करता प्रभु को निमस्कार करि कै अकबर बादशाह की तारीफ लिखने की कसत करे है अरु कहैं है—याकी बड़ाई चेष्टा अरु चिमत्कार कहाँ तक लिखूँ। कहीं जात नाहीं तातें याकें पराक्रम अरु भाँति-भाँति के दसतूर या मनसूबा दुनिया में प्रकट ताकों संखेप लिखत हौं। (वही, पृ. 280)

तत्पश्चात् शुक्ल जी एक अत्यन्त रोचक बात कहते हैं। वे कहते हैं कि ब्रजभाषा की इन गद्य पुस्तकों से गद्य का विकास नहीं हुआ। बाद के दिनों में गद्य के लिए खड़ी बोली गृहीत हुई जो कि बहुत अच्छा हुआ। ''इस प्रकार की ब्रजभाषा गद्य की कुछ पुस्तकें इधर-उधर पाई जाती हैं जिनसे गद्य का कोई विकास प्रकट नहीं होता। साहित्य की रचना पद्य में ही होती रही। गद्य का भी विकास यदि होता आता तो विक्रम की इस शताब्दी के आरम्भ में भाषा-सम्बन्धिनी बड़ी विषम समस्या उपस्थित होती। जिस धड़ाके के साथ गद्य के लिए खड़ी बोली ले ली गई, उस धड़ाके के साथ न ली जा सकती। कुछ समय सोच-विचार और वाद-विवाद में जाता और कुछ समय तक दो प्रकार के गद्य की धाराएँ साथ-साथ दौड़ लगातीं। अत: भगवान का यह भी एक अनुग्रह समझना चाहिए कि यह भाषाविप्लव नहीं संघटित हुआ

और खड़ी बोली, जो कभी अलग और कभी ब्रजभाषा की गोद में दिखाई पड़ जाती थी, धीरे-धीरे व्यवहार की शिष्ट भाषा होकर गद्य के नए मैदान में दौड़ पड़ी। (वही, पृ. 280)

प्रत्येक शासक अपने लिए प्रमुख भाषा का चयन करता है जो उसके मुख्य केन्द्रों के माध्यम से फलती-फूलती है। यहाँ ध्यान देने योग्य बात है कि आचार्य रामचन्द्र शुक्ल हिन्दी खड़ी बोली गद्य की पूर्व पीठिका के रूप में ब्रजभाषा गद्य को रखते हैं। वे शीर्षक में ही इसे 'आधुनिक काल के पूर्व गद्य की अवस्था' कहते हैं। इसके बाद वे देश के विभिन्न भागों में मुसलमानों के फैलने तथा दरबारी शिष्टाचार के प्रचार-प्रसार के साथ दिल्ली की खड़ी बोली के शिष्ट समुदाय के आपसी व्यवहार में प्रयुक्त होने की बात कहते हैं। "हम कह सकते हैं कि खुसरो ने 'ब्रजभाषा के साथ-साथ खालिस खड़ी बोली में कुछ पद्य और पहेलियाँ बनाई थीं।' औरंगजेब के समय से फ़ारसी मिश्रित खड़ी बोली या रेख्ता में शायरी भी शुरू हो गई और उसका प्रचार फ़ारसी पढ़े-लिखे लोगों में बराबर बढ़ता गया। इस प्रकार खड़ी बोली को लेकर उर्दू साहित्य खड़ा हुआ, जिसमें आगे चलकर विदेशी भाषा के शब्दों का मेल भी बराबर बढ़ता गया और जिसका आदर्श भी विदेशी होता गया।" (वही, पृ. 281)

मुग़ल साम्राज्य के पतन के बाद दिल्ली और आगरा शहर पस्ती की ओर चले। इस तथ्य की पुष्टि के लिए नज़ीर अकबराबादी को उद्धृत करना अनुचित न होगा साथ ही उनकी कविता हिन्दी साहित्य की अविरल परम्परा के पहले सिरे को भी दर्शाती है। नज़ीर अकबराबादी (1735-1830) का जन्म आगरा में हुआ था। वे वहीं पले-बढ़े, सारा जीवन आगरा में ही रहे। नज़ीर अकबराबादी आगरा छोड़ने के लिए कभी तैयार नहीं हुए, नवाबों के बुलाने पर भी उन्होंने अपना आगरा न छोड़ा। जिस आगरा शहर से उन्हें इतना प्यार था उसकी बदहाली पर उनका हृदय रो उठा। उन्होंने आगरा के लिए दुआ की। अपने उस आगरा के लिए जो कभी सम्पन्न था, जो रोज़गार का केन्द्र था। जहाँ बाज़ारों में कभी बहार छाई रहती थी वहाँ अब सन्नाटा है—उद्योग-धन्धे नहीं रहे—हुनर की कद्र कौन करे ?—नज़ीर अकबराबादी की इस रचना के केन्द्र में भाषा और सत्ता के विघटन का हाल बयान होता है—

अब आगरे में जितने हैं सब लोग हैं तबाह।
आता नज़र किसी का नहीं एक दाम निबाह।
माँगो अज़ीज़ों ऐसे बुरे वक़्त से पनाह।
वह लोग एक कौड़ी के मोहताज अब हैं आह।
कस्बो हुनर के याद हैं जिनको हज़ार बन्द।

(नज़ीर अकबराबादी रचनावली, सम्पा. रूपा गुप्ता,
स्वराज प्रकाशन, नई दिल्ली, 2015, पृ. 249)

कारीगर बेकार बैठे हैं क्योंकि पूँजी के केन्द्र बदल गए हैं—

सर्राफ, बनिये, जौहरी और सेठ, साहूकार।
देते थे सबको नकद, सो खाते हैं अब उधार।
बाज़ार में उड़े हैं पड़ी खाक बे शुमार।
बैठे हैं यूँ दुकानों में अपनी दुकानदार।
जैसे कि चोर बैठे हों कैदी कतार बन्द।

सौदागरों को सूद, न व्यौपारी को फलाह।
बज्जाज को है नफा न पनसारी को फलाह।
दल्लाल को है याफ्त, बाज़ारी को फलाह।
दुखिया को फायदा न पिसनहारी को फलाह।
याँ तक हुआ है आन के लोगों का कार बन्द।

(वही, पृ. 249)

पहले जब कवि ने इसे आबाद रखने की दुआ की थी तब यह फलता-फूलता शहर था। नज़ीर अकबराबादी की एक कविता का शीर्षक ही है—शहर अकबराबाद (आगरा) की तारीफ़—

शहरे सुखुन में अब जो मिला है मुझे मकां।
क्यूँ कर न अपने शहर की खूबी करूँ बयां।
देखी हैं आगरे में बहुत हमने खूबियाँ।
हर वक़्त इसमें शाद रहे हैं जहाँ-तहाँ।
रखियो इलाही इसको तू आबाद जाविदा।
...बागात पुर बहार, इमारात पुर निगार।
बाज़ार वह कि जिस पै चमन दिल से हो निसार।
महबूब दिलफरब गुलअन्दानो गुलइजार।
गलियाँ कहीं हैं आपको गुलजार पुर बहार।
कूचे कहीं हैं अपने तईं सहने गुलिस्तां॥

(वही, पृ. 241-42)

जिस आगरे में ताजमहल था, जिसकी हर इमारत खूबसूरत थी जिस शहर में हरे-भरे बाग थे, जहाँ बेखौफ सुन्दरियाँ रास्तों को गुलजार करती थीं, जिसकी गलियों को देखकर बगीचे का गुमान होता था, जिस आगरे में ताजगंज (जहाँ नज़ीर अकबराबादी रहते थे) था, उस आगरे का आज ऐसा हश्र हुआ है कि उसके लिए बस खुदा से फरियाद करते ही बनता है—

रखता है गो क़दीम से बुनियाद आगरा।
...यारों अजब मुकाम है दिलशाद आगरा॥
शद्दाद जर लगा न बनाता बहिश्त को।
गर जानता कि होवेगा आबाद आगरा॥
तोड़े कोई किले को कोई लूटे शहर को।
अब किससे अपनी माँगे भला दाद आगरा॥

अब तो जरा-सा गाँव है, बेटी न दे इसे।
लगता था वरना चीन का दामाद आगरा॥
एकबारगी तो अब मुझे यारब तू फिर बसा।
करता है अब खुदा से वह फर्याद आगरा॥

(वही, पृ. 247)

इस प्रकार व्यापार के पुराने केन्द्र नष्ट होने लगे। नए केन्द्र बसने लगे दिल्ली और आगरे के उजड़ने से जब मीर और इंशा जैसे शायर पूर्व की ओर प्रस्थान कर गए तो वणिक जातियों को तो शहर बदलना ही था। दिल्ली और उसके आसपास के प्रदेशों के हिन्दू व्यापारी पूर्वी शहरों, जैसे—लखनऊ, फैजाबाद, प्रयाग, काशी और पटना में बसने लगे। इन शहरों में अपने अध्यवसाय से जमे इन व्यापारियों की भाषा शहरों के बाज़ार की व्यवहार में आने वाली भाषा बनी। यह भाषा खड़ी बोली थी—"यह खड़ी बोली असली और स्वाभाविक भाषा थी, मौलवियों और मुंशियों की उर्दू, मुअल्ला नहीं। यह अपने ठेठ रूप में बराबर पछाँह से आई जातियों के घरों में बोली जाती है। अत: इन लोगों का यह कहना या समझना कि मुसलमानों के द्वारा ही खड़ी बोली अस्तित्व में आई और उसका मूल रूप उर्दू है जिससे आधुनिक हिन्दी गद्य की भाषा अरबी-फ़ारसी शब्दों को निकालकर गढ़ ली गई, शुद्ध भ्रम या अज्ञान है। इस भ्रम का कारण यही है कि देश के भाषागत साहित्य की—जो संवत् 1900 के पूर्व तक पद्यमय ही रहा—भाषा ब्रज भाषा ही रही और खड़ी बोली वैसे ही एक कोने में पड़ी रही जैसे और प्रान्तों की बोलियाँ। साहित्य या काव्य में उसका व्यवहार नहीं हुआ।" (हिन्दी साहित्य का इतिहास, आचार्य रामचन्द्र शुक्ल, पृ. 281)

मुंशी सदासुखलाल, इंशाअल्ला खाँ, लल्लू लाल जी, और सदल मिश्र द्वारा खड़ी बोली में साहित्य और पाठ्य पुस्तकों के लिखे जाने से पहले हिन्दी भाषा का परिनिष्ठित रूप विकसित हो चुका था। आचार्य रामचन्द्र शुक्ल के अनुसार विक्रम संवत् 1798 (1741 ई.) में रामप्रसाद निरंजनी ने भाषा योगवाशिष्ठ नामक ग्रन्थ बड़ी साफ-सुथरी खड़ी बोली में लिखा। शुक्ल जी कहते हैं कि जब तक इससे पहले की खड़ी बोली गद्य में कोई पुस्तक उपलब्ध नहीं होती इसे ही खड़ी बोली हिन्दी की प्रथम परिमार्जित गद्य पुस्तक मान सकते हैं। रामप्रसाद निरंजनी को प्रथम परिपक्व गद्य

लेखक और उनकी भाषा योगवाशिष्ठ को खड़ी बोली हिन्दी की प्रथम परिमार्जित पुस्तक माने जाने के लिए आचार्य रामचन्द्र शुक्ल इस पुस्तक के दो उद्धरण प्रस्तुत करते हैं। उनमें से एक उदाहरण देखना उचित होगा, इन उद्धरणों के अन्त में शुक्ल जी की भावविभोर टिप्पणी भी है—"हे रामजी! जो पुरुष अभिमानी नहीं है वह शरीर के इष्ट-अनिष्ट राग-द्वेष नहीं करता क्योंकि उसकी शुद्ध वासना है। मलीन वासना जन्मों का कारण है। ऐसी वासना को छोड़कर जब तुम स्थित होगे तब तुम कर्ता हुए भी निर्लेप रहोगे। और हर्ष-शोक आदि विकारों से जब तुम अलग रहोगे तब वीतराग, भय, क्रोध से रहित रहोगे। जिसने आत्मतत्त्व पाया है वह जैसे स्थित हो वैसे ही तुम भी स्थित हो। इसी दृष्टि को पाकर आत्मतत्त्व को देखो तब विगतज्वर होगे और आत्मपद को पाकर फिर जन्म-मरण के बन्धन में न आओगे। कैसी शृंखलाबद्ध साधु और व्यवस्थित भाषा है।" (वही, पृ. 283)

रामप्रसाद निरंजनी की भाषा योगवाशिष्ठ के बाद उसी प्रकार के परिमार्जित हिन्दी गद्य की परम्परा नहीं मिलती, क्योंकि तब पद्य का व्यवहार ही सर्वत्र प्रचलित था। ब्रजभाषा में जो टीकापरक गद्य लिखा जाता था वह परिनिष्ठित नहीं था। शृंगार शतक की एक ऐसी ही टीका को आचार्य रामचन्द्र शुक्ल ने लद्धड़ बताया है जिसकी तुलना में मूल काव्य का अर्थ समझना अधिक सहज था।

फोर्ट विलियम के लेखकों के गद्य लेखन के पहले मथुरानाथ शुक्ल ने पंचांग दर्शन (1800) की रचना की। इसी के आसपास सदासुखलाल ने कथावाचकों की शैली में विष्णु पुराण पर आधारित रचना की। सदासुखलाल ने सुखसागर में हिन्दी खड़ी बोली को साहित्यिक रूप देने का प्रयास किया।

चूँकि फोर्ट विलियम कॉलेज ने हिन्दी, हिन्दुस्तानी और उर्दू को साहित्यिक एवं परिनिष्ठित रूप देने का संकल्प भी लिया था इसलिए छापाखाने ने भाषाओं की प्रगति और साहित्य की लोकप्रियता में क्रान्तिकारी परिवर्तन किए। फोर्ट विलियम कॉलेज की सातवीं वर्षगाँठ पर 27 फरवरी, 1808 में लॉर्ड मिंटो ने टिप्पणी की—'छापाखाने के प्रयोग से नेटिवों की भाषा में निखार आ सकेगा।' (History of Printing and Publishing in India, Vol. III, B.S. Kesavan, p. 192)

छापाखाना का सदुपयोग कर हिन्दी भाषा के लेखकों ने भारी परिमाण में लिखना आरम्भ किया। सैयद इंशाअल्ला खाँ ने रानी केतकी की कहानी लिखी। लखनऊ में रहते हुए भी उन्होंने इसे सुबोध और रुचिपूर्ण भाषा में लिखा। आगरा निवासी लल्लू लाल जी की फोर्ट विलियम में नियुक्ति भाखा मुंशी के रूप में हुई थी। उन्होंने ग्यारह कृतियों का प्रणयन किया जिनमें अनूदित पुस्तकें भी हैं। लल्लू लाल जी ने फोर्ट विलियम कॉलेज में 1823 ई. तक अनुवादक के रूप में काम किया। उनके द्वारा लिखी गईं एवं अनूदित पुस्तकें सिंहासन बत्तीसी, बैताल पचीसी, शकुन्तला नाटक, माधोनल, राजनीति, प्रेमसागर, लतायप्प-ए-हिन्दी, ब्रजभाषा

व्याकरण, सभाविलास, माधव विलास तथा लालचन्द्रिका हैं। लल्लू लाल जी की अन्यतम रचना प्रेमसागर है, इसमें ढाँचा, ब्रजभाषा के रुझान के साथ खड़ी बोली का है। इसमें लल्लू लाल जी ने रचना को उर्दू शैली से सायास दूर रखा है।

सदल मिश्र बिहार के आरा के निवासी थे। 1803 में इन्होंने फोर्ट विलियम में अनुवादक के रूप में काम किया। इनकी तीन साहित्यिक कृतियाँ उल्लेखनीय हैं—चन्द्रावती, रामचरित्र एवं नासिकेतोपाख्यान। सदल मिश्र ने नासिकेतोपाख्यान की भाषा को सरस एवं लचीला रखा। उन्होंने उर्दू से एकदम किनाराकशी नहीं की। नासिकेतोपाख्यान यजुर्वेद के आधार पर कठोपनिषद में वर्णित नचिकेता की कहानी है। इसकी गद्य शैली अच्छी है। संवत् 1860 में यानी 1803 ई. में सदल मिश्र ने चन्द्रावती की कथा कही क्योंकि अब देववाणी कोई नहीं समझता। चन्द्रावती की मूल कथा संस्कृत में होने के कारण नए पाठक को उससे परिचित करवाने हेतु सदल मिश्र ने इसे खड़ी बोली में प्रस्तुत किया—''कन्या बोली, महाप्रभु! मैं राजा रघु की बेटी हूँ। चन्द्रावती मेरा नाम है। मुझसी अभागी दूसरी कोई नहीं। इस सहस्र नृप राजाओं की कन्या के बीच में रहके किसी पुरुष का मुँह अपने जानने में न देखा। वो नाना प्रकार के भोग-विलास छोड़ मैं ठाकुर की सेवा करती थी। न जानूँ कि यह गर्भ कहाँ से हुआ। इस कारण पिता ने देस-निकाला दिया। यह सत्य बात आपके आगे कही, पर विश्वास न कीजिएगा।'' (नासिकेतोपाख्यान, सदल मिश्र, सम्पा. श्यामसुन्दर दास, नागरी प्रचारिणी सभा, काशी, 1950, पृ. 1-2)

इसके अतिरिक्त ईसाई धर्म प्रचारकों के साहित्य का उल्लेख किया जाना चाहिए। ईसाई धर्म प्रचारकों की हिन्दी सीधी और सरल होती थी। ईसाई धर्म प्रचार के लिए अंग्रेज़ी पढ़ाने के लिए उनके स्थानों पर शिक्षण केन्द्र खोले गए। कलकत्ता, मिर्जापुर तथा आगरा आदि स्थानों पर कई संस्थाएँ स्थापित की गईं जहाँ से ईसाई धर्म सम्बन्धी पुस्तकें हिन्दी में छपने लगीं। सदल मिश्र चन्द्रावती अथवा नासिकेतोपाख्यान की प्रस्तावना में कहते हैं—''चित्र-विचित्र, सुन्दर-सुन्दर, बड़ी-बड़ी अटारिन से इन्द्रपुरी समान शोभायमान, नगर कलिकता महा प्रतापी वीर नृपति कम्पनी महाराजा के सदा फूल-फल रहे कि जहाँ उत्तम लोग बसते हैं और देश-देश से एक से एक गुणी जन आय-आय अपने-अपने गुण को सुफल कर बहुत आनन्द में मगन होते हैं। नाम सुन सदल मिश्र पंडित भी वहाँ आन पहुँचा वो बड़ी बड़ाई सुनि। सर्व विद्या-निधान ज्ञानवान महाप्रधान श्री महाराजा जान गिलकृस्त साहब से मिला कि जो पाठशाला के आचार्य हैं। तिनकी आज्ञा पाय दो-एक ग्रन्थ संस्कृत से भाषा व भाषा से संस्कृत किए।'' (वही, पृ. 10)

उन्नीसवीं शताब्दी में औपनिवेशिक शासन के अन्तर्गत हिन्दी नवजागरण जिन विद्वानों और रचनाकारों के साहित्य और पत्रकारिता के माध्यम से आकार और स्वरूप ग्रहण कर रहा था उसके आरम्भिक भाषा विशारदों और चिन्तकों के रूप में

राजा शिवप्रसाद 'सितारे हिन्द' और राजा लक्ष्मण सिंह की भूमिका अत्यन्त महत्त्वपूर्ण है। इस सम्बन्ध में भारतेन्दु हरिश्चन्द्र की निर्णायक भूमिका है जो एक ओर पारम्परिक साहित्य और दूसरी ओर तत्कालीन साहित्य और उसकी आवश्यकता से अपनी शैली सँवारती है। भारतेन्दु हरिश्चन्द्र ने राजा शिवप्रसाद 'सितारे हिन्द' और राजा लक्ष्मण सिंह से अपनी असहमति जताते हुए युगानुरूप भाषाई आवश्यकता को पूरा किया। उन्होंने हिन्दी की लोकप्रियता एवं उपयोगिता को ध्यान में रखते हुए उसकी शैली निर्धारण की प्रक्रिया अपनाई। वास्तव में राजा शिवप्रसाद 'सितारे हिन्द', राजा लक्ष्मण सिंह एवं भारतेन्दु तथा उनके मंडल के सदस्यों की अपनी भाषा के प्रति सजगता, समर्पण, श्रम और गहरा लगाव हिन्दी नवजागरण की सुचिन्तित दिशा है जो अपने देश, काल और वातावरण की गहरी समझ से उपजी है।

यहाँ यह स्मरण करवाना अनुचित न होगा कि हिन्दी नवजागरण में केवल साम्प्रदायिकतावाद खोजने वाले औपनिवेशिक सत्ता के उस दमनकारी रूप को सुविधापूर्वक भूल जाते हैं जो केवल आर्थिक ही नहीं, सामाजिक और धार्मिक क्षेत्रों में भी श्वास रोधक बना हुआ था। संस्कृति पर बढ़ते संकट से समाज के सचेत वर्ग में सुगबुगाहट बढ़ना स्वाभाविक था। ईसाई धर्म प्रचारकों के धर्म प्रचार का प्रभाव हिन्दू जनता पर तीव्रता से बढ़ता जा रहा था। इस तथ्य की पुष्टि के लिए हिन्दी नवजागरण का साहित्य न देखकर उस समय के ईसाई धर्म प्रचारकों द्वारा दर्ज अपनी सफलता के आँकड़े देखे जाने चाहिए। तभी तस्वीर का दूसरा रुख सामने आएगा। इस शोधकार्य में ईसाई धर्म प्रचारकों के साहित्य और उनके बढ़ते प्रभाव तथा उसके फलस्वरूप भारतवर्ष विशेष कर उत्तर भारत में स्वधर्म रक्षार्थ उठ खड़े हुए स्वामी दयानन्द सरस्वती और उनके आर्य समाज पर आलोचना नहीं की गई है। स्वामी दयानन्द सरस्वती ने अपना महत्त्वपूर्ण ग्रन्थ सत्यार्थप्रकाश हिन्दी में ही लिखा। स्वधर्म रक्षार्थ उनके प्रयासों की तीव्रता से भाषिक अनुभूति में भी ओज, शुद्धता और रुचिरता आई—"पास चोटी की ऊँचाई तथा रात की-सी अँधेरी के कारण मुझे ज्ञात हुआ कि चोटी पर पहुँचना सम्भव नहीं। लाचार मैं घास और सूखी झाड़ियों को पकड़कर नाले के नीचे किनारों पर पहुँचा और चट्टान पर खड़े होकर जो चारों तरफ निगाह की तो सिवाय भयानक पहाड़ियों, टीलों और उन विकट जंगलों के कि जहाँ मनुष्य-मात्र की निर्वाह कठिन है और कुछ भी न देख पड़ा।" (हिन्दी साहित्य का इतिहास, विजयेन्द्र स्नातक, साहित्य अकादमी, दिल्ली, 1996, पृ. 188)

कहना ही पड़ता है कि हिन्दी नवजागरण को साम्प्रदायिक, प्रतिक्रियावादी, पुनरुत्थानवादी, प्रमाणित करने वाले अधिकांश आलोचकों ने तस्वीर का एक रुख सामने रखा है। होना तो यह चाहिए था कि जो जैसा था उसे प्रस्तुत कर देते, किन्तु पता नहीं अज्ञात कारणों से ईसाई और इस्लामी धर्मान्तरण से जूझ रहे हिन्दू समाज को तो साम्प्रदायिक कहा गया, किन्तु जिनसे उनका सामना था उन पर साम्प्रदायिकता

का ठप्पा कभी नहीं लगा। फ़ारसी बहुल उर्दू एवं अंग्रेज़ी के साम्राज्यवाद से लड़ती हिन्दी पर तो साम्राज्यवादी होने के आरोप लगे, किन्तु उसके अस्तित्व के लिए संकट बनी उर्दू और अंग्रेज़ी के विरुद्ध किसी ने कुछ नहीं लिखा। धर्म, जाति, स्त्री, संस्कृति, साहित्य, राजनीति—हर क्षेत्र में 'हिन्दी वालों' का कोई भी, कैसा भी, हस्तक्षेप इन आलोचकों द्वारा कभी भी सराहा नहीं किया। रामविलास शर्मा ने ऐसे स्वघोषित प्रगतिशील आलोचकों की अच्छी-खासी ख़बर ली है फिर भी औपनिवेशिकता का चश्मा पहने इन आलोचकों ने हिन्दी नवजागरण को नकारात्मक और केवल नकारात्मक दृष्टिकोण से चित्रित किया है। जिन मानदंडों के कारण भारतीय नवजागरण के दूसरे नवजागरण विशिष्ट ठहराए गए हैं ठीक उन्हीं बिन्दुओं पर हिन्दी नवजागरण को कठघरे में खड़ा कर दिया गया है। यदि भाषाई अस्मिता के लिए बंगाल का नवजागरण अस्तित्व के लिए लड़ता है तो प्रशंसा योग्य है, किन्तु अपने भाषाई अस्तित्व के लिए हिन्दी नवजागरण का संघर्ष दूसरों के अधिकार हनन के रूप में प्रस्तुत किया गया। धर्म के सम्बन्ध में पहले ही कहा जा चुका है। अपनी वेशभूषा, खान-पान और रहन-सहन को बचाने के लिए किसी दूसरे प्रान्त के निवासी प्रयास करें तो यह उनका सांस्कृतिक अधिकार है, किन्तु हिन्दी प्रदेश के निवासियों का ऐसा कोई भी प्रयास उनका पिछड़ापन है। यह निस्संकोच कहा जा सकता है कि बहुत से आलोचकों में हिन्दी, हिन्दी प्रदेश और हिन्दी नवजागरण के प्रति एक प्रकार का पूर्वग्रह देखा जा सकता है जो लगभग घृणा का स्पर्श करता है। हिन्दी नवजागरण पर शोधकार्य करने वाले किसी भी शोधार्थी को इस प्रकार की बौद्धिक घृणा से ग्रस्त पूर्वग्रह से जूझना ही पड़ता है। इतिहासकार सुधीर चन्द्र और विज्ञ महादेव साहा की इस संकीर्णता पर इस लेखिका ने अपनी पुस्तक 'साहित्य और विचारधारा' (साहित्य और विचारधारा, रूपा गुप्ता, यश पब्लिकेशन्स, दिल्ली, 2006) में विस्तार से उदाहरण सहित दिखलाया है कि जिन मानदंडों को दूसरों के लिए अति सुगम बनाया गया है। उन्हीं मानदंडों पर अत्यन्त खरे उतरने वाले भारतेन्दु हरिश्चन्द्र का उपहास किया गया है। ऐसे ही आलोचक समूह के लिए रामविलास शर्मा ने कहा था कि इन्हें हिन्दी नवजागरण में कुछ भी अच्छा दिखाई नहीं देता। रामविलास शर्मा द्वारा ऐसे आलोचकों को चुन-चुन कर उत्तर दिए जाने पर उनसे बड़े 'सूक्ष्म' प्रश्न किए गए। अपने ऐसे ही एक सूक्ष्म प्रश्न को वीरभारत तलवार ने रामविलास शर्मा द्वारा रामचन्द्र शुक्ल को सामन्तवाद का विरोधी बताने पर कहा है कि—''रामविलास जी ने लिखा कि शुक्ल जी ने साधारण ज़मींदारों के बारे में जो कुछ कहा है—उससे यह साबित नहीं होता कि वे सामन्त वर्ग के समर्थक थे। सवाल सामन्तवाद का है। सामन्तों में बड़े सामन्तों का वर्ग था, छोटे सामन्तों का भी वर्ग था। शुक्ल जी बड़े सामन्त वर्ग के समर्थक न थे, यह सही है। छोटे सामन्त वर्ग के थे या नहीं ? क्या 2 प्रतिशत बड़े सामन्त वर्ग की भूमि व्यवस्था सामन्तवादी थी

और 98 प्रतिशत छोटे सामन्त वर्ग की भूमि व्यवस्था सामन्तवादी न थी? (राष्ट्रीय नवजागरण और साहित्य, वीरभारत तलवार, पृ. 63)

रामविलास जी अपनी किताब में उन पुराने प्रगतिवादियों से बहस कर रहे थे जो शुक्ल जी को प्रतिक्रियावादी बताते थे। गुलाम भारत में प्रतिक्रियावादी वह नहीं था जो ज़मींदारों का समर्थक था; प्रतिक्रियावादी वह था जो साम्राज्यवाद का समर्थक था। जो व्यक्ति साम्राज्यवाद का विरोध कर रहा था, उसे प्रतिक्रियावादी बताना बिलकुल ग़लत था। इन लोगों के सामने शुक्ल जी की साम्राज्यवाद-विरोधी भूमिका स्पष्ट न थी। रामविलास जी ने उन्हें समझाते हुए लिखा कि शुक्ल जी ने बड़े सामन्तों और छोटे ज़मींदारों में जो भेद किया, वह सही था; कि अवध के गाँवों में ऐसे ग़रीब छोटे ज़मींदारों की बहुत बड़ी तादाद थी; कि चीन की तरह भारत के साम्राज्यवाद-विरोधी संघर्ष में भी इन छोटे ज़मींदारों की भूमिका थी। छोटे ज़मींदारों के बारे में शुक्ल जी का जो दृष्टिकोण था, उसका विवेचन करते हुए रामविलास जी ने निष्कर्ष निकाला—"इससे उनकी (शुक्ल जी की) यह इच्छा साबित होती है कि साम्राज्यवाद से पीड़ित सभी वर्ग उसका विरोध करें, यह नहीं कि साम्राज्यवाद को यहाँ कायम रहने दिया जाए।" (वही, पृ. 50)

प्रथम द्रष्ट्या ही यह स्पष्ट हो जाता है कि रामविलास शर्मा ने बड़े सुसंगत और स्पष्ट तरीके से रामचन्द्र शुक्ल को साम्राज्यवाद विरोधी प्रमाणित किया है। साथ ही उन्हें सामन्तवाद विरोधी भी माना है, क्योंकि रामचन्द्र शुक्ल सामन्ती अभिरुचियों का खंडन करते हैं। एवं 'लोकमंगल की भावना' लेकर चलने वाले स्थापित आलोचक हैं किन्तु वीरभारत तलवार इससे सहमत नहीं हैं। वे कहते हैं, "यह तो कहा जा सकता है कि अमुक व्यक्ति ने साहित्य में अमुक-अमुक सामन्ती अभिरुचियों का खंडन किया, लेकिन इससे यह निष्कर्ष अपने आप निकलकर नहीं आता कि वह व्यक्ति सामन्ती प्रणाली या सामन्ती सामाजिक व्यवस्था का भी विरोधी होगा।" (वही, पृ. 50) सामन्तवाद का विरोधी हुए बिना कोई सामन्ती अभिरुचियों का विरोध कैसे करेगा भला? वीरभारत तलवार अपने वाग्जाल में इसका उत्तर कहीं नहीं देते।

यहाँ वीरभारत तलवार के उदाहरण पर एक और कोण से विचार कर लेना चाहिए। शुक्ल जी के प्रसंग पर रामविलास जी का विरोध करते हुए वे कहते हैं कि गुलाम भारत में प्रतिक्रियावादी वह नहीं था जो ज़मींदारों का समर्थक था; प्रतिक्रियावादी वह था जो साम्राज्यवाद का समर्थक था। जो व्यक्ति साम्राज्यवाद का विरोध कर रहा था, उसे प्रतिक्रियावादी बताना बिलकुल ग़लत था।" (वही, पृ. 63) किन्तु भारतेन्दु हरिश्चन्द्र और हिन्दी नवजागरण पर विचार करते समय वे स्वयं इसे पूर्णत: भुला देते हैं। वे भारतेन्दु के साम्राज्यवाद विरोधी लेखन को देख ही नहीं पाते। वीरभारत तलवार और उन जैसी धारणा वाले किसी भी आलोचक को हिन्दी नवजागरण का साम्राज्यवाद विरोधी स्वरूप दीख नहीं पड़ता। भारतेन्दु के यह कहने पर भी—

''मुसलमान लोग अंग्रेज़ों की अपेक्षा सौगुन अपव्ययी थे, परन्तु वे लोग इस देश के निवासी थे इससे उनका अर्थ समुदाय इसी देश में व्यय होता था...जिस प्रकार अमेरिका उपनिवेशित होकर स्वाधीन हुई वैसे ही भारतवर्ष भी स्वाधीनता लाभ कर सकता है परन्तु भारतवर्ष उपनिवेशित होने से इसके विपक्ष में भी बहुत आपत्ति है।

बीस करोड़ आबादी वाले भारतवर्ष पर पचास हज़ार अंग्रेज़ शासन करते हैं। ये लोग प्राय: शिक्षित और सभ्य हैं परन्तु इन्हीं के अत्याचार से सब भारतवासी दुखी रहे हैं।'' (भारतेन्दु समग्र, पृ. 1092)

साम्राज्यवाद का विरोध करने पर भारतेन्दु को शंकाशोधन छापना पड़ा—''मर्सिया में हमारे अनेक ग्राहकों को शंका होगी कि वह राजा कौन था। इससे अब हम उस राजा का अर्थ स्पष्ट करके सुनाते हैं। वह राजा अंग्रेज़ी फैशन का था जो इस अपूर्ण शिक्षित मंडली रूस अंधेर नगरी पर राज करता था जब से बम्बई और काशी इत्यादि स्थानों में अच्छे-अच्छे लोगों ने प्रतिज्ञा करके अंग्रेज़ी कपड़ा पहिनना छोड़ देने की सौगन्ध खाई तब से मानो वह मर गया था।'' (वही, पृ. 1092) भारतेन्दु एवं उनके समकालीन राष्ट्रीयतावादी लेखकों को उसी कौशल का बार-बार सहारा लेना पड़ता था। जिसका इतिहासकार बिपन चन्द्र ने उल्लेख किया है। फिर भी इन्हें परिणाम भुगतना ही पड़ता था—'मर्सिया' छापने के 'अपराध' में कविवचन सुधा की सरकारी खरीद बन्द कर दी गई।8 जून, 1874 के कविवचन सुधा में भारतेन्दु को 'अप्रसन्नता' की चर्चा करनी पड़ी—'अप्रसन्नता' ''आजकल हमारे पत्र में अष्टमंगल आए हैं बहुत से लोग हम लोगों से अप्रसन्न हो रहे हैं श्रीयुत डायरेक्टर साहब ने पत्र के सम्पादक को लिख भेजा कि मर्सिया ऐसे बुरे आर्टिकल लिखने से तुम्हारे पत्र का गवर्नमेंट एड बन्द किया गया।'' (कविवचन सुधा, 8 जून, 1874)

राजा शिवप्रसाद 'सितारेहिन्द' सन् 1856 ई. में शिक्षा विभाग में इन्सपेक्टर नियुक्त हुए थे। वे सर सैयद अहमद स्कूल के थे और हिन्दी को गँवारों की भाषा मानते थे। उन्होंने इतिहास तिमिरनाशक, राजाभोज का सपना, योगवाशिष्ठ के चुने हुए श्लोक, आलसियों का कोड़ा, स्वयं बोध उर्दू, वर्णमाला, वामामनरंजन, विद्यांकुर, भूगोल हस्तामलक, उपनिषद सार, मानव धर्मसार, सिक्खों का उदय और अस्त, और उपनिषद सार आदि पुस्तकें लिखीं। राजा शिवप्रसाद 'सितारेहिन्द' 'आमफहम और खास पसन्द' भाषा के समर्थक थे। सितारेहिन्द उर्दू को इस देश की प्रमुख भाषा मानते थे क्योंकि वह कचहरी की भाषा थी और सारे काग़ज़ात उसी में तैयार किए जाते थे। अपने प्रसिद्ध ग्रन्थ इतिहास तिमिरनाशक में उन्होंने जिस भाषा का प्रयोग किया वह मुख्यत: अरबी-फ़ारसी बहुल उर्दू ही है। यद्यपि इस पुस्तक में उन्होंने हिन्दी-उर्दू को एक-दूसरे के निकट लाने का प्रयास किया। यद्यपि इस ग्रन्थ में कहीं-कहीं भाषा की स्पष्टता है, किन्तु यह प्रवाह इतिहास तिमिरनाशक में सर्वत्र नहीं मिलता। अधिकांश स्थलों पर भाषा में अरबी-फ़ारसी शब्द ज़बरदस्ती ठूँसे गए हैं,

जैसे, "तुगलक का भाई मशंकुर खाँ निहायत हसीन था, बगावत का शुबहा हुआ पूछने पर कि उकूवत और सियासत के डर से झूठा इकरार कर दिया। बहुतेरे उकूवत और सियायत से मौत को बेहतर समझते हैं।" बाद में राजा साहब की भाषा क्रमशः ठेठ उर्दू बनती गई। केवल अरबी-फ़ारसी शब्दों की भरमार ही उसमें नहीं थी, फ़ारसी के ढंग का वाक्य-विन्यास भी उसमें आ गया था। वह भाषा इस प्रकार की : "नीचे लिखी शर्तें अहदनामे की जिनका कायम रखना दोनों तरफ बारिश और जांनशीनों पर क़र्ज़ होगा, वर्मियान राजा रणजीत सिंह और चार्ल्स थियाफिल्स मेटकाफ साहिब की मार्फत सरकार अंग्रेज़ी के अमल में आई।" (वही, पृ. 205)

इस प्रकार राजा शिवप्रसाद सितारे हिन्द क्रमशः उर्दू की ओर झुकते गए, और अन्त तक उनकी भाषा देवनागरी लिपि में लिखी हुई उर्दू बन गई। शिक्षा विभाग के कर्मचारी होने के कारण वे अपने अफसरों के विरुद्ध नहीं जा सकते थे। उनकी क्रमपरिणति सरकारी नीति की क्रमपरिणति की ही कहानी है। राजा साहब जो हिन्दी का 'गँवारपन' निकालकर उसे 'फैशनेबल' बनाना चाहते थे, वह वस्तुतः उस सरकारी नीति की ही प्रतिध्वनि थी, जो हिन्दी को गँवारू भाषा और उर्दू को शिष्ट जन-भाषा समझती थी।" (वही, पृ. 207)

राजा शिवप्रसाद 'सितारेहिन्द' के बाद राजा लक्ष्मण सिंह का उल्लेख आवश्यक है। वास्तव में हिन्दी भाषा और उसके विकास के प्रयास में लगे इन महानुभावों के कारण ही हिन्दी आरम्भिक बाधाओं से जूझकर आगे बढ़ी यद्यपि उसके पग-पग पर काँटे ही बिछे थे, किन्तु किसी भाषा को केवल सरकारी नीतियों और अन्य भाषाओं से ही टक्कर नहीं लेनी पड़ती वरन् अपनी एक शैली भी निर्धारित करनी पड़ती है। राजा लक्ष्मण सिंह ने कालिदास के कई ग्रन्थों का हिन्दी में अनुवाद किया। उनका 'मेघदूत' और 'शकुन्तला' का हिन्दी अनुवाद बहुत लोकप्रिय हुआ।

राजा लक्ष्मण सिंह के शकुन्तला नाटक के हिन्दी अनुवाद के सफल होने का काल पारसी थियेटर के उत्थान का भी शीर्ष काल है किन्तु पारसी थियेटर की व्यावसायिकता ने रंगमंच के स्तर को बहुत नीचे गिरा दिया था। भारतेन्दु ने अपने 'नाटक' निबन्ध में राजा लक्ष्मण सिंह के शकुन्तला नाटक के सम्बन्ध में लिखा— "हिन्दी भाषा में दूसरा ग्रन्थ वास्तविक नाटककार राजा लक्ष्मण सिंह का शकुन्तला नाटक है। भाषा के माधुर्य आदि गुणों से यह नाटक उत्तम ग्रन्थों की गिनती में है। तीसरा नाटक हमारा विद्यासुन्दर है। चौथे के स्थान में हमारे मित्र लाला श्रीनिवासदास का तप्तासंवरण, पंचम हमारा वैदिकी हिंसा, षष्ठ प्रिय मित्र बाबू तोताराम का केटोकृतान्त और फिर तो और भी दो-चार कृत विज्ञ लेखकों के लिखे हुए अनेक हिन्दी नाटक हैं।" (भा. स., पृ. 575)

उन्नीसवीं शताब्दी में ब्रिटिश सत्ता के अधीन भारतेन्दु युग में हिन्दुस्तान में हिन्दी भाषा, हिन्दी साहित्य और हिन्दी जाति की चिन्ताधारा अच्छी-खासी आकृति ग्रहण

करने लगी थी। इसके लिए हिन्दी नवजागरण के पुरोधाओं ने अनथक श्रम और अनकहा संघर्ष किया। राजा लक्ष्मण सिंह के शकुन्तला नाटक की सफलता पारसी थियेटर की फूहड़ता के सामने हिन्दी भाषियों की सफलता का एक बहुत छोटा-सा प्रमाण था। पारसी थियेटरों की फूहड़ता अपने चरम पर थी। भारतेन्दु अपने नाटक निबन्ध में इस सम्बन्ध में लिखते हैं—''काशी में पारसी नाटकवालों ने नाचघर में जब शकुन्तला नाटक खेला और उसमें धीरोदात्त नायक दुष्यन्त खेमटेवालियों की तरह कमर पर हाथ रखकर मटक-मटक कर नाचने और 'पतरी कमर बल खाय' यह गाना लगा तो डॉक्टर थिबो बाबू, व्रमदादास मित्र प्रभृति विद्वान यह कहकर उठ आए कि अब देखा नहीं जाता। ये लोग कालिदास के गले पर छुरी फेर रहे हैं। (वही, पृ. 575)

प्रसंगवश उल्लेखनीय है कि भारतेन्दु हरिश्चन्द्र स्वयं इन मित्रों के साथ थे। नाटक में दुष्यन्त की यह दुर्दशा देखकर उनकी आँखें छलक आई थीं। हिन्दी नवजागरण में भारतेन्दु से पहले नवीनचन्द्र राय, श्रद्धाराम फुलौरी ने भी हिन्दी की भूमि तैयार की। नवीनचन्द्र राय पंजाब में दयानन्द सरस्वती के आगमन से पहले हिन्दी प्रचार का कार्य कर रहे थे। यद्यपि ब्राह्म धर्म का जन्म बंगाल में हुआ और उसका कार्यक्षेत्र भी प्रधानत: कलकत्ता ही रहा पर पंजाब में बाबू नवीनचन्द्र राय ने हिन्दी भाषा और ब्राह्म धर्म का प्रचार किया। वे उर्दू विरोधी थे। बाबू नवीनचन्द्र राय ने यह समझ लिया था कि ब्राह्म धर्म की सभी पुस्तकें बंगला में होने के कारण इसके प्रसार में तीव्रता न आ सकेगी। 1867 ई. में उन्होंने अपने उद्देश्य हेतु ज्ञान प्रदायिनी पत्रिका निकाली। बाबू नवीनचन्द्र की ही तरह राजा राममोहन राय समझ गए थे कि उनके द्वारा आविर्भूत ब्रह्म धर्म केवल बंगला भाषा में उन्नति नहीं कर सकेगा। अत: उन्होंने इस सम्बन्ध में कई छोटी-छोटी पुस्तकें हिन्दी में लिखीं। राजा राममोहन राय के एक पैम्फलेट (1816 ई.) से इस बात की भी सूचना मिलती है कि एक वर्ष पहले सन् 1815 में उन्होंने वेदान्तसूत्र का हिन्दी में अनुवाद किया था।

श्रद्धाराम फिल्लौरी भी आर्य समाज के उत्थान के पहले से पंजाब में नूतन सामाजिक चेतना का संचार कर रहे थे। वे हिन्दी और उर्दू दोनों भाषाओं के जानकार थे। पंडित श्रद्धाराम का हिन्दू संस्कृति में दृढ़ विश्वास था।''पंडित श्रद्धाराम ने बहुतों को पथ-भ्रष्ट होने से बचाया। प्रसिद्ध है कि कपूरथला के महाराज रणजीत सिंह सन् 1863 में जब ईसाई होने जा रहे थे, तब पंडित श्रद्धाराम ने ही उनके सब संशय दूर करके उन्हें हिन्दू धर्म में प्रतिष्ठित किया। उन्होंने सत्यामृत-प्रवाह नाम का एक सिद्धान्त ग्रन्थ लिखा था, जिसकी भाषा बहुत साफ और प्रौढ़ है।...उन्होंने आत्म चिकित्सा, तत्त्व दीपक, धर्म रक्षा, उपदेश संग्रह आदि पुस्तकें लिखी थीं। और 'भाग्यवती' नाम का एक सामाजिक उपन्यास भी प्रकाशित कराया था। यह उपन्यास 1873 ई. में प्रकाशित हुआ था। उन दिनों यह उपन्यास पढ़ी-लिखी जनता को बहुत प्रिय हुआ। कहते हैं उन्होंने चौदह सौ पृष्ठों का अपना जीवन-चरित भी लिखा था

पर वह प्राप्त नहीं होता। पंडित श्रद्धाराम का गद्य सुलझा हुआ और प्रौढ़ तो है ही उसमें कठिन आध्यात्मिक तथ्यों को सरल भाषा में प्रकट कर देने की पूर्ण क्षमता भी है। ...वे पद्य भी लिखते थे और 'संतोपदेश' नाम से उनका एक दोहा-संग्रह भी छपा था।" (हिन्दी साहित्य उद्‌भव और विकास, हजारीप्रसाद द्विवेदी, पृ. 207)

विधा के तौर पर हिन्दी नवजागरण पत्रकारिता का सबसे अधिक ऋणी था। उन्नीसवीं सदी के हिन्दी नवजागरण के सबसे महत्त्वपूर्ण व्यक्तित्व भारतेन्दु हरिश्चन्द्र ने पत्रकारिता के महत्त्व को खूब अच्छी तरह पहचाना था। भारतेन्दु हरिश्चन्द्र के व्यक्तित्व एवं कृतित्व पर कितनी भी संक्षिप्त चर्चा की जाए उसे कम पृष्ठों में समेटना असम्भव है। भारतेन्दु हरिश्चन्द्र (1850-1885) ने अपने अत्यन्त छोटे से जीवन में हिन्दी भाषा के लिए जितना कार्य किया वह अविश्वसनीय लगता है। अठारह वर्ष की छोटी-सी आयु में उन्होंने कविवचन सुधा का प्रकाशन आरम्भ किया। 1874 ई. में बालाबोधिनी और 1873 ई. में हरिश्चन्द्र मैगज़ीन निकाली। भारतेन्दु के कृतित्व पर चर्चा तो इस पूरी पुस्तक में ही होगी क्योंकि हिन्दी नवजागरण काल को भारतेन्दु युग कहा जाता है। उनसे पहले के हिन्दी पत्रकारिता के आरम्भिक विकास की चर्चा कर लेनी चाहिए।

उन्नीसवीं सदी की हिन्दी पत्रकारिता एक संकल्प की, एक लक्ष्य की, एक ध्येय की पत्रकारिता है। आरम्भ से ही हिन्दी पत्रकारिता के समक्ष उसका लक्ष्य स्पष्ट था। अख़बार का प्रकाशन क्यों करना चाहिए—इस प्रश्न पर उनके मन में कोई दुविधा नहीं थी। 23 जनवरी, 1861 के मालवा अख़बार का सम्पादकीय नवजागरणकालीन हिन्दी पत्रकारिता का प्रतिनिधि वक्तव्य है। "एक मित्र ने हमसे पूछा कि अख़बार लिखने के क्या मायने हैं और अख़बार लिखने वालों को कौन सी बातें जानना चाहिए। मालूम हो कि अख़बार लिखने वाला लोगों का अगुवा होता है और उसको सब चीज़ जाननी चाहिए। नहीं तो वो ही मसल होगी कि आँख का अन्धा और नाम नैनसुख बहुत से हिन्दुस्तानी अख़बार वालों ने यह समझ लिया है कि ख़बरें भर देने से अख़बार हो जाता है। ये झूठ है, अगर अख़बार लिखने के ये मायने हैं कि फलानी फ़ौज ने फलानी जगे से फलानी जगे को कूच किया। या फलाने कप्तान साहब मर गए। और बकरी ने दो मूका बच्चा दिया, तो हम अख़बार लिखने के लायक नहीं और हमको चाहिए कि इस्तीफा दे दें। और कोई धन्धा कर लें हमको ऐसा अख़बार लिखना नहीं आता और न हम इसे अख़बार कहते हैं। अगर कहीं लड़ाई होती हो तो वहाँ की ख़बर लिखनी चाहिए न कि फलाने शहर में नाज का भाव ये है। और फलाने साहब पहाड़ों में शिकार को गए हैं। हाँ, जब कहीं काल पड़े तो लिखना चाहिए मगर ये नहीं कि हर हफ्ते दो सफे इसी से भर दिए। अख़बार लिखने वाला नुमाइंदा हो तो एक बात भी है और यों तो जो है सो है। दूसरी बात यह है कि अख़बार वालों के सवालों में बड़ा मजा आता है। एक साहब पूछते हैं कि रेजीडेंट और अजेंट में क्या फर्क भला

ये भी कोई सवालों में सवाल है जिसको जैसी भी अंग्रेज़ी आती होगी तो किताब देखकर बता देगा।'' (23 जनवरी, 1861, मालवा अख़बार, सम्पादकीय, मालवा)

चूँकि उन्नीसवीं शताब्दी के औपनिवेशिक भारत में हिन्दी प्रदेश की आज जैसी भौगोलिक सीमाएँ नहीं थीं तथा उस समय देश की राजधानी कलकत्ता थी। अत: ''हिन्दी का पहला समाचार-पत्र उदन्त मार्तण्ड (1826 ई.) यहीं से प्रकाशित हुआ, किन्तु हिन्दी पत्रकारिता का सूत्रपात 1819 ई. में ही हो चुका था। बंगाल औग्जलरी सोसाइटी ने सन् 1819 में दिसम्बर में एक द्विभाषी बांग्ला और अंग्रेज़ी मासिक पत्र द गॉस्पल मैगज़ीन प्रकाशित किया था। यह पत्र 16 पृष्ठों का निकलता था। इस पत्रिका में सम्पादक और लेखकों के नाम नहीं दिए गए हैं उदंत मार्तण्ड का प्रथम अंक जेठ बदी संवत् 1883, 30 मई, सन् 1826 में प्रकाशित हुआ। इसके पहले सम्पादक युगल किशोर सुकुल थे। निज भाषा के सुख के प्रति सचेत 'पहले-पहल हिन्दुस्तानियों के हित के हेतु' यह समाचार-पत्र छपा। केवल एक वर्ष बाद सन् 1827 में उदंत मार्तण्ड बन्द हो गया।

इसके बाद सन् 1829 में बंगदूत का प्रकाशन आरम्भ हुआ। इसके सम्पादक नील रतन हलदार थे। राजा राममोहन राय ने 1829 ई. में अंग्रेज़ी का एक समाचार-पत्र बंगाल हेरल्ड के नाम से निकाला था। इस पत्र के बंगला, हिन्दी और फ़ारसी भाषा के संस्करणों के सम्पादक नील रतन हलदार थे।

1834 ई. में कलकत्ता से 'प्रजामित्र' का प्रकाशन प्रारम्भ हुआ। सन् 1854 में समाचार 'सुधावर्षन' का प्रकाशन आरम्भ हुआ। इसके पहले सम्पादक श्याम सुन्दर सेन थे। यह प्रथम हिन्दी दैनिक समाचार-पत्र था जो 1868 ई. तक प्रकाशित होता रहा। इस समाचार-पत्र ने देवनागरी सीखने एवं अंग्रेज़ी भाषा पढ़ने के ऐतिहासिक महत्त्व को समझा। सन् 1855 में 'आग्रे के स्कूल का समाचार' शीर्षक से इस अख़बार में लिखा गया, ''केवल बंगाल के निवासी बंगाली इंग्रेजी विद्या में निपुण होते हैं। परन्तु हिन्दुस्तान देश के निवासियों ने इतने दिन तक इस विद्या में नहीं मन लगाया था, अब इन लोगों ने भी इंग्रेज़ी विद्या में समर्थ होने के लिए बड़ा परिश्रम करने को आरम्भ किया है जो कई एक आग्रे के गवर्नमेंट के स्कूल के विद्यार्थी लोग इंग्रेज़ी विद्या अभ्यास करके परीक्षाएँ देकर बड़े प्रतिष्ठित भए हैं।...जो कुछ होय हम लोगों को यह समाचार सुन के बड़ा आनन्द भया है, काहे से बंगाली लोग हमेशा हिन्दुस्तानियों को कहते हैं कि 'खोट्टा बेटारा इंग्रेज़ी की जाने ?' जो इंग्रेज़ी सीखने लायक बुद्धि कहाँ है, सो ईश्वर की कृपा से इन लोगों ने भी अच्छी तरह इंग्रेज़ी विद्या अभ्यास करके यश के सहित गवर्नमेंट का कार्य सम्पादन करने को आरम्भ किया है। इतने दिनों तक इन लोगों ने इस विद्या का अभ्यास करने का यत्न क्यों नहीं किया, कहोगे तो इसका एक कारण है कि यवन राजाओं के समय से उस देश में राजकार्य के निमित्त यवन विद्या ही का चलन था। जब आजकल इस विद्या का नाम

अंग्रेज़ी ने एकदम मिटाय के सब काम में अपनी विद्या का प्रचार कर दिया है, इसलिए अब नहीं सीखने से कुटुम्ब पालन करना बड़ा कठिन है। यह समझ के प्राचीन राज विद्या को छोड़ आधुनिक राज विद्या का अभ्यास करना उचित समय में लिया।'' (समाचार सुधावर्षण, सम्पा. श्यामसुन्दर सेन, कलकत्ता, 1854)

सन् 1855 में छपे इस समाचार-पत्र के उद्धरण से उस समय की भाषागत चेतना का स्पष्ट चित्र मिलता है। भाषा से रोज़गार जुड़ते ही उसके महत्त्व का बढ़ जाना और पिछली भाषा जो रोज़गार का माध्यम रही है, को धकेलकर उसका स्थान प्राप्त कर लेना, उसे जानने वालों में एक तरह की गर्व की भावना होना और देर-सवेर उसे सीखने की बाध्यता इत्यादि बातों का तो उसमें उल्लेख है ही साथ ही सम्पादक ने उस समय के शिक्षित बंगालियों के 'हिन्दुस्तानियों' के प्रति आपत्तिजनक रवैये का भी उल्लेख किया है। 'हिन्दुस्तानी' शब्द से भ्रम उत्पन्न हो सकता है। अतः यहाँ यह स्पष्ट करना आवश्यक है कि बंगालियों द्वारा हिन्दी प्रदेश के लोगों के लिए 'हिन्दुस्तानी' शब्द का प्रयोग किया जाता है। 'हिन्दुस्तानी' के अतिरिक्त हिन्दी प्रदेश के अबंगाली निवासियों को वे 'देसवाली' तथा 'खोट्टा' भी कहते थे। 'खोट्टा' का अर्थ है ''हिन्दुस्तानी, बिहार, मध्य प्रदेश और उत्तर प्रदेश के लोग।'' यह शब्द अवज्ञार्थ प्रयुक्त होता है। उपरोक्त उद्धरण से एक अहिन्दी प्रदेश में रहने वाले हिन्दी भाषा-भाषी की बंगाली 'उच्चता की भावना' से आहत होने का पता भी चलता है और यह 'आहत अभिमान' अपनी कमियों की भरपाई करके उस युग के आधुनिक और प्रगतिशील लोगों के समकक्ष जाने के लिए प्रयासरत है।

सन् 1868 ई. में भारतेन्दु के 'कविवचन सुधा' के प्रकाशन के पहले हिन्दी में प्रकाशित समाचार-पत्रों की लम्बी सूची है। सन् सत्तावन के प्रथम स्वाधीनता संग्राम के पहले अंग्रेज़ों के शोषण से त्रस्त भारतीय जनमानस में प्रबल असन्तोष की भावना थी। सन् सत्तावन का संग्राम इसी भावना का चरमोत्कर्ष था। उन्नीसवीं सदी के सातवें दशक में भारतेन्दु ने अधिक सुविचारित, परिष्कृत एवं सुघड़ रूप में इस भावना को प्रस्तुत किया। भारतेन्दु से पहले ही हिन्दी पत्रकारिता अपना आरम्भिक कार्य काल पूरा कर चुकी थी। उनके कविवचन सुधा के पहले प्रकाशित समाचार-पत्रों की एक लम्बी सूची द्रष्टव्य है—

पत्रिका	प्रकाशन वर्ष	स्थान	
1.	गॉस्पल मैगज़ीन	1819	कलकत्ता
2.	उदंत मार्तण्ड	1826	कलकत्ता
3.	बंगदूत	1829	कलकत्ता
4.	प्रजामित्र	1834	कलकत्ता
5.	ग्वालियर अख़बार	1845	बनारस
6.	मार्तण्ड	1846	कलकत्ता

7.	जगद्दीपक भास्कर	1849	कलकत्ता
8.	मालवा अख़बार	1849	मालवा
9.	मजहरूल सरूर	1849	भरतपुर
10.	सामदंत मार्तण्ड	1850	कलकत्ता
11.	सुधाकर	1850	काशी
12.	समाचार सुधावर्षण	1854	कलकत्ता
13.	प्रजा हितैषी	1855	आगरा
14.	दिल्ली अख़बार	1852	इंदौर
15.	ग्वालियर गजट	1850	ग्वालियर
16.	सर्वहितकारक	1855	आगरा
17.	पयाम अख़बार	1857	दिल्ली
18.	जनहित कारक	1861	अजमेर
19.	जगलाभ चिन्तक	1861	अजमेर
20.	धर्म प्रकाश	1859	अहमदाबाद
21.	तत्त्व बोधिनी पत्रिका	1865	बरेली
22.	सज्जन कीर्ति सुधाकर	1865	उदयपुर
23.	मरुधर मित्र	1866	जोधपुर
24.	ज्ञान प्रदायिनी पत्रिका	1866	लाहौर
25.	वृत्तान्त विलास	1867	जम्मू
26.	रतन प्रकाश	1867	रतलाम
27.	बुद्धि प्रकाश	1852	आगरा
28.	सूरज प्रकाश	1861	आगरा
29.	ज्ञान प्रकाश	1861	आगरा
30.	प्रजा हित	1861	इटावा
31.	भारत खंडामृत	1864	आगरा

निष्कर्षत: कहा जा सकता है कि उन्नीसवीं शताब्दी के औपनिवेशिक भारत में अन्य प्रान्तों की ही तरह सजग, संवेदनशील और सक्रिय नवजागरण हिन्दी प्रदेश में भी घटित हुआ। इस हिन्दी नवजागरण की अपनी विशिष्टताएँ एवं कमियाँ थीं—ठीक भारत के अन्य नवजागरणों की ही तरह।

द्वितीय अध्याय

औपनिवेशिक आर्थिक शोषण, हिन्दी नवजागरण और भारतेन्दु हरिश्चन्द्र

पूरी उन्नीसवीं और आधी बीसवीं सदी में औपनिवेशिक शासकों की अंधी लूट का सर्वाधिक मुख्य कारण भारत की राजनैतिक अस्थिरता को ठहराया जाता रहा है। अठारहवीं सदी में मुग़ल साम्राज्य के पतन के अनेक कारणों से उनकी केन्द्रीभूत सत्ता दुर्बल होती गई। दिल्ली का बादशाह, उसके मनसबदार, विभन्न राजे-रजवाड़े अपने 'साम्राज्य' 'मनसबदारी' और रियासत की परिधि में ऐसे घिरे हुए थे कि अंग्रेज़ों की क्रमशः बढ़ती शक्ति को समझने में उन्हें देर लगी। इस सदी की राजनीति किसी विशेष जातीयता, उपजातीयता यहाँ तक कि धार्मिकता से भी संचालित नहीं थी। इस समय का राजकीय तंत्र वैयक्तिकता से अधिक निर्देशित था। यद्यपि कुलीन वर्गों की एकता का कारण बहुत हद तक जातीयता थी फिर भी उनमें आपसी ईर्ष्या और शत्रुता का अभाव नहीं था। एक स्थिर साम्राज्य के अभाव ने आर्थिक संकट को भी बढ़ावा दिया। "भू राजस्व से प्राप्त मुग़ल साम्राज्य की लगभग अस्सी प्रतिशत आय मनसबदारों के नियंत्रण में थी, पर इस आय का वितरण बहुत ही असमान था। सत्रहवीं सदी के मध्य में लगभग 8,000 मनसबदारों में से केवल 445 मनसबदार ही साम्राज्य की 61 प्रतिशत राजस्व-आय पर नियंत्रण रखते थे।" (ए.जे. कैसर, डिस्ट्रीब्यूशन ऑव दि रेवेन्यू रिसोर्स ऑव दि मुग़ल इम्पायर अमंग दि नॉबेलिटी, प्रोसेडिंग्स ऑव दि इंडियन हिस्ट्री कांग्रेस, इलाहाबाद सेशन, 1965)

इस राजनैतिक अस्थिरता की धारणा को इतना अधिक प्रचारित किया गया मानो इस देश में कोई व्यवस्था थी ही नहीं, जबकि इन परिस्थितियों में भी देश का वाणिज्य व्यापार अपनी गति से चलता था। "विभिन्न सामन्ती शक्तियों में परस्पर युद्ध अवश्य हो रहे थे, इन युद्धों से अंग्रेज़ों ने लाभ उठाया और उन्हें बढ़ावा भी दिया, किन्तु इस अराजकता की सीमाएँ थीं। सामन्ती लड़ाइयाँ होती रहती थीं और देश के उद्योग-धन्धे और यहाँ का व्यापार अपनी जगह अलग उन्नति करते जाते थे। यहाँ

के उद्योग-धन्धों और व्यापार को सामन्ती युद्धों से नुकसान ज़रूर पहुँचा लेकिन उनकी प्रगति में उतनी बाधा इन युद्धों से नहीं पड़ी जितनी अंग्रेज़ों की नीति से। अंग्रेज़ नये ज़मींदार बनकर सामन्ती कलह से अपना प्रभुत्व बढ़ाते रहे। साथ ही अपने व्यापार के लिए उन्होंने यहाँ के माल पर भारी चुंगी लगाकर उसका विलायत जाना बन्द कर दिया। उन्नीसवीं सदी के पूर्वार्द्ध में उन्हें चुंगी की सहायता से यहाँ का निर्यात-व्यापार बन्द करना पड़ा, यह इस बात का प्रमाण है कि खुली होड़ में यहाँ का व्यापारी अंग्रेज़ से बराबर टक्कर ले रहा था और उसके विरुद्ध दो शत्रु उत्पन्न हो गए थे—एक तो घरेलू सामन्तवर्ग और दूसरा ब्रिटेन का अभिजात वर्ग और वहाँ के सौदागर। यदि ये दोनों शक्तियाँ न मिलतीं, मिलकर भारत में अंग्रेज़ी राज की जड़ न जमने देतीं तो इस देश का इतिहास दूसरा ही होता।'' (सन् सत्तावन की राज्य क्रान्ति और मार्क्सवाद, रामविलास शर्मा, लोकभारती प्रकाशन, 2007, पृ. 70)

रामविलास शर्मा के उपरोक्त कथन से उनके घनघोर आलोचक भी असहमत नहीं हो सकते, क्योंकि उनके बाद कई इतिहासकारों ने उन्हीं की बातों को दोहराया। केवल इतिहासकार ही नहीं साहित्यकारों ने भी अपनी इतिहास के निकट रचनाओं में इसी बात की पुष्टि की ''वास्तव में इन सभी कोठियों की मालिक एक अंग्रेज़ व्यापारी कम्पनी थी। लन्दन शहर के कई बड़े-बड़े नामी-गिरामी सौदागरों ने मिलकर साझेदारी में यह कम्पनी खोली थी। सन् 1600 ई. में इंग्लैड की रानी एलिजाबेथ ने इन्हें एक चार्टर प्रदान किया। उसी के बल पर ये लोग दुनिया के पूर्वी भाग के व्यापार पर एकाधिपत्य जमाने की चेष्टा में लगे। पूर्व देश का उन दिनों ईस्ट इंडिस नाम था। इसलिए इस कम्पनी का संक्षिप्त नाम ईस्ट इंडिया कम्पनी पड़ा।

ईस्ट इंडिया कम्पनी का हेड क्वार्टर लन्दन में था। कम्पनी के स्टाक होल्डर, एक गवर्नर और चौबीस डायरेक्टर तीन-तीन वर्ष के अन्तर से निर्वाचित करते। वे ही लन्दन के इंडिया हाउस में बैठे-बैठे चिट्ठी-पत्री के द्वारा कम्पनी का काम चलाते। वैसे असली काम उन्हें यहाँ के अपने कर्मचारियों द्वारा ही चलाना पड़ता। यहाँ आकर डायरेक्टरों के आदेशानुसार ही चलना पड़ता।

तीस हज़ार पाउंड अर्थात् उन दिनों तीन लाख रुपये का मूलधन, चार जहाज और एक छत वाली छोटी नौका (pinnace) लेकर सन् 1601 ई. में ईस्ट इंडिया कम्पनी का प्रथम वाणिज्य अभियान शुरू हुआ।

अंग्रेज़ों ने सन् 1650 ई. में हुगली में आकर एक कोठी बनवा साधारण भाव से ही पहले-पहल अपने व्यवसाय का श्रीगणेश किया।'' (प्लासी का युद्ध, तपन मोहन चट्टोपाध्याय, भारतीय ज्ञानपीठ, 2014, पृ. 21)

सन् 1650 ई. में व्यापार का श्रीगणेश करने वाले अंग्रेज़ व्यापारियों को आरम्भ में मुग़ल फ़ौजदारों और फौजियों से जूझना पड़ा। धीरे-धीरे उन लोगों ने अपनी सैन्य शक्ति बढ़ानी आरम्भ की। मुग़ल फ़ौज की जब-तब की छापेमारी से

बचने के लिए अंग्रेज़ों ने सूतोनुटि गाँव में डेरा डाला। उस क्षेत्र की अत्यन्त अस्वास्थ्यकर जलवायु और हुगली नदी की थोड़ी असुविधाजनक स्थिति के उपरान्त उन्होंने उसी के तट पर बन्दरगाह बनाने का निर्णय लिया। उन दिनों बंगाल औरंगजेब के लोभी नाती अजीमुस्सान के नियंत्रण में था। "नवाब अजीमुस्सान राजधानी ढाका में जाड़ों के पहले जब बर्द्धमान में बैठे दरबार कर रहे थे, उसी समय उनके पास अंग्रेज़ों ने एक दूत भेजा। प्रार्थना यही थी कि कलकत्ते में एक टुकड़ा ज़मीन खरीदकर, जिसमें वे अच्छी तरह रह सकें, हुजूर इसके लिए हुक्म दें। अंग्रेज़ों के दूत खोजा सरहद नामक एक आर्मिनियन सौदागर थे।" (वही, पृ. 34)

"रुपया बहाने पर नवाब साहब के पास से सब तरह के काम हासिल किए जा सकते हैं, खोजा सरहद साहब को यह बात बिलकुल अज्ञात नहीं थी। माल-असबाब और नगद मिलाकर सोलह हज़ार रुपये नवाब अजीमुस्सान को उपहार देकर अंग्रेज़ ने सुतोनुटि, कलकत्ता और गोविन्दपुर इन तीनों ग्रामों को खरीदने की अनुमति प्राप्त कर ली।

इसके कई महीने बाद ही, 10 नवम्बर, सन् 1998 को दस्तावेज़ लिखवाकर अंग्रेज़ों ने सवर्ण-चौधुरियों से उन तीनों ग्रामों को खरीद लिया।" (वही, पृ. 35)

इन्हीं तीनों ग्रामों को मिलाकर कलकत्ता उस ब्रिटिश साम्राज्य की राजधानी बना जिसका सूरज कभी डूबता नहीं था। बंगाल में अंग्रेज़ों की स्थिति दिनों-दिन शक्तिशाली होने लगी। "ज़मींदारी खरीदकर कलकत्ता के अंग्रेज़ों ने इतने दिन बाद चैन की साँस ली। इस बार जैसे-तैसे भी कुछ ठिकाना तो लगा। कलकत्ते को और नज़रअन्दाज़ नहीं किया जा सका। कम्पनी ने हुक्म दिया, अब से कलकत्ता एक प्रेसिडेंसी हुआ। यहाँ एक प्रेसिडेंट रहेंगे और उनके साथ एक काउंसिल रहेगी। बंगाल में जितनी भी अंग्रेज़ी कोठियाँ हैं वे सभी उन्हीं के जिम्मे रहेंगी। वे अब मद्रास-कोठी के अधीन नहीं रहेंगी।" (वही, पृ. 35) कालान्तर में अपनी वाणिज्यिक कुशलता और राजनैतिक कुटिलता के बल पर अंग्रेज़ व्यापारी अपने व्यापारिक साम्राज्य को राजनैतिक साम्राज्य में परिणत करने में सफल रहे। "अंग्रेज़ों की व्यावसायिक बुद्धि प्रारम्भ से ही कुछ तीक्ष्ण रही है। इसी के लिए तो नेपोलियन जब-तब अंग्रेज़ जाति का मज़ाक़ उड़ाते। वे कहते, अंग्रेज़ दुकानदारों की जाति है। आमदनी समझ, बजट बना, खर्च स्थिर कर चलना अंग्रेज़ों के स्वभाव में है। इकोनॉमिक्स और फाइनेंस की नीति को वे अच्छी तरह समझते भी और कार्यक्षेत्र में उसे मानकर चलते भी।

लेकिन इन्हीं दो विषयों में हमारे देशी मालिक बिलकुल कोरे थे। क्या पठान, क्या मुग़ल, क्या राजपूत, क्या मराठा, क्या जाट, क्या सिख किसी को भी यह ज्ञान नहीं था। फल यह होता था कि उन्हें बराबर अभाव ही बना रहता। बराबर ही मुफलिसों जैसी उनकी अवस्था बनी रहती, जिसे अंग्रेज़ी में क्रॉनिक इन्सॉल्वेंसी कहते हैं। लेकिन उस अभाव का सब धक्का ग़रीब प्रजा को सहना पड़ता।" (वही, पृ. 56)

ग़रीब प्रजा के भयंकर शोषण हेतु शासकों ने अपने लिए कई सुविधाएँ जुटाईं। अंग्रेज़ों द्वारा अपने लिए जुटाई गईं इन सुविधाओं को औपनिवेशिक विचारधारा के इतिहासकारों ने 'भारत को अंग्रेज़ों की देन' कहकर महिमामंडित किया। किन्तु सभी इतिहासकार और आलोचक इस मंडली में सम्मिलित नहीं थे। बहुत से प्रसिद्ध इतिहासकारों ने प्रचलित धारणा कि 'अंग्रेज़ी राज में सब कुछ अच्छा था' के विरुद्ध प्रमाणसम्मत मत रखे। भारतेन्दु हरिश्चन्द्र के समस्त साहित्य में यह देश चिन्ता खुलकर प्रकट हुई।

अंग्रेज़ों द्वारा भारत का आर्थिक दोहन—अंग्रेज़ों द्वारा भारत के आर्थिक शोषण पर रामविलास शर्मा ने अपनी कई पुस्तकों में विस्तार से चर्चा की है। उनके इस मत की पुष्टि प्रो. सब्यसाची भट्टाचार्य की पुस्तक 'ब्रिटिश इंडिया का आर्थिक इतिहास' से भी होती है। इस पुस्तक में प्रो. सब्यसाची भट्टाचार्य ने सबसे प्रचलित जनमत कि 'अंग्रेज़ों ने इस देश को बहुत कुछ दिया—रेल, डाक, तार—वे न आए होते तो हम आज भी बैलगाड़ी में यात्रा कर रहे होते' का तथ्यपरक विरोध किया है। उन्होंने आँकड़ों सहित दिखाया है कि अंग्रेज़ों ने रेलमार्ग बिछाकर किस प्रकार इस देश का दोहरा दोहन किया है। इसे उन्होंने 'मछली के तेल में मछली भूनना' कहा है।

उन्नीसवीं सदी के हिन्दी साहित्य में औपनिवेशिक भारत को अंग्रेज़ों द्वारा उन्नत किए जाने का पर्दाफाश बार-बार मिलता है—भारतेन्दु ने 9 मार्च, 1874 ई. के कविवचन सुधा में लिखा—"सरकारी पक्ष का कहना है कि हिन्दुस्तान में पहले सब लोग लड़ते-भिड़ते थे और आपस में गमनागमन न हो सकता था, यह सब सरकार की कृपा से हुआ। हिन्दुस्तानियों का कहना है कि उद्योग और व्यापार बाकी न रहा। रेल आदि से भी द्रव्य के बढ़ने की आशा नहीं है। रेलवे कम्पनी वाले ने जो द्रव्य व्यय किया है उसका ब्याज सरकार को देना पड़ता है और उसे लेने वाले बहुधा विलायत के लोग हैं। कुल मिलाकर छब्बीस करोड़ रुपया बाहर जाता है।" (कविवचन सुधा, 9 मार्च, 1874) इस देश की निर्धन जनता के निर्मम आर्थिक शोषण ने कृषि और उद्योग की कमर तोड़ दी।

"भारतवर्ष को अंग्रेज़ों ने समृद्ध किया"—इस धारणा पर आँख मूँदकर विश्वास करने वालों को अंग्रेज़ी राज में कारीगरों और किसानों की दुर्दशा देखनी चाहिए—"कपड़ा बनाने वाले, सूत निकालने वाले, खेती करने वाले आदि सब भीख माँगते हैं, खेती करने वालों की यह दशा है कि लँगोटी लगाकर हाथ में तूंबा ले भीख माँगते हैं और जो निरुद्यम हैं उनको तो अन्न की भ्रान्ति है।" (वही) अकालों और महामारियों का मुख्य कारण अंग्रेज़ों का कुशासन और भयंकर लोभ है—"अब तो प्रतिवर्ष में कहीं न कहीं दुष्काल पड़ा ही रहता है मुख्य करके अंग्रेज़ी राज में इसका घर है और बहुधा सुनने में आया है कि विसूचिका का रोग जो अब सम्पूर्ण भारतखंड में छा रहा है अंग्रेज़ों के राज के आरम्भ से इसका प्रारम्भ हुआ

है।'' सामान्य से सामान्य अंग्रेज़ किस प्रकार इस देश का दोहन करता है इसका प्रमाण है ''जब अंग्रेज़ विलायत से आते हैं प्राय: कैसे दरिद्र होते हैं और हिन्दुस्तान से अपने विलायत को जाते हैं तब कुबेर बन जाते हैं।'' (वही)

सबसे पहले स्वदेशी का शपथ पत्र छापने वाले भारतेन्दु से आज के अति प्रगतिवादी और रूढ़िवादी दोनों ही तरह के विद्वान उनसे देशभक्ति की शिक्षा ले सकते हैं। कहाँ इन विद्वानों की दृष्टि में अंग्रेज़ी राज की प्रगतिशील भूमिका और कहाँ भारतेन्दु की यह चुनौती—''भाइयो! अब तो सन्नद्ध हो जाओ और ताल ठोक के इनके सामने खड़े हो जाओ देखो भारतवर्ष का धन जिससे बाहर जाने न पावे वह उपाय करो।'' (वही)

हिन्दी नवजागरण के पुरोधा भारतेन्दु हरिश्चन्द्र तत्कालीन औपनिवेशिक भारत के हर नए-पुराने विचार से परिचित थे। उनके यहाँ इन विचारों की सक्रिय अभिव्यक्ति मिलती है। दादा भाई नौरोजी 'धनादोहन' के जिस सिद्धान्त (थ्योरी ऑव ड्रेन ऑव वेल्थ) को रेखांकित कर रहे थे उसे ही भारतेन्दु ने इस कविता में अमर कर दिया—

अंग्रेज़ राज सुख साज सजै सब भारी।
पै धन विदेश चलि जात यहै अति ख्वारी॥

(भारतेन्दु समग्र, पृ. 461)

भारतेन्दु की राजनीतिक समझ का सबसे सजग प्रमाण है उनका स्वदेशी वस्तुओं के व्यवहार का शपथ पत्र जो 23 मार्च, 1874 के 'कविवचन सुधा' में छपा—''हम लोग सर्वान्तर्यामी सब स्थल में वर्तमान सर्वद्रष्टा और नित्य सत्य परमेश्वर को साक्षी देकर यह नियम मानते हैं और लिखते हैं कि हम लोग आज के दिन से कोई विलायती कपड़ा न पहिनेंगे और जो कपड़ा कि पहिले से मोल ले चुके हैं और आज की मिती तक हमारे पास है उनको तो उनके जीर्ण हो जाने तक काम में लावेंगे पर नवीन मोल लेकर किसी भाँति का भी विलायती कपड़ा न पहिरेंगे। हिन्दुस्तान ही का बना कपड़ा स्वीकार करेंगे और अपना नाम इस श्रेणी में होने के लिए श्रीयुत बाबू हरिश्चन्द्र को अपनी मनीषा प्रकाशित करेंगे और देशी हितैषी इस उपाय की वृद्धि में अवश्य उद्योग करेंगे।'' (कविवचन सुधा, 23 मार्च, 1874)

यद्यपि भारतेन्दु ने सभी तरह के उद्योग-धन्धों में आत्मनिर्भरता का स्वप्न देखा था, किन्तु उनका विशेष ध्यान बुनकरों की स्थिति पर है। इस शपथ पत्र में भी उन्होंने विदेशी कपड़ा न पहनने की प्रतिज्ञा प्रकाशित की है। इसका स्पष्ट कारण अन्य कारखानों को खोले जाने की असमर्थता एवं कपड़ा उद्योग में अपने खोए हुए सामर्थ्य को पुन: पा सकने की आशा है। भारतेन्दु समझ रहे थे कि तत्काल आत्मनिर्भरता कपड़ा उद्योग में ही अर्जित की जा सकती है। इसलिए हमारे यहाँ के जुलाहों की स्थिति उनके यहाँ कई बार उल्लेखित हुई। यहाँ से ब्रिटेन कच्चा माल जाने और

ब्रिटेन से तैयार माल यहाँ आकर बिकने के नुकसान से दिनों-दिन निर्धन होते भारत के लिए वे कहते हैं—

मारकीन मलमल बिना चलत कछु नहीं काम
परदेसी जुलहान कै मानहु भये गुलाम।
वस्त्र काँच काग़ज़ कलम चित्र खिलौने आदि
आवत सब परदेस सों नितहिं जहाजन लादि।

(वही, पृ. 229)

और भारतीयों को तनिक भी होश नहीं है। वे अपने विलास में मस्त हैं—

तिनही को काम पाइकै साजन निज आमोद
तिन बिन छिन तृण सकल सुख, स्वाद विनोद प्रमोद।

(वही, पृ. 229)

इस विनाश से बचने का एक ही मंत्र है—स्वदेशी का उपयोग। निज भाषा के मूल मंत्र से लेकर भारतेन्दु ने स्वदेशी वस्तुओं के व्यवहार पर बल दिया। राजनैतिक रूप से बीसवीं शताब्दी के प्रथम दशक में गूँजने वाला 'स्वदेशी प्रयोग' का नारा भारतेन्दु साहित्य में 1874 ई. में ही मुखर हो चुका था। उन्होंने अपने देश की कारीगरी को समुन्नत करने को कहा जिससे हमारे देश का रुपया हमारे देश में ही रहे और उसका आर्थिक दोहन बन्द हो सके। भारतेन्दु ने इस आत्मनिर्भरता की कमी पर दु:ख व्यक्त करते हुए 'स्वदेशी' के प्रयोग पर बार-बार बल दिया—"हाय अफसोस, तुम ऐसे हो गए हो कि अपने निज के काम की वस्तु भी नहीं बना सकते। भाइयों अब तो नींद से चौंको, अपने देश की सब प्रकार से उन्नति करो। जिसमें तुम्हारी भलाई हो वैसी ही किताब पढ़ो, वैसे ही खेल खेलो, वैसे ही बातचीत करो।" (वही, पृ. 229)

इस उन्नति के लिए कितनों को अपना सर्वस्व लुटा देना पड़ेगा, कितनों को अपना जीवन तक त्यागना पड़ेगा। जो-जो बातें उन्नति के पथ में काँटा बने उन्हें उखाड़ फेंकना होगा। और उसके लिए निर्भय होना होगा—"कुछ मत डरो। जब तक सौ-दो सौ मनुष्य बदनाम न होंगे वरन् जान से न मारे जाएँगे तब तक कोई भी देश न सुधरेगा।" (वही, पृ. 229)

गांधी से पहले भारतेन्दु स्वदेशी का बिगुल फूँक चुके थे। भारतेन्दु ने केवल स्वदेशी आन्दोलन का ही सूत्रपात नहीं किया वे स्त्री शिक्षा, विधवा-विवाह, विदेश यात्रा के भी समर्थक थे। जनता की पीड़ा से जुड़े हर विषय पर उन्होंने रचना की। महाजनी सभ्यता पर उनकी यह तीखी टिप्पणी द्रष्टव्य है—"सर्वदा से अच्छे लोग ब्याज खाना और चूड़ी पहिरना एक-सा समझते हैं, पर अब के आलसियों को इसी का अवलम्बन है, न हाथ हिलाना पड़े न पैर, बैठे-बैठे भुगतान कर लिया।" (वही, पृ. 229)

उन्नीसवीं सदी में औपनिवेशिक शासन तथा हिन्दी नवजागरण की प्रवृत्ति को रामविलास शर्मा ने सटीक ढंग से व्यक्त किया है—"भारतेन्दु युग का साहित्य हिन्दी-भाषी जनता का जातीय साहित्य है, वह हमारे जातीय नवजागरण का साहित्य है। भारतेन्दु युग की जिन्दादिली, उसके व्यंग्य और हास्य, उसके सरल-सरस गद्य, और लोकसंस्कृति से उसकी निकटता से भी परिचित हैं, ये उसकी जातीय विशेषताएँ हैं। अंग्रेज़ी साम्राज्यवाद और अंग्रेज़ी साहित्य एक ही वस्तु नहीं है। उसके साहित्य की जड़ें इसी धरती में हैं और ऊपर बताई हुई उसकी जातीय विशेषताएँ उसकी अपनी हैं, मौलिक हैं। उनके लिए हम किसी के ऋणी नहीं हैं। जो लोग अंग्रेज़ी और बंगला से आज और भी अच्छी तरह परिचित हैं, वे कुछ भारतेन्दु, बालकृष्ण भट्ट, राधाचरण गोस्वामी, बालमुकुन्द गुप्त जैसा लिखकर दिखाएँ तो उनकी बात में अधिक सार होगा।" (भारतेन्दु युग और हिन्दी भाषा की विकास परम्परा, रामविलास शर्मा, पृ. 29)

इसी भूमिका में रामविलास शर्मा ने भारतेन्दु का उद्धरण देते हुए लिखा कि भारतेन्दु और उनके साथियों की नीति अंग्रेज़ शासकों की नीति से बिलकुल उलटी थी। अंग्रेज़ हिन्दी को दबाते थे, भारतेन्दु उसके अधिकारों के लिए लड़े थे। अंग्रेज़ हिन्दुओं और मुसलमानों में फूट डालकर अपना राज कायम रखना चाहते थे, भारतेन्दु ने इनके एक होने की अपील की थी। अंग्रेज़ भारत को खेतिहर देश बनाकर उसे लूटना चाहते थे, भारतेन्दु ने इस लूट का पर्दाफाश किया था और देश में कौशल और मशीन-सम्बन्धी शिक्षा की माँग की थी। भारतेन्दु ने लिखा था—"परन्तु अब अंग्रेज़ी माया छल और घात दृष्टि में आने लगा क्योंकि हम लोगों को केवल अंग्रेज़ी भाषा प्राप्त हुई परन्तु कला-कौशल के विषय में हम लोग भलीभाँति अज्ञान संसार में निमग्न हुए हैं इसमें सन्देह नहीं।" (वही, पृ. 29) इसलिए भारतेन्दु युग के सांस्कृतिक-आर्थिक जागरण का श्रेय अंग्रेज़ों को देना सत्य का गला घोटना है।

भारतेन्दु की ही तरह उनके युग के अन्य रचनाकार भी जनता के प्रति संवेदनशील होकर रचना कर रहे थे। 'हिन्दी प्रदीप' ने अपने जनवादी रुझान के अनुसार लिखा कि ये वे ही खेतिहर हैं जो हमको जिलाते हैं, गँवार और दिहकानी कह सभ्य समाज वाले जिनसे घिनाते हैं और अपने से अत्यन्त निकृष्ट जिन्हें मानते हैं। बड़ा-बड़ा क्लेश उठाए ये बेचारे यदि अन्न न पैदा करें तो इनकी सभ्यता की हिमाकत सब धरी रह जाय।

लगातार पड़ते अकालों पर हिन्दी प्रदीप ने यह आल्हा छापा—

संबत उनइस सौ तिरपन मां, पड़ा हिन्द में महा अकाल।
घर घर फके होने लगे, दर दर प्रानी फिरे बेहाल।
गेहूँ चावल साँवाँ मकरा, सबै अन्न एक भाव बिकाय।
बिना पैसा सब छाती पीटै, अब तो हाय रहा नहिं जाय॥

कोई पात पेड़न के चाबै, कोई माटी कोई घास चबाय।
कोई बेटवा बिटिया बेचौ, अब तो भूख सही नहीं जाय।
कोई घर घर भीखौ माँगे, कोई लूट पाट के खाय।
बहुत लोग जो अन्न देत है, राम निहोरे करै सबाब॥
बहुत लोग देते हैं फाँसी, अरु मलिका से चहैं खिताब।
सी.एस.आई., के.एस.आई., रायबहादुर केर खिताब॥

अंग्रेज़ों के वास्तविक चरित्र को भारतेन्दु ने अपनी मुकरी में यूँ व्यक्त किया था—

भीतर भीतर सब रस चूसै, हँसि हँसि के तन मन धन मूसै।
जाहिर बातन मैं अति तेज क्यों सखि सज्जन नहिं अंग्रेज़॥

(भा. स., पृ. 256)

भारतेन्दु ने अंग्रेज़ों के शोषक रूप को बारंबार सामने रखा—राजभक्ति, व्यंग्य, प्रहसन यहाँ तक भक्ति की आड़ में भी। राजभक्ति की आड़ का उदाहरण देखें—अंग्रेज़ों की प्रशंसा करते हुए टैक्स की विभीषिका सामने रखी—"तुम इन्द्र हो, तोप तुम्हारा बज्र है, तुम चन्द्र हो, इनकम टैक्स तुम्हरा कलंक है, तुम वायु हो, रेलवे तुम्हारा गमन है, तुम वरुण हो, समुद्र में तुम्हारा राज्य है, अतएव हे अंग्रेज़! मैं तुम्हें प्रणाम करता हूँ।" (वही, पृ. 993)

भारतेन्दु ने काशी में विलियम म्योर के स्वागत में हुई रोशनी में दो नावों पर टैक्स समस्या बड़े-बड़े शब्दों में लिखवाई थी। एक नाव पर 'ओह टैक्स' तथा दूसरी पर यह दोहा रोशनी से लिखवाया था—

स्वागत स्वागत धन्य प्रभु श्री विलियम म्योर।
टिकस छोड़ावहु सवन को, विनय करत कर जोर॥

(वही, पृ. 993)

भारतेन्दु द्वारा अनूदित अंग्रेज़ स्तोत्र निबन्ध में उनका जो मौलिक अंश है उसमें भी टैक्स पर प्रहार है—"तुम नृसिंह हो क्योंकि मनुष्य और सिंह दोनों पन तुममें है टैक्स तुम्हारा क्रोध है और परम विचित्र हो, तुम वामन हो क्योंकि तुम वामन कर्म में चतुर हो। कौंसिल तुम्हारा मुख है, मान तुम्हारी नाक है, देश पक्षपात तुम्हारी मोक्ष है और टैक्स तुम्हारे कराल दंष्ट्रा है। अतएव हे अंग्रेज़, हम तुमको प्रणाम करते हैं। हमारी रक्षा करो।" (वही, पृ. 993) यहाँ भारतेन्दु ने टैक्स को अंग्रेज़ों का क्रोध (अर्थात् भारतीयों के लिए विकट वस्तु) एवं "उन्हें वामन कर्म में 'चतुर' बताया है। यहाँ भारतेन्दु ने वामन के तीन डगों में पृथ्वी नाप लेने के रूपक से अंग्रेज़ों के साम्राज्यवादी रूप की ओर संकेत किया है। साम्राज्यवाद की मुख्य नीति लूट की नीति है इस लूट की नीति के क्रियान्वयन में अंग्रेज़ भी पीछे नहीं हैं—"ख़ज़ाना

तुम्हारा पेट है, लालच तुम्हारी क्षुधा है, सेना तुम्हारा चरण है, खिताब तुम्हारा प्रसाद है, अतएव हे विराट रूप अंग्रेज़! हम तुमको प्रणाम करते हैं।'' (वही, पृ. 993)

अंग्रेज़ी शासन-तंत्र में कौंसिल इत्यादि के अतिरिक्त जो उनके हथियार हैं और भारतीयों के लिए त्रासदायक हैं वे भी भारतेन्दु के सामने स्पष्ट हैं— ''चुंगी और पुलिस तुम्हारी दोनों भुजा हैं, अमले तुम्हारे नख हैं, अंधेर तुम्हारा पृष्ठ है और आमदनी तुम्हारा हृदय है। अतएव हे अंग्रेज़! हम तुमको प्रणाम करते हैं।'' (वही, पृ. 993)

दमनकारी विदेशी शासन की बुराइयों को इससे अधिक खोलकर सामने रखा जाना असम्भव था। भारतेन्दु की राजनैतिक चेतना उनके नाटकों में अधिक सुचिन्तित रूप में व्यक्त हुई है। उनके सुप्रसिद्ध नाटक अंधेर नगरी चौपट राजा में अंधेर नगरी और चौपट राजा का अर्थ स्पष्ट करने की आवश्यकता नहीं है। उसमें पाचक वाला का चूरन गान उस समय की सम्पूर्ण राजनैतिक अवस्था को व्यक्त करने में सक्षम है—

हिन्दू चूरन इसका नाम। विलायत पूरन इसका काम।
चूरन जब से हिन्द में आया। इसका ध्यान बल सभी घटाया।
चूरन अमले सब जो खावैं। दूनी रिश्वत तुरन्त पचावैं।
चूरन सभी महाजन खाते। जिससे जमा हजम कर जाते।
चूरन साहब लोग जो खाता। सारा हिन्द हजम कर जाता।
चूरन पुलिस वाले खाते। सब क़ानून हजम कर जाते।
ले चूरन का ढेर, बेचा टके सेर॥

(वही, पृ. 531)

अंग्रेज़ों की युद्ध लोलुपता, अन्य देशों से उनका युद्ध और भारत पर उसके दुष्प्रभाव पर भारतेन्दु ने लिखा ही है। 'प्रेमघन' का एक उदाहरण देखें—

अंग्रेज़न के हित चित धाय। ब्रह्मा में बाजे अरराय॥
बेचारे थीबा धारि धाय। क़ैद किए भारत में लाय॥
करें हाकिमी गोरा जाय। खर्चा भारत सीस बिसाय॥

(प्रेमघन सर्वस्व, प्रथम भाग, सम्पादक—श्री प्रभाकेश्वर प्रसाद उपाध्याय, श्री दिनेश नारायण उपाध्याय, एम.ए. साहित्यरत्न, हिन्दी साहित्य सम्मेलन, प्रयाग, 2003)

इस पर टिप्पणी करते हुए रामविलास शर्मा कहते हैं—''इसी प्रकार अफगानिस्तान के सम्बन्ध में ब्रिटिश राजदूत से नाटक आरम्भ हुआ और लड़ाई में समाप्त हुआ। अफगान सरकार ने अपने यहाँ ब्रिटिश राजदूत रखना स्वीकार भी कर लिया, परन्तु उसने अपने पहले कार्यों के लिए क्षमा-याचना न की, इसलिए अफगान सरकार का

उत्तर अपूर्ण समझा गया। वास्तव में, लड़ाई उत्तर मिलने के पहले ही छेड़ दी गई। विलायत में इस लड़ाई की कड़ी आलोचना हुई, परन्तु स्वाधीनता-प्रेमी ब्रिटिश व्यापारियों ने अफगानिस्तान में अपनी स्वार्थ-रक्षा करना ही ठीक समझा। रूस के हमले का बराबर डर दिखाया गया था, परन्तु लड़ाई छिड़ने पर रूसी भालू कहीं पास भी न फटका। अफगान राजा भाग गया और ब्रिटिश सरकार ने वहाँ एक दूसरा राजा बनाकर उससे सन्धि कर ली, परन्तु असभ्य जनता यहाँ भी ब्रिटिश राज के गुण मानने से इनकार करती रही और खुल्लमखुल्ला विद्रोह कर बैठी। अफगान विद्रोहियों को हराने में सरकारी फ़ौजों को लोहे के चने चबाने पड़े। तलवार के जोर पर व्यापार फैलाने और काले आदमियों को सभ्य बनाने की नीति लोगों की समझ में आ रही थी। 'सारसुधानिधि' और 'भारतमित्र' पत्रों में इन साम्राज्यवादी युद्धों पर बड़े सुन्दर लेख निकले। 'सारसुधानिधि' का लेख 'उन्नीसवीं शताब्दी और ये सभ्यता!!!' उस समय की राजनीतिक चेतना का प्रमाण है। हिन्दी के लेखकों ने देश के जागरण में कौन सा भाग लिया, यह जानने के लिए ऐसे लेखों को पढ़ना आवश्यक है, "लोगों को कहते हुए हम सुना करते हैं कि गांधी बाबा के पहले तो लोग स्वराज का नाम लेते ही डरते थे, सरकार के विरुद्ध एक शब्द कहने का भी साहस न होता था, ऐसे लोगों को या तो साहित्य की जानकारी नहीं है या जानबूझकर वे झूठा प्रचार करते हैं।" (भारतेन्दु युग और हिन्दी भाषा की विकास-परम्परा, पृ. 19)

जहाँ एक ओर मध्यवर्ग पनप रहा था वहीं दूसरी ओर देशी कारीगर और कुटीर उद्योग लगातार पतन की ओर अग्रसर हो रहे थे। भारतवर्ष का सन् 1800 से 1865 के बीच निरुद्योगीकरण हुआ। इस तथ्य को छिपाने के लिए डैनियल थार्नर जैसे अर्थशास्त्रियों ने आँकड़ों के खेल रचे। कुछ इतिहासकारों ने इन आँकड़ों के रोब में आकर डेविड मौरिस की बात का समर्थन किया कि भारत में कभी निरुद्योगीकरण आया ही नहीं। उन्नीसवीं सदी के सम्पूर्ण निरुद्योगीकरण में भी नहीं। मौरिस का तर्क था कि औद्योगिक पदार्थ के आयात की वृद्धि को निरुद्योगीकरण मानना उचित नहीं। राष्ट्रीयतावादी इतिहासकारों ने ऐसा मानने की भूल की है। मौरिस का कहना था कि जनसंख्या और राष्ट्रीय आय बढ़ने पर देशी उद्योग के सुरक्षित रहने और आय बढ़ने की स्थिति भी हो सकती है। मौरिस ने दूसरा तर्क यह दिया कि विदेशी आयात से किसी एक देशी उद्योग को क्षति हो सकती है तो किसी अन्य देशी उद्योग की उन्नति भी हो सकती है। देशी उद्योगों में सबसे अधिक जुलाहों का नाश हुआ, किन्तु मौरिस का तर्क यह था कि "उन्नीसवीं शताब्दी के आरम्भ में सूत के आयात से सूत कातने वाले कारीगरों को आघात लगा, किन्तु जुलाहों को सस्ते दर पर सूत मिला और वे सस्ते कपड़े बना सके और विदेशी कपड़ों के साथ प्रतियोगिता में उतर सके। इसी को औद्योगिक आयात का क्षतिपूरक प्रभाव कहा जा सकता है।" (आधुनिक भारत का आर्थिक इतिहास,

पृ. 99) मौरिस इस बात का उत्तर नहीं देते कि विदेशी बाज़ार के बड़े आयतन के सामने देशी उद्योग के लिए स्थान ही कहाँ था? बंकिमचन्द्र चट्टोपाध्याय जैसे विचारक मौरिस की बात से सहमत हो जाते हैं। वे मानते हैं कि बंगाल निर्धन नहीं हुआ वे अपने प्रसिद्ध निबन्ध 'बंगदेशेर कृषक' (बंगदेश का कृषक) में कहते हैं, "यूरोप के किसी राज्य से तुलना किए जाने पर बंगलादेश अवश्य निर्धन है, किन्तु पहले की अपेक्षा बंगाल आज भी निर्धन है यह मानने का कोई कारण नहीं है वरन् अभी पहले के बंगाल की तुलना में धन वृद्धि हुई है।" (बंकिमचन्द्र चट्टोपाध्याय के निबन्ध : एक संकलन, पृ. 226)

बंकिमचन्द्र धन दोहन के सिद्धान्त (Drain of Wealth) से भी सहमत नहीं हैं। उनका कहना है कि जो विदेशी वणिक इस देश का धन बाहर भेज रहे हैं उनमें उनका थोड़ा-सा मुनाफा है बस वही धन देश के बाहर जाता है अन्यथा 'इस देश की वस्तुएँ विदेश में ले जाकर बेचने पर उन्हें जो मुनाफा होता है उस सम्बन्ध में सहज ही द्रष्टव्य है कि वह इस देश के लोगों से नहीं होता है। जिस देश में ले जाकर बेचते हैं उसी देश के रुपए से उनका मुनाफा होता है। यहाँ से तीन रुपये टन चावल खरीदकर उन्होंने उसे विलायत में पाँच रुपये टन बेचा, जिन दो रुपयों का मुनाफा उन्होंने कमाया वह उस देश के लोग़ों को नहीं देना पड़ा विलायत के लोगों ने दिया। बल्कि इस देश के लोगों ने ढाई रुपये का चावल उन्हें तीन रुपये में बेचकर कुछ मुनाफा कमाया। अतएव विदेशी वणिक इस देश की सामग्री विक्रय कर इस देश का रुपया घर नहीं ले जा सके, बल्कि कुछ दे ही गए।

तब यह निर्धारित हुआ कि अगर वे इस देश का कुछ रुपया घर ले जा पाते हैं तो विदेश से लाई हुई चीज़ों को इस देश में बेचकर कमाए गए मुनाफे के रूप में। विलायत से चार रुपये में थान खरीदकर, इस देश में छह रुपये में बेच, उससे दो रुपये का जो मुनाफा हुआ वह इस देश का रुपया उनके हाथों विदेश गया। देश का रुपया कम हुआ। यह भ्रम केवल इस देश के लोगों में ही नहीं है। यूरोप के सभी देशों के लोगों का बहुत दिनों तक ऐसा ही मानना था एवं कुछ विद्वानों को छोड़कर साधारण जनों के मन से यह यद्यपि दूर नहीं हुआ है। इसका यथार्थ तत्त्व इतना दुरूह है कि कुछ दिनों पहले तक महामहोपाध्याय पंडित जन भी इसे नहीं समझ सके। राजा और मंत्री भी इससे भ्रमित होकर विदेशी सामग्री के स्वदेश आयात को रोकने के उपाय ढूँढ़ने में लग गए। और इसी प्रवृत्ति के वशीभूत होकर विदेश से लाई हुई सामग्री पर गुरुतर शुल्क लगाए। इस महाभ्रमात्मक समाजनीति सूत्र को यूरोप में Protection नाम दिया गया। इसी पर आधुनिक अनर्गल वाणिज्य प्रणाली (Free Trade) संस्थापित कर ब्राइट और कवडेन चिरस्मरणीय बने हैं। फ्रांस में इसे विशेष रूप से स्थापित कर वे नेपोलियन के भी प्रतिष्ठाभाजन बने। फिर भी यूरोप में अभी भी अनेकों का भ्रम दूर नहीं हुआ है। हमारे देश के साधारण लोगों में यह भ्रम रहे

तो इसमें आश्चर्य क्या है? Protection से यूरोप का क्या अनिष्ट हुआ—जो यह जानने की इच्छा रखते हों वे बकल के ग्रन्थ को पढ़ें।'' (वही, पृ. 226)

बंकिमचन्द्र चट्टोपाध्याय यहीं नहीं रुकते। वे बकल के ग्रन्थ से असहमत होने वाले को मिल को पढ़ने की सलाह देते हैं। वे पाठक से कुछ 'देशी बातें' कहते हैं—''हमने छह रुपये देकर विलायत का थान खरीदा। छह रुपये क्या मैंने यूँ ही दे दिए? नहीं दिए—उसके विनिमय में हमें एक सामग्री मिली। उसी सामग्री को यदि हमने उचित मूल्य से एक पैसा भी अधिक देकर खरीदा तो वह एक पैसा हमारी क्षति हुई। लेकिन यदि हम एक पैसा भी अधिक न दे रहे हों तो हमारी कोई क्षति नहीं हुई। अब हमें यह विवेचना करके देखनी चाहिए कि छह रुपये का थान खरीदकर एक भी पैसा मूल्य से अधिक दिया है या नहीं? इससे एक पैसे कम में वह थान हम कहीं नहीं पाते, अगर मिलता तो साधारण जन छह रुपयों में क्यों खरीदते? यदि छह रुपये से एक भी पैसा कम में वह थान कहीं नहीं मिलता तो यह मूल्य अनुचित नहीं है। जिसने छह रुपये में थान खरीदा उसने उचित मूल्य में थान खरीदा। यदि सामग्री उचित मूल्य में खरीदी गई तो क्रेताओं की क्षति कैसे हुई? कैसे विदेशी वणिक उनके रुपयों का अपहरण कर विदेश पलायन कर गए? उन्हें दो रुपए का मुनाफा ज़रूर हुआ किन्तु क्रेताओं की क्षति करके नहीं क्योंकि उन्होंने उचित मूल्य लिया है। यदि किसी की क्षति न कर मुनाफा कमाया है तो उसमें हमारा अनिष्ट कहाँ है? जिसमें किसी की भी क्षति नहीं है उसमें देश का अनिष्ट कहाँ है? आपत्ति की मीमांसा अभी भी नहीं हुई है। आपत्ति करने वाले कहेंगे कि देशी बुनकर से इस छह रुपये का थान खरीदने पर रुपये देश में ही रहते। अच्छा होता। किन्तु देशी बुनकर के पास थान है कहाँ? वह यदि थान बुन पाता, इस मूल्य में ऐसा थान दे पाता तो हम उसी से थान खरीदते, विदेशी से नहीं खरीदते। क्योंकि विदेशी भी हमारे पास थान बेचने नहीं आता। कारण यह कि देशी विक्रेता जहाँ समान दर से वस्तु बेच रहा हो वहाँ उसका लाभ नहीं होता। यह बात समाजनीति की और एक दुर्बोध्य नियम पर निर्भर करती है, उसे अभी रहने दें। मोटी-सी बात इतनी है कि देशी बुनकर को जो ये छह रुपये नहीं मिले उससे किसी की भी क्षति नहीं हुई। क्रेताओं की क्षति नहीं है, यह दिखा चुके हैं। देशी बुनकर की भी क्षति नहीं है, वह थान नहीं बुन रहा है, पर अन्य कपड़ा बुन रहा है। जिस समय में वह इस छह रुपये के लिए थान बुनता उस समय में वह अन्य कपड़ा बुन रहा है। वह पूरा कपड़ा बिक्री हो रहा है। थान बुनकर वह और अधिक उपार्जन नहीं कर सकता था, थान बुनने पर अन्य कपड़ों का बुना जाना स्थगित रहता। जिस प्रकार थान का छह रुपया मूल्य वह प्राप्त करता, उसी प्रकार छह रुपये मूल्य का वह अन्य कपड़ा नहीं बुन पाता इसलिए लाभ और नुक़सान बराबर हो जाते। अतः बुनकर की इसमें कोई क्षति नहीं है। तार्किक कहेंगे, बुनकर की क्षति है। इस थान की आमदनी के कारण बुनकर का व्यवसाय मारा गया।

बुनकर थान नहीं बुनकर धोती बुनता है। धोती की अपेक्षा थान सस्ता है इसलिए लोग अब थान पहनते हैं धोती नहीं पहनते। इसलिए अनेक बुनकरों का व्यापार समाप्त हो गया। उत्तर—उसका बुनाई का व्यवसाय समाप्त अवश्य हुआ है लेकिन वह दूसरा व्यवसाय क्यों नहीं करता? दूसरे व्यवसायों का पथ अवरुद्ध नहीं हुआ। कपड़ा बुनकर उसे खाने में कोई बाधा नहीं है। समाजवेत्ता इसे प्रमाणित कर चुके हैं। यदि कपड़ा बुनकर पाँच रुपये का लाभ होता तो थान को बुनकर वही पाँच रुपये का लाभ होगा। थान या धोती से उसे छह रुपये मिलते, थान से उसे वही छह रुपये मिलेंगे। तब बुनकर की क्षति कहाँ हुई?'' (वही, पृ. 226) बंकिमचन्द्र यहाँ बंगाल के जुलाहों और किसानों का अंग्रेज़ सरकार द्वारा किया गया विनाश भूल जाते हैं।

बुनकर की जिस क्षति को बंकिमचन्द्र नहीं समझ पाए उसे इतिहासकार सब्यसाची भट्टाचार्य अपनी पुस्तक 'आधुनिक भारत का आर्थिक इतिहास' के 'औपनिवेशिक निरुद्योगीकरण और कुटीर उद्योग का हाल' अध्याय में विस्तार से समझाते हैं। इस क्षति के सबसे बड़े दुष्परिणाम को सामने रखते हुए वे कहते हैं, ''असल मामला यह है कि कुटीर उद्योग के कारीगरों के टिके रहने की क्षमता का उत्स है अपनी क्रमिक आर्थिक अवनति को स्वीकार करते हुए अपने जातिगत व्यवसाय में लगे रहने का उसका गहरा रुझान। इसका एक कारण है जातिगत व्यवसाय के प्रति उसकी भक्ति। दूसरा कारण है अपनी जीविका उपार्जन करने के और किसी रास्ते का न होना और सबसे ऊपर है क़र्ज़ में फँसे हुए कुटीर उद्योग के कारीगर का महाजन के हाथों में जकड़ा होना। यह अन्तिम मामला वर्गीय शोषण की समस्या है जो राष्ट्रीयतावादी अर्थशास्त्रियों की नज़र में उतना महत्त्व न पा सका, किन्तु इसमें सन्देह नहीं कि औपनिवेशिक अर्थनीति के बँधे हुए पानी में कीड़ों की तरह महाजनी पूँजी बजबजा रही थी; उत्पादन में वृद्धि की तरफ विनियोग न करके केवल महाजनी और खरीद-बिक्री के व्यवसाय में विनियोजित इस पूँजी के लाभ का एक बड़ा स्रोत था कुटीर उद्योग में लगे कारीगरों को क़र्ज़ अथवा बयाना देकर उन्हें सूद के जाल में फँसाए रखना और उनके उत्पादनों के विपणन (Marketing) के रास्ते में दलाल के रूप में उनका लाभ वसूल करना। इस राष्ट्रीय अविकसित पूँजीवाद के जाल में फँसे हुए कुटीर उद्योग के कारीगर अपना क़र्ज़ चुकाने में ही हमेशा व्यस्त रहते थे। विपणन के मामले में महाजन पर निर्भर होने के कारण वे कम दाम में अपने उत्पादनों को छोड़ने के लिए बाध्य थे। लाभांश प्रायः सारा का सारा महाजन के हाथ में चला जाता था इसलिए वे पूँजी जमा करने (Capital accumulation) में असमर्थ थे और पूँजी के अभाव में स्थायी रूप से महाजन की गुलामी करने को बाध्य थे। कुटीर उद्योग क्यों टिका रहता है, इस प्रश्न के तमाम उत्तरों के बीच लगता है यही सबसे महत्त्वपूर्ण उत्तर है। इस विषय में मौरिस एकदम चुप हैं।'' (आधुनिक भारत का आर्थिक इतिहास, पृ. 99-100)

जहाँ एक ओर बंकिमचन्द्र चट्टोपाध्याय जैसे राष्ट्रवादी चिन्तक औपनिवेशिक शासकों के मिथ्या प्रचार की चपेट में थे वहाँ दूसरी ओर चौधरी पंडित बदरीनारायण उपाध्याय 'प्रेमघन' के मन में इस ओर कोई संशय नहीं था उन्होंने अपनी रचना 'धिक्कार धारा' में लिखा—

बस्तु विदेशी की भरमार।
से भारत की दशाविचार।
सका स्वदेशी व्रत नहिं धार।
बार-बार उसको धिक्कार।

(प्रेमघन सर्वस्व, प्रथम भाग, पृ. 136)

देश का धन बाहर जा रहा है, व्यवसाय और देशी उद्योग नष्ट हो रहे हैं, रोज़गार की सम्भावनाएँ सर्वथा नष्ट हो गई हैं—

कह्यो नहिं जाय दुख सह्यो नहिं जाय
हाय बिना रोज़गारी रोज गारी देत घर के।

(वही, पृ. 141)

आयात-निर्यात दोनों ही क्षेत्रों में भारत की लूट पर सुप्रसिद्ध इतिहास लेखक विल्सन की टिप्पणी भ्रम का निवारण करती है। देवनारायण द्विवेदी अपनी पुस्तक देश की बात में इसका सारांश प्रस्तुत करते हैं—"हिन्दुस्तान का सूती और रेशमी माल (सन् 1813 तक) ब्रिटेन के बाज़ारों में इंग्लैंड के बने हुए माल के मुकाबले में 50 या 60 प्रति सैकड़ा कम दाम पर बेचा जा सकता था और इसीलिए विलायती माल की रक्षा के लिए 70 से 80 तक प्रति सैकड़े भारत के माल पर कर लगाना आवश्यक प्रतीत हुआ। यदि ऐसा न किया जाता और भारतीय माल के रोकने के लिए यह कर न लगाया जाता तो पेसली और मैनचेस्टर के कारखाने प्रारम्भ ही से बन्द हो गए होते और भाप की शक्ति से भी शायद ही फिर चले होते। भारत की कारीगरी का नाश करके ही भाप की शक्ति से काम करने वाले कारखाने खोले गए हैं या जिलाए गए हैं, यदि भारत स्वतंत्र होता तो वह इसका बदला चुकाता और ब्रिटिश माल के रोकने के लिए वह भी कर लगाता तथा इस तरह अपने उद्योग-धन्धों को नाश होने से बचा लेता। भारत को आत्मरक्षा का अवसर बिलकुल ही नहीं दिया गया। वह विदेशियों की दया का भिखारी था। ब्रिटिश माल बिना किसी प्रकार के कर के उस पर लादा गया और विदेशी कारीगरों ने राजनीतिक अन्याय के शस्त्र का अवलम्बन कर भारत के उद्योग-धन्धों को नीचे पटक दिया। अन्ततः उसकी बराबरी में खड़ा न हो सकने के कारण भारत की कारीगरी का गला घोटा गया।" (देश की बात, देवनारायण द्विवेदी, सम्पा. मैनेजर पाण्डेय, स्वराज प्रकाशन, नई दिल्ली, 2012, पृ. 42)

भारत और विलायत की आयात-निर्यात नीति अत्यन्त निर्ममता से बनाई गई। अंग्रेज़ों ने सबसे पहले हिन्दुस्तानी माल को विलायत आने से रोका। इंग्लैंड की राजसत्ता का सहायता से उन्होंने "हिन्दुस्तानी माल पर कड़ा महसूल बिठाने का क़ानून बनवाया। जो हिन्दुस्तानी कपड़े विलायत जाते थे। उन पर सत्तर से अस्सी रुपये सैकड़े तक महसूल लगाया गया। मलाबार प्रान्त से क्यालिको नामक छींट का कपड़ा पहले विलायत बहुत जाता था। सन् 1676 ई. में पहले-पहल विलायत में इस कपड़े के बनाने का कारखाना स्थापित हुआ। सन् 1700 और 1761 में पार्लियामेंट द्वारा इस आशय के क़ानून पास किए गए कि किसी भी प्रकार की छींट तथा अन्य प्रकार के छपे हुए कपड़े न तो यहाँ बनाए जावें और न ही बिना रोक-टोक भारत से आने पावें। इसके सिवा छींट पर फी गज के लिए तीन पेन्स यानी डेढ़ आना टैक्स भी लगाया गया। दो वर्ष बाद पार्लियामेंट ने विदेशी जुलाहों की प्रार्थना पर क्यालिको छींट का टैक्स दूना यानी हर गज पर तीन आना कर दिया। सन् 1720 ई. में क़ानून बना कि जो लोग विलायत में हिन्दुस्तानी कपड़ा बेचेंगे, उन्हें बीस पौंड (150 रु.) और जो खरीदेंगे उन्हें 50 रु. जुर्माना होगा। तदनुसार ही अनेक स्त्रियों को इस क़ानून के भंग करने के कारण उस समय जुर्माने भी देने पड़े थे।

अन्यान्य चीज़ों पर कैसा कर लिया जाता था, सो भी देखिए—

हींग	प्रति सैकड़ा	233 रु. से 622 रु. तक
इलायची	"	150 रु. से 266 रु. तक
काली मिर्च	"	236 रु. से 400 रु. तक
चीनी	"	94 रु. से 393 रु. तक
चाय	"	67 रु. से 100 रु. तक
चटाई	"	83.62
मसलिन (तनजेब)	"	32.50
छींट	"	81 रु.
रेशम	"	1.75 रु., और फी सेर 4 रु.
कपास फी मन लगभग	"	15 रु.

(वही, पृ. 47.49)

अंग्रेज़ों ने अपना व्यापार बढ़ाने के लिए मनमाने क़ानून बनाए जो क्रूरतापूर्वक लागू किए गए। सन् 1816 ई. तक केवल ईस्ट इंडिया कम्पनी ही आयात-निर्यात में संलग्न थी, किन्तु इसके बाद इंग्लैंड के सभी व्यापारियों को भारत में व्यापार करने का अधिकार मिल गया। भारतीय बाज़ार विलायती सामानों से पट गए। सन् 1821 में कुल 6.50 करोड़ रुपये का विलायती माल भारत आया। अंग्रेज़ व्यापारियों ने देशी कारीगरों को बलपूर्वक अपनी कोठियों पर काम में लगाया। इसके पहले तक भारत कपड़ों का एक बड़ा निर्यातक था। अब उसका वस्त्र उद्योग नष्ट कर उसे

विदेशी वस्त्रों से भर दिया गया। कार्ल मार्क्स ने इस सम्बन्ध में लिखा—''सन् 1794 में जिस भारत में 156 पौंड से अधिक विलायती सूती कपड़ा नहीं आया था, वहीं सन् 1809 में 1 लाख 18 हज़ार 4 सौ पौंड से भी अधिक मूल्य का कपड़ा ठूँसा गया। सोचने की बात है कि आज कितने ही भारत के सपूत ऐसे हैं जो देशी खद्दर के लिए यह कहा करते हैं कि इतना मोटा कपड़ा कैसे पहना जाएगा, यह तो बदन में गड़ता है, किन्तु उस समय जब मोटा कपड़ा पहनने के लिए लोग क़ानूनन बाध्य किए गए थे, तब देशी को कौन कहे विलायत का बना हुआ मोटे से मोटा कपड़ा उन्हें पहनना पड़ा था। यदि कोई यह कहे कि विलायती कपड़ा कभी भी मोटा नहीं बनता था, तो उसके लिए स्पष्ट प्रमाण भी दे दिया जाता है। इंडिया ऑफिस के काग़ज़ात की रिपोर्ट में लिखा है कि ''सन् 1785 में नाटिंघम (विलायत) में कपड़े का कारखाना खुला। कहीं दो वर्ष बाद ढाके की मलमल की नकल पर पाँच लाख थान मोटे और खुरदरे कपड़े के तैयार हुए।

अस्तु, भारत में विलायती माल की वृद्धि दिन-दूनी रात-चौगुनी होने लगी और विलायत तथा अन्यान्य देशों में भारतीय माल की खपत दिन पर दिन घटने लगी।

विलायत में भारतीय रुई सन् 1818 में 127124 गाँठें गई थीं, पर केवल दस वर्ष में ही घटकर सन् 1828 में सिर्फ़ 4105 गाँठें हो गईं।'' (वही, पृ. 48-49)

यहाँ एक और प्रसिद्ध विचारक सखाराम गणेश देउस्कर का उल्लेख किया जाना चाहिए। सखाराम गणेश देउस्कर एक मराठी भाषी विद्वान थे जिनके पूर्वज आज के झारखंड के देवघर के पास करौं नामक ग्राम में आकर बस गए थे। यह अठारहवीं शताब्दी में मराठा शक्ति के विस्तार काल की घटना थी। इसी ग्राम में 17 सितम्बर, 1869 को जन्मे सखाराम गणेश देउस्कर ने बंगला भाषा में 'देशेर कॉथा' नामक पुस्तक लिखी। कलकत्ते के 'हितवादी' अख़बार में देवघर के हार्ड नामक अंग्रेज़ मजिस्ट्रेट के विरुद्ध लिखने के बाद धमकियाँ मिलने पर देउस्कर ने देवघर के आर. मित्र स्कूल से अध्यापक की नौकरी छोड़ दी थी। उन्होंने इसी स्कूल से मैट्रिक की परीक्षा उत्तीर्ण की थी। पहले-पहल उन्होंने कलकत्ते के 'हितवादी अख़बार' में प्रूफरीडर की नौकरी की, फिर इसी अख़बार के सम्पादक बने।

सखाराम गणेश देउस्कर की बंगला पुस्तक 'देशेर कॉथा' 1904 ई. में छपी। इसका प्रथम हिन्दी अनुवाद माधव प्रसाद मिश्र ने करना आरम्भ किया था जिससे श्री वेंकटेश्वर समाचार पत्रिका के सम्पादक अमृतलाल चक्रवर्ती ने 1908 में पूरा कर बम्बई से प्रकाशित किया था, इसकी भूमिका माधव प्रसाद मिश्र ने लिखी थी। सन् 1905 ई. के बंग-भंग आन्दोलन के समय बंगाल में यह पुस्तक अभूतपूर्व रूप से लोकप्रिय हुई। ''बरीसाल वीर स्वदेश हितैषी बाबू अश्विनी कुमार दत्त ने अपनी कालीघाट वाली वक्तृता में कहा था कि इतने दिनों तक सरस्वती की आराधना करने पर भी बंगालियों को मातृभाषा में वैसा उपयोगी ग्रन्थ लिखना न आया जैसा एक

परिणामदर्शी महाराष्ट्र युवा ने लिख दिखाया। बंगालियो इस ग्रन्थ को पढ़ो और अपने देश की अवस्था और निज कर्तव्य पर विचार करो।'' देश की बात, सखाराम गणेश देउस्कर, अनु. बाबूराव पराड़कर, भूमिका एवं पुनर्प्रस्तुति मैनेजर पाण्डेय, नेशनल बुक ट्रस्ट, इंडिया, नई दिल्ली, 2005, पृ. 7) सन् 1908 ई. में देश की बात के मुखबंध में माधव प्रसाद मिश्र का उपरोक्त उद्धरण 28 दिसम्बर, 1910 में अंग्रेज़ सरकार द्वारा इस पुस्तक को प्रतिबंधित करने पर इसकी सफलता का पर्याय बन गया। उन्नीसवीं सदी के जिस बंगला नवजागरण की असाधारणता की चर्चा होती है उस पर सभी विद्वान एकमत नहीं हैं। इतिहासकार सुशोभन सरकार का इस सन्दर्भ में नाम लिया जा सकता है। माधव प्रसाद मिश्र भी इसी धारणा से सहमत हैं। 1908 ई. में देश की बात के मुखबंध में उन्होंने लिखा—''जिस समय यह पुस्तक बांग्ला में लिखी गई थी उस समय बंगाल के टुकड़े नहीं हुए थे, स्वदेशी आन्दोलन का विचार भी लोगों के जी में नहीं आया था। लॉर्ड कर्जन के कुचाग्रपूर्ण शासन से लोग शंकित हो चुके थे, पर उनकी मोहमयी निद्रा तब तक भी टूटने नहीं पाई थी। बंगाल के शिक्षित लोग आमोद-प्रमोद में लग रहे थे और कितने ही सौन्दर्योपासक 'मूकाभिनय' का अपूर्व कौतुक कर कृत्रिम रमणीयता का बाज़ार खोल रहे थे। उपन्यास और नाटकों में शृंगार रस की प्रधानता हो रही थी और बंगाल के बहुत से बड़े आदमियों का समय उसी के आकलन में पूरा हो रहा था। यह किसी को ध्यान भी न था कि उनके देश की कैसी शोच्य दशा हो रही है और आगे कैसा परिवर्तन होनेवाला है।'' (देश की बात, माधव प्रसाद मिश्र, बम्बई, 1908, पृ. 5)

1910 में देउस्कर की पुस्तक पर जब सरकारी प्रतिबन्ध लगा तब वे कलकत्ता में राष्ट्रीय शिक्षा परिषद के विद्यालय में बांग्ला भाषा तथा भारतीय इतिहास पढ़ा रहे थे। पुस्तक के प्रतिबंधित होने पर राष्ट्रीय शिक्षा परिषद के प्रबन्धकों की आँखों में वे खटकने लगे। अत: सखाराम गणेश देउस्कर ने यहाँ भी शिक्षक पद से त्यागपत्र दे दिया। देउस्कर की पुस्तक के प्रतिबंधित होने का मुख्य कारण इस पुस्तक के अनुक्रम से ही स्पष्ट हो जाता है। पुस्तक का अनुक्रम इस प्रकार विभाजित है—

''हमारा देश
अंग्रेज़ी शासन के गुण और दोष
देश की अवस्था
मानसिक अवनति

थ्याकरे की सर्व-घातिनी नीति, उच्च पद पर भारतवासी, अंग्रेज़ों के संगत के गुण-दोष, बंग-भंग का नैतिक कुफल, मानसिक अवनति के अन्यान्य कारण, जातीय निन्दा

किसानों का सर्वनाश

काशई, अवध, स्थायी बन्दोबस्त, बंगाल में रोड-केस, दुर्भिक्ष निवारक कोश, मि. थारवर्ण का मन्तव्य, सरकारी रिपोर्ट का रहस्य

रेल और नहर

वाणिज्य—विस्तार से हानि, नहर से लाभ, मिस्र देश की जल प्रणाली, नाव बनाने की कारीगरी

कारीगरों का सर्वनाश

देशी कारीगरी का नाश

स्वदेशी आन्दोलन

आय और व्यय

सरकारी (सार्वजनिक) ऋण, भारतीय राजस्व का वर्णन, कृषि विभाग में सरकारी खर्च, शिक्षा विभाग का खर्च, होम चार्ज, सेना-विभाग का अपव्यय, श्वेतांग पोषण

पादरियों की युक्ति

मि. डोनाल्ड स्मीटन की सारगर्भ उक्ति

प्रतिकार का उपाय

स्वराज्य प्रतिष्ठा

सम्मोहन: चित्त-विजय

बट्‌टे से हानि

बंग-विभाग

सरकारी सिद्धान्त, 4.5 करोड़ बंगालियों की प्रार्थना निष्फल हुई, भाई-भाई, ठांई-ठांई, विभाग का परिणाम, राजपुरुषों की कुटिलता, मुसलमानों की हानि, प्रजा का प्रतिवाद, बंगालियों का कर्तव्य, स्वदेशी का फल, हिन्दू और मुसलमान

परिशिष्ट

सन् 1901 की आदम शुमारी

भारत के कारीगर, भारत में दरिद्रता, श्वेतांग-चरित्र, देशी नरेश, स्वतंत्र हिन्दू राज्य का नेपाल, रेसिडेंटों का व्यवहार, ब्रिटिश भारत में आनेवाले विदेशी माल की तालिका।'' (वही, पृ. 5-6)

इस पुस्तक के सभी अध्याय और उसके अन्तर्गत उपशीर्षक अंग्रेज़ों द्वारा इस देश के निर्मम दोहन की प्रामाणिक तस्वीर सामने रखते हैं। अपनी पुस्तक 'देश की बात' लिखने के लिए उन्होंने दादा भाई नौरोजी, विलियम डिग्वी, सी.आई.ई. एवं रमेशचन्द्र की पुस्तकों की सहायता ली तथा प्रत्येक अंग्रेज़ी जानने वाले भारतीय को इन पुस्तकों को पढ़ने के लिए कहा। अंग्रेज़ी राज को भारत के लिए वरदान मानने वालों के लिए वे अंग्रेज़ी शासन के गुणों और दोषों का विवेचन करते हुए 'देश की अवस्था' अध्याय में लिखते हैं—''अंग्रेज़ों के इस देश में पधारने के बाद से ही

भारतवासियों को एक नए युद्ध का परिचय मिलने लग गया है। इस युद्ध में वे अपना धन-बल खो बैठे हैं। पाठक समझ गए होंगे कि हम 'वाणिज्य युद्ध' की बात कह रहे हैं। बनियों के राजा अंग्रेज़ों के साथ वाणिज्य-युद्ध कर हमें कहाँ तक विपदा में फँसना पड़ा है, वह बहुतों को मालूम है। एक सौ वर्ष पहले जो भारतवर्ष सब प्रकार की कारीगरी का जन्म-स्थान था, जहाँ की शिल्प-जात वस्तुओं से भरे हुए एशिया और यूरोप के बाज़ार विदेशियों के मन में आश्चर्य और ईर्ष्या उत्पन्न करते थे, उसी भारत के अधिवासियों को आज सामान्य सुई-डोरे से लेकर बड़े-बड़े कल-कारखानों की सामग्री के लिए—जीवन-रक्षा और समाज के लिए आवश्यक सब पदार्थों के लिए अति दीन भाव से पराए मुँह की ओर ताकना पड़ता है। आज यहाँ अंग्रेज़ों का राज्य जम गया है। भारतवर्ष का बाहु-बल और शस्त्र बल नाश होने के कारण यहाँ शान्ति विराजने लगी है, सुतरां अंग्रेज़ों का 'बाहु-युद्ध' भी बन्द हो गया है। पर उनका वाणिज्य-युद्ध अब तक बन्द नहीं हुआ है नहीं कह सकते कभी होगा या नहीं। रेल, तार, जहाज और बिना लगाम की वाणिज्य-नीति (Free Trade) यही इस लड़ाई के प्रधान शस्त्र हैं। प्रबल राजशक्ति से सहायता पाए हुए गोरे बनिये इस लड़ाई के योद्धा हैं। दुर्बल भारतवासियों का धन लूटना और भारतीय शिल्प-वाणिज्य का नाश करना, इस युद्ध का प्रधान उद्देश्य है। इसी युद्ध में दिन-दिन हमारा धन-बल कम हुआ जाता है। अकाल हमारा रोज का साथी हो गया है। अस्थि-पिंजर देश-भर में भर गए हैं।'' (वही, पृ. 20)

अंग्रेज़ी राज का इस देश को सबसे अनुपम उपहार था अकाल। अंग्रेज़ों ने अपनी युद्धनीतियों के अन्तर्गत मुस्लिम शासनकाल का जी भरकर स्याह चित्रण किया। उन्होंने अपने लिखे इतिहासों में मुस्लिमों के अत्याचारों और कुशासनों का इतनी बार वर्णन किया कि वह अतिरंजना भी सच मान ली गई। अंग्रेज़ी राज के सुशासन की पोल खोलते हुए सखाराम गणेश देउस्कर ब्रिटिश शासन के अन्तर्गत भारत में लगातार पड़े भीषण अकालों का विस्तृत विवरण देते हैं—''अंग्रेज़ों के लिखे इतिहास से जाना जाता है कि अठारहवीं सदी में भारतवर्ष अंधेर नगर ही रहा था। पर उन सौ वर्षों में भारत में चार बार से अधिक अकाल नहीं पड़ा था। सिवाय वे अकाल होते भी थे एक ही एक प्रदेश में। उन्नीसवीं शताब्दी में इस देश में धीरे-धीरे अंग्रेज़ों का राज्य फैला। दुर्भाग्यवश उसी समय अकाल-राक्षस ने भी यहाँ अपना अधिकार जमा लिया। गत शताब्दी के पहले पच्चीस वर्षों में अर्थात् सन् 1801 से 1825 तक भारतवर्ष में दस लाख आदमी अकाल के कारण भूख से मर गए। दूसरे पच्चीस वर्षों में और भी पाँच लाख अभागे उक्त राक्षस के बलि चढ़े। उसी शताब्दी के तीसरे चरण में सिपाही युद्ध हुआ। उसका परिणाम यह हुआ कि सारे भारतवर्ष में अंग्रेज़ों का राज्य जम गया। उन्हीं पच्चीस वर्षों में अकाल ने भी अपना यहाँ शासन मज़बूती के साथ जमा

लिया। सरकारी रिपोर्ट से मालूम होता है कि सन् 1850 से 1875 तक ब्रिटिश भारत में छह बार अकाल पड़ा। उससे पचास लाख भारतवासी पेट की ज्वाला से काल-कवलित हुए।

उन्नीसवीं सदी के आख़िरी चरण के अकालों की बातें और भी भयंकर हैं। इन पच्चीस वर्षों में इस अभागे देश में अठारह बार अकाल की आग जल उठी। इस भयंकर आग में प्रायः 2 करोड़, 60 लाख महाप्राणी खाक हो गए। इनमें केवल गत दस वर्षों में 1 करोड़ 90 लाख भारत के लाल 'हा अन्न! हा अन्न!' कर भूख की घोर यंत्रणा से छटपटा-छटपटा कर मर गए! इस हृदय-विदारक दुर्घटना का वर्णन करते हुए 'दुर्भिक्ष-निहित' हतभागों को सम्बोधन कर महामति विलियम डिग्बी सी.आई.ई. अत्यन्त खेद के साथ कहते हैं—You have died. You have died uselessly

'तुम मर गए! तुम बिना कारण मर गए!'

साधारणतः लोग समझते हैं, युद्ध में जितने लोग मरते हैं, उतने और किसी हालत में नहीं मरते। पर भारत के अकालों का इतिहास पढ़ने से साफ मालूम हो जाता है कि यह धारणा भूल है। मि. डिग्बी ने दिखाया है कि सन् 1793 से 1900 तक के एक सौ सात वर्ष में सारी पृथ्वी में युद्ध से सब मिलाकर पचास लाख से अधिक आदमी नहीं मरे। पर इसी समय भारत में सवा दो करोड़ आदमी भूख से मरे! चारे के अभाव में गाय, भैंस, आदि पशु कितने मरे हैं, कौन कह सकता है? फलतः भारतवर्ष का अकाल लोक-भयंकर युद्ध से भी अधिक भयंकर है! बीसवीं (वर्तमान) सदी के प्रारम्भ में पश्चिम भारत, मद्रास और बंगाल में अकाल पड़ा। सन् 1906 की 20 जुलाई को मि. ओग्रेडी नामक एक मेंबर ने पार्लियामेंट में कहा था कि गत दस वर्षों में समस्त भारतवर्ष में आठ बार अकाल पड़े। सन् 1906 में भारतवर्ष में जो भयानक अकाल पड़ा था उसका फल अब तक भारत भोग रहा है। इस वर्ष भी उड़ीसा, युक्तप्रदेश, पंजाब में घोर अकाल पड़ा है।" (वही, पृ. 20-21)

तत्पश्चात् देउस्कर अंग्रेज़ों की अन्यायपूर्ण वाणिज्य नीति की विवेचना करते हैं। वे भारतीय किसानों की दुर्दशा के लिए उत्तरदायी अंग्रेज़ी नीति को परत-दर-परत खोलते हैं। किसान विरोधी ब्रिटिश नीतियों ने भारत में वह वर्ग पैदा किया जिसे आज हम ग़रीबी रेखा से नीचे (Below Poverty Line) की भारतीय जनसंख्या कहते हैं—"सन् 1880 में बर्मिंघम नगर में वक्तृता देने के समय प्रसिद्ध ऐतिहासिक डॉ. हंटर ने कहा था, भारत में चार करोड़ आदमी रोज आधा पेट खाकर जीवन बिताते हैं। बंगाल के भूतपूर्व छोटे लाट सर चार्ल्स इलियट उत्तर-पश्चिम प्रदेश में (वर्तमान युक्तप्रदेश) जिस समय सेटलमेंट अफसर का काम करते थे, उस समय उन्होंने देशवासियों की अवस्था का अनुसंधान कर कहा था—I do not hesitate to say that half our agricultural population never knows from year's end to year's end what it is to have their hunger fully satisfied.

अर्थात् ब्रिटिश भारत के आधे किसान वर्ष-भर में एक दिन भी पेट-भर खाना नहीं पाते। पेट भर खाने से क्या सुख होता है, सो तो बिचारे जानते ही नहीं।'' (वही, पृ. 24-25)

भूखों मरता ब्रिटिशकालीन भारत औपनिवेशिक शासकों, इतिहासकारों को न दिखना समझ में आता है, किन्तु अंग्रेज़ी राज में समृद्धि की विरुदावली गाने वालों को यह क्यों दिखाई नहीं दिया कि—''ब्रिटिश भारत में प्राय: बीस करोड़ आदमी खेती कर उदर निर्वाह करते हैं। सर चार्ल्स इलियट के कथनानुसार इन बीस करोड़ों में दस करोड़ किसान केवल आधा पेट भोजन पाते हैं। सर चार्ल्स इलियट ने जिस समय यह बात कही थी उसी समय अवश्य ही यहाँ 20 करोड़ किसान नहीं थे। पर सन् 1893 के मई महीने में प्रयाग के अर्ध-सरकारी पत्र 'पायनियर' ने भारत प्रजा के दारिद्र्य के बारे में जो कुछ लिखा था, उससे दस करोड़ भारतवासियों के आधा पेट खाने की बात ही सिद्ध होती है। वह कहता है—

Nearly one hundred millions of people in British India are living in extreme poverty.

अर्थात् ब्रिटिश भारत में दस करोड़ आदमी घोर दारिद्रावस्था में दिन काट रहे हैं।'' (वही, पृ. 153) इसके बाद बारी आती है रोगों और महामारियों की। देउस्कर प्लेग, हैजा और मलेरिया आदि महामारियों में मरे भारतीयों का आँकड़ा प्रस्तुत करते हैं। हिन्दी नवजागरण के लगभग सभी मनीषियों ने रोग, महामारी, अकाल और युद्ध में तबाह होते भारतवर्ष पर गहरी चिन्ता व्यक्त की है।

अत्यन्त तार्किक रूप से लिखी गई इस पुस्तक में आँकड़ों सहित भारतवर्ष की आर्थिक लूट को दर्शाया गया है। इस पुस्तक में न केवल दादा भाई नौरोजी, रमेशचन्द्र दत्त एवं विलियम डिग्वी की क्रमश: पुस्तकों 'Poverty and un-British Rule in India', 'The Economic History of British India', and 'India in the Victorian age', 'The Prosperous British India' का आधार ग्रहण करती है, वह विभिन्न अख़बारों में छपी सामग्री एवं सूचनाओं, सरकारी और गैर-सरकारी आँकड़ों तथा कई विद्वानों का मतामत प्रस्तुत कर 'देश की बात' करती है। और देश की असली बात यह है कि अत्यन्त सम्पन्न देश को विदेशी वणिक मनमाने ढंग से जी भरकर लूट रहे हैं। 'देशी कारीगर का नाश' कर अपने देश की महँगी वस्तुएँ इस देश पर लादे चले जा रहे हैं। अपनी बात की पुष्टि के लिए सखाराम गणेश देउस्कर विल्सन की Mill's History of British India से उद्धरण देते हैं—"The cotton and silk goods of India up to the period (1813 A.D.) could be sold for a profit in the British market at a price from 50 to 60 percent lower than those fabricated in England. It consequently became necessary to protect the latter by duties of 70 and 80 percent on their value or by positive prohibition. Had this not be the case, had not such prohibitory duties and decrees existed, the mills of Paisley and Manchester would have been stopped in their outset, and could scarcely have been again set in motion, even by power of steam. They were created by the sacrifice of the Indian manufacture. Had India been independent she would have retaliated, would have imposed prohibitive duties upon. British goods and would thus have preserved her own productive industry from annihilacion. This act of self-defence was not permitted to her; she was at the mercy of the stranger. British goods were forced upon her without paying any duty and the foreign manufacturer employed the arm of political injustice to keep down and ultimately strangle a competitor with whom he could not have contended on-equal term." (वही, पृ. 154)

सारांश यह है कि भारत की कारीगरी का विनाश इसलिए नहीं हुआ था कि यहाँ का माल भाप से चलने वाले यंत्रों का सामना नहीं कर पाया, बल्कि प्लासी के युद्ध के बाद से गोरे व्यापारियों ने बंगाल के कारीगरों और व्यवसायियों पर इतने भयानक अत्याचार किए कि वे तबाह हो गए। अगर भारतीयों के पास राजनैतिक स्वतंत्रता होती तो इसका भयंकर विरोध होता। अत्याचार का सितम यह था कि अंग्रेज़ों की आज्ञा बिना बंगाल के अधिकांश कारीगर स्वतंत्रतापूर्वक कपड़े नहीं बुन सकते थे। विलायती व्यापारियों ने इंग्लैंड की पार्लियामेंट हाउस ऑफ कॉमन्स द्वारा एक कमीशन बनवाया। इस कमीशन ने टॉमस मुनरो, जान मैलकम स्ट्राची और वारेन हेस्टिंग्स जैसे भारत जानकारों से प्रश्न पूछे, जिनसे यह निष्कर्ष निकला कि हिन्दुस्तानी अपनी बनाई चीज़ों से अपनी आवश्यकताएँ पूरी कर सकते हैं, यही नहीं टॉमस मुनरो ने कहा, "हिन्दुस्तानी माल विलायती माल की अपेक्षा कई गुना अच्छा होता है, एक हिन्दुस्तानी माल को हम सात वर्ष से काम में ला रहे हैं, किन्तु इतने दिन उपयोग में लाने पर भी उसमें कोई विशेष परिवर्तन नहीं हुआ। सच बात तो यह है कि यूरोपियन माल मुफ्त में इनाम मिलने पर भी हम उसका उपयोग करना नहीं चाहते।" (वही, पृ. 155)

अंग्रेज़ इस देश में व्यापार करने आए थे। व्यापार के लिए वे हर हथकंडा आजमा रहे थे। व्यापार की स्वतंत्र प्रतिद्वन्द्विता में अपने को असमर्थ पाकर उन्होंने राजशक्ति के सहारे केवल कपास ही नहीं अन्य चीज़ों पर भी अत्यधिक महसूल लगाया।

अंग्रेज़ जिस प्रकार अनाचार भारतवासियों के साथ कर रहे थे वैसा अनाचार अपने अधीनस्थ अन्य उपनिवेशों के साथ नहीं कर पा रहे थे। भारत में विदेशी वस्तुओं पर 2.75 रुपये महसूल लगता था जबकि उसी विलायती वस्तु को कनाडा में बेचने पर 17 रुपये और कपड़े के लिए 23 रुपये, ऑस्ट्रेलिया में 6.25 रुपये और न्यूजीलैंड में 9.25 महसूल लगता था। भारतीयों को अपने देश में बनी हुई वस्तु को अपने देश में बेचने के लिए महसूल देना पड़ता था, ऐसा कारनामा अंग्रेज़ किसी अन्य देश में नहीं कर पाए।

देउस्कर ने भारतवासियों के इस भ्रम कि अंग्रेज़ों ने आकर इस देश का उद्धार कर दिया अन्यथा हम आज भी बैलगाड़ी में चल रहे होते, से विपरीत अपना मत दिया है—"अंग्रेज़ लोग यदि अपनी राजशक्ति के सहारे भारतवासियों की कारीगरी दिखाने की राह रोक न देते तो बहुत दिन पहले भारत से पश्चिमी विज्ञान के अनुसार कल आदि के सहारे भाँति-भाँति की कारीगरी की वस्तुओं के बनाने का प्रबन्ध हो जाता। यदि भारतवासी पहले-पहल विज्ञान के अनुसार नए-नए यंत्रों का आविष्कार करने में समर्थ न भी होते तो पश्चिम की दूसरी जातियों की भाँति और लोगों के निकाले हुए यंत्र आदि की उन्नति तथा सद्व्यवहार करने में निस्सन्देह समर्थ होते। अनुकरण की बुद्धि में भारतवासी पृथ्वी की किसी भी जाति से हीन नहीं हैं किन्तु भारत की हिन्दू सन्तान यंत्र विज्ञान के विषय में दूसरी जातियों के पीछे पड़ी हुई है। इसका एकमात्र कारण यह है कि इस विषय में अंग्रेज़ अपनी राज्यशक्ति को भारतवासियों के विरोध के लिए सदैव उद्धत रखते हैं।" (वही, पृ. 162)

अंग्रेज़ों द्वारा अत्यन्त सस्ते मूल्य पर इस देश का कच्चा माल इंग्लैंड ले जाना और वहाँ बनी वस्तु को यहाँ महँगे दाम पर बेचकर बेहिसाब मुनाफा कमाने पर भारतेन्दु हरिश्चन्द्र ने लिखा—

इत की रुई सींग अरू परमहि तितलै जाय।
ताहि स्वच्छ करि वस्तु बहु भेजत इत ही बनाम।
तिनहि को हम पाइकै साजत निज आमोद।
तिन बिन छिन तृन सकल सुख, स्वाद विनोद प्रमोद।
कछु तो वेतन में गयो कछुक राज कर माहिं।
बाकी सब त्योहार में गयो रह्यौ कछु नाहिं।
निरधन दिन-दिन होत है भारत युव सब भाँति।
ताहि बचाई न कोउ सकत निज भुज बुद्धि बल कांति।

(भा. स., पृ. 229)

भारतीय अपने जुलाहों द्वारा टिकाऊ वस्त्र पहनने से वंचित हो गए। भारतेन्दु का कहना है कि हमारे वस्त्र व्यवसाय के नष्ट हो जाने के कारण हम विदेशी जुलाहों के दास हो गए। केवल वस्त्र उद्योग ही क्यों भारतीय हर क्षेत्र में पीछे रह गए—

करत बहुत बिधि चतुराई तऊ न कछू लखात
नहिं कछु जानत तार में ख़बर कौन बिधि जात।

(वही, पृ. 229)

इस सन्दर्भ में अंग्रेज़ों ने फ्रांस आदि अन्य देशों के आविष्कारों का किस प्रकार अनुकरण कर सदुपयोग किया इसके कई उदाहरण वे देते हैं। अंग्रेज़ों द्वारा भारतीय

अर्थव्यवस्था को नेस्तनाबूद कर इस देश को दरिद्रता की आग में झोंक देने के सन्दर्भ में हिन्दी नवजागरण के अनेक लेखकों के उद्धरण दिए जा सकते हैं। इस अध्याय में उस युग के प्रतिनिधि रचनाकार भारतेन्दु हरिश्चन्द्र को उद्धृत करना ही समीचीन होगा।

रेल का खेल—भारत को 'अंग्रेज़ों की देन' गिनवाने वाले उनकी अनुपम देनों में रेल, बिजली और अदालतों को गिनवाते हैं। वे रेलों के विकास के लिए अंग्रेज़ों द्वारा किए 'उपकार' की भारतीयों द्वारा चुकाई गई कीमत की कोई चर्चा नहीं करते। इसकी चर्चा दादा भाई नौरोजी ने भी की थी। अंग्रेज़ों की रेल सम्बन्धी अनुकम्पा के लिए इतिहासकार सब्यसाची भट्टाचार्य का मत औपनिवेशिक इतिहासकारों का अनुमोदन नहीं करता। अपनी पुस्तक 'आधुनिक भारत का आर्थिक इतिहास' में इतिहासकार सब्यसाची भट्टाचार्य रेल के विकास के कारण, अंग्रेज़ों को उससे होने वाले लाभ, रेलमार्ग पर पूर्णतः भारतीय व्यय, इस व्यय से विलायती व्यवसायियों का फलना-फूलना और भारतीय व्यवसायियों की दुर्गति की तथ्यपूर्ण चर्चा करते हैं। सब्यसाची भट्टाचार्य बंगला मुहावरा 'मछली के तेल में मछली भूनना' के प्रयोग से अभिव्यक्त करते हैं। सब्यसाची अपनी प्रसिद्ध पुस्तक के 'औपनिवेशिक राज और अर्थनीति' अध्याय में दिखलाते हैं कि ब्रिटिश सरकार सड़क, रेल और बन्दरगाह बनाने में अत्यन्त सक्रिय थी जिसका मुख्य कारण अर्थनीतिक व्यवस्था और विकास को सुनिश्चित करना था। यह निस्संकोच कहा जा सकता है कि यह विकास भारत का विकास नहीं था। सन् 1853 में ही डलहौजी ने यह समझ लिया था कि राजनैतिक और सामरिक कारणों से भी रेलमार्ग का निर्माण उन लोगों के लिए लाभकारी होगा। रेलमार्ग के विकास हेतु अंग्रेज़ पूँजीपतियों का भी दबाव था। अंग्रेज़ पूँजीपतियों के मूल उद्देश्य पर चर्चा करते हुए थार्नर और मैक्फर्सन ने दिखाया कि भारत में अंग्रेज़ों ने रेलमार्ग का विकास क्यों किया। इसके मुख्य कारण थे—"(क) भारत में रेल कम्पनियों में ब्रिटिश पूँजी का विनियोग, (ख) रेलमार्ग को निकास-प्रणाली के रूप में इस्तेमाल करके भारत से कच्चा माल, खासकर रुई का इंग्लैंड के कारखानों को निर्यात, (ग) इंग्लैंड के रेल इंजिनों, इस्पात की रेलों और मशीनरी को भारत में बेचना, और (घ) रेलमार्ग द्वारा भारत के अन्दरूनी बाज़ारों में ब्रिटिश कारखानों के मालों, विशेषकर सूती कपड़ों की बिक्री करना। इन सब लाभों का लोभ ही असली बात थी। इस देश की अर्थनीति का आधुनिकीकरण इसमें छोटा-सा कारण भी न था। इसके अलावा निश्चय ही सामरिक स्वार्थ के कारण सीमांत के निकटवर्ती स्थानों पर, जहाँ लाभ की सम्भावना न थी, वहाँ ब्रिटिश रेल कम्पनियाँ भी नहीं थीं। वहाँ सरकार ने अपने खर्च पर रेलमार्ग बनाना शुरू किया और उन्नीसवीं शताब्दी के अन्तिम दशकों में करदाताओं के पैसे से कुछ सरकारी रेलमार्ग बनने शुरू हुए। यह काम ब्रिटिश पूँजीवाली रेल कम्पनी के काम के साथ-साथ शुरू हुआ।" (आधुनिक भारत का आर्थिक इतिहास, पृ. 155)

इतिहासकार सब्यसाची भट्टाचार्य सामान्यत: पूछे जाने वाले प्रश्नों को उठाते हैं कि क्या इससे भारत को आधुनिक बनने में सहायता नहीं मिली? क्या भारत के अन्दरूनी बाज़ार इससे आपस में नहीं जुड़ गए? क्या रेल कम्पनियों ने इस देश में इस्पात के कल-कारखाने नहीं बैठाए? तथा देशी मिस्त्री तैयार नहीं किए? इससे भारतीय कौशल और कारीगरी में बढ़ोतरी नहीं हुई?

इन प्रश्नों के उत्तर में सब्यसाची लिखते हैं—"सबसे पहले हमें याद रखना होगा कि किन-किन हितों की रक्षा के लिए इस तस्वीर को बनाने पर बल दिया गया था? किस उद्‌देश्य से रेलमार्गों का निर्माण हुआ था?—देश की समृद्धि के लिए अथवा किसी और उद्‌देश्य से? यहाँ इस तर्क-वितर्क के लिए कोई जगह नहीं है कि उपरोक्त उद्‌देश्य सच है या नहीं, क्योंकि इसके पक्ष में काफ़ी प्रमाण हैं।"

...इसका एक बड़ा कारण यह है कि रेलमार्गों का भौगोलिक विन्यास और माल ढोने का किराया, जिस दर पर लिया जाता था—ये दोनों ही देश के भीतर के सुदूर अंचलों से कच्चा माल ढोकर लाने और वहाँ औद्योगिक पदार्थों को ढोकर पहुँचाने के अनुकूल थे। उपरोक्त भौगोलिक विन्यास इस प्रकार से किया गया था, जिससे कि भीतरी क्षेत्रों से कच्चा माल बम्बई, कलकत्ता आदि बड़े बन्दरगाह-शहरों तक पहुँचाने का निकटतम रास्ता मिल सके। दूसरी ओर यही रेलमार्ग मैनचेस्टर से सूती कपड़े और बर्मिंघम से लोहा-इस्पात आदि औद्योगिक पदार्थ सुदूर भीतरी अंचलों के बाज़ारों तक पहुँचा सकें।

आन्तरिक वाणिज्य अथवा औद्योगिक सम्भावनाओं की ओर देखकर रेलमार्गों का निर्माण अंग्रेज़ों के लाभ को ध्यान में रखते हुए किया गया था, और माल के ऊपर किराए का निर्धारण भी इसी नीति से प्रेरित था। कच्चा माल तथा दूसरे कृषि-पदार्थ, जैसे पूर्वी बंगाल का चावल, मध्य प्रदेश और पंजाब का गेहूँ, दक्षिणी भारत की रुई—कम किराए पर बन्दरगाह-शहरों तक लाए जाते थे। इन सब औद्योगिक पदार्थों पर वापसी में रेल किराया ज़्यादा था। दूसरी ओर जो तैयार औद्योगिक माल बन्दरगाह-शहरों से देश के भीतरी हिस्सों में जाता था उसके ऊपर, भीतर से बन्दरगाह की ओर जानेवाले औद्योगिक पदार्थों की तुलना में किराया कम था।" (वही, पृ. 156) अंग्रेज़ों की वास्तविक आकांक्षा और उसके कृत्रिम प्रस्तुतीकरण पर सब्यसाची स्पष्ट राय देते हैं कि रेलमार्गों के निर्धारण और माल के किराए का निर्धारण "ये दोनों नीतियाँ कच्चे माल के निर्यात और औद्योगिक पदार्थों के पक्ष में थीं। इसी कारण भारत के औद्योगिक विकास में इन नीतियों से बाधा पड़ी थी।" (वही, पृ. 157)

इसी अध्याय में इतिहासकार भट्टाचार्य एक ओर रोचक बात कहते हैं। वे रेलमार्ग को देश में विकास की अपनी धारा से बाहर की चीज़ मानते हैं। उनका मानना है कि उद्योग और वाणिज्य की तरह रेलमार्ग भी इस देश की मिट्‌टी से नहीं उपजा। "हुआ यह कि हमारे देश में जैसे कुछ मशीनें आसमान से आ गिरीं। यूरोप और उत्तरी

अमेरिका के देशों में रेलमार्गों के प्रसार का अर्थ था—बाज़ार में परिवहन की माँग, देशी पूँजीपतियों का आग्रह, लोहा-इस्पात मशीनरी, उद्योगों का प्रसार और लोहा, कोयला आदि खनिज पदार्थों के उद्योगों में वृद्धि आदि अर्थात् रेलमार्ग के पीछे इंजीनियरी उद्योग, उसके पीछे लोहा-इस्पात उद्योग, उसके पीछे खनिज पदार्थों की खुदाई—इस प्रकार एक-दूसरे को जोड़ने वाली एक जंजीर इसके पीछे बन गई। (इसे कहते हैं backward linkage)। दूसरी ओर भारत में 1855 से 1910 तक रेलमार्ग, 1940 तक रेल इंजन तथा मशीनरी, 1865 तक कोयला भी इंग्लैंड से मँगाए जाते थे, अर्थात् इस पारस्परिक शृंखला का लाभ इंग्लैंड के लोहा, इस्पात, इंजीनियरी, खनिज उद्योगों को मिल रहा था। इसीलिए रेलमार्ग के उद्भव के फलस्वरूप दूसरे भारी उद्योगों का जो स्वाभाविक विकास होता है भारत में वह नहीं हुआ।'' (वही, पृ. 157)

अभी तक ब्रिटिश शासकों की भारत में आधुनिक तकनीक लाने की तथाकथित सदिच्छा पर ही चर्चा हुई है। इस तथाकथित सदिच्छा के कारण भारत में बिछाए जाने वाले रेलमार्ग पर वास्तविक व्यय किसका हुआ तथा लाभ के भागीदार कौन थे, इस पर चर्चा बाकी है। यूरोप और उत्तरी अमेरिकी देशों में रेलमार्गों के प्रसार का जो अर्थ था, भारत में इसका वही अर्थ नहीं था। उन देशों में रेलमार्ग के प्रसार के लिए बाज़ार में परिवहन की माँग, लोहा-इस्पात की मशीनरी एवं उद्योग की वृद्धि, इनसे जुड़े इंजीनियरिंग उद्योग और खनिजों की खुदाई का आग्रह था। उन देशों में उद्योग-धन्धों के फूलने-फलने पर देशी पूँजीपतियों का भी लाभ था। इसे अंग्रेज़ी में बैकवर्ड लिंकेज (backward linkage) कहा जाता है। अत: रेलमार्ग के विस्तार हेतु उनका भी आग्रह था, किन्तु ''भारत में 1855 से 1910 तक रेलमार्ग, 1940 तक रेल इंजन तथा मशीनरी, 1865 तक कोयला भी इंग्लैंड से मँगाए जाते थे, अर्थात् इस पारस्परिक शृंखला का लाभ इंग्लैंड के लोहा, इस्पात, इंजीनियरी, खनिज उद्योगों को मिल रहा था। इसीलिए रेलमार्ग के उद्भव के फलस्वरूप दूसरे भारी उद्योगों का जो स्वाभाविक विकास होता है भारत में वह नहीं हुआ। ऊपर से रेलमार्ग, दादा भाई नौरोजी जिसे धन का बहिर्गमन (drain of wealth) कहते थे, उसी का एक रास्ता बन गया।'' (वही, पृ. 157)

यह अत्यन्त आश्चर्यजनक है कि रेलमार्ग के विकास के लिए ब्रिटिश औपनिवेशिक शासकों की वास्तविक मंशा को बाद के इतिहासकार समझ नहीं सके, किन्तु तत्कालीन अर्थनैतिक परिस्थितियों के प्रत्यक्षदर्शियों और कहा जाए भुक्तभोगियों, तो अत्युक्ति न होगी, को यह समझने में कोई कठिनाई नहीं हुई। अंग्रेज़ों ने भारत में दुर्भिक्ष दमन के लिए रेलमार्ग के विस्तार को आवश्यक बताया। सखाराम गणेश देउस्कर अपनी पुस्तक 'देश की बात' के अध्याय 'रेल और नहर' में महाभारत के सभापर्व में महाराज युधिष्ठिर से नारद द्वारा पूछा गया प्रश्न सामने रखते हैं, ''तुम्हारे राजा के किसान तो सुख के दिन बिता रहे हैं न? कृषकों के घर में बीज और अन्न की कमी तो नहीं है? राज्य में स्थान-स्थान पर बड़े-

बड़े जलपूर्ण तालाब और सरोवर खोदे तो गए हैं? वृष्टि की परवाह किए बिना खेती का काम तो चल रहा है?'' (वही, पृ. 111) इसके बाद देउस्कर अंग्रेज़ों द्वारा भारतीय कृषि को नष्ट करने के कृत्यों का उल्लेख करते हैं। अंग्रेज़ों ने भारत में कृषि को 'वृष्टि निरपेक्ष' बनाने के लिए कुछ नहीं किया। इससे पहले के राजागण तालाब, सरोवर, कुएँ और बावड़ियाँ खुदवाया करते थे। अंग्रेज़ों ने प्रजा से मनमाना कर लेकर भी कृषि और कृषकों की सुगमता और भलाई के लिए कुछ नहीं किया। देउस्कर इस बात पर आश्चर्यचकित होकर लिखते हैं, ''इस देश के लोग जिन सब घटनाओं को दैवाधीन समझते हैं, अंग्रेज़ों ने विज्ञान के बल से उन सबको अपने अधीन कर लिया है, पर अकाल की बात मुँह से निकलते ही उनके मुँह से दैवशक्ति की अनतिक्रमणीयता सुन पड़ती है। भारतवासियों का विश्वास है कि सरोवरादि खोदकर ज़मीन सींचने (irrigation) की सुव्यवस्था करने में अनावृष्टि का कुफल बहुत कुछ कम हो जाता है। उसी से तत्कालीन हिन्दू नरपतिगण नारदीय नीति के अनुसार तालाबादि खोदने में अधिक परिश्रम किया करते थे। लॉर्ड वेलेज़ली के आज्ञानुसार डॉक्टर फ्रांसिस बुकानन ने दक्षिण भारत के कृषि-कार्य की अवस्था देखकर जो रिपोर्ट लिखी थी, उसमें देखा जाता है कि सौ वर्ष पहले भी दाक्षिणात्य हिन्दू राज्यों में जलागारों की खूब उत्तम व्यवस्था थी। उस ग्रन्थ में उस समय के सामान्य राज्य के अधिकारी छोटे-छोटे हिन्दू राजाओं के खुदवाए 4 कोस लम्बे और 1.5 कोस चौड़े बहुसंख्यक तालाब और सरोवर का वर्णन पढ़कर आज इस बीसवीं सदी के प्रारम्भ में भी हम लोगों को आश्चर्यचकित होना पड़ता है।'' (वही, पृ. 112) इससे भी अधिक आश्चर्य की बात यह है कि शासकों ने अकाल की भयंकरता कम करने के लिए 58 वर्षों में लम्बा रेलपथ बनाया जिसमें निर्धन भारतीयों की खून-पसीने की कमाई खर्च की गई फिर भी भारतीयों को अकाल से मुक्ति नहीं मिली, हाँ, पहले से ही भारतीय धन को विभिन्न स्रोतों से हजम कर रही ब्रिटिश हुकूमत का पेट और बढ़ा—''राजपुरुषों के मतानुसार अकाल की भयंकरता कम करने के लिए सन् 1849 से 31 मार्च, 1907 तक दरिद्र भारतवासी के 404 करोड़ 19 लाख 50 हज़ार रुपयों के खर्च से 29 हज़ार मील लम्बा रेल-पथ बनाया गया है। सन् 1909 के लिए भी 15 करोड़ रुपये मंजूर किए गए। दु:ख की बात तो यह है कि प्रजा की यह पहाड़-सी धन-राशि खर्च करके भी सरकार इन पचास वर्षों में एक पैसा भी लाभ नहीं कर सकी है। पक्षांतर में सन् 1900 तक सरकार को इस काम में 60 करोड़ रुपया नुकसान हुआ है। और प्राय: 1 अरब 2 करोड़ 50 लाख रुपया क़र्ज़ करना पड़ा है! हाँ, इस रेल के कारण साढ़े छह हज़ार गोरों को बड़ी-बड़ी नौकरियाँ मिली हैं। तथा इंग्लैंड के लोहे के कारखानादारों की खूब बन आई है। श्रीयुत दादा भाई नौरोजी ने दिखाया है कि भारत में रेल के लिए जो रुपया खर्च

होता है उसमें फी सैकड़ा 31.50 रुपये विलायत के लौह-व्यवसायियों को मिलता है। इसके सिवाय यहाँ जो 23 परदेशी रेल कम्पनियाँ हैं, उनके डाइरेक्टरों के दफ्तर इंग्लैंड में हैं, उनके लिए जो भी खर्च होता है वह भी इंग्लैंड जाता है। रेल बनाने के लिए अधिकांश ऋण विलायत में लिया गया है। उसका सूद भी वहीं जाता है। भारत के राजाओं से थोड़ा-बहुत रुपया—लगभग छह करोड़—क़र्ज़ लिया गया है। परदेशी कम्पनियों का भी बहुत-सा रुपया रेल में लगा है, अस्तु रेल से जो कुछ नफा होता है, वह परदेशियों के पेट में जाता है।'' (वही, पृ. 113) पेट में जाना भी कुछ ऐसा कि रेलमार्ग से होने वाली पूरी आय ब्रिटिश सत्ता और उसकी कम्पनियों की जेब में और रेलमार्ग के विकास पर होने वाला पूरा व्यय भारतीय निर्धन जनता की जेब से।

भारतवर्ष में रेल निर्माण से कुल तेईस विदेशी कम्पनियाँ जुड़ी हुई थीं। इसके अतिरिक्त स्वयं औपनिवेशिक सरकार ने पाँच रेल पथ बनाए। दोनों ही कार्यों में विदेशियों को घाटा हुआ। यह घाटा भी भारतीय जनता को सहना पड़ा और इस घाटे पर दिया जाने वाला ब्याज भी उसे ही भरना पड़ा। अंग्रेज़ सरकार ने विदेशी रेल कम्पनियों को वचन दे दिया था कि अगर किसी प्रकार की कोई हानि हुई तो उसकी पूर्ति भारत सरकार करेगी। भारत सरकार अर्थात् भारत में इंग्लैंड की महारानी की अंग्रेज़ सरकार। यह अंग्रेज़ सरकार भारतीय कोष से इस घाटे की भरपाई करेगी। यहाँ रोचक बात यह भी है कि भारत की अंग्रेज़ सरकार ने जो ब्रिटेन की अंग्रेज़ सरकार से ब्याज पर ऋण लिया, उस ऋण और ब्याज को चुकाया भारतीय जनता ने। भारतीय जनता ने केवल यह ऋण और उसका ब्याज ही चुकाया, बल्कि विदेशी निवेशकों का लाभ, विदेशी इंजीनियरों का खर्च, रेल से सम्बद्ध उच्च पदाधिकारियों का खर्च—सब कुछ भारतीय जनता ने चुकाया। व्यापार का लाभ किसे मिला? अंग्रेज़ व्यापारियों को। क्या रेल से सम्बन्धित अन्य उद्योग-धन्धे भारत में पनप पाए? नहीं। क्या रेल के विकास से जुड़े सड़क मार्ग भारत में विकसित हुए? नहीं। फिर भी अंग्रेज़ सरकार भारतवासियों के विकास के लिए रेलमार्गों के विकास के लिए इतनी आग्रहशील रही। सखाराम गणेश देउस्कर इस आग्रह के पीछे औपनिवेशिक शक्तियों की इस देश को अन्धाधुंध लूटने की मंशा समझते हैं। वे कहते हैं—भला इस आग्रह का भी कुछ ठिकाना है। कई कम्पनियों को अन्य प्रकार से सहायता देकर भारत में रेल-पथ बनाने के लिए सरकार ने उन लोगों को उत्साह दिया है। जी.आई.पी., बी.बी.सी.आई., और मद्रास रेल कम्पनियों के साथ सरकार ने इस प्रकार का बन्दोबस्त किया है—"In the contract renewed with the three railways... it was agreed that the companies should receive intrest at the guaranteed rate of five percent, and half the surplus profits, no account being taken deficits; that remittances to England should be converted at the rate of is, 10 d the ruppee; and the calculations should be half-yearly.–(Miss Ethel Farady M.A.–'Paper on Indian guaranteed Railways'-1900.)

अर्थात् 'इन तीन रेल कम्पनियों के साथ जो नया ठीका किया गया है, उनमें लिखा है कि कम्पनियों की उनकी मूल पूँजी पर पाँच रुपया सैकड़ा सूद दिया जाए। एक रुपये की जगह इंग्लैंड में उन्हें 1 शिलिंग 10 पेंस दिए जाएँ। हर छह महीने में हिसाब किया जाए।' मतलब उपर्युक्त कम्पनियाँ रेल में जितनी पूँजी लगाएँगी उन पर उन्हें पाँच रुपया सैकड़ा नफा होना ही चाहिए। अगर इतना नफा न हुआ तो सरकार उनकी भरपाई कर देगी। अगर फी सैकड़ा पाँच रुपये से अधिक नफा हुआ तो उसमें से आधा सरकार लेगी आधा कम्पनी। इसके सिवा इस नियम के अनुसार सरकार को एक रुपये की जगह 1 रुपया 6 आना देना पड़ेगा। इंग्लैंड के बाज़ार में ढाई–तीन प्रतिशत ब्याज पर बहुत रुपया मिलता है। कम्पनी वहाँ से रुपया लेकर यहाँ रेल में लगाती है। कम्पनी को मुफ्त में दो–ढाई प्रतिशत नफा हुआ। इसके लिए भी भारत की ग़रीब प्रजा मारी जाती है। छमाही हिसाब करने में भी सरकार की हानि है। पहले छह महीने में अगर पाँच रुपए सैकड़ा से कम नफा हुआ तो उसमें से आधा लेने के लिए कम्पनी तैयार है ही। उदाहरणार्थ पहले छह महीने में कम्पनी को फी सैकड़ा चार रुपये नफा हुआ तो फी सैकड़ा एक रुपया सरकार को देना पड़ा। पर अगले छह महीने में कम्पनी को यदि छह रुपया नफा हुआ तो उसमें से सरकार केवल आठ आना पाएगी। अर्थात् समूचे वर्ष में सरकार को प्रति सैकड़ा आठ आना घाटा हुआ। पर यदि वार्षिक हिसाब होता तो सरकार को घाटा कुछ भी न होता। इधर से प्रजा मारी गई। इस नियम के अनुसार सरकार को हर साल इन तीन कम्पनियों को 1 करोड़ 30 लाख रुपया देना पड़ता है। इस प्रकार सब रेल कम्पनियों को आज तक 60 करोड़ से अधिक रुपया सरकारी ख़ज़ाने से दिया गया। इसके सिवा रेलों में जो विदेशी रुपया लगा है, उसके सूद में हमें वार्षिक 9 करोड़ रुपया देना पड़ता है! असभ्य लोगों के धन का और कैसा सदुपयोग हो सकता है? श्वेतांग प्रजा का पैसा क्या सरकार इसी प्रकार नष्ट कर सकती?'' (वही, पृ. 112)

कुछ इतिहासकारों ने रेलमार्ग के प्रसार को भारतीयों के अनुकूल नहीं माना था। इन इतिहासकारों को राष्ट्रीयतावादी इतिहासकार कहा गया। इनमें से राणाडे और रमेशचन्द्र दत्त जैसे इतिहासकारों ने इस बात को सामने रखा कि भारत में रेल का विस्तार भारतीय अर्थनीति के अनुकूल नहीं है। साथ ही इस तथ्य की ओर भी ध्यानाकर्षण किया कि अंग्रेज़ों ने इसके साथ सड़क मार्गों का विकास नहीं किया, बल्कि रेलमार्गों के निर्माण के लिए भारत से धन बहिर्गमन का एक और रास्ता बनाया। इतिहासकार सब्यसाची भट्टाचार्य कहते हैं—''इंग्लैंड की पूँजी सुदूर भारत में विनियोग करने की दिशा में जो आगे बढ़ेगा, उसके प्रतिदान के रूप में,

इसलिए कि भारत में रेलमार्ग के निर्माण में पैसे लगाने के इच्छुक पूँजीपतियों को पाना मुश्किल था, और कुछ इसलिए भी कि अंग्रेज़ व्यवसायियों के दबाव और इंग्लैंड-स्थित भारतीय साम्राज्य के अधिकारियों के पक्षपात के कारण भारत में रेल कम्पनियों ने एक विशेष व्यवस्था शुरू की। और वह थी—जो लोग इस काम में पूँजी लगा रहे थे, उनके लिए रेल कम्पनी के शेयर में निम्नतम पाँच प्रतिशत सूद की गारंटी (guaranteed interest)। अगर रेल कम्पनियों को व्यापार में मुनाफा न हो, बल्कि नुकसान हो तो भी यह सूद देय होगा। इसका एक परिणाम आसानी से समझ में आता है और वह यह है कि रेलमार्गों के निर्माण पर कमखर्ची की लगाम नहीं थी, क्योंकि खर्च ज़्यादा होने के फलस्वरूप भले ही कोई मुनाफा न हो, कम्पनी के मालिकों के हाथ में पाँच प्रतिशत लाभ अपने आप आ जाएगा। यह सूद सरकार अर्थात् भारतीय करदाता की जेब से निकलेगा। एक गणना के अनुसार भारत में प्रति मील रेलमार्ग के निर्माण पर उत्तरी अमेरिका में प्रति मील रेलमार्ग के निर्माण पर होने वाले खर्च का प्राय: डेढ़ गुना था। जो भी हो, मूल बात यह है कि इस शर्त के अनुसार जो सूद देना होता था वह भारतीय रुपए में नहीं, बल्कि इंग्लैंड के पौंड स्टर्लिंग में देना होता था। समयानुसार इंग्लैंड को भारत सरकार द्वारा जो खर्च (Home Charges) देना होता था, उसका एक बड़ा अंश यह सूद हो जाता था और यह धन के बहिर्गमन के प्रवाह को और तीव्र करता था। 1890 से यह खर्च रुपये के हिसाब में बहुत अधिक बढ़ गया, क्योंकि विश्व बाज़ार में चाँदी का दाम गिर जाने से भारतीय रुपये के साथ पौंड स्टर्लिंग की विनिमय-दर बहुत गिर गई थी।" (आधुनिक भारत का आर्थिक इतिहास (1850-1947), पृ. 157-58)

इसके पश्चात् भी इतिहासकारों ने भारत में रेलमार्ग के विस्तार को अंग्रेज़ों की अनुपम देन कहा!!!

मोहनदास करमचन्द गांधी का रेल आदि भारी मशीनों का विरोध इस बिन्दु से देखने पर एकदम स्पष्ट हो जाता है। भारतीय वस्त्र उद्योग के सर्वनाश पर स्वराज्य प्राप्ति के लिए चरखा चलाना कितना वैज्ञानिक उत्तर था यह भी समझ में आता है। उन्नीसवीं सदी के कई समाचार-पत्रों ने रेल पर हुए व्यय और भारतीय जनता पर उसके दबाव पर लेख छापे। साहित्यकारों ने रेल की दूसरी हानियों को गिनवाया। रेलमार्ग ने केवल इस धन का दोहन ही नहीं किया बल्कि भारतीय सामाजिकता पर भी बुरे प्रभाव डाले। चौधरी पंडित बदरीनारायण उपाध्याय 'प्रेमघन' ने रेल से पड़ रहे दुष्प्रभाव की चर्चा की—

प्रति वत्सर तिहि लाँघत आवत जात सदा हीं।
यदपि तऊ नहिं पहुँचत, पहुँचि निकट तिहिं पाहीं॥
रेल राँड़ पर चढ़त होत सहजहिं परबस नर।
सौ सौ साँसत सहत तऊ नहिं सकत कछू कर॥

ठेल दियो इत रेल आय बेमेल बिधानन।
हरि प्राचीन प्रथान पथिक पथ के सामानन॥

(प्रेमघन सर्वस्व, प्रथम भाग, पृ. 6)

इस रेल ने पारम्परिक सामाजिक सम्पर्क को बिगाड़ा। आसपास के गाँवों के हेल-मेल को नष्ट किया। गाँव-गाँव के बीच की दूरियाँ बढ़ा दीं—

किया दूर थल निकट, निकट अति दूर बनायो।
आस-पास को हेल मेल यह रेल नसायो॥
जो चाहत जिन जान, उतै ही यह पहुँचावत।
बचे बीच के गाम ठाम को नाम भुलावत॥
आसस और असुविधा की तो रेल पेल करि।
निज तजि गति नहिं रेल और राखी पौरुष हरि॥

(वही, पृ. 6-7)

रेल ने अब यात्रियों को बहुत आलसी बना दिया है। थल गमन उन्हें अब दूभर कार्य लगता है। अब दो कोस की दूरी भी उन्हें भारी पड़ने लगी है। रेल की यात्रा ने बीच के गाँवों का नाम भुला दिया है। यूँ भी कवि इस बात पर दुखी हैं कि उनका गाँव पहले जैसा नहीं रहा। रहन-सहन बड़ी तेजी से परिवर्तित हुआ है। प्रेमघन 'दर्शनाभिलाषा' में रेल के दुष्प्रभाव की चर्चा के तुरन्त बाद अपने गाँव के 'वर्तमान दीन दृश्य' की चर्चा करते हैं—

तिहि तजि पाँचहु परग चलन लागत पहार सम।
नगरेतर थल गमन लगत अतिशय अब दुर्गम॥
इस्टेशन से केवल द्वै ही कोस दूर पर।
बसत ग्राम, पै यापैं चढ़ि लागत अति दुस्तर॥
पहुँचे तहँ-तहँ प्रतिवत्सर बहु बार जात हैं।
रहन सहन छूटे हूँ जेहि लखि नहिं अघात हैं॥
सो न जानि अब परै कहाँ किहि ओर अहै वह।
जानेहुँ चीन्हि परै न कैसहूँ अहै वहै यह॥

(वही, पृ. 7)

अंग्रेज़ों की अन्यतम देन अदालतों और उनकी अनुपम न्याय व्यवस्था की वास्तविकता बिलकुल वैसी ही नहीं है जैसी उनके और औपनिवेशिक दृष्टि सम्पन्न इतिहासकारों द्वारा प्रचारित है। उन्नीसवीं सदी के बंगला नवजागरण में जिन मनीषियों का महत्त्वपूर्ण योगदान है, उनमें बंकिमचन्द्र चट्टोपाध्याय अग्रणी श्रेणी में थे। बंकिमचन्द्र चट्टोपाध्याय औपनिवेशिक प्रशासन से सीधे जुड़े थे। वे अंग्रेज़ सरकार में सुदीर्घ 33 वर्षों तक डिप्टी मजिस्ट्रेट थे। डिप्टी इसलिए कि उस समय कोई

'काला' या नेटिव सर्वोच्च पद पर नहीं पहुँच सकता था। अत: बंकिमचन्द्र मजिस्ट्रेट बन ही नहीं सकते थे। यहाँ यह भी उल्लेखनीय है कि बंकिमचन्द्र बहुत से क्षेत्रों में अंग्रेज़ों के योगदान के बड़े प्रशंसक थे। उन्हीं बंकिमचन्द्र ने अंग्रेज़ी अदालतों के सम्बन्ध में कोई अच्छी राय नहीं दी है। सरकारी नौकरी में होने के कारण वे ब्रिटिश सरकार के विरुद्ध खुलकर कुछ नहीं कह सकते थे। फिर भी अपने अति प्रसिद्ध निबन्ध 'बंगदेश का कृषक' के उपभाग 'क़ानून' में यथासम्भव बचते हुए भी वे बहुत से स्थानों पर कटु हुए बिना नहीं रह पाते। बंगाल प्रेज़िडेंसी के स्थायी बन्दोबस्त ने किसानों की कमर तोड़ दी थी। "कार्नवालिस ने प्रजा के हाथ-पाँव बाँधकर उसे ज़मींदार के सामने फेंक दिया—ज़मींदार उस पर कोई अत्याचार न करे इसके लिए उसने कोई व्यवस्था, क़ानून और नियम तक नहीं बनाया। केवल इतना भर कहा—"प्रजा की रक्षार्थ और मंगलार्थ गवर्नर जनरल जिन नियमों को आवश्यक समझेंगे, उन्हें उपयुक्त अवसर पर विवेचित कर तभी विधिबद्ध करेंगे। तब तक ज़मींदार आदि कर अदायगी में कोई आपत्ति नहीं कर सकेंगे। 'विधिबद्ध करेंगे' की आशा बँधाई, किन्तु किया नहीं। प्रजा पीढ़ी दर पीढ़ी ज़मींदारों के हाथों पीड़ित होती रही, किन्तु अंग्रेज़ों ने कुछ नहीं किया। प्रजा के लिए यह दूसरी अशुभ घटना थी। सन् 1819 में 'कोर्ट ऑव डायरेक्टर्स' ने लिखा—यद्यपि उस बन्दोबस्त को हुए इतने वर्ष बीत गए हैं तथापि हम लोगों ने तब प्रजा के स्वत्व निरूपण एवं सामंजस्य का जो अधिकार अपने हाथों में रखा था और प्रजा को उसे सौंप देने का वादा किया था उसके अनुरूप आज तक कुछ भी नहीं किया।" वे भी केवल आक्षेप करके ही रह गए। सन् 1832 में कॉम्बेल नामक एक विलक्षण राजकर्मचारी ने लिखा, "यह अंगीकार यद्यपि राजकीय व्यवस्था की कार्यसूची में सबसे ऊपर है किन्तु गवर्नमेंट ने प्रजा के सामने ज़मींदार को खड़ा कर प्रजा से अपना सीधा सम्बन्ध विच्छिन्न कर लिया है। अत: वह अपने वादे के मुताबिक काम न कर सकी।" बल्कि वादे से उलटा ही काम किया। दुर्बल को और दुर्बल बनाया, बलवान को और बलवान बनाया। सन् 1812 के पाँच क़ानूनों से प्रजा का जो भी स्वत्व बचा था उसे भी छीन लिया। इसके अनुसार ज़मींदार प्रजा को मनचाही शर्त पर पट्टा दे सकते हैं इसका अर्थ यह हुआ कि ज़मींदार प्रजा से, किसी भी प्रजा से किसी भी दर पर लगान वसूल कर सकते हैं। डायरेक्टरों ने स्वयं इसका यही अर्थ लगाया। कृषकों को ज़मीन देना न देना पूर्णत: ज़मींदार की इच्छा के अधीन हो गया। भूमि से किसान का कोई सम्बन्ध नहीं रह गया। किसान मज़दूर हो गया। यही तीसरा बुरा ग्रह था। 1812 ई. के ये पाँच क़ानून 'पंचम' नाम से विख्यात हैं। यदि कोई प्रजा का सर्वस्व लूटना चाहे तो वह 'पंचम' करता था। क़ानून अभी भी वही हैं, केवल वह नाम नहीं है। (बंकिमचन्द्र चट्टोपाध्याय के निबन्ध : एक संकलन, पृ. 219-20) अंग्रेज़ों ने यह शोषण कल, बल और छल से किया। भारतेन्दु हरिश्चन्द्र ने हर क्षेत्र में भारतीयों की

परमुखापेक्षिता पर दु:ख प्रकट किया। इस दु:ख का कारण अंग्रेज़ों के कल-बल का छल-बल ही है—

कल के कल बल छलन सों छले इते के लोग।
नित-नित धन सों घटत है बाढ़त हैं दुख सोग॥

(भा. स., पृ. 229)

इससे लड़ने का एकमात्र उपाय अपने देश में उद्योग-धन्धों का विकास है। अंग्रेज़ और भारतीय दोनों ही मनुष्य हैं, पर एक शासक है और दूसरा गुलाम, इसका प्रधान कारण भारतीयों की परनिर्भरता है—

रेल चलत केहि भाँति सो कल है काको नाँव।
तोप चलावत किमि सबै जारि सकल जो गाँव।
वस्त्र बनत केहिं भाँति सों काग़ज़ केहि बिधि होत।
काहि कबाइद कहत है बाँधत किमि जल सोत।
उतरत फोटोग्राफ किमि छिन महँ छाया रूप।
होय सनुष्यहि क्यों भए हम गुलाम ये भूप॥

(वही, पृ. 229)

चूँकि भारतीयों ने विज्ञान और तकनीक के क्षेत्र में कोई उन्नति नहीं की है अत: अपने उपयोग की वस्तुएँ उन्हें दूसरों से खरीदनी पड़ती हैं। देश में कारीगरी का विकास न होने के कारण देश की सम्पत्ति बाहर जा रही है। भारतेन्दु हरिश्चन्द्र आह्वान करते हैं—"कारीगरी जिसमें तुम्हारे यहाँ बढ़े, तुम्हारा रुपया तुम्हारे ही देश में रहे वह करो। देखो जैसे हज़ार धारा होकर गंगा समुद्र में मिली हैं, वैसे ही तुम्हारी लक्ष्मी हज़ार तरह से इंग्लैंड, फ्रांस, जर्मनी, अमेरिका को जाती है। दियासलाई ऐसी तुच्छ वस्तु भी वहीं से आती है। जरा अपने ही को देखो। तुम जिस मारकीन की धोती पहने हो वह अमेरिका की बनी है। जिस लंकिलाट का तुम्हारा अंगा है वह इंग्लैंड का है। फ्रांस की बनी कंघी से तुम सिर झारते हो और वह जर्मनी की बनी चरबी की बत्ती तुम्हारे सामने जल रही है। यह तो वही मसल हुई कि एक बेफिकरे मँगनी का कपड़ा पहिनकर किसी महफिल में गए। कपड़े की पहचान कर एक ने कहा, 'अजी यह अंगा फलाने का है।' दूसरा बोला, 'अजी टोपी भी फलाने की है।' तो उन्होंने हँसकर जवाब दिया कि 'घर की तो मूँछें ही मूँछें हैं।' हाय अफसोस, तुम ऐसे हो गए कि अपने निज के काम की वस्तु भी नहीं बना सकते। भाइयो, अब तो नींद से चौंको, अपने देश की सब प्रकार उन्नति करो। जिसमें तुम्हारी भलाई हो वैसी ही किताब पढ़ो, वैसे ही खेल खेलो, वैसी ही बातचीत करो। परदेशी वस्तु और परदेशी भाषा पर भरोसा मत रखो। अपने देश में अपनी भाषा में उन्नत्ति

करो।'' (वही, पृ. 1013) परदेशी वस्तु और परदेशी भाषा की आशा मत करो कहने वाले भारतेन्दु ने ही स्वदेशी का पहला पत्र लिखा था।

भारतवर्ष में तब रेलमार्ग अंग्रेज़ों द्वारा ही बनाए जा रहे थे और भारतीय उनका ही उपयोग करने के लिए बाध्य थे। उस समय कई रेल कम्पनियाँ प्रचलित थीं जिनमें अलग-अलग प्रकार के सवारी-डिब्बे होते थे। काले भारतीय केवल तृतीय श्रेणी के डिब्बे में ही यात्रा कर सकते थे। स्वयं महात्मा गांधी को एक बार द्वितीय श्रेणी के डिब्बे में यात्रा करने के दंडस्वरूप वर्द्धमान स्टेशन पर उतार दिया गया था।

भारतेन्दु हरिश्चन्द्र ने अपने यात्रा वृत्तान्तों में रेलयात्रा का बड़ा वास्तविक चित्रण किया है। अपनी अनूठी व्यंग्य शैली में वे इन रेलयात्राओं में हुई अपनी दुर्दशा का वर्णन करते हैं। अपनी जबलपुर यात्रा के दौरान रेलयात्रा में है अपने अनुभव के सम्बन्ध में भारतेन्दु लिखते हैं—''जबलपुर से फिर हम लोगों ने 3/-)II दे-दे कर इटारसी का टिकट लिया और ग्रेट इंडियन पेनिनसुला रेलवे कम्पनी की गाड़ी पर सवार हुए। यह गाड़ी एक विचित्र प्रकार की होती है। ईस्ट इंडियन रेलवे की गाड़ी में कई विभाग रहते हैं परन्तु यहाँ सरासर एकी रहती है और उसमें छह बेंच लगे रहते हैं—तीन द्वार के एक ओर और तीन दूसरी ओर। इन गाड़ियों के एक कोने में एक शौच-गृह (पाखाना) भी बना रहता है और गाड़ी की सूरत भी बहुत भद्दी होती है। यह तो तीसरी क्लास की गाड़ी है। यहाँ एक लोकल गाड़ी होती है जिसमें कुली आदि नीच लोग भेड़ की भाँति भर दिए जाते हैं। उसमें बैठने के लिए कुछ भी स्थान नहीं बने रहते। किराया उसमें एक पैसे कोस है। यह तो गाड़ी की प्रशंसा है। स्टेशन का प्रबन्ध ऐसा है कि खाने की वस्तु का नाम न लेना, लोग पानी पुकारा करते हैं कोई सुनता नहीं। एक बेर दो-तीन मनुष्य मेरी गाड़ी में बहुत चिल्ला रहे थे कि एक गार्ड आया तो एक पारसी ने कहा—'Sir They (are) Complaining very much for water'. (साहेब, लोग पानी-पानी बहुत चिल्लाते हैं) तो गार्ड ने उत्तर दिया 'Can't Help' मैं कुछ नहीं कर सकता। अब कहिए ज्येष्ठ की दुपहरी में यदि कोई पानी बिना मर जाए तो क्या कम्पनी पकड़ी न जाएगी? इस उत्तर से तो यही प्रकट होता है।'' (वही, पृ. 1037)

यह उसी रेल की सुविधा है जिस पर व्यय होने वाले अर्थ की विपुलता पर पहले चर्चा की गई है। जैसी रेलगाड़ी की अवस्था वैसी ही स्टेशनों की व्यवस्था की अवस्था, ऊपर से ग्रीष्म ऋतु—''मार्ग में क्लेश हुआ वह अकथनीय है। एक तो मार्तंड की प्रचंड किरण से गाड़ी ऐसी उत्तप्त हो रही थी। यदि शरीर स्पर्श हो जाए तो यह भ्रम होता था कि फफोला तो नहीं पड़ गया, किसी प्रकार से चैन नहीं मिलता था। यदि एकाध बार खिड़की खुल जाती तो मुँह मानो प्रज्वलित अग्नि की ज्वाला से झौंस जाता। प्यास के मारे कंठ सूखा जाता था और मुख से आखर नहीं निकलते थे। जो कहीं पानी मिलै भी तो अदहन के सहस। उधर क्षुधा अलग सता रही थी।

आते-आते जब सतना में पहुँचे तो थोड़ी सी जिलेबी लेकर खाया तब कुछ आँखें खुलीं फिर मैहर में पक्का आम विक्रय होता था वह लिया। इसी भाँति ज्यों-त्यों कर-कर के जबलपुर में आकर उतरे।" (वही, पृ. 1036)

अपनी लखनऊ यात्रा में वे एक दूसरी रेल कम्पनी की चर्चा करते हैं—यहाँ एक और धाँधली की भी चर्चा है। "कानपुर से लखनऊ आने के हेतु एक कम्पनी अलग है। इसका नाम अ.रु.रे. कम्पनी है। इसका काम अभी नया है और इसके गार्ड इत्यादिक सब काम चलाने वाले हिन्दुस्तानी हैं। स्टेशन कानपुर का तो दरिद्र-सा है पर लखनऊ का अच्छा है। लखनऊ के पास पहुँचते ही मस्जिदों के ऊँचे कंगूर ही से दिखते हैं, परन्तु नगर में प्रवेश करते ही एक बड़ी विपदा आ पड़ती है। वह यह है कि चुंगी के राक्षसों का मुख देखना होता है। हम लोग ज्यों ही नगर में प्रवेश करने लगे जमदूतों ने रोका। सब गठरियों को खोल-खोल के देखा जब कोई वस्तु न निकसी तब अँगूठियों पर (जो हम लोगों के पास थी) आ झुके बोले इसका महसूल दे जाओ। हम लोग उतरकर चौकी पर गए। वहाँ एक ठिंगना-सा काला रूखा मनुष्य बैठा था। नटखटपन उसके मुखड़े से बरसता था। मैंने पूछा क्यों साहब बिना बिकरी की वस्तुओं पर भी महसूल लगता है। बोले—हाँ, काग़ज़ देख लीजिए छपा हुआ है। मैंने काग़ज़ देखा उसमें भी यही छपा था। मुझे पढ़के यहाँ की गवर्नमेंट के इस अन्याय पर बड़ा दुःख हुआ। मैंने उनसे पूछा कि कहें कितना महसूल दूँ। आप नाक-गाल फुला के बोले कि मैं कोई जवाहिरी नहीं हूँ कि इन अँगूठियों का दाम जानूँ। मोहर करके गोदाम को भेजूँगा वहाँ सुपरिंटेंडेंट साहब साँझ को आकर दाम लगावैंगे। मैंने कहा कि साँझ तक भूखों कौन मरेगा। बोले—इससे मुझे क्या? कहाँ तक लिखूँ इस दुष्ट ने हम लोगों को बहुत छकाया। अन्त में मुझे क्रोध आया तब मैंने उसको नृसिंह रूप दिखाया और कहा कि मैं तेरी रिपोर्ट करूँगा। पहिले तो आप भी बिगड़े पीछे ढीले हुए, बोले—अच्छा जो आपके धरम में आवै दे दीजिए। तीन रुपये देकर प्राण बचे तब उनके सिपाहियों ने इनाम माँगा। मैंने पूछा इसी घंटों दुःख देने का इनाम चाहिए। किस प्रकार इस विपद से छूटकर नगर में आए।" (वही, पृ. 1034)

अपनी 'सरयू पार की यात्रा' में तो भारतेन्दु ने रेल से इतना कष्ट पाया है कि वह उन्हें बाद में भी याद आता रहा, "और कभी डाक पर बैठे रेल का दुःख याद आ जाता कि रेलवे कम्पनी क्यों ऐसा प्रबन्ध किया है कि पानी तक न मिले। एक स्टेशन पर एक औरत पानी का डोल लिए आई भी तो गुपला गुपला पुकारती रह गई, जब हम लोगों ने पानी माँगा तो लगी कहने कि 'रह : हो पानियैं पानी पढड़ल हौ' फिर कुछ जियादा जिद में लोगों ने माँगा तो बोली 'अब हम गारी देब'। वाह! क्या इन्तज़ाम था। मालूम होता था रेलवे कम्पनी स्वभाव (Nature) की बड़ी शत्रु है क्योंकि जितनी बातें स्वभाव से सम्बन्ध रखती हैं अर्थात् खाना, पीना, सोना,

मलमूत्र त्याग करना इन्हीं का इसमें कष्ट है। शायद। इसी से अब हिन्दुस्तान में रोग बहुत है।'' (वही, पृ. 1039)

भारतेन्दु ने अपने जितने भी यात्रा वृत्तान्त लिखे हैं प्रायः सभी में रेल और उससे मिले दु:खों का वर्णन है। 'वैद्यनाथ की यात्रा' (1880) में आधे से थोड़ा-सा कम वृत्तान्त रेलजनित कष्टों का है। ये कष्ट इतने अधिक हैं कि भारतेन्दु तपस्या करके गोरी कोख से जन्म लेने की कामना करने लगते हैं—''जहाँ रेल ठहरती थी, स्टेशन मास्टर और सिपाही बिचारे टुटरूँ-टूँ छाता, लालटेन लिये रोजी जगाते भीगते हुए इधर-उधर फिरते दिखलाई पड़ते थे। गार्ड अलग 'मैकिंटाश का कवच पहिने' अप्रतिहत गति से घूमते थे। आगे चलकर एक बड़ा भारी विघ्न हुआ। खास जिस गाड़ी पर श्री महाराज सवार थे, उसके धुरे घिसने से गर्म होकर शिथिल हो गए। वह गाड़ी छोड़ देनी पड़ी। जैसे धूमधाम की अँधेरी, वैसे ही जोर-शोर का पानी। इधर तो यह आफत, उधर फरऊन क्या फरऊन के भी बाबाजान रेलवालों की जल्दी, गाड़ी कभी आगे हटै कभी पीछे। खैर, किसी तरह सब ठीक हुआ। इस पर भी बहुत सा असबाब और कुछ लोग पीछे छूट गए। अब आगे बढ़ते-बढ़ते तो सवेरा ही होने लगा। निद्रा वधू का संयोग भाग्य में न लिखा था, न हुआ। एक तो सेकंड क्लास की एक ही गाड़ी, उसमें भई लेडीज़ कम्पार्टमेंट निकल गया, बाकी जो कुछ बचा उसमें बारह आदमी। गाड़ी भी ऐसी टूटी-फूटी, जैसी हिन्दुओं की किस्मत और हिम्मत। इस कमबख्त गाड़ी से और तीसरे दर्जे की गाड़ी से कोई फर्क नहीं, सिर्फ़ एक-एक धोके की टट्टी का शीशा खिड़कियों में लगा था। न चौड़ी बेंच, न गद्दा, न बाथरूम। जो लोग मामूली से तिगुना रुपया दे उनको ऐसी मनहूस गाड़ी पर बिठाना, जिसमें कोई बात भी आराम की न हो, रेलवे कम्पनी की सिर्फ़ बेइंसाफी ही नहीं, वरन् धोखा देना है क्यों नहीं ऐसी गाड़ियों को आग लगाकर जला दें। कलकत्ते में नीलाम कर देती। अगर मारे मोह के न छोड़ी जाए तो उसमें तीसरे दर्जे का काम ले। नाहक अपने ग्राहकों को बेवकूफ बनाने से क्या हासिल। लेडीज़ कम्पार्टमेंट खाली था, मैंने गार्ड से कितना कहा कि इसमें सोने दो, न माना। और दानापुर से दो-चार नीम अंग्रेज़ (लेडी नहीं सिर्फ़ लैड) मिले उनको बेतकल्लुफ उसमें बैठा दिया। फर्स्ट क्लास की सिर्फ़ दो गाड़ियाँ—एक में महाराज, दूसरी में आधी लेडिज़, आधी में अंग्रेज़। अब कहाँ सोवैं कि नींद आवै। सचमुच अब तो तपस्या करके गोरी-गोरी कोख में जन्म लें तब संसार में सुख मिलै। मैं तो ज्यों ही फर्स्ट क्लास में अंग्रेज़ कम हुए कि सोने की लालच में उसमें घुसा। हाथ फैलाना कि गाड़ी टूटने वाला विघ्न हुआ। महाराज के इस गाड़ी में आने से मैं फिर वहीं का वहीं। खैर, इसी सात-पाँच में रात कट गई। मुसाफिरों को अनुभव होगा कि रेल पर सोने से नाक चर्राती है और वही दशा कभी-कभी सवारियों पर होती है इससे मुझे पालकी पर नींद नहीं आई और जैसे-तैसे वैद्यनाथ जी पहुँच गए।'' (वही, पृ. 1043)

'जनकपुर की यात्रा' (1880) वर्णन का आरम्भ ही वे रेल के कष्ट से करते हैं। इसमें अंग्रेज़ सहयात्रियों के बुरे बर्ताव का कष्ट भी सम्मिलित है, यद्यपि इस यात्रा में भारतेन्दु को भाग्य से एक अच्छा सहयात्री मिला है—"आज दोपहर को पहुँचे। राह में रेल में कुछ कष्ट हुआ। क्योंकि सेकंड क्लास में तीन-चार अंग्रेज़ थे। बस उनमें मैं अकेला 'जिमि दसनन महँ जीभ बिचारी' कष्ट हुआ ही चाहे 'नर वानरहिं संग कहु कैसे।' इसके वास्ते इन्तज़ाम होना ज़रूर है कि हर ट्रेन में एक गाड़ी जिसमें फर्स्ट और सेकंड दोनों ही हिन्दुस्तानियों ही के वास्ते रहै। इस विषय में मैंने रेलवे कम्पनी की कनफरेंस के सेक्रेटरी को लिखा तो है पर 'तूती की आवाज़' अगर सुनी जाए। जैसे ही उनको पान-सुरती की पचापच से नफरत है वैसी इधर चुरुट के धूम्र से। ऐसी ही अनेक प्रकृति विरुद्ध बातें हैं जो केवल कष्टदायक हैं। एक बात और बहुत ज़रूरी है ऐसे स्टेशनों पर जहाँ गाड़ी देर तक ठहरै फर्स्ट और सेकंड क्लास के हिन्दुस्तानियों की पाखाना वगैरह की कोठरी अलग बननी चाहिए क्योंकि न कमोड का इनको अभ्यास न स्वतंत्र जलादिक बिना इनको सुभीता।...तो बाजे तो भाग्य से ऐसे मिल जाते हैं मगर बाजे बड़े ही कष्टदायक मिलते हैं और हिन्दुस्तानियों से ऐसी घृणा करते हैं कि जी दुखी हो जाता है।" (वही, पृ. 1046)

यूँ तो प्रत्येक रेलयात्रा ही सुविधाओं के अभाव में दुखदायी है, किन्तु 'ग्रीष्म ऋतु' की रेलयात्रा तो मनुष्य को मनुष्य ही नहीं रहने देती, उसका अचार बना देती है—"रेल पर जानेवाले पथिक कपड़ा पहिने बोझे से लदे सिपाहियों का धक्का खाए रुपया गँवाए भूखे-प्यासे बिना नहाए-धोए गाड़ी की कोठरियों में अचार के मटके में पसीने नमकीन नीबू से ठसे जी से खट्टे होने को धूप में तपाए जाते हैं।" (वही, पृ. 1052) यदि रेलयात्री ने जीवन में कोई पुण्य किया है तभी वह जीवित घर पहुँच सकता है—"और उसमें भी गाड़ी जब स्टेशनों पर पानी लेने को खड़ी हो जाती है तब तो संयमनी से यमराज आकर अपने शतावधि नरकों की एक-एक कोठरियों पर न्योछावर करके फेंक देते हैं क्योंकि चलने में तो कुछ हवा लगती भी है पर रुक जाने से तो ट्रेन की ट्रेन कलकत्ते की ब्लैक होल हो जाती है पहिले तो पथिक प्राय: बेसुध पड़े रहते हैं और यदि कभी चौंक उठते हैं तो केवल पानी-पानी का शब्द उनके मुख से सुन पड़ता है। जैसे बहेलियों की पिटारियों में बारे फेरे की सिरोहियाँ कसी रहती हैं वही दशा इन यात्रियों की भी होती है। यद्यपि यमलोक और रेल लोक की यात्रा को साथ ही प्रस्थान करते हैं पर न जाने किन पुन्यों से भी वे बचकर घर पहुँचते हैं।" (वही, पृ. 1052-53)

अंग्रेज़ों की अनुपम देनों रेल, अदालत और भूमि प्रबंधन की प्रशंसा करने वालों के सामने यह साहित्य आया नहीं या उन्होंने इसे देखकर भी इससे मुँह फेर लिया, यह कहना कठिन है। जैसा कि पहले कहा जा चुका है कि रेनेसाँ को मुख्यत: धनिक और व्यापारिक वर्ग ने पोषित किया जिसे राजसत्ता का प्रश्रय मिला और आगे चलकर

इससे लाभान्वित देशों ने औपनिवेशिकता को बढ़ावा दिया। पश्चिमी देशों के राज्य समर्थित व्यापारी अपने देश के धन-बल को बढ़ाने हेतु एशियाई और अफ्रीकी देशों से व्यापार करने निकल पड़े। ये सीधे-सादे व्यापार नहीं था, अपितु अपनी कूटनीति से ऐसे देशों का स्वामी बनना था। अंग्रेज़, डच, फ्रांसीसी आदि विभिन्न देशों को अपना उपनिवेश बनाने की होड़ में लग गए। भारतवर्ष में अंग्रेज़ व्यापार की नीयत जताकर प्रविष्ट हुए और लगभग दो सौ वर्षों तक शासन कर यहाँ से गए। तराजू पर चढ़कर आए व्यापारी ने ऐसी डंडी मारी कि सिंहासन पर जा बैठा। इसके लिए उसने सत्ता के सभी उपकरणों को साधा। इस देश में खुली लूट मचाने के लिए उसने केवल और केवल अपनी सुविधानुसार क़ानून बनाए। इस देश की विभाजित राजनैतिक शक्तियों से मनचाहे लाभ लिये और उन्हें भी अपने अनुकूल वातावरण बनाने के लिए बाध्य किया। स्थायी बन्दोबस्त इसका सबसे सटीक उदाहरण है।

इहलौकिक पुनर्जागरणकालीन सभ्यता नागरी थी। यह ग्रामोन्मुखी नहीं थी। यह अपनी मध्ययुगीन देहाती सभ्यता से भिन्न प्राचीन यूनानी और रोमन सभ्यता की भाँति शहरी सभ्यता थी। रेनेसाँ काल में इटली के शहरी धनिक वर्ग, सौदागरों और बैंकरों, कलाकारों, शिल्पकारों और साहित्यकारों को प्रश्रय एवं समर्थन दिया था। इसे इस प्रकार भी कहा जा सकता है कि इसका स्वरूप मध्यवर्गीय था। यह मध्यवर्ग मूलतः ईसाई, चर्च, पादरी और सामन्त विरोधी था क्योंकि इसी से इसके हित सधते थे।

इटली के रेनेसाँ की तुलना में यूरोप के अन्य देशों का पुनर्जागरण आन्दोलन तनिक भिन्न था। इटली में साहित्य के साथ चित्रकारी, स्थापत्य और मूर्तिकला ने अत्यधिक महत्त्वपूर्ण भूमिका निभाई, किन्तु उत्तरी यूरोप के देशों में यह कार्य साहित्य और मानवतावादी दर्शन ने किया। इन देशों ने इटली के रेनेसाँ के ईसाइयत विरोधी मानवतावाद के स्थान पर इनके सहअस्तित्व को अपनाया। यही बात भारतीय नवजागरण, विशेषकर हिन्दी नवजागरण के सम्बन्ध में निस्संकोच कही जा सकती है। यूरोप के अपने ही रेनेसाँ के विभिन्न स्वरूपों के इस आलोक में हिन्दी नवजागरण के विश्लेषण को नए कोण मिलते हैं।

हिन्दी नवजागरण की निजी विशिष्टताएँ—कलकत्ता अवस्थित मध्यवर्गीय बंगाली कुलीन भद्रलोक के वैचारिक आन्दोलन को 'रेनेसाँ' मानने में जितनी कठिनाइयाँ हैं, हिन्दी प्रदेश के नवजागरण को उन्हीं अर्थों में स्वीकार करने में और भी असुविधाएँ हैं, बल्कि रामविलास शर्मा के पहले हिन्दी प्रदेश में जागरण हुआ भी था, इस धारणा पर गम्भीरता से सोचा ही नहीं गया। डॉ. रामविलास शर्मा हिन्दी के उन बहुत थोड़े लोगों में से हैं जिन्होंने हिन्दी प्रदेश के जागरण पर चिन्तन किया है।

"उनके हिन्दी नवजागरण के लेखन के फलस्वरूप हिन्दी नवजागरण को स्वतंत्र विषय के रूप में मान्यता मिली है। अन्यथा कुछ समय पहले या तो भारतीय

नवजागरण की बात होती थी या बंगाल के नवजागरण की। पहले हिन्दी नवजागरण के विचारकों और साहित्यकारों पर बंगाल के नवजागरण के प्रभाव की ही चर्चा अधिक होती थी। ऐसा लगता था कि हिन्दी के साहित्यकार केवल प्रभाव ग्रहण करने के लिए ही बैठे हुए थे और उनका अपना कुछ था ही नहीं। उन्होंने हिन्दी नवजागरण के स्वरूप और उसकी विशेषताओं का विश्लेषण करके हिन्दीवालों की आत्महीनता की भावना को दूर किया है और हिन्दी भाषी जनता को हीन समझनेवालों के स्फीत अहं की फुफकार को भी कम किया।'' (साहित्य और इतिहास दृष्टि, मैनेजर पाण्डेय, वाणी प्रकाशन, नई दिल्ली, 1981, पृ. 190)

जैसा कि पहले उल्लेख किया गया है हिन्दी नवजागरण की धारणा और उसके प्रमुख प्रतिष्ठाता रामविलास शर्मा हैं। उन्होंने सन् 1857 के प्रथम स्वाधीनता संग्राम से हिन्दी नवजागरण का आरम्भ माना है। वे हिन्दी प्रदेश के जनजागरण को दो दौर में बाँटते हैं—सामन्त विरोधी जनजागरण और साम्राज्य विरोधी जनजागरण। रामविलास जी उत्तर भारत में सामन्त विरोधी जनजागरण का आरम्भ यहाँ के विभिन्न प्रदेशों में आधुनिक जातियों के गठन से मानते हैं। दूसरे दौर के अन्तर्गत उन्होंने प्लासी की लड़ाई से प्रथम स्वाधीनता संग्राम (1757-1857) तक के काल को रखा है जिसमें मुख्य लड़ाई विदेशी शत्रु (ब्रिटिशों) से है। डॉ. शर्मा ने हिन्दी 'नवजागरण' को चार चरणों में विभक्त किया है। पहला चरण सन् सत्तावन के स्वाधीनता संग्राम से प्रारम्भ होता है। भारतेन्दु का काल हिन्दी 'नवजागरण' का दूसरा चरण है। उन्होंने द्विवेदी युग को तीसरा तथा छायावाद को चौथा चरण माना है।

यहाँ उल्लेखनीय है कि रामविलास शर्मा इस हिन्दी नवजागरण के पहले भारतीय नवजागरण के स्वरूप और उसकी मुख्य प्रवृत्तियों पर विचार करना नहीं भूलते। अपनी पुस्तक 'भारतीय नवजागरण और यूरोप' में उन्होंने ऋग्वैदिक काल को भारत का प्रथम एवं उपनिषद् काल को द्वितीय नवजागरण माना है। अध्याय 'उपनिषदों में दार्शनिक यथार्थवाद' में रामविलास शर्मा कहते हैं, ''ऋग्वैदिक काल भारत का प्रथम नवजागरण है, उपनिषद काल उसका दूसरा नवजागरण है। दोनों के बीच में आता है ब्राह्मण काल। इस 'मध्य' काल में भूस्वामी वर्ग सुदृढ़ हुआ, उसे सुदृढ़ करने में पुरोहित वर्ग ने कर्मकांड का विस्तार किया। ऋग्वैदिक काल में यज्ञ होते थे पर उनका उपयोग सामन्तों का गौरव बढ़ाने के लिए न किया जाता था। पुरोहितों ने ऋग्वेद के मंत्रों को जादू-मंतर की तरह कर्मकांड के जाल से बाँधकर विविध फलों की प्राप्ति का साधन बना दिया। उपनिषदों ने ऋग्वेद को इस जाल से मुक्त किया। उनके चिन्तन की आधारभूत मान्यताएँ ऋग्वेद की हैं, उन्हें पुनर्जीवित करके उन्होंने दार्शनिक चिन्तन को अधिक स्पष्ट और व्यापक बनाया। उपनिषद काल को विश्व दर्शन के इतिहास में क्रान्तिकारी युग मानना चाहिए।'' (भारतीय नवजागरण और यूरोप, रामविलास शर्मा, हिन्दी माध्यम कार्यान्वयन, दिल्ली, 1996, पृ. 115)

रामविलास शर्मा नवजागरणों के मूल में यहीं की प्रेरणा देखते हैं। उन्नीसवीं सदी के पहले के भारतीय नवजागरण की मूल प्रेरणा उपनिषद थे। ये उपनिषद केवल भारतीय नवजागरण ही नहीं, वरन् अन्य नवजागरणों की भी प्रेरणा रहे हैं—''भारत में जब भी सामाजिक व्यवस्था को सुधारने के लिए आन्दोलन हुए, उनके सूत्रधारों ने उपनिषदों के चिन्तन को अपना आधार बनाया है। भारत के बाहर जहाँ भी लोगों ने धर्मांध जड़ता से मुक्ति पानी चाही है, उन्होंने जाने या अनजाने उपनिषद की स्थापना को दोहराया है। उपनिषदों में केवल चिन्तन नहीं है, भावों की अभिव्यक्ति भी है। उदात्त दार्शनिक काव्य में वे ऋगवेद के सही उत्तराधिकारी हैं।'' (महावीर प्रसाद द्विवेदी और हिन्दी नवजागरण, रामविलास शर्मा, राजकमल प्रकाशन, नई दिल्ली, 1977, पृ. 14)

उपनिषद की चिन्ताधारा भाग्यवादी नहीं है। वे मनुष्य को कर्म की प्रेरणा देते हैं। उपनिषद मनुष्य के अन्दर ब्रह्म एवं भौतिक संसार में उसकी कर्मरूपी अभिव्यक्ति का आत्मविश्वास हैं—''उपनिषद कहते हैं—

कुर्वन्नेह कर्माणि जिजीविषेच्छतं समाः

(ईशावास्य, 2)

काम करते हुए सौ वर्ष तक जीने की इच्छा करे।

जो भाग्य में लिखा है वह मिल जाएगा, ऐसा नियतिवाद यहाँ नहीं है। जो इस लोक में नहीं मिला वह परलोक में मिलेगा, ऐसा आशावाद यहाँ नहीं है। ऋषियों में आत्मविश्वास है, जीवन के प्रति स्वीकृतिमूलक दृष्टिकोण हैं। सबसे बड़ा ब्रह्म है वह मनुष्य के भीतर है। तब मनुष्य से बड़ा कौन है? विश्व की प्राणशक्ति से अपना सम्बन्ध समझने पर वह और भी शक्तिशाली हो जाता है।'' (वही, पृ. 115-16)

सन् '57 से हिन्दी नवजागरण का प्रारम्भ मानने का अर्थ यह नहीं है कि किसी निश्चित तिथि से एकाएक हिन्दी नवजागरण आरम्भ हो गया। एकाएक तो कोई क्रान्ति भी नहीं फूट पड़ती, उसके लिए उपयुक्त परिस्थितियों का निर्माण लम्बे समय तक होता रहता है। किसी महत्त्वपूर्ण घटना के लिए कालखंड के किसी अंश को मोटे तौर पर चुनना ही पड़ता है। ऐसा नहीं है कि सन् '57 के प्रथम स्वाधीनता संग्राम से हिन्दी नवजागरण का आरम्भ मानने वाले रामविलास शर्मा 1800 ई. में रचे गए साहित्य या घटित हुई किसी ऐतिहासिक घटना को महत्त्वपूर्ण नहीं मानते। सन् सत्तावन से हिन्दी नवजागरण का आरम्भ मानने के पीछे उनका तर्क है कि—''1857 का संग्राम हमारा जातीय संग्राम है और वह भारत का राष्ट्रीय संग्राम भी है। उसका असर सारे देश पर हुआ, हिन्दी-भाषी प्रदेश पर सबसे ज़्यादा हुआ।'' (वही, पृ. 142)

सन् सत्तावन के पहले राजनीतिक असन्तोष एवं उसकी अभिव्यक्ति प्रारम्भ हो चुकी थी। उन्नीसवीं सदी के आरम्भ में ही हिन्दी प्रदेश में आधुनिक चेतना की एक परम्परा मिलती है। स्वयं डॉ. शर्मा इस देश के नवजागरण को 'अंग्रेज़ी राज की नियामतों का नतीजा' मानने के सख्त विरोधी हैं। यह नवजागरण अपनी चिन्तन धारा से जुड़ा था। हर प्रदेश का नवजागरण अपनी विशिष्टता से जुड़ा था, जब यह बात अन्य प्रदेशों के नवजागरण के लिए मानी जा सकती है तो फिर हिन्दी प्रदेश के नवजागरण के लिए क्यों नहीं मानी जा सकती? हिन्दी प्रदेश के 'नवजागरण' की निजी विशिष्टताओं पर चर्चा करते हुए डॉ. शर्मा कहते हैं—"हिन्दी नवजागरण की अपनी विशेषताएँ हैं, वह बंगाल या गुजरात के नवजागरण से भिन्न हैं।...भारत के राष्ट्रीय नवजागरण का सम्बन्ध सामान्यत: राजा राममोहन राय से जोड़ा जाता है। हो सकता है, बंगाल के लिए यह सही हो, आवश्यक नहीं कि हर प्रदेश में वैसी ही प्रक्रिया घटित हुई हो।" (वही, पृ. 14)

हिन्दी प्रदेश पर अंग्रेज़ों का स्पष्ट प्रभाव सन् 1830 के दशक में लक्षित किया गया। औपनिवेशिक सत्ता जिस काल में उदारवादी रवैया अपनाकर किसानों की तरक़्क़ी का प्रयत्न, मध्यवर्ग की शिक्षा का प्रयास एवं कुछ संस्थाओं का विकास कर रही थी, उस काल में हिन्दी प्रदेश इन लाभों से वंचित रहा। उस पर जब तक अंग्रेज़ों का प्रभाव बढ़ना शुरू हुआ तब सन् सत्तावन के स्वाधीनता संग्राम के कारण औपनिवेशिक शासन अधिक कहर और सख्त हो चुका था। इसे सौभाग्य कहें या दुर्भाग्य कि अंग्रेज़ों के दमन के चक्र का शिकार सबसे अधिक हिन्दी प्रदेश ही हुआ। आधुनिक मध्यवर्ग के उत्थान के लिए औपनिवेशिक शासन के अन्तर्गत अनुकूल परिस्थितियों का लाभ हिन्दी प्रदेश को नहीं मिल पाया। इक्का-दुक्का प्रयत्नों के फलस्वरूप कुछ लोगों को पाश्चात्य ज्ञान एवं अंग्रेज़ी शिक्षा सुलभ हुई, किन्तु जिस परिमाण में बंगाल में औपनिवेशिक सत्ता की सहायता से जैसा मध्यवर्ग विकसित हो सका वैसा विकास हिन्दी प्रदेश में नहीं हो सका।

बनारस में अंग्रेज़ों का प्रभाव सन् 1775 से आरम्भ हुआ था। सन् 1795 में वह अंग्रेज़ों के सीधे शासन में आया। इसके बाद अगले पचास वर्षों से इस क्षेत्र का आर्थिक मानचित्र तेजी से बदला। अत: हिन्दी प्रदेश में औपनिवेशिक प्रभाव में संरचनात्मक परिवर्तन बंगाल की तुलना में आधी सदी के पश्चात् प्रारम्भ हो पाया। उन्नीसवीं सदी के प्रथमार्द्ध में हिन्दी प्रदेश के पास कलकत्ता जैसा कोई बड़ा शहर नहीं था जिसके इर्द-गिर्द आधुनिक मध्यवर्ग का विकास हो सके जैसा कि बंगाल में सम्भव हो सका था। अंग्रेज़ी शिक्षा पर, जिसका नए 'ज्ञान-विज्ञान' के प्रसार व रोज़गार के अवसरों के लिए केन्द्रीय महत्त्व था, सन् 1840 के बाद ही हिन्दी प्रदेश में ध्यान दिया जा सका। अंग्रेज़ी शिक्षा और पाश्चात्य जीवन पद्धति के प्रति पारम्परिक समाज में विरोध की भावना थी। यह प्रवृत्ति बहुत बाद तक रही, यद्यपि धीरे-धीरे यह कम होती गई।

राधाचरण गोस्वामी ने अपने संस्मरण में लिखा है कि "बचपन में भूल से अगर उनके मुख से कोई अंग्रेज़ी शब्द निकल पड़ता था तो उन्हें इसका प्रायश्चित्त करना पड़ता था। उन्हें गंगाजल से कुल्ला करवाया जाता था।" (राधाचरण गोस्वामी की चुनी हुई रचनाएँ, सम्पा. कर्मेन्दु शिशिर (भूमिका), परिमल प्रकाशन, इलाहाबाद, 1990)

सन् 1857 ई. के प्रथम स्वाधीनता संग्राम के बाद, विशेषकर दो दशकों में ब्रिटिश शासन ने हिन्दी प्रदेश (शेष भारत भी) के प्रति परस्पर विरोधी दो विचारधाराओं का वहन किया। औपनिवेशिक शासन ने दोहरा मानदंड अपनाया। घोषित रूप में उनकी नीति यहाँ की परम्पराओं की और उनकी विभिन्नता की रक्षा का वादा और भारत के आधुनिकीकरण का संकल्प तथा शासन में प्रतिनिधित्व बढ़ाना था। व्यावहारिक रूप में इसका पालन नहीं हुआ।

बंगाल के स्थायी बन्दोबस्त ने ज़मींदारों और कृषक समुदाय के बीच की दूरी बढ़ा दी। अंग्रेज़ों ने ज़मींदारों की स्वार्थ रक्षा ही की। प्रगतिशील आवरण के नीचे अंग्रेज़ों ने ज़मींदार वर्ग की प्रतिक्रियावादी विचारधारा को भलीभाँति पोसा। इसका एक रोचक उदाहरण राजा राममोहन राय का दिया जा सकता है। उन्होंने बंगाल में प्रचलित सती प्रथा में स्त्री दाह की संख्या में वृद्धि का जिम्मेदार अंग्रेज़ों को ठहराया है। राजा राममोहन राय का कहना है कि बंगाल में जीमूतवाहन द्वारा लिखित ग्रन्थ 'दायभाग' के अनुसार पति की सम्पत्ति पर विधवा का अधिकार उसी तर्क द्वारा स्वीकृत था जिससे पिता की सम्पत्ति पर पुत्र का अधिकार। अंग्रेज़ों ने इस पर ध्यान न देकर ज़मींदारों और कुलीनों द्वारा किए गए बहु-विवाह और सम्पत्ति के मामले में मनमाने व्यवहार को प्रश्रय दिया। राजा राममोहन राय कहते हैं कि सती संख्या में वृद्धि के जिम्मेदार अंग्रेज़ ही हैं। इसी प्रकार ईश्वरचन्द्र विद्यासागर को अपने कर्म जीवन के आरम्भ में तो विधवा-विवाह के आन्दोलन में तो सफलता मिली पर उनका उत्तरार्द्ध निराशाजनक रहा।

आधुनिक ज्ञान-विज्ञान के प्रसार में संस्थानों के योगदान को नकारा नहीं जा सकता। हिन्दू कॉलेज जैसा कोई संस्थान हिन्दी प्रदेश में नहीं था, जहाँ हज़ारों छात्र नए ज्ञान अथवा पाश्चात्य ज्ञान में दीक्षित हो सकें। इसके साथ ही सांस्कृतिक गतिविधियों का प्रभाव जुड़ा है। इतिहासकार एस.एन. मुखर्जी ने अपने शोध में दिखाया है कि किस प्रकार कलकत्ता में उन्नीसवीं सदी के आरम्भ में ही विभिन्न वर्गों और दलों में बँटकर मध्यवर्ग नए ज्ञान का आलोक प्राप्त कर रहा था। कलकत्ते के भद्रलोक परिवार के छात्र हिन्दू कॉलेज जैसी संस्थाओं से होकर विभिन्न सभा-सोसाइटियों से जुड़े थे। विचारों की प्रचार-प्रसार के लिए कलकत्ता की प्रसिद्ध 'अड्डाबाज़ी' (गप्पबाज़ी) का भी बड़ा महत्त्व है। हिन्दी प्रदेश की बैठकबाजी में ऐसा कोई प्रसार सम्भव न हो सका। इन सबके अलावा कलकत्ते में नए ज्ञान के प्रचार-प्रसार को लेकर एक तरह की आम सहमति थी। विभिन्न दलों के लोग

आपस में मतभेद रखते हुए भी इस बात पर सहमत थे कि नए ज्ञान का प्रचार-प्रसार होना ही चाहिए। हिन्दी प्रदेश में ऐसी स्थिति बहुत बाद में आई। कुछ 'एनलाइटेंड' (प्रबुद्ध) परिवार जिसमें भारतेन्दु हरिश्चन्द्र का परिवार भी एक था, जो घर के बच्चों को अंग्रेज़ी शिक्षा दिलाने के पक्षधर थे। ऐसी स्थिति में स्वाभाविक है कि हिन्दी प्रदेश में मध्यवर्ग के विकास की सम्भावनाएँ बंगाल में मध्यवर्ग विकसित होने के चार-पाँच दशक बाद ही बन पाईं। प्रो. नामवर सिंह ने कहा है कि हिन्दी प्रदेश में प्रखर विचारकों और समाज सुधारकों का न होना भी उसके विलंबित नवजागरण का एक कारण है।

बनारस के इर्द-गिर्द के हिन्दी नवजागरण की चर्चा के पूर्व इस बात पर ध्यान देना आवश्यक है कि भारतेन्दु हरिश्चन्द्र के जन्म के पचास वर्ष पूर्व से बनारस तीव्रता से बदल रहा था। जैसा कि पहले कहा जा चुका है ब्रिटिश शासन के फलस्वरूप बनारस राज्य में संरचनात्मक बदलाव घटित हुए। बर्नाड कोन ने कहा है कि सन् 1800 से 1850 ई. के बीच एक नए प्रकार का सामाजिक जीवन विकसित हो रहा था, नए प्रकार के आर्थिक हित सामने आ रहे थे, पुराने प्रभावशाली वर्गों का स्थान नए प्रभावशाली वर्ग ले रहे थे और इन सबके फलस्वरूप एक नई राजनीतिक, आर्थिक और सांस्कृतिक परिस्थिति पैदा हो रही थी। इन सभी प्रवृत्तियों और विकास का सम्पूर्ण प्रतिफल सन् सत्तावन के संग्राम के बाद ही देखा जा सका, लेकिन यह तय है कि इस विकास की रूपरेखा सन् 1800 से लेकर 1850 ई. के मध्य की परिस्थिति में विकसित हुई।

समाजशास्त्री बर्नाड कोन ने तीन प्रकार के परिवर्तनों की चर्चा की है। प्रथमतः, उन्होंने एक नए प्रभुत्वशाली वर्ग के उदय के बारे में लिखा है। उनके अनुसार प्रशासनिक पदों पर काम करने वाले अधिकारी और व्यवसायी एवं बैंकरों ने अपनी स्थिति सुदृढ़ की। कोन के अनुमानानुसार इन पचास वर्षों में लगभग चालीस प्रतिशत भूमि का हस्तान्तरण हुआ। यह हस्तान्तरण पुराने भूमिपतियों, क्षत्रिय एवं मुसलमान से नए प्रभुत्वशाली वर्ग, बनिया, ब्राह्मण एवं कायस्थ, को हुआ। दूसरा बड़ा परिवर्तन अंग्रेज़ी के प्रति रवैये में हुआ। सन् 1840 के पूर्व फ़ारसी का ज्ञान प्रशासन में रोज़गार के लिए आवश्यक था। सन् 1840 के बाद यह स्थान अंग्रेज़ी का हो गया। विशेषकर बनारस में जहाँ अंग्रेज़ी शिक्षा सुलभ थी, इस परिवर्तन के परिणामस्वरूप एक वर्ग उभरा जो आधुनिक होने के लिए इच्छुक था।

तीसरा परिवर्तन नए प्रभुत्वशाली वर्गों के गठन से सम्बन्धित है। यह वर्ग जिसे 'प्रतिष्ठित देशी' (Respectable Natives) कहा जाता था, कुछ वस्तुओं में सचेष्ट था। इस वर्ग के लोग पारम्परिक उत्सवों, मन्दिर निर्माण, सराय निर्माण, कुआँ खुदवाने से लेकर ब्राह्मण और वृद्धजनों को सहयोग देने में मुक्त हस्त से दान देते

थे। उनके प्रयासों और साधनों के कारण नई चेतना को बढ़ावा देने के लिए सामूहिक प्रयासों को बल मिला।

निस्सन्देह हिन्दी प्रदेश के इस जागरण में अपने स्थानीय विशिष्ट तत्त्व थे जिसमें अंग्रेज़ी उदारवाद के प्रति किसी प्रकार का व्यामोह नहीं था। हिन्दी प्रदेश के प्रबुद्ध जनों में 'देशी अक्खड़पन' अधिक था। इसे जवाहरलाल नेहरू ने अपनी प्रसिद्ध पुस्तक 'डिस्कवरी ऑफ इंडिया' में बहुत सटीक ढंग से लिखा है।

लगभग एक सदी के ब्रिटिश शासन के बाद जब बंगाल ने अपने आप को इसके अनुरूप ढाल लिया था, तब किसानों पर आर्थिक दबाव बहुत बढ़ गया था, नया प्रबुद्ध वर्ग पश्चिम की ओर देखते हुए यह आशा लगा रहा था कि अंग्रेज़ी उदारवाद उनके लिए प्रगति लाएगा। लगभग इसी तरह की परिस्थिति भारत के पश्चिम और दक्षिण में भी थी। उत्तर भारत में, किन्तु यह समर्पण और अनुकूलन नहीं था। वहाँ विद्रोह की चेतना बलवती हो रही थी।

अब इस पर विचार करना आवश्यक है कि क्या यह जागरण पुनर्जागरण था? अथवा नवजागरण (रेनेसाँ) था? भक्ति आन्दोलन को यदि हिन्दी प्रदेश का प्रथम जागरण मान लिया जाए तो यह वैचारिक आन्दोलन पुनर्जागरण कहला सकता है, किन्तु रेनेसाँ के अर्थ में इसे नहीं लिया जा सकता। हिन्दी प्रदेश में न तो धर्म बनाम मानवतावाद की विशेष रूप से चर्चा हुई और न ही कला एवं ज्ञान के क्षेत्रों में नई विधाओं का जन्म हुआ। यूरोप के 'रेनेसाँ' में धर्म विषयक चर्चाओं के कारण धर्म का प्रभाव घटता हुआ दिखाई देता है जबकि हिन्दी प्रदेश के जागरण में धर्म की केन्द्रीय भूमिका है। धर्म का सामाजिक प्रभाव राष्ट्रीय चेतना की जागृति के उपकरण के रूप में प्रयुक्त हुआ। धर्म का महत्त्व बंगाल के जागरण में भी कहीं कम नहीं था।

इन जागरणों में भारतीय इतिहास में पहली बार कुछ प्रतीकों के आधार पर हिन्दुओं में एकता स्थापित करने का प्रयास आरम्भ हुआ, भले ही यह प्रयास एक वर्ग विशेष तक सीमित रहा हो। गो-रक्षा आन्दोलन ने हिन्दी प्रदेश में हिन्दुओं के बीच 'हिन्दू पहचान' स्थापित करने में महत्त्वपूर्ण भूमिका निभाई। हिन्दी प्रदेश के परम्परावादी चिन्तकों ने धर्म के सहारे हिन्दू धर्म पर 'दोहरे आक्रमण' का सामना किया। उन्होंने अपने धर्म में सुधार की ओर ध्यान दिया और अपनी आध्यात्मिक श्रेष्ठता की भावना से राष्ट्रीयता के विकास की आधारभूमि को सुदृढ़ करने में सहायता दी। उदाहरणार्थ गोरक्षा आन्दोलन जिसने हिन्दी प्रदेश में हिन्दुओं के बीच 'हिन्दू पहचान' स्थापित करने में महत्त्वपूर्ण भूमिका निभाई, उसके मूल में हिन्दुओं की गाय के प्रति धार्मिक भावना थी। कृषि प्रधान सभ्यता होने के कारण हिन्दी प्रदेश में गाय उनके जीवन का मूलाधार थी जिसे उन्होंने धर्म से जोड़कर अपनी आस्था बना लिया था। इसी आस्था के सहारे परम्परावादियों ने हिन्दू धर्म पर 'दोहरे

आक्रमण' का सामना किया। राष्ट्रीयता के विकास की आधारभूमि का हिन्दू स्वरूप भी इसी काल खंड में निर्मित हुआ। इस सन्दर्भ में यह कहना उचित होगा कि हिन्दी प्रदेश में धर्म का राजनीतिकरण इसी युग की देन है।

इस सन्दर्भ में प्रो. नामवर सिंह के विचार उल्लेखनीय हैं, ''हमारे इतिहास में राष्ट्रवाद और सम्प्रदायवाद दोनों एक ही साथ पैदा हुए हैं कि कहीं एक ही सिक्के के दो पहलू तो नहीं हैं—इसकी भी जाँच की जानी चाहिए। ऐसा मैं इसलिए कह रहा हूँ कि राष्ट्रीय चेतना के विकास के साथ-साथ इस देश में पहली बार, धर्म के आधार पर दो बड़े धर्मों को मानने वाले जन-समूहों को एक नाम दिया गया। दोनों को अपनी 'पहचान'(आइडेंटिटी) बनाने की चिन्ता हुई। 'हिन्दू आइडेंटिटी' और 'मुस्लिम आइडेंटिटी'। जिसे हम उन्नीसवीं सदी का जागरण कहते हैं, उस जनजागरण में 'हिन्दू नवजागरण' और 'मुस्लिम नवजागरण' ये दोनों साथ-साथ घटित हुए और इन दोनों नवजागरणों के साथ ही हमारे देश में राष्ट्रीय चेतना और राष्ट्रवाद का भी विकास हुआ। हमारा राष्ट्रीय आन्दोलन उसी नवजागरण की सन्तान है। इसीलिए 'राष्ट्रवाद' और 'हिन्दू जातीयता' 'मुस्लिम कौमियत' ये साथ-साथ पैदा हुईं।'' (साम्प्रदायिकता का सवाल, रामजन्मभूमि बाबरी मस्जिद विवाद, सम्पा. जगदीश्वर चतुर्वेदी, न्यूमैन्स, कलकत्ता, 1991, पृ. 36-37)

नामवर सिंह साम्प्रदायिकता के दो कुरूप चेहरों का सम्पूर्ण दोषारोपण उन्नीसवीं सदी पर करते हैं। इसमें अतीत के विश्लेषण में वर्तमान दृष्टि की प्रमुखता के बाहुल्य पर खतरा है। इससे बाद में साम्प्रदायिकता के तेजी से बदलते स्वरूप की आलोचना की आवश्यकता कम कर दी जाती है। भारतीय सन्दर्भ में यह नहीं होना चाहिए क्योंकि धर्म यहाँ केवल 'रिलीजन' न होकर जीवन दर्शन भी रहा है। इसे यूँ कहा जाना चाहिए कि भारतीयों का जीवन दर्शन भी धर्म के माध्यम से अभिव्यक्त होता रहा है। धर्म उनके लिए बृहद 'केटेगरी' है जिसमें वे संस्कृति, साहित्य, कला, सिद्धान्त, दर्शन और 'रिलीजन' सबको समेट लेते हैं। अपनी पुस्तक भारतीय नवजागरण और यूरोप में रामविलास शर्मा ने बीसवीं सदी जैसी आधुनिक सदी में जनता में फैल रहे अन्धविश्वासों से लड़ने के लिए उपनिषदों के भौतिकवाद का सहारा लेने की बात कही है। बीसवीं सदी के अन्त में रामविलास जी अन्धविश्वास के जिस तूफान से निबटने के लिए उपनिषदों के सम्बन्ध में जानने के लिए कह रहे हैं उन्नीसवीं सदी में सांस्कृतिक राष्ट्रवाद के पुरोधा उसका उपयोग करते हैं। रामविलास जी कहते हैं—''सर्वात्मवाद अथवा ब्रह्मवाद दर्शनशास्त्र का यथार्थवाद है, वह प्राचीन मानवतावाद का सुदृढ़ आधार है। कहीं वह विशुद्ध भौतिकवाद है, कहीं वह भाववाद के आवरण में है, यथार्थ जगत से उसका सम्बन्ध बना रहता है। वह सामन्ती कर्मकांड का विरोधी है, इसलिए विभिन्न समाज सुधारकों ने उसे अपनाया है। भारत में सामन्ती विचारधारा के अवशेष तो कायम हैं ही बीसवीं

सदी के अन्तिम दशक में अन्धविश्वासों का नया तूफान उठा है। भारत ही नहीं एशिया के अन्य देश भी इसकी लपेट में हैं। ऐसी स्थिति में उपनिषदों की राष्ट्रीय और अन्तर्राष्ट्रीय भूमिका महत्त्वपूर्ण हो सकती है, यदि आज के समाज सुधारक अधिक सक्रिय हों और अपनी प्रगतिशील विचारधारा से उपनिषदों का सम्बन्ध पहचानें।'' (महावीर प्रसाद द्विवेदी और हिन्दी नवजागरण, पृ. 143)

अगर यह सम्बन्ध पहचान लिया जाता तो भारतीय नवजागरण को समझने की एक और दृष्टि मिली होती। औपनिवेशिक 'हैंगोवर' (Hangover) के शिकार इतिहासकारों और आलोचकों ने भारतीय नवजागरण विशेषकर हिन्दी नवजागरण की हर विशिष्टता को बाहर से आया हुआ बताया। भारत पर काबिज औपनिवेशिक सत्ता जब अपने ही देशों के ग़रीबों के पक्ष में नहीं थी तो उपनिवेशित देशों के प्रति उसमें कोमल भावनाएँ कैसे उपजतीं। रामविलास शर्मा अंग्रेज़ी राज की प्रगतिशील भूमिका का गुणगान करने वाले विद्वानों और शोधार्थियों पर टिप्पणी करते हैं— ''कुछ विश्वविद्यालय के प्रोफ़ेसरान और उनके मातहत काम करने वाले रिसर्च स्कॉलरान का यह मत है कि भारतेन्दु युग के नए साहित्यिक जागरण का सबब अंग्रेज़ी अमलदारी में अमन की ज़िन्दगी और अंग्रेज़ी शिक्षा के असर से पैदा होने वाली देशभक्ति थी यानी हिन्दुस्तान के लोगों को देशभक्ति सिखाने का ठेका भी अंग्रेज़ों ने ले रखा था और अंग्रेज़ न आते तो यहाँ के लोग यह भी न जानते कि देशभक्ति किस चिड़िया का नाम है। कहना चाहिए कि ऐसे प्रोफ़ेसरों और रिसर्च स्कॉलरों ने ख़ुद देशभक्ति अंग्रेज़ी किताबों से सीखी है, इसलिए वे भारतेन्दु युग के व्यापक सामाजिक आधार का और इस आधार पर पनपने वाली साम्राज्य-विरोधी साहित्यिक चेतना को देखने में असमर्थ हैं। इन पर भारतेन्दु की यह मुकरी पूरी तरह फिट बैठती है—

सब गुरुजन को बुरो बतावै।
अपनी खिचड़ी अलग पकावै॥
भीतर तत्त्व न झूठी तेजी
क्यों सखि सज्जन नहिं अंग्रेज़ी॥

(वही, पृ. 18)

'भीतर तत्त्व न झूठी तेजी'—यह हाल उस समालोचना का है जो मोटे-मोटे संस्कृत के शब्दों में पाठक को आतंकित करने के लिए लिखी जाती है लेकिन जिसका तत्त्व यही होता है कि भारतेन्दु ने देशभक्ति अंग्रेज़ी शिक्षा से सीखी थी।

विद्यार्थियों के दिमाग में यह कूड़ा-कर्कट भरने वाले गुरु लोग, मौका पड़े तो एक बार अंग्रेज़ों को भी साम्राज्यवाद का पाठ पढ़ा सकते हैं। मैकॉले ने एक बार कहा होगा तो इन्होंने उसे सौ बार दोहराया, 'मेरा मुझमें कुछ नहीं जो कुछ है सो

तोर।' ऐसे प्रोफ़ेसरों के लिए भारतेन्दु ने अपने अद्‌भुत निबन्ध 'एक अद्‌भुत अपूर्व स्वप्न' में पं. शीलदावानल के 'नीति दर्पण' की प्रशंसा करते हुए लिखा था, "इनसे नीति तो बहुत से महात्माओं ने पढ़ी थी, परन्तु वेणु, बाणासुर, रावण, दुर्योधन, शिशुपाल, कंस आदि इनके मुख्य शिष्य थे। और अब भी कोई कठिन काम आकर पड़ता है, तो अंग्रेज़ी न्यायकर्ता भी इनकी अनुमति लेकर आगे बढ़ते हैं। हम अपने भाग्य की कहाँ तक सराहना करें! ऐसा तो संयोग इस संसार में परम दुर्लभ है।" (भारतेन्दु समग्र)

हिन्दी प्रदेश के नवजागरण की प्रवृत्ति को और अच्छी तरह से समझने के लिए बंगला नवजागरण का उल्लेख अनुचित न होगा। "औपनिवेशिक शासन के दूसरे चरण में 'मुक्त व्यापार' (Free Trade) (1873 से 1858 ई.) के आरम्भिक काल अर्थात् उन्नीसवीं सदी के दूसरे दशक तक बंगाल में पाश्चात्य शिक्षा प्राप्त बुद्धिजीवियों का स्पष्ट अस्तित्व प्रकाश में आया। मुक्त बाज़ार व्यवस्था की आवश्यकताओं को पूरा करने के लिए कृषि उत्पादनों से लेकर यातायात और शिक्षा के क्षेत्र में घटित हो रहे परिवर्तन ने इस अंग्रेज़ी शिक्षा प्राप्त वर्ग को भारतीय समाज का सबसे प्रखर वर्ग बना दिया। नीतिगत दृष्टि से यह वर्ग सबसे सुविधाजनक स्थिति में था। अंग्रेज़ों ने इस वर्ग को अपनी आवश्यकतानुसार सहायता एवं समर्थन दिया। धर्म राजनीति का बहुत बड़ा अस्त्र रहा है। औपनिवेशिक सत्ता ने भी मिशनरियों का उपयोग किया। इन मिशनरियों ने अपनी धर्म प्रचार की गतिविधियों से अंग्रेज़ी शिक्षा का प्रचार तो बढ़ाया पर साथ ही बंगला भाषा के उन्नयन में भी सहायता दी। बंगाल के स्थायी बन्दोबस्त के आलोक में समझा जा सकता है कि किस प्रकार ब्रिटिशों के दमनकारी स्वरूप ने जनता को क्षुब्ध किया। इसे क्रिस बेली के इस उद्धरण से समझा जा सकता है—

"Colonial administrations were concerned to retain or enhance control over land and labour-Superficially this concern dashed with the judicial and administrative philosophy of contemprory British which was imbued with ideas of freedom of contact, freedom of trade and free title to land Infact, the regulation of civil society in the colonies was intended create the conditions for 'Civilisation' by constructing modern elites and industrious pesantries through the exercise of State power. Once civil society has been constructed it would be possible for the state to recede from intervention. These administrative programmes also responded directly to colonial conditions. They sought to create a framework for the managements of disputes in order to avoid the conflicts over labour, land and resources between the imperial state, creole elites and indigenous peoples which had hastened the expensive of Eighteenth century Empire but had also brought it near to extinction. In this project the interests of the colonial authorities often went hand in hand with those of the indigenous landed classes and the commercial interests which had weathered the Eighteenth century. Eighteenth century landed magnates and yeomen became the linchpins of empire where they did not the outcome was uncertain. Faced with outright military oppositions the colonial power often resorted to coercion as for instance, against the poligan chieftains of Southern India or intransigent farmers and planters in the colonies of settlements. In other places the authorities were forced to compromise, Everywhere, through, there was contestas the British crown laid down its markers and fought its corner. Early nineteenth century colonial rule was not weak, so much as differential in its impact. The study of empire, even of British society remains essential for an understanding of those societies which were touched by imperial power." 19 [Imperial Meridian, The British Empire and the World 1780-1830, C.A. Bayly, Longman, London-1989, (Chapter Eight–Colonial Society in the early Nineteenth Century–Land, Labour and Trade)]

अर्थात् औपनिवेशिक शासन की मूल चिन्ता भूमि एवं श्रम पर अपने नियंत्रण बढ़ाने की थी।

प्रत्यक्षत: यह ब्रिटेन की न्यायिक एवं प्रशासनिक व्यवस्था से उलटी बात थी। वहाँ स्वतंत्रता, मुक्त व्यवसाय और ज़मीन पर व्यक्तिगत मालिकाना आदि का सिद्धान्त था।

सभ्यता के विस्तार के लिए, उपनिवेशों में इस तरह की सिविल सोसायटी (सभ्य समाज) बनाना चाहते थे, जो आधुनिक ज़मींदार आभिजात्य वर्ग से थे वे राज्य सत्ता की सहायता पा सकें। एक बार इस तरह की सिविल सोसायटी के बन जाने के बाद राज्य को सीधे-सीधे हस्तक्षेप की आवश्यकता न रहती। इस नई व्यवस्था में श्रम, ज़मीन और संसाधन को लेकर होने वाले संघर्षों में औपनिवेशिक राज्यशक्ति को सीधे-सीधे सम्मिलित नहीं होना था। हालाँकि जहाँ-जहाँ आवश्यकता थी वहाँ-वहाँ सैन्य हस्तक्षेप के लिए राज्य प्रस्तुत था। औपनिवेशिक और देशी ज़मींदारों के व्यावसायिक हित आपस में मिले हुए थे।

ये प्रशासनिक कार्यक्रम सीधे तौर पर औपनिवेशिक शासकों द्वारा परिस्थितियों के नियंत्रण के अनुकूल थे। वे अपने लिए एक ऐसी अनुकूल व्यवस्था बना रहे थे जिसमें श्रमिक, भूमि और संसाधन सम्बन्धी किसी भी विवाद में जो साम्राज्यवादी शासक, देशी आभिजात्य वर्ग और स्थानीय लोगों में होता उसमें उन्हें सम्बद्ध न होना पड़ता।

जातीय नवजागरण के अन्तर्गत अन्य नवजागरणों की चर्चा उनके आन्तरिक रूप से सम्बद्ध होने को दर्शाना है। बंगाल का नवजागरण अग्रणी अवश्य था, किन्तु वह केवल 'बंगालियों' की मेधा का परिणाम नहीं था। हमें यह नहीं भूलना चाहिए

कि औपनिवेशिक शासनकाल में बंगाल प्रेज़िडेंसी का अर्थ केवल बंगाल नहीं था उसमें बिहार, उड़ीसा और आज के उत्तर प्रदेश के कुछ भाग भी सम्मिलित थे। इनके मनीषियों का भी बंगला नवजागरण में योगदान था। बंगाली मनीषियों का अन्य प्रान्तों और भाषाओं के विचारकों से आपसी विनिमय का सम्बन्ध था, न कि केवल देने का सम्बन्ध, जैसा कि बाद के दिनों में स्थापित किया गया। यह बहुत ही दुर्भाग्यजनक रहा कि औपनिवेशिक दृष्टि से संचालित इतिहासकारों ने बंगाली मनीषियों को 'केवल बंगाली' प्रमाणित करने में अपनी पूरी शक्ति लगा दी। उन्होंने बड़े व्यवस्थित ढंग से राजा राममोहन राय, बंकिमचन्द्र चट्टोपाध्याय, ईश्वरचन्द्र विद्यासागर, विवेकानन्द, राजेन्द्रलाल मिश्र, शरत्चन्द्र यहाँ तक कि रवीन्द्रनाथ टैगोर को केवल 'बंगाली' बना दिया। बंगला भाषी चिन्तकों को कभी शेष भारत से सम्बद्ध दिखाया भी तो सदैव प्रदाता के रूप में। मानो बंगाल केवल दाता रहा हो उसने कभी किसी अन्य प्रदेश को कोई प्रेरणा ली ही न हो। उन्होंने बंगला भाषा को सभी महान विचारों की जननी माना। अगर किसी अन्य भाषा का ऋण स्वीकार किया भी तो अंग्रेज़ी, फ्रांसीसी और जर्मनी आदि भाषाओं का, किसी भारतीय भाषा का प्रभाव तो दूर उससे कुछ भी ग्रहण किया गया था, इसे सिरे से नकार दिया। इस सम्बन्ध में हिन्दी नवजागरण की अपनी निजी सत्ता और बंगला से उसके लेन-देन के सम्बन्ध के उदाहरण के रूप में भारतेन्दु हरिश्चन्द्र की असाधारण प्रतिभा और राष्ट्र चिन्ता और उसके उद्रेक का कारण उनकी केवल ग्यारह वर्ष की आयु में की गई पुरी यात्रा को बताया जाता है। यह तथ्य इतनी बार और इस प्रकार दोहराया गया है कि भारतेन्दु की चर्चा होते ही उनका बंगाल से प्रभावित होना उल्लेखित होता है। निस्सन्देह भारतेन्दु जैसे अद्भुत व्यक्तित्व का अपनी ग्यारह वर्ष की आयु में अत्यधिक सजग होना एक सहज घटना है, किन्तु इस आयु में अपनी धार्मिक यात्रा में सारी प्रेरणा बंगाल से ही ग्रहण कर लेने का कारण कोई समझ नहीं आता। रोचक तथ्य यह भी है कि भारतेन्दु हरिश्चन्द्र बंगाल से बहुत से रूपों में जुड़े रहे, किन्तु उन रूपों का उल्लेख नहीं किया जाता। न तो बंगला इतिहासकार और न ही हिन्दी नवजागरण की सत्ता अस्वीकार करने वाले विद्वान इस ओर कोई संकेत करते हैं। मात्र उनकी पुरी यात्रा के उल्लेख की छाया में भारतेन्दु का बंगाल से और बंगाल का भारतेन्दु से लेन-देन का सम्पर्क छिप जाता है विशेषकर 'देन' के सम्पर्क के साथ ऐसा होता है।

इस सन्दर्भ में सर्वप्रथम यह उल्लेख किया जाना चाहिए कि भारतेन्दु हरिश्चन्द्र और बंकिमचन्द्र चट्टोपाध्याय तथा भारतेन्दु हरिश्चन्द्र और ईश्वरचन्द्र विद्यासागर आपस में मित्र थे। यहाँ रोचक तथ्य यह है कि बंकिमचन्द्र चट्टोपाध्याय और ईश्वरचन्द्र विद्यासागर के आपसी सम्बन्ध बहुत सुविधाजनक नहीं थे। बंकिमचन्द्र चट्टोपाध्याय विद्यासागर के विधवा-विवाह आन्दोलन से कुपित थे जबकि भारतेन्दु हरिश्चन्द्र ने अपनी मुकरियों में विद्यासागर को स्थान देते हुए लिखा—

सुन्दर बानी कहि समुझावै।
विधवागण सो नेह बढ़ावै।
दयानिधान परम गुन आगर।
सखि सज्जन नहीं विद्यासागर।

(भा. स., पृ. 256)

भारतीय नवजागरण के विभिन्न अंगों के अनेक मनीषी अपनी-अपनी भाषा और क्षेत्र में नवजागरण के पर्याय कहे जा सकते हैं। हिन्दी नवजागरण में भारतेन्दु हरिश्चन्द्र के सम्बन्ध में यह निस्संकोच कहा जा सकता है कि बहुमुखी प्रतिभा के धनी भारतेन्दु दर्शनशास्त्र से लेकर साहित्य की सभी विधाओं तक, राजनीति से लेकर पुरातत्त्व तक, धर्म से लेकर आधुनिकता तक और पुराण से लेकर इतिहास तक सभी विषयों पर लिख रहे थे। वर्नाक्यूलर प्रेस ऐक्ट के उस कठिन दौर में भारतेन्दु का साहस अत्यन्त प्रशंसनीय है। वे अपनी असहमति को बिना भय और संकोच के सामने रखते हैं। वे पश्चिमी विचारकों की जिन स्थापनाओं से असहमत हैं उस पर स्पष्ट मत देते हैं। भारतेन्दु के काल में प्राचीन भारतीय संस्कृति पर अंग्रेज़ों के मनमाने और कुछ बातों के लगातार दोहराव पर भारतेन्दु 'रामायण के समय' में कहते हैं—"दो-चार ऐसी बँधी बातें हैं जिन्हें कहने से ही वे ऐंटिक्वेरियन हो जाते हैं। जो मूर्तियाँ मिलें वे जैनों की हैं, हिन्दू लोग तातार से वा और कहीं पच्छिम से आए होंगे। आगे यहाँ मूर्तिपूजा नहीं होती थी, इत्यादि, कई-कई बातें बहुत मामूली हैं, जिनके कहने से ही आदमी ऐंटिक्वेरियन हो सकता है।" (वही, पृ. 784) रामविलास शर्मा भारतेन्दु को यह श्रेय देते हैं कि "उन्होंने पश्चिमी विद्वानों की स्थापनाओं को आँख मूँदकर नहीं अपना लिया। वह जब आर्य शब्द का प्रयोग करते हैं, तब नस्ल के अर्थ में नहीं।" (भारतेन्दु हरिश्चन्द्र और हिन्दी नवजागरण की समस्या, पृ. 91) हिन्दी नवजागरण का सन्दर्भ भारतेन्दु हरिश्चन्द्र पर विस्तृत चर्चा के बिना सम्भव नहीं हो सकता।

भारतेन्दु हरिश्चन्द्र (1850-1885)—भारतेन्दु हरिश्चन्द्र ने कुल चौंतीस वर्ष तीन महीने और सत्ताईस दिनों का जीवन पाया था। 9 सितम्बर, 1850 में जन्मे भारतेन्दु हरिश्चन्द्र ने 6 जनवरी, 1885 में देह त्याग दी। हिन्दी के प्रति उनके प्रेम और त्याग ने हिन्दी के विकास को अपेक्षणीय गति प्रदान की। "इसमें सन्देह नहीं कि यदि इनके जैसा पुरुष तन-मन-धन सब अर्पण करके हिन्दी का हाथ उस अवस्था में नहीं पकड़ता जबकि यह मध्य धार में पड़कर निराधार हो रही थी तो आज हिन्दी का इस अवस्था पर पहुँचना कठिन था।" [हरिश्चन्द्र, शिवनन्दन सहाय, हिन्दी समिति, लखनऊ, 1975 (सन् 1905 में प्रकाशित ग्रन्थ का अभिनव संस्करण), पृ. 76]

भारतेन्दु के चरित्र का अन्यतम गुण था उनका दानी होना। धन और वस्तुओं का ही दान नहीं वरन् देशहित के लिए अपना सर्वस्व दान। हजारीप्रसाद द्विवेदी ने

उनकी दानशीलता पर अत्यन्त सटीक टिप्पणी की है—"उनकी सफलता का दूसरा रहस्य है उनकी अपूर्व दानशीलता। दानशीलता से मेरा मतलब रुपया-पैसा लुटाने से नहीं है। भारतेन्दु ने रुपया-पैसा काफ़ी लुटाया भी था लेकिन मैं दूसरी बात कह रहा था। लुटाना से अभिप्राय है अपना सर्वोत्तम लुटाना। दाता का प्रधान लक्षण है कि उसके इर्द-गिर्द ग्रहीता स्वयं जुटते हैं और विशेषता यह है कि स्वयं आकृष्ट ग्रहीता आगे चलकर महादानी बन जाते हैं। दातृत्व-शक्ति शायद संक्रामक रोग है। जो व्यक्ति अपने सम्पूर्ण रस को नि:शेष भाव से देता है, उसके इर्द-गिर्द ऐसे लोग आकृष्ट होते हैं जो अपनी सम्पूर्ण सत्ता को हँसते-हँसते लुटा देने में आनन्द पाते हैं। भारतेन्दु की अपूर्व दातृत्व शक्ति ने उनके इर्द-गिर्द महान साहित्यकारों को खींच लिया था। इस महान सूर्य को घेरकर अनेक दीप्तमान ग्रहमंडली स्वयं उपस्थित हो गई थी। इन कवियों और साहित्यकारों ने हमारी भाषा को अपने हृदय का 'सम्पूर्ण रस' उड़ेल कर दे दिया। भाषाबद्ध अवस्था से मुक्त हो गई। जीवन के प्रभाव की अवरोधक शक्ति का हट जाना ही पर्याप्त है, जीवन आगे का रास्ता स्वयं बना लेता है। भारतेन्दु और उनके सहयोगियों ने अपने आप को देकर उस बाधा को दूर कर दिया।" (हिन्दी साहित्य उद्भव और विकास, हजारीप्रसाद द्विवेदी, पृ. 229) भारतेन्दु ने सांसारिक अर्थ में भी कम दान-पुण्य नहीं किए। "फकीर को कीमती दुशाला दे दिया, पुड़िया में रुपये दे दिए, अपना क़र्ज़ चुकाने को क़र्ज़ में ली गई राशि किसी की बेटी के विवाह के लिए दे दी, बच्चे को खेलने के लिए सोने का पानदान दे दिया। एक बार लिये क़र्ज़ को कई बार लौटाया, चोर को पकड़ लेने पर भी कोई सज़ा नहीं दी इत्यादि। स्वयं व्यवसाय में असफल रहने पर भी इन्होंने बहुत से लोगों को व्यापार करने में सहायता की आदि-आदि।" (वही, पृ. 229)

आधुनिक हिन्दी साहित्य की लगभग कोई विधा ऐसी नहीं है जिसमें भारतेन्दु पायनियर न रहे हों। खड़ी बोली का परिनिष्ठित हिन्दी गद्य, कविता, नाटक, यात्रा वृत्तान्त, जीवनी लेखन, इतिहास लेखन, आत्मकथा, रिपोर्ताज, प्रहसन, व्यंग्य और एकांकी सभी विधाओं में उन्होंने सफल लेखन किया, किन्तु वे मूलत: पत्रकार और नाटककार थे। देशचिन्ता उनके जीवन का अन्यतम ध्येय था। देशवासियों को जगाने और समाज में जागरण फैलाने के लिए उन्होंने साहित्य एवं पत्रकारिता को माध्यम चुना। भारतेन्दु हरिश्चन्द्र ने इस बात पर ध्यान केन्द्रित किया कि भारतवासी अंग्रेज़ जाति से क्यों और किस तरह हीन हैं। उन्होंने कारण और निवारण दोनों को प्रस्तुत किया। चूँकि उनका प्राथमिक कर्मक्षेत्र पत्रकारिता का था और उन्हें अपनी बात साधारण जन तक पहुँचानी थी, अत: उन्होंने अपनी भाषा एवं शैली को सहज रखा। कई भाषाओं के जानकार होने के कारण उनके लिए यह कार्य सुगम प्रमाणित हुआ। वे एक सजग पत्रकार की भाँति अन्य भाषाओं में हो रहे लेखनों एवं प्रयोगों

पर भी दृष्टि रख सके। भारतेन्दु ने हिन्दी भाषा का हर प्रकार से भंडार भरने का प्रयास किया। उन्होंने हिन्दी की हर उस कमी को पूरा करने का प्रयास किया जो उन्हें दूसरी भाषाओं की तुलना में हिन्दी में दिखी।

हिन्दी-उर्दू विवाद में भारतेन्दु हिन्दी के पक्षधर थे। हिन्दी ही जनता से संवाद की भाषा बन सकती है, इसे उन्होंने बड़ी स्पष्टता से समझा था। उन्हें घर-घर जो सन्देश पहुँचाना था वह फ़ारसी-जड़ित उर्दू में नहीं पहुँचाया जा सकता था वह लोकभाषा में ही सम्भव था। उन्होंने जन हेतु सम्प्रेषणीय भाषा लिखने के क्रम में उर्दू के कठिन शब्दों का निवारण तो किया ही साथ ही साथ संस्कृत शब्दावलीयुक्त क्लिष्ट हिन्दी से भी स्वयं को बचाया। भारतेन्दु की भाषा सम्बन्धी समझ बिलकुल स्पष्ट थी इसलिए वे सफल शैलीकार की भूमिका का भी निर्वाह कर सके। यहाँ यह स्पष्ट कर देना भी आवश्यक है कि हिन्दी-उर्दू विवाद में हिन्दी का पक्ष लेने वाले भारतेन्दु उर्दू साहित्य के एकदम भी विरोधी नहीं थे। उर्दू भाषा का वे हिन्दी जैसा ही सम्मान करते थे। उन्होंने उर्दू में 'रसा' उपनाम से काव्य रचना की। यही नहीं उर्दू में वे 'कासिद' नाम का पत्र भी निकालना चाहते थे। 16 सितम्बर, 1872 ई. के कविवचन सुधा के अंक में भारतेन्दु ने निम्न विज्ञापन दिया था—

"कासिद
सातवें दिन आवैगा।
नए हितकारी और विचित्र समाचार कहैगा।"

यह एक साप्ताहिक उर्दू पत्र निकलैगा। इसमें अनेक हित की नए उद्‌गार की साम्प्रत समयानुसार लोकवृद्धि की और अनेक शुभ समाचारों की बातें रहेंगी। यह पत्र बहुत उत्तम बड़े-बड़े पृष्ठों में स्वच्छ अक्षरों में छपैगा। मूल्य 10 रु. वार्षिक। (भा. स., पृ. 1097)

भारतेन्दु फ़ारसी एवं उर्दू भाषा के अच्छे जानकार थे। कवितावर्द्धिनी सभा की भाँति उन्होंने एक 'मुशायरा' (उर्दू कवि समाज) की भी स्थापना की थी। परम वैष्णव भारतेन्दु की भक्ति भावना का उर्दू में इजहार देखिए—

जहाँ देखो वहाँ मौजूद मेरा कृष्ण प्यारा है।...
उसी का सब है जलवा जो जहाँ में आशकारा है।
इसी से नेति-नेति ऐ यार वेदों ने पुकारा है।
भला मख़लूक ख़ालिक की सिफत समझ कहीं कुदरत।
तुम्हारा नूर है हर शै में कह सो कोह तक प्यारे।
इसी से कह के हर हर तुमको हिन्दू ने पुकारा है॥
गुनह बख्शी रसाई दो 'रसा' को अपने कदमों तक।
बुरा है या भला है जैसा है प्यारे तुम्हारा है।

(वही, पृ. 270-71)

भारतेन्दु फ़ारसी और उर्दू इन दोनों भाषाओं के अच्छे जानकार थे। उनके निबन्ध 'क़ानून ताजीरात-ए-शौहर' से उनकी फ़ारसी सम्बन्धी जानकारी मिलती है। भक्ति ही क्यों उर्दू के मिज़ाज से मिलती उनकी इश्क-ओ-माशूक की शायरी भी बहुत खूब है। एक नमूना पेश है—

फिर मुझे लिखना जो वस्फे रू-ए-जाना हो गया।
वाजिब इस जां पर कलम को सर झुकाना हो गया।
सरकशी इतनी नहीं जालिम है जो जुल्फ-ए-सियाह।
बस के तारीक अपनी आँखों में जमाना हो गया।
ध्यान आया जिस घड़ी उसके दहाने तंग का।
हो गया दम बन्द मुश्किल लब हिलाना हो गया।
बात करने में जो लब उसके हुए जेरो जबर।
एक सायत में तहो बाला जमाना हो गया।
जन दी आखिर कफस में अन्दलीबे जार ने।
मुज्दः है सैयाद वीरां आशियाना हो गया।
हो परेशानी सरेमू भी न जुल्फे यार को।
इसलिए मेरा दिल सद चाक शाना हो गया।
बदमुर्दन कौन आता है ख़बर को ए 'रसा'
खत बस कंजे लहद तक दोस्ताना हो गया।

(वही, पृ. 270-71)

(वस्फे—गुण, तारीक़—अँधेरा, दहाने—मुख, जेरा जबर—ऊपर नीचे, बाला—अस्त व्यस्त, अन्दनील—बुलबुल, जार—दुखी, मुज्दः—सुख, सरेमू—बाल बराबर भी, सद चाक—सौ टुकड़े, शाना—कंघी, कंजे लहद—कब्र)

उर्दू शायरी से गहरा लगाव रखने वाले भारतेन्दु हिन्दी भाषा की अस्मिता के प्रश्न पर उसके विरुद्ध हो गए, किन्तु उन्हें यह कहना कि मुसलमानों की भाषा थी इसलिए वे उर्दू विरोधी थे क्योंकि वे मुस्लिम विरोधी थे, उनके साथ घोर अन्याय है। इस तर्क को मान लेने पर सर सैयद अहमद खान को हिन्दू विरोधी मानना होगा, क्योंकि उर्दू को केवल मुसलमानों की भाषा माने जाने पर हिन्दी केवल हिन्दुओं की भाषा ठहरती है और सैयद अहमद खान ने हिन्दी का विरोध किया था अत: वे हिन्दू विरोधी।

वास्तव में गुज़रे जमाने की घटनाओं को अपने आज से पूरी तरह विवेचित करना एक कठिन कार्य है। सन्तुलित दृष्टि के अभाव में यह ख़तरनाक हो जाता है। आम आलोचक भारतेन्दु द्वारा लिखित 'उर्दू का स्यापा' की तो खूब चर्चा करते हैं,

किन्तु कोई उनकी उस उर्दू शायरी की बात नहीं करता जो बृहद परिमाण में लिखी गई है। उनकी एक बहुत लम्बी ग़ज़ल का यह नमूना भी देख लिया जाना चाहिए—

...व गैरों को अदा से कत्ल जब बेबाक करते हैं।
तो उसकी तेग को हम आह किस हैरत से तकते हैं।
उड़ा लाए हो यह तर्जे सुखन किस से बताओ तो
दमे तकदीर गोया बाग में बुलबुल चहकते हैं।
'रसा' की है तलाशे यार में यह दश्त पैमाई।
कि मिस्ले शीशा मेरे पाँव के छाले झलकते हैं।

(वही, पृ. 269)

किसी भाषा से नफरत करने वाला उसमें कविताई नहीं कर सकता और कविता भी इतनी सरस जिसका दिल से ताल्लुक होना लाजिमी है।

जैसा कि पहले कहा जा चुका है भारतेन्दु मूलतः पत्रकार और नाटककार थे। उन्होंने सन् 1868 ई. में कविवचन सुधा, 1873 ई. में हरिश्चन्द्र मैगज़ीन और 1874 ई. में बालाबोधिनी का प्रकाशन किया। कविवचन सुधा का सिद्धान्त वाक्य ही भारतेन्दु की राष्ट्रचिन्ता को दर्शाता है—

खल गनन सो सज्जन दुखी
मति होहिं, हरिपद मति रहैं।
उपधर्म छूटैं, स्वत्व निज
भारत गहै, कर दुख बहै॥
बुध तजहिं मत्सर, नारि नर
सम होहिं, जग आनन्द लहै।
तजि ग्राम कविता, सुकविजन की
अमृत बानी सबक कहैं।

(हरिश्चन्द्र, शिवनन्दन सहाय, हिन्दी समिति, लखनऊ, 1975, पृ. 68)

1873 में आरम्भ की गई हरिश्चन्द्र मैगज़ीन के प्रकाशन के बाद भारतेन्दु ने अपने 'कालचक्र' में लिखा—"हिन्दी नई चाल में ढली 1873"। (भा. स., पृ. 780) अक्टूबर 1873 ई. में भारतेन्दु ने हरिश्चन्द्र मैगज़ीन का प्रकाशन प्रारम्भ किया था। आगे चलकर इसका नाम हरिश्चन्द्र चन्द्रिका कर दिया। सन् 1880 ई. में भारतेन्दु ने इसका भार पं. मोहनलाल विष्णुलाल पंड्या को सौंपा। कुछ दिनों तक यह हरिश्चन्द्र चन्द्रिका और मोहन चन्द्रिका के नाम से काशी में छपी। 1881 ई. में 'विद्यार्थी पत्र' भी इसी में मिला दिया गया। 1884 ई. में भारतेन्दु ने नवोदिता हरिश्चन्द्र चन्द्रिका के नाम से फिर से इसका काशी में प्रकाशन आरम्भ किया। इस

पुनः प्रकाशन के दो महीने बाद ही इनकी मृत्यु हो गई। हिन्दी पत्रकारिता को भारतेन्दु की एक और देन बालाबोधिनी (1874) है जिसका प्रकाशन उन्होंने स्त्री-शिक्षा के लिए प्रारम्भ किया। हिन्दी पत्रकारिता के आरम्भिक काल में स्त्रियों के लिए पत्रिका की बात सोचना भारतेन्दु जैसे युग पुरुष के लिए ही सम्भव था। बालाबोधिनी के शीर्ष पर जो दोहा छपता था, उस युग के अनुसार क्रान्तिकारी वक्तव्य है। स्त्री पुरुष में भेद न देखना, दोनों को समान मनुष्य समझना यह भारतेन्दु के साहित्य में सर्वत्र दिखाई नहीं पड़ता, किन्तु बालाबोधिनी का सिद्धान्त वाक्य वही था, जिसने बहुतों को कुपित भी कर दिया था।

बालाबोधिनी कन्याओं एवं स्त्रियों के मानसिक विकास के लिए प्रकाशित की जाती थी। तत्कालीन समाज में कन्या के शिक्षित होने का अर्थ उन्हें सुगृहिणी बनने में सहायता करना था। और इसमें गुरु सारणी नामक एक कॉलम होता था जिसकी सहायता से घर का हिसाब-किताब रखा जा सके। इस कॉलम को भारतेन्दु के समकालीन कवि हनुमान किशोर ने बनाया था। कालान्तर में इसके पुस्तकाकार छपने पर भारतेन्दु ने इसकी भूमिका लिखी—"प्रथम इस ग्रन्थ के बनाने से अभिमत हमारा यह है कि बहुधा लोग अपने पुत्रों को कड़के सबब से पढ़ाने-लिखाने में सुस्ती कर जाते हैं और कहते हैं 'लड़का जब सयाना होगा और जीता रहेगा, पढ़ लेगा' तो होशियार होने पर मनुष्य को अपने कमाने-खाने की फिकर हो जाती है और विद्या पढ़ने में मन नहीं लगता। कारण इसका यह है कि 'एक मन दो जगह कैसे काम' तो वही मनुष्य उस अवस्था में व्यावहारिक कर्म में बहुत कठिनता से हिसाब जान सकते हैं। ऐसे मनुष्यों के हेतु यह ग्रन्थ जनबा मुहल्ला अलकाव मिस्टर 'सांदर्स' साहेब बहादुर की आज्ञानुसार बनारस के रहने वाले पंडित हनुमान किशोर ने बनाया और जो हिसाब हर वक़्त के लेन-देन के काम पड़ता है। छन्द प्रबन्ध करके लिखा इस कारण से कि वार्तिक विशेष करके लोगों को स्मरण नहीं रहता।" (भा. स., पृ. 1102)

भारतेन्दु के नाटकों का परिचय देने से पहले उनके विस्तृत काव्य संसार का परिचय देना उचित होगा। भारतेन्दु मुख्यतः भक्ति, शृंगार और राष्ट्रचिन्ता के कवि हैं। वे एक साथ सारी भूमिकाओं का निर्वाह करते हैं। उनके प्रमुख काव्य ग्रन्थों में उल्लेखनीय हैं—"भक्त सर्वस्व, प्रेममालिका, कार्तिक स्नान, वैशाखां माहात्म्य, प्रेम सरोवर, प्रेमाश्रु वर्षण, जैन कौतूहल, प्रेम माधुरी, प्रेम-तरंग, उत्तरार्द्ध-भक्तमाल, प्रेम-प्रलाप, गीत-गोविन्दानन्द, सतसई सिंगार, होली, मधु-मुकुल, राग-संग्रह, वर्षा विनोद, विनय प्रेम पचासा, फूलों का गुच्छा, प्रेम फुलवारी, कृष्णचरित्र आदि उनके भक्ति काव्य हैं। भारतेन्दु अनन्य वैष्णव थे। ये श्रीकृष्ण के परम भक्त थे। कृष्ण छोड़कर इन पर कोई दूसरा रंग नहीं चढ़ा—"सखा प्यारे कृष्ण के गुलाम राधा रानी के।" भारतेन्दु ने प्रत्येक राग-रागिनी में काव्य रचना की जैसे प्रेम मालिका में 'राज सारंग, केदार चौताला, विहगरा, रामकली, विभास, देश, कान्हरा, विहाग, देव,

आसावरी, परम भैरव, अहीरी (रागिनी) गौरी, हमीर चमन भैरव (खंडितेर) टोड़ी आदि रागों में रचनाएँ' हैं। 1873 ई. में इन्होंने जैन कुतूहल की रचना की थी। हरिश्चन्द्र एक बार किसी जैन मन्दिर में गए थे। उसी समय इस पदात्मक पुस्तक की रचना की। जो लोग यथार्थ धर्मतत्त्व को न जानकर किसी अन्य धर्मग्रन्थ के पाठ करने या अन्य सम्प्रदाय के मन्दिरों में जाने ही से किसी को धर्म और पानी मान बैठते हैं उन्हीं को समझाने के लिए कवि ने इस ग्रन्थ की रचना की है।'' (हरिश्चन्द्र, शिवनन्दन सहाय, हिन्दी समिति, लखनऊ, 1975, पृ. 143)

देवी छद्‌म लीला, प्रातःस्मरण मंगल पाठ, दैन्य प्रलाप, उरहना, तन्मय लीला, दान लीला, रानी छद्म लीला, श्री सर्वोत्तम स्तोत्र, श्रीनाथ स्तुति, पुरुषोत्तम पंचक, **श्री** सीता बल्लभ स्तोत्र, श्रीराम लीला आदि उनकी अन्य उल्लेखनीय धार्मिक **मुक्तक रचनाएँ** हैं।

भारतेन्दु ने अनेक धार्मिक मुक्तक रचनाएँ भी कीं। उनमें से '**दशरथ** विलाप' में उनकी भाषा का प्रयोग कुछ अलग-सा है—

कहाँ हो ए हमारे राम प्यारे।
किधर तुम छोड़कर मुझको सिधारे।
बुढ़ापे में ये दुःख भी देखना था।
इसी के देखने को मैं बचा था।
छिपाई है कहाँ सुन्दर व मूरत।
दिखा तो साँवली सी मुझको सूरत।
बुढ़ापे पर दया मेरे जो करते।
तो बन की ओर क्या तुम पैर धरते।

(भा. स., पृ. 278)

भारतेन्दु कृष्ण के चाहे जितने बड़े भक्त थे, अन्य देवी-देवताओं एवं धर्मों के प्रति उनमें समुचित आदर था। पौराणिक विषयों पर उन्होंने निबन्ध लिखे। नारद भक्तिसूत्र, शांडिल्य भक्तिसूत्र भाष्य, लिखा। कुरान का वे हिन्दी अनुवाद कर रहे थे। अपने निबन्ध पंच पवित्रात्मा में उन्होंने मुहम्मद, बीबी फातिमा, अली, इमाम हसन और इमाम हुसैन की जीवनियाँ लिखीं। 'श्रीराम लीला' तो लिखी ही 'रामायण का समय' में 'रामायण' के समय कौन-कौन सी बातें विचार करने योग्य हैं उन पर प्रकाश डाला।

भारतेन्दु का काव्य जगत बहुरंगी है। उसमें धार्मिक रचनाओं के साथ समस्यापूर्ति, राजनैतिक, व्यंग्यात्मक एवं शृंगारिक रचनाएँ भी हैं। उर्दू ग़ज़ल और लावह्नी भी हैं। कीर्तन और स्तुति भी हैं। भारतेन्दु ने संस्कृत में भी लावनी लिखी। ''1822 ई. में काशी में बनारसी लावनीबाजों की लावनियों की बड़ी चर्चा थी। उसी समय इन्होंने फूलों का गुच्छा नामक लावनियों का एक गुल बनाया था।'' (वही, पृ. 144) एक लावनी का नमूना देखिए—

हज़ार लानत उस दिल पर जिसमें इश्के दिलदार न हो।
फूटें आँखें वे जिनमें बँधा अश्क का तार न हो॥
हिज्र की तलखी नहीं है जिसमें तलख जिन्दगानी वह है।
जीना क्या है? अगर इस जां में नहीं जानी वह है।

(हरिश्चन्द्र, शिवनन्दन सहाय, पृ. 144)

भारतेन्दु के ईश्वर के यहाँ विधि-विधान की पूछ नहीं है—

बलिहारी या दरबार की
विधि निषेध मरजाद शास्त्र की गति जहाँ पुकार की
नेमी धरमी ज्ञानी जोगी दूर किए जिमि नार की
पूछ होत जहाँ हरीचन्द से पतितन के सरदार की।

(भा. स., पृ. 20)

भारतेन्दु की संवेदनशीलता-सहिष्णुता धार्मिक वाद-विवादों के कसैलेपन से तिक्त है। वे कबीर की तरह कहते हैं—

जग बौराना मेरे लेखे।
कोई असाध कोई साधु बनि धाया करि करि मेखे।
लड़ि लड़ि मरा बाद-बादन में बिनु अपने चख देखे।
धरम करम पर मोटी कीनी और करम की रेखे।
होय सयाना मूल गँवाया सभी ब्याज के लेखे।
हरीचन्द पागल बनि पाया पीतम प्रीति परेखे।

(वही, पृ. 268)

भारतेन्दु हरिश्चन्द्र ने हर प्रकार की कविता लिखी, गद्य की हर विधा में लिखा। प्रत्येक स्थान पर उनकी देशहित चिन्ता प्रबल दिखती है। भक्ति काव्य में भी वे बार-बार भारतवासियों के दु:ख से विगलित दिखते हैं। उनकी प्रेमाश्रुवर्षण 1873 नामक कीर्तन की पुस्तक में उनके द्वारा रचित काव्य निरा भक्ति काव्य न होकर कहीं-कहीं पर उनके सामाजिक सरोकारों को अभिव्यक्त करता है—समस्त भारतवासियों के दु:ख पर वे केशव को पुकार उठते हैं—

कहाँ करुणानिधि केसव सोए।
जगत नेकुन यद्यपि बहुत विधि भारतवासी रोए।

(हरिश्चन्द्र, पृ. 130)

भारतेन्दु ने अपने नाटकों में भी अपनी काव्य प्रतिभा का उपयोग किया है। भारतेन्दु ने मौलिक एवं अनूदित दोनों तरह के नाटकों की रचना की है। नाटक में भी उसके अनेक रूपों—भाषा प्रहसन, नाटिका इत्यादि को समेटने का प्रयास किया है। भारतेन्दु के प्रमुख नाटक हैं—वैदिकी हिंसा हिंसा न भवति, सत्य हरिश्चन्द्र, विषस्य विषमौषधम, श्री चन्द्रावली, भारत दुर्दशा, भारत जननी, नीलदेवी, अंधेर नगरी, प्रेम योगिनी, सबै जाति गोपाल की, सती प्रताप (अधूरा नाटक जिसे बाद में बाबू राधाकृष्ण दास ने पूरा किया), वसन्त पूजा, ज्ञातिविवेकिनी सभा, भडयो संवाद, श्री रामलीला एवं नाटक निबन्ध तथा अनूदित नाटकों में 'विद्यासुन्दर, रत्नावली, धनंजय विजय, मुद्राराक्षस एवं दुर्लभ बन्धु हैं।

भारतेन्दु की चेतना की प्रायः सभी प्रमुख प्रवृत्तियाँ उनके नाटकों में देखने को मिलती हैं। चन्द्रावली अगर एक वैष्णव भक्त का निवेदन है तो नीलदेवी एक देश-प्रेमी का। अंधेर नगरी में राजा के बुरे होने पर आक्षेप है तो 'सबै जाति गोपाल की' में सामाजिक धाँधली पर। नाटक निबन्ध इन्होंने नाटकों के भेदोपभेद तथा अंकों के विभाजन आदि पर प्रकाश डाला है। अपने निबन्ध के 'उपक्रम' में उन्होंने उसके उद्देश्य एवं सामग्री संकलन के स्रोत के बारे में लिखा है—"इसके लिखित विषय दशरूपक, भारतीय नाट्यशास्त्र, साहित्य दर्पण, काव्य प्रकाश, विलसन्स हिन्दू थियेटर्स लाइफ ऑफ दि एमिनेंट परसन्स ड्रामेटिस्ट्स एंड नोवेलिस्ट, हिस्ट्री आव दि इटालिका थियेटर्स और आर्य दर्शन से लिये गए हैं। आशा है कि हिन्दी भाषा में नाटक बनाने वालों को यह ग्रन्थ बहुत ही उपयोगी हो।" (भा. स., पृ. 555) भारतेन्दु ने इसका शीर्षक इस प्रकार दिया है—'नाटक अथवा दृश्य काव्य सिद्धान्त विवेचन।' उन्होंने इस निबन्ध का समर्पण सबसे बड़े नाटककार को किया है—"हे मायाजविनकाच्छन्न! जगन्नाटक सूत्रधार! मंदगरग नायक! नटनागर!"

"जिसने इस इतने बड़े संसार-नाटक को रचकर खड़ा किया है, जगदंतः पाती वस्तु मात्र उसी को समर्पणीय है, विशेषकर नाटक सम्बन्धी और वह भी उसी के एक अभिमानी जन का।" (वही, पृ. 555) भारतेन्दु ने एक उपन्यास लिखना आरम्भ किया था, एक कहानी : कुछ आपबीती और कुछ जगबीती। यह उपन्यास अधूरा ही रह गया। उसमें आपबीती के तथ्य उन्होंने अपने जीवन से लिये थे—कुछ पंक्तियाँ द्रष्टव्य हैं—"मैं भी जवानी की उमंगों से चूर जमाने की ऊँच-नीच से बेखबर अपनी रसिकाई के नशे में मस्त दुनिया के मुफ्तखोर सिफारिशियों से घिरा हुआ अपनी तारीफ सुन रहा था। पर इस छोटी अवस्था में भी प्रेम को भलीभाँति पहचानता था। कोई कहता था आपसे सुन्दर संसार में नहीं, कोई कसमें खाता था आप-सा पंडित मैंने नहीं देखा, कोई पैगाम देता था चमेली जान आप पर मरती है। ...सिद्धान्त यह कि मैं बेचारा अकेला और वाह-वाह इतनी कि चारों ओर से मुझे दबाए लेती थीं और मेरे ऊपर गिरी क्या फिसली पड़ती थीं।" (वही, पृ. 981-82)

उपन्यासों के अतिरिक्त भारतेन्दु ने अन्य भाषा के ग्रन्थों की सहायता से भी पुस्तकें लिखीं। अनेक अनुवाद किए। अनुवादों में कई स्थानों पर भारतेन्दु ने अपनी ओर से भी बहुत कुछ जोड़ दिया। वस्तुतः भारतेन्दु का पूरा ध्यान हिन्दी की समृद्धि की ओर लगा हुआ था। उन्होंने हिन्दी हेतु अपना सर्वस्व लगा दिया। वे हर प्रकार से हिन्दी का भंडार भरकर उसे संसार की किसी भी भाषा के समकक्ष बनाने हेतु कटिबद्ध थे। उन पर हिन्दी को सम्पूर्ण करने का जुनून हावी था। उन्होंने अपनी एवं दूसरों की लिखी हुई अनगिनत पुस्तकें छपवाईं एवं कम या बिना मूल्य पर वितरित कीं। पुस्तकों के प्रकाशन में अपना बड़ा हिस्सा फूँक डाला। अपनी सम्पत्ति एवं शक्ति के मूल्य पर उन्होंने हिन्दी के प्रति अन्य लोगों में प्रेम और लगन उत्पन्न की।

भारतेन्दु का रचना संसार बहुत विस्तृत है। उनकी दृष्टि कविता से लेकर नाटक एवं निबन्ध से लेकर उपन्यास तक है। इतिहास लेखन से लेकर पुरातात्त्विक विवेचन तक है। भारतेन्दु साहित्य की विशदता और विविधता आश्चर्यजनक है। उनके द्वारा रचित साहित्य को इस प्रकार सूचीबद्ध किया जा सकता है—

उनका भक्ति साहित्य इस प्रकार है—1. भक्त सर्वस्व, 2. प्रेममालिका, 3. कार्तिक स्नान, 4. वैशाख-माहात्म्य, 5. प्रेमसरोवर, 6. प्रेमाश्रु वर्षण, 7. जैन कौतूहल, 8. प्रेम माधुरी, 9. प्रेम तरंग, 10. उत्तरार्द्ध भक्तमाल, 11. प्रेम प्रलाप, 12. गीत गोविन्दानन्द, 13. सतसई सिंगार, 14. होली, 15. मधु मुकुल, 16. राग संग्रह, 17. वर्षा विनोद, 18. विनय प्रेम पचासा, 19. फूलों का गुच्छा, 20. प्रेम फुलवारी, 21. कृष्ण चरित्र, 22. चतुरंग, 23. देवीछद्म लीला, 24. प्रातः स्मरण मंगल पाठ, 25. दैन्य प्रलाप।

छोटे प्रबन्ध तथा मुक्तक रचनाएँ—1. श्री अलवरत वर्णन, 2. श्री राजकुमार सुस्वागत पत्र, 3. सुमनांजलि, 4. श्रीमान् प्रिंस ऑफ वेल्स के पीड़ित होने पर कविता, 5. श्री जीवन जी महाराज, 6. उरहना, 7. तन्मय लीला, 8. दान लीला, 9. रानी छद्म लीला, 10. संस्कृत लावनी, 11. बसन्त होली, 12. स्फुट समस्या, 13. मुँह दिखावनी, 14. उर्दू का स्यापा, 15. प्रबोधिनी, 16. प्रातः समीरण, 17. बकरी विलाप, 18. स्वरूप चिन्तन, 19. श्री राजकुमार शुभागमन वर्णन, 20. भारत भिक्षा, 21. श्री पंचमी, 22. श्री सर्वोत्तम स्तोत्र, 23. निवेदन पंचक, 24. मानसोपायन, 25. प्रातः स्मरण स्तोत्र, 26. हिन्दी की उन्नति पर व्याख्यान, 27. अपवर्गदाष्टक, 28. मनोमुकुल माला, 29. भाषा सहज, 30. राजराजेश्वरी स्तुति, 31. वेणु गीति, 32. श्रीनाथ स्तुति, 33. मूक प्रश्न, 34. अपवर्ग पंचक, 35. पुरुषोत्तम पंचक, 36. भारत वीरत्व, 37. श्रीसीता वल्लभ स्तोत्र, 38. श्री राम लीला, 39. भीष्मस्तवराज, 40. मनलीला फूलबुझौअल, 41. बन्दर सभा, 42. विजय वल्लरी, 43. विजयिनी विजय वैजयन्ती, 44. नए जमाने की मुकरी, 45. जातीय संगीत, 46. रिपनाष्टक, 47. स्फुट कविताएँ, 48. दशरथ विलाप।

उनके मौलिक एवं अनूदित नाटकों की सूची इस प्रकार है—1. विद्या सुन्दर, 2. रत्नावली, 3. पाखंड विडम्बन, 4. वैदिकी हिंसा हिंसा न भवति, 5. धनंजयविजय, 6. मुद्राराक्षस, 7. सत्यहरिश्चन्द्र, 8. प्रेमजोगिनी, 9. विषस्य विषमौषधम, 10. कर्पूरमंजरी, 11. श्री चन्द्रावली, 12. भारतदुर्दशा, 13. भारत जननी, 14. नीलदेवी, 15. दुर्लभबन्धु, 16. अंधेर नगरी, 17. सती प्रताप, 18. सबै जाति गोपाल की, 19. बसन्त पूजा, 20. ज्ञाति विवेकिनी सभा, 21. संड भड़यो: संवाद, 22. रणधीर प्रेममोहिनी, 23. श्री रामलीला, 24. नाटक।

इसमें अंधेर नगरी नाटक केवल एक दिन में लिखा हुआ बताया जाता है।

भारतेन्दु की ऐतिहासिक रचनाएँ भारतवर्ष में लिखित इतिहास की अनुपस्थिति को पूरा करने का प्रयास करती हैं—

ऐतिहासिक रचनाएँ—1. अगरवालों की उत्पत्ति, 2. चरितावली, 3. विक्रम, 4. कालिदास, 5. रामानुजाचार्य, 6. शंकराचार्य, 7. जयदेव, 8. पुष्पदंताचार्य, 9. वल्लभाचार्य, 10. सूरदास, 11. सुकरात, 12. नेपोलियन तृतीय, 13. जंगबहादुर, 14. द्वारिकानाथ मिश्र, जज्ज, 15. राजाराम शास्त्री, 16. लार्डम्यो (मायो), 17. लॉर्ड लोरिंस, 18. महाराजाधिराज राज, 19. कुंडलियाँ, 20. बूँदी का राजवंश, 21. काश्मीर कुसुम, 22. बादशाह दर्पण, 23. कालचक्र, 24. रामायण का समय, 25. पंचपवित्रात्मा, 26. मुहम्मद, 27. बीबी फातिमा, 28. अली, 29. इमाम हसन और इमाम हुसैन, 30. तालिका।

भारतेन्दु द्वारा लिखे गए पुरावृत्तों की सूची इस प्रकार है—1. पुरावृत्त संग्रह, 2. अकबर और औरंगजेब, 3. कन्नौज के राजा का दान पत्र, 4. क्वींस कॉलेज के फाटकों के लेख, 5. इंडियन म्यूजियम अशोक, 6. चारदिवाली तथा बोध गया के लेख, 7. राजा जनमेजय का दान पत्र, 8. मंगलीश्वर का दान पत्र, 9. मणिकर्णिका, 10. काशी, 11. शिवपुर का द्रौपदी कुंड, 12. पंपापुर का दान पत्र, 13. कन्नौज का दान पत्र, 14. नाममंगला का दान पत्र, 15. चित्रकूटस्थ रमाकुंड, 16. गोविन्ददेव जी की प्रशस्ति, 17. सारनाथ आदि के लेख, 18. प्राचीन काल का संवत् निर्णय, 19. महाराष्ट्र देश का इतिहास, 20. दिल्ली का दरबार दर्पण, 21. उदयपुरोदय, 22. खत्रियों की उत्पत्ति।

भारतेन्दु के काव्य में यूँ तो भक्ति, प्रेम और देशचिन्ता सर्वत्र दिखाई पड़ते हैं, किन्तु उन्होंने अलग से शुद्ध भक्ति साहित्य की भी रचना की। इस भक्ति साहित्य में वैष्णवता और भारतवर्ष अत्यन्त महत्त्वपूर्ण रचना हैं।

धार्मिक रचनाएँ—1. कार्तिक नैमित्तिक कृत्य, 2. कार्तिक कर्म विधि, 3. मार्गशीर्ष महिमा, 4. माघ स्नान विधि, 5. पुरुषोत्तम मास विधान, 6. भक्ति सूत्र वैजयन्ती, 7. वैष्णव सर्वस्व, 8. श्री वल्लभीय सर्वस्व, 10. तदीय सर्वस्व, 11. श्री युगल सर्वस्व, 12. दूषणमालिका, 13. तहकीकात पुरी की तहकीकात, 14. अष्टादश

पुराण की उपक्रमणिका, 15. उत्सवावली, 16. हिन्दी कुरान शरीफ, 17. चतुश्लोकी, 18. श्रुतिरहस्य, 19. ईशू खृष्ट वा ईश कृष्ण, 20. वैष्णवता और भारतवर्ष।

भारतेन्दु ने मदालसोपाख्यान नामक आख्यान भी लिखा। उनके अधूरे उपन्यास 'एक कहानी : कुछ आप बीती कुछ जग बीती' की भी चर्चा की जा चुकी है। भारतेन्दु अद्‌भुत व्यंग्यकार भी थे। उनके प्रहसन हिन्दी साहित्य की धरोहर हैं—

उनकी प्रहसनात्मक रचनाएँ—1. स्वर्ग में विचार सभा, 2. स्तोत्र पंचरत्न, 3. वेश्यास्तवराज:, 4. स्त्रीसेवा पद्धति, 5. मदिरास्तवराज:, 6. ईश्वर बड़ा विलक्षण है, 7. मुशायरा, 8. पाँचवें (चूसा) पैगम्बर, 9. क़ानून ताज़ीरात शौहर, 10. अंग्रेज़ स्तोत्र।

इस सूची में उल्लेखित क़ानून ताज़ीरात शौहर और अंग्रेज़ स्तोत्र उनके अनूदित निबन्ध हैं। भारतेन्दु के प्रसिद्ध बलिया व्याख्यान, भारतवर्ष की उन्नति कैसे हो सकती हैं, का उल्लेख अवश्य किया जाना चाहिए। इसके अतिरिक्त उन्होंने यात्रा वृत्तान्त लिखे। ये यात्रा वृत्तान्त कविवचन सुधा आदि पत्रों को पत्र के रूप में भी लिखे गए हैं।

भारतेन्दु ने यात्रा वृत्तान्त 'यात्री' उपनाम से भी लिखे हैं—1. हरिद्वार (दो पत्र), 2. लखनऊ, 3. जबलपुर, 4. सरयूपार की यात्रा, 5. वैद्यनाथ की यात्रा, 6. जनकपुर की यात्रा।

भारतेन्दु ने विविध विषयों पर निबन्ध लिखे, सम्पादकों के नाम पत्र लिखे—1. संगीत सार, 2. ख़ुशी, 3. जातीय संगीत, 4. लेवी प्राण लेवी, 5. सम्पादक के नाम पत्र (रसों के सन्दर्भ में), 6. हिन्दी भाषा (1), 7. ग्रीष्म ऋतु, 8. लेखन और नागरी लेखन, 9. हिन्दी कविता, 10. हिन्दी भाषा (2)।

और तो और भारतेन्दु ने 'परिहासिनी' लिखी जो चुटकुलों का संग्रह है। उनकी परिहासिनी में भी सामन्तवाद में उच्च वर्ग के आलसी हो जाने पर चोट है। 'अंगहीन धनी' शीर्षक से भारतेन्दु लिखते हैं—"एक धनिक के घर उसके बहुत से प्रतिष्ठित मित्र बैठे थे, नौकर बुलाने की घंटी बजी, मोहना भीतर दौड़ा, पर हँसता हुआ लौटा, और नौकरों ने पूछा, 'क्यों बे हँसता क्यों है?' तो उसने जवाब दिया, भाई सोलह हट्‌टे-कट्‌टे जवान थे उन सभों से बत्ती न बुझे, जब हम गए तब बुझे।" (भारतेन्दु समग्र, पृ. 1067)

तो जब हिन्दुस्तान के हट्‌टे-कट्‌टे नौजवानों से एक बत्ती नहीं बुझ रही थी उस कठिन समय में भारतेन्दु हिन्दी समाज को जगाने का संकल्प लेकर चले थे। वे सबके विषय में सोच रहे थे। वे समझ रहे थे कि देश में उद्योग लगाए बिना इस देश की गति नहीं है। इस आत्मनिर्भरता के लिए देश की एकता आवश्यक थी—भारतेन्दु भलीभाँति समझ रहे थे कि उद्योग-धन्धों के आरम्भिक प्रयासों में और तेजी लाई जानी चाहिए। 9 फरवरी, 1874 के कविवचन सुधा में स्वदेशी वस्तुओं के आह्वान के पश्चात् यहाँ भी कठिनाइयों की चर्चा करने के बाद उन्होंने सभी को ऐक्यबद्ध होने को कहा—"अब हम लोग कुछ इस ओर चित्त लगाकर अपने लाभ के विषय में विचार करने लगे हैं और उसका कुछ फल भी दृष्टिगोचर होने लगा है, परन्तु

यथार्थ में यहाँ का माल तैयार करने निमित्त जो लोग एकत्र हुए हैं वे कुछ भी नहीं हैं क्योंकि जब तक देशभर के व्यापारी इस विषय में उद्योग न करेंगे तब तक कार्य सिद्ध भलीभाँति नहीं हो सकता। जिस लिए केवल इतने ही से एतद्देशीय वस्त्र आदि की वृद्धि होनी कठिन है और अंग्रेज़ों के समान वस्तु तैयार करना बिना सबों की सहायता से नहीं हो सकता—

जानि सकैं सब कछू सबहिं विविध कला के भेद
बने वस्तु कल की इतै मिटै दीनता खेद।

(वही, पृ. 1090)

भारतेन्दु ने महात्मा गांधी के भारतीय राजनीति के पटल पर आने से पहले स्वदेशी का नारा दिया था। उन्होंने केवल स्वदेशी का नारा ही नहीं दिया वरन् 23 मार्च, 1874 के कविवचन सुधा में स्वदेशी का पहला शपथ पत्र छापा—"हम लोग सर्वान्तर्यामी सब स्थल में वर्तमान सर्वद्रष्टा और नित्य सत्य परमेश्वर को साक्षी देकर यह नियम मानते हैं और लिखते हैं कि हम लोग आज के दिन से कोई विलायती कपड़ा न पहिनेंगे और जो कपड़ा कि पहले से मोल ले चुके हैं और आज की मिती तक हमारे पास है उनको तो उनके जीर्ण हो जाने तक काम में लावैंगे पर मोल लेकर किसी भाँति का भी विलायती कपड़ा न पहिरेंगे। हिन्दुस्तान ही का बना कपड़ा स्वीकार करेंगे और अपना नाम इस श्रेणी में होने के लिए श्रीयुत बाबू हरिश्चन्द्र को अपनी मनीषा प्रकाशित करेंगे और सब देशी हितैषी इस उपाय की वृद्धि में अवश्य उद्योग करेंगे।" (वही, पृ. 1091)

भारतेन्दु का मूल्यांकन और अधिक गहराई की माँग करता है। स्वदेशी वस्तुओं के व्यवहार की आवश्यकता और अंधेर नगरी जैसे लेखक की सामाजिक-राजनैतिक-ऐतिहासिक और सांस्कृतिक समझ को यथोचित सराहना मिलनी चाहिए। ऐसा नहीं है कि भारतेन्दु हरिश्चन्द्र और उनके सहयोगियों के दृष्टिकोण में कोई अन्तर्विरोध नहीं है, किन्तु जिन बिन्दुओं पर इन्हें प्रश्नचिह्न के घेरे में लिया जाए उनका सम्यक् विश्लेषण अवश्य किया जाए। आगे बढ़ने से पहले भारतेन्दु हरिश्चन्द्र के सन्दर्भ में एजूकेशन कमीशन के समक्ष दी गई उनकी गवाही का उल्लेख अवश्य किया जाना चाहिए। शिक्षा कमीशन में गवाही देते समय भारतेन्दु ने अपना परिचय इस प्रकार दिया था—"मेरी सदा से ही शिक्षा में रुचि रही है। मैं संस्कृत, हिन्दी एवं उर्दू का कवि हूँ तथा गद्य और पद्य में मैंने बहुत-सी रचनाएँ लिखी हैं। मेरे द्वारा प्रकाशित हिन्दी पत्र कविवचन सुधा अब भी निकलता है। अपने देशवासियों के शैक्षिणक स्तर में उन्नति करना, प्रान्त की भाषा का विकास करना और इसके साहित्य को समृद्ध करना मेरा सदैव उद्देश्य रहा है। अपने देशवासियों की जागृति के लिए कार्य करना मेरे हर्ष का विषय रहा है। मैंने बनारस में एक प्राथमिक विद्यालय की स्थापना की

है। मैं बनारस शिक्षा आयोग का सदस्य था तथा मुझे शिक्षा विभाग से जुड़े लोगों और अन्य विद्वानों के सम्पर्क में रहने का पर्याप्त अवसर मिला। शिक्षा के प्रचार-प्रसार के लिए मैंने सरकारी स्कूलों-कॉलेजों के विद्यार्थियों तथा अन्य विद्वानों में पुरस्कार वितरित किए हैं।'' (वही, पृ. 1054) भारतेन्दु ने अपना यह परिचय निराधार ही नहीं दिया था। वे कलकत्ते की बेथून स्कूल की उत्तीर्ण होने वाली छात्राओं के लिए बनारसी साड़ियाँ पारितोषिक स्वरूप भेजते थे।

भारतेन्दु ने हिन्दी ही नहीं अन्य भाषाओं तथा अन्य कार्यों के लिए भी मुक्त हस्त से दान दिया—''फ्रांस में जो युद्ध होता था, उसका वर्णन नाटकाकार लिखे जाने के लिए 400 रु. और सर विलियम म्योर की जीवनी लिखने के लिए 250 रु. तथा संस्कृत भाषा के दो सौ कवियों की जीवनी लिखने के लिए प्रति कवि 10 रु. पुरस्कार देने का कविवचन सुधा में विज्ञापन निकला था। इसके अलावा जनसाधारण के हितार्थ तथा सरकारी कामों में भी यह सहस्रों रुपया चन्दा देते थे। सन् 1872 ई. में मेयो मेमोरियल सीरीज़ में 1500 रु. दिए थे। होमियोपैथिक डिस्पेंसरी चलाने के लिए सन् 1868 ई. से 1873 ई. तक 120 रु. प्रतिवर्ष देते रहे। सोल्जर्स फंड में 100 रु., गुजरात जबलपुर रिलीफ फंड में 70 रु. और स्ट्रेंजर्स होम में 50 रु. दिया था। इसी प्रकार प्रिंस ऑफ वेल्स हॉस्पिटल कारमाइकेल लाइब्रेरी, नेशनल फंड इत्यादि अनेक कार्यों में चन्दा दिया करते थे।

'पंजाब विश्वविद्यालय' की स्थापना होने के समय भारतेन्दु जी ने 250 रु. से उसकी सहायता की थी।...भारतवर्ष के सभी प्रान्तों के स्कूल से जब बालिकाएँ परीक्षोत्तीर्ण होती थीं तो ये बहुमूल्य साड़ी आदि पारितोषिक दिया करते थे।...काशी की आचार्य परीक्षा में उत्तीर्ण बालकों को भी घड़ी दिया करते थे। 1882 ई. में बैठे एजुकेशन कमीशन के समक्ष द्वारा पूछे गए प्रश्नों के लिए भारतेन्दु हरिश्चन्द्र प्रधान साक्षी चुने गए थे। अस्वस्थ होने के कारण भारतेन्दु शिक्षा कमीशन के समक्ष उपस्थित नहीं हो पाए थे। अत: उन्होंने आयोग द्वारा पूछे गए बहत्तर प्रश्नों का लिखित उत्तर दिया था। इन उत्तरों में भारतेन्दु की शिक्षा, भाषा और देशवासियों की आवश्यकता सम्बन्धी समझ स्पष्टता के साथ प्रकट होती है। शिक्षा आयोग के समक्ष यह लिखित गवाही अंग्रेज़ी भाषा में दी गई थी। इस लिखित गवाही में भारतेन्दु ने अनपढ़ जनता द्वारा शिक्षा आयोग के महत्त्व को न समझने तथा आयोग के पास वैधानिक अधिकार न होने की चर्चा की है। रेवेन्यू और पुलिस विभागों की तरह उनके हाथ में कोई अधिकार न होने के कारण अशिक्षित जनता उनकी बातों पर कान नहीं देती। इस दुर्भाग्यपूर्ण स्थिति के निराकरण के लिए वे कहते हैं—''इस बुराई को दूर करने के सबसे अच्छे उपाय ये हैं कि इंग्लैंड और अन्य यूरोपीय देशों की तरह भारत में भी प्राथमिक शिक्षा अनिवार्य कर दी जाए, लोगों द्वारा प्रयुक्त भाषा को अदालत की भाषा बनाया जाए और अदालती काग़ज़ों तथा निर्देशों का उस भाषा में रखा जाए जिसे लोग आसानी

से समझते हैं। इन प्रान्तों के प्राथमिक विद्यालयों में हिन्दी पढ़ाई जाती है जबकि अदालत की भाषा फ़ारसी है। अत: हिन्दी शिक्षा का कोई मूल्य नहीं है। एक ज़मींदार का बेटा स्कूल में कई वर्षों तक पढ़ने के पश्चात् जब अदालत जाता है तो पाता है कि उसका इतने वर्षों का परिश्रम व्यर्थ गया। वह अपने आपको ठगा हुआ अनुभव करता है। वह अमला वर्ग द्वारा प्रयुक्त भाषा नहीं समझ पाता। अगर किसी ग़रीब का बेटा इस ज्ञान से आजीविका पाना चाहता है तो उसे अवश्य ही शिक्षा विभाग के द्वार खटखटाने चाहिए। दूसरे विभाग उसे अनपढ़ कहकर भगा देंगे। इसका अर्थ यह नहीं कि सरकार उदासीन हो जाए, यह तो शिक्षा पर एक बड़ा कुठाराघात होगा। सरकार को यह उदासीनता तोड़नी होगी क्योंकि एक लम्बे समय से हिन्दू राजाओं अथवा मुस्लिम नवाबों के अराजक शासन में रहकर जनता में दास्य भाव घर बना चुका है...अंग्रेज़ सरकार प्रोत्साहन द्वारा स्वतंत्र विचारों को प्रश्रय दे सकती है। सरकारी हस्तक्षेप ही इस दिशा में कुछ सार्थक कार्य कर सकता है। गाँव वालों को उनके गाँव में बना स्कूल टिका कि उखड़ गया इससे कोई सरोकार नहीं है। वे शिक्षा शुल्क को सरकारी टैक्स चुकाने की बाध्यता समझकर देते हैं, न कि अपनी भलाई समझकर। केवल सरकारी हस्तक्षेप द्वारा ही यह देश उन्नति कर सकता है।'' (वही, पृ. 1054)

भारतेन्दु ने इस गवाही में स्पष्ट कहा कि इस देश में लोगों को यह पिछले आठ-नौ वर्षों से भय है कि शिक्षा विभाग सभी शैक्षणिक प्रयासों को बन्द कर देने वाला है क्योंकि यही अकेला विभाग है जो आमदनी करके नहीं दिखा रहा है। सरकारी पदों के लिए आवेदन करने को इच्छुक नौजवानों को सफलता न मिलने का कारण भी यही शिक्षा विभाग है—"The natives of this country, at least of these provinces, have been under a strict impression for the last eight or nine years, that the Government wishes to shut up the doors of education against them; that it thinks Education Department the most superfluous of all the departments of the state; that this is the only department which shows all expenditure and no income; that Indian youths aspire to Government posts, and upon failure turn round and abuse the very Government that educated them." (वही, पृ. 1058) इस प्रश्न के उत्तर में कि ''आपके प्रान्त की वर्नाक्यूलर क्या है?'' भारतेन्दु ने लिखा है—''इस प्रश्न का उत्तर थोड़ा कठिन है कि हमारी वर्नाक्यूलर भाषा क्या है? भारत में केवल कहावत नहीं स्थापित तथ्य है कि आठ योजन पर भाषा बदल जाती है। उत्तर-पश्चिमी प्रान्त में कई बोलियाँ हैं...इनमें चार बोलियाँ मुख्य हैं—1. पूर्वी—जो बनारस तथा उसके आसपास के जिलों में बोली जाती है। 2. कन्नौजी—जो कानपुर और उसके आस-पास के जिलों में बोली जाती है। 3. ब्रजभाषा—जो आगरा और उसके आसपास की बोली है और 4. कैयन या खड़ी बोली—जो सहारनपुर, मेरठ और उसके आसपास में बोली जाती है।'' (वही, पृ. 1056)

तत्पश्चात् भारतेन्दु बनारस की बोली के विभिन्न उदाहरण देकर स्पष्ट करते हैं कि वहाँ एक प्रश्न कितनी तरह से पूछा जा सकता है। वे जोर देकर कहते हैं कि कोई भी भाषा किसी व्यक्ति के पंडित, मुंशी, शहरी, ग्रामीण, जाति, जन्मस्थान, सार्वजनिक स्थानों जैसे राजदरबार, अदालत, जनसभा अथवा पुस्तक के अनुरूप उसकी भाषा होती है। एक ही प्रश्न कि "आप कैसे हैं?" कई तरह से पूछा जा सकता है—"आपका शरीर कुशल है? क्षेम है? स्वस्थ है? मिज़ाजी मुबारक? मिज़ाजी शरीफ? आपका मिज़ाज कैसा है? तोहार जीउ कइसन बताई? हउ कइसन बा? कइसन हो? आदि आदि?" (वही, पृ. 1056) शिक्षा की दशा और दिशा पर विचार करने के बाद भारतेन्दु ने पूछे गए प्रश्नों के अनुरूप 'वर्नाक्यूलर' के रूप और प्रयोग को स्पष्ट किया है।

प्रसंगवश यह उल्लेख करना अनुचित न होगा कि 'वर्नाक्यूलर' शब्द का अर्थ केवल देशी बोली नहीं है। रोमन भाषा में दासों की भाषा को वर्नाक्यूलर कहा जाता था। इसका एक अर्थ निन्दा और अश्लील भी है जैसे किसी को घटिया बताने के लिए उसे वर्नाक्यूलर कहा जाना। देशी भाषाओं को अंग्रेज़ों द्वारा वर्नाक्यूलर कहे जाने का एक अर्थ यह भी था। सम्भवत: दो दशकों से वर्नाक्यूलर लैंग्वेज़ेज (Vernacular Languages) को मॉडर्न इंडियन लैंग्वेज़ेज (Mordern Indian Languages) अर्थात् आधुनिक भारतीय भाषाएँ कहा जाने लगा है। बहरहाल भारतेन्दु का निष्कर्ष है कि हिन्दी और उर्दू में कोई वास्तविक अन्तर नहीं है। ब्रजभाषा साहित्य की भाषा है। खड़ी बोली जब फ़ारसी शब्दों की भरमार के साथ बोली जाती है तथा फ़ारसी लिपि में लिखी जाती है तो वह उर्दू है और इसी खड़ी बोली को विदेशी मिलावट से मुक्त नागरी अक्षरों में लिखा जाता है तब वह हिन्दी कहलाती है। अत: हम इस निष्कर्ष पर पहुँचते हैं कि हिन्दी और उर्दू में कोई वास्तविक अन्तर नहीं है—

"Thus it will be seen out of features of the vernacular of this province as noted above, only two, viz., Brajbhasha and Khariboli, attract attention. Brajbhasha is used in Hindi poetical composition, and Khariboli under two different disguises is spoken all over the province. The letter consequently, when spoken with abundant use of Persian words and written in Persian character, is styled 'Urdu', and when written in Nagri character, is termed Hindi. Thus we come to the conclusion that there is no real difference between Urdu and Hindi." (वही, पृ. 1056)

भारतेन्दु हरिश्चन्द्र की हिन्दी और उर्दू सम्बन्धी इस स्पष्ट समझ के साथ हमें पीछे लौटकर उन्नीसवीं सदी के प्रथमार्द्ध की ओर जाकर हिन्दुस्तान के मध्यदेश के उस भाषागत विवाद के आरम्भिक स्वरूप को देखना चाहिए जो भारतेन्दु के जीवनकाल और उसके बाद और गहराता गया। ऐसी दो भाषाएँ जो वास्तव में एक थीं, बल्कि कहा जाए कि एक ही भाषा की दो शैलियाँ थीं, एक ही वातावरण में पनपी थीं आपस में लड़ पड़ीं। इनका संघर्ष हर बढ़ते दिन के साथ अधिकाधिक सघन होता गया। सत्ता

की भाषा आम जन की भाषा की इस लड़ाई ने पूरी उन्नीसवीं सदी को तो व्याप ही लिया बीसवीं सदी तक भी यह मामला पहुँचा और लम्बे समय तक अनसुलझा रहा। हिन्दी प्रदेश के हिन्दुओं और मुसलमानों में साम्प्रदायिक वैमनस्य बढ़ाने वाले इस 'हिन्दी-उर्दू स्यापा' अर्थात् हिन्दी-उर्दू की शैली के विवाद से परे साहित्य की सुदीर्घ परम्परा चली आ रही थी।

जिस हिन्दी-उर्दू में कोई भेद न था और जिस पर इतना विवाद हो रहा था, उसकी एक समृद्ध परम्परा पर दृष्टिपात कर लेना चाहिए। सबसे पहले रहीम की इस कविता पर ध्यान जाता है—

कलित ललित वाला वा जवाहिर जड़ा था।
चपल चखन वाला चाँदनी में खड़ा था।
पकरि परम प्यारे साँवरे को मिलाओ।
असल अमृत प्याला क्या न मुझको पिलाओ।

(हिन्दी साहित्य का इतिहास, आचार्य रामचन्द्र शुक्ल, पृ. 299)

अकबर के दरबार में नरहरि, तानसेन, गंग आदि अनेक हिन्दी के कवि रहते थे और उनके थोड़े-बहुत खड़ी बोली के पद्य भी मिले हैं। इस काल में बहुत से कवियों ने खड़ी बोली में स्फुट रचनाएँ कीं, जिनमें कुलपति (सं. 1727 वि.) सूदन (सं. 1830) आलम, शेख, नागरीदास, रसिक गोविन्द, ग्वाला, ललित किशोरी, ललित माधुरी और मुसलमान कवियों में रसरंग, कारेखाँ, तुराब, तालिब अली, जफर तथा अख्तर विशेष स्मरणीय हैं। इनके अलावा रीतिकाल में कुछ ऐसे भी कवि हैं जिन्होंने खड़ी बोली में किसी सम्पूर्ण ग्रन्थ की रचना की। इनमें घनानन्द, रघुनाथ, बेनी, शीतल आदि के स्वतंत्र खड़ी बोली के काव्य ग्रन्थ उपलब्ध हैं। घनानन्द (सं. 1689-1739) ने खड़ी बोली में विरहलीला ग्रन्थ की रचना की। इन्होंने सर्वप्रथम उर्दू के छन्दों का हिन्दी में प्रयोग किया। एक झलक देखिए—

सलोने प्रान प्यारे क्यों न आवो।
दरस प्यासी मरै तिनको जिवावो।
कहाँ हौ जू, कहाँ हौ जू, कहाँ हौ।
लगे ये प्रान तुमसे हैं जहाँ हौ।

(वही, पृ. 302)

इस सन्दर्भ में अन्य महत्त्वपूर्ण पुस्तक का भी उल्लेख किया जाना चाहिए। मीर अब्दुल वाहिद बिलग्रामी (1566 ई.) ने एक पुस्तक हक़ायक़े हिन्दी लिखी थी जिसका सैयद अतहर अब्बास रिजवी ने अनुवाद किया है। इस पुस्तक के प्राक्कथन में आचार्य हजारीप्रसाद द्विवेदी लिखते हैं—"मीर अब्दुल वाहिद का जन्म सन् 1509 ई. के

आसपास हुआ था अर्थात् ये सूरदास के समकालीन थे। ये हरदोई जिले के प्रसिद्ध बिलग्राम नामक स्थान के निवासी थे जिसके बारे में आचार्य रामचन्द्र शुक्ल ने लिखा है कि 'यहाँ अच्छे विद्वान मुसलमान होते आए हैं। अपने नाम के आगे 'बिलग्रामी' लगाना एक बड़े सम्मान की बात यहाँ के लोग समझते थे।' सन्-ईस्वी की 18वीं शताब्दी के मध्य भाग में मीरगुलाम अली आज़ाद बिलग्रामी ने 'मआसिरल के राम' नाम की एक पुस्तक लिखी थी जिसमें बिलग्राम के सूफियों और कवियों का इतिहास है। हिन्दी, के रसवर्षी कवि सैयद मुबारक अली बिलग्रामी (जन्म सन् 1583 ई.) इसी बिलग्राम के निवासी थे जिनकी 'अलक शतक' और 'तिलक शतक' नामक पुस्तकें काफ़ी प्रसिद्ध हैं। फिर सैयद गुलाम अली 'रसलीन' (रचनाकाल सन् 1736 ई.) भी यहीं के निवासी थे जिनका 'अंग दर्पण' और 'रस प्रबोध' सहृदयों में बहुत समादृत हैं।" (हक़ायक़े हिन्दी, मीर अब्दुल वाहिद बिलग्रामी, अनुवाद सैयद अतहर अब्बास रिजवी, नागरी प्रचारिणी सभा, काशी, 1957, पृ. 3-4)

हक़ायक़े हिन्दी बहुत महत्त्वपूर्ण रचना है। मीर अब्दुल वाहिद ने इस पुस्तक में हिन्दी ध्रुपद और विष्णुपद गानों में लौकिक शृंगार के वर्ण्य विषयों का आध्यात्मिक रूप में समझने की कुंजी दी है। इस पुस्तक के सम्बन्ध में सैयद अतहर अब्बास रिजवी लिखते हैं कि "इन हिन्दी कविताओं में भारतीय तथा हिन्दू संस्कार मूल रूप से विद्यमान रहते थे। हक़ायक़े हिन्दी के अध्ययन से पता चलता है कि ध्रुपद तथा विष्णुपद को सबसे अधिक प्रसिद्धि प्राप्त थी। श्रीकृष्ण तथा राधा की प्रेमकथाएँ सूफियों को भी अलौकिक रहस्य से पूर्ण ज्ञात होती थीं। इन कविताओं का 'सभा' में गाया जाना आलिमों को भी अच्छा लगता न होगा कदाचित् कुछ सूफी भी इन हिन्दी गानों की कटु आलोचना करते होंगे, अत: इन कविताओं का आध्यात्मिक रहस्य बताना भी परम आवश्यक सा हो गया। अब्दुल वाहिद ने हक़ायक़े हिन्दी में उन्हीं शब्दों के रहस्य की बड़ी गूढ़ व्याख्या की है जो उस समय हिन्दी गानों में प्रयोग आते थे।" (वही, पृ. 22)

रघुनाथ ने (सं. 1790-1810) अपना इश्क महोत्सव ग्रन्थ खड़ी बोली में लिखा।

बेनी के भड़ौवा संग्रह तृतीय भाग की भाषा प्राय: खड़ी बोली हिन्दी ही है। इनकी 'आलसी' ग़ज़ल उद्धृत की जा रही है—

दुनिया में हाथ पैर हिलाना नहीं अच्छा।
मर जाना पर उठ के कहीं जाना नहीं अच्छा।
छेड़ो न नक्शे पा है मिटाना नहीं अच्छा।
बन्दर की तरह धूम मचाना नहीं अच्छा।
उठ करके घर से कौन चले यार के दर तक।
मौत अच्छी है पर दिल का लगाना नहीं अच्छा।
धोती भी पहने जबकि कोई और पिन्हा दे।
उमरा को हाथ पैर चलाना नहीं अच्छा।

सर भारी चीज़ है इसे तकलीफ हो तो हो।
पर जीभ बिचारी को हिलाना नहीं अच्छा।

(खड़ी बोली का आन्दोलन, डॉ. शितिकंठ मिश्र,
नागरी प्रचारिणी सभा, काशी, 1956, पृ. 53)

नज़ीर अकबराबादी (1735–1830) ने गिरहबन्द नज़ीर, आटादालनामा, और हंसनामा सब खड़ी बोली में लिखा। इनकी भाषा में चलते उर्दू के शब्दों और छन्दों का प्रयोग हुआ। नज़ीर अकबराबादी ने चूहों और मक्खियों पर लिखा। आम नागरिक चूहों, खटमलों, मच्छर-मक्खियों से सर्वाधिक त्रस्त रहता आया है। एक बार नज़ीर ने दुकान से अचार मँगवाया, पंसारी ने बिना देखे हड़बड़ी में अचार बाँध दिया, उसमें से निकला मरा हुआ चूहा। नज़ीर ने शाम को कविता पाठ के लिए पंसारी को भी आमंत्रित किया और उसकी उपस्थिति में यह कविता पढ़ी—

हमने भी किया खोमचा तैयार चूहों का॥
आगे थे कई अब तो हमीं एक हैं चूहे मार।
मुद्दत से हमारा है इस अचार का व्यौपार॥
...कुछ इसमें न अकेले चूहे सेर पड़े हैं।
घूंरा और छछूंदर के कई ढेर पड़े हैं॥
जूं, पिस्सू, मच्छर और कई सेर पड़े हैं।
और खाट के खटमल भी सवा सेर पड़े हैं।
क्या जोर मजेदार है अचार चूहों का।

(नज़ीर अकबराबादी रचनावली, सम्पा. रूपा गुप्ता,
स्वराज प्रकाशन, नई दिल्ली, 2015, पृ. 249)

मक्खियों से कौन परेशान नहीं है। साफ हो या गन्दा, दिलबर हो या तवायफ तबलची हो या भोजन करता हुआ मनुष्य—हर कोई परेशान है।

दो चनों से जो मुँह चलाता है।
उसमें सौ मक्खियाँ वह खाता है॥
दाल रोटी पे कहर आता है।
और जो भी चीज़ खाता है
उसने अल्लाह जाने खाई कै
इस कदर धूम मक्खियों की है।

(वही, पृ. 336)

नज़ीर आम ज़िन्दगी की आम मुसीबतों के शायर होने के कारण उर्दू अदब में कोई बड़ी जगह न पा सके। ऐसा नहीं है कि उन्होंने फ़ारसी शब्दों से लदी शायरी

नहीं की पर उनका अधिकांश कलाम हिन्दुस्तान की आम अवाम से मुखातिब है, खास से नहीं। हम्द (ईश वन्दना) में नज़ीर कहते हैं—

इलाही तू .फ़ैयाज़ है और करीम।
इलाही तू ग़.फ़्फ़ार है और रहीम।
मुकद्दस मुअल्ला मुनज्जम अजीम।
न तेरा शरीफ और न तेरा सहीम।
तेरी जाते-वाला है यकता कदीम॥

(वही, पृ. 60)

नज़ीर के नज़रिये से इनसान से प्यार करने वाले इनसान का सच्चा दीन ओ धर्म केवल प्यार है। उसकी मज़हबी पहचान से उसकी यह विशेषता प्रभावित नहीं होती—

झगड़ा न करे मिल्लतो मज़हब का कोई यां।
जिस राह में जो आन पड़े खुश रहे हर आं॥
जुन्नार गले या कि बगल बीच हो कुरआं।
आशिक तो कलन्दर है न हिन्दू न मुसलमां॥

(वही, पृ. 200)

यह कहने की अनुमति होनी चाहिए कि नज़ीर अकबराबादी के जीवन काल में हिन्दू-मुसलमान के कट्टर धार्मिक अकीदों के बीच एक-दूसरे के ईश्वर अल्लाह का नाम ले लेने से अपने धर्म को खतरे में मान लेने का वहम-ओ-गुमान अनुपस्थित था। कृष्ण भक्त मुसलमान कवियों पर, भारतेन्दु की टिप्पणी ''इन मुसलमान पै कोटिन हिन्दू वारिये'' में विलगाव और लगाव दोनों ही है। कृष्ण भक्तों की हिन्दू और मुस्लिम कवि श्रेणी में विलगाव है तो उन पर करोड़ों हिन्दू न्योछावर कर देने में रीझपूर्ण लगाव। भक्ति और रीतिकाल के कबीर और नज़ीर जैसे रचनाकार आधुनिक काल में एक सपना-सा मालूम होते हैं। प्रेमचन्द के बाद हिन्दुओं और मुसलमानों ने एक-दूसरे के मामलात में तथाकथित दखलन्दाज़ी बन्द कर दी है। रसख़ान और नज़ीर अपनी धार्मिक पहचान के साथ अन्य पर कलम उठाते हैं और उन्हें कोई कठिनाई पेश नहीं आती है।

इनसान के फलसफ़े तभी तक हैं जब तक पेट में रोटियाँ हैं। नज़ीर जैसा शायर इस सच्चाई को बहुत अच्छी तरह समझता है इसलिए रोटी के सामने मज़हब और जाति को समाने रखकर कहता है—

भटियारियाँ कहावें न अब क्योंकि रानियाँ।
मेहतर खसम है वह हैं मेहतरानियाँ।

जातों में जितने और हैं क़िस्से कहानियाँ।
सब में उन्हीं की जात की ऊँची है बानियाँ।
किस वास्ते कि सब यह पकाती हैं रोटियाँ।

(वही, पृ. 286)

और कोई ऊँचा नहीं रोटी पकाने वालों से और कोई ज़्यादा सुखी नहीं रोटी पाने वालों से। संसार में न कहीं अच्छाई है, न कहीं बुराई है, सबसे बड़ी सच्चाई है रोटी। रोटी का ही दूसरा नाम है चपाती। हालाँकि चपाती का रिश्ता भूख से ठीक वैसा नहीं जुड़ता जैसा रोटी का। रोटी की भूख से ग़रीबी जैसी उभरकर आती है चपाती की भूख से वही दारिद्र्य अभिव्यंजित नहीं होता, किन्तु भूख तो सभी को लगती है। भूख से बेहाल तन के मन को न भजन सूझता है न नमाज भाती है—

जब तलक रोटी का टुकड़ा हो न दस्तरख्वान पर।
न नमाजों में लगे दिल और न कुछ कुर्आन पर॥
रात-दिन रोटी चढ़ी रहती है सबके ध्यान पर।
क्या खुदा का नूर बरसे है पड़ा हर नान पर॥
दो चपाती के वरक में, सब वरक रोशन हुए।
एक रकाबी में हमें, चौदह तबक रोशन हुए॥

(वही, पृ. 288)

आधुनिक नवजागरण के पहले भी भारतीय समाज जीवन की महत्त्वपूर्ण सच्चाइयों को समझता था। अपनी प्रगतिशीलता पर इतराने वाले आधुनिक कवि से बहुत पहले नज़ीर अकबराबादी (1735–1830) ने कहा था—

रोटी के नाच तो हैं सभी खल्क में बड़े।
कुछ भाँड भगतिये यह नहीं फिरते नाचते।
कुछ रंडियाँ जो नाचे हैं घूँघट को मुँह पे ले।
घूँघट न जानो दोस्तो तुम जिनहार (कदापि) इसे।
उस पर्दे में यह अपनी कमाती हैं रोटियाँ।

(वही, पृ. 285)

प्रतिष्ठा, मर्यादा, नैतिकता, धर्म से बढ़कर हैं रोटियाँ। यहाँ तक कि पाक परवरदिगार से लौ लगाने के लिए सबसे ज़रूरी हैं रोटियाँ—

रोटी न पेट में हो तो फिर कुछ जतन न हो।
मेले की सैर ख्वाहिशें बागो चमन न हो।
भूके ग़रीब दिल की खुदा से लगन न हो।

सच कहा है किसी ने कि भूके भजन न हो।
अल्लाह की भी याद दिलाती हैं रोटियाँ।

(वही, पृ. 285)

भूखे मनुष्य की वास्तविक स्थिति जानने वाले के लिए साम्प्रदायिक सौहार्द की समझ कठिन नहीं है। जीवन की कठिनाइयों से सीधे दो-चार नज़ीर अकबराबादी को हिन्दू-मुस्लिम की साझा संस्कृति और विरासत समझने के लिए किसी शोध कार्य या सैद्धान्तिक विश्लेषण की आवश्यकता नहीं है, किन्तु नज़ीर अकबराबादी की परम्परा न चल सकी क्योंकि उर्दू अदब ने उनके साहित्य को देहाती और कमतर शाइस्तगी वाला पाया। उर्दू और हिन्दी साहित्य के इतिहास अलग-अलग हो गए। नज़ीर आदमी की फितरत बयाँ करके चले गए—

याँ आदमी ही नार है और आदमी ही नूर।
याँ आदमी ही पास है और आदमी ही दूर।
कुल आदमी का हुस्नो कबह में है याँ जहूर।
शैतां भी आदमी है जो करता है मको जूहूर॥
याँ आदमी पे जान को वारे है आदमी।
और आदमी पे तेग को मारे है आदमी।
पगड़ी भी आदमी की उतारे है आदमी।
चिल्ला के आदमी को पुकारे है आदमी।
और सुन के दौड़ता है सो है वह भी आदमी।

(वही, पृ. 69)

सन् 1857 के प्रथम स्वाधीनता संग्राम तक यही आदमी एक-दूसरे की पुकार पर दौड़ा चला आता था। भाषाई विवाद इसके पहले ही आरम्भ हो चुका था पर जैसा कि बादशाह बहादुरशाह जफर ने अपने घोषणापत्र में हिन्दू-मुसलमान के बीच के दूसरे मसलों को सुलझा लिया था, इस समस्या का भी कोई न कोई हल निकल आता। मगर ये हो न सका और जो हुआ उसने पूरी उन्नीसवीं सदी के भाषाई वातावरण को एक जटिल जाल में उलझा दिया।

भारतेन्दु हरिश्चन्द्र का साहित्यिक-सामाजिक बोध नज़ीर की परम्परा से निस्संकोच जोड़ा जा सकता है। भारतेन्दु उन्हीं की तरह बल्कि उनसे आगे बढ़कर देश की राजनैतिक-आर्थिक दुर्दशा पर लिखते हैं। 9 मार्च, 1874 की 'कविवचन सुधा' में वे कहते हैं, ''कपड़ा बनाने वाले, सूत निकालने वाले, खेती करने वाले आदि सब भीख माँगते हैं—खेती करने वालों की यह दशा है कि लँगोटी लगाकर हाथ में तुम्बा ले भीख माँगते हैं, और जो निरुद्यम हैं उनको तो अन्न की भ्रान्ति है।''

जिस समाज में 'अन्न की भ्रान्ति' हो उसे पेट भरने के लिए क्या कुछ नहीं करना पड़ता होगा! भारतीय स्त्री-पुरुष गुलामों की मंडियों में नृशंसतापूर्वक बेचे गए। उन पर होने वाले अमानवीय अत्याचारों को पढ़कर किसी की भी आत्मा काँप जाए। मन्नीलाल नामक एक बैरिस्टर ने मारीशस से भारतीय स्त्री मंडल के पास एक पत्र भेजा था। सतीत्व महिमा के अनथक गायक भारतवर्ष की निर्धन स्त्री (जिसमें सभी जातियों की स्त्रियाँ थीं) की दुर्दशा औपनिवेशिक आर्थिक शोषण की ही 'देन' थी। "जनवरी 1911 की 'मर्यादा' में एक टिप्पणी प्रकाशित हुई थी—'हिन्दुस्तानी स्त्रियों की मारीशस के टापू में शोचनीय दशा।' 19वीं सदी के पूर्वार्द्ध में हिन्दुस्तानी लोग इस उपनिवेश में काम करने के लिए ठेके पर भेजे जाते थे। यह ठेके की प्रथा "सभ्यता के रूप में गुलामी है क्योंकि जिस प्रकार हिन्दुस्तानियों को मारीशस में रहना और काम करना पड़ता है उसमें स्वतंत्रता की झलक भी नहीं है।" "हिन्दुस्तानी दलाल ग़रीब अबलाओं को जिनमें उच्च जाति वाली भी होती हैं, कलकत्ते, फुसलाकर ले जाते हैं और कदाचित् यह कहना असम्भव नहीं है कि इस कार्य में इमीग्रेशन एजेंट की भी, जिसके ऊपर मनुष्यों को बाहर भेजने का भार रहता है, साजिश होती है। कलकत्ते से यह सब पुरुष और स्त्रियाँ फुसलाकर और लोभ देकर मारीशस भेजी जाती हैं।" "इन स्त्रियों की दशा इस प्रकार रखी जाती है जिसे देखकर नीच से नीच, कठोर से कठोर पुरुष भी लज्जित हो और कदाचित् पशुओं के जानने वाले व्यापारी भी इस प्रकार से अपने पशुओं की दुर्दशा न करते होंगे...मैं स्वयं ऐसे मामलों को जानता हूँ जिनमें दो-दो तीन-तीन पुरुषों के साझे में एक ही स्त्री रही हो।...जिस अपमान के साथ हिन्दुस्तानी पुरुष और स्त्रियाँ 1834 से मारीशस में लाई जाती हैं उसका पूरी तरह से वर्णन करना मेरे लिए असम्भव है।" "मारीशस में पहुँचने पर यदि वे अपने हिन्दुस्तानी पति को छोड़ने पर तथा फ्रांसीसियों को पति बनाने पर, जो कि चीनी के कारखानों में नौकर रहते हैं, और जिनकी मातहती में उन्हें हर मिनट रहना पड़ता है, नहीं राजी होतीं तो वे इन स्त्रियों पर अत्याचार करते हैं।" "बहुत जगह तो ऐसा होता है कि बेचारी स्त्रियाँ उन मर्दों से जिन्हें कि हमेशा से वे अपना पति समझती आती हैं (क्योंकि विवाह हिन्दू और मुसलमान रीति से उनके साथ हुआ है) ज़बरदस्ती घर से निकाल दी जाती हैं।" (महावीरप्रसाद द्विवेदी और हिन्दी नवजागरण, रामविलास शर्मा, पृ. 44-45)

उन्नीसवीं शताब्दी के औपनिवेशिक शासन में भारत की क्रमशः बढ़ती राजनैतिक पराधीनता, धार्मिकता और सांस्कृतिक दुचित्तेपन की जो तस्वीर उभरती है वह कतई आश्वस्तकारी नहीं लगती। आगामी अध्यायों में औपनिवेशिक कालीन भारत की ऐसी परिस्थितियों और आर्थिक दुर्दशा में यहाँ बच रही स्त्रियों की अवस्था की विवेचना की जाएगी।

तृतीय अध्याय

धर्म, खंडित आधुनिकता एवं स्त्री

भारतीय सन्दर्भ में उन्नीसवीं शताब्दी प्रश्नों की झड़ी लगाती शताब्दी है। पुरातन और नूतन के द्वन्द्व में फँसे अठारह सौ से लेकर उन्नीस सौ तक के इतिहास को बहुत से नये प्रश्नों के उत्तर ढूँढ़ने से संलग्न होना पड़ा। उन्नीसवीं सदी ने अपने सम्बोधित प्रश्नों की परिधि में स्त्री-प्रश्न को भी समेटा। इस सम्बोधन की सर्वप्रमुख विशिष्टता यह थी कि नायिका भेद के तंग गलियारों में भटकती, पद्मिनी, हंसिनी, शंखिनी और हस्तिनी को पहली बार 'स्त्री' रूप में स्वीकार किया गया। हालाँकि नारी सम्बन्धी धारणाओं की गुत्थी में एक और उलझा हुआ सूत उसके चरित्र के ऐसे आदर्शीकरण का जुड़ गया जो सामान्य स्त्रियों तो क्या साक्षात् देवियों के लिए असम्भव था। फिर भी इस विसंगति के साथ उसके कष्टों पर चर्चा आरम्भ हुई। यद्यपि स्त्रियों को अधिकांशतः मूर्खा, अशिक्षिता इत्यादि ही कहा गया, पर उनकी पीड़ा की ओर भी ध्यान दिया गया। स्त्री शिक्षा, स्त्री सुधार, बाल-विवाह, विधवा-विवाह आदि विषयों पर समाज ने सोचना आरम्भ किया। नरक का द्वार कही जाने वाली नारी की नारकीय स्थिति पर प्रबुद्ध समाज का ध्यान जाना अत्यन्त शुभ घटना थी।

उन्नीसवीं शताब्दी के साहित्य-समाज की हर विधा का तार विचार-तरंगों से आवेशित है। यह दीगर बात है कि आज इक्कीसवीं सदी में हम किसी तरंग को धनात्मक और किसी को ऋणात्मक कहते हैं, पर मूल बात यह है कि साहित्य उन आलोड़नों का 'आँखों देखा गवाह' है जो उस तत्कालीन समाज में घटित हो रहे हैं या घटित होने की कतार में हैं। इसमें जिया जा रहा बोझिल शोषित वर्तमान, स्वर्णिम गौरवशाली अतीत और स्वप्निल काम्य भविष्य—तीनों सम्मिलित हैं। इसमें वर्तमान की वास्तविकता और अवास्तविक आदर्शों के वास्तवीकरण की अद्‌भुत आकांक्षा है। इस काल में राजनीति, धर्म, समाज-संस्कृति और इतिहास में 'पददलित' (तथाकथित भी कहा जा सकता है) जाति के उद्वेलन का स्वर है और यह देश के हर हिस्से से उठ रहा है। यह जागरण का स्वर है—आत्मालोचना, आत्म-धिक्कार के साथ ही आत्मस्वीकार का स्वर है। इस स्वीकार-तिरस्कार से वांछित फल

कामना क्रम में कुछ अवांछित तत्त्व बने रह गए हैं पर इससे इनकार नहीं किया जा सकता कि भारतवर्ष के बड़े भू-भाग को घेरता हिन्दी प्रदेश (जिसमें दूसरे अहिन्दी प्रदेश के हिन्दी भाषा-भाषी तथा अहिन्दी भाषी, किन्तु हिन्दी भाषा के प्रति संवेदनशील भी हैं।) अपनी समस्त शक्ति के साथ अपनी सीमाओं से जूझने के लिए सन्नद्ध है जिसकी प्रक्रिया-परिणति, उसके औज़ार-आदर्श, उसके उद्देश्य-प्रगति से हमारी सहमति-असहमति अलग बात है।

अब तक की हमारी सभ्यताओं ने प्रगतिशीलता, मानवीय श्रेष्ठता और उच्चादर्शों की ग्राह्यता के रूप में जिन मापदंडों पर मानवीय आचरण के खरे उतरने को प्रतिमान बनाया है उसमें वर्ग, रंग, नस्ल, देश, अर्थ के साथ लिंग और जाति भी हैं। या यूँ कहें कि मानवीय वैषम्य के भी यही आधार हैं। विकसित और पिछड़े, सक्षम और नकारा तथा सर्वोत्तम और निकृष्ट के बीच अन्तर समझने के लिए हमारी सभ्यता-संस्कृति ने यही मानदंड तय किए हैं। आधुनिकता ने हमारी तहज़ीब-ओ-तमद्दुन की कामयाबी या नाकामी के पैमाने यही माने कि "रंग और नस्ल, जात और मज़हब जो भी हो आदमी से कमतर है इस हक़ीक़त को तुम भी मेरी तरह मान जाओ तो कोई बात बने।" (साहिर लुधियानवी)। शायर की इस 'हक़ीक़त' में लिंग का भेद भुलाकर आदमी के साथ औरत को भी शामिल मान लिया जाए तो बात पूरी हो जाती है।

किसी भी समाज की प्रगति का सहज अनुमान उस समाज की स्त्री की दशा से लगाया जा सकता है। किसी भी संस्कृति के उन्नतिशील या प्रतिगामी होने में उस समाज की स्त्रियों की स्थिति विश्वसनीय प्रतिमान है। चूँकि विश्व की हर सभ्यता ने पुरुषों की तुलना में स्त्रियों को वंचित किया है इसलिए मानदंडों के अन्य बिन्दुओं की तुलना में स्त्री सर्वाधिक सार्वभौमिक तुलनामूलक बिन्दु ठहरती है। कोई एक देश या महादेश अपने नागरिकों में धर्म के आधार पर भेदभाव करता है तो कोई दूसरा भूखंड नस्ल के आधार पर ऐसा करता हो सकता है। कहीं वैषम्य का आधार प्रमुखत: जाति है तो कहीं रंग, किन्तु मानवीय वैषम्य का सर्वस्वीकृत एवं सर्वव्यापी स्थायी भाव है—स्त्री-पुरुष वैषम्य। औरत और मर्द की 'ग़ैर-बराबरी' जितनी शाश्वत है उतनी ही शाश्वत उस सच्चाई को वैसा ही बनाए रखने की निरन्तर सचेत चेष्टा है। यह सांसारिक 'भाईचारे' का अन्यतम उदाहरण है। इस 'भाईचारे' को सभी सभ्यताएँ अपनी क्षमतानुसार कमोबेश एक जैसा सहयोग देती रही हैं। नारी-नर समता के प्रयासों में आश्चर्यजनक रूप से तथाकथित प्रगतिशील विचारक और विचारधाराएँ भी सानन्द असफल सिद्ध होती रही हैं। 'नारी' स्वप्न की हो या यथार्थ की, आकांक्षा की हो या वास्तविक, आदर्श हो या गिरी हुई विश्व के समस्त भू-भागों की नीति, राजनीति, क़ानून व्यवस्था, शिल्प, कला और पूरी दुनिया का धर्म, इतिहास, वर्तमान, रंग, नस्ल और जाति बोध स्त्री को पुरुष से हीन मानता है और

इसे बनाए रखने में सभ्यता के प्रत्येक उपकरण का उपयोग करता है। इसकी समानता के लिए भविष्य की आशा की जा सकती है पर कल किसने देखा है!

कहना न होगा कि उन्नीसवीं सदी और उसका हिन्दी साहित्य (अन्य भाषाओं के साहित्य की ही तरह) स्त्री-पुरुष वैषम्य का अपवाद नहीं है। अत: स्त्री सम्बन्धी प्रश्नों के अध्ययन का उद्देश्य इस सदी को कठघरे में खड़ा करना नहीं है, कतई नहीं है। उन्नीसवीं सदी के साथ बीसवीं और इक्कीसवीं सदी पर भी दृष्टिपात किया जाए तो यह तथ्य सामने आता है कि ये सदियाँ भी पिछली सदी की वैचारिकता का वहन करती हैं साथ ही बीसवीं शताब्दी में उसकी पिछली सदी के सत्य के बहुत से स्थानों पर 'अपरिवर्तित' बने रहने की भी बात सामने आती है। जाति सम्बन्धी प्रश्नों पर भी ये तथ्य लागू होता है, किन्तु स्त्री के इर्द-गिर्द के घेरे ज़्यादा तंग हैं। अत: परीक्षण की कोई मुद्रा असावधानीवश अगर दिखाई भी पड़ती है तो वह अपनी सदी, इक्कीसवीं सदी से प्रश्न की मुद्रा है।

देशी बुद्धिजीवी—स्त्री सम्बन्धी प्रश्नों को सम्बोधित करने का एक पारम्परिक भारतीय सन्दर्भ रहा है। इस सन्दर्भ के साथ स्त्री की अवस्था में सुधार के भारतीय चिन्तन को चाहे जितना प्राचीन प्रमाणित किया जाता रहा हो, किन्तु ऐतिहासिक तथ्य यही है कि भारतवर्ष ही नहीं समस्त विश्व में इस विषय पर चर्चा उन्नीसवीं सदी में आधुनिकता के साथ ही आरम्भ हुई। विज्ञान और तर्क की सदी में बहुत से वैचारिक परिवर्तन हुए। नए-नए यंत्रों के आविष्कार के साथ पुरानी मान्यताओं की जाँच-परख आरम्भ हुई। अन्य प्रश्नों की तुलना में स्त्री प्रश्न प्रत्यक्षत: बड़ी तीव्रता से उठे, किन्तु परिवर्तन बहुत धीमा था। वास्तव में स्त्री प्रश्नों पर तीव्र आलोड़नों का कारण स्त्री की अवस्था में सुधार की उत्कंठा नहीं बल्कि इसके प्रति तीव्र अनिच्छा थी। बुद्धिजीवियों के समुदाय स्त्री प्रश्न पर ठीक उसी 'आधुनिक दृष्टिकोण' से सोचने को तैयार न थे जिसके लिए उनकी नई पहचान बन रही थी। बुद्धिजीवियों का जो 'देशी' और 'आधुनिक' वर्ग अपने-अपने तौर पर स्त्री प्रश्नों से जूझ रहा था, उसके प्रकार पर संक्षिप्त चर्चा अनुचित न होगी।

अन्तोनियो ग्राम्शी ने बुद्धिजीवियों पर टिप्पणी करते हुए लिखा है कि "आधारभूत सामाजिक समूह हर इतिहास में पुराने आर्थिक ढाँचे से और इस ढाँचे से विकास की अभिव्यक्ति के रूप में उभरकर आता है (कम-से-कम अब तक के पूरे इतिहास में ऐसा ही हुआ है); ऐसा हर समूह पहले से मौजूद बुद्धिजीवियों के संवर्गों को खोज लेता है। ये संवर्ग वास्तव में एक ऐतिहासिक निरन्तरता का प्रतिनिधित्व करते हैं। राजनैतिक और सामाजिक प्रणालियों में अधिकतम जटिल और आमूल परिवर्तनों के बावजूद यह निरन्तरता बाधित नहीं होती है।" (सांस्कृतिक और राजनीतिक चिन्तन के बुनियादी सरोकार, अन्तोनियो ग्राम्शी, अनुवाद, कृष्णकान्त मिश्र, ग्रन्थशिल्पी, 2002, दिल्ली, पृ. 103-04)

भारतीय नवजागरण के सन्दर्भ में भी यह टिप्पणी सटीक प्रतीत होती है। सामान्यतः भारतीय नवजागरण एवं विशेषतः हिन्दी नवजागरण के बुद्धिजीवियों में पहले से चली आ रही उसी ऐतिहासिक निरन्तरता को मान्यता दी जिनका पोषण पिछले संवर्ग ने किया था। यद्यपि सत्रहवीं सदी की तुलना में अठारहवीं सदी की राजनैतिक प्रणालियों में भारी परिवर्तन दिखाई पड़ने लगा था और सामाजिक प्रणालियाँ भी परिवर्तन की ओर गत्यात्मक थीं, किन्तु भारतीय शिक्षित वर्ग पहले से उपस्थित पारम्परिक बुद्धिजीवियों के संवर्ग से जुड़ा हुआ था। इसमें बुद्धिजीवियों को एक प्रकार की सहूलियत भी रहती है, क्योंकि ''पारम्परिक बुद्धिजीवियों के इन विभिन्न संवर्गों को अपनी अटूट ऐतिहासिक निरन्तरता और अपनी विशेष गुणवत्ता की अनुभूति 'सामूहिक एकता की भावना' के द्वारा होती है। इस तरह वे प्रभुत्वशाली सामाजिक समूह से अपने तबके की स्वायत्तता और स्वाधीनता का दावा करते हैं। यह आत्मआकलन विचारधारा और राजनीति के क्षेत्र में अत्यधिक महत्त्वपूर्ण है और इसके गम्भीर परिणाम निकलते हैं। सम्पूर्ण आदर्शवादी-आत्मवादी दर्शन का सम्बन्ध बड़ी सरलता से उस नज़रिये से जोड़ा जा सकता है जिसे बुद्धिजीवियों का यह सामाजिक समूह स्वीकार करता है। इसे उस सामाजिक कल्पनालोक की अभिव्यक्ति के रूप में परिभाषित किया जा सकता है जिसके द्वारा ये बुद्धिजीवी ख़ुद को ऐसे 'स्वाधीन' और 'स्वायत्त' तबके के रूप में देखते हैं जिसका अपना ही विशिष्ट चरित्र इत्यादि है।'' (वही, पृ. 104-05)

उपरोक्त उद्धरण में 'बुद्धिजीवी' और 'स्वाधीन' शब्द पर आपत्ति की जा सकती है, विशेषकर अंग्रेज़ी के बुद्धिजीवियों द्वारा हिन्दी नवजागरण के बुद्धिजीवियों के सन्दर्भ में। एक तो औपनिवेशिक दृष्टि सम्पन्न बुद्धिजीवी हिन्दी नवजागरण को केवल हिन्दू नवजागरण प्रमाणित करने की प्रचेष्टा में सतत रत रहा है, दूसरे उन्नीसवीं सदी में हिन्दी के बुद्धिजीवी का अस्तित्व मानना उसके लिए थोड़ा कठिन है, जो उसके निजी अवस्थान के कारण बहुत स्वाभाविक है। उन्नीसवीं सदी में जिस मध्यवर्ग को मान्यता दी गई उसका स्वरूप मान्यता प्राप्त मध्यवर्ग से तनिक भिन्न था। शहरी बुद्धिजीवी केवल शहर निवासियों को बुद्धिजीवी मानने को तैयार था वह उच्च शिक्षा प्राप्त (जिसका अर्थ ही है अंग्रेज़ी शिक्षा प्राप्त) शहर निवासी को केवल इस भूमिका में स्वीकार करता है। इसका कारण ग्राम्शी बताते हैं कि ''शहर में रहने वाले बुद्धिजीवी उद्योग के साथ विकसित हुए हैं। वे उसके उतार-चढ़ाव से जुड़े हुए हैं। उनके कामकाज की तुलना फ़ौज के छोटे अफसरों से की जा सकती है। वे निर्माण की योजनाओं के विस्तार में कोई स्वायत्त पहल नहीं कर सकते। उनका काम उद्यमी और उपकरणात्मक जनसमूह के बीच रिश्ते को व्यक्त करना और काम के प्रारम्भिक चरणों पर नियंत्रण रखने वाले औद्योगिक सेनाध्यक्षों के द्वारा निश्चित

उत्पादन की योजना को तुरन्त अमल में लाना है। कुल मिलाकर औसत शहरी बुद्धिजीवी बहुत मानकीकृत होते हैं।'' (वही, पृ. 110)

हिन्दी नवजागरण से जुड़े बुद्धिजीवियों के सन्दर्भ में इस बात को आगे बढ़ाने पर कहा जा सकता है कि वे भी शहर से आए हैं, बनारस शहर के भारतेन्दु हरिश्चन्द्र को ग्रामीण नहीं कहा जा सकता। ग्रामीण न होते हुए भी भारतेन्दु एवं उनके मंडल का बंगला नवजागरण के अपने समकालीन बुद्धिजीवियों से एक सूक्ष्म अन्तर है। क्रिस बेली उसे घुमा-फिरा कर 'मन्दिर और बाज़ार' के परिवेश का अन्तर बताते हैं। वे भारतेन्दु को मन्दिर और बाज़ार के परिवेश से आया हुआ बताते हैं, किन्तु मन्दिर का परिवेश तो उन्नीसवीं सदी के प्रत्येक विचारक से जुड़ा हुआ है। यहाँ तक कि मूर्तिपूजा के विरोधी चिन्तकों से भी, क्योंकि वे भी एक प्रकार का आश्रम या ध्यान केन्द्र बना रहे थे। मन्दिर के परिवेश के अर्थ में बंकिमचन्द्र चट्टोपाध्याय भारतेन्दु हरिश्चन्द्र के अधिक निकट ठहरते हैं, बनिस्बत रवीन्द्रनाथ ठाकुर के।

असल में ग्राम्शी का शहरी बुद्धिजीवी से ग्रामीण बुद्धिजीवी का अन्तर भारतीय नवजागरण के विभिन्न प्रान्तों के बुद्धिजीवियों के सन्दर्भ में 'देशी' बुद्धिजीवी से ज़्यादा समझा जा सकता है। ग्रामीण बुद्धिजीवी के सन्दर्भ में ग्राम्शी का मत है कि ''ग्रामीण श्रेणी के बुद्धिजीवी अधिकतर पारम्परिक होते हैं। वे ग्रामीण लोगों के सामाजिक जनसमूह और शहरों (विशेषत: छोटे कस्बों) के निम्न बुर्जुआ वर्ग से जुड़े होते हैं। उन्हें पूँजीवादी प्रणाली ने अभी तक विकसित नहीं किया है और न ही उन्हें अभी गति प्रदान की है। इस तरह का बुद्धिजीवी खेतिहर जनसमूहों को स्थानीय और राजकीय प्रशासन के पक्ष में लाता है (वकील नोटरी इत्यादि) इस वजह से उनका एक महत्त्वपूर्ण राजनीतिक-सामाजिक काम होता है। इसके लिए पेशेवर मध्यस्थता को राजनीतिक मध्यस्थता से अलग करना कठिन होता है। इसके अलावा ग्रामीण क्षेत्र में बुद्धिजीवी (पादरी, वकील, नोटरी, अध्यापक, डॉक्टर आदि) का जीवन स्तर समग्रता की दृष्टि से औसत किसान की अपेक्षा ऊँचा या कम-से-कम भिन्न होता है।'' (वही, पृ. 111)

ग्राम्शी द्वारा उल्लेखित बुद्धिजीवी छोटे शहरों और कस्बों में काम कर रहे छोटे पदाधिकारी की तरह अपनी अच्छी पारिवारिक स्थिति के कारण अंग्रेज़ी शिक्षा से परिचित थे, इसमें पारम्परिक परिवेश के चिन्तक और पत्रकार-लेखकों को भी रखा जा सकता है। शहरी मध्यवर्गीय बुद्धिजीवियों से उपरोक्त बुद्धिजीवियों की समझ साधारण देशवासियों से कहीं अधिक जुड़ी हुई थी। भारतीय नवजागरण का केवल शहर केन्द्रित बुद्धिजीवी पठन-पाठन की दुनिया में छाया रहा जबकि इतिहासकार सुशोभन सरकार ने विस्तार से दिखाया है कि ''जिस बंगला नवजागरण की इतनी धूम रही वह बंगाल के गाँवों तक दूर पूरे कलकत्ता शहर तक नहीं पहुँचा।'' (एसेज इन ऑनर ऑफ प्रो. एस.सी. सरकार, रूट्स ऑफ सेपरेटिज़्म इन नाइंटीन्थ सेंचुरी

बंगाल, अमलेन्दु दे, पृ. 337) यह नवजागरण उत्तर कलकत्ता स्थित सम्भ्रान्त परिवारों के बीच ही ज़्यादा घटा। रेनेसाँ की जिस अवधारणा पर भारत में पुनर्जागरण घटित हुआ माना जाता है, वह पहले से ही विदेशी धारणा थी, किन्तु रेनेसाँ मूलतः जहाँ से आया वहाँ यह कुछ लोगों का विशेषाधिकार भर नहीं था जैसा कि भारतीय नवजागरण के विभिन्न घटकों में इसका भिन्न-भिन्न परिणाम देखा गया। प्रथम अध्याय में इस बिन्दु पर संकेत किए गए हैं अतः यहाँ यह कहना पर्याप्त होगा कि नवजागरण कालीन बंगाल के इतिहास को एकरूपता में नहीं देखा जाना चाहिए। (विस्तृत अध्ययन के लिए इस लेखिका की पुस्तक साहित्य और विचारधारा देखी जा सकती है।)

बंगाल में नवजागरण के फलस्वरूप जिस आधुनिकता का विकास हुआ उससे लाभान्वित होने वाले बंगाली समाज को दो भागों में बाँटकर देखा जाना चाहिए। प्रथम भाग में कलकत्ता के कुछ मध्यवर्गीय कुलीन परिवार आएँगे जो अंग्रेज़ों की निकटता से लाभान्वित होते जा रहे थे और दूसरे भाग में पूरे बंगाल का वह शेष भाग जो नवजागरण से किसी भी प्रकार जुड़ा हुआ नहीं था। केवल मध्यवर्गीय कुलीन भद्रलोक के मध्य बंगाल के नवजागरण के फैलने की पुष्टि इतिहासकार अमलेन्दु दे के इस कथन से होती है जिसमें मध्यवर्ग की सकारात्मक भूमिका स्वीकार करते हुए वे कहते हैं, ''इसमें कोई सन्देह नहीं कि ब्रिटिश सम्पर्क से जो शिक्षित हिन्दू मध्यवर्ग बंगाल में उभरा उसने 'बंगाल रेनेसाँ' के नाम से जानी जानेवाली घटना प्रक्रिया में महत्त्वपूर्ण भूमिका निभाई, किन्तु यह जागरण मुख्यतः कलकत्ता शहर केन्द्रित हिन्दुओं का था। यद्यपि इसका थोड़ा-बहुत प्रभाव कुछ छोटे शहरों और गाँवों में भी महसूस किया गया जहाँ शिक्षित हिन्दू रहते थे। इस रेनेसाँ के मनीषियों का बांग्ला भाषा, साहित्य एवं जातीय जागृति में महत्त्वपूर्ण योगदान रहा जिसके परिणामस्वरूप आधुनिक बंगाल की नींव पुख्ता हुई। इनके योगदान को स्वीकार करते हुए भी हमें इस कटु सत्य को मानना पड़ता है कि यह जागरण साधारण जनता के बीच नहीं फैल पाया, केवल शिक्षित हिन्दू मध्यवर्ग के बीच सिमटकर रह गया। मुस्लिम जनता और हिन्दू समाज के निम्न वर्ग के लोग इस जागरण से सही अर्थों में लाभान्वित नहीं हो सके। अतः इस विशेषण 'बंगाल रेनेसाँ' को कलकत्ता केन्द्रित हिन्दुओं के जागरण के अतिरिक्त और कुछ नहीं कहा जा सकता है।'' (वही, पृ. 111) बंगाल का जो जागरण बंगाल के बाहर की जनता के बीच तो क्या बंगाल के गाँवों तक नहीं पहुँचा। उसका प्रधान कारण इस देश की जनता का नए शैक्षणिक अर्थों में अशिक्षित होना था। अंग्रेज़ी शिक्षा के बढ़ते वर्चस्व के साथ अभी तक के विद्वान, आलिम-फाजिल अनपढ़ मान लिए गए क्योंकि अंग्रेज़ी को विद्वत्ता की भाषा मान लिया गया। संस्कृत और फ़ारसी के पंडितों से उनका स्थान छिन गया। हिन्दी प्रदेश में यह मुहावरा चल पड़ा—'पढ़े फ़ारसी बेचे तेल, देखो यह किस्मत का खेल।'

उन्नीसवीं सदी का प्रत्येक विद्वान यह भलीभाँति समझ रहा था कि पूरे देश को अंग्रेज़ी में शिक्षित करना असम्भव है। यह कार्य केवल और केवल मातृभाषाओं में हो सकता है। इसलिए भारतेन्दु हरिश्चन्द्र, सर सैयद अहमद खान, बंकिमचन्द्र चट्टोपाध्याय, ईश्वरचन्द्र विद्यासागर यहाँ तक कि अंग्रेज़ी भाषा के सबसे बड़े समर्थक माने जाने वाले राजा राममोहन राय तक मातृभाषा में शिक्षा दिए जाने के समर्थक थे। फिर भी उन्नीसवीं सदी की समाजार्थिक परिघटनाओं का स्वरूप ही ऐसा था कि उनकी कोख से विज्ञान तथा जनशिक्षा के लिए आवश्यक पूर्व शर्तों का जन्म नहीं हुआ। फलत: उपर्युक्त विचारों की कोई सामाजिक प्रासंगिकता नहीं रह गई। वे मात्र आदर्श स्वप्न बनकर ही रह गए। इसके अतिरिक्त अपने कार्यक्रम के कार्यान्वयन के लिए बौद्धिक जन उपनिवेशवादी राज्य पर निर्भर थे, इसलिए उनकी यह योजना अपने आप में विफल हो जाने वाला प्रयास बनकर रह गई।'' (औपनिवेशिक भारत में सांस्कृतिक और विचारधारात्मक संघर्ष, के.एन. पणिक्कर, अनुवाद—आदित्य नारायण सिंह, ग्रन्थशिल्पी, दिल्ली, 2003, पृ. 20-21) ऐसा केवल आधुनिक ज्ञान-विज्ञान की शिक्षा ही नहीं, वरन् जिन सुधार कार्यक्रमों का पूरा श्रेय ब्रिटिश सरकार को दिया गया उनके साथ भी घटित हुआ। आगे चलकर राजा राममोहन राय और ईश्वरचन्द्र विद्यासागर के ब्रिटिश शासन से मोहभंग की चर्चा की जाएगी।

औपनिवेशिक बुद्धिजीवियों द्वारा भारतीय चित्त अनुकूलन—चूँकि भारतवर्ष की राजनैतिक परिस्थितियों और उसके ढाँचे के कारण औपनिवेशिक सत्ता से संवाद करने और उसके वास्तविक उद्देश्य को समझने तक वे इस देश पर पूरी तरह क़ब्ज़ा कर चुके थे। अंग्रेज़ी राज के पास बड़ी सेना, जिसकी बड़ी संख्या भारतीयों की ही थी, शक्तिशाली पुलिस संगठन, इसमें भी भारतीय ही अधिक थे और एक दमनकारी सुगठित शासन तंत्र था जिससे आम जनता का संघर्ष में जीत पाना आकाश कुसुम था। सम्भवत: इस सत्य को महात्मा गांधी ने सर्वाधिक पहचाना था, इसीलिए मुट्ठी भर अंग्रेज़ों द्वारा, इस देश के निवासियों द्वारा ही इस देश के दमन की विचित्र स्थिति को उन्होंने अनूठी रणनीति—असहयोग की रणनीति से परास्त किया था। अंग्रेज़ी शिक्षित भारतीय बुद्धिजीवी औपनिवेशिक सिद्धान्तकारों के उस जाल का भी बहुत शिकार बना जिसमें सिद्धान्तकारों ने अपने उदार विचारों को बहुत सजा-सँवार कर प्रस्तुत किया। इन उदार विचारों के प्रेरणास्रोत के रूप में ब्रिटेन को प्रस्तुत करने वाले औपनिवेशिक इतिहासकारों में जेम्स मिल, जान मैलकम, जे.सी. मार्शमे, ग्रांट डफ, हैनरी विवरिज और भारत पर लिखने वाले ऐसे बहुत से लोगों का नाम लिया जा सकता है। पराधीन और स्वाधीन भारत में भारतीय इतिहासकारों की एक लम्बी कतार रही जो भारतीय इतिहास को इन्हीं के चश्मे से देखती रही इन औपनिवेशिक लेखकों ने एक ओर ब्रिटेन को उदारता और

महान विचारों से परिपूर्ण राष्ट्र के रूप में प्रस्तुत किया तो दूसरी ओर भारतीय शासकों को निर्दयी और स्वेच्छाचारी बताया। औपनिवेशिक इतिहासकारों में, कुछ अपवादों को छोड़कर, सभी के लम्बे और सुचिन्तित प्रयासों ने भारत के बौद्धिक वर्ग की समझ पर उनके यथार्थ का पर्दा डाल दिया। उन्होंने मान लिया कि प्राक् औपनिवेशिक समाज बर्बर और क्रूर था। उस समाज को अंग्रेज़ों ने आकर सभ्य और सुसंस्कृत बनाया। अन्यथा इस देश में कभी-कभी अकबर या रणजीत सिंह जैसे नर्मदिल शासकों के अतिरिक्त भारतीय नर्क की आग में जल रहे थे। चूँकि मुग़ल साम्राज्य के विघटन काल में यहाँ एक प्रकार की राजनैतिक अराजकता और सामाजिक अव्यवस्था फैली हुई थी अतः उसने ऐसी बातों को बल देने में और सक्रिय सहयोग दिया। भारतीयों ने बड़ी सरलता से सहज ही मान लिया कि वे असभ्य, जंगली, हूस और डरपोक थे। भारतेन्दु हरिश्चन्द्र ने बिलकुल यही प्रश्न पूछा था, इस सलाह के साथ "भाइयो! राजा-महाराजों का मुँह मत देखो, मत यह आशा रखो कि पंडित जी कथा में कोई ऐसा उपाय भी बतलाएँगे कि देश का रुपया और बुद्धि बढ़े। तुम आप ही कमर कसो। आलस छोड़ो। कब तक अपने को जंगली, हूस, मूर्ख, बोदे, डरपोकने पुकरवाओगे।" (भारतेन्दु समग्र, पृ. 1011)

औपनिवेशिक दृष्टिकोण का चश्मा पहने इतिहासकारों और बुद्धिजीवियों ने केवल हिन्दी नवजागरण के साथ ही अन्याय नहीं किया वरन् नवजागरण के अग्रदूत के नाम से विख्यात राजा राममोहन राय के कृतित्व को भी धूमिल किया। रागमोहन राय को केवल अंग्रेज़ों और उनकी शिक्षा के भक्त के रूप में प्रस्तुत किया गया जबकि वे अंग्रेज़ों की बहुत से स्थानों पर आलोचना भी करते हैं। राममोहन राय अंग्रेज़ी शिक्षा के समर्थक थे, किन्तु आवश्यकता पड़ने पर उन्होंने अंग्रेज़ों का विरोध भी किया। 1821 ई. में नेपल्स की संवैधानिक सरकार के अपदस्थ किए जाने पर उन्होंने दुःख प्रकट किया था। वे इतने अधिक दुखी हुए कि उन्होंने 'कैलकटा जर्नल' के सम्पादक बकिंगघम के साथ अपना कार्यक्रम रद्द कर दिया। दक्षिण अमरीका के स्पेनी उपनिवेशों में संवैधानिक सरकार बनने पर उन्होंने कलकत्ता के टाउन हॉल में एक सार्वजनिक भोज दिया था। उन्होंने सदैव इस बात पर बल दिया कि केवल लोकतांत्रिक सरकार ही लोगों को सुखी रख सकती है। प्रथमतः उन्होंने और भारतेन्दु तथा उनके सहयोगियों ने इंग्लैंड और अंग्रेज़ों को एक आदर्श उदाहरण के रूप में जाना जिनके अपने देश में नागरिक स्वतंत्रता और समानता का उपभोग करते थे। उन्हें यह लगा कि इंग्लैंड उनके यहाँ भी इन आदर्शों की स्थापना करेगा, किन्तु भारत की राजनैतिक, आर्थिक और प्रशासनिक स्थिति दिनोंदिन बद से बदतर, बदतर से बदतरीन होती गई। अंग्रेज़ों द्वारा एक के बाद एक जनविरोधी कार्यों, "अभिव्यक्ति की स्वतंत्रता पर अंकुश लगाने के प्रयत्न, राजस्व, न्याय विभाग और पुलिस प्रशासन में व्याप्त घोर और

निर्लज्जतापूर्ण भ्रष्टाचार, विधान परिषदों में जन-प्रतिनिधियों की भागीदारी की पूर्ण अनुपस्थिति और ब्रिटेन के हितों के लिए भारतीय संसाधनों के दोहन को उन आदर्शों का सरासर त्याग मानते हुए बौद्धिक जनों ने इन पहलुओं की तीव्र आलोचना की। किंग-इन-कौंसिल और उच्चतम न्यायालय से की गई एक अपील में राममोहन राय और उनके सहयोगियों ने कहा कि यदि प्रेस विनियम पास कर दिया जाता है तो हमारा इस बात पर गर्व करना उचित नहीं रह जाएगा कि हमारा यह सौभाग्य है कि हमें सम्पूर्ण ब्रिटिश राष्ट्र का संरक्षण प्राप्त है, या इंग्लैंड के राजा और उनकी लार्ड सभा तथा आम सभा हमारे विधायक हैं और हम इस सम्बन्ध में आश्वस्त हैं कि हमें वही नागरिक और धार्मिक सुविधाएँ प्राप्त हैं, जिनके हकदार इंग्लैंड में अंग्रेज़ लोग हैं।'' (दि इंग्लिश वर्क्स ऑफ राजा राममोहन राय, पेटिशन अगेन्स्ट प्रेस रेग्यूलेशन, सम्पा. जे.सी. घोष, पृ. 442)

हिन्दी नवजागरण के सम्बन्ध में जिस अभिव्यक्ति की स्वतंत्रता के हनन का बहुत से अंग्रेज़ी दां बुद्धिजीवियों द्वारा जिक्र तक नहीं होता, नवजागरण कालीन बुद्धिजीवी उसके प्रति सचेत थे। ''चार्टर अधिनियमों के नवीकरण के सिलसिले में ब्रिटिश संसद के समक्ष गवाही देते हुए राममोहन ने ईस्ट इंडिया कम्पनी के राजस्विक तथा न्यायिक प्रशासन की कमियों को उजागर किया। कम्पनी के प्रशासन की शायद सबसे तीव्र आलोचना 'यंग बंगाल' के सदस्यों ने की। रसिक कृष्ण मलिक की राय में, न्याय प्रशासन 'शासन के न्यायसम्मत सिद्धान्तों के ख़िलाफ़ था', और दक्षिणारंजन मुखोपाध्याय ने पुलिस को 'तनिक भी विश्वास के अयोग्य' बताकर उसकी भर्त्सना की। सरकारी को अभिजात वर्गीय करार देते हुए हिन्दू कॉलेज के छात्रों ने इस बात पर अपना क्षोभ प्रकट किया कि विधान परिषद में जनता की कोई आवाज़ नहीं थी और जो क़ानून उसके नागरिक आचरण का नियमन करते थे उनके निर्माण में उसका कोई हाथ नहीं था। 'लोकहितवादी' ने भारत में ब्रिटेन में निर्मित माल की भरमार करने पर आपत्ति की, वीरेशलिंगम ने भारत के धन के बहकर इंग्लैंड चले जाने के सिलसिले पर दुःख व्यक्त किया और केशवचन्द्र सेन ने 'अपने स्वार्थ की पूर्ति या विलासिता जीवन जीने के लिए भारत की सम्पत्ति, धन-दौलत और संसाधनों' के उपयोग के अंग्रेज़ों के अधिकार पर आपत्ति की। उन्होंने कहा कि यह नहीं हो सकता कि आप मैनचेस्टर के हित साधने के लिए या समाज के यहाँ के किसी हिस्से की भलाई की खातिर अथवा वहाँ जाने वाले व्यापारियों के लाभ के लिए भारत पर क़ब्ज़ा रखें।...अगर आप भारत पर अधिकार रखना चाहते हैं तो भारत की भलाई के लिए ही रख सकते हैं।'' (औपनिवेशिक भारत में सांस्कृतिक और विचारधारात्मक संघर्ष, के.एस. पणिक्कर, पृ. 22-24) इसका कदापि यह अर्थ भी नहीं लगाया जाना चाहिए कि इन सभी का अंग्रेज़ी राज से पूर्णतः विश्वास उठ गया था। बंगाल के बुद्धिजीवियों की तुलना में

हिन्दी प्रदेश के बुद्धिजीवियों का अंग्रेज़ी राज से मोहभंग अपेक्षाकृत बहुत जल्दी हो गया था। सम्भवत: इसका एक कारण यह था कि वे देर से मोहग्रस्त हुए थे।

इस सन्दर्भ में आगे बढ़ने से पहले भारतेन्दु एवं राधामोहन गोकुल आदि के हवाले से इस रोचक तथ्य से अवगत होना चाहिए कि बंगाल का नवजागरण आरम्भ में जितना ईश्वर, मूर्ति पूजा विरोधी और कर्मकांड से छिटका हुआ दिखाई देता है बाद के दिनों में उससे उलटी राह पकड़ लेता है। इस लेखिका ने अपने 'भारतेन्दु हरिश्चन्द्र एवं बंकिमचन्द्र' के साहित्य पर किए शोधकार्यों में विस्तारपूर्वक दिखलाया है कि बंकिमचन्द्र चट्टोपाध्याय आरम्भ में तार्किक हैं उन्हें जब किसी ने उनके धर्म में श्रद्धा न होने से दुखी होकर 'टेन कमांडमेंट्स' पढ़ने को दी तो पढ़कर लौटाते समय बंकिमचन्द्र ने टिप्पणी की कि इसमें भाषा की अत्यधिक अशुद्धियाँ हैं। उन्हीं बंकिमचन्द्र ने आगे चलकर कृष्णचरित्र लिखा, कई भागों में लिखा, हज़ार पृष्ठों में लिखा। यही नहीं अपने 'साम्य निबन्ध' में उन्होंने स्त्री-पुरुष की समानता की, किन्तु बाद में इस निबन्ध के इस अंश को त्याग (Disown) दिया और केवल 'कृषक' वाले अंश को पुनर्मुद्रित करवाया।

उन्नीसवीं सदी के एकदम आरम्भ में राजा राममोहन राय ने अपनी प्रथम कृति तुहफत-उल-मुवाहिद्दीन (1803) में सम्पूर्ण सनातनी धार्मिक प्रणाली को बुद्धिवाद की कसौटी पर खोटा बताया। यहाँ अत्यन्त रोचक तथ्य यह है कि अभी तक राजा राममोहन राय का यूरोपीय दर्शन और वैज्ञानिक चिन्तन से परिचय नहीं हुआ था। इस दौर में उनके बुद्धिवाद का प्रेरणास्त्रोत भारतीय दर्शन था। इस समय राजा राममोहन परिचय की तार्किक प्रणाली से पूर्णत: अपरिचित थे। राजा राममोहन राय ने अपनी इस पुस्तक में केवल आस्तिकतावाद और आत्मा तथा परलोक की धारणा के अतिरिक्त पूरी धार्मिक प्रणाली को नकार दिया था। 'यंग बंगाल' के सदस्यों की धारणा थी कि जो बुद्धि से काम नहीं लेता वह धर्मान्ध है, जो बुद्धि से काम नहीं ले सकता वह मूर्ख है और जो बुद्धि से काम ले ही नहीं सकता वह गुलाम है। राजा राममोहन राय ने गुलामी की इन बेड़ियों को तोड़ने हेतु अक्षयकुमार दत्त को लिखा कि हमारा गुरु विशुद्ध बुद्धिवाद है। स्वयं अक्षय कुमार सभी घटनाओं को प्राकृतिक नियमों से देखे जाने के आग्रही थे। केशवचन्द्र सेन ने भी आरम्भ में धर्मग्रन्थों के प्रभाव को पूर्ण रूप से अस्वीकार कर दिया था तथा व्यक्ति की बुद्धि और उसकी तर्कसम्पन्नता को ही मुख्य शक्ति बताया था। रानाडे ने भी विवेक और बुद्धि को सर्वोच्च मार्गदर्शन बताया। सर सैयद अहमद खाँ धार्मिक क्षेत्रों में भी बुद्धिवाद को मार्गदर्शक मानते थे। भारतेन्दु हरिश्चन्द्र और राधामोहन गोकुल ने बार-बार बुद्धि का आश्रय ग्रहण करने पर बल दिया।

आश्चर्यजनक रूप से ये सभी विद्वान अपने जीवन के परवर्ती काल में बुद्धिवाद से दूर हटते जाते हैं। जो लोग सामाजिक-धार्मिक सुधारों की वास्तविक प्रक्रिया से

जुड़े हुए थे उन्हें इस बुद्धिवादी स्थिति से हटते हुए स्पष्ट देखा जा सकता है। राममोहन के तुहफत के दौर के बुद्धिवाद में उनके परवर्ती जीवन काल में स्पष्ट गिरावट आई। उन्होंने अपने देववादी (हिस्टिक) विश्वास का त्याग कर दिया और वेदों को ईश्वर का सन्देश मानने लगे। धर्मग्रन्थों के तथ्यों पर बुद्धिवादी के कारण बताते हुए उनमें सामंजस्य दिखलाने का प्रयत्न करने लगे, केशवचन्द्र सेन में यह परिवर्तन अधिक नाटकीय था। जिस युवा ब्रह्मसमाजी ने ब्रह्म समाज के मूल गतानुगतिकता-विरोध को प्रतिष्ठित करने के लिए प्रबल अभियान छेड़ दिया था, उसी ने अब प्रार्थनाओं में आरती, पूजा और संकीर्तन को दाखिल कर दिया। जो लोग उनसे असहमत थे उन पर 'धर्मविहीन, अपधर्मी, बुद्धिवादी और आस्थाहीन' होने का आरोप लगाया गया। इससे भी अधिक महत्त्व की बात यह थी कि नए ग्रन्थ के प्रधान धर्माधिकारी के रूप में उन्होंने अपने संबुद्धिगत अनुभव का विस्तार सार्वजनीन स्वीकृति के लिए किया। रानाडे भी अपनी बुद्धिवादी स्थिति से विचलित हो गए। सामाजिक दबाव में आकर उन्होंने एक विधवा से विवाह करने की अपनी योजना का त्याग कर दिया, और ईसाई धर्म प्रचारकों द्वारा आयोजित एक चाय-पान भोज में शरीक होने के लिए प्रायश्चित्त किया, लेकिन उन्हें इसकी व्यर्थता का पूरा विश्वास था। ध्यान देने की बात है कि अक्षयकुमार दत्त जैसे जो लोग सुधार की गतिविधियों से प्रत्यक्ष रूप से सम्बद्ध नहीं थे उनमें यह परिवर्तन नहीं आया।" (वही, पृ. 26)

भारतेन्दु हरिश्चन्द्र एवं सहयोगियों ने सामाजिक सुधार के लिए साहित्य को अपना माध्यम बनाया। इन सामाजिक कर्मियों में विशेषकर भारतेन्दु हरिश्चन्द्र और राधामोहन गोकुल अधिक से अधिक तर्कप्रणव होते गए। राधामोहन गोकुल (1865-1935) ने तो अपनी परिपक्व आयु में अधिक तार्किक एवं क्रान्तिकारी रचनाएँ लिखीं और ग्रामीणों के बीच जाकर काम किया। ग्राम्शी के ग्रामीण श्रेणी के बुद्धिजीवी को अगर पारम्परिक संवेदनायुक्त बुद्धिजीवी या देशी बुद्धिजीवी कहा जाए तो यह पारम्परिक समाज से अधिक जुड़ा होता है और परम्परा से अपने सूत्र प्राप्त करता है। ग्राम्शी ने स्वयं इटली के बुद्धिजीवियों से जापानी, चीनी और भारतीय बुद्धिजीवियों को भिन्न बताया है। ग्राम्शी कहते हैं, "भारत और चीन दोनों में बुद्धिजीवियों और साधारण लोगों को अलग करने वाला विशाल अन्तर धर्म के क्षेत्र में भी नज़र आता है। विभिन्न विश्वासों और समाज के विभिन्न तबकों में उसी धर्म को संकल्पित और आचरित करने के विभिन्न तरीकों का अध्ययन सामान्य रूप से आवश्यक है।" (सांस्कृतिक और राजनीतिक चिन्तन के बुनियादी सरोकार, पृ. 112)

प्रत्येक समाज में अपनी आन्तरिक गड़बड़ियों को ठीक करने का अपना तंत्र होता है। कम-से-कम भारतवर्ष के सम्बन्ध में यह कथन निश्चयपूर्वक इसलिए भी कहा जा सकता है कि उन्नीसवीं सदी के बहुत पहले बल्कि 'सदी' के आरम्भ होने

से पहले यहाँ सामाजिक-धार्मिक सुधार के सशक्त आन्दोलन होते रहे। बुद्ध, महावीर, सिद्ध, नाथ और कबीर एक परम्परा में आते हैं, धार्मिक कुरीतियों को दूर करने की परम्परा में। यह भी एक कटु सत्य है कि सुधारक आते हैं, नबी आते हैं, पैगम्बर आते हैं, अवतार तक आते हैं, इस समाज को सुधारते हैं फिर यह समाज बिगड़ने लगता है। 'दुनिया की वही चाल बेढंगी, जो पहले थी सो अब भी है', समाज बिगड़ने लगता है, विकृतियाँ बढ़ने लगती हैं, लोग अगले पीर-पैगम्बर की प्रतीक्षा करने लगते हैं। समाज में सुधार-बिगाड़ का यह क्रम चलता रहता है, किन्तु इससे एक बात यह भी प्रमाणित हो जाती है कि भारत में सामाजिक सुधारों की एक लम्बी अन्तर्क्रिया और परम्परा पहले से विद्यमान थी और अठारहवीं सदी भी इससे शून्य नहीं थी। कबीर अभी भी बहु-उद्धृत थे क्योंकि हिन्दू समाज अभी भी भयंकर रूप से रूढ़िग्रस्त था। हिन्दू धर्म मूर्तिपूजा, बहुदेववाद, अन्धविश्वासों और रूढ़ियों से बुरी तरह ग्रस्त था। समाज के विचारक इसे देख पा रहे थे। भारतेन्दु वास्तविक धर्म के नष्ट हो जाने की बात कहते हैं, "अनेक कोटि देवी-देवताओं का माहात्म्य छोटी-छोटी बातों में ब्रह्महत्या का पाप और तुच्छ-तुच्छ बातों में बड़े-बड़े यज्ञों के पुण्य का अहं, ब्रह्म का ज्ञान और मूल धर्म छोड़कर उपधर्मों के आग्रह ने भारतवर्ष से वास्तविक धर्म का लोप कर दिया।" (भारतेन्दु समग्र, पृ. 877)

अठारहवीं सदी में भारतवर्ष के विभिन्न प्रान्तों में सनातन धर्म में घुस आई कुरीतियों और विकृतियों को दूर करने के लिए कई सम्प्रदाय बन गए थे, "यथा उत्तर प्रदेश में सतनामी, अप्पापंथी और शिवनारायण सम्प्रदाय, बंगाल में कर्ताबाज और बलरामी, राजस्थान में चरणदासी और आन्ध्र प्रदेश में वीर ब्रह्म चुनौती दे रहे थे। इनमें से सभी सम्प्रदायों ने बहुदेववाद, मूर्तिपूजा और जात-पाँत की निन्दा की। उन्नीसवीं सदी के उत्तरार्द्ध के सुधारकों की तरह चरणदास ने मूर्तिपूजा-विरोध और जात-पाँत के विरोध के लिए वेदों के प्रमाण का सहारा लिया। उनका कहना था कि 'आम लोगों के लाभ के लिये मैं वेदों के सत्य को सरल हिन्दी में प्रस्तुत कर रहा हूँ।' ...संख्या की दृष्टि से भी इन लोगों का महत्त्व कोई मामूली नहीं था। इनमें से अधिकांश सम्प्रदायों के अनुयायियों की संख्या बीस से तीस हज़ार तक थी।" (औपनिवेशिक भारत में सांस्कृतिक और विचारधारात्मक संघर्ष, के.एस. पणिक्कर, पृ. 13-14)

उन्नीसवीं शताब्दी में आधुनिक शिक्षा से लैस सुधारक भारतीय समाज में व्याप्त कुरीतियों को सुधारने वाले कोई पहले सुधारक नहीं थे। अगर हम उन्नीसवीं सदी के पहले के सुधारकों की विफलता की बात करते हैं तो आज इक्कीसवीं सदी में धर्म, उसकी कुरीतियों, मठों, मठाधीशों और धर्म तथा राजनीति के घालमेल से किए गए घिनौने कृत्यों के कारण उन्नीसवीं सदी के समाज सुधारक सबसे अधिक दोषी ठहरेंगे क्योंकि वे तो आधुनिकता से लैस थे। इसी तरह जाति के बन्धन तोड़ने

के लिए अठारहवीं सदी प्रयत्नशील थी, किन्तु इक्कीसवीं सदी इसमें और मज़बूत गाँठें लगाती जा रही है।

कहने का स्पष्ट तात्पर्य यह है कि भारतवर्ष में केवल विदेशी प्रभाव से सुधार आन्दोलन पैदा नहीं हो गए। आन्तरिक सुधार की एक प्रक्रिया उसमें पहले से विद्यमान थी। वास्तविक समस्या इस आन्तरिक सुधार के उपकरणों में थी जिसका परिणाम आज तक भारतीय समाज भुगत रहा है और आने वाली दो-चार सदियों में इसके सुधार की कोई आशा नहीं दीख पड़ती। सामान्यत: भारतीय नवजागरण और विशेषत: हिन्दी नवजागरण ने समाज सुधार के रूप में जिस धर्म को उपकरण के रूप में चुना वह धर्म ही पूर्वग्रहग्रस्त था। सभी समाज सुधारक थोड़ा-बहुत 'सुधार' कर पाते थे जबकि इसमें आमूलचूल परिवर्तन की आवश्यकता थी।

वास्तव में संसार का प्रत्येक धर्म स्त्री और जाति के प्रश्नों पर अन्तर्विरोधों से ग्रस्त रहा है। अन्य देशों में जाति की समस्या कुलीनता और वर्ग के रूप में दिखाई पड़ती है। सभ्यता और संस्कृति के जिन क्षणों में धर्म का पहले आविर्भाव फिर विकास हुआ वहीं से लिंग और अर्थगत असमानता इसका अविभाज्य अंग बन गई। स्त्री के प्रति दुर्भाव और भेदभावपूर्ण रवैया धर्म की घुट्टी में है। प्रत्येक धर्म के व्याख्याताओं ने स्त्री और जाति के आधार पर ऊँच-नीच को प्रश्रय दिया। कुछ धर्मों में यह जाति भेद कुलीनता के रूप में है। मुनष्य की संस्कृति स्वामी और दास की संस्कृति के रूप में ही विकसित हुई। इनसानी तहज़ीब ओ तमद्दुन के ख़मीर में मालिक और ग़ुलाम की शख्सियत अलग-अलग शामिल हुई, इनसानी सभ्यता वर्चस्ववादी मानसिकता से ग्रस्त रही। जब से लिखित मानव इतिहास मिलता है उसमें स्त्री और तथाकथित निम्न जाति के प्रति मानवीयता नहीं मिलती। पता नहीं किस काल्पनिक युग में मातृसत्तात्मक समाज रहा होगा।

चूँकि इस अध्याय में धर्म और खंडित आधुनिकता पर चर्चा करनी है इसलिए पहले स्त्री और उससे सम्बद्ध शास्त्रीय और धार्मिक व्यवस्थाएँ, उन व्यवस्थाओं की पुरुषवादी व्याख्याएँ उन व्याख्याओं का निरन्तर साधारणीकरण, उन साधारण लोगों का स्त्री के प्रति भाषाई दुर्व्यवहार और इन आधुनिक भाषाई प्रयोगों में पुनः-पुनः उन्हीं शास्त्रीय व्यवस्थाओं का हवाला दिया जाना, पर विचार करना उचित होगा।

अपनी यात्रा के आरम्भिक दौर में हर धर्म के समुदाय ने अपनी पवित्र पुस्तक को पा लिया था। प्रत्येक धर्म की पवित्र पुस्तक अपौरुषेय थी अर्थात् ईश्वर द्वारा रचित जिसे किसी पुरुष ने नहीं रचा। सबसे महत्त्वपूर्ण बात यह दीख पड़ती है कि ईश्वर पुल्लिग है और धर्मग्रन्थ अपौरुषेय होने पर भी पुल्लिग द्वारा ही निर्मित बताए गए। ये सभी धर्मग्रन्थ अपौरुषेय कहे तो गए, किन्तु उनका व्याख्या पुरुषों द्वारा ही की गई। इन व्याख्याओं के आधार पर ही सामाजिक नियम बने। इन

सामाजिक नियमों को ईश्वर के आदेश जैसी वैधता प्रदान की गई। नियम निर्माताओं ने इस बात का पूरा ध्यान रखा, इन नियमों के साथ बार-बार ईश्वर और उसकी पवित्रता, विराटता अत: असंदिग्धता नियमित रूप से उल्लेखित होती रहे, ताकि स्त्रियों का अधिकार हनन ईश्वरीय आदेश सिद्ध हो, ताकि स्त्री समुदाय किसी भी तरह इस तथ्य तक न पहुँच पाए कि धर्म की व्याख्या और सामाजिक नियम पुरुषों के बनाए हुए हैं, ताकि स्त्रियाँ कभी इस बात को समझ न पाएँ कि पुरुषों के हिताहित को ध्यान में रखकर बनाए गए हैं, ताकि स्त्रियों को कभी इस बात का भान न हो कि ये नियम पक्षपातपूर्ण हैं, स्त्री के विरुद्ध हैं, स्त्री की अवमानना करते हैं, ताकि उस पर कभी यह भेद न खुले कि जिस मिथ्या गौरव से उसे महिमामंडित किया गया है वह अधिकारविहीन है, खोखला है, उसकी ज़मीन पुख्ता नहीं, ताकि स्त्रियाँ कभी भी उस शारीरिक-मानसिक दासता को समझ न पाएँ, ताकि वे इस बात के प्रति कभी विद्रोह न करें कि वे मनुष्य तो हैं, किन्तु उन्हीं समान अर्थों में मनुष्य नहीं जिन अर्थों में पुरुष मनुष्य हैं। जिन समाजों का निज़ाम 'धर्मानुसार' चलता था (और लगभग प्रत्येक समाज धार्मिक विधान से ही संचालित होता आया है।) उन सभी समाजों में स्त्री अपनी लड़ाई पुरुष द्वारा व्याख्यायित नियमों और व्यवस्थाओं के स्वीकार के साथ ही हार गई थी। जिस दिन उसने यह मान लिया कि 'भगवान ने ही औरतों को निर्बल बनाया है', उसी दिन वह अपने मनुष्य होने का अधिकार खो बैठी थी। ऐसा प्रतीत होता है कि सभी धर्मों के बड़े-बड़े ऋषि-मुनि यह प्रमाणित करने में सफल हो गए होते कि स्त्री मनुष्य योनि में ही नहीं आती, यदि वे स्त्री की कुक्षि से उत्पन्न नहीं होते। इस संकट के कारण वे स्त्री जाति को मनुष्य योनि, उसी मनुष्य योनि का मानने को बाध्य थे जिसे चौरासी लाख योनियों में भटकने के बाद पाया जाता है।

स्त्री मनुष्य जाति की तो मान ली गई, किन्तु उसका न अपना सम्प्रदाय था, न जाति। उसका कोई अपना धर्म भी नहीं था। उसके मनुष्य होने के सारे अधिकार उसके मालिकों के पास थे। स्त्री केवल लिंग थी। उसका अस्तित्व पुरुषों के कारण था, उसकी सार्थकता पुरुष की प्रसन्नता में थी। हम निस्संकोच कह सकते हैं कि अगर सामन्तवादी समाज ने स्त्रियों को वस्तु रूप में परिणत किया तो पूँजीवाद समाज ने भी उसे उसी तरह बने रहने का दुष्चक्र ही फैलाया। इस प्रकार प्रत्येक धार्मिक, सामाजिक, राजनैतिक, सांस्कृतिक, आर्थिक, ऐतिहासिक और शारीरिक मानसिक खाँचे में उसका वस्तु या अधिक से अधिक सजावटी वस्तु के रूप में प्रयोग किया गया।

सृष्टि के आरम्भ से ही पितृसत्तात्मक वर्चस्ववादी व्यवस्था ने स्त्रियों की भूमिकाएँ तय कर दीं। वस्तुत: एक ही भूमिका तय कर दी—पुरुषों की प्रसन्नता। स्त्री की सार्थकता केवल इसमें कि वह पुरुषों से कहती रहे कि 'दया लो माया लो,

ममता लो मधुरिमा लो...।' पुरुषों को अपने लिए सभी अधिकार चाहिए थे सो उन्होंने अपनी मनमानी व्यवस्था में अपने लिए सुनिश्चित कर लिए। यूँ संसार में अपने 'चाहिएवाद' के लिए रक्त की नदियाँ बहाते एक-दूसरे के खून के प्यासे पुरुषों की स्त्री-विरोधी एकता देखते ही बनती है। प्रत्येक जाति, धर्म, सम्प्रदाय और वर्ग का पुरुष स्त्री पर अपने अधिकारों से जितना सहमत है उतना ही स्त्री के पुरुष पर अधिकार से असहमत है। तथाकथित निम्न जाति के दलित पुरुष भी स्त्री प्रश्न पर बिलकुल उन ब्राह्मणवादी वर्चस्ववादी पुरुष निर्मित नियमों और व्यवहार की भाषा का प्रयोग करते हैं जिन्हें अपने अधिकारों के हनन के लिए वे कोसते नहीं थकते।

स्त्री की इस शारीरिक गुलामी से अधिक पतनकारी स्थिति उसकी मानसिक गुलामी की है। पितृसत्तात्मक ब्राह्मणवादी वर्चस्ववादी व्यवस्था ने उसके मस्तिष्क को अनुकूलित कर उसके शारीरिक शोषण का दुष्चक्र रचा। स्त्री के मस्तिष्क को रेहन पर रखवाने के लिए पुरुषवादी व्यवस्था ने अत्यन्त आडम्बरपूर्ण भाषा में उसे गौरवान्वित किया। सनातनधर्मियों ने पुरुष को प्रकृति के बिना अधूरा बताया अवश्य, किन्तु प्रकृति को कोई सम्मान न दिया। जिन स्थानों पर प्रकृति की आवश्यकता और उपादेयता को नकारा नहीं जा सकता वहाँ उन्होंने मौन साध लिया, उस प्रशस्ति का स्त्री को भागीदार नहीं बनाया। आडम्बरमयी भाषा में अपने गौरव और रूप की झूठी प्रशंसा के मद से आप्लावित स्त्री को यह दिखाई ही नहीं दिया कि वह अधिकार-विहीन होकर पवन हिंडोले पर झूल रही है।

स्त्रियों को किसी भी क्षेत्र में—राजनैतिक, आर्थिक, शिल्प, कला और क़ानून, अधिकार नहीं दिए गए। उसे कर्तव्य का लम्बा सूची-पत्र थमाया गया, किन्तु अधिकार का एक चिरकुट भी उसके हाथ में नहीं था। वायवीय अधिकारों से सम्पन्न नारी घर की रानी थी। वह जननी थी अत: उसके चरणों तले स्वर्ग था, किन्तु यही जननी अपने बाल्यकाल में पिता, युवावस्था में भाई, विवाहोपरान्त पति और तदोपरान्त पुत्र के अधीन मानी गई। स्त्री स्वाधीन नहीं थी क्योंकि इससे वह बिगड़ जाती थी। '...जिमि स्वतंत्र होहिं बिगरहिं नारी।' उसकी सुन्दरता उसकी क़ैद में है। औरतें पर्दे में ही भली लगती हैं। घर की चहारदीवारी में ही स्त्री सुरक्षित थी। स्त्री की पवित्रता उसे एक पुरुष के अतिरिक्त किसी और के स्पर्श न किए जाने पर ही सुरक्षित थी—'असूर्यस्पर्शया' सूरज तो सूरज उसकी किरणों के उजाले ने भी जिस स्त्री को न छुआ हो वह प्रात: स्मरणीया मानी गई।

इस पुस्तक का विवेचन काल खंड उन्नीसवीं शताब्दी है। अत: हम परम्परा और नई-नई आधुनिकता के आलोक में इस सदी के स्त्री प्रश्नों पर विचार करेंगे, किन्तु यहाँ यह अवश्य उल्लेखनीय है कि आधुनिकता ने भी स्त्री के साथ समुचित न्याय नहीं किया। यह प्रचलित शेर ही उसकी स्थिति बयान करता रहा—

बागबां आया कि गुलशन में सय्याद आया।
जो कोई आया मेरी जां को जल्लाद आया॥

स्त्री की मानसिक दुर्दशा का मुख्य कारण अत्यन्त छलपूर्ण भाषा में उसका महिमामंडन रहा। पितृसत्तात्मक ब्राह्मणवादी वर्चस्ववादी स्त्री सम्बन्धी व्यवस्था (नियम-क़ानून) ने उसे पुरुष की सहधर्मिणी बताया ऐसी सहधर्मिणी जो साथ न चलकर सदा उसके पीछे चले, उसे गृहस्वामिनी बताया ऐसी स्वामिनी जिसका अपना गृह न हो और जिसका पति उसका स्वामी हो, उसे दुलारी कन्या बताकर, ऐसी पवित्र वस्तु बना दिया जिसका दान किया जा सके। ऐसी व्यवस्था बनाई गई कि पुरुषों को कन्यादान करने पर स्वर्ग मिले। उसे स्नेह से परिपूर्ण भगिनी बताया, आदर्श भगिनी वह जो कभी भाई से पैतृक सम्पत्ति में अपना हिस्सा न माँगे, उसे अपना भाग सहर्ष दे दे। उसे पूर्णतः समर्पिता पत्नी बताया जो पति के उस गृह को स्वर्ग-सा बनाकर रखे जिसकी स्वामिनी उसे बताया जाता है। भार्या को पत्नी बताया और स्वयं को पति। यह पति कब परमेश्वर हो गया पता ही नहीं चला! स्त्रियों की मुक्ति इसी परमेश्वर की पूजा से सम्भव थी बल्कि इस ही परमेश्वर की पूजा से सम्भव थी। बंकिमचन्द्र के प्रसिद्ध उपन्यास 'देवी चौधरानी' की अति प्रसिद्ध नायिका जब डकैती का मार्ग छोड़ पति द्वारा अपना ली जाती है तो उसके गृहस्थी में प्रवेश करने पर बंकिमचन्द्र उसे इस गृह धर्म से परिचित करवाते हैं। बंकिमचन्द्र पूछते हैं, "अब गृहस्थी में मन लगेगा? चाँदी के सिंहासन पर बैठकर, हीरे का मुकुट पहनकर रानीगीरी करने के बाद बर्तन माँजना, घर बुहारना अच्छा लगेगा? योगशास्त्र के बाद ब्रह्म ठकुरानी की कहानी अच्छी लगेगी? जिसके इशारे पर दो हज़ार आदमी नाचते थे, क्या उसे दूसरों की हुक्मबरदारी अच्छी लगेगी?" (बंकिम समग्र, सम्पा. निहालचन्द्र वर्मा, प्रचारक ग्रन्थावली परियोजना वाराणसी, पृ. 903) प्रफुल्ल उत्तर देती है—"अच्छी लगेगी तभी तो आई हूँ। स्त्रियों का यही धर्म है। राजत्व उनका धर्म नहीं है, यह गृहस्थी धर्म ही सबसे कठिन धर्म है, इससे बढ़कर कठिन कोई भी योग नहीं है। देखो कितने निरक्षर, स्वार्थी और अनभिज्ञ लोगों से हमें रोज काम पड़ता है। इन्हें कोई कष्ट न हो, सब सुखी रहें हमें ऐसा प्रबन्ध करना होगा। इससे कठिन कौन संन्यास हो सकता है, इससे बड़ा पुण्य कौन हो सकता है? मैं यही संन्यास धारण करूँगी।" (वही, पृ. 903) प्रफुल्ल वह 'संन्यास' धारण करके दिखलाती है, लोग आश्चर्यचकित होते हैं, किन्तु प्रफुल्ल नहीं होती। वास्तव में प्रफुल्ल ने अब तक देश-सेवा के लिए जिस निष्काम धर्म की साधना की थी वह अब जाकर सफल हुई—"प्रफुल्ल गृहस्थी में आकर ही यथार्थ संन्यासिनी हुई थी। उसे कोई कामना नहीं थी वह केवल काम खोजती थी। कामना का अर्थ है अपना सुख खोजना। काम का अर्थ है दूसरे का सुख खोजना। वह निष्काम थी। अतः कर्मपरायण थी। इसी से वह यथार्थ संन्यासिनी हो सकती थी। वह जो भी स्पर्श

करती वह सोना हो जाता। प्रफुल्ल भवानी ठाकुर द्वारा शान चढ़ाई हुई अस्त्र थी अत: उसने सांसारिक कष्टों को अनायास ही काट डाला। फिर भी हरबल्लभ के घर में कोई यह नहीं जान सका कि प्रफुल्ल इतना तीक्ष्ण अस्त्र है। वह अद्वितीय महामहोपाध्याय की शिष्या और स्वयं परम पंडिता है। यह जानना तो दूर रहा कोई यह भी नहीं जान सका कि वह अक्षर भी पहचानती है। गृहस्थी में विद्या दिखाने की ज़रूरत नहीं होती।" (वही, पृ. 904) स्त्री को उसी गृहकार्य में झोंक देने के लिए कितनी गौरवपूर्ण भाषा का उपयोग है। रोज वही अधिकारविहीन गृहकार्य के लिए अद्भुत सहनशक्ति चाहिए। नारी नाम ही है सहनशीलता का। सहनशीलता केवल धन्यवादविहीन अनुत्पादक गृहकार्य के लिए नहीं बल्कि उसका स्वामी उस जैसी और दसियों का प्यार, समर्पण, भक्ति और दास्य भाव पा सके इसलिए भी। भारतीय नवजागरण में अग्रणी माने जाने वाले बंगला नवजागरण से ही इसका देवी चौधरानी अर्थात् प्रफुल्ल में बंकिमचन्द्र ने नारी में आवश्यक एक और गुण दिखलाया है, वह सौतनों से बहन जैसा प्यार करती है। वह अपने पति ब्रजेश्वर को दूसरी औरतों यानी अपनी सौतनों से भी प्यार करने के लिए कहती है। केवल कहती ही नहीं है, रीति-पूर्वक उस पर दबाव बनाती है, "प्रफुल्ल का जो कुछ भी झगड़ा था वह ब्रजेश्वर के साथ था। वह कहती थी कि मैं ही अकेली तुम्हारी स्त्री नहीं हूँ। तुम जैसे मेरे हो वैसे ही सागर और नयन के हो! पति स्त्री का देवता होता है। वह दोनों तुम्हारी पूजा क्यों नहीं कर पातीं?" ब्रजेश्वर यह नहीं सुनता था उसका हृदय केवल प्रफुल्लमय था। प्रफुल्ल कहती—"मुझे जैसे प्यार करते हो वैसे ही उन्हें भी प्यार करो। नहीं तो मेरे ऊपर तुम्हारा प्रेम पूर्ण नहीं होगा। मैं और वह एक ही हैं। यह ब्रजेश्वर की समझ में नहीं आता था।" (वही, पृ. 904) आज के सामान्य पाठक-पाठिका को भी यह समझ में नहीं आता कि प्रफुल्ल के प्रति पूर्ण प्रेम की अभिव्यक्ति के लिए ब्रजेश्वर का अन्य स्त्रियों के प्रति प्रेम क्यों?

अभी असली बात बाकी है। पति और ससुराल द्वारा परित्यक्ता प्रफुल्ल, जो डाकू भवानी ठाकुर के दल में परिस्थितिवश सम्मिलित हो जाती है तथा अपने गुणों के कारण दल का नेतृत्व सँभालती है उसे एक ब्राह्मण वयस्का बताती है कि उसे बचपन में बच्चे पकड़ने वाले गिरोह ने पकड़ लिया था, भवानी ठाकुर ने उसे आश्रय दिया, पुत्री की तरह सम्मान दिया और 'एक तरह से' उसका विवाह श्रीकृष्ण से कर दिया। भवानी ठाकुर भले ही क्रूर डकैत के रूप में कुख्यात हैं, किन्तु वे मुस्लिम शासकों के अनाचार के विरुद्ध लड़ रहे हैं। उस ब्राह्मणी के यह समझाने पर कि "श्रीकृष्ण में सभी लड़कियों का मन लग सकता है—क्योंकि उनका रूप, यौवन, ऐश्वर्य, गुण—सभी अनन्त हैं।" (वही, पृ. 841) प्रफुल्ल इस बात को समझ नहीं पाती। बंकिमचन्द्र समझाते हैं—"हिन्दू धर्म के प्रणेता इसका उत्तर जानते थे। ईश्वर अनन्त है, मानता हूँ, किन्तु छोटे से हृदय में अनन्त को नहीं भरा जा सकता, सीमाबद्ध

को भरा जा सकता है। इसलिए अनन्त जगदीश्वर हिन्दुओं के हृदय में साकार श्रीकृष्ण बनकर निवास करते हैं। पति और भी सीमित है। इसलिए प्रेम हो तो पति ईश्वर-प्राप्ति की पहली सीढ़ी होता है—इसलिए हिन्दू स्त्रियों का पति ही देवता होता है—इस मायने में अन्य सब समाज हिन्दुओं से निकृष्ट है।

मूर्ख प्रफुल्ल कुछ न समझ सकी, बोली—''यह सब तो मेरी समझ में नहीं आया।''

वयस्का—''स्त्री का देवता पति है—श्रीकृष्ण सबके देवता हैं—पर दो देवता क्यों रहें? दो ईश्वर? इस छोटे से प्राण की थोड़ी-सी भक्ति को दो हिस्सों में बाँट दिया जाए तो कितनी-कितनी रहेगी?''

प्र.—''दूत! स्त्रियों की भक्ति का कोई अन्त है क्या?''

निशि—''स्त्रियों के प्रेम का अन्त नहीं है—पर भक्ति एक दूसरी चीज़ है और प्रेम दूसरी।''

प्र.—''मेरे लिए तो दोनों नए हैं। मैं तो आज कुछ नहीं जान पाई।''

प्रफुल्ल की आँखों से आँसू गिरने लगे। निशि ने कहा—''मालूम पड़ता है बहन तुमने बहुत दुःख पाया है!''

निशि ने प्रफुल्ल को गले लगाकर उसके आँसू पोंछ दिए, बोली—''इतना नहीं जानती थी! तब प्रफुल्ल ने समझा, ईश्वर-भक्ति की पहली सीढ़ी पति-भक्ति ही है!'' (वही, पृ. 842)

'देवी चौधरानी' जैसे उपन्यास में 'पति परमेश्वर' के विचार को इस प्रकार गूँथा गया है कि प्रफुल्ल का व्यक्तित्व कहीं भी उसके पति ब्रजेश्वर से बड़ा न हो जाए। इस सम्बन्ध में व्यक्त बंकिमचन्द्र चट्टोपाध्याय की धारणा धर्मसम्मत है। स्त्री के दृष्टिकोण से देखा जाए तो वह पूछ सकती है कि जितना छोटा सा हृदय स्त्री का है उतने ही आकार का हृदय पुरुष का है, किन्तु यहाँ भौतिक अर्थ में हृदयाकार की बात ही नहीं हो रही। बल, बुद्धि और विद्या से स्त्री को इसलिए वंचित रखा गया कि वह स्त्री थी। पुरुष को शासन, सत्ता, अर्थ-विद्या सब कुछ इसलिए मिले कि वह पुरुष था। धीरे-धीरे स्त्रियाँ सभी प्रकार की शिक्षाओं से दूर होकर केवल वही बनकर रह गईं पुरुष उन्हें जो बनाना चाहते थे। विद्या-बुद्धि से स्त्री को दूर रखकर उसे मूर्खा कहा गया फिर उसे मूर्खा कहकर विद्या-बुद्धि से दूर रखा गया।

धर्म एवं स्त्री—भारतेन्दु आदि ने देश की दुर्दशा में धर्म के योगदान की चर्चा एकाधिक स्थानों पर की है, किन्तु कहीं भी स्त्रियों की दुर्दशा के लिए जिम्मेदार धर्म की भूमिका पर उनका ध्यान नहीं गया जो कि अत्यन्त स्वाभाविक है। धर्म ने समाज के संस्कार के रूप में जो सबसे प्रचलित और सर्वाधिक उद्धृत नारा दिया, 'यत्र नार्यस्तु पूज्यन्ते...' उसकी सच्चाई पर कभी किसी को सन्देह नहीं हुआ, आज भी यह नारा उसी गति और स्वच्छंदता से लगाया जा रहा है। कभी किसी ने यह पूछा नहीं कि कहाँ सम्मानित है स्त्री और वहाँ कौन से देवता वास करते हैं? वे देवता

जिनके छल-प्रपंचों का इतना वर्णन मिलता है? या वे देवता जो सत्ता के लिए स्त्रियों से छल करते हैं? या वे देवता जिनकी ईर्ष्या और वासना के वृत्तान्त से पुराण भरे पड़े हैं? इन देवताओं के बनने के इतिहास पर संक्षिप्त दृष्टिपात करें तो आज से लाखों वर्ष पूर्व मानव बनने की प्रक्रिया के समय इनका अस्तित्व नहीं था। मनुष्य प्रकृति के अन्य जीवों की तरह ही था। उसके 'विवेकवान' बनने की यात्रा के आरम्भिक दौर में वह शिकारी था—मनुष्य अर्थात् स्त्री और पुरुष दोनों। वह जन्म, मृत्यु तथा प्रकृति के अन्य रहस्यों से अनजान था। शिकार से पेट भरते मनुष्य का विकास हुआ और उसने कृषि की खोज की। कहा जाता है कि यह कृषि वास्तव में स्त्रियों की ही खोज थी। अभी भी मनुष्य प्राकृतिक आपदाओं तथा प्रकृति की शक्तियों के रहस्य को समझ नहीं पाया था अत: उसने प्राकृतिक शक्तियों, जैसे—सूर्य, अग्नि, वर्षा, वायु और चन्द्रमा आदि की पूजा आरम्भ कर दी। यह पूजा कम मनुष्य का सम्भ्रम अधिक था। इसी में कुछ स्त्री चित्र भी सम्मिलित किए गए क्योंकि मनुष्य के प्रजनन में स्त्री की प्रत्यक्ष भूमिका थी। यह जनसंख्या विस्फोट का समय नहीं था अत: मानव का संसाधन के रूप में अत्यन्त महत्त्व था और स्त्री इस संसाधन की जन्मदात्री थी।

कृषि व्यवस्था में स्त्रियों की महत्त्वपूर्ण भूमिका थी। इसके अतिरिक्त मिट्टी के बर्तन बनाना, वस्त्र बुनने का कार्य भी वे ही करती थीं। पुरुषों ने केवल शिकार का भार अपने ऊपर रखा। स्त्री ने शिकार पर जाना छोड़ पीछे 'घर' में रहकर बच्चों और 'घर' की रखवाली का दायित्व सँभाला। सामाजिक व्यवस्था धीरे-धीरे कृषि-प्रधान होने लगी। मातृसत्तात्मक समाजों का काल यही काल माना जाता है। इस युग का अनुमानत: काल ईसा से दस हज़ार ईस्वी पूर्व का है। कृषि व्यवस्था पर आधारित संस्कृतियों से सृष्टियात्मक धर्म (Cosmic Religion) का विकास हुआ। यह पूर्णत: प्रकृति केन्द्रित धर्म था। इसके सारे कर्मकांड, जन्म-मरण आदि पुनर्जन्म की धारणा पर केन्द्रित थे। तत्पश्चात् धातु की खोज हुई। मातृसत्तात्मक समाज में धरती के उपजाऊपन को स्त्री के मातृत्व से जोड़ा गया। माँ पद की महत्ता स्थापित हुई और क्रमश: बढ़ने लगी। देवियों के विभिन्न रूप इसके उदाहरण हैं। अब धातु युग में भी खनन धरती (माँ) की कोख से हो रहा था। खनन के बाद धातु का शुद्धिकरण और उसे ढाले जाने की प्रक्रिया भी एक कर्मकांड के अनुसार होती थी, क्योंकि माँ की कोख यानी धरती की कोख से निकली धातु का शुद्धिकरण बहुत सावधानी से किया जाता था।

एक बार अग्नि और पहिये के आविष्कार के बाद फिर मनुष्य नहीं रुका। उसकी गति की प्रगति क्रमश: पहिया, हल, नाव आदि से होती हुई आगे बढ़ी। ईसा से 4500 वर्ष पूर्व मनुष्य खेती, पशुपालन, बागबानी, बर्तन और हथियार बनाने में अच्छा-खासा कुशल हो चुका था। अब तक छोटे-छोटे समूहों में रहने वाला मनुष्य

नई बस्तियाँ बसाने लगा। इसके साथ ही संरक्षण और संवर्धन की प्रवृत्ति बढ़ने लगी। मनुष्य ने नई-नई विधियों से अपने भंडार भरे। उन भंडारों की रक्षा के लिए अब उसे केवल पशुओं से ही नहीं लड़ना था, लोभ भी उसका शत्रु था। उसी लोभ से सत्ताबोध जन्मा। सत्ताबोध ने राजा को जन्म दिया। राजा के अधिकार को सुरक्षित रखने के लिए पुरोहित का आविष्कार हुआ और पुरोहित ने धर्म गढ़ा। धीरे-धीरे विभिन्न कौशल अलग-अलग धन्धों के रूप में विकसित होने लगे। समाज के विकास के साथ बढ़ने वाली अराजकता को व्यवस्थित करने की पूरी भूमिका पुरुष ने सँभाल ली। उसे ही प्रकृति (जननी) को स्वरूप प्रदान करने वाला माना जाने लगा। सुमेरियन सभ्यता में देवी को माँ माना गया। जिससे पृथ्वी और आकाश उत्पन्न हुए। पृथ्वी को स्त्री और आकाश को पुरुष की संज्ञा दी गई। स्त्री और पुरुष यानी पृथ्वी और आकाश के मिलन से वातावरण की सृष्टि मानी गई। नील घाटी की सभ्यता में दक्षिणी मिस्त्र के मिनिज (Menes) ने समाज का एकीकरण देश को बताया। इस देश की 'मैमफिस' राजधानी बनी। यहाँ पर राजा फारोह (Pharaoh) का राजतिलक हुआ। मिस्त्र की इस सभ्यता के तीन हज़ार वर्षों को कॉस्मोलॉजी (Cosmology) की तरह मीमांसित किया गया। फारोह को ईश्वर का अवतार माना गया। यहाँ से धर्म से जुड़ी बारीकियाँ बढ़ने लगीं। फारोह को अजर-अमर घोषित किया गया। उसकी मृत्यु उसके लिए स्वर्गारोहण का मार्ग भर थी। ईश्वरीय शक्ति को स्थानान्तरण के लिए एक फारोह से दूसरे फारोह का राजतिलक हुआ। इस प्रकार राज्य संचालन कॉस्मिक व्यवस्था की तरह अनवरत चलता रहा। मैमफिस में फारोह के प्रथम वंश काल में प्टाह (Ptah) के सन्दर्भ में विस्तृत धर्मशास्त्र का विकास हुआ। प्टाह ने अन्य ईश्वरों को जन्म दिया। विस्तारपूर्णक सबकी भूमिकाएँ निर्धारित की गईं। कथा के इस मोड़ तक स्त्री सत्ता के परिदृश्य से गायब हो चुकी थी। कब ? किसी को पता नहीं चला। ख़ुद उसे पता नहीं चला।

भारत में हड़प्पा और मुइनजोदारो (मोहनजोदड़ो) की सभ्यता में भी स्त्री आकृति यानी देवी पूजन की परम्परा मिलती है। साथ ही यौगिक मुद्रा में ईश्वर के अवशेष मिलते हैं। सनातन धर्म के शिव और पार्वती को इन्हीं से जोड़ा जाता है। नव ऐतिहासिक काल के भूमध्य सागर के क्रीट द्वीप में मिले देवियों के अवशेषों से तत्कालीन समाज में उनकी महत्ता का पता चलता है। इन्हें विभिन्न रूपों और मुद्राओं में दर्शाया गया है। कहीं पर वे पर्दे में छिपाई गई हैं तो कहीं अर्धनग्न रूप में हैं। मनुष्य के विकास की कथा को और संक्षिप्त करते हुए हम कह सकते हैं कि उत्पादन की प्रणाली और वितरण की सहजावस्था से जटिल अवस्था की ओर बढ़ने के क्रम में स्त्रियों के सारे अधिकार छिन गए। समाज शोषण और दमन की ओर क्रमशः बढ़ने लगा। सामाजिक तथा राजनैतिक व्यवस्था में बल का वर्चस्व बढ़ा। परिवार में भी शारीरिक बल के दम पर पुरुष प्रभावी होने लगा। शक्तिशाली वर्ग

ने अपने हितों की रक्षा के लिए अपनी सुविधानुसार क़ानून बनाए, पुरोहित वर्ग ने इसे स्थापित करने के लिए धार्मिक व्यवस्थाएँ बनाईं। इन आचार-संहिताओं को टिकाए रखने के लिए, जिनके निर्माण के मूल में ही शोषण और दमन था, धर्म का संस्थागत विकास हुआ, जिसके रखवाले पुरुष पुजारी, पादरी और मौलवी बने। इन्होंने इसे आध्यात्मिक और रहस्यात्मक रंग दे दिया। धर्म इनकी सम्पत्ति बन गया। राजा और पुरोहित ने अपनी-अपनी सत्ता बचाने के लिए सैन्य शक्ति का गठन किया। रही-सही कसर मुद्रा ने पूरी कर दी। स्त्री राजनीति, धर्म, सेना और मुद्रा अर्जन में कहीं नहीं थी, इसलिए अब स्त्री सत्ता में भी कहीं नहीं थी। उत्पादन में, उसके श्रम का मूल्यांकन नहीं किया गया। उसकी जिस प्रजनन क्षमता पर मानव सभ्यता 'मैन काइंड' (MAN KIND) के रूप में अपनी विशिष्ट पहचान बना पाई उस सभ्यता को स्त्री के प्रति 'ह्यूमन काइंड' (HUMAN KIND) के रूप में पहचान बनानी चाहिए थी पर ऐसा नहीं हुआ, स्त्री को हाशिए पर धकेल दिया गया। किसी भी सत्ता, नीति और शासन आदि में उसकी कोई भागीदारी नहीं रही। किसी वैधानिक पद पर स्त्री नियुक्ति का कोई प्रश्न ही नहीं था। उसे घर के भीतर सात पर्दों में, सात तालों के अन्दर रहने का हुक्म सुनाया गया। घर की चहारदीवारी के बाहर की दुनिया में अब उसकी कोई उपयोगिता नहीं रहने दी गई। और जब पुरुष ने अपना इतिहास लिखा तो घर का इतिहास छोड़ दिया। उसके इतिहास में घर का इतिहास नहीं था। वह इतिहास उसके राजनैतिक क्रियाकलापों और युद्धों का इतिहास था। पूरी मानव सभ्यता का इतिहास होने का दावा करता उसका इतिहास लेखन केवल और केवल पुरुष केन्द्रित था। यह पूरी सभ्यता पुरुष के इर्द-गिर्द घूमती मानी गई। तो पुरुष का इतिहास ही सम्पूर्ण इतिहास हो गया। भौतिक रूप से न सही, किन्तु मानसिक रूप से पुरुष ने यही माना है कि यह पृथ्वी, ये चाँद-सितारे, यह पूरी प्रकृति उसके चारों ओर चक्कर लगाती है। पुरुष समाज सूर्य को भी इसमें सम्मिलित करता, किन्तु बाद में उनके द्वारा यह प्रमाणित हो गया कि पृथ्वी सूर्य के चारों ओर चक्कर लगाती है। पुरुष सूर्य बन बैठा, स्त्री उसके चारों ओर चक्कर लगाने लगी। इतिहास में अब स्त्री किस रूप में दर्ज की जाती? इसलिए 'हिज़ स्टोरी' (HIS STROY) 'हिस्ट्री' (HISTORY) लिखी गई, केवल पुरुष की कहानी इतिहास बनी, उसमें 'हर स्टोरी' (HER STORY) की कोई जगह नहीं थी। आज इक्कीसवीं सदी में भी औरत का इतिहास लिखा जाना अभी बाकी है।

वैदिक परम्परा में स्त्री के स्थान पर बात करने से पहले संसार के अन्य धर्मों में स्त्री की स्थिति पर विहंगम दृष्टिपात आवश्यक है ताकि इस भ्रम का निवारण हो सके कि उन्नीसवीं सदी के पहले भारतीय नारियों की तुलना में अन्य देशीय नारियों की स्थिति बहुत अच्छी थी। जिस प्रतापी ब्रिटिश राज्य का सूर्य कभी डूबता नहीं था, उसके अपने देश में स्त्रियों को शिक्षा और वोट के अधिकार उसके

उपनिवेशों के बाद मिले। पुरुष निर्मित समाज के राजनैतिक विकास के साथ स्त्री की स्थिति अधिकाधिक दयनीय होती गई। समाज में बढ़ती असमानता, शोषक व्यवस्था और अधिकार लिप्सा की भावना ने स्त्रियों को बुरी तरह प्रभावित किया। बेबीलोन में प्रथम सेमांतिक (SEMANTIC) धर्म के विकास के साथ बढ़ती तथाकथित सभ्यता में एक-दूसरे के लिए पूरक का कार्य कर रहे राजा और पुरोहित अर्थात् राजसत्ता और धर्मसत्ता ने अपनी अपार सम्पत्ति की रक्षार्थ बड़े कठोर क़ानून बनाए। इस सभ्यता में आँख के बदले आँख निकालने का क़ानून था। पत्नी का धर्म पति के लिए 'बेटे' जनना था। भारतवर्ष में कन्या भ्रूण की हत्याओं की संख्या पर विचलित होने वालों को यह जानना चाहिए कि ऐसे हत्यारों को आधुनिक सभ्यता शायद इसलिए समाप्त नहीं कर पाई कि मैनकाइंड (MANKIND) ने अपनी सभ्यता का आरम्भ ही स्त्री के रक्त से किया था।

सेमांतिक सभ्यता में दुश्चरित्र पत्नी को उसके प्रेमी के साथ जला देने का प्रावधान था, किन्तु पुरुष दूसरी, तीसरी, चौथी पत्नी, असंख्य रखैल और गुलाम रख सकता था। आरम्भ में विधवाओं का विवाह होता था, स्त्रियाँ सम्पत्ति का क्रय-विक्रय कर सकती थीं। बाद में धार्मिक संस्थानों ने आचार-संहिता, रीति-रिवाज और सांस्कृतिक हवालों से स्त्रियों को उन सुविधाओं से भी वंचित कर दिया।

मिस्र, मैसोपोटामिया, बेबीलोन और मोहनजोदड़ो सभी सभ्यताओं में सारी व्यवस्थाएँ पुरुषों के हाथ में थीं। व्यवस्थाचालक राजा जिसे ईश्वर या ईश्वर का दूत कहा गया, पुजारी, सैनिक एवं सेनापति, ज़मींदार और व्यापारी सभी पुरुष थे। स्वयं ईश्वर पुल्लिंग था। स्वाभाविक है कि स्वर्ग और नर्क की धारणा पुरुषों के दृष्टिकोण से चालित थी। स्वर्ग केवल पुरुषों के लिए है क्योंकि वहाँ अप्सराएँ/हूरें हैं, शराब की नदियाँ बहती हैं, 'भोग' के अनन्त साधन हैं। स्त्रियाँ स्वर्ग जाकर क्या करेंगी? उनके लिए वहाँ भी पर-पुरुष का स्वप्न में भी ध्यान महापातक है। अतः उन्हें पति परमेश्वर के प्रति सम्पूर्ण समर्पण द्वारा मोक्ष की कामना करनी चाहिए। चौरासी लाख योनियों के चक्र से स्त्री-मुक्ति की बात नहीं कही गई है। अतः भोग भी पुरुष का, मोक्ष भी पुरुष का।

भारतवर्ष में वैदिक तथा पौराणिक काल में आर्य जाति के घुमन्तू काल में सम्पत्ति पर समूह का अधिकार था। कृषिजीवी समाज होने पर बड़े होते समुदाय परिवारों में बँट गए जो 'कुल' कहलाए। आज भी स्त्रियों को जिस 'कुल-खानदान' की मर्यादा का निर्वाह करना होता है वह कुल शब्द आर्य जाति के शुभारम्भ काल से है, मजे की बात यह है कि 'ख़ानदान', फ़ारसी का शब्द है अर्थात् भारतवर्ष में मुसलमानों के आगमन के पश्चात् हिन्दू-मुसलमान दोनों धर्मों की स्त्रियों को उनकी सीमा का बोध करवाने के लिए एक ही शब्द से काम चलाया गया। कम-से-कम इस स्थान पर तो हिन्दू-मुस्लिम एकता असंदिग्ध है ही!

अस्तु! उत्पादन बढ़ने पर पहले उल्लेखित सभ्यताओं की ही तरह भंडार बढ़ा, भंडार रक्षण की प्रवृत्ति बढ़ी, लोभ और सत्ता की आकांक्षा बढ़ी। पुरुषों के इस बढ़ते 'चाहिएवाद' की भेंट स्त्रियाँ भी चढ़ गईं। स्त्रियों और दासों की एक-सी स्थिति थी क्योंकि दोनों ही सत्ता में नहीं थे फिर भी यह नहीं भूलना चाहिए कि दास भी सत्ता में आने पर पुरुषों जैसा ही आचरण करते थे। उनसे यह आशा कदापि न रखी जाए कि राजा बनने पर वे अपने कष्टों की कहानी का स्मरण कर स्त्रियों के प्रति सदय थे। आर्य सभ्यता में निचले स्तर के समुदाय की श्रमशक्ति के शोषण से जो धन संचित हुआ उसके रक्षण के साथ पुरुष में उत्तराधिकार सौंपने की भावना जागी। अपने 'सच्चे उत्तराधिकारी' की 'पहचान' के हेतु उसके लिए आवश्यक था कि वह निश्चित करे कि यह सन्तान उसी की है। यह सुनिश्चित करने के लिए कोई स्त्री अपनी कुक्षि से उसका ही बच्चा उत्पन्न कर रही है किसी और पुरुष का नहीं, उसने स्त्री पर कड़ा पहरा बैठा दिया ताकि वह पर-पुरुष के संसर्ग में न आ सके। चूँकि स्त्रियाँ पिंजरे में होते हुए भी सचमुच पिंजरे में नहीं रखी जा सकती थीं इसलिए स्त्रियों की जिस मानसिक दासता की चर्चा पहले भी की जा चुकी है, उसकी आवश्यकता पड़ी। आवश्यकता आविष्कार की जननी होती है। धर्म के और नए आयाम आविष्कृत हुए। आवश्यकतानुसार नए श्लोक रचे गए, पुरुष की इच्छानुरूप उसकी व्याख्याएँ हुईं, उन व्याख्याओं की टीकाएँ हुईं, उन टीकाओं पर टिप्पणियाँ लिखी गईं। सभी व्याख्याओं, टीकाओं, टिप्पणियों में या तो स्त्री को मानसिक दास बनाने के उपायों को गौरवान्वित किया गया या उन्हें सिरे से ही अनुपस्थित कर दिया गया। ऐसे स्थानों पर जीव, ब्रह्म जैसे शब्दों से काम चलाया गया। अब दर्शनशास्त्र के स्त्री-विहीन होने पर प्रश्न नहीं उठाया जा सकता था। भारतीय दर्शन संसार में उच्चतम दर्शन बनता गया। हम धर्म, अध्यात्म, योग और दर्शन में विश्वगुरु बन गए, आज तक हैं, किन्तु इन सबका स्वरूप स्त्री-विरोधी रहा।

आर्य जाति जब समूहों या जातियों में रहती थी तब पितृत्व या पतित्व या पत्नीत्व की सीमा इतनी सुस्पष्ट नहीं थी। काल के उस खंड में सभी स्त्री-पुरुष एक-दूसरे के भोग्या-भोग्य हो सकते थे। कृषि सभ्यता के विकास के साथ, जिसकी प्रमुख उद्योक्ता स्त्री भी थी, स्त्री पुरुष की सम्पत्ति बन गई। सामन्तवाद के सम्पूर्ण विकास के पहले ही पुरुष अपने पर-स्त्रीगमन को अपने अधिकार रूप में स्थापित कर चुका था। समाज ने उसके पर-स्त्रीगमन के साथ अनेक पत्नियाँ रखने तथा अनेक उपपत्नियों का उपपति होने का अधिकार भी मान्य किया। इसके साथ ही वह गणिका-गमन कर सकता था। सती अनसूया को इसीलिए पंचसतियों में सम्मिलित किया गया कि वह अपने कुष्ठ रोग से पीड़ित पति को उसकी इच्छानुसार वेश्या गमन के लिए स्वयं अपनी पीठ पर लादकर वेश्या के घर लेकर गई थी। उन्नीसवीं सदी (बीसवीं सदी की तीसरी सदी तक) के साहित्य में हम सती अनसूया के प्रति

'धन्य धन्य' का स्वर पाते हैं। यहाँ यह भी स्पष्ट कर देना उचित होगा कि 'धन्य-धन्य' की यह ध्वनि केवल हिन्दी साहित्य में ही नहीं उस बंगला साहित्य में भी है जिसकी प्रगतिशीलता पर हम सभी मुग्ध हैं और जिसकी मिसाल देते नहीं थकते। असल में यह सर्व भारतीय लक्षण है।

भारतीय संस्कृति और दर्शन की अन्यतम अवधारणा है अर्द्धनारीश्वर की कल्पना। ईश्वर आधा पुरुष आधा स्त्री! ईश्वर आधा स्त्री है कि नहीं यह तो निश्चयपूर्वक ज्ञात नहीं, किन्तु भारतीय सनातन धर्मशास्त्रों में स्त्री के कर्तव्य अति सुव्याख्यायित हैं और उससे भी अधिक सुव्यवस्थित रूप से वह पूरी तरह पुरुष लगता है क्योंकि व्याख्या पुरुष के अधिकारों की है। यजुर्वेद काल में सामाजिक जटिलता बढ़ी। कृषि के साथ व्यापार भी होने लगा। धन-सम्पत्ति की वृद्धि के अनुपात में ही धार्मिक कर्मकांड बढ़ने लगे। इन धार्मिक कर्मकांडों में स्त्री और पत्नी की भूमिका नगण्य थी, क्योंकि उसका उपनयन नहीं होता था। उपनयन क्यों नहीं होता था? क्योंकि पुरोहित ने ऐसा कहा। पुरोहित ने ऐसा क्यों कहा? क्योंकि धर्म ऐसा कहता है। धर्म ऐसा क्यों कहता है? क्योंकि ईश्वर ऐसा कहता है। अब ईश्वरीय आदेश के आगे तो राजा, पुरोहित, सैनिक आदि सभी बेचारे विवश थे। ईश्वर ने जब स्वयं ही स्त्रियों को सारे अधिकारों से वंचित कर केवल कर्तव्य निर्वाह के लिए इस पृथ्वी पर भेजा है तो पुरुष बेचारा क्या कर सकता है? ईश्वर ने ही पुरुषों को अधिकार सम्पन्न बनाकर भेजा है तो स्त्रियाँ इस पर आपत्ति कैसे कर सकती हैं? और ईश्वर पुल्लिंग है। ईश्वर पुल्लिंग क्यों है यह पुरुष ने कभी बताया ही नहीं। स्वयं ईश्वर ने भी नहीं बताया।

तैत्तिरीय संहिता तथा तैत्तिरीय ब्राह्मण दोनों बहुपत्नी-प्रथा का समर्थन करते हैं, परन्तु पुरुष से यह आशा रखते हुए कि वह अपनी सभी पत्नियों को समान रूप से सम्मान देगा। यहाँ बंकिमचन्द्र चट्टोपाध्याय (1838-1894) के देवी चौधरानी उपन्यास के प्रफुल्ल प्रसंग का पुनः स्मरण किया जा सकता है। प्रफुल्ल का अपने पति ब्रजेश्वर को अपनी सभी सौतों से समान प्रेम करने का आग्रह, बल्कि इसके लिए तो वह ब्रजेश्वर से झगड़ा तक करती है, तैत्तिरीय संहिता और तैत्तिरीय ब्राह्मण के अनुरूप है।

जैन धर्म और स्त्रियाँ—भारत का यह दुर्भाग्य नया नहीं था। जिन पुराने ऋषि-मुनियों के आप्त वचनों का आज तक हवाला दिया जाता है वे भी दलबद्धता से मुक्त नहीं थे। उनकी आपसी प्रतिद्वंद्विता का पुराण भी सर्वविदित है। वैदिक धर्म यानी सनातन धर्म यानी हिन्दू धर्म के स्त्री विरोधी स्वरूप की चर्चा प्रायः की जाती रही है। यहाँ प्रसंगवश जैन धर्म की चर्चा की जा सकती है। जिन विद्वानों ने वैदिक धर्म की तुलना में बौद्ध और जैन धर्म को क्रान्तिकारी माना है उन्होंने बड़ी सुगमता से दो बातें भुला दी हैं। पहली यह कि ये दोनों धर्म इसी देश में उपजे थे, आकाश से नहीं टपके थे। अतः इनका दार्शनिक आधार पूर्णतः भिन्न कैसे हो सकता था? दूसरी

इस बात की कभी जाँच नहीं की गई कि बाद के इन क्रान्तिकारी धर्मों ने स्त्री के साथ कैसा बर्ताव किया? क्या ये स्त्री और जाति प्रश्न पर वैदिक परम्परा से आगे बढ़कर अधिक मानवीय और अधिक समावेशी बन सके? शून्यवाद की आड़ में इनकी लिंग सम्बन्धी धारणा ने स्त्रीलिंग का कोई भला किया या नहीं? या इन धर्मों से भी स्त्री के हाथ शून्य आया?

डॉ. जगदीशचन्द्र जैन द्वारा सम्पादित पुस्तक 'दो हज़ार वर्ष पुरानी कहानियाँ' में आचार्य हजारीप्रसाद द्विवेदी इसकी भूमिका में लिखते हैं, "ये कहानियाँ जैन परम्परा से ली गई हैं, तथापि वे केवल जैन साहित्य तक ही सीमित नहीं हैं, ब्राह्मण और बौद्ध ग्रन्थों में भी ये कहानियाँ किसी-न-किसी रूप में मिल जाती हैं। सच तो यह है कि ये चिरन्तन भारतीय चित्त की उपज हैं।...कहानियों के द्वारा इस देश में नीति, भक्ति, धर्म और ज्ञान-विज्ञान को प्रचारित करने का काम किया गया है।...इन कहानियों को चुनकर डॉ. जैन ने यह दिखा दिया है कि जैन आचार्य भी अपने गहन तत्त्व-विचारों को सरस करके कहने में अपने ब्राह्मण और बौद्ध साथियों से किसी प्रकार पीछे नहीं रहे हैं।" (दो हज़ार वर्ष पुरानी कहानियाँ, डॉ. जगदीशचन्द्र जैन, भूमिका हजारीप्रसाद द्विवेदी, भारतीय ज्ञानपीठ, नई दिल्ली, 2003, पृ. 7-8)

द्विवेदी जी बिलकुल ठीक कहते हैं कि ये जैन कहानियाँ भारतीय चित्त की उपज हैं और यह चिरन्तन भारतीय पुरुष चित्त स्वभावत: स्त्री विरोधी दीख पड़ता है। आचार्य हजारीप्रसाद द्विवेदी ने एकदम सही कहा है कि जैन अपने ब्राह्मण और बौद्ध साथियों से किसी प्रकार पीछे नहीं रहे हैं। कम-से-कम स्त्री विरोधी सम्बन्धी विचारों में तो वे किसी भी प्रकार पीछे नहीं रहे हैं क्योंकि ये सभी चिरन्तन भारतीय चित्त की उपज हैं। डॉ. जगदीशचन्द्र जैन ने स्त्रियों की दुर्दशा की बात प्रास्ताविक में ही स्वीकार कर ली है, "इन कहानियों में प्राचीन भारत की सामाजिक अवस्था पर भी प्रकाश पड़ता है। उस समय के सामन्त लोग बहुत विलासी होते थे, बहुपत्नीत्व प्रथा का चलन था, कूटनीति के दाँव-पेंच काम में लाए जाते थे, महायुद्ध होते थे, राजा की आज्ञा न पालन करने वालों को कठोर दंड दिया जाता था, कैदियों को बन्दीगृह में कड़ी यातनाएँ भोगनी पड़ती थीं, सामन्त लोग छोटी-छोटी बातों पर लड़ बैठते थे।...साधारणत: लोग खुशहाल थे, परन्तु दरिद्रता का अभाव नहीं था। दास-प्रथा मौजूद थी, ऋण आदि न चुका सकने के कारण दास-वृत्ति अंगीकार करनी पड़ती थी। स्त्रियों की दशा बहुत अच्छी नहीं थी, यद्यपि वे मेले-उत्सव आदि के अवसरों पर स्वतंत्रतापूर्वक बाहर आ-जा सकती थीं। वेश्याएँ नगरी की शोभा मानी जाती थीं और राजा उनके सत्यबल की प्रशंसा करता था। व्यापार बहुत तरक़्क़ी पर था। व्यापारी लोग बहुत दूर-दूर तक अपना माल लेकर बेचने जाते थे।" (वही, पृ. 21-22)

व्यापारियों द्वारा बेचे जाने वाले माल में एक वस्तु स्त्री भी होती थी। जिस समाज में दास-प्रथा प्रचलित हो वहाँ स्त्री का बेचा जाना स्वाभाविक था। 'महावीर

की शिष्या चन्दनबाला' शीर्षक कहानी इस सामाजिक सत्य को दर्शाती है, "एक बार की बात है। महावीर कौशाम्बी में विहार कर रहे थे। उन्होंने नियम ले रखा था कि यदि कोई दासी बनी हुई, शृंखला में बँधी, मुंडितशिर राजकुमारी उन्हें आहार देगी तो लेंगे, अन्यथा नहीं।

चार मास बीत गए, परन्तु महावीर को आहार न मिला।...इधर राजा शतानीक ने चम्पा के राजा दधिवाहन पर चढ़ाई कर दी और रातोंरात चम्पा पहुँचकर नगरी को घेर लिया। दधिवाहन भाग गया। शतानीक ने घोषणा कर दी कि जो जिसके हाथ लगे ले ले।

एक सैनिक ने दधिवाहन की रानी धारिणी और उसकी कन्या वसुमती को पकड़ लिया। उसने सोचा कि धारिणी से मैं विवाह कर लूँगा और वसुमती को बेच दूँगा। धारिणी सैनिक के भावों को ताड़ गई। उसने आत्महत्या कर ली। सैनिक वसुमती को लेकर कौशाम्बी के बाज़ार में आया और धनावह नाम के सेठ को उसे बेच दिया। धनावह ने वसुमती को लेकर अपनी स्त्री मूला को सौंप दिया और उसे पुत्री की तरह पालने का आदेश दिया।" (वही, पृ. 89)

बड़ी सीधी-साधी भाषा में तत्कालीन परिस्थितियों को छोटे-छोटे वाक्यों में कहती इस कहानी के अगले भाग का अनुमान लगाया जा सकता है। अपने अच्छे स्वभाव के कारण वसुमती शीलचन्दना चन्दना के नाम से जानी जाने लगी। "सेठ की पत्नी मूला को उससे ईर्ष्या होने लगी। उसे सन्देह था कि कहीं उसका पति चन्दना को अपनी पत्नी न बना ले। (लेकिन सेठ धनावह ने तो उसे पुत्री की तरह पालने का आदेश दिया था!) ईर्ष्या की आग में जलती मूला ने एक नाई को बुलाकर चन्दना का सिर उस्तरे से मुँड़वा दिया और उसे जंजीर में बाँधकर पीटा। फिर उसे घर के अन्दर बन्द कर दिया।" (वही, पृ. 90)

कहना न होगा कि घटनाक्रम में चन्दनबाला ने महावीर को भिक्षा दी और इस प्रकार महावीर का कथन सत्य प्रमाणित हुआ।

इन कहानियों से पतिव्रता स्त्रियों की स्थिति के साथ ही वेश्याओं की स्थिति का भी पता चलता है। वेश्याएँ पूर्णतः राजकीय नियमों से बँधी थीं एवं 'कर' देती थीं। मुख्यधारा का समाज वेश्याओं से बहुत जुड़ा हुआ था। कलाओं के अध्ययन और जीवन के अनुभवों की प्राप्ति के लिए धनी घर के पुत्रों को वेश्याओं के घर रहने के लिए भेजा जाता था। 'व्यवसाय कृतपुण्य' कहानी पुरुषों के पक्ष की व्यवस्था सामने रखती है—"राजगृह नगर में धनावह नाम का एक व्यापारी रहता था। उसका पुत्र था—कृतपुण्य। कृतपुण्य जब बड़ा हुआ तो उसने समस्त कलाओं का अध्ययन किया और उसका विवाह हो गया।

माता-पिता और मित्रों की सम्मति से जीवन का अनुभव प्राप्त करने के लिए कृतपुण्य को एक वेश्या के घर रखा गया। धीरे-धीरे कृतपुण्य को वहाँ बारह वर्ष

बीत गए और इस बीच वह फटेहाल हो गया। उसके माता-पिता ने बहुत चाहा कि किसी तरह उनका पुत्र घर लौट आए, परन्तु कृतपुण्य न लौटा। कुछ समय पश्चात् उसके माता-पिता का देहान्त हो गया। कृतपुण्य की भार्या के पास अब कुछ आभूषण तथा रुपये बाकी बचे थे। उन्हें भी उसने अपने पतिदेव की अन्तिम भेंट चढ़ा दी।" (वही, पृ. 94)

वेश्या की माता दयालु थी, उसने कृतपुण्य की पत्नी द्वारा भेजे गए द्रव्य में कुछ और द्रव्य मिलाकर लौटा दिया और अपनी पुत्री के न चाहने पर भी कृतपुण्य को घर से निकाल दिया। घर पहुँचकर वहाँ की हालत देख कृतपुण्य कमाने के लिए परदेश चला गया। वहाँ उसे एक वणिक पुत्र की माँ अपने घर ले गई। इस माँ का इकलौता पुत्र जहाज फट जाने से मर गया था और अब उसके पुत्र-विहीना हो जाने पर उसकी सम्पत्ति राजकोष में चली जाती। इसका अर्थ यह है कि घर में किसी पुरुष के न होने पर अकेली स्त्री या स्त्रियों को सम्पत्ति का अधिकार नहीं था। कहानी में अपनी सम्पत्ति बचाने के लिए वह पुत्रहीना माँ कृतपुण्य को अपने घर ले आई और उसने जोर-जोर से घोषणा कर दी कि यह बहुत दिनों बाद लौटा हुआ उसका पुत्र है। "उसने अपनी चारों पतोहुओं से कह दिया कि वह उनका देवर है। कृतपुण्य आनन्द से रहने लगा। उसे रहते-रहते वहाँ बारह वर्ष बीत गए। इस बीच में उसकी प्रत्येक वधू से चार-चार, पाँच-पाँच सन्तानें हुईं। वणिकपुत्र की माँ अब कृतपुण्य को वहाँ से भगाने का उपाय सोचने लगी।" (वही, पृ. 94-95)

वणिकपुत्र की माँ सफल रही। घटनाक्रम में बेहोशी की अवस्था में फेंका गया कृतपुण्य उसकी पत्नी को मिल गया। इस बीच कृतपुण्य के एक पुत्र हो गया था। मद्यपान करवा के बेहोशी की हालत में कृतपुण्य को मन्दिर में छोड़ते समय वणिकपुत्र माँ की बहुओं ने लड्डुओं में मणि-माणिक भरकर कृतपुण्य के रास्ते के भोजन के लिए रख दिए थे। पुनः घटनाक्रम में राजा को कृतपुण्य के लड़के के माध्यम से जूड़े बेचने वाले के पास पहुँची मणि मिली और "राजा ने कृतपुण्य का बहुत ही सम्मान किया और उसे अपनी कन्या और आधा राज्य दे दिया।" (वही, पृ. 95)

दादी-नानियों की कहानियों में, लगभग प्रत्येक कहानियों में नायक को राजा द्वारा आधा राज्य और अपनी कन्या दे दी जाती थी। बचपन में इसका अर्थ समझ में नहीं आता, बाद में स्पष्ट हुआ कि कन्या पिता की सम्पत्ति है, वह उसे जिसे चाहे दे सकता है। प्रत्येक राजा के पास 'फालतू' कन्याएँ होती थीं जिन्हें वह किसी को भी दे सकता है, वह कन्या जिसे दी जाए उसके साथ रहने को बाध्य है। प्रत्येक राह चलता राहगीर, राज्य हार चुका 'राजकुमार' नगर के बाहर सबसे पहले दिखने वाला पुरुष और ऋषि-मुनि इसी प्रकार राजा की कन्या प्राप्त कर लेते थे। ये कन्याएँ वन-उपवन-भवन जहाँ भी रहतीं पातिव्रत्य का अनुपम उदाहरण प्रस्तुत करतीं। पातिव्रत्य की शर्तें अत्यन्त कठिन थीं। इनमें किसी पर-पुरुष के प्रति करुणा प्रदर्शन से भी

राजा तुरन्त अपनी रानी के चरित्र पर सन्देह करता था। रानी चेलना का सतीत्व कहानी में राजा अपनी रानी पर सन्देह कर पहले उसे ज़िन्दा जलाने का आदेश देता है फिर महावीर के पास प्रश्न करने पहुँचता है—"भगवन्, चेलना पतिव्रता है या नहीं?" (वही, पृ. 96)

रानी के उस अपराध पर भी दृष्टिपात कर लेना चाहिए जिसके कारण राजा ने उसे अन्तःपुर में जीवित जला देने का आदेश दिया—"एक बार राजा श्रेणिक रानी चेलना के साथ महावीर के दर्शन के लिए गए। वहाँ से लौटते हुए उन्हें साँझ हो गई। माघ का महीना था। चेलना ने मार्ग में ध्यान मुद्रा में लीन कठोर तप करते हुए एक मुनि को देखा और ऐसे भयंकर शीत में उसे तप करते देख, चेलना ने आश्चर्यचकित हो मुनि को बार-बार प्रणाम किया।

रानी महल में आकर सो गई। सोते-सोते रानी का हाथ पलंग के नीचे लटक गया और ठंड से अकड़ गया। जब रानी की नींद खुली तो उसके हाथ में वेदना होने लगी। तुरन्त एक अँगीठी मँगाई गई और रानी अपना हाथ सेंकने लगी।

इस समय रानी को सहसा उस तपस्वी का स्मरण हो आया जो भयंकर शीत में जंगल में तपश्चर्या में लीन था। उसके मुँह से सहसा निकल पड़ा, 'उफ, उस बेचारे का क्या हाल होगा!' यह सुनकर श्रेणिक को रानी पर सन्देह हो गया।" (वही, पृ. 96)

बस श्रेणिक ने अपने मंत्री अभयकुमार को आज्ञा दी कि वह रानी को अन्तःपुर सहित जला डाले।

राजा के असीम अधिकारों को विवेक की कोई आवश्यकता नहीं थी। उस पर भी स्त्री का निर्णय करना हो तो निकृष्ट से निकृष्ट राजा का अत्यन्त अन्यायपूर्ण निर्णय भी उसके लिए न्यायपूर्ण ही होगा क्योंकि स्त्री वमन के समान है। 'राजीमती की दृढ़ता' कहानी यही सन्देश देती है। राजा उग्रसेन की पुत्री राजीमती राजा समुद्रविजय और रानी शिवा के पुत्र नेमि की वाग्दत्ता थी। अत्यन्त बलशाली नेमिकुमार की बाईं भुजा को कृष्ण भी नहीं मोड़ पाए थे। अपने विवाह के अवसर पर बारातियों को खिलाए जाने वाले पशुओं के करुण क्रन्दन से नेमिकुमार को संसार से विरक्ति हो गई। धूमधाम से हो रही विवाह की तैयारियाँ बन्द कर दी गईं, नेमिनाथ ने दीक्षा ग्रहण कर ली। राजीमती ने भी अपने स्वामी के पथ का अनुसरण करते हुए दीक्षा ग्रहण कर ली। उस काल के नियमानुसार वाग्दत्ता पर भी पुरुष का पूर्ण अधिकार था। नेमिनाथ के भाई रथनेमि ने राजीमती से प्रेम-निवेदन किया। राजीमती ने इस प्रस्ताव को ठुकरा दिया। रथनेमि द्वारा पुनः प्रेम-निवेदन किए जाने पर राजीमती ने वमन कर उस वमन को सोने के पात्र में देवर को परोसकर उसे खाने को कहा। देवर ने कहा—"भाभी, वमन की हुई वस्तु मैं कैसे खा सकता हूँ?"

राजीमती—"क्या तुम इतना समझते हो?"

रथनेमि—"यह बात तो एक बालक भी जानता है।"

राजीमती—"यदि ऐसी बात है तो फिर तुम मेरी कामना क्यों करते हो? मैं भी तो परित्यक्ता हूँ।" (वही, पृ. 151-52)

'तीनों में कौन अच्छा' कहानी में कथा का ताना-बाना यह सन्देश देने के लिए ही बुना गया है, "बेटी, तू चिन्ता न कर। तुझे सर्वोत्तम वर मिला है। तू होशियारी से रहना। अपने पति की कभी अवज्ञा न करना। उसकी देवता के समान पूजा करना, क्योंकि नारियों का भर्ता ही देवता है।" (वही, पृ. 33) दो हज़ार वर्ष पहले ही आर्यावर्त की स्त्रियों को यह सीख दे दी गई थी कि पालक को देव समान पूजना, किन्तु यहाँ प्रेम का उल्लेख नहीं है। पति-पत्नी के बीच प्रेम नहीं पूजा का सम्बन्ध है। पूजा श्रद्धा से जुड़ी है। यहाँ श्रद्धा का आधार भरण-पोषण है। पुरुष स्त्री का भर्ता है, उसका पालनकर्ता, उसे अन्न, वस्त्र और घर देने वाला। इसलिए भारतीय संस्कृति में पति-पत्नी के सम्बन्धों में प्रेम को नहीं श्रद्धा को प्रमुखता दी गई, एकांगी श्रद्धा जो पत्नी को पति के प्रति रखनी है। यहाँ यह उल्लेख किया जाना आवश्यक है कि महावीर की शिष्या चन्दनबाला से लेकर बाद की उद्धृत कहानियाँ ऐतिहासिक कहानियाँ हैं।

विवाह व्यवस्था—उस महान भारतीय विवाह व्यवस्था की भी चर्चा कर ली जाए जिस पर आज भी हिन्दू समाज 'हमारे संस्कार सबसे अच्छे हैं, उनकी बात ही अलग है', कहकर इतराता है और दहेज़ माँगता है। विवाह के सभी मंत्रों में, जिसे कोई भी हिन्दू विवाह के समय ठीक पंडित जी की गति से दोहरा तक नहीं पाता, इस प्रकार वर और कन्या एक-दूसरे को विवाह के वचन नहीं देते बल्कि दोनों कुलों के पंडित एक-दूसरे को विवाह के वचन देते हैं। इस प्रकार देखा जाए तो विवाह दोनों पक्षों के पंडितों का सम्पन्न होता है। हिन्दू समाज इतना अधिक धार्मिक है कि 'विवाह जैसे पवित्र बन्धन' में बँधने के लिए पति-पत्नी एक-दूसरे को वचन नहीं देते, यह पुनीत कार्य पंडितद्वय सम्पन्न करते हैं। कहा गया है कि स्त्री चिन्तन और कर्म के स्तर पर पति की अनुवर्तिनी हो, पति के चित्त की अनुगामिनी हो। कहीं भी, किसी भी स्थान पर पत्नी में भी चित्त नामक वस्तु की उपस्थिति का उल्लेख नहीं मिलता, कहीं भी यह नहीं कहा जाता कि पति को भी पत्नी के चित्त के अनुकूल होना होगा। ऐतरेय ब्राह्मण में उत्तम नारी उसी को माना गया जो पति को सन्तुष्ट करे, पुत्र को जन्म दे तथा पति की बात के ऊपर उत्तर न दे। ऐतरेय ब्राह्मण में ही कन्या के जन्म को अभिशाप माना गया है। इसलिए पुत्र प्राप्ति के लिए आवश्यक था कि वह पुंसवन नामक अनुष्ठान करवाए। जिस ऋग्वेद को केन्द्रित कर वामपंथियों ने भी हिन्दू समाज के सम्बन्ध में अनेक क्रान्तिकारी निष्कर्ष निकाले उसी ऋग्वेद में (अथर्ववेद में भी) ऐसी अनेक आचारात्मक क्रियाओं का उल्लेख है जो पत्नी के विनाश, पति के लिए एकनिष्ठ प्रेम तथा उसको वश में रखे जाने के लिए की जाती थीं। इनमें भी पत्नी के लिए एक ही पति यथेष्ट माना गया।

विचारधारात्मक युद्ध के लिए ऋग्वेद कल्पतरु के समान रहा है। सनातनधर्मी कहते हैं कि उसमें विमान बनाने की विधि है तो वामपंथी कहते हैं कि इसमें गोमांस भक्षण का उल्लेख है। हास्यास्पद यह है कि दोनों ही अपनी-अपनी बात को सच और दूसरे के विचार को झूठ कहते हैं। अर्थात् दोनों के लिए ऋग्वेद अपने मनोनुकूल अर्थ निकालने के लिए 'सत्य' है अन्यथा मिथ्या। वामपंथी हवाई जहाज बनाने की विधि पर ऋग्वेद को कल्पित बताते हैं तो गोमांस भक्षण पर वही ग्रन्थ उनके लिए सच्चा हो जाता है। सनातनधर्मी भी ऋग्वेद से ऐसा ही व्यवहार करते हैं। ऋग्वेद (10-85-36) में पति अपनी पत्नी से कहता है कि देवताओं ने तुम्हें मुझे इसलिए दिया है कि इससे गृहपति के कर्तव्यों का सम्पादन हो। सुनने में कितना मधुर लगता है 'कर्तव्यों का सम्पादन', किन्तु गृहपति के कर्तव्यों का सम्पादन जो सर्वथा उसी के अनुकूल हैं। ऋग्वेद के काल से ही पतिव्रता होना पत्नी के लिए परम आवश्यक था, परन्तु पति पर ऐसा कोई भी धार्मिक नियंत्रण नहीं था। बहुपत्नी प्रथा का प्रचलन आम था। पातिव्रत्य परम्परा ने सती प्रथा को जन्म दिया। ऋग्वेद में सती प्रथा का उल्लेख नहीं मिलता। सती प्रथा उल्लेख अथर्ववेद से मिलने लगता है। आश्वलायन गृह्यसूत्र-अं. 4 में 'सहगमन' की व्याख्या है। ''सहगमन में मृत व्यक्ति के साथ स्त्री, गाय और उसकी धन-सम्पत्ति जलाई जाती थी। माद्री ने पांडु के साथ सहगमन किया। अग्निहोत्री के साथ उसकी अग्नि, यज्ञपात्र, गाय अथवा बकरी जलाई जाती थी और आदमी क्षत्रिय हो तो उसका धनुष तोड़कर जलाया जाता था। स्त्री, अग्नि यज्ञपात्र भी जलाए जाते थे।'' (भारतीय विवाह संस्था का इतिहास, विश्वनाथ काशीनाथ, राजवाड़े, वाणी प्रकाशन, नई दिल्ली, 2004, पृ. 52) कितनी महान और गर्व करने योग्य रही है भारतीय संस्कृति। जैसे—यज्ञपात्र, धनुष, बकरी, गाय, धन-सम्पत्ति जलाते थे वैसे ही स्त्री को भी जला देते थे। 'हिन्दू धर्म जैसे कहीं भी न पाए जाने वाले इन महान संस्कारों' की वास्तविक पड़ताल ठीक प्रकार की ही नहीं गई।

पुरुष पर स्त्री के अबाध अधिकार की कोई सीमा नहीं थी। महाभारत के आदि पर्व (82) में कहा गया है कि प्रमुख कन्या की सहेलियाँ और सेविका, सभी का पति एक पुरुष हुआ करता था। प्रमुख कन्या स्वयं किसी पति की पत्नी और जायदाद बन जाती थी तब उसकी दासियाँ भी उसी पति की सम्पत्ति बनती थीं। महाभारत के ही सभा पर्व (67) में भीष्म कहते हैं कि पति किसी भी स्थिति में हो स्त्री पर उसकी सत्ता कभी नष्ट नहीं होती है। सभा पर्व (70) में ही चीरहरण के लिए सभा में लाई गई द्रौपदी के समक्ष भीम कहते हैं कि कुल का अधिपति कुल के व्यक्तियों का मालिक और उनके पुण्य तथा तप का भी स्वामी होता है। इतना ही नहीं, उनके प्राणों का भी स्वामी होता है।

भारतीय दर्शन में जिन अनुत्तरित प्रश्नों का उल्लेख होता है वे नचिकेता के हैं। कोई द्रौपदी के उन प्रश्नों की कभी चर्चा नहीं करता जो महाभारत काल में उस समय

के सभी दिग्गजों से पूछे गए और आज भी अनुत्तरित रह गए। भीष्म पितामह जैसे दृढ़व्रती, विदुर जैसा नीतिज्ञ, धृतराष्ट्र जैसा सम्राट और सर्वोपरि स्वयं साकारधर्म धर्मराज युधिष्ठिर जो द्यूतक्रीड़ा में स्वयं को हार चुके हैं और अपनी पत्नी के घोर अपमान का कारण हैं। गांडीवधारी अर्जुन महाबली भीम की आपत्ति पर उन्हें भातृ-कर्तव्य का स्मरण करवाते हैं। अकारण अपमानित होती एक स्त्री के तर्कपूर्ण प्रश्नों का कोई उत्तर नहीं देता। कोई उसके अपमान का प्रतिवाद नहीं करता सिवाय भीम के क्षीण प्रतिवाद के। कोई उसके अपने प्रतिवादी प्रश्नों का उत्तर नहीं देता! युगावतार कृष्ण आते हैं द्रौपदी का आर्तनाद सुनकर। द्रौपदी के सखा कृष्ण। दादा श्वसुर, श्वसुर, जेठ, पूरी सभा और पाँच पतियों में से कोई द्रौपदी के अपमान के प्रतिकार को नहीं उठता। कृष्ण आते हैं, पृष्ठभूमि में मुरली की मोहक धुन बजती है। कृष्ण आकर क्या करते हैं? द्रौपदी की लाज बचाते हैं, उसका चीर बढ़ाते हैं। इतना चीर बढ़ाते जाते हैं कि दु:शासन के बाहु थक जाते हैं। द्रौपदी की लाज बच जाती है। ईश्वर की वाहवाही हो जाती है, द्रौपदी के प्रश्न अनुत्तरित रह जाते हैं। यह चीर भी द्रौपदी द्वारा अर्जित चीर है, उसने एक दिन अपनी साड़ी का आँचल फाड़कर कृष्ण की रक्त टपकती उँगली पर बाँधा था। उसी उँगली पर सुदर्शन चक्र धारण करने वाले कृष्ण आकर लीला करते हैं, चीर बढ़ाते जाने की; दु:शासन और दुर्योधन की गर्दन नहीं काटते। कम-से-कम दोनों की भुजाएँ तो उनके मूल से उखाड़ ही सकते थे, किन्तु कोई कुछ नहीं कहता, कोई कुछ नहीं करता, द्रौपदी के प्रश्न अनुत्तरित हैं, उसके अपमान में सबकी सहमति है क्योंकि सभी नियम से बँधे हैं। सभी पुरुष नियमों से बँधे हैं, अपने बनाए नियमों से। सभी पुरुष बँधे हैं स्त्री के विरुद्ध बनाए अपने नियमों से। और बस इन्हीं नियमों को वे नहीं तोड़ते अन्यथा पूरे महाभारत में यत्र-तत्र-सर्वत्र नियम टूटते दिखाई देते हैं, किन्तु स्त्री विरोध में सभी पुरुष नियमबद्ध हैं, उनकी एकता दर्शनीय है।

गीता के अध्याय नौ के बत्तीसवें श्लोक में जन्म से ही स्त्रियों, वैश्यों और शूद्रों की योनियों को पाप योनियों की संज्ञा दी गई है। इन योनियों में पैदा होने वालों (स्मरण रहे किसी भी योनि में पैदा होना मनुष्य के अपने वश में नहीं है) को पाप योनियों में जन्मा माना गया, क्योंकि ऊँची जाति में जन्मे पुरुष जो कार्य नहीं करते थे उन कार्यों का निष्पादन वैश्यों और शूद्रों द्वारा किया जाता था। इसी प्रकार परिवार में हीन समझे जाने वाले सारे कार्य स्त्रियाँ करती थीं। गृहिणी रूप में स्त्री के कर्तव्यों का निर्धारण ऋग्वेद काल में हो गया था—बड़े-बूढ़ों की सेवा करना, सौतनों के साथ प्यारी सखी की तरह व्यवहार करना, पति के रूखे व्यवहार पर भी क्रोध नहीं करना, सभी गृहकार्य करना, सूत कातना, वस्त्र बनाना, कृषि कार्यों में हाथ बँटाना आदि-आदि। इस काल में विधवाएँ सूत कातकर ही अपनी जीविका चलाती थीं। स्त्री को स्वतंत्र रूप से सम्पत्ति का अधिकार नहीं था।

प्रसंगवश पुनः उल्लेखनीय है कि अपने जिस विवाह संस्थान पर हम भारतीय मुग्ध हैं, अपने जिन महान संस्कारों की प्रशंसा करते हम नहीं अघाते, उसमें सोलहों संस्कारों में कर्मकांड आवश्यक कर दिए गए थे। जन्म, विवाह, मृत्यु आदि से सम्बद्ध ये कर्मकांड अनिवार्य थे। विवाह के समय कन्या के पिता को एक निश्चित राशि वर पक्ष को देनी होती थी/है। समय के साथ-साथ स्त्रियों पर, विशेषकर ऊँची जाति की स्त्रियों पर पितृसत्तात्मक सत्ता का नियंत्रण बढ़ता गया। बहुपत्नी प्रथा तो इतनी टिकी कि बंकिमचन्द्र चट्टोपाध्याय के 'देवी चौधरानी' उपन्यास में ब्रजेश्वर से ब्रह्म ठकुरानी कहती हैं, "तेरे दादा के तिरसठ विवाह हुए थे, किन्तु चौदह वर्ष की हो या चौहत्तर वर्ष की, कभी किसी के बुलाने पर न नहीं करते थे।" (बंकिम समग्र, पृ. 825) इतने सुन्दर संस्कार कहाँ मिलेंगे? सिवाय भारतभूमि के!

भारतीय संस्कृति और समाज में वैदिक रीति-रिवाजों के अत्यन्त दमनकारी स्वरूप के विरुद्ध गौतम बुद्ध द्वारा चलाया गया धर्म बौद्ध धर्म साधारण जनता के लिए शान्ति का कारक बना। उन्नीसवीं शताब्दी के नवजागरण के पहले गिनवाए गए जागरणों में महात्मा बुद्ध, महावीर स्वामी और कबीर तथा उनके समकालीनों द्वारा चलाए गए भक्ति आन्दोलन का नाम बड़ी प्रमुखता से लिया जाता है। अपनी पत्नी यशोधरा को बिना सूचित किए उसे सोता हुआ छोड़कर अपनी मुक्ति की खोज में निकले सिद्धार्थ ने गौतम बुद्ध के रूप में संसार के बड़े अंश को मुक्तिमार्ग दिखलाया, किन्तु जहाँ तक स्त्री का प्रश्न है जैन और बौद्ध दोनों धर्मों ने न तो उसके बारे में प्रचलित नियम और मान्यताएँ बदलीं और न ही उसे मुक्ति का मार्ग दिखलाया। ब्राह्मण काल में ऐतरेय ब्राह्मण में स्त्री को सभी अनर्थों का मूल कहा गया। तैत्तिरीय संहिता और शतपथ ब्राह्मण में स्त्री और शूद्र को समान बताया गया। पद्मपुराण में पतिव्रता स्त्री से गृहकार्य में दासी के समान तथा शयन में वेश्या के समान निपुणता की अपेक्षा की गई, वाल्मीकि रामायण में स्त्री को हठी, अविवेकपूर्ण, ईर्ष्यालु, कटु, यौन प्रवृत्ति से पूर्ण कहा गया। महाभारत की चर्चा की जा चुकी है। गौतम बुद्ध ने भी स्त्री को सारे पापों की जड़ माना। अपने शिष्य आनन्द द्वारा यह प्रश्न पूछे जाने पर कि संघ में भिक्षुणियों का प्रवेश क्यों निषिद्ध है, महात्मा बुद्ध ने कहा कि वे धर्म के मार्ग में रोड़ा हैं। भिक्षुणी की उपस्थिति भिक्षुक के लिए खतरा है। संघ में केवल स्वतंत्र स्त्री प्रवेश पा सकती थी और कोई विवाहिता स्त्री स्वतंत्र नहीं थी। बौद्ध साहित्य में दस प्रकार की विवाहिता स्त्रियों की चर्चा की गई है, किन्तु स्त्री अपने पिता या भाई या पति या पुत्र की अनुमति से ही संघ में प्रवेश पा सकती थी। यशपाल के *दिव्या* उपन्यास में इस तथ्य का बड़े मार्मिक ढंग से चित्रण किया गया है। केवल वेश्या संघ में प्रविष्ट हो सकती थी। वेश्या को बुद्ध के धर्म में स्वतंत्र माना गया जबकि एक वेश्या पर कई पुरुषों का वर्चस्व रहता था। हाँ, वह अपनी सीमा में सम्पत्ति का क्रय-विक्रय कर सकती थी। महात्मा बुद्ध के अति क्रान्तिकारी माने

जाने वाले धर्म में किसी विवाहिता वैदिक धर्म मानने वाली स्त्री को महात्मा बुद्ध के संघ में प्रवेश हेतु वेश्या बनने का मार्ग ही खोला गया।

यद्यपि यशपाल का *दिव्या* उपन्यास 1945 ई. में आया। यह उपन्यास बौद्ध धर्म के प्रताप के चमकते सूरज की पृष्ठभूमि में लिखा गया। इस अद्‌भुत नारीवादी उपन्यास का उत्तरार्द्ध दिव्या को शरण हेतु बौद्ध मठ में स्थविर के सामने ला खड़ा करता है। अविवाहिता दिव्या माँ बनने के अपराध में परिस्थितियों के चक्र से उलझती दासी बन गई। दिव्या दासी दारा बन गई। नारी वह थी ही अब विधिवत् दासी बन गई। उसे आज्ञा दी गई कि वह पहले स्वामी के पुत्र को अपना दूध पिलाए तत्पश्चात् अपनी सन्तान को। दिव्या जन्मना दासी नहीं है अत: उसके मन में प्रश्न उठते हैं—"बौद्ध श्रमण कहते हैं—मनुष्य अपने कर्म से ही दु:ख पाता है परन्तु मेरे बच्चे का क्या कर्म है? अभी तो उत्पन्न ही हुआ है...मेरा पुत्र क्यों क्षुधा पीड़ित हो?...मैंने कौन-सा दुष्कर्म किया है? क्या पृथुसेन से अनुराग पाप था? क्या गर्भ धारण करना पाप था?...सम्पूर्ण सृष्टि गर्भ धारण करती है, मैंने ही क्या किया? ...केवल द्विज समाज की आज्ञा के बिना गर्भ धारण किया, इसी कर्म का यह फल है? क्या कर्म फल देने वाला द्विज समाज ही है?" (*दिव्या,* यशपाल, पृ. 115)

अपने भीतर उठते प्रश्नों से उलझती दासी दारा शाकुल माता भूतपूर्व द्विजकन्या दिव्या बौद्ध विहार में शरण माँगने जाती है। जिस असहाय सन्तान के लिए वह शरण माँगने जाती है उसे करुणामय स्थविर सांसारिक मोह बताते हैं। माता जिस सन्तान के लिए सब कुछ दाँव पर लगाए बैठी है जिसके लिए संघ की शरण में जाना चाहती है वह स्थविर की दृष्टि में दु:ख का कारण है!

माँ को सन्तान को मोह का कारण बताने वाले, विनय और शील का पालन कर त्रिशरण में मोह से मुक्ति पाने को उत्सुक नारी से स्थविर उसी पुरानी व्यवस्था का अनुमोदन करते हुए उससे प्रश्न करते हैं—"किसकी अनुमति से धर्म की शरणागत होना चाहती है दिव्या? पति की? पति होता तो दिव्या यहाँ होती ही नहीं। दिव्या का उत्तर है पति नहीं है। तो पिता की अनुमति से? दिव्या अस्वीकारती है—पति भी नहीं है, पिता भी नहीं है?" ग्रीवा झुकाए ही स्थविर बोले—"यदि पति और पिता नहीं हैं तो क्या तुम्हारे पुत्र की अनुमति तुम्हारे चेरी धर्म ग्रहण करने में है?" (वही, पृ. 119)

जिस असहाय शिशु शाकुल को वह स्थविर के सामने ही पत्थर पर लिटा चुकी है, जिस छोटे-से बालक की जीवन रक्षा के लिए उसने हर अपमान और कष्ट सहा है, वही बालक बड़ा होकर उसे 'अनुमति देने' का अधिकारी बन जाता है, किन्तु दिव्या का पुत्र तो अनुमति देने योग्य नहीं। तब दासी दिव्या को स्वामी की अनुमति लेनी होगी। दिव्या जिस दासत्व को इतनी कठिनाई से छोड़कर भागी है पुन: उसी के पास जाएगी? भला स्वामी क्यों अनुमति देने लगे! ऐसी स्थिति में स्थविर का

निर्णय एकदम स्पष्ट है—"देवी, धर्म के नियमानुसार स्त्री के अभिभावक की अनुमति बिना संघ स्त्री को शरण नहीं दे सकता।" (वही, पृ. 119) दिव्या को यह पता है कि अभिभावक केवल पुरुष ही हो सकता है। फिर भी वह आपत्ति करती है। उसकी इस आपत्ति पर कि तथागत ने वेश्या अम्बपाली तक को संघ में शरण दी थी, तो स्थविर का कथन है—"वेश्या स्वतंत्र नारी है देवी!" (वही, पृ. 119) अपने दासत्व की परतंत्रता पर, अपनी विवशता पर विलाप करती दिव्या एकाएक अपनी चिरकालीन परतंत्रता का अनुभव करती है। अनुभव करती है कि उसे स्वतंत्रता मिली कहाँ? कुल नारी के लिए स्वतंत्रता है ही नहीं। केवल वेश्या स्वतंत्र है। वेश्या भी कहने को स्वतंत्र है। बौद्ध धर्म वैदिक धर्म के विरोध में अपनी क्रान्तिकारी भंगिमा के साथ लोकप्रिय हुआ था, किन्तु स्त्री के प्रश्न पर सभी धर्म एकमत हैं कि वह जन्म से मृत्यु तक पराधीन है। द्विजधर्म और बौद्धधर्म दोनों से चोट खाई दिव्या के लिए यह स्वतंत्रता अत्यावश्यक है। वह निश्चय करती है—वह वेश्या बनेगी।

वेश्यावृत्ति को संसार का आदिम पेशा माना गया है। हाशिए पर धकेली गई स्त्रियों में से अति नारकीय जीवन में धकेली गई वेश्याएँ हाशिए का भी हाशिया हैं। सुकुमारी भट्टाचार्य ने गणिका प्रथा के सम्बन्ध में लिखा है—"इस काल में गणिका के लिए लगभग पचास प्रतिशब्द प्रयुक्त होते थे। अलग-अलग नामों से जानी जाने वाली यौनकर्मियों के समाज में अलग-अलग स्तर होते थे। गणिका इनमें सर्वश्रेष्ठ होती थी, परन्तु राज्य कर्मचारियों में उसका दर्जा दरबान से नीचा होता था। राज्य गणिका की शिक्षा-दीक्षा का भार उठाता था। उसकी आय से निर्धारित आयकर भी वसूलता था। गणिका के बाद रूपजीवा का स्थान था। वह स्वयं अपनी शिक्षा-दीक्षा का भार उठाती थी। इनके अलावा अनेक प्रकार की पेशा करने वाली स्त्रियाँ होती थीं। इनमें अधिकांशत: निर्धन होती थीं। जिनके लिए दो जून की रोटी जुटाना कठिन था। इनके अतिरिक्त देवदासी या त्रिदशालयवनिता होती थी। ये मन्दिर के प्रांगण में देवता के निमित्त नृत्य करती थीं। इसके बदले उन्हें वृत्ति, अन्न, भरण-पोषण की सुविधा मिलती थी। उनका दूसरा काम पुरोहितों की वासना तृप्ति करना था। गणिका और रूपजीवा को आयकर देने के बदले राज्य से जान-माल की सुरक्षा हासिल थी।" (प्राचीन भारत : समाज और नारी, सुकुमारी भट्टाचार्य, कम्यूनिकेशन एंड मीडिया पब्लिकेशन, कलकत्ता, 1992)

पितृसत्तात्मक समाज के पुरुषों की वासनापूर्ति के लिए गणिकाओं का पेशा आरम्भ किया गया। इनमें अधिकांशत: वे निर्धन और असहाय स्त्रियाँ थीं जिनके पास जीने का कोई साधन था ही नहीं। जिस समाज में उच्च कुल की स्त्रियाँ सभा में प्रवेश न कर सकती हों, वहाँ निम्न कुल की स्त्रियों के लिए रोज़गार के किसी अधिकार की बात सोचना भी व्यर्थ है। अत: असहाय स्त्रियों के पास चुनने के लिए और कोई मार्ग था ही नहीं। पितृसत्तात्मक ब्राह्मणवादी व्यवस्था ने पुरुष की काम

वासना के लिए स्त्री समाज को हीन से हीनतर और हीनतर से हीनतम बना दिया। इस काम-वासना को अमानवीय या पशुवत् बिलकुल नहीं कहा जा सकता क्योंकि पशु समाज का यौन व्यवहार कभी पुरुषों जैसा उच्छृंखल नहीं पाया गया। पशु प्रकृति के नियमानुसार उनके लिए निर्धारित ऋतु में अपनी सन्तति के लिए कामातुर होते हैं बल्कि बाद के दर्शन में, जिसे एक प्रकार का ब्रह्मचर्य कहा गया, वर्ष में एक बार सन्तानोत्पत्ति के अतिरिक्त पति-पत्नी का समागम पशुवत् आचरण था। अर्थात् पुरुष का नियंत्रित और मर्यादित व्यवहार जानवरों के अनुकरण पर था।

स्त्रियों के जातिगत व्यवस्था से जुड़े शोषण भी थे। वैदिक काल से ही कुलों में देवताओं की स्थिति महत्त्वपूर्ण एवं वैदिक देवकुलों की देवियों की स्थिति दोयम स्तर की थी। वैदिक ऋचाएँ पुजारी बुद्धिजीवियों के अधिकारों और धर्म का ही प्रतिनिधित्व करती हैं। हम यह समझ चुके हैं कि पुजारी सदा राजा का हित साधता था। पुजारी राजसत्ता के साथ था और राजसत्ता पुजारी के साथ। दोनों ही स्थानों पर सत्ता का हस्तान्तरण कुल के आधार पर एक पीढ़ी से दूसरी पीढ़ी को होता था। समाज में श्रेणीबद्ध जातियों के बनने के साथ उनके कर्तव्य और अधिकार जाति अनुसार ही परिभाषित थे। स्त्रियों पर दोहरी मार थी। उनके अशेष कर्तव्यों की सूची लिंग और जाति दोनों आधारों के अनुसार निर्धारित थी तथा अधिकारहीनता लिंग के आधार पर सुनिश्चित की गई थी। पितृसत्तात्मक ब्राह्मणवादी समाज ने स्त्रियों के लिए लिंग और जाति सम्बन्धी आचार संहिताओं में लगातार नए-नए स्त्री विरोधी नियम जोड़े, फलस्वरूप पुरुष निर्मित पुरुष प्रधान समाज में स्त्री का शोषण और दमन समस्त मानवीय सीमाओं को पार कर गया। यह पूरी शोषण व्यवस्था धर्म के नाम पर थी, उसी का परिणाम गणिका समाज का बनना और स्त्रियों का अमानवीय शोषण था। पुरुषों के मनमाने अत्याचारों ने स्त्रियों को एक नारकीय जीवन जीने को मजबूर किया—सदियों से चली आ रही इस व्यवस्था का कोई अन्त निकट भविष्य में भी दिखाई नहीं पड़ता।

अपने सुखोपभोग की अन्य वस्तुओं की तरह पुरुषों ने स्त्रियों के भी भेदाभेद बताए। नायिका भेद तो बाद की घटना है, धर्म ने सबसे पहले स्त्री को सती और वेश्या की कोटि में बाँधा। पितृसत्तात्मक ब्राह्मणवादी वर्चस्ववादी व्यवस्था की दुर्बुद्धि को एक बात के लिए तो दाद देनी ही पड़ती है। पहले उन्होंने अपनी सभी मुख्य स्थापनाओं में स्त्री की हीन, निकृष्ट, मूर्खा और निम्न कोटि का कहकर निन्दा की। सैद्धान्तिक रूप से (धर्म के द्वारा) यह अच्छी तरह से स्थापित किया कि स्त्रियाँ मनुष्य ही नहीं हैं, वे नर्क का द्वार हैं। (आश्चर्य! कभी किसी ऋषि-मुनि-विद्वान को यह नहीं सूझा कि स्त्री अगर नर्क का द्वार है तो उसे उस द्वार से जन्म लेने वाला नर्क का कीड़ा कहलाया जाना चाहिए), किन्तु पुरुष अपने आप को स्वयं प्रकट नहीं कर सकता था, वह अवतारी पुरुष की कल्पना कर सकता

था, किन्तु सभी पुरुषों को अवतरित नहीं करवा सकता था, जन्म तो उसे स्त्री की कोख से ही लेना पड़ता था/है। अत: उसने अपने निन्दा पुराण के साथ स्त्री के 'कुछ प्रकारों' के लिए स्तुति पुराण आरम्भ किया। स्त्रियों की मानसिक दासता के लिए उन्हें बहला-फुसला कर रखना भी आवश्यक था। अत: 'कुछ स्त्रियों' के और 'स्त्रियों के कुछ रूपों' के महिमामंडन का जाल बिछाया गया। स्वाभाविकत: महिमामंडित स्त्रियों में माँ को सर्वोपरि स्थान मिला।

उन्नीसवीं सदी में स्त्रियों की शिक्षा का आरम्भ उसके जननी स्वरूप के कारण ही होता है। सती नारी दूसरे स्थान पर थी। सामान्यत: माँएँ सती नारियाँ होंगी क्योंकि विवाहिता ही माँ बन सकती थी। अविवाहिता माँ का दुष्परिणाम दिखाकर बीसवीं सदी तक में 'धूल का फूल' और 'आराधना', जैसी सैकड़ों हिन्दी फिल्मों का सुपरहिट होना, लोगों का इस 'इमोशन' के पक्ष में होना दर्शाता है। 'आराधना' फिल्म का सुखान्त होना दर्शक को याद रहता है। निर्माता-निर्देशक बड़ी चालाकी से एक कुँवारी युवती माँ की उसकी वृद्धावस्था तक सामाजिक प्रताड़ना को उसकी आराधना बना देता है। आम आदमी भाव-विह्वल हो जाता है, फिल्म सुपरहिट हो जाती है। हमें यह नहीं भूलना चाहिए कि यह फिल्म सत्तर के दशक की है जब पश्चिम में उत्तर-आधुनिकता आ चुकी है और भारतीय समाज तब भी प्राक् आधुनिक सिद्धान्तों का पोषक है। हिन्दी फिल्मों के नामोल्लेख का यह अर्थ नहीं कि अन्य भारतीय भाषाओं में ऐसी फिल्में नहीं बनीं। बनीं और खूब बनीं। प्रशंसित हुईं, हिट रहीं। यह निस्संकोच कहा जा सकता है कि अपनी कुछ निजी खूबियों-खामियों के साथ भारतीय नवजागरण का चरित्र एक जैसा ही है।

समाज में स्त्री के 'महिमामयी' और 'गर्हित' नारी में विभाजन से स्त्री को कोई लाभ हुआ तो बस इतना कि अब वह 'जननी' रूप में सम्मानित थी। इस जननी को भी, किन्तु हर हाल में सती स्त्री बने रहना है। ''जमदग्नि की पत्नी रेणुका ने चित्ररथ गंधर्व की ओर कामुक दृष्टि से केवल देखा भर था कि क्रोधित होकर जमदग्नि ने अपने पुत्र परशुराम से उसकी हत्या करवा दी।'' (भारतीय विवाह संस्था का इतिहास, वही, पृ. 113) जो समाज स्त्री के मानसिक व्यभिचार पर पुत्र को मातृहंता के रूप में भी सम्मान देता हो उस समाज की उदारता को समझना क्या कठिन है?

पुरुष ने स्त्री की दो मुख्य कोटियाँ बना दीं—सती और वेश्या। दोनों ही प्रकार स्त्रियों को उसने ध्वनि करती बेड़ियाँ पहनाईं। एक को नूपुर दूसरी को घुँघरू। दोनों ही पहनने वालियाँ उसके लिए वस्तु थीं; पुरुष ने सती और वेश्या दोनों को ही अपमानित, लांछित, दमित, शोषित और कलुषित किया। सत्ता उसके हाथों में थी, धर्म उसके साथ था।

स्त्री शोषण के असंख्य और अनन्त उदाहरणों में से एक सत्यकथा मानी जाने वाली कथा का उदाहरण अवश्य ही देखा जाना चाहिए। अमृतलाल नागर ने अपने

उपन्यास *सुहाग के नूपुर* (1960) में सती कन्नगी, वेश्या माधवी और दोनों के दु:खों का कारण कोवलन की कथा अत्यन्त मार्मिकता से प्रस्तुत की है। उपन्यास के अन्त में तीन वर्षों से एक पगली बौद्ध चैत्य गृह में है। ''वह महास्थविर द्वारा कावेरीपट्टणम नगर में मृत्युवाहिनी लहरों से बचाकर यहाँ लाई गई थी। लाते समय वह मृतप्राय थी। अब भी तीन वर्षों से वह चलते-फिरते शव के समान है। वह चेतना-शून्य है। चुपचाप घंटों नि:शब्द बैठी बुद्ध की मूर्ति को एकटक देखा करती है। 'हाँ', 'ना' और 'अच्छा' के अतिरिक्त और कुछ नहीं कहती। अधिक बोलने के लिए प्रेरित करने पर शब्दों की खोज की उसकी पीड़ा देख महास्थविर कभी-कभी करुणा से रो पड़ते हैं। विहार में सबका मानना है कि वह ठूँठ हो चुकी है। उसकी चेतना लौटाने के सभी प्रयास व्यर्थ ही प्रमाणित होते हैं, बीच-बीच में वह अपनी पुरानी पहचान के कुछ-कुछ संकेत पकड़ती है, किन्तु व्यर्थ। विहार में सब सोचते हैं कि जाने किस शाप से उसकी ऐसी दशा हुई है। सबका मानना है कि वह अवश्य ही उत्तम संस्कारयुक्त स्त्री है और किसी भीषण मानसिक आघात से इस दशा को पहुँची है।'' (सुहाग के नूपुर, अमृतलाल नागर, राजकमल प्रकाशन, दिल्ली, 1960, पृ. 222)

तभी एक दिन कांचीपुरी के बौद्ध विहार में महाकवि इलंगोवन कांची पधारे। यहाँ उन्होंने दिव्याराम महास्थविर का आतिथेय ग्रहण किया और प्रतिदिन बौद्ध भिक्षुओं और नगर की जनता को अपना महाकाव्य सुनाने लगे।

सब सुनते। पगली भी सुनती थी। उसकी खोई आँखें क्रमश: स्थिर होने लगीं। उसका मौन भाव तो यथावत् रहा पर ऐसा लगता था कि पगली के उजड़े हुए मन को किसी विचार ने लंगर में बाँधकर स्थिर कर दिया है।

अन्तिम दिन महाकाव्य की कथा समाप्त होने पर सबके जाने के बाद पगली महास्थविर के बैठे हुए महाकवि के पास आई। बोली, ''सारा इतिहास सच-सच ही लिखा है, देव! केवल एक बात अपने महाकाव्य में जोड़ दीजिए—पुरुष जाति के स्वार्थ और दम्भ भरी मूर्खता से ही सारे पापों का उदय होता है। उसके स्वार्थ के कारण ही उसका अर्धांग—नारी जाति—पीड़ित है। एकांगी दृष्टिकोण से सोचने के कारण ही पुरुष न तो स्त्री को सती बनाकर सुखी कर सका और न वेश्या बनाकर। इसी कारण वह स्वयं भी झकोले खाता है और खाता रहेगा। नारी के रूप में न्याय रो रहा है, महाकवि! उसके आँसुओं में अग्नि-प्रलय भी समाई है और जल-प्रलय भी!''

महास्थविर और महाकवि दोनों ही आश्चर्यचकित हो उसे देखने लगे। सहसा महाकवि ने पूछा, ''तुम माधवी हो?''

''मैं नारी हूँ—मनुष्य समाज का व्यथित अर्धांग।'' (वही, पृ. 223)

स्त्री-द्वेषी और स्त्री-निन्दक कबीरदास—उन्नीसवीं सदी में मनुष्य समाज

के इस व्यथित अर्धांग के मूल में पुरुष की विकृत भावना में क्रमशः धीमा परिवर्तन मिलता है, किन्तु इससे पहले के भक्ति आन्दोलन में स्त्री विरोधी परम्परागत स्वर मिलता है। सिद्ध और नाथ साहित्य ने कहा—

जोगी सोजे मन जोगवे
बिल विलाइत राम भोगवे
कनक कामिनी त्यागे दोई
सो जोगेश्वर निभे होई।

भक्तिकाल में बाद में तुलसीदास की बात छोड़ भी दी जाए, किन्तु परम क्रान्तिकारी समाज की सभी कुरीतियों का निर्भीक विरोध करने वाले तर्कपटु कबीरदास का क्या किया जाए? जाति और धर्म के सम्बन्ध में अपने युग से बहुत आगे की प्रगतिशील सोच रखने वाले कबीरदास नारी के सम्बन्ध में परम्परागत रूप से ही क्रूर हैं। बहुत क्रूर हैं—

नारी की छाया परत अन्धा होत भुजंग।
कबिरा तिनकी कौन गति नित नारी के संग॥

या

पतिव्रता मैली भली, काली कुचित कुरूप।
पतिव्रता के रूप पर बारौ कोटि स्वरूप॥

(कबीर वचनावली, संग्रहकर्ता—अयोध्या सिंह उपाध्याय 'हरिऔध', नागरी प्रचारिणी सभा, काशी, 1987, पृ. 110)

पतिव्रत पर कबीर सती के संग हैं—

सती बिचारी सत किया काँटों सेज बिछाय।
लै सूती पिय आपना चहुँ दिस अगिन लगाय॥

(वही, पृ. 91)

सती नारी को कोई दुःख नहीं है, जो है सो उस स्त्री को जो पति के मरने पर सती नहीं हुई—

सती न पीसै पीसना जो पीसै सो राँड़।
साधू भीख न माँगई जो माँगे सो भाँड़॥

(वही, पृ. 91)

डॉ. रामकुमार वर्मा अन्तःसाक्ष्यों के आधार पर कबीर की दो पत्नियाँ बताते हैं—

पहली कुरूपा कुजाति कुलखनी साहुरे पेइये दुरी।
अबकी सरूप सुजाति सुलक्खनी सहजे उदर भरी॥
भली सरी मुई मेरी पहली बरी।
जुग जुग जीवौ मेरी अबकर धरी॥

(कबीर वाणी, संग्रह, सम्पा. डॉ. पारसनाथ तिवारी, राका प्रकाशन, इलाहाबाद, 1984)

कबीर अपनी पहली पत्नी के जल 'बर' जाने पर सन्तुष्ट हैं तथा दूसरी पकड़ी 'धरी' की लम्बी आयु की कामना करते हैं। यहाँ पर कबीर को माया और भक्ति के सन्दर्भ में सन्देह लाभ दिया जा सकता था, किन्तु 'जोरू' के सम्बन्ध में उनके इस उत्तम विचार की वकालत सम्भवतः कठिन है—

जोरू जूठनी जगत की भले बुरे का बीच।
उत्थम ते अगले रहैं निकटि रहैं ते नीच॥

(कबीर ग्रन्थावली, सम्पा. श्यामसुन्दर दास, प्रकाशन संस्थान, नई दिल्ली, 2010, पृ. 94)

इस तरह के उद्धरण आते ही विज्ञ-जन कबीर के पक्ष में सभी प्रकार के तर्क जुटाने लगते हैं। आचार्य विश्वनाथ त्रिपाठी इस सम्बन्ध में कहते हैं कि कबीर जैसा सदाचारी और सहृदय कवि नारी को सर्वथा निन्दनीय समझे यह उचित नहीं लगता है कि कबीर के लिए नारी केवल साधना में बाधक होने के लिए निन्दनीय नहीं थी। तत्कालीन सामन्तों की विलास-वृत्ति के प्रति घृणा का भाव भी कबीर के यहाँ नारी-निन्दा के रूप में प्रकट हुआ है। यह बात कबीर ही नहीं सभी सन्त कवियों के विषय में समझनी चाहिए। यहाँ कबीरदास भी उसी 'अद्‌भुत' समझदारी का परिचय देते हैं जिसका अन्य स्त्री विरोधी विचारक अनुसरण करते हैं। विलासी हैं सामन्त, किन्तु उनसे घृणा नहीं है। सामन्तों की, पुरुषों की जिस विलासी प्रवृत्ति का शिकार होकर नारी पीड़ित है, प्रताड़िता है उसी से घृणा है। जो कबीर जाति, धर्म, छुआछूत, रीति-रिवाज और रूढ़ियों के प्रति इतने तार्किक थे वे नारी पर विचार करते समय अपनी तर्क बुद्धि कहाँ छोड़ आए? कबीरदास ने माया, परनारी और वेश्या के विरुद्ध लिखा है। गृह कलह करने वाली नारी की भी उन्होंने ताड़ना की है। बस नारी के सती और पतिव्रता रूप की उन्होंने सराहना की है, किन्तु कबीर काव्य में नारी का यह रूप कम स्थानों पर उल्लेखित है। कबीर ने नारी के परम्परागत रूप की ही प्रशंसा की है।

आधुनिक हिन्दी साहित्य में लेखकों के वैवाहिक जीवन और उनकी पत्नी पर जो जानकारी मिलती है वह अत्यल्प है। ऐसे में कबीर और तुलसी के दाम्पत्य जीवन की प्रामाणिक और पूर्ण सूचना की आशा करना व्यर्थ है। फिर भी प्राप्त सूचनाओं

के आधार पर लगता है कि कबीर और तुलसी जैसे महान विचारक अपने वैवाहिक जीवन से असन्तुष्ट थे। इसलिए भी अपने व्यक्तिगत अनुभवों से निरपेक्ष काव्य रचना नहीं कर पाए। कबीरदास ने अपनी गृहस्थी की कलह की चर्चा की है। परनारी तो बुरी है ही पत्नी भी सुशीला नहीं। कनक और कामिनी दोनों ही विष हैं—

एक कनक अरु कामिनी, विषफल किया उपाय।
देखत ही तें विष चढ़ै, चाखत ही मरि जाय॥

(कबीर ग्रन्थावली, पृ. 28)

वैसे कामिनी कनक के बिना भी बुरी है—

रंचक लावन के फिरै, अंधा होय भुजंग।
कबिरा तिन की कौन गति, नित नारी सों संग॥

(कबीर समग्र, प्रथम खंड, सम्पा. डॉ. युगेश्वर, प्रचारक ग्रन्थावली परियोजना, वाराणसी, 1996, पृ. 436)

यह कनकामिनी सुवासिता सुन्दरी माता होने पर भी त्याज्य है—

सर्व सोना की सुन्दरी आवै बास सुबास।
जे जननी ह्वै आपनी तौहु न बैठे पास॥

(कबीर समग्र, प्रथम खंड, पृ. 437)

नारी विषफल है, नारी नागिन है, जो अपना जाया हुआ खा जाती है, नारी ऐसी रचना है जिसमें अवगुण ही अवगुण हैं, जीवित रहने पर यह कलेजा खाती है और मरने पर नर्क ले जाती है, नारी नख से शिख तक खा जाती है, जल में डूबा हुआ उबर सकता है पर जो नारी में डूबा उसका उबरना कठिन है।

कबीरदास के सम्बन्ध में सभी आलोचकों का एकमत से मानना है कि महात्मा कबीरदास एक अप्रतिम क्रान्तिकारी समाज सुधारक, असाधारण विचारक तथा युगप्रवर्तक कवि थे। उन्होंने अपने समकालीन समाज, धर्म और हिन्दी काव्य-साहित्य को एक नवीन युगबोध, भाव-स्फूर्ति और नवीन जीवन दर्शन देकर अमोघ शक्ति-संबल प्रदान किया था। उन्होंने वैचारिक क्रान्ति, समाज-सुधार तथा आध्यात्मिक चेतना की मशाल प्रज्वलित करके तत्कालीन दिग्भ्रांत और पथभ्रष्ट जनों का सफल मार्गदर्शन किया था। वे सगुण और निर्गुण, ज्ञान और भक्ति, उच्च और निम्न के बीच अद्‌भुत समन्वयकर्ता तथा हिन्दू-मुस्लिम एकता के महान अग्रदूत थे। मनीषी विद्वान आचार्य हजारीप्रसाद जी द्विवेदी कबीर को युग-प्रवर्तक मानते हैं, युगावतारी शक्ति और विश्वास लेकर वे पैदा हुए थे और युग-प्रवर्तक की दृढ़ता उनमें वर्तमान थी, इसीलिए वे युग-प्रवर्तन कर सके थे। निस्सन्देह कबीर अन्य विषयों पर युगान्तकारी विचार रखते हैं, किन्तु नारी पर उनकी यह दया दृष्टि नहीं हुई है।

आधुनिक काल में विशेषकर प्रगतिशील साहित्यकारों ने कबीर की सामाजिक दृष्टि की भूरि-भूरि प्रशंसा की है। समाज में शोषित सम्बन्धी उदार विचारों के लिए पीछे लौटने पर कबीर हमें सबसे शक्तिशाली प्रकाशपुंज के रूप में दिखलाई देते हैं। स्वयं भारतेन्दु हरिश्चन्द्र ने कबीर की शैली में धार्मिक रूढ़ियों के विरुद्ध लिखा है। कहने का तात्पर्य है कि जो सन्त कबीरदास समाज में समता और न्याय के संघर्ष की प्रेरणा के सबसे महान पारम्परिक विचारक हैं, वही कबीरदास स्त्री के विरुद्ध अत्यन्त विद्वेषपूर्ण धारणा रखते हैं। वही कबीरदास अपनी परम्परा से प्राप्त नारी सम्बन्धी दृष्टिकोण में रत्तीभर का परिवर्तन नहीं करते। जो सन्त कबीर वेद, पुराण एवं अन्य शास्त्रों को जाति-धर्म के प्रश्न पर पूरे समाज को सम्पूर्ण औदात्य से ललकारते हैं, वही कबीरदास स्त्री के प्रश्न पर पूरी निष्ठा से इन धर्मग्रन्थों को समर्थन देते हैं। जो महात्मा कबीरदास अपने क्रान्तिकारी विचारों के लिए पहचाने जाते हैं, वही कबीरदास जन्मदायिनी स्त्री को यम बताते हैं। उन्हीं कबीरदास के लिए नारी जैसा यम नहीं है और नारी से कोई-कोई ही बच पाया है—

नारी कूंड़ी नरक की, बिरला थामें बाग।
कोई साधु जन उबरा, सब जग मूवा लागि॥

(कबीर ग्रन्थावली, पृ. 94)

कबीर के नारी सम्बन्धी विचारों की कुरूपता ढंकने के लिए सामान्यत: सभी बड़े आलोचकों द्वारा यह लचर तर्क दिया जाता है कि उनके यहाँ माया की निन्दा है और उन्होंने नारी की नहीं, बल्कि माया की निन्दा की है। कबीर के काव्य में इस तर्क के विरुद्ध प्रचुर उदाहरण मिलते हैं। कबीर को बचाने का यह प्रयास कालिदास-विद्योत्तमा प्रकरण में मूर्ख कालिदास को विदुषी विद्योत्तमा से पराजित होने से बचाने के लिए पंडितों द्वारा दिए गए तर्कों जैसा प्रयास प्रतीत होता है। चूँकि कबीर ने उलटबाँसियाँ भी रची हैं अत: यह प्रयास और सुगम हो जाता है, किन्तु यह प्रश्न मन में उभरता है कि अगर सन्त कबीरदास स्त्री द्वेषी नहीं थे तो उन्होंने स्त्री को माया का प्रतीक क्यों माना। यही नहीं, स्त्री के समर्थन में कबीरदास की कोई उक्ति दिखलाई नहीं पड़ती। यह क्योंकर सम्भव हुआ कि उनके जैसे तीक्ष्ण-प्रखर विचारक को स्त्री के प्रति घोर अन्यायपूर्ण सामाजिक व्यवस्था में कोई त्रुटि दिखाई नहीं दी वरन् उन्होंने कहा कि यह संसार नारी-पुरुष द्वारा रचित है। जो पुरुष पुरुष द्वारा रचा होता तो वह बिरला होता—

नारी रचंते पुरुषमय है, पुरुष रचंते नार।
पुरुष पुरुष ते राचते, ते बिरलै संसार॥

(कबीर समग्र, प्रथम खंड, पृ. 195)

नारी को निहारकर मत देखिए। देखते ही विष चढ़ जाता है, नारी के अथाह जल से बचने वाले साधु विरले हैं। यह सर्वग्रासी है, 'सर्वहारा नहीं'—

नारी सेती नेह, बुद्धि विवेक सबहीं हरै।
वृथा गमावै देह, कारज कोई ना सरै॥

(कबीर ग्रन्थावली, पृ. 93)

इस प्रकार के उद्धृत-अनुद्धृत उद्धरणों की लम्बी सूची है और ऐसे स्थानों पर बड़ी आसानी से नारी को स्थानापन्न कर कबीर काव्य की सुगम व्याख्या की जा सकती है। यद्यपि कबीर के निम्न काव्य में आध्यात्मिकता के आरोपण की सम्भावना कम है फिर भी है—

नारी तौ हम भी करी पाया नहीं बिचार।
जब जानी तब परिहरी, नारी बड़ा विकार॥

(कबीर समग्र, प्रथम खंड, पृ. 439)

किन्तु यहाँ यह आरोपण उचित प्रतीत होता है क्या?

कबीरदास द्वारा नारी की इस प्रकार की गई निन्दा के सम्बन्ध में विश्वनाथ त्रिपाठी उनके बचाव में कहते हैं कि कबीर ने नारी की निन्दा कम नहीं की है फिर भी उनका अनुमान है कि वह नारी-मात्र को निन्दनीय न मानते रहे होंगे। रचनाकारों के वक्तव्यों से अधिक विश्वसनीय उनका चित्रण होता है। कबीर की नारी-निन्दा की इतनी तीव्रता को कैसे पचाया जाए? क्या वे परम्परा पालन के लिए ऐसा करते हैं? त्रिपाठी जी यह ध्यान नहीं देते कि परम्परा पालन के लिए निर्दोष दिखने वाली यह नारी-निन्दा कितनी ख़तरनाक है, किन्तु फिर भी उनके वक्तव्य में कबीर द्वारा नारी-निन्दा की स्वीकारोक्ति है। वे अनुमान करते हैं या करना चाहते हैं कि कबीर इतने बड़े नारी-निन्दक नहीं रहे होंगे क्योंकि इससे कबीर आधुनिक चिन्तन के उस ढाँचे से बाहर चले जाते हैं जिसे दमितों, शोषितों पर हुए जुल्मों के विरोध में खड़ा किया गया था। कबीर को भक्ति काल के अन्य कवियों से अलग कर प्रगतिशील चिन्तन का एक केन्द्रीय बिन्दु बनाया गया। भक्तिकाल के लोक रुझान वाले सभी कवियों का लक्ष्य भक्ति और मुक्ति है। इससे प्रगतिशील विचारों में नारी का मुख्य आधार न बनाने की प्रगतिशीलों की पोल भी खुलती है।

कबीरदास अन्य भक्त कवियों से इतर सामाजिक कुरीतियों एवं उनके सुधार के सम्बन्ध में बड़ा स्पष्ट मत रखते हैं। इस स्पष्ट और दृढ़ विचारधारा के कारण आलोचकों के एक बड़े वर्ग ने उन्हें केवल समाज-सुधारक मान लिया है, वहीं दूसरा वर्ग कबीर के भक्त रूप को सर्वस्व मान उनके सक्रिय सामाजिक रूप को छिपाता डोलता है। पहले वर्ग ने कबीर के भक्त रूप को निरन्तर 'अंडरप्ले' करने में सक्रियता

दिखाई, तो दूसरे वर्ग ने उन्हें समाज से विच्छिन्न, साधु-संगति में लीन, मुक्ति के परम आकांक्षी भक्त के रूप में ही सराहा है। इनसे भी अधिक कबीर पर उनके सम्प्रदाय के संस्थापकों एवं अनुयायियों ने कहर ढाया। उन्होंने कबीर की जीवन भर की कमाई पर उसी अन्ध-श्रद्धा का पानी फेर दिया, जिसके विरुद्ध कबीर आजीवन युद्धरत रहे।

इस प्रकार समाज सुधारक भक्त कबीर का एक सन्तुलित और अनुकरणीय रूप अपनी समग्रता में सामने नहीं आ सका। इससे भी बढ़कर अब तक इस पर खुलकर चर्चा नहीं की गई कबीर के समाज सुधार में से नारी गायब है। कबीर जैसे प्रखर चिन्तक के सुधार लक्ष्य में स्त्री की अनुपस्थिति को छिपाना परम्परागत स्त्री विरोध का ही एक अंग है। प्रो. मैनेजर पाण्डेय ने इस सम्बन्ध में बिना किसी दुविधा के कबीर और तुलसीदास की स्त्री-भावना को एक श्रेणी में रखा है। उनका मानना है कि कबीर और तुलसी का नारी सम्बन्धी दृष्टिकोण स्त्री विरोधी है जबकि सूरदास और मीरा में स्त्री स्वतंत्रता का प्रखर स्वर मिलता है। प्रो. मैनेजर पाण्डेय उन सभी आलोचकों से एकदम अलग हटकर सोचते हैं जिन्होंने कबीर की नारी निन्दा को बीसवीं सदी के उत्तरार्द्ध में भी एक नैतिक संबल प्रदान करने का प्रयास किया। डॉ. गोविन्द त्रिगुणायत जैसे आलोचक कबीर के बचाव में जो मंतव्य देते हैं वह अन्ततः स्त्री विरोधी ही हैं। डॉ. गोविन्द त्रिगुणायत का कहना है कि कबीर के युग में वासना अपना भयंकर रूप धारण करती जा रही थी। कबीर को उसका डटकर सामना करना पड़ा था। उसके लिए उन्हें स्त्री की निन्दा करनी पड़ी थी। डॉ. त्रिगुणायत की बात को ही दोहराते हुए पुष्पपाल सिंह कहते हैं कि स्त्री निन्दा करते हुए कबीर का मुख्य उद्देश्य साधक और समाज के सामान्य व्यक्तियों को चरित्र-भ्रष्टता से बचाना था। डॉ. श्यामसुन्दर दास ने इन दोनों मतों के मध्य का मार्ग ग्रहण किया। वे कबीर ग्रन्थावली की प्रस्तावना में लिखते हैं—"ज्ञानी सन्तों ने स्त्री की जो निन्दा की है, वह दूसरी ही दृष्टि से है। स्त्री से उनका अभिप्राय स्त्री के कामवासनापूर्ण संसर्ग से है। स्त्री की निन्दा कबीर से बढ़कर कदाचित् ही किसी ने की हो, परन्तु पति-पत्नी की भाँति न रहते हुए भी लोई का आजन्म उनके साथ रहना प्रसिद्ध है।" (कबीर समग्र, प्रथम खंड, पृ. 18)

मध्यकालीन भक्तों में कबीरदास जैसा 'जागे और रोवे' भावयुक्त विचारक आध्यात्मिक क्षेत्र से स्त्री का निष्कासन कर देता है। कारण स्पष्ट है, वह पुरुष की मुक्ति में बाधा है। क्यों ? क्योंकि वह पुरुष को आकर्षित करती है। पुरुष का ध्यान भटकाती है। अतः दोषी पुरुष का अपना वासनापूर्ण स्वभाव नहीं, दोषी वह स्त्री है जिसकी कामना में वह रात-दिन लिप्त है। डॉ. त्रिगुणायत और पुष्पपाल सिंह के तर्क तो यही प्रमाणित करते हैं। इस संसार में समस्त सुखों को भोगकर, जिसमें से एक परम सुख नारी संसर्ग है, उस लोक में मुक्ति प्राप्त कर स्वर्गारोहण की कामना पुरुष समाज का एकमात्र लक्ष्य है। और नारी इसी में बाधक है—

नारि नसावै तीनि सुख, जो नर पासै होइ।
भगति, मुकति निज ज्ञान में, पैसि न सकई कोइ॥

(कबीर समग्र, पृ. 28)

कैसी विडम्बनापूर्ण स्थिति है! कबीर जैसा तर्कशील चिन्तक ऊँच-नीच, भेदभाव दूर करने के लिए जाति और धर्म के सम्बन्ध में जो कहता है, वही मनुष्य जाति के अर्द्धांश स्त्री जाति के लिए स्वयं ही नहीं मानता—

एक बूँद एक मलमूतर एक चाम एक गूदा।
एक जाति थै सब उपजा कौन ब्राह्मण कौन सूदा॥

(कबीर समग्र, पृ. 38)

इस प्रकार जिस भक्तिकाल की लोकमंगल की भावना में स्त्री को भी भक्ति में सम्मिलित करने की बात उठाई गई उसका सबसे प्रखर चिन्तक उसी भक्ति की प्राप्ति में स्त्री को पुरुष की सबसे बड़ी बाधा मानता है। इस प्रसंग में तुलसीदास का उल्लेख भर कर देने से उनकी सभी स्त्री विरोधी उक्तियाँ कानों में गूँजने लगती हैं। तुलसीदास का स्त्री वैमनस्य भलीभाँति स्थापित है, किन्तु कबीर की ख्याति तो परम्परा तोड़ने के लिए है। फिर भी कबीरदास की नारी निन्दा की तुलना में तुलसीदास की स्त्री निन्दा अपेक्षाकृत सौम्य मालूम पड़ती है। कबीर जैसे अनलजीवी, तपे-तपाए अक्खड़ कर्मशील साधक-विचारक द्वारा इस प्रकार की परम्परा का पालन विचित्र जान पड़ता है। उनके हृदय की धधकती आग सब ओर पहुँचती है। बस स्त्री उससे अछूती रह जाती है। आज ऐसे समय में जबकि कबीर के केवल क्रान्तिकारी रूप पर बल दिया जा रहा है, उन्हें दलित चेतना के अग्रदूत के रूप में चित्रित किया जा रहा है, उनकी चिन्तन पद्धति में उनके नारी सम्बन्धी प्रतिक्रियावादी विचारों की विवेचना भी की जानी चाहिए क्योंकि परम्परा के वाहक कबीर स्वयं एक परम्परा बन चुके हैं। इसी पारम्परिक स्त्री विरोधी स्वर की अनुगूँज भारतेन्दु कालीन विचारकों में भी यत्र-तत्र लक्षित होती है।

भारतेन्दुयुगीन विचारकों की स्त्री चिन्ता का सबसे सशक्त पक्ष यह है कि यहाँ स्त्री विरोधी स्वर यत्र-तत्र लक्षित होता है, सर्वत्र नहीं। भारतेन्दुयुगीन स्त्री सम्बन्धी विचारधारा का सबसे निर्णायक बिन्दु है स्त्री शिक्षा की चर्चा। भारतेन्दु एवं उनके सहयोगी विचारक उस सांस्कृतिक युद्ध पर भी मोर्चे बन्द हैं जिसमें औपनिवेशिक शासक और उसकी दृष्टि से संचालित विचारकों को भारतवर्ष में कुछ भी श्रेयस्कर दिखाई नहीं दिया। शत्रु या प्रतिद्वंद्वी से संघर्ष के लिए कई बार उन्हीं हथियारों (टूल्स) का प्रयोग किया जाता है जिनसे हमला होता है। अंग्रेज़ों द्वारा भारतीयों को (हिन्दू और मुसलमान दोनों ही) पिछड़ा, बर्बर, असभ्य और क्रूर बताए जाने पर आत्मालोचन की प्रवृत्ति ने जन्म लिया। भारतीय समाज ने जब अंग्रेज़ों की ओर से

स्वयं पर दृष्टि डाली तो स्वयं में बहुत सी कमियाँ पाईं—आलस्य, फूट, एकता का अभाव, अपनी संस्कृति से अपरिचिति, गौरवमय इतिहास की लिखित परम्परा का अभाव, धर्म में भेद और रूढ़ियों का बोलबाला, समाज का असंख्य जातियों में बँटा होना, भारतीयों का आर्थिक शोषण, भारतीयों में उद्यमशीलता का अभाव, भारतवर्ष की घोर निर्धनता, भारतीयों की लम्बी पराधीनता तथा निर्धनता के कारणों से भारतीयों के सम्बन्ध में भारतीयों की अचेतनता तथा भारतीय नारी की नारकीय स्थिति।

खंडित आधुनिकता—1835 ई. में लॉर्ड मैकाले द्वारा अंग्रेज़ी को राजभाषा बनाए जाने पर इस देश में अंग्रेज़ी शिक्षा के प्रचार-प्रसार के लिए पूरे जोर से प्रयास किए जाने लगे। काली जनता को शासित करने के लिए गोरे साहबों को काले क्लर्कों की आवश्यकता थी जिनकी चमड़ी भारतीय, किन्तु अन्तर्मन अंग्रेज़ों का हो। तभी जनता शासित की जा सकती है। नई शिक्षा पद्धति में पुरानी शिक्षा पद्धति का कोई स्थान नहीं था। अत: संस्कृत के विद्वान और फ़ारसी के उस्ताद दोनों ही व्यर्थ हो गए। रोज़गार की भाषा अंग्रेज़ी बन गई तो केवल अंग्रेज़ी पढ़े-लिखे ही विद्वान कहलाने लगे और देशी भाषा विशारद, पंडित और कारीगर मूर्ख, अनपढ़ और बेकार हो गए। पुरुषों के लिए अंग्रेज़ी शिक्षा आवश्यक हो गई तो धीरे-धीरे इसका चलन बढ़ा। इसी क्रम में 'स्त्री' को भी शिक्षित करने का ध्यान आया। यहाँ आरम्भ में ही दो भ्रान्तियों का निवारण आवश्यक है। पहली यह कि पूरा भारतीय स्त्री समाज उतना अशिक्षित नहीं था जैसा कि बाद में मान लिया गया। सामान्यत: भारतीय स्त्रियाँ और विशेषत: हिन्दी प्रदेश की कुछ स्त्रियाँ परम्परागत अर्थों में शिक्षा पाने का 'सौभाग्य' रखती थीं। दूसरी भ्रान्ति यह है कि आरम्भ से ही स्त्री-पुरुष की अंग्रेज़ी शिक्षा एक जैसी थी। ऐसा तो अंग्रेज़ों के अपने देश ब्रिटेन में भी नहीं किया था। आधुनिक स्त्री-पुरुष अलग-अलग थे। स्त्रियों का पाठ्यक्रम उनके तत्कालीन प्राथमिक दायित्व गृहकार्य के अनुरूप था। स्त्रियों को केवल गृहकार्य सँभालना था उन्हें कोई नौकरी थोड़े ही करनी थी इसलिए इंग्लैंड और भारत की पढ़ने को इच्छुक नारियों को अपनी पारम्परिक भूमिका के निर्वाह योग्य गृहकार्य की शिक्षा दी गई। इसके साथ नीति धर्म और थोड़े से 'हिसाब' (गणित) की शिक्षा दी गई।

भारतीय नवजागरण से उपजी आधुनिकता के सम्बन्ध में लेखिका का स्पष्ट मत है कि यह एक खंडित आधुनिकता है। विशेषकर स्त्री को आधुनिकता और उसके सकारात्मक फल से सदैव दूर रखा गया। विचार, शिक्षा, वेश-भूषा, खान-पान और व्यवहार में सारी आधुनिक सुविधाएँ पुरुषों ने अपने लिए रखीं। स्त्री को आधुनिकता के सबसे बड़े विचार स्वतंत्रता की भावना से सर्वथा दूर रखने का प्रयास किया गया। पुरुष समाज ने अब भी तुलसी की रट 'जिहिं स्वतंत्र होहिं बिगरहिं नारी' नहीं छोड़ी। शिक्षा में भी स्त्रियों को रोज़गार से सम्बद्ध विषय नहीं पढ़ने दिए गए। अभी तक 'पहली महिला...' की संज्ञा अनवरत रूप से चल रही है जो उस काल

में सार्वजनिक क्षेत्रों में महिलाओं की घोर अनुपस्थिति को भलीभाँति समझाती है। भारतीय पुरुषों ने यूरोपीय वेशभूषा को इस प्रकार अपना लिया कि भारतीय वेशभूषा वाले पुरुष अपने ही देश में अल्पसंख्यक हो गए। जहाँ तक महिलाओं की वेशभूषा का प्रश्न है तो आज भी बंगाल जैसे स्त्री मुक्ति के आह्वाहक एवं समर्थक राज्य में स्त्रियों को अपने कार्य स्थानों में साड़ी के अतिरिक्त दूसरी भारतीय वेश-भूषा सलवार-कुर्ता पहनने पर विचित्र दृष्टि से देखा जाता है। इस देखने से पहले अच्छे-खासे प्रतिरोध का शमन हाईकोर्ट के हस्तक्षेप के बाद हुआ। कलकत्ता हाईकोर्ट के स्त्रियों द्वारा कार्यस्थलों पर साड़ी के स्थान पर सलवार-कुर्ता पहनने की स्वतंत्रता पर मुहर लगने के पश्चात् भी स्त्रियाँ भारतीय वेशभूषा में ही हैं। सबसे क्रोधास्पद तथ्य यह है कि भारतीय स्त्रियों को केवल साड़ी पहनने की अनुमति देने वाले, सलवार-कुर्ते के विरोधी पुरुषों में कोई धोती-कुर्ता अर्थात् भारतीय पोशाक नहीं पहनता। स्वयं यूरोपीय वेशभूषा से पूर्णत: सज्जित भारतीय पुरुषों की स्त्रियों के भारतीय परिधान में ही सज्जित होने की आकांक्षा की महानता पर गर्वित होने की इस मानसिकता को क्या कहा जाए!

अंग्रेज़ों से भारतीयों की सम्पर्क वृद्धि में एक कारक भारतीय स्त्रियाँ भी थीं। 'फर फर करती अंग्रेज़ रमणियों से भारतीय पुरुष अपनी पत्नी के बिना नहीं मिल सकता था। या इसे यों कहा जाए कि भारतीयों से क्रमश: बढ़े सम्पर्कों में जिन अत्यल्प आयोजनों में अंग्रेज़ अधिकारी पत्नियों के साथ भाग लेते थे उनमें आमंत्रित भारतीय पुरुषों के लिए अपनी अर्द्धांगिनियों को साथ ले जाना अत्यावश्यक हो गया। यह समस्या पहले-पहल बंगाल में सामने आई। लगभग 1870 ई. में सुनीतिदेवी ज्ञानदानन्दिनी ने ब्राह्मो साड़ी का प्रवर्तन कर लड़कियों की बाहर की पोशाक की समस्या का निदान किया। अंग्रेज़ सन् 1757 में ही बंगाल पर अधिकार जमा चुके थे। यह सर्वस्वीकृत तथ्य है कि बंगाल ने सबसे पहले अंग्रेज़ी शिक्षा को अपनाया और सरकारी नौकरियों में इसका लाभ पाया, किन्तु उपरोक्त तथ्य से स्पष्ट होता है कि अंग्रेज़ी शिक्षा का लाभ बंगाली पुरुषों ने उठाया। भारतीय नवजागरण के अग्रदूत कहलाने वाले बंगाल की स्त्रियों की सामाजिक दशा पर चिन्ता सुधार की प्रक्रिया लगभग शेष भारत की स्त्रियों के साथ ही आरम्भ हुई। आधुनिकता का जो लाभ बंगाल के पुरुषों को मिला वह बंगाल की स्त्रियों को नहीं मिला इसी को मैंने खंडित आधुनिकता कहा है। भारतीय आधुनिकता ने स्त्री और पुरुष को एक समान अधिकार तो दूर व्यक्तित्व सम्पन्नता हेतु एक समान अवसर भी सुलभ नहीं करवाए। हाँ, 1879 ई. कादम्बिनी गांगुली और चन्द्रमुखी बसु को इस देश की ही नहीं पूरे ब्रिटिश उपनिवेश और ब्रिटेन की पहली महिला स्नातक होने का गर्व अवश्य मिला। ऑक्सफोर्ड विश्वविद्यालय ने इससे एक वर्ष पहले लड़कियों को स्नातक की पढ़ाई की अनुमति दी थी।

बंगाल के प्रगतिशील विचारों के वाहक मदनमोहन तर्कालंकार ने स्त्री शिक्षा

विरोधी विचारों और वक्तव्यों को एकत्रित कर सामने रखा था जो इस प्रकार थे लड़कियों में—(1) मानसिक शक्ति और बुद्धि का अभाव, (2) यह लोकाचार-सम्मत नहीं, (3) इससे लड़कियाँ विधवा होंगी, (4) स्वेच्छाचारी और दुर्मुख होंगी, (5) चूँकि लड़कियों को धन नहीं माना जाता तो उन्हें पढ़ाकर क्या फायदा। सभी बड़े विचारक इस पर एकमत थे कि स्त्री का कार्य केवल गृहकार्य है। यहाँ तक कि द्विजेन्द्र लाल ठाकुर और विवेकानन्द ने मेमों को भी गृहलक्ष्मी की उपाधि दी। द्विजेन्द्रलाल ठाकुर स्त्री शिक्षा के समर्थक थे। विवेकानन्द ने दरिद्रनारायण की पुरानी भारतीय अवधारणा को पुनर्जीवित किया और अपना उनतालीस वर्षों का संक्षिप्त जीवन अपने देश और समाज को पूर्णत: समर्पित कर दिया, किन्तु उन्होंने भी मेधावी युवक नरेन्द्रनाथ दत्त से विवेकानन्द बनने तक की यात्रा में स्त्री के लिए कोई विशिष्ट विचार या उसकी अवस्था के सुधार में कोई सक्रियता नहीं दिखलाई।

बंकिमचन्द्र चट्टोपाध्याय का सम्पूर्ण साहित्य स्त्री सम्बन्धी अन्तर्विरोधों का भयंकर शिकार रहा है। जिस साम्य निबन्ध में उन्होंने स्त्री चिन्ता की थी बाद में उन्होंने उसे त्याग (disown) दिया था। इसकी चर्चा पहले भी की जा चुकी है। स्त्री शिक्षा पर भारतेन्दु सबसे मुखर हैं। वे स्त्री शिक्षा के पक्ष में हैं। उन्नीसवीं सदी का सबसे सकारात्मक पक्ष यह रहा कि अब अन्य सुधारों की चर्चा के साथ सुधारकों का ध्यान 'स्त्री सुधार' की ओर भी गया। सुधारकों को उन मूर्खाओं, अशिक्षिताओं और गँवारिनों का भी ध्यान आया जो माता है, जननी है। बालक का सुधार घर से हो सकता है और इसलिए उसे जीवन का प्रथम पाठ पढ़ाने वाली माता का सुधार आवश्यक जान पड़ा। अत: समाज के जागरूकों द्वारा स्त्री-शिक्षा की आवश्यकता की बात उठाई गई। अभी तक साहित्य में स्त्री 'पूरक' थी। अब उसकी चर्चा 'वस्तु' से भिन्न रूप में आरम्भ हुई। यहाँ पर भी एक बड़ी चूक हुई। सुधारकों द्वारा उस स्त्री रूप के उद्धार की कल्पना की गई जो उनके इतिहास में थी। सती, वीरांगना, मेधावी, अनुपम त्यागमयी और सौन्दर्यमयी। उस स्त्री के आदर्श को सामने रखा गया जो उनकी स्मृति में थी। स्त्रियों की तत्कालीन अवस्था को देखते हुए यह आदर्श कुछ अधिक ही ऊँचा था फिर भी स्त्री के उद्धार की चर्चा आरम्भ हुई। पुरुषों के समक्ष अनुभवों का नया संसार था। उन्हें प्राचीन वीरों और ऋषियों के आदर्शों का अनुकरण कर उनके जैसा नहीं बनना था। यह सब कुछ स्त्री के लिए छोड़ दिया गया था।

निज भाषा और जननी—सबसे पहले माता को शिक्षित करने का ध्यान आया। जिस 'निज भाषा' पर सभी समाज गर्वित थे वह सबसे पहले माता से ही मिलती थी। माता बालक को खेल-खेल में बड़ी सहजता से पढ़ा सकती थी—

लाल पुत्र करि चूमि मुख विविध प्रकार खेलाई।
माता सब कछु पुत्र को सहजहिं सकत दिखाई।

(भा. स., पृ. 228)

भारतेन्दु हरिश्चन्द्र ने अपनी 'निज भाषा की उन्नति' का प्रथम आधार स्त्री को माना। पुरुष जिस भाषा का प्रयोग करे उसका व्यवहार घर में भी होना चाहिए। ऐसा न होने पर पुरुष का घर में संवाद कैसे होगा? घर में ज्ञान फैलने की आवश्यकता वही भाषा पूरी कर सकती है जिसे नारी भी समझती हो—

अंग्रेज़ी पढ़ि के जदपि सब गुन होत प्रवीन।
पै निज भाषा ज्ञान बिन रहत हीन के हीन।
यह सब भाषा काम की जब लौं बाहर बास
घर भीतर नहिं कर सकत इन सों बुद्धि प्रकास।
नारि पुत्र नहिं समझहीं कुछु इन भाषन माहि।
तासों इन भाषन सों काम चलत कछु नाहिं।
उन्नति पूरी है तबहि जब घर उन्नति होय।
निज सरीर उन्नति किए रहत मूढ़ सब लोय।

(वही, पृ. 228)

भारतेन्दु की 'निज भाषा' का तर्क सर्वप्रथम माँ और नारी की भाषा के आधार को ग्रहण करता है। उन्नति की भाषा वही हो सकती है जिसमें सबका विकास निहित हो। परिवार का सम्पूर्ण विकास ही समाज का सम्पूर्ण विकास बन सकता है। स्त्री की भाषा के व्यवहार के बिना विकास अधूरा है। अत: भारतेन्दु का तर्क है कि जिस भाषा का प्रयोग स्त्रियाँ करती हैं अर्थात् जननी करती हैं, वही भाषा हमारी उन्नति का माध्यम बन सकती है। किसी दूसरी भाषा के व्यवहार से स्त्री का काम नहीं चलेगा और स्त्री बिना समाज का काम नहीं चलेगा—

अंग्रेज़ी निज नारि को कोउ न सकत पढ़ाइ।
नारि पढ़े बिन एकहु काज न चलत लखाइ॥

(वही, पृ. 228)

भारतेन्दु का यह कथन हिन्दी नवजागरण में स्त्री सम्बन्धी चिन्तन का प्रस्थान बिन्दु है। बनारस के प्रसिद्ध घराने के पढ़े-लिखे युवक द्वारा शिक्षा के प्रयासों का अपना ही अर्थ था। इन प्रयासों की सफलता सम्भावना भी बनी। भारतेन्दु ने स्त्री को शिक्षित किए जाने हेतु उसके सर्वाधिक स्वीकृत रूप 'माता' को चुना—

गुरु सिखवत बहुभाँति लौं जदपि बालकन ज्ञान।
पै माता शिक्षा सरिस, होत तौन नहिं ज्ञान।
...सो सिसु-शिक्षा मातु-बस जो करि पुत्रहि प्यार।
खान पान खेलन समय सकत सिखाय विचार।

(वही, पृ. 228)

भारतेन्दु की 'निज भाषा' मातृभाषा है। बालक की उन्नति के लिए माँ की शिक्षा भी आवश्यक है। माता के शिक्षिता होने पर पूरे घर का विकास होगा। अत: जननी रूप में ही स्त्री शिक्षा पर बल दिया जाने लगा, किन्तु जैसा कि पहले भी उल्लेख किया गया है, इस शिक्षा के 'प्रकार' का स्वरूप निर्धारित खाँचे में था। लड़कियों की पढ़ाई पर इसलिए ध्यान दिया गया कि जब वे जननी बनें तो अपने बालक को पढ़ा सकें। हिन्दी नवजागरण के सभी साहित्यकार बालक की शिक्षा को ही केन्द्र में रखकर नारी शिक्षा की चर्चा करते हैं। बालिका की चर्चा नहीं करते। सुभद्रा कुमारी चौहान ने सबसे पहले अपनी बेटी पर 'यह मेरी गोदी की शोभा, सुख-सुहाग की है लाली' लिखकर पुत्री की जननी के रूप में किसी माँ की सार्थकता अभिव्यक्त की थी, किन्तु यह बीसवीं शताब्दी के तीसरे-चौथे दशक की बात है। इक्कीसवीं सदी में भारत के सबसे समृद्ध राज्यों में कन्या भ्रूण हत्या के डरावने आँकड़ों के साये में उन्नीसवीं सदी से अधिक आशा करना उसके साथ अन्याय होगा। बहरहाल स्त्री शिक्षा की बात कायदे से शुरू हुई, जोर-शोर से आगे बढ़ी और उस पर अमल भी हुआ।

चूँकि स्त्री को इसलिए शिक्षित किया जा रहा था कि वह बालक को शिक्षित कर सके और गृहकार्य को व्यवस्थित कर घर खर्च का हिसाब-किताब सुचारु रूप से कर सके अत: उसे पश्चिमी शिक्षा की आवश्यकता न थी। पश्चिमी शिक्षा से स्त्रियों के निर्लज्ज हो जाने का घोर संकट था। इसे भारतीय सभ्यता के लिए अशुभ माना गया। इससे भारतीय पर्दा प्रथा पर आघात हो सकता था। अत: भारतेन्दु हरिश्चन्द्र स्त्री शिक्षा के इस आग्रह के साथ भारतीय स्त्रियों में लज्जाशीलता के आग्रह को भी बार-बार दोहराते रहे। 'मुशायरा' में मेम की तालीम पर लालायित ललाइन पर उन्होंने व्यंग्य किया—"कुछ जो मेम साहब की तालीम ने तुन्दी सो चट से कूद परदे के बाहर बेतकल्लुफ तशरीफ लाईं और मटक-मटक कर कहने लगीं कि—

लिखाय नाहीं देत्यो पढ़ाय नाहीं देत्यो।
सैंया फिरंगिन बनाय नाहीं देत्यो॥
लहँगा दुपट्टा नीक न लागे।
मेमन का गौन मँगाय नाहीं देत्यो॥

(वही, पृ. 996)

इसमें गोरी मेमों के संसर्ग में आने पर हिन्दू स्त्रियों में उठने वाले सम्भावित कामनाओं के ज्वार पर लम्बा व्यंग्य है। भारतीय संस्कृति में घर के वे आयाम जो स्त्रियों पर टिके हैं, भारतेन्दु को ध्वस्त होते प्रतीत होते हैं—

हम ना सोइबे कोठा अटरिया
नदिया पे बँगला छवाय नाहीं देत्यो॥

सरसों का उबटन हम ना लगैबै।
साबुन से देहियाँ मलाय नाहीं देत्यो॥
डोली मियाना पै कब लग डोलों।
घोड़वा पै काठी कसाय नाहीं देत्यो॥
कब लग बैठीं काढ़े घुँघटवा।
मेला तमासा जाय नाहीं देत्यो॥

(वही, पृ. 996)

लगता है कि भारतेन्दुयुगीन बुद्धिजीवी पश्चिमी सभ्यता की जिस आँधी से घबराकर स्त्री को अधिकाधिक लज्जा का पाठ पढ़ा रहे थे उसने अपना एक चक्र बीसवीं सदी में पूरा किया। भारतेन्दु उस नई लीक से घबरा गए हैं जिसमें स्त्री घूँघट काढ़कर बैठने पर प्रश्न उठा सकती है—

लीक पुरानी कब लग पीटौं।
नई रीत रसम चलाय नाहीं देत्यो॥
गोबर से ना लीब पोतब।
चूना से भितिया पोताय नाहीं देत्यो॥

(वही, पृ. 996)

और लगे हाथों भारतेन्दु विलायत गमन पर रोक, क्योंकि ब्राह्मणों ने समुद्र यात्रा को शास्त्र विरोधी बताया, और सो चुकी हिन्दू जाति पर भी ललाइन से व्यंग्य करवा देते हैं—

खुसलिया छदम्मी ननकू हन काँ।
विलायत का काहे पठाय नाहीं देत्यो॥
बहुत दिना लग खटिया तोड़िन।
हिन्दुन का काहे जगाय नाहीं देत्यो॥

(वही, पृ. 996)

और ललाइन के ऐसे स्वाधीन निर्लज्ज बोलों पर साहोजी साहब मुतहय्यिर (चकित) हो घबड़ाकर यों रेंके—

का भवा आवा है ए राय जमाना कैसा।
कैसी मेहरारू है ई हाय जनाना कैसा॥

(वही, पृ. 996)

स्त्रियों की सम्भावित स्वाधीनता से आशंकित समाज—स्त्रियों की सम्भावित स्वाधीनता से हिन्दू समाज आशंकित था। उसने परम्परा से स्त्री धर्म को जिस रूप

में जाना-पहचाना और ग्रहण किया उस पर जितना आघात नहीं हो रहा था उससे अधिक संकटों की कल्पना की जा रही थी। अत: समाज का बड़ा अंश स्त्री शिक्षा को अभी भी दूर रखने का प्रयास कर रहा था, किन्तु बदलती परिस्थितियों को भी एकदम नकारा नहीं जा सकता था। अत: स्वीकार-अस्वीकार के बीच हिन्दी प्रदेश की स्त्री शिक्षा और उसका विरोध एक साथ आरम्भ हो गए। बनारस में स्त्री शिक्षा का प्रयास पहले-पहल मिशनरियों द्वारा किया गया और भारतेन्दु के पिता अपनी लड़की को पढ़ाने भेजने वाले प्रथम अभिभावकों में से एक थे। भारतेन्दु ने स्वयं अपनी पुत्री को पढ़ाया। बनारस तथा भारत के अन्य स्थानों पर पढ़ने वाली लड़कियों के प्रोत्साहन के लिए भारतेन्दु ने पारितोषिक भेजे। कलकत्ता के बेथून स्कूल में परीक्षा में उत्तीर्ण होनेवाली बालिकाओं के लिए उन्होंने बनारसी साड़ियाँ भेजी थीं। बम्बई, मद्रास विश्वविद्यालय एवं अन्य स्थानों के लिए भी उन्होंने इस प्रकार के उपहार भेजे थे। यद्यपि मिस मेरी कारपेंटर के नारी शिक्षा उद्योग में भारतेन्दु प्रधान सहायक थे, किन्तु वे ईसाई ढंग की नारी शिक्षा नहीं चाहते थे। उनका कहना था कि "लड़कियों को भी पढ़ाइए, किन्तु उस चाल से नहीं जैसे आजकल पढ़ाई जाती हैं जिससे उपकार के बदले बुराई होती है। ऐसी चाल से उनको शिक्षा दीजिए कि वह अपना देश और कुलधर्म सीखें, पति की भक्ति करें और लड़कों को सहज में शिक्षा दें।" ये पंक्तियाँ भारतेन्दु की नारी भावना की कुंजी हैं। स्त्री से वे क्या चाहते हैं, समाज में स्त्री की क्या भूमिका हो सकती है इन पंक्तियों में स्पष्ट है। इन थोड़ी सी पंक्तियों में भारतेन्दु स्त्री धर्म की पूरी व्याख्या कर देते हैं। स्त्री का धर्म कुल धर्म का हर हाल में निर्वाह, पति की परम भक्ति और अच्छी माता बनना है। पाश्चात्य शैली की शिक्षा से स्त्री की आत्मा की जागृति का भय था।

भारतेन्दु हरिश्चन्द्र जब अंग्रेज़ युवतियों से अपने देश की स्त्रियों की तुलना करते हैं तो उनकी हीनावस्था पर दुखी हो जाते हैं, किन्तु पारम्परिक मूल्यों से भी समझौता नहीं किया जा सकता। जैसा कि पहले भी कहा जा चुका है, भारतेन्दु देश की परम्परा के अनुसार स्त्री शिक्षा चाहते हैं और हमारी देश की परम्परानुसार लज्जा स्त्रियों का आभूषण है ऐसी शिक्षा कभी भी आम नहीं हो सकती है जो स्त्रियों की लज्जा समाप्त कर दे यद्यपि भारतेन्दु अंग्रेज़ महिलाओं से बड़े प्रभावित हैं और चाहते हैं कि भारतीय स्त्रियाँ उनसे कुछ सीखें पर उनकी लज्जाविहीनता का अनुकरण न करें। 'नील देवी' (1881) में भारतीय नारियों को सम्बोधित करते हुए भारतेन्दु कहते हैं—"मातृ भगिनी सखी तुल्या आर्य ललनागण।"

आज बड़ा दिन है। क्रिस्तान लोगों को इससे बढ़कर कोई आनन्द का दिन नहीं है। किन्तु मुझको आज उलटा और दु:ख है। इसका कारण मनुष्य स्वभाव सुलभ ईर्ष्या मात्र है। मैं कोई सिद्ध नहीं जो राग-द्वेष से विहीन हूँ। जब मुझे अंग्रेज़ी रमणी लोग मेदसिंचित केशराशि, कृत्रिम कुन्तल जूट, मिथ्या रत्नाभरण और विविध वर्ण

वसन से भूषित क्षीण कटि देश कसे निज-निज पतिगण के साथ प्रसन्न वदन इधर से उधर फर-फर कर कल की पतली की भाँति फिरती हुई दिखलाई पड़ती हैं तब इस देश की सीधी-सादी स्त्रियों की हीन अवस्था मुझको स्मरण आती है और यही बात मेरे दुःख का कारण होती है।'' (वही, पृ. 478)

भारतीय नारी की दुर्दशा पर भारतेन्दु अपना दुःख प्रकट कर देते हैं, इसका अर्थ कदापि नहीं है कि वे भारतीय स्त्रियों में उपरोक्त गुण चाहते हैं। भारतेन्दु कहते हैं—''इससे यह शंका किसी को न हो कि मैं स्वप्न में भी यह इच्छा करता हूँ कि गौरांगी युवती समूह की भाँति हमारी कुल लक्ष्मीगणा भी लज्जा को तिलांजलि देकर अपने पति के साथ घूमें।'' (वही, पृ. 479) भारतेन्दु तो चाहते हैं कि ''जैसे और बातों में जिस भाँति अंग्रेज़ी स्त्रियाँ सावधान होती हैं, पढ़ी-लिखी होती हैं, घर का काम-काज सँभालती हैं, अपनी सन्तानगण को शिक्षा देती हैं, अपना स्वत्व पहचानती हैं, अपनी जाति और अपने देश की सम्पत्ति-विपत्ति को समझती हैं, उसमें सहायता देती हैं और इतने समुन्नत मनुष्य जीवन को व्यर्थ गृह दास्य और कलह में नहीं खोती उसी भाँति हमारे गृह देवता भी वर्तमान हीनावस्था का उल्लंघन करके कुछ उन्नति प्राप्त करें यही लालसा है। इस उन्नति पथ की अवरोधक हम लोगों की वर्तमान कुल परम्परा मात्र है और कुछ नहीं है।'' (वही, पृ. 479)

इसका स्पष्ट अर्थ यह भी निकाला जा सकता है कि भारतेन्दु यह तो चाहते हैं कि भारतीय स्त्रियाँ अंग्रेज़ स्त्रियों की तरह कार्य कुशल हों, किन्तु पर्दे में रहें। घूँघट निकालकर वे जिस लज्जाशीलता का परिचय देती आई हैं उस घूँघट को न सरकाएँ। पति के साथ का अर्थ निर्लज्जता है। भारतीय संस्कृति की धर्मोन्मुखता पर कई बार विश्वास नहीं होता। जो समाज उठते-बैठते, सोते-जागते ईश्वर भजन और उसके नाम स्मरण की महिमा गाता हो वह समाज स्त्री-पुरुष संसर्ग से अत्यन्त ही सशंकित है। ऐसे धार्मिक समाज के स्त्री-पुरुषों का चरित्र इतना गिरा हुआ है कि वे एक-दूसरे पर दृष्टि डालते ही कामातुर हो जाते हैं। गर ऐसा नहीं होता तो दोनों के मिलने में इतनी बंदिशें क्यों होतीं। पराए पुरुष की बात न भी की जाए तो दिन में पति से बातें करना भी निर्लज्जता है, उसके साथ घूमना भी निर्लज्जता है। पति-पत्नी का सम्बन्ध समाज द्वारा बनाया गया है। वे एक-दूसरे के जीवनसंगी माने गए। बनाए गए हैं। ऐसे समाज स्वीकृत सम्बन्ध में दोनों की सहउपस्थिति (दिन में) इतनी लज्जाजनक है तो उससे समाज की मानसिक गिरावट का अनुमान करना कठिन नहीं है। भारतीय समाज की यह मानसिक गिरावट बीसवीं सदी के उत्तरार्द्ध तक बनी रही है।

हिन्दी नवजागरण के विचारकों के समक्ष यह पूरी तरह स्पष्ट है कि अब स्त्री शिक्षा आवश्यक है। इतिहास ने यह बार-बार प्रमाणित किया है कि जब-जब कोई देश या समुदाय पददलित और पराधीन होता है तो वह अपने भविष्य का सपना

अतीत के सहारे गढ़ता है। हीन वर्तमान की बाध्यता है कि वह अतीत की ओर मुड़े और अपने उज्ज्वल भविष्य की प्रेरणा प्राप्त करे, इसके लिए चाहे अपने अतीत में उसे कितनी सुदूर यात्रा क्यों न करनी पड़ी। इसी के साथ किसी नई प्रवृत्ति को अपनाने के लिए धर्म प्रवण समाज अपने धार्मिक और मिथकीय उदाहरणों को सामने रखता है। 'ऐसा हमारे यहाँ होता था'—यह कहकर नई प्रवृत्ति या नए परिवर्तन के लिए स्वीकृति का वातावरण बनाने में सुगमता होती है। भारतेन्दु को स्पष्ट समझ में आ रहा है कि स्त्रियाँ इतने समुन्नत मनुष्य जीवन का व्यर्थ के पचड़ों में सर्वनाश कर रही हैं।

बाबा साहेब अंबेडकर ने एक स्थान पर कहा था, ''मैं किसी समाज की प्रगति तथा उन्नति का अनुमान इस बात से लगाता हूँ कि उस समाज की महिलाओं की कितनी प्रगति हुई है। नारी की उन्नति के बिना परिवार, समाज एवं राष्ट्र की उन्नति के सपने सँजोना गूलर के फूलों के समान है।'' (महिलाओं के क़ानूनी, धार्मिक एवं सामाजिक अधिकार, शान्तिकुमार स्याल, आत्माराम एंड संस, दिल्ली, पृ. 20) यह बात उन्नीसवीं सदी के विचारकों ने समझ ली थी यद्यपि उनके चिन्तन में राष्ट्रनिर्माण में स्त्री सहयोग की बात इस रूप में नहीं थी, किन्तु नए परिवर्तनों ने उन्हें यह समझा दिया था कि स्त्री शिक्षा समाज के हित में है। भारतेन्दु हरिश्चन्द्र आदि ने नारी की वर्तमान पराधीन और शोचनीय अवस्था के निराकरण के लिए गौरवमय अतीत के पृष्ठ पलटे। उन्होंने पाया कि भारतीय स्त्रियाँ सदा-सर्वदा शिक्षा से वंचित नहीं थीं। आज की भारतीय नारी से अतीत की उस गौरवमयी नारी की तुलना नहीं की जानी चाहिए और न ही यह उस नारी की उत्तराधिकारिणी है। भारतीय नारी के सदा-सर्वदा शिक्षा विहीन होने के भ्रम निवारण हेतु भारतेन्दु ने *नील देवी* नाटक रचा।

प्राचीन काल में आर्य ललनाएँ सुशिक्षिता थीं। इस बात के उन्होंने एकाधिक स्थान पर प्रमाण दिए। *चरितावली* में उन्होंने कालिदास के जीवन चरित्र पर विचार करते हुए राजा भोज की सभा में उपस्थित पंडितों की सूची प्रस्तुत की है उसमें से एक नाम सीता है। भारतेन्दु इस नाम की उपस्थिति पर अपना मंतव्य देते हैं—''सीता अवश्य किसी स्त्री का नाम है और इसी से बोध होता है कि स्त्री शिक्षा उस समय प्रचलित थी। तो हम नहीं समझते कि हम लोगों के स्वदेशीय अब इसको क्यों बुरा समझ के अपने देश की उन्नति नहीं होने देते। देखिए, अमेरिका में स्त्री शिक्षा कैसी प्रचलित है और जो लोग एक समय अत्यन्त मूर्ख अवस्था में थे वे अब यूरोप के लोगों को भी दबा लिया चाहते हैं, तो यह देखकर हे हिन्दुस्तानियो! क्या तुमको थोड़ी भी लज्जा नहीं आती?'' (वही, पृ. 592)

यद्यपि यहाँ लज्जित होने का आह्वान स्त्री शिक्षा के लिए नहीं है फिर भी भारतेन्दु का स्त्री शिक्षा के प्रति विशेष आग्रह था। 'रामायण का समय' में भारतेन्दु

लिखते हैं—"जिस समय राजा दशरथ ने अश्वमेध यज्ञ किया उस समय का वर्णन है कि रानी कौशल्या ने अपने हाथ से घोड़े को तलवार से काटा। इस बात से प्रकट होता है कि आगे की स्त्रियों को इतनी शिक्षा दी जाती थी कि वह शस्त्रविद्या में अति निपुणता रखती थीं।" (वही, पृ. 996)

भारतेन्दु की नारी सम्बन्धी भावना का सबसे सकारात्मक पक्ष है उनका नारी शिक्षा के सम्बन्ध में आग्रह और सक्रियता। वे चाहते हैं कि शिक्षा चाहे सीमित ही हो पर स्त्री शिक्षित हो। नारी शिक्षा सम्बन्धी विचारों को छोड़कर नारी के सम्बन्ध में कमोबेश भारतेन्दु उस समय की प्रभावी विचारधारा के अनुरूप ही विचार रखते हैं। परम्परा से चली आ रही नारी सम्बन्धी धारणाएँ उन्होंने जस की तस स्वीकार न भी की हों फिर भी वे लगभग उन्हें मान्य हैं। उसमें वे कोई विशेष परिवर्तन नहीं करते। यहाँ उनके उस तीखे तेवर की कोई झलक नहीं मिलती जो उनकी विशिष्टता थी। स्त्रियों की शिक्षा सामाजिक चिन्ता का एक महत्त्वपूर्ण अंश बन चुकी थी।

भारतीय समाज में गुणों से सर्वोपरि पातिव्रत्य और सतीत्व माना गया है। स्त्री जीवन के प्रत्येक क्षण और प्रत्येक क्रियाकलाप पर धर्म, ईश्वर और स्वामित्व के बहाने पुरुष का अधिकार सुनिश्चित किया गया। पुरुषों ने सबसे पहले यह सुनिश्चित किया कि स्त्री पुरुष ही जने अर्थात् बालक ही पैदा करे जो बड़ा होकर पुरुष रूप में स्त्री पर अपनी सत्ता सुनिश्चित करे। इस तर्क कि यदि समाज में बालिकाएँ नहीं बचेंगी तो माँएँ कहाँ से आएँगी कोई विशेष समझ आज इक्कीसवीं सदी में भी दिखाई नहीं पड़ती। अपनी सदी में स्त्रियों के साथ उन्हीं बिन्दुओं पर अन्यायपूर्ण व्यवहार करते हुए उन्नीसवीं सदी को स्त्री विरोधी कहकर स्वयं को प्रगतिशील और आधुनिक कहना अनुचित है। भारतीय समाज की उन्नीसवीं सदी में आत्मालोचना और आत्मसुधार की प्रक्रिया स्त्री के लिए बहुत अपूर्ण है, स्त्री के लिए विशेषकर वही सुधार किए गए जो बाध्यतामूलक हो गए थे।

पारम्परिक स्त्री को समर्थन—हिन्दी नवजागरण के महत्त्वपूर्ण व्यक्तित्व बालकृष्ण भट्ट का साहित्ययुगीन विचारधारा के विभिन्न कारकों को समझने में अत्यन्त सहायक है। बालकृष्ण भट्ट की नारी सम्बन्धी धारणा उनके 'स्त्रियाँ' (जुलाई 1891) में भलीभाँति प्रकट हुई है। तद्‌युगीन भावनाओं के अनुसार स्त्री का सबसे श्रेष्ठ कार्य अपने पति को आराम व हर्ष पहुँचाना है और वह स्वयं भी इसी में अपना जीवन सफल मानती है। बालकृष्ण भट्ट जैसा प्रखर लेखक भी इससे पूरी तरह सहमत है—"स्त्रियाँ किसलिए हैं—हमारे शास्त्रों के अनुसार मर्द को सुख पहुँचाना इनका मुख्य काम है—'न स्त्रीस्वातंत्र्यमहर्ति' मनु के इस वाक्य का भी यही प्रयोजन सिद्ध होता है। मर्द हर हालत में और तीनों पन में स्त्रियों का

मुहताज रहता है। बचपन से बुढ़ापे तक बिना इनके अपना काम न चलता देख मनु महाराज ने यह लिख दिया कि मर्द इनको अपने ताबे में रख इनसे अपना काम निकाला करे। स्त्री और पुरुष दो जाति के बीच जैसा परस्पर का बर्ताव है उससे हमारी ऊपर की बात कि स्त्रियाँ पुरुषों के सुख के लिए हैं अच्छी तरह स्पष्ट है। अलावे मुहब्बत के माता अपने पुत्र को पालना, रोग-दोख, घाम-छाँह से बचाए रखना अपना मुख्य काम समझती है। बहन अपने भाई का—देवरानी अपने देवर का सब काम कर देना अपना धर्म मानती है। स्त्री अपने पति को आराम और हर्ष पहुँचाना अपने लिए सबसे श्रेष्ठ काम वरन् अपने जन्म की सफलता मानती ही है इसे कौन न स्वीकार करेगा।" (*बालकृष्ण भट्ट के श्रेष्ठ निबन्ध,* सम्पा. सत्यप्रकाश मिश्र, लोकभारती प्रकाशन, इलाहाबाद, 1998, पृ. 32)

प्रखर निबन्धकार सबसे पहले स्त्रियों की उपयोगिता पर बात करते हैं, इसमें वह मनु की यह पोल भी खोलते हैं कि स्त्रियों की अवश्यंभाविता और अत्यावश्यकता को देखकर उन पर बलपूर्वक नियंत्रण से पुरुष जाति के लाभ की बात ही स्थापित की गई। यद्यपि उपरोक्त कथन स्त्रियों के पक्ष में ही है, किन्तु इसमें भारतेन्दु और राधाचरण गोस्वामी जैसी आन्तरिकता का अभाव प्रतीत होता। प्रतीत होता है कि यह चर्चा किसी वस्तु की उपयोगिता या अनुपयोगिता पर हो रही है। अगले ही अन्तरे में वे भारतवर्ष में माँ के महत्त्व, सुघड़ स्त्रियाँ और उनके लाभ, कर्कश स्त्रियों से हानि और सर्वोपरि विदेशी स्त्रियों से भारतीय स्त्रियों की भिन्नता को सामने रखते हैं। चूँकि हमारे यहाँ स्त्रियाँ पुरुषों की बराबरी नहीं कर पा रही हैं इसलिए वे इस मुद्दे पर बल देना व्यर्थ समझते हैं। भारतवर्ष की स्त्रियाँ महान हैं क्योंकि अन्य देशों की तरह यहाँ की स्त्रियों ने पुरुषों जैसे चलन नहीं अपनाए हैं वरन् उसने माँ और पत्नी की भूमिका को ही श्रेष्ठ माना है—"किसी-किसी देश में, जहाँ सभ्यता अपनी चरम सीमा पर पहुँची है, स्त्रियों को मर्दों के बराबर का दावा है यहाँ तक कि अमेरिका में स्त्रियाँ फ़ौज तक में भरती हैं। इंग्लैंड में कितनी स्त्रियाँ बैरिस्टर हैं, किन्तु हमारे यहाँ इसका चलन नहीं है इसलिए स्त्रियों की दशा के परिवर्तन पर बहुत जोर होना व्यर्थ है। मकान की दुरुस्ती, लड़कों का आराम, रसोई इत्यादि कई एक काम इनके सुपुर्द किए गए हैं। जिस घर में स्त्रियाँ सुशील और सुघर हैं वहाँ इन सब बातों का आराम है उस घर में जाते ही चित्त प्रसन्न होता है।" (वही, पृ. 32)

प्रसन्नता स्वाभाविक भी है, स्त्रियों को जो घर की देखभाल, सबके आराम का ध्यान रखना और चौका-चूल्हा सँभालने का काम दिया गया है उसे वे बड़ी योग्यता से निभाती हैं—

माता यस्य गृहे नास्ति पत्नी वा पतिदेवता।
अरण्यं तेन गंतव्यं यथारण्यं तथा गृहम्॥

सब सुख की खान माँ जिसके न हो, अपना परम पूज्य देवता मानने वाली पतिव्रता पत्नी घर में न हो उसे चाहिए घर त्याग वन को सिधारै क्योंकि उसके लिए जैसा घर वैसा वन। सच है घर की स्त्रियाँ सुलक्षणा लक्ष्मी रूप हुईं तो उस गृहस्थ की गृहस्थी के सुख के सामने स्वर्ग सुख भी अल्प है।'' (वही, पृ. 32) किन्तु सभी स्त्रियाँ देवियों जैसी नहीं हैं। पुरुष की तुलना में यूँ भी पतित स्त्री जाति में कुछ दुष्ट स्त्रियाँ घर और समाज के आराम का ध्यान नहीं रख स्वर्ग-सुख को नारकीय यातना में बदल देती हैं। ऊपर से यह स्त्री फूहड़ हुई तो उस परिवार की ही नहीं वरन् सबकी हानि है—''वही फूहड़ कर्कशा हुई तो घर क्या वरन् मुहल्ला और जाति भर को क्लेश और हानि पहुँचाती है, वह घर क्या वरन् नरक से भी बुरा है। चार में एक भी जहाँ इस ढंग की हुई तो एक उस कर्कशा और चंडी के कारण तीनों का सुलक्षण और सुघरपन सब खाक में मिल जाता है। प्राणी-प्राणी का जी ऊब उठता है। यही जी चाहता है घर छोड़ कहाँ भाग जाएँ। घर से वन को अच्छा इसी दशा में कहा है।'' (वही, पृ. 32) बलशाली पुरुष समाज कर्कशाओं से हार जाता है। वह उन स्त्रियों से पराजित हो जाता है जो स्त्री होने के प्राथमिक गुण कोमलता को गौण कर देती हैं। ऐसी स्त्रियाँ समाज द्वारा सिखाए गए दास्य भाव से कोरी होती हैं। ये अपने आगे किसी को कुछ नहीं समझतीं और पति तक को परमेश्वर मानने से इनकार करती हैं। ऐसी स्त्रियाँ घृणा की पात्र हैं। ''इन कर्कशाओं का कुछ ढंग ही निराला है। ये किस बात से प्रसन्न हैं और क्या चाहती हैं इसका भेद जानने में कदाचित् उशना और बृहस्पति की बुद्धि भी थककर गोठिल पड़ गई। सास से लड़ैं, ससुर से लड़ैं, ननद से लड़ैं, मर्द मुआ तो इनका गुलाम ही ठहरा, जेठ-जेठानी, देवर-देवरानी की कोई हकीकत ही नहीं, बहन-बहन लड़ैं, पड़ोसी से राह चलने वालों से लड़ैं, न कोई मिले तो हवा से लड़ैं। जब तक पेट भरकर न लड़ लें अन्न न पचे। शकल देखो तो भूतिन-सी मानो सब चुड़ैलों की अम्मा श्मशान से उठी चली आ रही है। चाल-ढाल, बोल-चाल किसी में जरा शऊर और सुघरपन का दखल नहीं, कसीफ और मैली ऐसी कि पास से निकल जाए तो दिमाग के रेजे-रेजे उड़ने लगें, घर में जाकर देखिए तो भिन-भिनाहट और मैलेपन से ओकाई आने लगे।'' (वही, पृ. 33)

धन्य है ईश्वर कि उसने अपनी अंश रूपा स्त्रियाँ भी बनाई हैं और जिस देश को सुकुमार तथा गृहस्थ कार्य में ऐसी निपुण स्त्रियाँ मिली हैं वह सौभाग्यशाली है—''देखिए! अब उधर भी नज़र फैलाइए—स्वरूप देखिए मानो साक्षात् लक्ष्मी। मुँह से बोल निकला मानो फूल झर रहे हों। अंग-अंग की सजावट, कोमलता, सलोनापन और सुकुमारता से मन हरे लेती है। चाल-ढाल, रहन-सहन में कुलांगनापन और भलमनसाहत बरस रही है। धन्य है उनका जीवन और महापुण्यभूमि है वह घर जिसे असूर्यपश्या ऐसी स्त्रियाँ सती सावित्री समान अपने पादन्यास से पवित्र करती हुई दीपक समान प्रकाश कर रही हैं।'' (वही, पृ. 33)

बालकृष्ण भट्ट उन स्त्रियों पर निहाल हैं जिन्हें सूर्य तक ने स्पर्श न किया हो जो सवित्री के समान आचरण वाली हो। जो सजी-धजी सुन्दरी हो और अपने लावण्य के साथ सभी को सेवा-भाव से जीत ले। वे इस खंजन नयन नायिका की प्रशंसा में कहे गए संस्कृत के दो उदाहरण अपने कथन की पुष्टि हेतु प्रस्तुत करते हैं—

दृष्ट्या खंजनचातुरी मुखरुचा सौधाधरी माधुरी।
वाचा किंच सुधासमुद्रलहरी लावण्यमंत्र्यत

अन्यच्च

गतागतकुतूहलमं नयनयोरपांगवाधि—
स्मितं कुलनतभुवामधर एव विश्राम्ततिः।
वचः प्रियतम श्रुतेरतिरेव कोपक्रमः।
कदाचिदपि चेत्तदा मनसि केवलं मज्जति।

इनकी देहप्रभा सफाई, लवनाई और निकाई देख किसका मन नहीं मोहता। इसी से स्त्रियाँ गृहस्थी की सार समझी गईं। (वही, पृ. 33)

फिर भी एक दुःख बना रहता है, ये स्त्रियाँ बोलती बहुत हैं, बोलने में हज़ार मर्दों के कान काट लेती हैं। चूँकि मर्द ख़ुद इतना नहीं बोल पाता। अतः यह स्त्रियों का अवगुण हो गया। यह स्त्री कहीं भी हो बड़ी बातूनी है। पर जहाँ-जहाँ इन्हें विद्याध्ययन का अवसर मिला है इन्होंने पुरुषों की बराबरी की है। इस क्षेत्र में हम भारतवासी अभागे हैं। न जाने क्यों हमारे धर्मशास्त्र गढ़ने वालों ने स्त्रियों की केवल निन्दा ही क्यों की। बालकृष्ण भट्ट इस पर भी गहरा खेद व्यक्त करते हैं कि हमारे महान ऋषि-मुनियों ने क्यों इनमें दोष ही देखे। क्योंकर इन पर हर प्रकार का अत्याचार ही किया। ''जहाँ कहीं वे पढ़ाई-लिखाई जाती हैं वहाँ स्त्रियाँ पुरुषों के ऊपर हो गई हैं। हमारे यहाँ के ग्रन्थकार धर्मशास्त्र गढ़ने वालों की कुंठित बुद्धि में न जाने क्यों यही समाया हुआ था कि स्त्रियाँ केवल दोष की खान हैं, गुण इनमें कुछ भी नहीं। इसी से चुन-चुन उन्हें जहाँ तक ढूँढ़े मिला केवल दोष ही दोष इनके लिख गए और जहाँ तक इनके हक़ में बुराई और अत्याचार करते बना अपने भरसक न चूके और उन्हें हर तरह पर घटाया। क़ानून में इनका सब तरह का हक़ मार दिया, धर्म सम्बन्ध में इन्हें प्रधान न रखा, दरजे में इन्हें और महा जघन्य शूद्रों को एक ही माना।'' (वही, पृ. 33) बालकृष्ण भट्ट अपने युग का अतिक्रमण कर स्त्री की वास्तविक स्थिति में धर्म की विध्वंसक भूमिका की चर्चा करते हैं। वे मनु पर प्रश्न उठाते हैं—''और किसकी कहैं मनु जिसके समान चोखा और हर एक समय में बरतने के पक्षपात-विहीन, शास्त्र-प्रणेताओं में किसी दूसरे का धर्मशास्त्र ऐसा नहीं

है उन्होंने शूद्र और स्त्रियों की सब तरह पर रेड़ मारी है। खैर, आर्यों के मुकाबले जो शूद्रों को घटाया सो तो उनकी पॉलिसी थी, जेता और जित दोनों एक ही क्योंकर हो सकते हैं, किन्तु हमारी निपट ललनाओं का जो सब भाँति सत्यानाश किया। इसे कौन न कहेगा कि इनके धर्मशास्त्र में यह एक कलंक का टीका है।'' (वही, पृ. 33-34)

धर्मशास्त्रों के स्त्री और जाति सम्बन्धी इस अन्याय में जाति सम्बन्धी अन्याय तो उन्हें फिर भी तर्कपूर्ण लगता है, किन्तु स्त्रियों के साथ हुए इस गैर-ऋषियोचित व्यवहार का कारण उन्हें समझ में नहीं आता। जबकि हिन्दू धर्म हिन्दू पुरुषों ने नहीं स्त्रियों ने टिका रखा है। हिन्दी नवजागरण में स्त्री पक्ष में खड़े होने वाले बुद्धिजीवियों की कतार में सम्मिलित हो वे पुनः ललनाओं के गुणों पर लौटते हैं—''मुहब्बत और स्नेह जैसे इनमें हैं सबों के कदर कलेजे में कभी समा ही नहीं सकता। धर्म और दया की तो वे मूर्ति होती हैं। हमारा हिन्दू धर्म जिसे सब लोग लचर कहकर धकियाए फिरते हैं इन अबलाओं की ही दया के सहारे से किंचित् टिक रहा है। मुंतजिम ऐसी कि टोडरमल की अकिल भी इनके इन्तज़ाम के आगे चक्कर में आती है। पुरखिन पुरनिया स्त्रियों का उनके घर का इन्तज़ाम छोटी-मोटी सल्तनत का नमूना है। सिवा इसके अब भी हम लोगों में ऐसी-वैसी बुद्धिमती चतुर सयानी स्त्रियाँ पड़ी हैं जो कोठी और इलाके का वरन् राजा का भी सब काम सँभाले हैं। लज्जा, धैर्य, सबर, सहिष्णुता, गमखोरी इत्यादि गुणों में जो ये एकता हुई तो कोई विशेष तारीफ की बात नहीं क्योंकि हया, दया, मया, गम आदि स्त्रियों ही के गुण हैं। हम कहते हैं वीरता आदि बहुत से पौरुषेय गुण जिनमें मर्द डींग मार-मार अपना दर्जा स्त्रियों के ऊपर कायम रखते हैं, उनमें भी ये स्त्रियाँ कितनी आगे बढ़ी हैं। चाँद सुल्ताना, अहल्याबाई, बैजाबाई आदि जो पहले हो गईं उन्हें कौन गिनाए। हाल में झाँसी की रानी लक्ष्मीबाई एक ऐसी हो गईं कि बड़े-बड़े वीर-बाँकुरों से भी ऐसा कभी न हो सकता।'' (वही, पृ. 34)

हिन्दू स्त्रियों को यदि अवसर दिया जाए तो वे पुरुषों के समान बुद्धिमती, साहसी और दक्ष हैं जिसके अनेक उदाहरण भी मिलते हैं साथ ही नारियों के अपने गुण तो हैं ही। अतः भारतीय नारी महान है। उसकी श्रेष्ठता असंदिग्ध है। विशेषकर यूरोपीय स्त्रियों की तुलना में उसके 'भारतीय गुण' महान हैं तथा निबन्धकार का वास्तविक उद्देश्य यही प्रतिपादित करना मालूम होता है—''अब हम यह दिखाना चाहते हैं कि अबलाओं में भी हमारी भारत की ललनाएँ गुण-गौरव में प्रथम और सर्वश्रेष्ठ हैं। अपना तन-मन जलाकर और सर्वस्व सुख से हाथ धो कुल की मर्यादा का निर्वाह कर देना आर्य कुल गामिनी ही जानती है। जो यूरोप की सुशिक्षित रमणी सौ बार जन्म लेकर भी नहीं कर सकती।'' (वही, पृ. 34)

काश! भारतीय पुरुष समझ पाता कि वह जिसे औरत का सबसे बड़ा गुण समझ रहा है वह पुरुष की स्वेच्छाचारिता का सबसे बुरा उदाहरण है, किन्तु उसका यह समझना असम्भव था जो अब भी प्रायः असम्भव ही है। वह स्त्रियों की स्वाधीनता

को तब मान्यता दे पाता जब वह उन्हें अपने समान मानव जाति का समझ या स्वयं को देवता पद प्रदान कर चुकने के बाद उन्हें कम से कम मनुष्य तो स्वीकार कर लेता, किन्तु यह उनके चिन्तन के ढाँचे में ही नहीं था। अत: अपने 'फ्रेमवर्क' में आबद्ध विद्वानों (पुरुषों) को लगता है कि यूरोपीय सभ्यता की सबसे कमज़ोर कड़ी वहाँ की स्त्रियों की स्वाधीनता है। हमारी भारतीय ललनाएँ इस आर्य जाति के सिर का मुकुट हैं—"इसमें कुछ भी सन्देह नहीं कि उनकी सभ्यता का धब्बा वहाँ स्त्रियों में स्वतंत्रता इसी दर्जे तक पहुँची हुई है जिसका चित्र गोल्डस्मिथ ने इस ढंग से उतार हँसी उड़ाई है। भारत-ललनाओं में बंधक और कुलटाएँ भी इतना साहस करने की हिम्मत नहीं करेंगी जैसा वहाँ अच्छे-अच्छे घरों की कुलांगनाएँ करती हैं। हमारी ललनाएँ पढ़ी-लिखी नहीं होतीं पर शालीनता, धीरपन, सबर और सहनशीलता में पृथ्वी भर की स्त्रियों के बीच एक उदाहरण हैं। पुरुषों में शुद्ध चरित्र और पवित्र आचरण ढूँढ़ना चाहो तो सौ में पंचानबे अत्यन्त निकृष्ट और पतित पाए जाएँगे जिसके गुप्त या प्रकट चरित्र से घिन होती है। वहीं इन आर्य-ललनाओं में सौ में कदाचित् पाँच भी ऐसी हों या न हों जिनके चरित्र को हम दूषित कहने का साहस कर सकेंगे और पंचानबे ऐसी होंगी जो सौन्दर्य और सौभाग्य लक्ष्मी में साक्षात् शची सी होकर भी नवनता, भलपन, साहस, सिधाई और सख्त भाव में मानो भवानी की मूर्ति हैं। कुलीनता की नाक, लज्जा की खान, श्रद्धा, दया और शान्ति की मूर्ति, घर की सर्वस्व सम्पत्ति, हमारी गृहेश्वरी वामा जन भारत की इस गिरी दशा में कौम का जेवर और आर्य जाति का शृंगार है।" (वही, पृ. 35) उन्नीसवीं-बीसवीं सदी के नवजागरण और विचारधारा का स्त्री सम्बन्धी अन्तर्विरोध यही है कि वह दोनों के लिए एक जैसे प्रतिमान नहीं रखता।

कैसे आश्चर्य की बात है कि हिन्दुओं ने अपनी कौम और जाति के जेवर और शृंगार की कोई कद्र नहीं की। वास्तव में स्त्रियों का यह महिमामंडन उस विचारधारा का अंश है जो बड़े सुचिन्तित ढंग से उन्हें बन्धनों से मुक्त होने से रोकते हैं। एक ओर दासी, किन्तु गर्व का बोधक दूसरी ओर आत्मा की स्वतंत्रता, किन्तु सामाजिक धिक्कार अधिकारों की बात करने वाली स्त्रियाँ जब सामूहिक रूप से तिरस्कृत होती हैं तो उनके दल में कोई स्त्री भागीदारी क्यों करना चाहे भला? दास होने की पहली शर्त है वह अपनी अधिकार भावना छोड़े। जिन सच्ची भारतीय नारियों ने त्याग के नाम पर दासता को भलीभाँति आत्मस्थ कर लिया था, उसी के स्वाधीनता हनन पर पूरी भारतीय संस्कृति की महानता टिकी हुई है। अत: इस सच्ची नारी पर अभिमान किया जाना चाहिए। यह यूरोपीय स्त्री की तरह खर्चीली और उच्छृंखल नहीं है—"हम अपनी सती सच्चरित्र अबलाओं पर जितना अभिमान करें सब थोड़ा है। विशेषकर ऐसी दशा में जब हम अपनी अशिक्षित कुलांगनाओं का यूरोप की सुशिक्षित सभ्यता की सरताज रमणी जनों के साथ मिलान करते हैं। साहब बहादुर हज़ार रुपया

भी लावे तो मेम साहेब के एक गौन में उड़ जाते देर न लगेगी। साहब एक-एक पैसे की किफायत करते हैं, मेम साहब को अपने फैशन की सजावट में सैकड़ों फूँक देते आह नहीं आती। साहब एक कोने में पड़े भिनभिनाया करते हैं। मेम साहब अपनी चंचलता और चुलबुलेपन के कारण बंगले में कूदती फिरती हैं। साहब मेम साहब की चरण सेवा में हरदम हाजिर रहकर भी जरा सा चूके कि उनकी खातिरशिकनी होते देर नहीं।'' (वही, पृ. 35)

कहाँ पश्चिम की अधम स्त्री कहाँ महान भारतीय नारी! इनकी त्यागशीलता के समक्ष पुरुष का ओछापन और मुखर हो जाता है। वह अपनी चरित्रहीनता पर मूँछों पर ताव देता है, उसकी संस्कृति द्वारा उसे इन कुकर्मों की अनुमति दिए जाने का डंका पीटता है। उसका सारा घटियापन और उसकी सारी कुंठाएँ पत्नी को अपना शिकार बनाते हैं। पर भारतीय स्त्री पति के अत्याचारों पर उफ तक नहीं करती। बालकृष्ण भट्ट स्त्रियों के प्रति सहृदयतापूर्वक विचार करते हुए कहते हैं कि भारतीय पुरुषों की दुरवस्था का एक कारण स्त्रियों की उपेक्षा है—''वहीं हमारी स्त्रियाँ परकटे पखेरू की भाँति घर रूपी पिंजरे में बन्द रूखा-सूखा भोजन और मोटा-झोटा कपड़ा मात्र से सतीत्व पालन करते बैठी रहती हैं। बाहर बाबू साहब अपने सुख और आराम के लिए सैकड़ों रुपये बहा देते हैं; नई-नई कलियों के रस का स्वाद लेते डोलते फिरते हैं। पति-देवता हमारी गृहेश्वरियों को उनके पतित पति कभी धोखे से भी एक बार उन पर चितै दें तो इतने से ही निहाल हो जाती हैं। धन्य है इनके धैर्य और सबर को। देश की दुर्गति के बहुत से कारणों में स्त्रियों की ओर से मर्दों का निरपेक्ष होना भी एक कारण है। मनु महाराज लिख गए हैं—

जामयो यानि गेहानि शपन्त्यप्रतिपूजिताः।
तानिकृत्याहतानीवं विनश्यन्ति समन्ततः॥

भलीभाँति आदर न पाय बहू लोग जिस घर को शाप देती हैं वह घराना कृत्याहत के समान सब ओर से नष्ट हो जाता है। सच है असंख्य घराने इन्हीं स्त्रियों की निरपेक्षता के कारण निरवंशी हो गए कि कौड़ी-कौड़ी को मुहताज भूखों मर रहे हैं।'' (वही, पृ. 36) इतना सब कुछ समझते हुए भी बालकृष्ण भट्ट को पश्चिम की 'आधुनिक' नारी स्वीकार्य नहीं है। यह आधुनिकता उन्हें पुरुषों जैसा ही बना देगी जिससे समाज का आधार खिसक जाने का डर है। अतः पुरुष को ही जो आधुनिक होने से पहले ही उच्छृंखल और आत्मकेन्द्रित है, आधुनिकता के लाभ मिलने चाहिए। इस अर्थ में भारतीय स्त्रियों को खंडित आधुनिकता ही मिली—उन्नीसवीं-बीसवीं यहाँ तक कि आज इक्कीसवीं शताब्दी में भी।

किसी भी देश में विषम सामाजिक अधिकारों से उस देश में सभी की उन्नति नहीं हो सकती। समाज की आधी जनसंख्या को अज्ञान और व्यर्थ के कामों के हवाले कर

जो समाज उन्नति के पथ पर चलना चाहेगा तो उसके प्रयास में आधी ऊर्जा ही सक्रिय होगी। ऐसा समाज उन्नत हो भी गया तो आधा ही उन्नत होगा। प्रत्यक्षतः दर्शन की बड़ी-बड़ी बातें बघारने वाले भारतीय पुरुष जो वास्तव में भयंकर आत्मकेन्द्रित, अत्यन्त स्वार्थी, दम्भी और लोभी हैं जिसे अपने अतिरिक्त कुछ भी महत्त्वपूर्ण नहीं लगता, वह स्त्रियों की दक्षता से अपरिचित है और अपरिचिति ही रहना चाहता है। बालकृष्ण भट्ट आगे बढ़कर यहाँ तक कहते हैं कि यह भारतीय स्त्रियों का ही त्याग है कि वे स्वाधीनता का अधिकार छोड़कर बैठी हैं—"सचमुच ये कुलांगना वधूजन लक्ष्मी का रूप होती हैं। अंग्रेज़ जो इनकी खातिरदारी और हर तरह इन्हें प्रसन्न रखते हैं उसका फल प्रत्यक्ष देखा जाता है कि दिन-दिन उनकी श्री वृद्धि चौगुनी हो जाती है। वहीं हम लोगों ने जो सब तरह पर इन्हें घटा दिया और दुर्गति में रखा उसका फल भी प्रत्यक्ष है। आर्य ललनाओं की दशा का परिवर्तन हम तरक़्क़ी की पहली सीढ़ी कहेंगे और समाज संशोधन तो कभी सम्भव नहीं कि इन्हें छोड़ हम कभी एक कदम भी आगे बढ़ सकें। स्त्रियाँ जो निरंकुश और स्वतंत्र हुई चाहें तो नदी समान कुलरूपी कगारे को एकदम में ढहाय दूर फेंक सकती हैं। यह उन्हीं की कृपा और भलमनसाहत है जो भीतर-भीतर अपना कुलांगनापन निभाती हुई हमें बाहर इस लायक बनाए हुए हैं कि कुलाभिमान में अग्रसर ही मोंछा तरेर-तरेर बड़े कुलीन और इज़्ज़तदार बनते हैं।" (वही, पृ. 36)

पुरुषों के दुर्गुणों का उल्लेख करते हुए प्रकारान्तर से बालकृष्ण भट्ट भारतीय पुरुष समाज के साथ उसके स्त्री समाज की भी प्रगति चाहते हैं जिसके बिना किसी भी देश का समुचित विकास सम्भव नहीं है।

बालकृष्ण भट्ट का जन्म 3 जून, 1843 ई. और मृत्यु 20 अगस्त, 1914 ई. को हुई थी। रचनात्मक दृष्टि से उन्नीसवीं शताब्दी का उत्तरार्द्ध इनका सर्वाधिक सक्रिय काल है। अतः इस क्रम में 1903 ई. में लिखे गए उनके निबन्ध 'कर्तव्यपरायणता' में दिए गए उपदेशों का एक मुख्य सन्देश स्त्री की असूर्यपश्यता है। इस निबन्ध में उन्होंने स्त्रियों के इस गुण की खुलकर पक्षधरता की है। इस पुस्तक में स्त्री की स्थिति की पड़ताल उन्नीसवीं सदी के आरम्भ से की जा रही है। हम पाते हैं कि पूरी उन्नीसवीं शती व्यतीत हो गई, किन्तु स्त्री सम्बन्धी विचार, प्रस्तुति और चयनित उद्धरण घूम-फिर कर वे ही रहे जो 'भारतीय सती सावित्री' को ही समाज में स्थापित करने हेतु प्रयत्नशील हैं। साहित्य में भी मुख्यतः उपदेश का सिरा स्त्री से ही जुड़ता है। भारतीय पुरुष विदेशों की भाँति नहीं है। भारत में पति अपने माँ-बाप की ख़बर न ले पर अपनी पत्नी का मुँह ताकता रहे यह निन्दनीय है। यहाँ पर बड़े भाई का पूरे कुल को पालना ही उसका कर्तव्य है। यहाँ की कुलवती नारी का सर्वप्रमुख गुण उसका असूर्यपश्या होना तथा उसकी सबसे बड़ी कर्तव्यपरायणता अपने असूर्यपश्या होने की स्थिति की रक्षा करना है—"अंग्रेज़ों में माँ-बाप की कुछ विशेष ख़बर न ले सर्वस्व अपनी मेम साहेब को सौंप देना महा कर्तव्यपरायणता है।

यहाँ ऐसा करने से समाज में निन्दा है। यहाँ कुलवती स्त्रियों के लिए बातचीत और संलाप एक ओर रहे, घूँघट की ओट से भी किसी पर-पुरुष को देखना निन्दनीय है वरन् सूर्य-चन्दमा भी उन्हें न देख पाएँ यहाँ तक असूर्यपश्या होना कर्तव्यपरायणता है जैसा किसी कवि ने कहा है—

पदन्यासो गेहाद्बहिरंहिफणारोपणसमो।
निजावासादन्यद्भवमपरद्वीपगमनम्॥
बचो लोकाभ्यं कृपणधनुतुल्यं मृगदृशः
पुमानन्य कान्ताद्विधुरवि चतुर्थी समुदितः॥

(वही, पृ. 86)

असूर्यपश्या होने के लिए आवश्यक है कि वह घर से बाहर न निकले। सूर्य आँगन में आ जाए तो पर्दा कर ले। पर्दे को भी सूर्य भेद सकता है तो घर के भीतर की सबसे अँधेरी कोठरी में चली जाए। पितृसत्तात्मक समाज ने घर से बाहर की दुनिया को स्त्री के प्रति इतना असहिष्णु बना दिया कि वह देहरी के पार कदम रखने से डरे—''कुलवती स्त्रियों का घर से बाहर पाँव काढ़ना वैसा ही है जैसा साँप के फन पर पाँव रखना; अपने घर से किसी दूसरे के घर जाना तो मानो द्वीपान्तर में जाना है; उनके मुँह की बोल दूसरे के कान को सुनने के लिए वैसा ही अप्राप्य है जैसा सूम का धन दूसरे को नहीं मिल सकता। उनका किसी पर-पुरुष की ओर निहारना वैसा ही है जैसा भादों के चौथ के चाँद का देखना। और भी रसमंजरी में स्वकीया का उदाहरण इस भाँति कुलवती स्त्रियों के बर्ताव के सम्बन्ध में दिखाया है—

गतागतकुतूहलं नयनयोरपांगावधि स्मितं
कुलनत्भ्रुवमधर एव विश्राभ्यति।
वचः प्रियतमश्रुतेरतिथिरेव्कोपक्रमः
क्वच चितयिचेत्तदा मनसि केवलं मज्जतिः॥

(वही, पृ. 86-87)

स्त्री के लिए बाहर की दुनिया भयंकर बना दो, फिर उस दुनिया से उसे इतना डरा दो कि यदि घर उसके लिए कालकोठरी हो तो भी उसे सबसे सुरक्षित प्रतीत हो, वह स्वयं घर से बाहर कदम न रखे। पहरे बैठाने ही न पड़ेंगे। संस्कृत साहित्य को पढ़ते हुए यह अनायास ही प्रतीत होता है कि इस साहित्य का रचयिता पुरुष तो स्त्रियों को प्राणविहीना आज्ञाकारी चलती-फिरती पुतलियों में परिणत करना चाहता है। यह ऐसा दमनकारी साहित्य है जो चाहता है कि स्त्रियाँ साँस भी पुरुषों से पूछ के लें। पुरुषों का वर्चस्ववादी रवैया इस सीमा तक आगे बढ़ता है कि वह स्त्री को अपने इंगित पर चलते हुए ही देखना चाहता है। पुरुषों के लिए एक ही लक्ष्य है आत्मसुख। स्त्री के लिए एक ही निर्देश है मर्यादा।

हिन्दू स्त्री का हँसना, बोलना, चलना यहाँ तक कि पलकों का उठना-गिरना भी मर्यादित है। इस मर्यादा के कारण ही वे पावन गंगा की भी चहेती हैं—"नेत्र के कटाक्षों का इधर-उधर चलाना आँख के कोनों ही तक में; कुलवधू जनों का हँसना होंठों के फरकने ही तक; उनके वचन केवल प्राणनाथ अपने पति के कानों ही तक; नए आए हुए पाहुने की भाँति क्रोध यदि कभी आया भी तो मन ही मन मसोसकर रह गई। व्यय में मुक्त हस्त न हो घर के काम-काज तथा शिशु-पालन में प्रवीणता आदि उत्तम गुणों की खान हिन्दू ललनाओं का अखंड पुण्य और उनका पवित्र चरित्र ही भारत को इस गिरी दशा में भी करावलम्ब देते सर्वथा अध:पात से इसे बचा रहा है, जिनके चरित्र पालन की प्रशंसा में किसी कवि ने ऐसा भी कहा है—

अपि माँ पावयेत्साध्वी स्नात्वेतीच्छति जाह्नवी

यह साध्वी हमारे में आय स्नान कर हमें पवित्र करे ऐसा जगत-पावनी जाह्नवी गंगा भी चाहा करती है।" (वही, पृ. 87)

आज स्वयं जगत-पावनी जाह्नवी गंगा की अवस्था किसी से छिपी हुई नहीं है! स्त्रियों के महिमामंडन में यह नहीं भुलाया जाना चाहिए कि यह सारी पतित पावनता पत्नी, बहन, पड़ोसन या अन्य स्त्री सम्बन्धों के खाते में नहीं है। स्त्री का दो ही रूपों में महिमामंडन है—सती और माँ। स्त्री के माँ रूप को इतना गौरवान्वित इसलिए किया गया कि उसके शेष सम्बन्ध बल न पाएँ और इस प्रकार वह अधिकार पाने की आकांक्षिणी न बने बल्कि मातृपद के गौरव को ही महत्त्वपूर्ण समझे। संसार की सभी संस्कृतियों ने स्त्री के मातृत्व रूप को सर्वोच्च पद दिया और प्रत्येक संस्कृति ने माना कि उसके यहाँ जैसी माँ कहीं नहीं मिलेगी। भट्ट जी का भी मानना है कि ऐसी पतित पावन भारतीय नारी, "वात्सल्य रस की शुद्ध मूर्ति माता के सहज स्नेह की तुलना इस जगत में कहीं नहीं मिल सकती।" (वही, पृ. 109)

स्त्री का जननी रूप सर्वोच्च है। वह अपनी सन्तान का हर हाल में साथ देती है। पुरुष के बहुविवाह कर लेने पर बहुत से कष्ट सहकर भी यह माँ अपनी सन्तान का लालन-पालन करती है—अपने माता का 'स्नेह' निबन्ध में बालकृष्ण भट्ट कहते हैं—"माता और पिता के स्नेह का तारतम्य इससे अधिक स्पष्ट और क्या हो सकता है कि लड़का कुपूत और निकम्मा निकल जाए तो बाप कभी उसका साथ नहीं देता, बल्कि घर से निकाल अलग कर देता है, पर माँ बहुधा सात भाँवर वाले पति को भी त्याग निकम्मे पुत्र का साथ देती है। बंगालियों में तथा हमारे देश के कनौजियों में, जिनके बीच बहु-विवाह प्रचलित है अर्थात् पुरुष बहुत सी स्त्रियों को ब्याह लेने की बुराई को बुराई नहीं समझते, इसके बहुत से उदाहरण पाए जाते हैं। दो-चार नहीं वरन् हज़ार-पाँच सौ ऐसी माँ देखी गई हैं जिन्होंने बालक की अत्यन्त कोमल अवस्था ही में पिता के न रहने पर चक्कियाँ पीस-पीस अपने पुत्र को पाला

और उसे पढ़ा-लिखा कर सब भाँति समर्थ और योग्य कर दिया।'' (वही, पृ. 109) चक्कियाँ पीस-पीस कर पाला गया यह पुत्र बड़ा होकर माँ का अभिभावक बन जाता है।

माता का स्नेह पाकर ही पुत्र बढ़ता-पलता है। पिता भी सन्तान से स्नेह करता है, किन्तु माँ की बराबरी नहीं कर सकता। पिता का स्नेह स्वार्थी होता है, माँ का स्नेह निःस्वार्थ—''पिता का स्नेह बदला चुकाने की इच्छा से होता है। वह पुत्र को इसलिए पालता-पोषता और पढ़ाता-लिखाता है कि बुढ़ापे में वह हमारे काम आएगा और जब हम सब भाँति अपाहिज और अपंग हो जाएँगे तो हमारी सेवा करेगा और हमारे अन्न-वस्त्र की फिक्र रखेगा। पर माँ का उदार और अकृत्रिम प्रेम इन सब बातों की कभी नहीं इच्छा रखता। माँ अपनी प्रिय सन्तान के लिए कितना कष्ट सहती है जिसे याद कर चित्त में वात्सल्य भाव का उशर हो जाता है। माँ में पिता के समान प्रत्युपकार की वासना भी नहीं है, दया मानो देह धरे सामने आकर खड़ी हो जाती है।'' (वही, पृ. 109) अपने बच्चे को कष्ट से बचाने के लिए माँ हर कष्ट सहती है। स्वयं शीत, ताप, घाम सहती है, सन्तान पर उसकी छाया नहीं पड़ने देती। सदैव बच्चे की मंगल कामना करती है। मातृत्व का गुणगान करते हुए बालकृष्ण भट्ट कहते हैं कि इस शब्द जैसी महिमा किसी दूसरे शब्द की नहीं—''पिता को अपने शरीर पर इतना कष्ट उठाना कभी नहीं भाएगा। यह माता ही है जो पुत्र के स्वाभाविक स्नेह के परवश हो इतने-इतने दुःख सहती है। बुद्धिमानों ने इन्हीं सब बातों को सोच-विचार कर लिख दिया कि पिता से माँ का गौरव सौ गुना अधिक है।''

पितुः शतगुणा माता गौरवेणातिरिच्यते।

(वही, पृ. 110)

मजे की बात यह है कि माँ के पास केवल गौरव ही गौरव है, उसकी सन्तान जिसे उसने अपने रक्त और अस्थिमज्जा से जन्म दिया है उसके नहीं उसके पिता के नाम से जानी जाती है। भट्ट जी अपनी जननी को केवल गौरव न समझ उसकी सेवा का भी उपदेश देते हैं। ''माँ का केवल गौरव मान बैठ रहना कैसा? हम तो कहेंगे कि पुत्र जन्मपर्यंत तन, मन, धन से माँ की सेवा करे तब भी वह उसके पूर्व उपकार का ऋणी बना ही रहेगा। कवि सम्प्रदायानुगत प्रसाद और माधुर्य गुण से भरा तथा वात्सल्य रस में पगा हुआ 'माँ' इस एकाक्षरी महामंत्र की समता शब्दों की कल्पना करने वाले आदि के उस महापुरुष ने, जिसने सृष्टि के प्रारम्भ ही में हमें यह बतलाया कि अमुक श़ब्द से अमुक अर्थ का बोध होता है, जानबूझकर किसी दूसरे शब्द में नहीं रखा। 'प्रसवितृ', 'मातृ', 'जननी', 'अंब' आदि जितने शब्द इस अर्थ के बोधक हैं, उनमें सरस दन्त्य और तालव्य अक्षरों के सिवाय टकार, डकार-षकार आदि कड़े और कर्णकटु वर्ण किसी में न पाइएगा। इससे

निश्चय होता है कि शब्द की कल्पना करने वाले उन पहले वैयाकरणों को प्यारी माँ का कहाँ तक गौरव था।" (वही, पृ. 111) वह माँ ही होती है जिससे सारा कुटुम्ब एक सूत्र में बँधा होता है। रहस्यलीला में गोपिकाओं के प्रश्नों का उत्तर देते हुए भगवान ने प्रेम के इसी स्वरूप को सर्वश्रेष्ठ बताया है।

इस निबन्ध में एक रोचक तथ्य छिपा हुआ है। पूरे निबन्ध में माँ का सम्बन्ध पुत्र से जोड़ा गया है। पुनरुक्ति दोष से बचने के लिए पुत्र की जगह सन्तान शब्द का भी प्रयोग है। हालाँकि सन्तान शब्द पुत्र और पुत्री दोनों के लिए ही प्रयुक्त होता है। किन्तु कहीं पर भी माँ के स्नेह को पुत्री से नहीं जोड़ा गया है। पुत्री के लालन-पालन उसके प्रति माता के स्नेह आदि की कोई चर्चा नहीं है। यह निबन्ध भारतीय मानस के गहरे पैठी इस भावना, कि 'माँ हो तो बस बेटों की' का अत्यन्त सुन्दर उदाहरण है। जननी के उस रूप को गौरवान्वित और महिमामंडित किया गया है जो पुत्र की पालिका है।

बालकृष्ण भट्ट स्त्री मूल्यांकन में नगर और ग्रामीण स्त्री में ग्रामीण स्त्री को अधिक महत्त्व देते हैं। अपने मुग्ध माधुरी निबन्ध में ब्राह्मण बालकों के रूप-सौन्दर्य की चर्चा करते हुए कहते हैं—"जैसा ब्राह्मण और ऋषियों के बालकों में पुस्त-दर-पुस्त की तपस्या से उत्पन्न ब्रह्मवर्चस् तथा क्षात्रकुल प्रसूत राजर्षियों में क्षात्रतेज की दमक निराली होती है और छिपाए नहीं छिपती उसी तरह रूप के संसार में मुग्ध माधुरी भी छिपाए नहीं छिपती। नागरिक स्त्रियों की अपेक्षा ब्रजवनिता गँवारिन गोपियों में कौन-सी ऐसी बात थी कि हमारे कविगण रूपवर्णन में अपनी कविता का सर्वस्व उनकी रूप माधुरी को सौंप बैठे। कोकिल कंठ जयदेव, कवि कर्णपूर तथा और-और लीलाशुक प्रभृति कवियों की कोमल कविता का उद्‌गार इन्हीं ब्रजवनिताओं ही के रूप वर्णन में क्यों हुआ?" (वही, पृ. 112) इसका उत्तर देते हुए वे स्त्री के बनावटी रूप को सामने रखते हैं। ग्रामीण सौन्दर्य भोला-भाला है। वह नगर की चतुराई से परे अधिक मोहक है—"इसका कारण यही मन में आता है कि इन लोगों को नगरवधू तथा प्रसिद्ध राजकन्याओं के रूप में वह बात न मिली। वह केवल बेबनावटी भोलापन था जिससे कृष्ण ऐसे रसिक शिरोमणि इन पर मोहित हो इनके पीछे-पीछे डोलते फिरे।" (वही, पृ. 112)

सामान्य पुरुष बनावटी और प्राकृतिक सुन्दरता में भेद नहीं कर पाता। वह कृत्रिम रूप माधुरी के पीछे डोलता है, किन्तु पारखी यह भूल नहीं करते, "हज़ार में नौ सौ निन्यानबे लोग तेल और पानी मिली हुई हल्दी की वार्निश से चमकाए गए वाग्वनिताओं के जिस सौन्दर्य तथा रूप को देखकर कीट-पतंग की गति भुगतते हैं वह सौन्दर्य तथा रूप के जौहर के सच्चे जौहरियों की दृष्टि में अत्यन्त तुच्छ और हेय हैं। वरन् संयोगवश कभी तो उनकी नज़र भी ऐसे सुन्दरापे पर पड़ जाती है तो उन्हें घिन पैदा होती है। यह स्वाभाविक बेबनावटी सौन्दर्य ग्राम में ही पाया जाता है।

वह सुकुमार पौधा नगर की दूषित वायु के लगने से मुरझा जाता है। राजर्षि दुष्यन्त के राजभवन में कितनी राजमहर्षियों के होते हुए भी वल्कल और छाल के ढाँपे हुए ग्राम्य नगरी शकुन्तला ही उनको सुहावनी हुई।''

इयगधिकगनोज्ञा वल्यलेनापि तन्वी।

(वही, पृ. 112-13)

तत्कालीन स्त्रियाँ केवल घर की चहारदीवारी तक सीमित थीं तब उनमें इतने नायिका भेद थे। स्त्रियों को ही रूपा-कुरूपा होना था, उनके ही नागरी-ग्रामीण भेद थे, वे ही गोरी-साँवली थीं, उन्हें ही तन्वंगी या मांसल कहलाना था, हाँ, सतीत्व, लज्जा, त्याग आदि इनके प्रत्येक रूप में होना अनिवार्य था। स्त्रियों के सभी प्रकारों पर विद्वज्जनों का खासा शोधकार्य है। नागरी और ग्रामीण नारी की तरह बालकृष्ण भट्ट लक्ष्मी और सरस्वती की भी तुलना करते हैं। अपने 'लक्ष्मी' निबन्ध में वे लक्ष्मी गमन की दिशा स्पष्ट करते हैं—''शूरवीर के पास मैं इसलिए नहीं जाना चाहती कि वह जब अपनी जान पत्ते पर रखे हुए लड़ाई में प्राण खोने को उद्यत है तो उसके जीने का कौन ठिकाना, तब मुझे वैधव्य का दुःख सहना होगा। उदार के पास भी जाते लज्जा होती है कि उदार मुझे सबके पास फेंका करता है। पंडित के पास इसलिए नहीं जाती कि वहाँ मेरी सौत सरस्वती गाज रही है। इसी से मैं कृपण का सहारा लेती हूँ कि यह मुझे आदर से रखेगा।'' (वही, पृ. 134)

देवियों की चर्चा में भी स्त्रीपन का आरोपण है। अविवाहिता ज्ञान और विद्या की देवी सरस्वती को लक्ष्मी की सौत के रूप में देखना पुरुषों की स्त्रियों के प्रति अति एकांगी दृष्टि का ही परिचय है। यहाँ एक महत्त्वपूर्ण प्रश्न उठता है कि समृद्ध संस्कृत साहित्य (और हिन्दी साहित्य भी) 'सौत' शब्द का कोई पुल्लिंग न दे पाया। चूँकि शब्दों की व्युत्पत्ति आवश्यकता से जुड़ी है और भारतीय समाज में स्त्रियों ने अपने सत्चरित्र से इसका कोई अवसर नहीं आने दिया। फिर भी देवी तुल्य आर्य ललनाओं में से किसी-किसी ने ऐसा भ्रष्ट आचरण किया तो उसे कुलटा या व्यभिचारिणी कहकर इस अर्थ की आपूर्ति कर दी गई। 'सौत' शब्द का पुल्लिंग न पाए जाने का एक कारण यह है कि स्त्री केवल एक पुरुष से ही प्यार कर सकती है। उसे ऐसा ही निर्देश है, वह यही करती है। प्रसंगवश उल्लेखनीय है कि उर्दू भाषा में 'सौत' शब्द का पुल्लिंग उपलब्ध है—रकीब।

भारतीय आदर्श नारी केवल एक पुरुष से प्रेम ही नहीं करती वरन् उसकी अभिव्यक्ति भी नहीं करती। इस पर आश्चर्यचकित होने का कोई कारण नहीं है, लड़कियाँ आज भी 'प्रपोज' (प्रेम प्रस्तावित) नहीं करतीं। अगर ऐसा कोई करती भी है तो वह सूर्पनखा है जो अनार्य है। आर्य ललनाएँ आदर्श नारियाँ हैं। इस आदर्श नारी का सच्चा गहना लज्जा ही है। निकृष्ट से निकृष्ट नारी भी लज्जाहीना

होकर प्रेमाभिव्यक्ति नहीं कर सकती। उन्नीसवीं शताब्दी की रचनाओं में नारी की इस लज्जाशील प्रकृति के अनगिनत उदाहरणों में सबसे रोचक उदाहरण दिल्ली निवासी लाला श्रीनिवासदास रचित *संयोगिता स्वयंवर* की बालकृष्ण भट्ट द्वारा की गई *सच्ची समालोचना* का दिया जा सकता है। आरम्भ में ही बालकृष्ण भट्ट ने लाला श्रीनिवासदास की इस रचना की ऐतिहासिकता की ख़बर ली है फिर इस नाटक में पांडित्य प्रदर्शन पर आपत्ति की है—"भवभूति ने कहा है—यदाध्यानं तपोपनिषदां सांखयस्य योगस्य च तत्कथने नकिं नाह ततः कश्चिषुणां नाटके। यत्प्रौढ़त्वमुदारता च वचसां यच्चार्थतो गौरवं तच्चेदस्ति ततस्तदेव गमकं पांडित्य वैदग्धयोः। अर्थात् नाटक में पांडित्य नहीं वरन् मनुष्य के हृदय से आपका कितना गाढ़ा परिचय है यह दरसाना चाहिए। पर इसके विपरीत आप एकता सच्ची प्रीति आदि विषयों पर अपने पात्रों के मुख से लेक्चर दिया चाहते हैं तो एक सलाह मेरी है उसको सुनिए। इस नाटक को काट-छाँटकर इसमें से आठ-दस (पैंफलेट) छोटे-छोटे गुटके छपवा दीजिए और दूसरी बार जब दूसरा नाटक लिखने का हौसला कीजिए तब कृपा कर बेचारी निरपराधिनी कवित्व शक्ति के भाव का प्राण ऐसी निर्दयता से न लीजिएगा।" (वही, पृ. 15) और यह पांडित्य प्रदर्शन अगर कोई नारी कर दे तो फिर उसकी खैर नहीं। अपनी इस *सच्ची समालोचना* में बालकृष्ण भट्ट आगे लिखते हैं—संयोगिता पृथ्वीराज से अपने ही प्रेम के बारे में अपनी सखी करनाटकी से कहती है—"फिर प्रेम क्या केवल अपने प्रयोजन की सिद्धि के लिए किया जाता है? यह तो प्रेम का सबसे निकृष्ट भाव है—जी नहीं। संयोगिता जी आप जरा सा चूक गईं। अभी आपकी उमर ही क्या होगी और बेशक ऐसी कच्ची उमर में आप से किसी तरह के पक्के तजुरबे की आशा करना वृथा है। सबसे निकृष्ट भाव प्रेम का हमसे सुनिए। आप सौ जान से अपने प्रियतम के ऊपर न्योछावर हों पर यह तो बतलाइए कि यह लेक्चर देना आपने किससे सीखा। आप तन, मन, धन सबसे आसक्त हो कुछ हरज नहीं पर यदि आप अपने दर्शकों को निरा बालक समझकर एक छोटा व्याख्यान देने का हौसला करेंगी तो न केवल आपकी प्रीति ही को मैं झूठी समझूँगा, वरन् आपको भी निरी पाखंड और कपट की कठपुतली मानूँगा। यह आपने किसी प्रेमी को देखा है कि अपने प्रेम की प्रशंसा अपने ही मुख से गावें।" (वही, पृ. 15)

स्त्री का पांडित्य प्रदर्शन तो फिर भी क्षम्य है, किन्तु प्रेम प्रदर्शन? कदापि नहीं! बालकृष्ण भट्ट इस पर तीव्र आपत्ति करते भी हैं—"आरम्भ में ही 5 और 6 के पृष्ठ में नटी नट से कहती है—'ईश्वर कृपा से मैं इस समय आपकी कंठाभरण हूँ' लाला जी कभी आपने इस बात पर ध्यान दिया कि स्त्रियों की कितनी मृदु प्रकृति होती है और कितनी प्रबल लज्जा उनमें होती है हम नहीं जानते। दिल्ली की स्त्रियों की मुसलमानों की राजधानी में रहने से मुसलमानी खयालात और ढंग सीख क्या दशा हुई

पर इन प्रान्तों की स्त्रियाँ तो मर जाएँगी। कदापि अपने पति से ऐसे वचन न कहेंगी कि मैं आपकी कंठाभरण हूँ। मैं आपकी प्रेयसी और प्राणबल्लभा हूँ। इत्यादि, इत्यादि। इस तरह के वचन तो कृत्रिम प्रीतिवालियों, महाव्यभिचारिणी के मुँह से भी न निकलेंगे। कदाचित् आप फुटनोट देकर यह लिखना भूल गए हैं कि यह वचन नटी की निपट निर्लज्जता प्रकट करने को लिखा गया है। खैर कुछ हर्ज नहीं, दूसरी बार अब इस पुस्तक को फिर छपवाइएगा तब इस भूल को दुरुस्त कर दीजिएगा।'' (वही, पृ. 15) और इस बात पर कि संयोगिता ने पृथ्वीराज को मद्यपान करने के लिए कहा। श्री बालकृष्ण भट्ट ने लाला श्रीनिवासदास को कटु वचन कहने में कोई कंजूसी नहीं की—''पृष्ठ 49 में संयोगिता अपने प्यारे पृथ्वीराज को इन शब्दों में मद्यपान के लिए कहती है—

साजणा थोड़ा अमल में फुरती घणी जणाय।
सूर चढ़ै अरु श्रम मिटै वार न खाली जाय।

हम समझते हैं कि ग्रन्थकार महाशय बीबी संयोगिता को (पंडित प्रतापनारायण मिश्र के कलि कौतुक रूपक वाली) शराबखोरों की महफिल में भेज देते तो शराब की तारीफ में सबसे बीस संयोगिता की ही स्पीच रहती। सच है जो पहली मुलाकात से मर्द से आगे ही सुरापान की इच्छा प्रकट करे उसके ख़्यालात और लफ़्ज़ कहाँ तक पाक हो सकते हैं। हाय-हाय संयोगिता पर भरपूर शामत सवार हुई जो उसके बारे में नाटक लिखने का हौसला आपके मन में बढ़ा। छिः ऐसा ही नाटक ऐतिहासिक कटु लगने के योग्य है। लालाजी आपके नोबेल परीक्षागुरु से तो मालूम होता है कि आपने अंग्रेज़ी की भी कई किताबों की सैर की है तो जरा देख तो लिया होता कि ऐतिहासिक नोबेल या नाटकों का निर्वाह कैसे होता है अथवा इस बात को बंगला या गुजराती ही में (जिसमें आपको पूर्ण पंडित होने का दावा है) देख लिया होता।'' (वही, पृ. 16) स्वाभाविक ही है जिस समाज में जीती-जागती स्त्री को लज्जा के पहाड़ भार से दबे रहना है, उस समाज में ऐतिहासिक-साहित्यिक या काल्पनिक स्त्री की कोई 'धृष्टता' कैसे सही जा सकती है!

प्रसंगवश उल्लेखनीय है कि *सच्ची समालोचना* हिन्दी आलोचना की आरम्भिक आलोचना है। यह 1 अप्रैल, 1886 ई. में प्रकाशित हुई थी।

भारतीय संस्कृति, विधवा और उन्नीसवीं शताब्दी—यूँ तो सामान्य हिन्दू सुहागन का जीवन ही फूलों से भरा हुआ नहीं था, किन्तु हिन्दू विधवा का अति कंटकाकीर्ण जीवन मानवीय संवेदनाओं को खटकने वाला था। यह और बात है कि परम्परा के नाम पर स्त्रियों को कई सदियों तक यह नारकीय जीवन बिताना पड़ा और चींटियों को भी ब्रह्म का अंश मानने वाले हिन्दू पुरुषों और धार्मिकों की संवेदना इससे आहत नहीं हुई।

मनु-संहिता के अस्तित्व में आने से पहले हिन्दू-समाज में विधवा-विवाह प्रचलन में था। केवल मनु-संहिता को दोष दिए जाने पर इस स्थिति की छवि अपूर्ण रह जाएगी। पुरोहितों ने समाज के विभिन्न लोभों की पूर्ति के लिए यह विकृति उत्पन्न की। यह उनका सोचा-समझा षड्यंत्र था। विधवा-विवाह निषेध से पुरुष—केवल पुरुष समाज और परिवार के केन्द्र में आ गया। पुरुष स्त्री का सुहाग था, यह सुहाग ही उसका सर्वस्व था। उसके पति की मृत्यु से उसका सर्वस्व छिन जाता था। जहाँ पुरुषों को पत्नी की उपस्थिति-अनुपस्थिति में कई विवाह करने का अधिकार था, वहीं स्त्रियों को दूसरे विवाह तक की अनुमति नहीं दी गई। उन बाल-विधवाओं पर विशेष अत्याचार किया जाता था जो विवाह और वैधव्य का अर्थ समझने से पहले विधवा हो जाती थीं। ये बच्चियाँ समझ नहीं पाती थीं कि उन्हें क्यों इस प्रकार प्रताड़ित किया जा रहा है जबकि उनकी सधवा माँओं, दादियों तथा वहाँ की अन्य महिलाओं का जीवन अन्य प्रकार का था। विधवा का किसी रंग से कोई नाता नहीं रहता था। उन्हें उत्सवों से दूर रखा जाता था। अति कठोर नियम एवं संयम से बँधे जीवन के साथ 'पापिन' होने की लांछना जुड़ी रहती थी। पंडिता रमाबाई लिखती हैं—"पूरे भारत में वैधव्य को स्त्री द्वारा किए गए भयानक अपराध या पूर्व जन्म में किए गए अपराधों के दंड के रूप में देखा जाता है। अपराध की प्रकृति के अनुसार दंड की अवधि कम या ज़्यादा हो सकती है। पति के प्रति अवज्ञा एवं अनिष्ठा रखना या पूर्व जन्म में उसकी हत्या करना, इनको प्रमुख अपराधों में गिना जाता है, जिसका दंड वर्तमान जीवन में वैधव्य के रूप में मिलता है। अगर विधवा पुत्रों की माता हो तो वह प्राय: घृणा की पात्र नहीं है; यद्यपि वह निश्चित रूप से पापिन की भाँति देखी जाती है तथापि सामाजिक नफरत व निन्दाओं से एक हद तक निजात मिल जाती है, क्योंकि वह बेटे की माँ होती है। इसके बाद एक बूढ़ी विधवा का स्थान आता है। बूढ़ी विधवा सदाचार/पतिव्रता के कारण अपनी हज़ारों लालसाओं को बहादुरी से रोकती है तथा अनेक आदेशों का सावधानी से पालन करती है; सभी लोगों से सम्मान पाती है जिसमें हम यह जोड़ सकते हैं कि दिया गया सम्मान बूढ़ेपन को लेकर है। लड़कियों की विधवा माँ के साथ, विशेष रूप से तब, जब उसके पति के रहते उसकी पुत्रियों की शादी नहीं हो पाती, लेकिन बाल-विधवा और सन्तानहीन-विधवा के साथ समुदाय विशेषत: घृणा एवं दुर्व्यवहार करता है। इन्हें सबसे बड़े अपराधी की भाँति के रूप में देखा जाता है जिसे ऊपर से आदेश सुनाया जा चुका है।" (हिन्दू स्त्री का जीवन, पंडिता रमाबाई, अनु. शम्भू जोशी, संवाद प्रकाशन, मेरठ, 2006, पृ. 73)

पुरोहितों ने बाल-विधवा के अपराध का कोई प्रत्यक्ष कारण न खोज पाने पर उसके पिछले जन्मों के पापों को आधार बनाया और पाप भी कौन से? पति की अवज्ञा, उसके प्रति एकनिष्ठ न होने या पूर्व जन्म में उसकी हत्या करना। इसमें से अन्तिम बात तो महाशक्तिशाली पुरुष के सन्दर्भ में अविश्वसनीय प्रतीत होती है।

किन्तु जिस समाज में सुहागिन के स्वामी रहते उसकी यह दुर्दशा थी उसमें मालिक की अनुपस्थिति में विधवा के अनंत कष्टों का प्रावधान अनिवार्य परिणति के रूप में ही देखा जाना चाहिए।

मनु-संहिता में विधवा के कर्तव्य निर्धारित अवश्य किए गए थे, किन्तु पुनर्विवाह से वंचित नहीं किया गया था। विवाह हो सकने की स्थिति में उस स्त्री को वैधव्य की यातनाएँ नहीं झेलनी पड़ती थीं। विष्णु आचार-संहिता ने स्त्रियों को यह विकल्प दिया कि वह पति की मृत्यु के पश्चात् या तो सात्त्विक जीवन बिताए या उसकी चिता में जलकर सती हो जाए। यहाँ इस पर अवश्य ध्यान जाना चाहिए कि पुरोहित ने स्त्री हत्या में 'बुद्धिमत्ता' का परिचय देते हुए एक शव के साथ स्त्री को जलाने की भी व्यवस्था कर दी। सती का पति के साथ दहन उस महान संस्कृति को महिमामंडित करता था जिसमें स्त्री का उसके पति से विलग कोई अस्तित्व ही नहीं था, वह पति से एक क्षण का वियोग सहन न कर उसके साथ ही इस लोक से चली गई। पंडिता रमाबाई इस प्रसंग में एक रोचक टिप्पणी करती हैं—"यह ध्यान में रखने वाली बात है कि आम धारणा के अनुसार स्त्री के लिए पति के आसन व महल स्वर्ग के समान हैं। मन, वचन और कर्म से यदि वह पति के प्रति समर्पण रखती है तो स्वर्ग में उसे पति के साथ सम्मान मिलेगा। नरक ही वह स्थान है जहाँ वह पति से अलग रहकर आज़ाद रह सकती है।" (वही, पृ. 75)

किन्तु एक समस्या फिर भी बनी रहती है जिस पर चतुर पंडितों ने ध्यान नहीं दिया कि यदि पति भी नर्क पहुँचा हुआ हो तो पत्नी को वहाँ भी पति का 'संसर्ग सुख' मिलेगा। पुरोहितों ने स्त्री के स्वर्ग में उसके पति के साथ निवास और सुखपूर्ण जीवन का रंगीन विचार समाज में ऐसा फैलाया कि इस जीवन में पति सुख को तरसती स्त्रियों को यह अत्यन्त मनोहारी लगा। अपने सती कर्म से अपने परिवार को सात पीढ़ियों तक पाप मुक्त करने का लाभ भी था। परिवार सात पीढ़ियों तक जो चाहे पाप करे फिर एक स्त्री को, जो उसके परिवार की बहू है, पकड़कर आग के हवाले कर दे और पाप मुक्त हो जाएँ। कितना सस्ता, सुन्दर और टिकाऊ उपाय है!

किन्तु इतना भी सरल नहीं है जितना सरल लगता है। सती को यदि विधि-विधान से चिता तक न पहुँचाया जाए तो धर्म की भूमिका कहाँ रहेगी? इसलिए विधवा को जीवित जलाने का कार्य पूरी धार्मिक रीति से किया जाता था—"विधवा स्नान करती है, नए व चमकदार आभूषण पहनती है तथा अपने बाएँ हाथ में कुश/घास को पकड़े रहती है। अपनी दाईं हथेली से पानी का घूँट लेती है, कुछ तिल के दाने छितराती है, तब पूर्व की ओर देखते हुए कहती है, 'ओम! आज मैं (स्त्री अपना नाम लेगी) इस परिवार की, इस अग्नि में मरूँगी ताकि अरुंधति से मिल सकूँ और स्वर्ग में रह सकूँ; स्वर्ग में मेरा विराम उतने समय का हो, जितने मेरे पति के शरीर पर

बाल हैं, उससे करोड़ गुना पल तक मैं स्वर्ग में रहूँ, ताकि मैं अपने पति के साथ स्वर्ग का आनन्द ले सकूँ तथा अपने मातृवंश और पितृवंश के पूर्वजों का आशीर्वाद प्राप्त करूँ और इन्द्र के 14 क्षेत्रों से गुज़रते हुए अप्सराओं द्वारा प्रशंसा पाऊँ। साथ ही अपने पति के द्वारा किए गए पापों को माफी मिले जो भले ही उसने एक ब्राह्मण को ही क्यों न मारा हो और सत्य व नैतिकता के नियमों को तोड़ा हो या दोस्तों की हत्या की हो, अब मैं अपने पति की चिता पर चढ़ती हूँ तथा संसार के आठों प्रदेशों सूर्य, चन्द्रमा, वायु, अग्नि, आकाश, पृथ्वी, जल और मेरी आत्मा के संरक्षक, मैं तुम्हें पुकारती हूँ। मृत्यु के देवता यम, दिन, रात, संध्या तुम सभी गवाह हो कि मैं अपने प्रिय के लिए उसकी चिता पर सती हो रही हूँ।'' (वही, पृ. 76-77) सती के चिता तक पहुँचने का मार्ग-उत्सव मनाती जनता से भरा होता था। रास्ते में दुखी जन उससे प्रार्थना करते जाते थे कि वह अपने छोटे और भयमुक्त विजयी हाथों से उनका स्पर्श करे ताकि उनके दुःख दूर हो जाएँ।

उपरोक्त उदाहरण में सती होती पत्नी अपने पति के बड़े से बड़े पाप को क्षमा करवा देती है। मृत्यु के सभी प्राकृतिक प्रतीक साक्षी हैं। बस अगर कोई नहीं है तो मनुष्य और उसकी मनुष्यता। वे मनुष्य जो बड़ी धूमधाम से एक स्त्री को यातनादायक मृत्यु तक बाजे-गाजे के साथ ले जाते हैं। इस मृत्यु में भी पुरुष अपने क़िए गए अपराधों को बख्शवाने की चालाकी नहीं छोड़ता।

किन्तु सभी विधवाएँ इतनी 'भली' नहीं थीं। सभी मामलों में स्त्रियाँ स्वेच्छा से नहीं मरती थीं। उन्हें परिवार की मुक्ति, पति की प्राप्ति, परलोक के सुख नहीं लुभा पाते थे। यहाँ तक कि उन्हें वैधव्य काल में मिलने वाली यातनाएँ भी नहीं डिगा पाती थीं। इन्हें आग में जलने की भयानक पीड़ा भयभीत करती थी। ये सामान्य स्त्रियाँ थीं। ये देवी बनना नहीं चाहती थीं। कुछ स्त्रियाँ आवेग में सती बनने की घोषणा कर अग्नि की भयावहता देखकर जब पीछे हटने का प्रयास करती थीं, ''तब तक देर हो चुकी होती थी। वे विधिवत् शपथ ले चुकी होती थीं, जिसे तोड़ा नहीं जा सकता था। इसलिए पुजारी व अन्य पुरुष तत्काल उन्हें चिता पर ज़बर्दस्ती धकेलते थे। बंगाल में जहाँ यह रिवाज सबसे ज़्यादा प्रचलन में था, ब्रिटिश शासन की लम्बी अवधि के बाद भी ऐसे वर्णनों की अनगिनत दुःखद घटनाएँ विद्यमान थीं। ईसाई मिशनरीज़ ने इस अमानवीय रिवाज को समाप्त करने हेतु याचिका दी, परन्तु उन्हें यह बताया गया कि लोगों द्वारा रचित सामाजिक व धार्मिक राज्यों से सरकार को कोई सरोकार नहीं है तथा इस तरह के हस्तक्षेप करने से भारत में उनका शासन ख़तरे में आ सकता था। यह रिवाज बिना किसी छेड़छाड़ के वर्तमान सदी के प्रथम पच्चीस वर्षों तक चला आ रहा था जब हिन्दुओं के मध्य से एक पुरुष राजा राममोहन राय ने इस प्रथा के ख़िलाफ़ आवाज़ उठाई तथा यह घोषित किया कि यह वेदों द्वारा स्वीकृत नहीं है।'' (वही, पृ. 77-78) हिन्दू ब्राह्मणवादी व्यवस्था और उसके पिछलग्गुओं का यह

चमत्कार था कि उनके जिस पवित्रतम ग्रन्थ वेदों में सती के नाम पर स्त्री को जलाने की जीवित जलाने की व्यवस्था नहीं थी उन्हीं का नाम लेकर स्त्रियों को नाटकीय यंत्रणाएँ दीं।

राजा राममोहन राय ने विशेष रूप से बंगाल में प्रचलित इस प्रथा के विरुद्ध साहसपूर्ण संघर्ष किया। लॉर्ड विलियम बैंटिक ने नैतिक साहस का परिचय दिया "जिससे वह 1829 का प्रसिद्ध क़ानून लागू करवा सके, जो ब्रिटिश-शासन में सती के धार्मिक रिवाज को प्रतिबंधित करता था तथा ऐसा करने वालों को अपराधी मानते हुए उनके लिए फाँसी की सज़ा मुक़र्रर की गई, परन्तु यह नियम 1844 से पहले तक परम्परागत हिन्दू विचारों पर कोई प्रभाव नहीं डाल सका।" (वही, पृ. 78)

पुरोहितों ने अपनी जिस दुष्टता को विधवा स्त्रियों को क्रूरतापूर्ण मृत्यु देने में प्रयुक्त किया उसका मुख्य अस्त्र भाषा थी। हिन्दुओं के सबसे पवित्र ग्रन्थ में सती विधान नहीं था। पुरोहित अच्छी तरह समझते थे कि वेद अपौरुषेय है और वेदों में यह आदेश न होने पर इसे ईश्वरीय आदेश न माना जाएगा। वेदों में नवीनतम वेद "ऋग्वेद विधवा को सती होने के लिए ऐसा कोई भी दबाव डालने की बात नहीं करता, इससे पता चलता है कि प्रारम्भिक इतिहास में ऐसी कोई प्रथा नहीं थी।" (वही, पृ. 79) ऋग्वेद की ऋचाओं और गृह-सूत्र की वैदिक रस्मों के अनुसार पत्नी अपने पति के शव के साथ चिता तक जाती है, लेकिन वहीं ऋग्वेद से लिया गया एक श्लोक पद है, जो उसे आदेश देता है : यह इस प्रकार कहा गया है, "स्त्री जागो, जो मर गया है, उसके पास बैठकर क्या कर रही हो। आओ, हमारे साथ आओ। पति के प्रति अपनी पत्नी होने के कर्तव्यों को पूरा करो जिसने तुम्हारा हाथ पकड़ा था और तुम्हें मातृत्व सुख दिया।" (वही, पृ. 79)

वेदों से जो पाठ उद्धृत किया गया, उसे मनचाहे ढंग से अनूदित किया गया एवं नया भाष्य बनाया गया। यह दिखलाना कठिन कार्य नहीं था, क्योंकि सभी ब्राह्मण वेद के अर्थ को समझते थे। वैदिक भाषा संस्कृत का प्राचीन रूप है तथा बाद की संस्कृत से काफ़ी भिन्न है। अनेक लोगों को वेद कंठस्थ थे और वे बिना ग़लती के उसे दोहरा सकते हैं, लेकिन वास्तव में इनमें से कुछ ही ऐसे हैं जो उच्चरित होने वाले पाठों का अर्थ जानते हैं। रट्टू तोते की तरह वेद दोहराने वालों को उसका वास्तविक अर्थ ही नहीं मालूम था। पुरोहितों ने जिस श्लोक का अर्थ बदला वह कहता है— "वे स्त्रियाँ जो विधवा नहीं हैं, जिनके अच्छे पति हैं, वे नज़दीक आएँ तथा तेल-मक्खन डालें। ये जो आभूषण से अलंकृत माताएँ हैं, वे पहले वेदी पर बिना दुःख बिना आँसू के जाएँ। पंडिता रमाबाई प्रो. मैक्समूलर के हवाले से कहती हैं कि यह अन्य स्त्रियों को सम्बोधित किया गया है, जो अभी अन्त्येष्टि में उपस्थित हैं, जिन्हें वेदी पर तेल और मक्खन उड़ेलना है। दुष्ट पुरोहितों ने महज इस पद्यांश को ग़लत

अर्थ देकर पूरे श्लोक का ही अर्थ बदलकर रख दिया है। जो भी संस्कृत का जानकार है, वह आसानी से समझ सकता है कि यह मिथ्याकरण नकलनवीस की असावधानीवश हुआ होगा, लेकिन पुरोहितों ने ही इसे स्वीकृति दी है अत: वे भी कम अक्षम्य नहीं हैं। इसके सन्दर्भ के साथ इस श्लोक को देखने के स्थान पर पुरोहितों ने अपनी कल्पना के अनुसार इसे अनूदित किया तथा इस प्रकार धर्म के बहाने वे 2000 वर्षों से अधिक समय तक अनगिनत जीवनों को समाप्त करने के कारण रहे हैं।'' (वही, पृ. 79)

सन् 1887 ई. में राधाचरण गोस्वामी ने हिन्दू जाति में विवाह के लिए कन्याएँ न मिल पाने की बात लिखी। सामान्यत: मध्यवर्ग के वरों के लिए कन्याभाव हो जाने से कितने ही लोगों के वंश का विनाश हो गया। राधाचरण गोस्वामी ने पूछा, ''उधर उन जातियों की विधवाएँ दुखित कुपथगामिनी हो जाती हैं। ऐसी अवस्था में जाति के शिरोमणि, हितैषी और स्तंभ निष्कपट होकर विधवा-विवाह की आज्ञा नहीं दे सकते?'' (राधाचरण गोस्वामी की चुनी रचनाएँ, पृ. 87)

राधाचरण गोस्वामी जैसे रचनाकारों को बहुत कम पढ़कर पिछड़ा घोषित कर दिया गया किन्तु विधवा-विवाह के प्रश्न पर वे बंगला, गुजराती और मराठी नवजागरण के बहुत से मान्य सुधारकों से बहुत आगे हैं। वे विधवा-विवाह के लिए सही मार्ग समझते हैं। राधाचरण गोस्वामी को प्रतीत होता है कि यदि राजा ठान ले तो यह हो सकता है। राजा यदि अपनी विधवा बेटी का विवाह ''करना चाहे तो राजान्नपोषित सब पंडित व्यवस्था दे देंगे कि विधवा-विवाह सशास्त्र है परन्तु इन दुखियाओं को कौन पूछता है? वरंच पंडितों ने विधवा-विवाह का खंडन अपनी जीविका हेतु बना रखा है। साधारण हिन्दू लोग अपनी जाति के नियमों के आबद्ध हैं। जब तक यह विषय जाति में ग्राह्य न हो, विधवाओं का कष्ट दूर नहीं हो सकता। शास्त्रार्थ करके विधवाओं पर छुरियाँ चलाने अथवा ग्रन्थ लिखकर उनको खड्ग प्रहार से बचाने का कुछ फल नहीं। न्याय प्रिय दयालु लोग कर्तव्य में अग्रसर हों। विधवा-विवाह करें-करावें, उनसे सहानुभूति कर विधवाश्रम स्थापन करें, उनमें विधवाओं का पालन करें और आवश्यक होने पर उनका विवाह करावें।'' (वही, पृ. 87) विधवा विवाह के विरोध पर वे मंदिरों के विरुद्ध बोलने का साहस रखते हैं।

सन् 1907 ई. में गोस्वामी जी ने अत्यन्त दु:ख से लिखा, ''अभी संवत् 1964 में श्री वृन्दावन में पुराने श्रीगोविन्द देव जी के मन्दिर में विधवा-विवाह के विरुद्ध सभा हुई थी इसमें महाराज जयपुर के साथ विलायत गए ब्रह्मचारी विहारीशरण देव जी सभापति हुए।'' (वही, पृ. 87) पंडिता रमाबाई, रख्माबाई, राधाचरण गोस्वामी और राधामोहन गोकुल सभी ने इस पर अत्यन्त खेद प्रकट किया कि विधवाओं एवं स्त्रियों के दुर्भाग्य से ईश्वर, धर्म, पुरोहित, विद्वान, सुधारक और शासक सभी उनके विरुद्ध हैं। जब रियासतों के राजा, औपनिवेशिक शक्तियाँ और विलायत गमन कर

आए धर्माधिकारी तक स्त्रियों के विरुद्ध मोर्चा खोले बैठे हैं तो उनके कल्याण के लिए कौन आगे आएगा!!!

सुधार-कार्यों में लगे विभिन्न सुधारक आशा की कोई उज्ज्वल किरण नहीं देख पा रहे थे फिर भी इस असाध्य कार्य में लगे थे। उनके सामने उन असंख्य विधवाओं का दुःख था जिनसे उनका हृदय व्यथित था। पंडिता रमाबाई ने जनाना मिशनरीज़ की चेष्टाओं से पढ़-लिख गई एक स्त्री के कष्टों को उसी की जबानी उद्धृत किया है, जिसने बचपन से वैधव्य के कड़वे अपमान व कड़े दुःखों को सहा। दुखियारों और असहायों का सहारा भी वही ईश्वर रहा जिसके नाम पर उन्हें सबसे अधिक सताया गया—"हे ईश्वर, मेरी प्रार्थना सुनो! कोई भी अपनी नज़र उस दमन की ओर नहीं डालता, जिससे हम बेचारी महिलाएँ पीड़ित होती हैं...हम पुराने एवं साँचों के घरों में क़ैदियों की भाँति हैं, रिवाजों की आँधी में जलाई और बाँधी जाती हैं तथा बाहर आने की ताक़त हममें नहीं है। पीड़ित व जीर्ण-शीर्ण हम रसहीन गन्ने के सूखे भूसे के समान हैं। अन्तर्यामी ईश्वर, हमारी प्रार्थना सुनो, हमारे पापों को क्षमा करो तथा मुक्ति के लिए शक्ति दो कि इस ईश्वर के संसार को देख सकें। हे पिता, हम इस क़ैद से कब रिहा होंगे? किस पाप के लिए इस जेल में रहने के लिए हमारा जन्म हुआ है? ईश्वर के सिंहासन के निर्णय से ही न्याय बहता है, लेकिन हम तक नहीं पहुँचता है। इसमें से जीवन का दुर्भाग्य ही मात्र हमारे पास पहुँचता है।" (हिन्दू स्त्री का जीवन, पंडिता रमाबाई, पृ. 82)

सदियों से क़ैद ये स्त्रियाँ अपने भावों और अनुभवों का कड़वा संसार लिये जीने को अभिशप्त हैं। इन्हें क़ैद में रखकर प्रताड़ित किया जाता है, सुखों और ज्ञान के सारे मार्ग इनके मुँह पर बन्द कर दिए जाते हैं फिर इन्हें अज्ञानी और पापिन कहा जाता है—"हे प्रार्थना सुनने वाले ईश्वर, अगर मैंने कोई ग़लती की है तो मुझे क्षमा करो। हम इतनी अज्ञानी हैं कि नहीं जानतीं कि पाप क्या है? क्या पाप का दंड उन लोगों को मिलेगा जो इससे अनभिज्ञ हैं कि ये पाप है क्या? हे महान ईश्वर, हमारा नाम पियक्कड़ों, पागलों, मूर्खों तथा जानवरों के साथ लिखा जाता है जैसे ये लोग उत्तरदायी नहीं हैं, वैसे हमें भी मान लिया गया है। जो अपराधी आजीवन कारावास भोग रहे हैं, वे हमसे ज़्यादा भाग्यशाली हैं, क्योंकि वे ईश्वर के संसार का कुछ भाग तो देख पा रहे हैं। वे जेल में नहीं पैदा हुए थे। लेकिन हम एक दिन के लिए तो क्या सपने में भी ईश्वर की दुनिया को नहीं देख सकते। यह हमारे लिए बस एक नाम है और कुछ नहीं। इस दुनिया को न देखने के कारण हम तुम्हें नहीं जान सकते। जिन्होंने तुम्हारे कार्यों को देखा है, वही तुम्हें समझ सकते हैं। लेकिन हमारे लिए तो इस क़ैद के रहते यह सम्भव नहीं कि हम तुम्हें जान व समझ सकें। हम विधवाएँ मात्र घर की चारदीवारों को ही देखती हैं। क्या हम उसे विश्व या भारत कह सकती हैं? हम इस जेल में पैदा होती हैं, मरती हैं और मर रही हैं।" (वही, पृ. 82-83)

स्त्रीवाद पर बहुत से आरोप लगे हैं। उस पर प्रथम आरोप यह है कि 'फेमिनिज़्म' ने पुरुषों को स्त्रियों का शत्रु माना है। द्वितीय यह कि स्त्रीवादी विचारक सिवाय पुरुष निन्दा के और कुछ करते नहीं। कुछ उत्तर-आधुनिक बुद्धिजीवी तक इस विमर्श की भूल-भुलैया का पूरा लाभ उठाने के बाद स्त्री का प्रश्न उठाते ही चिढ़ जाते हैं और पुराने मार्क्सवादियों का राग अलापने लगते हैं कि जब सभी वर्गों की स्थितियों में सुधार होगा तो स्त्रियाँ भी कष्ट मुक्त हो जाएँगी। कुछ बुद्धिजीवियों ने स्त्रीवाद के 'ख़तरे' को आतंकवादी संकट की तरह बताया और उसी तरह 'डील' करने का प्रयास किया है। आरम्भिक भारतीय राजनीति की तरह स्त्रीवाद को भी नर्म और उग्र खेमों में बाँटकर देखा गया है। बड़ी चालाकी से फेमिनिज़्म के प्रकार की ओर बहस को मोड़कर मुख्य मुद्दे को परिदृश्य से ग़ायब करने का प्रयास भी चलता रहा है। इसमें सम्मिलित लेखिकाएँ जब-तब ऐसे वक्तव्य देती दिखाई देती हैं कि 'मैं स्त्रीवादी लेखिका नहीं हूँ' मानो स्त्रीवादी लेखिका/लेखक होना किसी अपराधी दल में शामिल होना है और वे अपनी छवि निष्कलंक रखना चाहती हैं।

स्त्रियों के पक्ष में बोलने वाली महिलाओं को विचित्र दृष्टि से देखा जाता है और खुलकर बोलने वाली महिलाओं से सचेष्ट दूरी बरती जाती है मानो वे किसी माफिया की सदस्या हों। आज भी पितृसत्तात्मक सामन्तवादी सोच वालों ने 'स्त्रीवाद' को लगभग गाली बना देने में पूरा जोर लगा दिया है।

इसका कारण क्या है? स्वाभाविकत: जब भी कोई स्त्रियों की दुर्दशा पर लिखता है तो उसकी तुलना का बिन्दु पुरुष होता है। स्त्रीवादियों ने स्त्रियों को दोयम दर्जे का नहीं बल्कि समान मनुष्य माना है। चूँकि वह भी मनुष्य है अत: उसकी दुर्दशा की तुलना किसी मनुष्य से ही की जा सकती है, किसी बन्दर, भालू या येति से नहीं। पुरुषों से स्त्रियों की तुलना होते ही पुरुष को लगता है कि स्त्रियाँ उसके अधिकारों पर डाका डाल रही हैं, वह भी तब जब वह 'इतने सारे' अधिकार उन्हें दे चुका है। यह प्रश्न उन्हें नागवार गुज़रता है कि तुम देने वाले होते कौन हो? इसका उत्तर अब वह प्रत्यक्षत: न भी दे पाए तो भी उसके मन में शायद यह रह गया है कि उसे ईश्वर ने श्रेष्ठ बनाया है। तो स्त्रियों को भी तो ईश्वर ने बनाया है—"हे संसार के पिता, क्या तुमने हमें नहीं बनाया? या शायद किसी अन्य ईश्वर ने हमें बनाया? क्या वह केवल पुरुषों का ध्यान रखता है? क्या वह महिलाओं के बारे में नहीं सोचता है? उसने हमें स्त्री व पुरुष क्यों बनाया? ओ सर्वशक्तिमान, क्या ईश्वर के पास यह शक्ति नहीं है कि वह हमें कुछ और बना दे ताकि हम भी जीवन की सुविधाओं में थोड़ा-सा भाग ले सकें। उत्पीड़ितों की आवाज़ यहाँ भी सुनी जाती है तो क्या तुम दोषियों को सज़ा नहीं दोगे? न्याय का दरवाज़ा कब तक बन्द रखोगे? हे सर्वशक्तिमान और अज्ञेय, दया के सागर ईश्वर, हम पर दया करो, हमें याद रखो। हे मालिक, हमें बचाओ, हम अपने इस कठिन भाग्य को नहीं उठा सकती हैं। हममें से अनेक अपने को मार चुकी हैं। हम अभी भी अपने को मार रही हैं। हे दया

के ईश्वर, हमारी प्रार्थना है कि भारतीय स्त्री से उसका शाप दूर हो जाए। पुरुष के हृदय में थोड़ी-सी सहानुभूति उपजाओ ताकि हमारी ज़िन्दगी रिक्त, अधूरी लालसाओं के साथ न गुज़र जाए जो ईश्वर की दया से बची है, जिससे हम ज़िन्दगी के आनन्द का थोड़ा-सा स्वाद ले सकें।" (वही, पृ. 83)

पंडिता रमाबाई ने अपनी पुस्तक के अध्याय आठ में समाज से अपील की है। अपने देश में विधवा-विवाह की असम्भव स्थितियों को देखकर उन्होंने विदेशियों से अपील की कि वे इस देश की इन अनाथिनों और निराश्रिताओं की सहायता करें ताकि वे एक आश्रम खोलकर इनके सम्मानपूर्वक अस्तित्व का प्रबन्ध कर सकें। विधवाओं की बहुत बड़ी संख्या समाज में उपस्थित थी।

"1881 की जनगणना के अनुसार भारत में 2,09,30,626 सभी उम्र व जाति की विधवाएँ हैं। इनमें से 10 लाख विधवाएँ 19 साल से कम उम्र की हैं, उदाहरण—

9 वर्ष और उससे कम	78,976
10-14 वर्ष की	2,07,388
15-19 वर्ष	6,69,100"

(वही, पृ. 95)

जिनके लिए उनके घरों में ही स्थान नहीं था उन्हें देश और समाज क्या स्थान देता। बंगाल ने जिस धर्म की आड़ में विधवा-विवाह का विरोध किया था, उसी को विधवाओं को 'ठिकाने लगाने' का माध्यम बनाया। बंगाल की विधवाओं को सिर मुड़वाकर वृन्दावन या काशी भेज दिया जाता था। वहाँ इन्हें धार्मिक चन्दे पर या भीख माँगकर जीवन काटना पड़ता था। अन्य मार्गों में 'कुपथगामिनी' होना बचता था। भारतेन्दु की एक रक्षिता बंगाली बाल विधवा थी। पंडिता रमाबाई विधवाओं को इन सबसे अलग सम्मानजनक आवासीय संबल प्रदान करना चाहती थीं। उनकी इस योजना में उन्हें कोई हस्त-कौशल सिखाकर आत्मनिर्भर बनाना भी सम्मिलित था। वे इन आवासों को प्रभावशाली हिन्दू औरतों और पुरुषों की निगरानी में रखना चाहती थीं। पुरुषों का उल्लेख करते समय उन्होंने कोष्ठक में सज्जन लिख दिया था—"ये आवास प्रभावी हिन्दू औरतों एवं पुरुषों (सज्जनों) की निगरानी एवं व्यवस्था के अधीन होने चाहिए, जो प्रत्येक आवास को एक ख़ुशहाल घर तथा एक निर्देशक संस्था बनाने का वचन दे सकें।" (वही, पृ. 97)

वे चाहती थीं कि पूर्व और पश्चिम की शिक्षिकाओं से विधवाएँ दोनों सभ्यताओं का लाभ उठा सकें। इन्हें शिक्षित करने के लिए योग्य अमेरिकन स्त्रियाँ सहायिका और अध्यापिका रूप में नियुक्त हों जो आवास के साथ बने पुस्तकालयों के समुचित उपयोग से जागरूक कर सकें। इन पुस्तकालयों की इन विधवाओं तथा आस-पड़ोस की स्त्रियों के जीवन में बड़ी अच्छी भूमिका हो सकती है। "पुस्तकालयों में प्राध्यापक पद भी निर्मित किए जाने चाहिए तथा व्याख्यान विभिन्न विचारों को

सम्मिलित करने वाला होना चाहिए, उन्हें आवास या पुस्तकालय में व्याख्यान देते समय किसी भी धर्म या पवित्र रिवाज के प्रति अवमानना से नहीं बोलना चाहिए। व्याख्याताओं को अपने विषयों में भूगोल, प्रारम्भिक विज्ञान, विदेशी भाषा इत्यादि को शामिल करना चाहिए। साथ में व्याख्यानों को इस तरह तैयार करना चाहिए जिससे वह उन स्त्रियों के आँख-कान खोल सकें (उन्हें जागरूक व सचेत बना सकें) जो उपेक्षा के क़ैदखाने में लम्बी अवधि बिता चुकी हैं और ईश्वर के इस ख़ूबसूरत संसार के बारे में वास्तव में कुछ भी नहीं जानती हैं।'' (वही, पृ. 97-98)

पंडिता रमाबाई ने अमेरिका के सच्चे स्त्री-पुरुषों का आह्वान किया कि वे सहायता के लिए आगे आएँ। उनसे मिली सहायता से उन्होंने भारत लौटकर 11 मार्च, 1889 ई. में शारदा सदन खोला। इसकी पहली छात्रा शारदा नामक लड़की के आधार पर इसका नामकरण किया गया। एक महीने में आठ छात्राएँ जुट गईं जिनमें छह ब्राह्मण और दो बाल-विधवाएँ थीं। तीन महीने के भीतर छात्राओं की संख्या चौबीस हो गई। वे एक विधवा गोधूबाई का प्रो. कर्वे से विवाह करवाने में भी सफल रहीं।

अगस्त1893 में रानाडे और भंडारकर जैसे सुधारकों ने शारदा-सदन की सलाहकार समिति से सामूहिक त्यागपत्र दे दिया क्योंकि शारदा नामक छात्रा का ईसाई धर्म की ओर रुझान बढ़ रहा था। इस कारण स्कूल से एक के बाद एक 25 लड़कियाँ निकाल ली गईं। पंडिता रमाबाई ने जून 1896 में हिन्दू धर्म की सीमाओं के अन्दर हिन्दू विधवाओं के लिए 'अनाथ बालिकाश्रम' खोला। रमाबाई साम्प्रदायिक और जातीय निरपेक्षता के साथ अपना आश्रम चलाना चाहती थीं।

विधवाओं की दशा देखने के लिए पंडिता रमाबाई वेश बदलकर मथुरा और वृन्दावन गईं। वहाँ उन्होंने संन्यासिनी के वेश में पुजारियों के चंगुल में फँसी विधवाओं की विपत्ति देखी। इन पुजारियों का पर्दाफाश करते हुए उन्होंने अख़बार में अपने अनुभव छपवाए। उन्होंने अमेरिकी प्रतिनिधि मिसेज़ जूडिथ डब्ल्यू एंड्र्यूज के साथ दिल्ली और आगरे की यात्रा की और स्त्रियों को हर जगह दुर्दशाग्रस्त पाया। रमाबाई एसोसिएशन के मार्च 1898 में दस वर्ष पूर्ति के अवसर पर अपनी अमेरिका यात्रा से लौटकर उन्होंने पथभ्रष्ट स्त्रियों के लिए 22 एकड़ ज़मीन पर कृपासदन खोला। सड़क के सामने मुक्ति सदन था। कृपासदन का आरम्भ छह लड़कियों से होकर तीन वर्षों में तीन सौ लड़कियों के निवास तक पहुँच गया। कृपासदन के बगल में एक मातृगृह बनवाया जिसमें अपने बच्चों के साथ रहने वाली अधिकांश माँओं की आयु पन्द्रह वर्ष से कम थी। दृष्टि बाधित लड़कियों के लिए अलग से प्रबन्ध किया गया। इन सबकी जीविका के लिए इन्हें घरेलू उद्योग-धन्धे सिखाए गए। 1896 के मध्य भारत के अकाल और 1899 के अकाल और प्लेग के प्रकोप के दौरान पंडिता रमाबाई ने अपनी मिशनरी की साथियों के साथ बहुत सी लड़कियों को बचाया। इस बीच रमाबाई को बार-बार अपने सदनों का स्थान बदलना पड़ा, कई विवादों से जूझना पड़ा।

पंडिता रमाबाई जिन बाल-विधवाओं और अन्य दुखियारिनों को बचाने का प्रण लेकर चलीं उसे उन्होंने अपनी मृत्यु (5 अप्रैल, 1922) तक निभाया। इन असहाय बालिकाओं और विधवाओं के लिए उन्होंने अपना सर्वस्व लगा दिया। अमेरिका में विधवाओं की सहायता की अपील करते हुए रमाबाई ने कहा था कि कोई ऐसा नहीं है जो इनके जीवन को बेहतर बनाए। वह 'कोई' उन्होंने स्वयं बनकर दिखाया—''(संयुक्त राष्ट्र के) माताओं और पिताओं, अँगीठी के शानदार कार्निस के पास बैठी अपनी ख़ुद की प्यारी बेटी की तुलना भारत की इसी उम्र की उन लाखों छोटी लड़कियों से करिए जो पहले ही अमानवीय सामाजिक रिवाज की अपवित्र वेदी पर अपना बलिदान कर चुकी हैं और तब अपने आप से पूछिए कि उन छोटी विधवाओं को उनके उत्पीड़कों के चंगुल से बचाने के लिए क्या आप कुछ कर सकते हैं। पत्थर की दीवारों के भीतर से भारतीय स्त्रियों की हृदयविदारक चीख़ें प्रतिदिन उठ रही हैं। हज़ारों बाल-विधवाएँ हर साल अपने मन को प्रफुल्लित करने की आशा के बिना मर रही हैं तथा हज़ारों दूसरी पाप और शर्म के भयानक भार के नीचे कुचली जा रही हैं। कोई भी ऐसा नहीं है जो उनको बेहतर रास्ता उपलब्ध कराकर उनके पतन को रोक सके।'' (वही, पृ. 99) राधाचरण गोस्वामी के लेखन और पंडिता रमाबाई के सक्रिय योगदान के इस संक्षिप्त विवरण से उनके प्रयासों की कठिनाई समझना कठिन है। अपने महान धर्म के पालन के नाम पर रौरव नर्क में धकेली गई बच्चियों, किशोरियों और युवतियों के संत्रास की अन्तहीन कथा यह देश कैसे लिख सका!

समाज में किसी नए विचार के आने पर वर्चस्ववादी विचारधारा उसके ख़ात्मे का प्रयास करती है। इस प्रयास में पहले-पहल वह नए विचारों की पूर्णतः उपेक्षा करती है। उपेक्षा से नई विचारधारा के नष्ट न होने पर वह उसका उपहास उड़ाती है। उपहास उड़ाने के क्रम में उन विचारों का विकृतिकरण करती है और अन्ततः अनुकूलन (Appropriation) के माध्यम से नई विचारधारा को भोथरा और कुन्द बना देती है। अधिकारों और स्वाधीनता के प्रश्न पर स्त्री के साथ यह बार-बार होता रहा है। उस पर चहुँमुखी मार इसलिए भी पड़ी कि उसके अपने प्रवक्ता कम थे बल्कि संख्या में नगण्य थे। स्त्री जीवन के हर कोने की विधायिका एवं प्रशासनिक शक्ति पुरुष समाज के पास रही और उसकी न्याय व्यवस्था तो सदा से ही उसके पास थी—धर्म और शास्त्रों की सम्पूर्ण अनुमति लेकर।

चतुर्थ अध्याय

स्त्री और उन्नीसवीं सदी के उत्तरार्द्ध का हिन्दी साहित्य (1850–1885)

उन्नीसवीं शताब्दी में आत्मालोचन की प्रक्रिया की सबसे शुभ घटना इसका स्त्री प्रश्नों के सम्मुखीन होना है। यह प्रक्रिया अत्यन्त धीमी, किन्तु स्थायी भाव से घटित हुई। उन्नीसवीं सदी में उठाए गए स्त्री प्रश्नों से स्त्री की अवस्था में गुणात्मक परिवर्तन की ओर प्रयास हुए। आरम्भ में ही यह स्पष्ट कर देना आवश्यक है कि स्त्री प्रश्नों को सम्बोधित करने का अर्थ स्त्री की अवस्था में आमूलचूल परिवर्तन करना तो दूर, उसकी इच्छा भी नहीं है। आज इक्कीसवीं सदी में भारतीय समाज की स्त्रियों के लिए हर शताब्दी की उपस्थिति यह प्रमाणित करने के लिए पर्याप्त है कि स्त्री सम्बन्धी सुधार कितने धीरे-धीरे और कितनी अनिच्छापूर्वक किए गए हैं। आज भी स्त्री के प्रति होने वाले अपराधों में आदिकालीन और मध्ययुगीन बर्बरता बार-बार झाँक जाती है। दूसरे ग्रहों पर जीवन की खोज में जल तलाश लेने वाली अति विकसित वैज्ञानिक सोच और प्रगति ने स्त्रियों को मनुष्यता के अर्द्धांश पुरुषों के समान मानव नहीं समझा गया है। स्त्री आज भी परम्परागत अर्थ में या तो देवी है या दानवी। मनुष्य समाज की सारी खूबियों और खामियों से सम्पन्न मानवी को हम अभी भी सहज भाव से सर्वत्र स्वीकार नहीं कर पाए हैं, ऐसे में उन्नीसवीं सदी के आरम्भ में तथाकथित आधुनिक दृष्टिकोण से सम्बन्धित प्रश्नों पर अतिउत्साहित होने की आवश्यकता नहीं है। भारतेन्दु युग में स्त्री की दुर्दशा पर उठाए गए प्रश्न भले ही आधुनिकता के दबाव की उपज हैं, किन्तु उसके उत्तर खोजने का बोध परम्परा पर आश्रित है यद्यपि परम्परा पर आश्रित होते हुए भी यह एकदम पारम्परिक नहीं है।

भारतेन्दु युगीन विचारधारा में स्त्री और जाति प्रश्न की मीमांसा के लिए हमें भारतेन्दु एवं उनके मंडल में आने वाले साहित्यकारों—पंडित बदरीनारायण चौधरी उपाध्याय 'प्रेमघन', प्रतापनारायण मिश्र, बाबू तोताराम, पंडित केशवराम भट्ट, पंडित अंबिकादत्त व्यास, पंडित राधाचरण गोस्वामी, बालकृष्ण भट्ट, बालमुकुन्द गुप्त आदि के साहित्य का विश्लेषण करना होगा। इन रचनाकारों ने आधुनिक गद्य की

प्रत्येक विधा में साहित्य रचा। मुख्यत: पत्रकारिता को पुष्ट करने वाला इनका साहित्य कोरे मनोरंजन के लिए नहीं रचा गया था। यह साहित्य अपने रूप, रंग, कथ्य और कलेवर में अपने पिछले साहित्य रीतिकालीन साहित्य से निश्चय ही भिन्न था। हिन्दी का रीतिकालीन साहित्य (1643 ई.-1843 ई.) मुख्यत: शृंगारिक साहित्य था। वह दो सौ वर्षों तक नायिका भेद और नख-शिख वर्णन में रमा रहा। उसके लिए आसपास के परिवेश और समाज का अर्थ था ऋतुवर्णन। दीर्घकाल तक हिन्दी साहित्य सामाजिक प्रश्नों से मुँह चुराकर शृंगार रस में गोते लगाता रहा। इस तरह के साहित्य में स्त्री की वेदना की एकाध स्थान पर चर्चा हो तो कहा नहीं जा सकता अन्यथा इसने परम्परा द्वारा गर्हित कही गई स्त्री को 'वस्तु' बनाने में कोई कोर-कसर नहीं छोड़ी। रीतिकालीन साहित्य की स्त्री में बस इतनी सी रुचि थी कि यह 'स्वकीया' है या 'परकीया'। इस काल के साहित्य में स्त्री की चर्चा स्त्री रूप में नहीं बल्कि 'नायिका' और 'दूती' रूप में हुई है। स्त्री के लिए रीतिकालीन साहित्य हर हाल में अपने पिछले साहित्य भक्तिकालीन साहित्य से अधिक रूढ़िवादी, प्रतिक्रियावादी और निम्न मानदंड का था। सामन्तकाल के साहित्य की तुलना में भक्तिकालीन साहित्य मोटे तौर पर स्त्रियों पर अधिक मुखर था। रीतिकाल ने स्त्रियों को अश्लीलता से जोड़ा, बल्कि कहना चाहिए कि केवल अश्लीलता से जोड़ा। दरबारी कवि ने स्त्री, साहित्य और नैतिकता की मर्यादा से सारे सरोकार ही तोड़ लिए। स्त्री पूर्णत: विलासिता की वस्तु बना दी गई। सूरदास का बालक कान्हा केलिकला का उस्ताद कृष्ण बन गया, कविता कामिनी बन गई। भक्ति के बहाने से शृंगार वर्णन ही उद्‌देश्य हो गया। 'आगे के सुकवि रीझैं तौ कविताई है, न तु राधिका कन्हाई सुमिरन को बहानौ है' कहने वाले कवियों ने राधा-कृष्ण की मिट्‌टी सबसे अधिक पलीद की। केवल और केवल विलासिता और शृंगार की इस कविता ने कृष्ण को छिछोरा नायक बना दिया। राधा और कृष्ण पति-पत्नी तो थे नहीं अत: इससे मर्यादित दाम्पत्य प्रेम की सम्भावना भी नहीं बनी।

रीतिकाल की पतनशील काव्य प्रवृत्तियों के पश्चात् भारतेन्दु हरिश्चन्द्र का उदय एक युगांतकारी घटना थी। स्वयं रीतिकालीन प्रवृत्ति का काव्य रचने वाले भारतेन्दु उसी में रमे न रह सके। अपनी रीति और भक्ति दोनों को किनारे रख उन्होंने सामाजिक चिन्ता को अपने चिन्तन का लक्ष्य बनाया। आचार्य रामचन्द्र शुक्ल ने भारतेन्दु हरिश्चन्द्र को अद्‌भुत प्रतिभा का धनी माना। आचार्य शुक्ल ने उन्हें साहित्य को जीवन से जोड़ने वाला युगांतकारी साहित्यकार माना—"इसमें भी बड़ा काम उन्होंने यह किया कि साहित्य को नवीन मार्ग दिखाया और उसे वे शिक्षित जनता के साहचर्य में ले आए। नई शिक्षा के प्रभाव से लोगों की विचारधारा बदल चली थी। उनके मन में देशहित, समाजहित आदि की नई उमंगें उत्पन्न हो रही थीं। पर हिन्दी साहित्य अपने पुराने रास्ते पर ही पड़ा था। भारतेन्दु ने इस साहित्य को दूसरी ओर मोड़कर जीवन के साथ फिर से लगा दिया। इस प्रकार हमारे जीवन और

साहित्य के बीच जो विच्छेद पड़ रहा था उसे उन्होंने दूर किया। हमारे साहित्य को नए-नए विषयों की ओर प्रवृत्त करने वाले हरिश्चन्द्र ही हुए।'' (हिन्दी साहित्य का इतिहास, रामचन्द्र शुक्ल, काशी नागरी प्रचारिणी सभा, वाराणसी, 1989 पृ. 306)

आधुनिक कथा साहित्य के क्षेत्र में उन्नीसवीं सदी के आरम्भ में *रानी केतकी की कहानी, सिंहासन बत्तीसी, बैताल पचीसी, प्रेमसागर, नासिकेतोपाख्यान* आदि रचनाएँ लिखी गईं। इसमें *रानी केतकी की कहानी* (सैयद इंशा अल्ला खाँ) हिन्दी की प्रथम मौलिक कहानी के रूप में स्वीकृत है। ब्रजरत्नदास इसका रचनाकाल 1803 ई. मानते हैं। 1852 ई. में बंगाल एशियाटिक सोसाइटी के जर्नल के इक्कीसवें भाग में इसका अंग्रेज़ी में अनुवाद प्रकाशित हुआ साथ में फ़ारसी लिपि में भी यह कहानी मुद्रित थी। 1905 ई. में यह कहानी *उदैभान चरित* शीर्षक से ऐंग्लो ओरिएंटल प्रेस, लखनऊ ने प्रकाशित की। तत्कालीन कनिष्ठ प्रशासनिक अधिकारियों को हिन्दी सिखाने वाली पुस्तक *हिन्दी सिलेक्शन्स* में इस कहानी को सम्मिलित किया गया। इसके संकलनकर्ता राजा शिवप्रसाद 'सितारे हिन्द' थे।

राजा शिवप्रसाद 'सितारे हिन्द' ने 1856 ई. में एक और पुस्तक लिखी—*वामा मनरंजन*। पुस्तक के नाम से प्रतीत होता है कि यह स्त्री मनोरंजनोपयोगी होगी। वास्तव में इसमें अहल्या बाई, दमयन्ती और रानी भवानी आदि की कथाएँ संगृहीत थीं। 'आदर्श नारी' के निर्माण के लिए तत्कालीन नारियों को आदर्श चरित्रों से परिचित कराना, उन्हें उन जैसा बनने की प्रेरणा देना आवश्यक था। स्त्रियों के मनोरंजन के लिए *शुक बहत्तरी, शुक सारिका दर्शन उर्फ तोते-मैने का क़िस्सा, तोता कहानी, चहार दरवेश (उर्दू के बाग-ओ-बहार का अनुवाद), क़िस्सा हातिमताई* जैसी पुस्तकें नहीं थीं। स्त्रियों के हृदय में पवित्र संस्कार निर्माण के लिए उपदेश, नीतिमूलक और धार्मिक ग्रन्थ थे। यूँ तो उस युग में चरित्र निर्माण के लिए यह तथ्य कमोबेश पूरे समाज पर लागू था, पर स्त्री समाज के लिए यह विशिष्ट नियम लिखित और अलिखित दोनों रूपों में था। बड़ी संख्या में स्त्री उपदेशमूलक पुस्तकें लिखी गईं। इनमें (कथा माध्यम से) स्त्रियाँ क्या करें, क्या न करें की विस्तृत निर्देशावली होती थी।

हिन्दी कथा साहित्य के क्षेत्र में स्त्री सम्बन्धी प्रश्नों को सम्बोधित करती पंडित गौरीदत्त की *देवरानी-जेठानी की कहानी* (सन् 1870) प्रकाशित हुई। देवरानी-जेठानी किसी परिवार की महत्त्वपूर्ण सदस्याएँ होती हैं। वे दो विभिन्न परिवारों से आकर एक परिवार की हो जाती हैं। उनका न आपस में रक्त सम्बन्ध होता है न कुल-गोत्र का। परिवार की आन्तरिक शान्ति बनाए रखने की जिम्मेदारी का बड़ा हिस्सा इन्हीं के हिस्से आता है। समाज में इनकी आपसी ईर्ष्या और कलह स्वयंसिद्ध रही है। इस पुस्तक में इन दोनों को आपसी द्वेष भूलकर परिवार निर्माण की शिक्षा दी गई। 1872 ई. में मुंशी ईश्वरी प्रसाद और मुंशी कल्याण राय ने *बामा शिक्षक*

लिखी। जैसा कि नाम से ही स्पष्ट है यह स्त्री शिक्षा पर की गई रचना है। इसी तरह की एक अन्य पुस्तक *स्त्री दर्पण* थी। सन् 1875 में पंडित माधव प्रसाद ने उसकी रचना की। 1886 ई. में पंडित माधव प्रसाद ने स्त्री उपदेश की रचना की। स्त्री के 'सुधार' और 'परिष्करण' की धारणा उस पर इतनी अधिक हावी है कि रचनाकारों ने ज्ञान-विज्ञान धर्म नीति ही नहीं मनोरंजन के क्षेत्र में भी अपनी विचारधारा पग-पग पर प्रकट की है। स्त्री सम्बन्धी प्रश्नों में बाल-विवाह, विधवा-विवाह, वेश्या-गमन, स्त्री-शिक्षा आदि पर चर्चा आरम्भ हो गई थी। विवाहों में फ़िज़ूलखर्ची पर भी लोगों का ध्यान जा रहा था। इस समय के उपन्यास, कहानियाँ, नाटक, पत्रकारिता, काव्य तात्पर्य कि रचना कर्म की प्रत्येक विधा 'उन्नति' का एजेंडा लेकर चली है।

उन्नीसवीं शताब्दी में हिन्दी का उपन्यास साहित्य अपने आरम्भिक दौर में था। उपन्यास के विकास की विशदता और जटिलता पूँजीवाद से सम्बद्ध होने के कारण यह स्वाभाविक भी था। अन्य भारतीय भाषाओं की तरह उसमें अनूदित हो रहे उपन्यास भी अपने मूल भाषा में आरम्भिक अवस्था में ही थे। अतः उनमें शिल्प की सूक्ष्मताओं के स्थान पर विचारों के प्रकटीकरण का बाहुल्य ही मिलता है। 1877 ई. में श्रद्धाराम फिल्लौरी द्वारा लिखित *भाग्यवती* उपन्यास इसका उत्कृष्ट उदाहरण है। इसकी नायिका 'भाग्यवती' के माध्यम से न केवल स्त्री के लिए आवश्यक गुण-सम्पन्नता का कथा द्वारा प्रतिपादन है बल्कि अन्य सामाजिक बुराइयों पर भी ध्यान दिया गया है। यहाँ तक कि तत्कालीन बनारस के ठगों का भी वर्णन है। *भाग्यवती* उपन्यास के मुखपृष्ठ पर उपन्यास के शीर्षक के नीचे ही कोष्ठक में लिख दिया गया है—(स्त्री शिक्षा की अपूर्व पुस्तक)। पुस्तक के लेखक श्रीमत् पंडित श्रद्धाराम जी फिल्लौर निवासी रचित के नीचे 'स्वदेशीय बालिकाओं के उपकारार्थ' श्री पंडित जी की विधवा पं. महताब कौर द्वारा प्रकाशित छपा है। इस उपन्यास को "श्रीमन्महाराजाधिराज पंजाब देशाधिकारी श्रीयुत् नव्वाब लेफ्टिनेंट गवर्नर बहादुर की प्रेरणा से श्रीमान् डाइरेक्टर साहब शिक्षा विभाग पंजाब की आज्ञानुसार मंत्री पाठशालाओं में स्वीकृत और भारतखंड के अन्य शिक्षा विभागों में भी प्रचलित" बताया गया है।

यहाँ यह भी उल्लेखनीय है कि इस पुस्तक में श्रद्धाराम फिल्लौरी द्वारा विधवा-विवाह के समर्थन में दी गई स्थापनाओं को ब्रिटिश सरकार ने पुस्तक में से निकाल दिया था—पुस्तक से विधवा-विवाह सम्बन्धी इन युक्तियों का निष्कासन अंग्रेज़ सरकार की तथाकथित प्रगतिशीलता और उनके दिखावे के लिये गए बहानों की लचरता को भी दर्शाता है। आम धारणा यही रही है कि ब्रिटिश सरकार विधवा-विवाह की समर्थक थी। जबकि विधवा-विवाह के समर्थन में लिखी गई इस पुस्तक के साथ उनका बर्ताव विपरीत था—"इसके आगे ग्रन्थकार ने विधवा-विवाह को प्रबल युक्ति प्रमाणों से सिद्ध किया था। और विधवा-विवाह न होने के

दु:ख आर्त हृदय से वह वर्णन किए थे कि पढ़ने हार के आँसूधारा चलती थी। विधवा-विवाह करने की उत्तम रीति भी बताई थी। परन्तु पाठशालाओं में विधवा-विवाह की शिक्षा देना सरकार ने अनुचित मान के उस प्रसंग को निकाल दिया था। वह प्रसंग कलमी कापी के बची रचयिता पंडित जी के मन्दिर फिल्लौर में रक्षापूर्वक धरा है।'' [श्रद्धाराम फिल्लौरी ग्रन्थावली, सम्पा. डॉ. सरनदास भनोट, नेशनल पब्लिशिंग हाउस, दिल्ली, 1966, पृ. 195 (सम्पादकीय टिप्पणी)] निश्चय ही अंग्रेज़ों ने विधवा-विवाह की शिक्षा देना 'अनुचित' माना है जो उनके भारतीय प्रतिगामी और प्रतिक्रियावादी विचारों के साथ देने का प्रमाण है बहरहाल।

'भूमिका' में लेखक ने अपने सरोकारों की स्पष्ट शब्दों में घोषणा कर दी है—''बहुत दिनों से इच्छा थी कि कोई ऐसी पोथी हिन्दी भाषा में लिखूँ कि जिसके पढ़ने से भारतखंड की स्त्रियों को गृहस्थ धर्म की शिक्षा प्राप्त हो क्योंकि यद्यपि कई स्त्रियाँ कुछ पढ़ी-लिखी तो होती हैं, परन्तु सदा अपने ही घर में बैठे रहने के कारण उनको देश-विदेश की बोलचाल और अन्य लोगों से बात-व्यवहार की पूरी बुद्धि नहीं होती।'' अन्य उद्देश्यों में एक उद्देश्य 'देवरानी-जिठानी से आठों पहर' लड़ती 'और सास-ससुर और अपने भर्ता का निरादर करने' और अपनी गृहस्थी को चलाने में अक्षम स्त्रियों को सावधान करना है। चूँकि उन्नीसवीं शताब्दी की 'स्त्री शिक्षा' से सम्बन्धित सभी पुस्तकों के विषय कमोबेश *भाग्यवती* उपन्यास जैसे ही हैं अत: इसे तनिक विस्तार से देख लेना उचित होगा। चूँकि उपन्यास की नायिका भाग्यवती अपने गुणों के कारण काशी में विख्यात है। उसके पिता पंडित उमादत्त सुधारवादी प्रकृति के व्यक्ति हैं। वे बाल-विवाह के विरोधी हैं और अपने पुत्र का विवाह अठारह तथा कन्या का विवाह ग्यारह वर्ष की आयु में करने के पक्षधर हैं। स्वाभाविक रूप से उनकी पत्नी अर्थात् उनके पुत्र लालमणि और पुत्री भाग्यवती की माता अपने पति से असहमत हैं—उसका पति से विनम्र प्रश्न है—''कल मैं गंगास्नान को गई, एक स्त्री मुझे आपकी दासी समझ के पूछने लगी, पंडितानी जी। तुम्हारे पंडित जी तो बड़े प्रतिष्ठित और सब राजा बाबू उनकी मानता करते और काशीराज की पाठशाला में सौ रुपए महीना पाते सुने जाते हैं, इसका क्या कारण कि उनका बेटा सोलह वर्ष का हुआ आज लों अभी मँगनी भी नहीं उठी। भाग्यवती से पूछिए, मैंने उस समय कैसी लज्जा उठाई।'' [वही, पृ. 187 (सम्पादकीय टिप्पणी)] (प्रसंगवश उल्लेखनीय है कि पंडितानी जी स्वयं को पंडित जी की पत्नी कहकर सम्बोधित नहीं करतीं बल्कि दासी कहती हैं।) पुत्र के विवाह में देरी तो फिर भी झेली जा सकती है, किन्तु कन्या के विवाह की आयु ग्यारह वर्ष सुनकर पंडितानी जी आर्तनाद कर उठती हैं—''राम राम! आप यह क्या आश्चर्य करते हैं। सोचिए तो सही, कभी कोई लड़कियों को भी ग्यारह वर्ष लों पहुँचने दिया करता है।''

सामाजिक नियम चाहे जब भी बने हों और उनका निर्माता चाहे कोई भी रहा हो, किन्तु प्रतिक्रियावादी नियमों और अन्धविश्वासों को बनाए रखने के लिए स्त्रियाँ ही जिम्मेदार ठहराई जाती हैं—"पंडित उमादत्त बोले, तुम स्त्रियों को इस बात की बुद्धि नहीं कि छोटी अवस्था में पुत्र का विवाह करना श्रेष्ठ नहीं होता। सुनो, विवाह उस समय करना चाहिए कि जब बालक आप ही स्त्री का भूखा हो! जिसके छोटी अवस्था में विवाह हो उसका स्त्री में अत्यन्त प्रेम कभी नहीं हो सकता। तुम देखती हो कि मिश्र मोतीराम ने नौ वर्ष का पुत्र ब्याहा और लाला बलवन्त सिंह का बेटा तुम्हारे सामने ग्यारह वर्ष का ब्याहा गया था सो कहो तो अब वे दोनों कैसे सुखी हैं? उनकी स्त्रियाँ तो अलग रोतीं और उनके माता-पिता अलग झींकते रहते हैं क्योंकि वे दोनों लड़के अब महीना-महीना भर अपने घर नहीं घुसते। इसका यही कारण है कि छोटी अवस्था में विवाह हो जाने के कारण अपनी स्त्रियों में उनका पहले ही से प्रेम नहीं हुआ।" (वही, पृ. 195)

कथा आगे बढ़ती है। पंडित उमादत्त बाल-विवाह के दोष गिनवाते हैं। उनका कहना है कि पहले बाल-विवाह नहीं होते थे। बदलती युगीन परिस्थितियों ने इस रोग को हिन्दू समाज में घुसाया—"हमने अपने वृद्धों से यह बात भी सुन रखी है कि पहले तो हमारे देश में लड़का-लड़की का विवाह बड़ी अवस्था में ही करने की रीति थी पर जब से यहाँ मुसलमानों का राज्य हुआ तब से छुटपन का विवाह अच्छा समझने लग गए। कारण इसका यह है कि ये लोग जब पहले ही इस देश में आए तो जिसकी बेटी को रूपवती देखते या सुनते उसके माँ-बाप को धमका के छीन लिया करते थे। इस कारण प्रजा के लोग यौवन अवस्था से पूर्व ही नौ-दस वर्ष की अवस्था में लड़कियों का विवाह करने लग गए क्योंकि मुसलमानों के यहाँ उस स्त्री का छीनना वर्जित है कि जो किसी के हक़ में आ चुकी हो अर्थात् जो किसी के साथ ब्याही जा चुकी हो। सो अब तो ईश्वर ने हमको उस महाराज अंग्रेज़ की प्रजा बनाया है कि जो कभी अन्याय नहीं करना चाहता फिर अब छोटी अवस्था में लड़की-लड़कों के विवाह करने में क्या प्रयोजन है।" (वही, पृ. 191)

इसी प्रकार वे शादी-ब्याह में होने वाली फ़िज़ूलखर्चियों की भी निन्दा करते हैं। उनका मानना है कि वह राशि यदि लड़के-लड़की को दे दी जाए तो उनका भविष्य सुरक्षित हो; विशेषकर लड़की का—"पंडित ईश्वरी प्रसाद ने सारी अवस्था की कमाई एक पुत्र के विवाह में लगा दी थी कि जिसके यहाँ अब अन्न-वस्त्र में भी संकोच हो रहा है। फिर क्या तुम ऐसे व्यर्थ उत्साह को अच्छा समझती हो? मुन्नालाल सेठ ने 15 सहस्र रुपया कन्या के विवाह में केवल खाने-खिलाने और गोटा-किनारी और नाच में लगाया था। जब वह कन्या विधवा हो गई तो बड़े बाप की बेटी होने के कारण भीख तो माँग नहीं सकती थी, परन्तु जिस विपदा से उसने दिन काटे ईश्वर ही जानता है।" (वही, पृ. 192)

श्रद्धाराम फिल्लौरी के इस उपन्यास की विशिष्टता यह है कि उन्होंने समाज में प्रचलित मान्यताओं और उनके पीछे काम कर रहे तर्कों को अत्यन्त सहजता और प्रामाणिक प्रकार से प्रस्तुत किया है। समाज में दिया जाने वाला तर्क 'कि इनसान कमाता किस दिन के लिए है' पंडितानी के मन-मस्तिष्क पर हावी है। वे अपने पुत्र-पुत्री का विवाह सादगी से करने के लिए तैयार नहीं हैं। साथ ही पंडितानी विधवा-विवाह का भी विरोध करती हैं। पंडित जी द्वारा ईश्वरी प्रसाद की बेटी की दुर्दशा के उदाहरण पर पंडितानी का हृदय नहीं पसीजता वरन् वे विधवा-विवाह समर्थकों को खरी-खोटी सुनाती हैं—"हे राम जी, कैसा पतला समय आ गया है कि जो लोग बहुत विद्या पढ़ जाते हैं उनकी बुद्धि कुछ सारे जगत से निराले ढब की हो जाती है। और उनको यह विचार भी नहीं रहता कि लोग हम पर हँसी करेंगे। पंडित जी महाराज! क्यों न हो, मैंने सुना है कि एक बार तुम्हारे गुरु पंडित विश्वेश्वरनाथ जी भी जो कि इस काशी भर के सब पंडितों में शिरोमणि थे, एक ऐसी बुरी बात मुँह से निकाल बैठे थे कि जिसको सुनके धरती काँपती थी। चाहे उस समय उनके सामने कोई कुछ उत्तर न दे सका पर आप ही कहो तो उन्होंने यह क्या बात मुँह से निकाल दी थी कि जो लड़की विधवा हो जाए उसका दूसरा विवाह फिर हो जाना चाहिए। ईश्वर ने बड़ी दया की कि वह पंडित जी परलोक को पधार गए नहीं तो इस खोटी बात को काशी में अवश्य चला जाते।" (वही, पृ. 194) यहाँ यह रोचक तथ्य नहीं भूलना चाहिए कि अंग्रेज़ सरकार ने पुस्तक में से यह अंश नहीं निकाला।

किसी भी युग का बहु समाज तत्कालीन प्रवृत्तियों के विरुद्ध जाना नहीं चाहता। चूँकि अधिकांश भाग लकीर का फकीर बना रहना चाहता है। इसलिए जो भी लोक विरुद्ध (लोकमंगल विरुद्ध नहीं लोक इच्छा विरुद्ध) चलता है वह निन्दा, लांछन, भर्त्सना और अफवाहों का शिकार बनता है। अत: पंडित उमादत्त भी पंडितानी से उचित और नम्र धिक्कार पाते हैं—"सो अब वैसा ही आप भी लोग विरुद्ध बातों का हठ बाँधे बैठते हो स्वामी! आपको शिक्षा करने का मेरा मुँह नहीं पर बात आपको वही मुख से निकालनी चाहिए कि जिसको सुनके सब लोग आनन्द मानें।" (वही, पृ. 194)

यहाँ यह भी उल्लेखनीय है कि जो व्यक्ति सामाजिक इच्छा के विरुद्ध कुछ करते हैं वे 'आक्रामक' नहीं हो सकते। उन्हें लोक मत बदलने की लम्बी और भारी प्रक्रिया से गुज़रना पड़ता है। वे अपनी बात धीरे-धीरे ही कह सकते हैं। अत: पंडित जी भी विवाद में पड़ना नहीं चाहते—"इस समय हम इस पर विवाद उठाना नहीं चाहते कि उन्होंने जो बात चलानी चाही थी कैसी थी। हमारा अभिप्राय केवल यह कहने से है और तुम भी इस बात को भलीभाँति जानती हो कि बहुत कम पुरुष ऐसे होते हैं जो अकेले रहने में अपने मन को बिगड़ने न दें, फिर स्त्रियों की तो क्या गति है? यही बात सोच यदि उनको विधवाओं की दशा पर दया आई हो तो क्या बुरी बात है?" (वही, पृ. 195)

विधाता की सर्वश्रेष्ठ रचना पुरुष जिस आकर्षण से डिग जाता हो उसके सामने बेचारी स्त्री की क्या बिसात की वह पाप-पंक पथगामिनी न हो जाए? तब उसके इस 'पतन' को रोकने का उपाय?

स्त्री शिक्षा—एकमात्र उपाय है स्त्री शिक्षा। स्त्री शिक्षा उन्नीसवीं शताब्दी का वह सकारात्मक वरदान है जिसका वास्तविक परिणाम बीसवीं शताब्दी के उत्तरार्द्ध में मिला। अब तक की स्त्री अनपढ़ और मूर्ख थी, किसी भी प्रकार के ज्ञान से वंचित। स्त्री और दलित के लिए पुस्तक दुर्लभ थी। सम्पन्न-समृद्ध परिवारों की एकाध स्त्रियों को छोड़कर स्त्रियाँ निरक्षर थीं। इस निरक्षरता ने उन्हें बाह्य संसार की सामान्य से सामान्य वस्तुओं से उन्हें मूर्खता की पराकाष्ठा तक अनभिज्ञ रखा। इस मूर्खता ने उनकी अर्थहीन विवशता को और बढ़ाया। विचारकों द्वारा समाज सुधार की प्रक्रिया में बारम्बार इस बात पर बल दिया गया कि स्त्री को कम-से-कम अक्षर ज्ञान हो। माता के पढ़े बिना पुत्र को शिक्षा की ओर उन्मुख करना कम सहज होगा।

सन् सत्तावन के संग्राम में बुरी तरह कत्ल किए जाने से आतंकित और सहमा हुआ हिन्दी भाषी समाज अब आन्तरिक सुधारों पर ज़्यादा ध्यान केन्द्रित कर रहा था। देश के अन्य भागों में समाज सुधार की यह प्रक्रिया कुछ पहले आरम्भ हो गई थी—पंजाब, महाराष्ट्र और बंगाल में लड़कियों के लिए स्कूल कुछ ही अरसे पहले खुले थे। लेफ्टिनेंट गवर्नर टॉमसन के काल में काशी में भी लड़कियों का प्रथम स्कूल खोला गया था। भारतेन्दु के पिता बाबू गोपालचन्द्र (उपनाम गिरिधरदास) (1833-1860) ने अपनी पुत्री को उस स्कूल में पढ़ने भेजा था। उनके इस 'समाज विरुद्ध' कार्य के लिए भारतेन्दु लिखते हैं—"टॉमसन साहब लेफ्टिनेंट गवर्नर के समय काशी में पहला लड़कियों का स्कूल हुआ तो हमारी बड़ी बहिन को उन्होंने उस स्कूल में प्रकाश रीति से पढ़ने बैठा दिया, यह कार्य उस समय बहुत ही कठिन था क्योंकि इसमें बड़ी ही लोक-निन्दा थी। सिद्धान्त यह कि उनकी सब बातें परिष्कृत थीं और उनको स्पष्ट बोध होता था कि आगे काल कैसा चला आता है। केवल 27 वर्ष की अवस्था में मेरे पिता ने देहत्याग किया।" (भा. स., पृ. 575) लोक-निन्दा के भय से यह कार्य कठिन होते हुए भी उस काल के साहसी लोगों ने इस पथ पर पग बढ़ाया। 1870 ई. में *नीति दीपिका* (तीसरा संस्करण) नामक पुस्तिका प्रकाशित हुई जिसमें स्कूल में पढ़ने वाली लड़कियों को ध्यान में रखकर नैतिक उपदेश तथा उपदेशात्मक कथाएँ दी गई थीं। इसके बाद *भाग्यवती* उपन्यास (1877 ई.) में सबसे अधिक महत्त्व स्त्री शिक्षा को ही दिया गया है। भाग्यवती के सभी गुणों का आधार उसे मिली समुचित शिक्षा ही है। (अभी भाग्यवती ग्यारह वर्ष की नहीं हुई है।) यही नहीं, मन को धैर्यवान बनाने का सबसे सुगम मार्ग भी यही है। पंडितानी अपनी तथा अपनी पुत्री के विद्या लाभ के माध्यम से शिक्षा का महत्त्व बताती हैं—"सत्य है स्वामी! मन बड़ा चंचल है, इसको थोड़ा सा भी अवसर मिलने

से अनेक प्रकार से खोटे संकल्प रचने लग जाता है। इस कारण चाहिए कि प्राणी मन को कभी अवसर न पाने दे और यदि कोई और काम न हो तो विद्या पढ़ना आरम्भ करावे और मन को ग्रन्थों के देखने में जोड़ रखे। मेरी समझ में वे लोग बड़े मूर्ख हैं कि जो अपने लड़के-लड़की को विद्या से हीन रखते हैं। विद्या एक ऐसा अभ्यास है कि उससे मन को कभी अवसर नहीं मिलता कि और किसी विकार में प्रवृत्त हो सके। विद्यावान को यदि कोई आपदा भी आ जाती है तो शीघ्र व्याकुल नहीं होता और न कभी उसकी निवृत्ति के साधन में आलस्य करता है। इसी कारण अब मैं अपनी भाग्यवती को सारा दिन पढ़ने में जोड़ रखी हूँ और मैंने आप भी आपकी दया से *आत्मचिकित्सा* नाम पोथी सारी पूरी कर ली और सदा उसको दृष्टि के सामने रखती हूँ।'' (*भाग्यवती,* श्रद्धाराम फिल्लौरी, पृ. 195-96) स्मरण रहे पंडितानी जी विधवा-विवाह की कट्टर विरोधी हैं, किन्तु स्त्री शिक्षा की समर्थक हैं।

स्त्री शिक्षा के सन्दर्भ में यह स्पष्ट किया जाना आवश्यक है कि लड़कियों को पढ़ाने का अर्थ उन्हें लड़कों की तरह जीविकोपयोगी शिक्षा देना कतई नहीं है। वे तो बस इतना पढ़ लें कि 'रामायण बाँच लें और चिट्ठी-पत्री पढ़ लें।' इससे आगे पढ़ना हो तो भी सूची तैयार है—''सहस्रनाम गीता तो आप उससे सुन ही चुके हैं पर उसके पीछे मैंने उसको भाषा-व्याकरण, ऋजुपाठ, हितोपदेश और शिक्षामंजरी पढ़ाई। और अब वह भूगोल खगोल नामक ग्रन्थ पढ़ रही है और फिर मेरी इच्छा है कि थोड़ी सी गणित विद्या पढ़ा के पीछे से आत्मचिकित्सा आरम्भ करा दूँगी क्योंकि उसके पढ़ने से प्राणी को लोक-परलोक दोनों भाँति के व्यवहार प्रतीत हो जाते हैं और गृहस्थ धर्म और मनुष्य धर्म को सर्व प्रकार से जान लेता है।'' (वही, पृ. 196) (*आत्मचिकित्सा ग्रन्थ* के रचयिता श्रद्धाराम फिल्लौरी ही थे जो बाद में *यामृतप्रवाह* ग्रन्थ के पहले जोड़ दी गई।) चूँकि पंडितानी जी स्वयं भाग्यवती पढ़ा रही हैं अत: वे भी शिक्षिता हैं। स्त्री शिक्षा का सबसे महत्त्वपूर्ण भाग है गृहकार्य। अत: पंडित जी पूछते हैं—''भाग्यवती को तुमने कुछ सीना-पिरोना और भोजन बनाना आदि व्यवहार भी सिखाए हैं या नहीं ?'' पंडितानी बोलीं, ''हाँ! ये व्यवहार तो मैं उसे साथ ही साथ सिखाती रही हूँ। सच पूछो तो हमारी भाग्यवती के सामने सीने-पिरोने में इस गली में कोई भी लड़की चतुर नहीं। क्या करूँ क्वारी होने के कारण आप उसके हाथ से बना भोजन खाओगे नहीं, नहीं तो मैं यह भी दिखा देती कि वह मीठे-सलोने भोजन क्या अच्छे बना सकती है।''

पंडित जी ने कहा, ''क्या भाग्यवती को तुमने पाक साथनी पोथी भी पढ़ा दी है जिसमें सर्वप्रथम के व्यंजन बनाने की रीतियाँ लिखी हैं।'' (वही, पृ. 199)

उपरोक्त उद्धरण में 'क्या करूँ क्वारी होने के कारण आप उसके हाथ से बना भोजन खाओगे नहीं' वाले स्थान पर भोजन पर उपन्यासकार की टिप्पणी है—''यद्यपि सब लोगों में तो नहीं परन्तु इस देश के साधारण लोगों में प्राय:

यही सवाल है कि वह अपनी क्वारी कन्या के हाथ का बना भोजन नहीं खाते।'' (वही, पृ. 196)

भारतीय समाज जिन 'महान संस्कारों' की दुहाई गा-गा कर देता रहा है उसकी पोटली ऐसी ही अनर्गल एवं भ्रान्तिपूर्ण धारणाओं से भरी हुई है। चिन्ता का विषय यह है कि आज इक्कीसवीं सदी में हम ऐसी ही प्रवृत्तियों को ज़्यादा चमक-दमक, अधिक तामझाम और बेहतर मीडिया माध्यमों से स्थापित करने में लगे हैं। यहाँ पर यह भी कहा जाना आवश्यक है कि भारत का कोई भी प्रान्त इस प्रवृत्ति से उबर नहीं सका है तथा प्रत्येक प्रान्त का समाज संस्कारों के नाम पर चली आ रही इन कुरीतियों का विरोध करने वालों को 'अभारतीय' कहकर तिरस्कृत करता है।

भाग्यवती उपन्यास में ऐसे ही कुछ 'आवश्यक रीति-रिवाजों' का उल्लेख है। पंडित उमादत्त अपने पुत्र के विवाह के समय बहुत सी व्यर्थ प्रथाएँ बन्द कर देते हैं। वे ''अज्ञान निद्रा में सोये पड़े'' (वही, पृ. 216) लोगों की बातों पर कान नहीं देते। उनका मानना है, ''शूरवीर वही है, जो वाक्य-कुवाक्य सह के इनके जगाने में लगा रहे।'' (वही, पृ. 216) रात्रि जागरण के कारण दूल्हे को हल्का सा ताप आ जाता है। ''जब गली-कूचे में यह बात प्रकट हुई कि आज दूल्हे को ताप चढ़ आया है, भाई-बन्धु और स्त्रियों में यह बात फैली कि भाई क्यों न हो, क्या हमारे पुरुखा लोग मूर्ख थे ? कि जिन्होंने विवाह से पहले चील्ह का पूजन ठहराया हुआ है। क्या वृद्ध लोग भूल से दूल्हे से गधे का पूजन कराया करते थे। भाई, इन्होंने तो सबकी मानता छोड़ दी। हम सुनते हैं कि पुत्र वाला घर से चलने लगा तो उस कीकर के रूख को तो मनाया ही नहीं, जिसको सब लोग मनाया करते थे। सुना जाता है कि इसने चलने के समय लड़के को दही तो खिलाया ही नहीं, कोई बोला कि बहुत विद्या पढ़ने के कारण यह लड़का ही हाथों से निकला जाता है।'' (*भाग्यवती*, पृ. 216-17) इस उद्धरण के साथ यह भी उल्लेखनीय है कि दुल्हन ग्यारह वर्ष की और दूल्हा सोलह वर्ष का है। दूल्हे को ज्वर आ जाने पर एक वृद्धा उमादत्त जी के उन्हीं के समान प्रगतिशील विचारों वाले उनके समधी शास्त्री जी को संस्कारों का निर्वाह न करने पर फटकारती है और वे रूठे हुए 'पीर फकीर देवता' को मनाने के लिए दूल्हे को घर के भीतर भेजना स्वीकार कर लेते हैं। इतना ही नहीं, अपनी कन्या के विवाह में न केवल वे दिल खोलकर दान-दहेज देते हैं वरन् उनकी बोली-बानी भी 'लड़की वाले' होने के ही अनुरूप है—''तीन दिन बरात वहाँ रही। चौथे दिन शास्त्री जी ने चाँदी की खाट बिछाई। दान-दहेज का क्या ठिकाना था। बड़े-बड़े इकावन बरतन और एक सौ ग्यारह सूती और रेशमी वस्त्र, इक्कीस गऊ, ग्यारह घोड़े और सोने-चाँदी के दुहरे गहने और सीतापुर नाम का एक गाँव जो जयपुर के राजा ने शास्त्री जी को दिया था वह सब पदार्थ तो लड़की के लिए निकाला और सोने के कड़े, मोतियों की माला, पाँचों वस्त्र लड़के के लिए धरे।

एक दुशाला और इकावन मोहरें श्री पंडित उमादत्त जी के लिए रख के शास्त्री जी ने हाथ जोड़े और कहा कि यह पुष्प-पत्र आपकी भेंट है। मैंने जो कन्या आपको दी है यह भोली-भाली आपकी दासी कुछ सेवा-टहल नहीं जानती। हमारे कुल की लाज-काज आपके अधीन और मेरी पत आपके हाथ है। सो सदा कृपा-दया रखते रहना, आपके दास हैं।" (वही, पृ. 218-19)

शास्त्री जी की विनीत वाणी से विगलित उमादत्त भी अपनी ओर से कोई कोर-कसर नहीं छोड़ते, "उमादत्त जी ने जल का लोटा और अर्घा लालमणि के हाथ में देकर ग्यारह मोहर का संकल्प कुल-पुरोहित को और पाँच उपाध्याय को दिलवाया। दो मोहर नाई और दो ही झीवर को देकर पाँच सौ रुपया वर-वधू के सिर पर न्योछावर करके नगर के कंगालों के लिए निकाल दिया। फिर सारा पदार्थ छकड़े पर लदवा बड़े आनन्द-मंगल से घर में आए। घर में आते ही अपनी गली में की सब विधवाओं और कंगालों को पाँच-पाँच रुपये लालमणि के हाथ से दिलवाए। और दो सौ रुपये विवाह के उत्सव के पश्चात् शास्त्री पाठशाला में भिजवाए कि जहाँ विदेशी विद्यार्थी पढ़ते थे।" (वही, पृ. 219) इस उद्धरण में सबसे ध्यान आकृष्ट करने वाली पंक्ति "गली में की सब विधवाओं और कंगालों को पाँच-पाँच रुपये लालमणि के हाथ से दिलवाए" है। विधवाओं की दुरवस्था उन्हें कंगालों और भिखारियों की पंगत में ला खड़ा करती है।

अपनी ससुराल आते ही संस्कारिणी एवं सुशिक्षिता भाग्यवती सबका हृदय जीतने के प्रयास में लग जाती है। घर के प्रत्येक प्राणी और कार्य को सुव्यवस्थित करती है। सबसे पहले सोकर उठती है, सबसे बाद में सोती है। गृहकार्य से विमुख स्त्रियों को गृहकार्य की ओर उन्मुख एवं उसमें दक्ष करती है। श्रम की अवमानना के दौर में समृद्ध परिवारों की स्त्रियाँ भी श्रम विमुख थीं। *भाग्यवती* उपन्यास इन स्त्रियों को गृहकार्य में प्रवृत्त करना चाहता है। उपन्यास की नायिका भाग्यवती की कीर्ति से ईर्ष्यालु हो उठीं उसकी देवरानी-जेठानियाँ अपने साथ ननद देवकी को भी मिलाना चाहती हैं। ईर्ष्याग्नि से फुँकतीं वे देवकी को समझाती हैं—"बीबी जी! यह भाग्यवती न तो तुमको देखकर प्रसन्न होती है और न घर में किसी और से इसकी बनती है, कोई ऐसी युक्ति निकालो कि जिससे पंडित जी और पंडितानी इसको मनोहर समेत अलग कर दें। देखो हमने कैसा सुख पाया था, जन्म भर कभी तिनका नहीं तोड़ा पर जब से यह घर में आई सबको किसी न किसी धन्धे में लगा छोड़ती है। आप तो किसी गँवार की बेटी है कि जो काम-काज करती हुई थकती नहीं, पर हम तो भगवान रखे बड़े बाप की बेटी हैं। जैसा माँ-बाप के घर में फूल के नाईं रही थीं वैसे ही यहाँ रहना चाहती हैं, हमें काम-काज से क्या काम। जब यह पापिन अलग हो जाएगी तो हम सब उसी भाँति अपनी नींद से सोया करेंगे कि जैसे इसके आने से पहले थीं।" (वही, पृ. 239) देवरानी-जेठानियों की इस कलह ने घर में फूट डाल दी। सास-ससुर का मन भाग्यवती

की ओर से खट्टा हो गया और उन्होंने उसे घर से निकाल दिया। ससुराल वालों ने विचार किया कि वह अपने पति के साथ अलग रहे पर उसके पति मनोहरलाल ने स्पष्ट शब्दों में कह दिया ''जब आप लोग उसको बुरी समझते हैं तो मैं उसको अपने संग नहीं रख सकता, जहाँ उसकी इच्छा हो अकेली रहा करे।'' (वही, पृ. 245)

गुणवती-विद्यावती भाग्यवती बिना आना-पाई अकेली रहने को विवश हुई। छोटी-छोटी बातों पर पत्नी का परित्याग उस युग की सामान्य घटना थी। पुरुष मुख्यतः दो कारणों से विवाह करता था—वंशवृद्धि और घरवालों की सेवा के लिए कामवाली 'सेविका' का प्रबन्ध। दान-दहेज में मिली राशि पर उसका हक़ था ही, स्त्री धन नामक विचार प्रचलन में नहीं था। पत्नी उसकी दासी थी। पति के घर से निकाल देने के बाद उसके पास कोई आश्रय नहीं बचता था। समाज में ऐसी स्त्रियों की चिन्ताजनक रूप से बढ़ती संख्या ने स्त्रियों को भी किसी कौशल को सीखने की बात कही। परित्यक्ता होने पर भाग्यवती ने अपने सीने-पिरोने के हुनर से आजीविका अर्जित की। अपनी सुन्दर कढ़ाई से उसने सूजनी पर यह दोहा लिखा—

विद्या बन्धु विदेश में विद्या विपत सहाय।
जो नारी विद्यावती, सो कैसे दुःख पाय॥
राज भाग सुख रूप धन, विपत समय तज जाँह।
इस विद्या बिपता समय, तजे न नर की बाँह।

(वही, पृ. 245)

उपन्यासकार श्रद्धाराम फिल्लौरी विद्या की महिमा स्थापित करने के लिये कथा को इस तरह आगे बढ़ाते हैं कि भाग्यवती सम्पन्न हो जाती है और उसके ससुराल वाले ठगों का शिकार होकर निर्धन हो जाते हैं। ननद देवकी लालच में फँसकर अपने सारे गहने गँवा बैठती है। देवरानी अपने भाई के यहाँ अपने सारे गहने छिपा आती है। चोरी की झूठी ख़बर उड़ाकर भाई बहन के सारे गहने हड़प जाता है। तात्पर्य कि समस्त परिवार निर्धनता के गर्त में गिरकर भाग्यवती का पश्चात्ताप सहित स्मरण करता है। स्मरण करते ही भाग्यवती स्वयं आकर क्षमा माँगती है। तथा फिर से सब कुछ ठीक करती है। उसके अपने मायके की विपदा का भी निवारण करती है। उपन्यासकार ने विस्तार से उसकी बुद्धिमत्ता चित्रित की है। उसमें उसके द्वारा किए गए समाज सुधार के प्रयासों में मृत्यु से जुड़े हुए कुछ नियमों को बन्द करना उल्लेखनीय है। भाग्यवती सबसे अनुरोध करती है कि मृत्यु के पश्चात् अत्यधिक रोना-धोना न किया जाए तथा दसवें दिन के पश्चात् तो बिलकुल भी नहीं तथा ''दूसरी यह कि मृतक के घर की स्त्रियाँ जो वर्ष-दिनपर्यन्त मैले वस्त्र और मलीन आचार रखती हैं, यह बात भी बन्द होनी चाहिए। तीसरी यह कि मृतक के घर में जो वर्ष-दिनपर्यन्त सारे नगर की लुगाइयाँ होली-दीवाली आदि त्योहारों के दिन

शोक करने जाती हैं यह व्यवहार भी बन्द करने योग्य है।'' (वही, पृ. 325-26) भाग्यवती यह भी पूछती है कि किसी वृद्ध के मरने पर उसकी शवयात्रा विमान रूप में निकालने तथा ''उसके विमान के सामने नाचते-कूदते, ठट्ठे करते हुए देखे जाते हैं, भला बताओ तो यह क्या अच्छी बात है? क्या आप लोग इस बुरी रीति को बन्द करना अच्छा नहीं समझते?'' (वही, पृ. 326) सभी भाग्यवती की बात का समर्थन करते हैं। (*भाग्यवती* उपन्यास में बतलाई गई यह प्रथा पश्चिमी उत्तर प्रदेश में सन् 1975 तक तो शर्तिया जीवित थी।)

भाग्यवती उपन्यास उद्देश्य प्रधान उपन्यास है। इसमें उस काल की परिपाटी का निर्वाह करते हुए सारे उपदेश स्त्रियों के लिए ही हैं साथ ही उनसे कोई न कोई हुनर सीखने का आग्रह भी है। उस काल के अधिकांश हिन्दी उपन्यासों के नाम स्त्रीलिंग वाचक हैं। डॉ. गोपाल राय ने अपनी पुस्तक हिन्दी उपन्यास कोश में उस काल के उपलब्ध-अनुपलब्ध सभी उपन्यासों की एक बृहद सूची प्रस्तुत की है। उन्होंने ''सन् 1875 में *हरिश्चन्द्र चन्द्रिका* के दो अंकों में (फरवरी और मार्च, 1875 ई.) *मालती* नामक उपन्यास के अपूर्ण रूप में प्रकाशित होने की सूचना दी है।''इस गद्य कथा के शीर्षक (मालती) के आगे कोष्ठक में 'उपन्यास' शब्द दिया हुआ है। जहाँ तक मुझे ज्ञात है, इसके पूर्व किसी गद्य कथा को उपन्यास की संज्ञा नहीं दी गई थी। दुर्भाग्यवश इस उपन्यास के रचयिता का पता नहीं चलता।'' (हिन्दी उपन्यास कोश (1870-1917) खंड 1, गोपाल राय, पटना, 1968, पृ. 54)

इसी प्रकार सन् 1879 ई. में *सारसुधानिधि* में *तपस्विनी* नामक अधूरा उपन्यास प्रकाशित हुआ था। 1835 ई. में लॉर्ड मैकाले द्वारा घोषित अंग्रेज़ी शिक्षा नीति हिन्दी प्रदेश में सन्देह भरी दृष्टि से देखी जा रही थी। अपनी स्वाधीनता के प्रबल समर्थन अंग्रेज़ों की शिक्षा पद्धति अगर भारतीय गृहों में प्रवेश कर जाती तो इस महान संस्कृति के नष्ट हो जाने का अवश्यंभावी संकट था। इसीलिए उस काल के महान विचारक स्त्री के लिए 'ईसाई ढंग की शिक्षा' नहीं चाहते। इस शिक्षा से खुलने वाले द्वार स्त्री को घर की चहारदीवारी से बाहर ले जा सकते थे। अंग्रेज़ स्त्रियों की 'स्वाधीन भाव-भंगिमा' (हालाँकि उनकी स्वाधीन स्थिति पर भी विवाद है) भारतीय समाज के लिये डरावनी थी। इधर 'ज़माना बदल रहा था।' जो ताल से ताल मिलाकर न चले उसके पिछड़ जाने का डर था।

उन्नीसवीं शताब्दी के हिन्दी साहित्य की चर्चा चलते ही विद्वान कुलभूषणों का एक दल केवल यह कहता हुआ पाया जाता है कि यह पूर्णत: प्रतिगामी, प्रतिक्रियावादी, साम्प्रदायिक और पिछड़ा हुआ है। उनका मानना है कि वास्तव में जिस परिघटना को हम भारतीय नवजागरण कहकर सम्बोधित करना चाहते हैं वह अन्य भारतीय भाषाओं में घटित हुई। इस पुस्तक में प्रयुक्त हिन्दी से इतर दूसरी भाषाओं के बहुत से पाठों के आलोक में यह विनम्रतापूर्वक जोर देकर कहा जा सकता है कि ऐसा नहीं

है। अन्य भाषाओं के नवजागरण भी कमोबेश हिन्दी नवजागरण जैसे ही हैं। किसी प्रान्त में किसी एक तत्त्व की बहुलता है तो किसी दूसरे प्रान्त में किसी दूसरे तत्त्व की, किन्तु इस बहुलता-न्यूनता का अन्तर इतना अधिक कतई नहीं है कि किसी एक नवजागरण को नकार दिया जाए—जिन मानदंडों के आधार पर (बल्कि निन्दामूलक कटूक्तियों के आधार पर) कुछ बौद्धिक हिन्दी नवजागरण की धारणा से असहमत या उसके होने पर कुपित हैं, पूरा का पूरा भारतीय नवजागरण उन्हीं मानदंडों पर खड़ा है। अतः अगर नकार का प्रश्न उठना ही है तो सम्पूर्ण भारतीय नवजागरण उन्हीं मानदंडों पर खड़ा है। भारतीय नवजागरण के लिए दूसरे घटकों को 'प्रगतिशील एवं आधुनिक' माना गया वे हिन्दी नवजागरण से बहुत आगे की चीज़ नहीं हैं। धर्म, स्त्री, जाति तथा स्वाधीनता के प्रश्न पर हिन्दी नवजागरण तथा अन्य भारतीय नवजागरणों का अन्तर इतना व्यापक नहीं है कि हिन्दी नवजागरण को तो पानी पी-पीकर कोसा जाए और उसी साँस में अन्य भारतीय भाषाओं के नवजागरणों की प्रशंसा के पुल बाँधे जाएँ, बल्कि राष्ट्रीयता के प्रश्न पर हिन्दी नवजागरण अधिक—'अखिल भारतीय' है। धर्म, स्त्री और जाति प्रश्न पर पूरे भारतवर्ष में एक चिन्ता जागी है। बंगाल में बंकिमचन्द्र चट्टोपाध्याय (1839-1894) स्त्री शिक्षा के पक्षपाती हैं, किन्तु भारतेन्दु की ही तरह संशयग्रस्त हैं—कौन सी शिक्षा दी जाए स्त्री को वे कहते हैं—नारी शिक्षा के लिए या तो पृथक् विद्यालय बनाए जाएँ अथवा सह शिक्षा का प्रबन्ध हो जो कि सम्भव नहीं है।

अपने प्राचीन एवं नवीन निबन्ध में बंकिमचन्द्र कहते हैं—"इधर कुछ दिनों से शोर है कि स्त्रियों की अवस्था में सुधार करो, स्त्री शिक्षा दो, विधवा-विवाह करो, स्त्रियों को गृह-पिंजरे से बाहर निकालकर उड़ा दो, बहुविवाह बन्द करो एवं अन्य प्रकारों से पाँची, रामी, माधी को विलायती मेम बना दो। यदि यह कर सकें तो अच्छा ही होगा इसमें कोई सन्देह नहीं है, किन्तु यदि पाँची कभी विलायती मेम हो सकती है तो हम लोगों का शाल वृक्ष एक दिन ओक वृक्ष में परिणत हो सकता है, ऐसा विश्वास किया जा सकता है। जिन रीतियों का चलना अभी असम्भव है वे नहीं चल सकीं। स्त्री शिक्षा सम्भव है इसलिए वह एक प्रकार से प्रचलित हो चली है।" (बंकिम रचनावली, पृ. 249)

ऐसे ही अनेक उद्धरण यह सिद्ध करने के लिए पर्याप्त हैं कि नवजागरण को सेहरा किसी एक भाषा के सिर बाँधना और उन्हीं प्रवृत्तियों से सम्पृक्त किसी दूसरी भाषा के नवजागरण को नकारना उचित नहीं है। सामाजिक, राजनैतिक, सांस्कृतिक और ऐतिहासिक प्रश्नों पर तत्कालीन भारतीय समाज की समझ और नवजागरण के रूप में इस समझ की विभिन्न भाषाओं में प्रस्तुति एक-सी है, विशेष तौर पर स्त्री सम्बन्धी समझ। स्त्री के सतीत्व के प्रति सर्वाधिक आग्रह ही नहीं बल्कि केवल उसी के प्रति आग्रह पग-पग पर अभिव्यक्त होता चलता है।

हिन्दी प्रदेश में आधुनिक शिक्षा के प्रति सावधान होने के पश्चात् जो स्कूल खोले गए उनमें प्राइमरी स्तर तक ही लड़कियाँ थीं। प्राइमरी स्कूल के बाद लड़कियाँ स्कूल नहीं जाती थीं। भारतेन्दु के समय में एजुकेशन कमीशन ने एक एजुकेशन रिपोर्ट प्रस्तुत की थी। यह 1873-74 की रिपोर्ट थी। (हालाँकि भारतेन्दु ने इसका उपयोग उर्दू-हिन्दी की स्थिति की तुलना के लिए किया था, हम लोग इसे केवल लड़के-लड़कियों के अनुपात के लिए विश्लेषित करेंगे।)

1873-74 की एजुकेशन रिपोर्ट—

प्राइमरी स्कूल— लड़के —92,528

लड़कियाँ —6,873

1880-81 की एजुकेशन रिपोर्ट स्कूल, कॉलेज के आँकड़े भी प्रस्तुत करती है इसमें लड़कियों का उल्लेख नहीं है।

कॉलेज—769

ऐंग्लो—वर्नाक्यूलर मिडिल स्कूल—6745

प्राइमरी स्कूल—1,70,478

नॉर्मल स्कूल—177

स्त्री की शिक्षा के विषय में भाग्यवती उपन्यास की विस्तृत आलोचना में हम लोगों ने विषय तालिका देखी। इस शिक्षा का स्तर प्राइमरी से ऊपर तथा शिक्षा का माध्यम हिन्दी भाषा थी। अन्य भारतीय प्रदेशों में भी स्त्री शिक्षा की यही अवस्था थी। उनकी शिक्षा का माध्यम 'वर्नाक्यूलर लैंग्वेज़' थी अर्थात् हिन्दी प्रदेश में हिन्दी, बंगाल में बंगला, महाराष्ट्र में मराठी इत्यादि। (यहाँ यह भी याद रहे कि उस समय का भारतवर्ष अभी के प्रान्तों में नहीं बल्कि प्रेसीडेंसियों में विभाजित था।) वास्तव में 'वर्नाक्यूलर' का अर्थ होता है 'ग़ुलामों की भाषा' अतः सभी भारतीय भाषाएँ 'वर्नाक्यूलर' थीं। स्त्रियों को शासन और सत्ता की भाषा सीखने का प्रोत्साहन नहीं मिला। जब संस्कृत अपने शिखर पर थी तब भी साहित्य में स्त्रियों एवं निम्न जाति के पात्र प्राकृत भाषा का प्रयोग करते थे। उसी प्रकार उन्नीसवीं शताब्दी में स्त्रियों की प्राइमरी तक की शिक्षा-दीक्षा हिन्दी भाषा में होनी आरम्भ हुई।

'घराऊ घटना' की नायिका चमेली को भी हिन्दी आती है। बंगाल में कैरे के प्रयासों से बंगला गद्य एवं स्त्री शिक्षा की नींव पड़ चुकी थी। वहाँ पर भी बंकिमचन्द्र की पढ़ी-लिखी नारी भी 'बंगला' ही पढ़ती थी। उसमें भी अमीर घर की स्त्रियाँ ही कुछ पढ़-लिख पाती थीं। पर स्त्री के लिए अंग्रेज़ी भाषा का ज्ञान उपलब्ध नहीं था। समकालीन बंगला साहित्य पर बंकिमचन्द्र ने एक व्यंग्यात्मक निबन्ध लिखा था। उस निबन्ध में एक उच्च शिक्षित बाबू यह जानकर अश्चर्य में पड़ जाते हैं कि उनकी भार्या पढ़ती भी है। वे अपनी पत्नी से पूछते हैं कि वह क्या पढ़ती है। पत्नी उत्तर

देती है—"जो कुछ पढ़ना जानती हूँ, मैं तुम्हारी तरह अंग्रेज़ी नहीं जानती, फ्रांसीसी भी नहीं जानती, भाग्य में जो है, वही पढ़ती हूँ।" (*बंकिम के प्रतिनिधि निबन्ध*, पृ. 179) और उसके भाग्य में 'कूड़ा-करकट' बांग्ला भाषा ही है।

इस प्रकार 'वर्नाक्यूलर लैंग्वेज़' में स्त्रियों की शिक्षा आरम्भ हुई। उद्देश्य स्पष्ट था—1852 ई. आगरा से *बुद्धिप्रकाश* अख़बार प्रकाशित हुआ। इसके सम्पादक मुंशी सदासुखलाल थे। इसमें छपा—"स्त्रियों की शिक्षा का विषय स्त्रियों में सन्तोष और नम्रता और प्रीति यह सब गुण कर्ता ने उत्पन्न किए हैं, केवल विद्या की न्यूनता है। यह काम उन्हीं का है कि शिक्षा के कारण बाल्यावस्था में लड़कों को भूल-चूक से बचावै और सरल-सरल विद्या उन्हें सिखाएँ।" (*हिन्दी साहित्य का इतिहास*, रामचन्द्र शुक्ल, पृ. 229)

स्त्रियाँ हिन्दी पढ़ रही थीं इसका कदापि यह अर्थ नहीं है कि पुरुष समाज के लिए अंग्रेज़ी बहुत अच्छी भाषा समझी गई है, किन्तु तब तक अंग्रेज़ी रोज़गार की भाषा बन चुकी थी और इसे पढ़े बिना कोई चारा नहीं था अन्यथा भारत के अधिकांश भागों में अंग्रेज़ी के प्रति स्वागत का भाव न था। भारतेन्दु हरिश्चन्द्र ने अपने निबन्ध *अद्भुत अपूर्व स्वप्न* में अपना नाम अमर कर जाने के उपायों को सोचते हुए (स्वप्न में) लिखा है—"इस हेतु बहुत काल तक सोच-समझ प्रथम यह विचारा कि कोई देवालय बनाकर छोड़ जाऊँ, परन्तु थोड़ी ही देर में समझ में आ गया कि इन दिनों की सभ्यता के अनुसार इससे बड़ी कोई मूर्खता नहीं और वह तो मुझे भलीभाँति मालूम है कि यही अंग्रेज़ी शिक्षा रही तो मन्दिर की ओर मुख फेरकर भी कोई न देखेगा।" (भारतेन्दु हरिश्चन्द्र के श्रेष्ठ निबन्ध, पृ. 111) इसमें उन्होंने पाठशाला खोलने का भी स्वप्न देखा है तथा उसके लिए एक नियमावली भी दी है। इन स्वप्नों में सबसे छोटा सपना यह है—"शेष स्त्री शिक्षा का जो विचार था, वह आज रात को हम घर पूछ लें तब कहेंगे।...'नाम बस पाठशाला' 'गगनगत अविद्यारुणालय' होगा। इसमें केवल बंध्या और विधवा के पुत्र पढ़ने आवेंगे।...पहले पक्ष में स्त्री और दूसरे पक्ष में बालक शिक्षा पावेंगे।" (वही, पृ. 114)

व्यंग्य में भारतेन्दु ने जो कल्पना की वह बाद में साकार हो गई।

हिन्दी साहित्य में उन्नीसवीं शताब्दी का उत्तरार्द्ध 'भारतेन्दु युग' के नाम से जाना जाता है। उस समय के सभी प्रसिद्ध और समृद्ध गण्यमान्य व्यक्ति भारतेन्दु के मित्र थे और उस समय का सबसे सक्रिय सजग रचनाकारों का दल 'भारतेन्दु मंडल' के नाम से जाना जाता है। भारतेन्दु ने अपने सभी समकालीनों एवं परवर्ती लेखकों को प्रभावित किया। वे अपने समय के लेखकों के अत्यन्त महत्त्वपूर्ण प्रेरणास्रोत थे। अपनी 34 वर्ष की अत्यल्प आयु में उन्होंने हिन्दी का साहित्य भंडार भर दिया। आधुनिक हिन्दी भाषा की प्रत्येक विधा में भारतेन्दु हरिश्चन्द्र की कृति है। इसलिए उन्नीसवीं शताब्दी के हिन्दी साहित्य के किसी भी लेखक या किसी भी विधा की

चर्चा पर भारतेन्दु का उल्लेख सहज स्वाभाविक है। विशेषकर पत्रकारिता एवं नाटक के क्षेत्र में भारतेन्दु का अप्रतिम योगदान है। इसमें भी जनसाधारण के पास अधिकाधिक पहुँचने की लगन में पत्रकारिता में उन्होंने अपनी समस्त प्राण शक्ति और धन-सम्पत्ति झोंक दी। हिन्दी साहित्य में भारतेन्दु के अप्रतिम कृतित्व पर इस शोधार्थी की पुस्तकें *भारतेन्दु एवं बंकिमचन्द्र* (फोर्थ मीडिया, कलकत्ता, 1998) तथा *साहित्य और विचारधारा* (यश पब्लिकेशन, नई दिल्ली, 2006) तथा *हिन्दी और बंगला नवजागरण भारतेन्दु एवं बंकिमचन्द्र के निबंध* (स्वराज प्रकाशन, नई दिल्ली, 2012) देखी जा सकती है।

सामन्तवादी व्यवस्था को पानी पी-पी कर कोसने वाली पूँजीवादी सभ्यता स्त्री को जिस मकाम पर ला खड़ा करने के षड्यंत्र में निरन्तर लगी हुई है वह 'रीतिकाल' की ही याद दिलाता है बल्कि अपने पैरों पर खड़ी होने के लिए अर्थात् आर्थिक स्वातंत्र्य के लिए स्त्री के घर से बाहर निकलने पर पूँजीवाद ने स्त्री के श्रम को कम करके आँकने के लिए उनमें विभाजन कर दिया—हाउस वाइफ़ (घरेलू औरत) और वर्किंग वुमेन (कामकाजी स्त्री)। गृहिणी के काम की पहले भी कोई क़ीमत नहीं थी। अब यह विभाजन जिस भावना को बढ़ावा दे रहा है अन्ततः वह स्त्री के उचित मूल्यांकन के विरुद्ध एक सूक्ष्म षड्यंत्र ही बन रहा है। वर्किंग वुमेन वह जो बाहर काम करे—अर्थात् वह जो घर का काम नहीं करती और हाउस वाइफ़ वह जो केवल घरेलू औरत है अर्थात् अर्थोपार्जन में उसकी कोई भूमिका नहीं है अर्थात् इस अर्थप्रधान व्यवस्था में उसका कोई महत्त्व नहीं है। इसके साथ ही दोनों की तुलना कर दोनों में वैमनस्य के बीज बोने का कार्य तो चल ही रहा है सहस्रादिक बार अपनी पत्नी से आपका परिचय करवाते समय लोगों ने बड़ा 'सॉरी फेस' (दुखी चेहरा) (या दयनीय भी) बनाकर कहा होगा—नहीं, ये केवल हाउस वाइफ़ हैं। इस केवल में 'बेचारी' ध्वनि का प्रकटीकरण अत्यन्त स्पष्ट होता है। इस हाउस वाइफ़ के मन पर 'डिफेंसिव' होते पति का एक दबाव बनता है जो क्रमशः बढ़ता जाता है। चूँकि वह 'वर्किंग वुमेन' के समक्ष हीन ठहराई गई है अतः उसके आक्रोश की दिशा, ग़लत ही सही, पर उसी वर्किंग वुमेन की ओर मुड़ती है और वह अनजाने ही में 'वर्किंग वुमेन' के प्रति 'जेलस' (ईर्ष्यालु) हो उठती है। इस वर्किंग वुमेन की दास्तान भी इससे कुछ अलग नहीं है। उसके परिचय के समय उसके द्वारा किए गए गृहकार्य को नकार दिया जाता है। उसे लगता है कि उसे 'दोहरी दिहाड़ी' खटनी पड़ती है और इन्हें देखिए ये आराम से बैठकर सास-बहू के सीरियल देखती हैं, उनमें एक कुढ़न जागती है। दोनों की नकारात्मक ऊर्जा का स्रोत एवं दिशा औरत के अपने विरुद्ध जाता है। केवल अपने विरुद्ध। चूँकि इस देश में गृहकार्य अर्थात् घर के कामों का मूल्यांकन आँकने की पद्धति कभी रही ही नहीं (पश्चिम देशों में भी इस श्रम का मूल्यांकन बहुत पुरानी बात नहीं है।) इसलिए औरत जैसी बेकार चीज़ तो कोई

है ही नहीं जो केवल श्रृंगार-पटार करती है एवं गृह कलह द्वारा अपना मनोरंजन तथा पति का जीवन नरक बनाती है। अर्थोपार्जन का सुयोग (पैसा कमाने का!) घर के बाहर होने के कारण और अर्थ से ही सारी 'मर्यादा' जुड़े होने के कारण 'गृहकार्य में दक्ष एवं सुशील कन्या' जीवन-नैया को सुगमतापूर्वक खेने में सहायिका तो हो सकती है पर वह पद, मान, मर्यादा और प्रतिष्ठा नहीं पा सकती जो अर्थ संग्राहक होने के कारण उस घर के पुरुष का है, इसलिए वह भर्ता है, स्वामी है। यद्यपि अभी इस निष्कर्ष पर पहुँचने की आर्थिक आज़ादी ने स्त्री को 'मर्यादा' (स्वाधीनता की तो बात ही न उठाएँ) दिलवाई है, जल्दबाज़ी होगी क्योंकि सबसे असली सवाल मानसिकता का है। यूँ भी किसी समाज की मानसिकता बदलने में समय लगता है तिस पर भारतीय समाज बदलने के बजाय लीपापोती अधिक पसन्द करता है। बदलना भारी कष्टकारी प्रक्रिया है। समाज (स्त्री-पुरुष दोनों) इससे बचना चाहता है। स्त्रियाँ 'कुशल गृहिणी' कहलाने का लोभ छोड़ नहीं पातीं। गृहकार्य वास्तविक सत्ता नहीं देता, किन्तु 'सामाजिक स्वीकृति' दिलवाता है। स्त्री इस स्वीकृति को खोना नहीं चाहती। ऐसे कठिन समय में जब मनुष्य कहलाने का अधिकार (समानता बहुत दूर की बात है) बहुत छोटे से समूह के पास बचा है स्त्री की सुशीला समझे जाने की चाहत उसे परिवर्तनगामी नहीं होने दे सकती।

यह बिलकुल ठीक है कि मानसिकता परिवर्तन अत्यन्त धीमी प्रक्रिया है। उन्नीसवीं शताब्दी के सकारात्मक बिन्दुओं में एक बिन्दु यह भी है। भारतेन्दु हरिश्चन्द्र ने 1874 ई. में स्त्री शिक्षा के लिए *बालाबोधिनी* पत्रिका का प्रकाशन आरम्भ किया। यह पत्रिका 1 जनवरी, सन् 1874, पौष, बृहस्पतिवार, सम्वत् 1930, काशी से प्रकाशित होनी आरम्भ हुई। स्त्री जागरण के लिए एक पत्रिका प्रकाशित करना भारतेन्दु की सकारात्मक सोच का परिचय है। वे और उनका युग जिस प्रकार की स्त्री शिक्षा चाहता था उसी के अनुरूप पत्रिका पर छपा होता था।

जो हरि सोई राधिका जो शिव सोई शक्ति।
जो नारी सोई पुरुष या में कुछ न विभक्ति॥

बालाबोधिनी

स्त्री जनों की प्यारी हिन्दी भाषा से सुधारी

मासिक पत्रिका
श्री हरिश्चन्द्र सम्पादित

सीता अनसूया सती अरुन्धती अनुहारि।
शीललाल *विद्यादि गुण लहौ सकल जग नारि।*

(*बालाबोधिनी*, सम्पा. भारतेन्दु हरिश्चन्द, बनारस, 1 जनवरी, 1874, पृ. 1)

किन्तु शीर्षक से भी पहले छपने वाले क्रान्तिकारी दोहे की वास्तविकता एवं उसकी सम्भाव्यता का अनुमान लगाया जा सकता है। स्त्री और पुरुष में कोई 'विभक्ति' नहीं यह कहना ही एक भारी कठिन कार्य था। भारतेन्दु की पत्रिका *कविवचनसुधा* के सिद्धान्त वाक्य के रूप में निम्न पंक्तियाँ छपती थीं। इन पंक्तियों में देश चिन्ता के साथ सामाजिक समानता की भी चिन्ता है। इस पर श्री राधाकृष्ण दास की टिप्पणी भी द्रष्टव्य है—

उपधर्म छूटै, स्वत्व निज भारत गहै, कर दुःख बहै।
बुध तजहिं मत्सर, नारि नर सम होहिं, जग आनन्द लहै।

—जैसा ही अंग्रेज़ हाकिमों को 'स्वत्व निज भारत गहै, कर (टैक्स) दुःख बहै' कहना कर्णकटु था, उससे अधिक—'नारी नर सम होहिं' कहना हिन्दुस्तानी भद्र समाज को चिढ़ाना था। ''परन्तु वीर हरिश्चन्द्र ने जो जी में आया उसे कह ही डाला और जो कहा उसे आजन्म निबाहा भी।'' (भारतेन्दु बाबू हरिश्चन्द्र का जीवन-चरित्र, राधाकृष्ण ग्रन्थावली, श्यामसुन्दर दास, इंडियन प्रेस लिमिटेड, प्रयाग, 1939, पृ. 237-38)

तत्कालीन समाज में नारी-पुरुष वैषम्य इतना गहरा है कि दोनों की समानता की बात कहना भी क्रान्तिकारी है। नारी हीनता का प्रधान कारण शिक्षा हीनता है। शिक्षा हीनता के कारण नारी अन्धविश्वासों में जकड़ी जाती है। एवं इन अन्धविश्वासों के कारण नारी शिक्षा से वंचित की जाती है। भारतेन्दु की *बालाबोधिनी* ने अपने प्रथम 'निवेदन' में ही वह मार्ग सुझाया जिस पर चलकर स्त्री-पुरुष में समानता आ सके।

''निवेदन

मेरी प्यारी बहिनो! मैं एक तुम्हारी नई बहिन बालाबोधिनी आज तुम लोगों से मिलने आई हूँ और मेरी यही इच्छा है कि तुम लोगों से सब महीनों में एक बेर मिलूँ, देखो मैं तुम लोगों से अवस्था में कितनी छोटी हूँ क्योंकि तुम सब बड़ी हो चुकी हो और मैं अभी जनमी हूँ और इस नाते से मैं तुम सबकी छोटी बहिन हूँ पर मैं तुम लोगों से हिलमिल कर सहेलियों और संगिनों की भाँति रहना चाहती हूँ, इससे मैं तुम लोगों से हाथ जोड़कर और आँचल खोलकर यही माँगती हूँ कि मैं जो कभी कोई भली-बुरी, कड़ी, नरम, कहनी, अनकहनी कहूँ उसे मुझे अपनी समझकर क्षमा करना क्योंकि मैं जो कुछ कहूँगी सो तुम्हारे हित की कहूँगी और सखियाँ सखियों को माता, बहिन और बेटी तीनों की भाँति मानती हैं इससे इनकी बातों को इन्हें कभी बड़ी और कभी बराबर वाली और कभी छोटी समझकर सदा कान लगाकर सुनती हैं वैसे ही तुम भी इस अपनी छोटी सखी की तोतली बातों पर जो दो गीतों में हम सब से बड़े परमेश्वर से नित्य यही मनाऊँगी कि मेरे हिन्दुस्तान की सारी स्त्रियाँ लिख-पढ़ कर पुरुषों की समभागिनी हो जाएँ।'' (*बालाबोधिनी,* 1 जनवरी, 1874, पृ. 2)

इसके नीचे ही यह छन्द छपा—

पितु पति सुत करतल कमल लालित ललन लोग
पढ़ैं गुनैं नासौं सब जोग जोग॥
वीरप्रसिविनी बुध बधू होइ हीनता खोय।
नारी नर अरधंग की सोचेहि स्वामिनी होय॥

(वही, पृ. 2)

पत्रिका के इसी अंक में *शीलवती* कथा छपी थी। संख्या 2, फरवरी में *लाजवन्ती* नामक रचना छपी। इसी अंक में *पतिव्रत* नामक रचना भी थी। *बालाबोधिनी* में *कुलवधू जनों की चेतावनी, बसन्त और कोकिल, सरस्वती और सुमति का संवाद, उत्तम स्त्रियों के लक्षणों में*...आदि अनेक लेख छपे। परिवार के प्रत्येक अंग और कार्य के सम्बन्ध में स्त्री कर्तव्यों पर भी लेख छपे। स्त्री शिशुपालन कैसे करे से लेकर आपद-विपद के समय क्या करे, इस पर भी लिखा गया। ऐसी अनेक रचनाएँ स्त्री शिक्षा के नाम से संगृहीत होकर प्रकाशित हुईं। चूँकि उस समय पत्र-पत्रिकाओं में भी लेखक अपना नाम नहीं देते थे, इसलिए कई बार यह जानना कठिन हो जाता है कि अमुक रचना किसकी है। अनुमान से ही काम चलाना पड़ता है, किन्तु यह निश्चित तौर पर कहा जा सकता है कि इनका एक बड़ा अंश भारतेन्दु हरिश्चन्द्र द्वारा लिखित है। विशेषकर 'सम्पादकीय' या सम्पादकीय जैसे लेखों में यह पूर्णत: स्पष्ट है। वैसे ही उस काल में लगभग हर प्रमुख रचनाकार ने स्त्री शिक्षा, स्त्री कर्तव्य एवं स्त्री आचार संहिता पर अपने विचार व्यक्त किए हैं। इस प्रकार *स्त्री शिक्षा* नामक यह पुस्तक उन्नीसवीं शताब्दी की 'स्त्री भावना' का सम्पूर्ण प्रतिनिधित्व करती है। उस समय का भारतीय समाज भारी हलचल से गुज़र रहा था। अब परिवर्तन अवश्यम्भावी हो गया था। पुस्तक से उद्धृत निम्न पंक्तियाँ चौधरी बदरीनारायण प्रेमघन की रचना *स्त्रियों की कीर्ति* जैसी ही हैं। *स्त्रियों की कीर्ति* काव्य रचना है जबकि यह एक गद्य रचना है—इसमें उल्लेखनीय है कि विद्या किसी भी आयु में ग्रहण की जा सकती है। विद्या ग्रहण की कोई आयु नहीं है। इस स्थान पर हमने स्त्रियों की तीनों अवस्थाओं के दृष्टान्त दिए हैं, रचनाकार ने इस बात को मानने से इनकार किया है कि स्त्रियों में पुरुषों के समान बुद्धि नहीं होती। अपने शीर्षक के अनुरूप पुस्तक में शिक्षा—स्त्रियों के महत्त्व को प्रतिपादित किया गया है—"इस अपूर्व विद्या का हम लोग अनादर करें वह बड़े अनर्थ की बात है इस स्थान में हमने स्त्रियों की तीनों अवस्थाओं के दृष्टान्त दिए हैं। प्रथम लड़कपन में शिक्षा पाना है, लीलावती, द्रौपदी, चित्रलेखा, रुक्मणि, दमयन्ती, उत्तराकुमारी और कर्नाटक देश के राजपुत्री इत्यादि का प्रसिद्ध ही है युवावस्था में भी प्राचीन काल से सर्वदा स्त्री लोग शिक्षा पाती हैं जैसा लोलिम्बराज की स्त्री

रत्नकला ने युवावस्था में सम्पूर्ण काव्य और वैद्यक पढ़ा था और श्री जयदेव जी ने अपनी स्त्री पद्मावती को काव्य का अभ्यास कराया।...नारद जी को यही काम था कि सब रानियों को विद्या सिखावें, सीताजी ने बहुत दिनों तक वन में अत्रि की स्त्री अनसूया से पाक विद्या और पतिव्रत धर्म सीखा है। जयपुर इत्यादि प्राचीन राज्यों में आगे यह चाल थी कि जो रानी नई ब्याह के आती थी उनको सब विद्या सिखाई जाती थी, और बूढ़पन में भी प्राचीन काल से स्त्री शिक्षा पाती है। कपिल देव जी ने अपनी माता कर्दम ऋषि की स्त्री देवहूति को बुढ़ापे में सब ज्ञान और सम्पूर्ण सांख्य शास्त्र पढ़ाया था यह बात सब शास्त्रों में विदित है। इस हेतु यह शंका न करना कि बड़ी स्त्रियों की शिक्षा कैसे होगी। क्या किसी बूढ़ी स्त्री को कुछ धन मिले तो वह छोड़ देगी तो फिर विद्या धन का अपमान करना यह अपनी ही बड़ी हानि करनी है। विद्या के बल से हम लोग पुरुषों को भी ज्ञान उपदेश कर सकती हैं क्योंकि वेद में प्रसिद्ध है कि मैत्रेयी जी बड़ी ज्ञान वाली थीं। उन्होंने भारद्वाज इत्यादि ऋषियों को ब्रह्म ज्ञान उपदेश किया है और मांडवी ऋषि पत्नी ने वेद के मंत्र ब्राह्मणों को दिए हैं और नारद ने सरस्वती जी से सम्पूर्ण ज्ञान विद्या छह महीने में सीखी है और इसी विद्या बल से हम लोग पुरुषों को शास्त्रार्थ में जीत सकते हैं जैसा कर्नाटक देश की रानी ने सब पंडितों को विजय किया था और मंडन मिश्र की स्त्री ने शंकराचार्य को काव्य के शास्त्रार्थ में जय किया था और इसी विद्या के बल से हम लोग अपने कुटुम्ब की आपत्ति से रक्षा कर सकती हैं जैसा एक बेर जब महाराज बीरबल पर बादशाह का कोप हुआ था तो उनकी कन्या सरस्वती ने विद्या बल से वह कोप छुड़ा दिया था।'' (*स्त्री शिक्षा,* पृ. 5-6)

प्रेमघन आगे लिखते हैं इस अपूर्व विद्या का हम लोग अनादर करें यह बड़े अनर्थ की बात है। बिना विद्या के हम कोई काम अच्छी रीति से नहीं कर सकती हैं और विद्या के बल से हम बुरा काम भी अच्छी रीति से कर सकती हैं, कोई लोग कहते हैं कि इस काल की स्त्रियों की वैसी बुद्धि नहीं होती पर यह बात भी झूठ है। अभी थोड़े दिन हुए कि एक प्रसिद्ध कवयित्री गंगाबाई हुई हैं जिन्होंने हज़ारों क्या लाखों भजन बनाए डालचन्द की बहू बीबी रत्न कुँआरी काशी नगर में कैसी पंडिता थीं जिनका नाम देश के प्राचीन पंडितों में अब तक प्रसिद्ध है। बंगदेश में इस समय सैकड़ों स्त्री वर्तमान हैं जो कविता कर और अभी दक्षिण देश से एक ब्राह्मण की कन्या इन देशों में आई थी...अठारह हज़ार श्लोक श्रीमद् भागवत के कंठस्थ थे अब कहो यह बात कहाँ कि इसकी स्त्री बुद्धि करके स्वाभाविक हीन है। देखो हमारी सतियों के पतिव्रत की महिमा दूर-दूर प्रसिद्ध है और वहाँ के प्राचीन काल की स्त्री लोपामुद्रा अरुन्धति सावित्री और सीता आदि कैसी प्रसिद्ध हैं कि भारतवर्ष के वासी उनका नाम लेने में पुण्य समझते हैं और हम लोगों को यह सर्वथा उचित है कि तन-मन-धन से पातिव्रतादिक धर्म और

स्त्री शिक्षा वृद्धि में परिश्रम करें और अपना अनमोल जीवन व्यर्थ न खोवें।" (वही, पृ. 6-7)

ऐसा नहीं है कि स्त्रियाँ हीन ही हीन हैं। बहुत से कार्य ऐसे हैं जो पुरुष नहीं कर सकता किन्तु स्त्री कर सकती है। *शीलवती* की नायिका अपने सभी गृहकार्यों एवं कर्तव्यों के निर्वाह के पश्चात् "कोई पुस्तक अवलोकन करती या कुछ लिखती, उसने अपने देश की स्त्रियों की हितकारक एक छोटी सी पुस्तक लिखी थी उसका नाम *भारतखंड की स्त्रियों की वर्तमान दशा* था जिसका कुछ आशय इस स्थान में लिखा जाता है। वह लिखती है कि "भारतखंड में यद्यपि स्त्रियों की आगे बहुत अच्छी दशा थी। जब हमारे विवाह का समय आता है तो हमारे पिता विवाह में श्रद्धा नहीं करते और उन्हें यह व्यय बड़ा बुरा लगता है। यद्यपि शास्त्रों में कन्यादान का अक्षय पुण्य है; ब्याह के पीछे ससुराल में पहिले तो नई बहू जान बड़ा आदर होता है, परन्तु फिर वही दासी बन के रहना पड़ता है। बहुत ही छोटेपन से ब्याह होता है जिससे अनेक दुःखों के आने का भय रहता है और यदि स्त्री विद्या की परम्परा नष्ट न हो जाती तो क्यों ये आपत्तियाँ भुगतनी पड़तीं और हम इस योग्य क्यों हो जातीं कि पुरुष हमको सब प्रकार से मार-पीट करके दुःख देते या हमारी सन्तानों अर्थात् कन्याओं का वध करते और हमारी जाति का क्षय होता। यह समझने से हम फिर कभी भूल के कोई मूर्खता न करेंगी।" (वही, पृ. 6-10) इस उद्धरण में प्रचलित कन्या भ्रूण हत्या का उल्लेख है।

और निम्नलिखित उद्धरण पर भारतेन्दु हरिश्चन्द्र की भाषा एवं उनके विचारों की स्पष्ट छाप है—स्त्री की दुर्दशा एवं उसके कारणों का तटस्थ विश्लेषण का प्रयास है। सर्वोपरि केवल स्त्री क़ा महिमा गान नहीं है वरन् उसकी वास्तविक अवस्था का भी चित्रण है—"हाय! बड़े सोच की बात है कि हमारे माता-पिता हमको विद्या नहीं पढ़ाते और मूर्ख बनाए रहते हैं जिस कारण से हम लोग तिरस्कार और अनादर के योग्य होती हैं। कन्या पिता को बोझ मालूम होती है। अगर वह उसे भ्रूण रूप में ही समाप्त न कर पाया, अगर वह उसे पैदा होते ही मार डालने में सफल नहीं हुआ तो बाध्यतावश उसके विवाह में खर्च करना ही पड़ता है। पिता यह खर्च अत्यन्त अनिच्छापूर्वक करता है। यदि हम में बुद्धिबल होता तो क्या हम इस बालहत्या के छुड़ाने का उपाय न करतीं? जो हम सब बुद्धिमान हों तो टीका लगाने के गुण-दोष को भलीभाँति जान के सीतला से दुष्ट रोग से अपने बहुत से बालकों की रक्षा करतीं? इसी प्रकार अनेक बालरक्षा के उपाय जानकर अपने प्यारे बच्चों को सुखपूर्वक पालतीं, यदि हम में विद्या होती तो हम अपने कुल के विवाहादि कार्यों की उन रीतियों को जो वेद और लोकविरुद्ध हैं और व्यर्थ व्यय करने वाली हैं, बन्द कर देतीं, यदि हम लोगों में विद्या होती तो प्राचीन काल की स्त्रियों की भाँति हम सब भी उस ज्ञान और प्रशंसा की अधिकारिणी होतीं जो मैत्रेयी आदि स्त्रियों ने पाई है और केवल हम में विद्या न होने का यह कारण

है कि हमारे पंडित पति लोग हमको नहीं प्यार करते क्योंकि प्रकृति का स्वभाव है कि अपनी ही-सी प्रकृति खोजती है। देखो कालिदास इत्यादि जिनकी स्त्री पंडिता थीं उन लोगों में आपस में कैसा स्नेह था, और यही बड़ा कारण है कि हम लोग भी पतिव्रत धर्म की सम्पूर्ण महिमा न जानकर पति पर अत्यन्त स्नेह नहीं करतीं।'' (*परीक्षा गुरु*, लाला श्रीनिवासदास, लोकभारती, इलाहाबाद, 2002, पृ. 7)

उन्नीसवीं सदी के विचारक स्त्री के जिस 'आदर्श' को देखना चाहते हैं वह अतीत, कल्पना एवं मन:लोक की नारी का मिश्रण है। इस सदी में नारी के वांछित रूप को चौधरी बदरीनारायण प्रेमघन ने अपनी काव्य रचना *स्त्रियों की कीर्ति* में स्पष्ट किया है। इसमें आदर्श नारियों के सभी प्रकार समाहित कर लिये गए हैं—

स्त्रियों की कीर्ति में स्त्रियों के प्रधान प्रकार में कमला गौरी से आरम्भ कर सभी प्रसिद्ध पौराणिक सतियों के नाम गिनवाते हुए कवि आधुनिक काल तक पहुँचता है—

विरचि चित्तौर चिता करलावति भसम भई न बुझाय।
रानि, भवानि, अहल्या, मीरा, लक्षिमी बाई आय।
लज्जा, दया, धर्म, पति सेवा रत सब सुभाय।
बन्दनीय ते सुमुखि प्रेमघन
सबको सीस नवाय॥

(प्रेमघन सर्वस्व, प्रथम भाग)

समाज सुधार—हिन्दी के सर्वप्रथम मौलिक उपन्यास का स्थान पाने वाले उपन्यास *परीक्षा गुरु* में समाज सुधार का स्वर अन्य रूप में दिखाई पड़ता है। लाला श्रीनिवासदास द्वारा 1882 ई. में रचित इस उपन्यास में विश्व के श्रेष्ठ साहित्य के अनेक उद्धरणों का प्रयोग हुआ है। *'परीक्षा गुरु'* का प्रकरण 1 सौदागर की दुकान लॉर्ड चेस्टरफील्ड के इस कथन से आरम्भ होता है—''चतुर मनुष्य को जितने खर्च में अच्छी प्रतिष्ठा अथवा धन मिल सकता है मूर्ख को उससे अधिक खर्चने पर भी कुछ नहीं मिलता।'' (*परीक्षा गुरु*, पृ. 119)

उपन्यास का प्रथम उद्धरण ही उपन्यासकार का ज्ञानमूलक उद्देश्य स्पष्ट कर देता है। लाला श्रीनिवासदास ने अपने ज्ञान का मुख्य लक्ष्य देशोन्नति से सम्बद्ध किया है। सन् 1857 के प्रथम स्वाधीनता संग्राम के क्रूर औपनिवेशिक दमन के बाद हतवाक मध्य भारत आज की मुख्य हिन्दी पट्टी किसी भी प्रकार की प्रकट राजनैतिक अभिव्यक्ति से कतरा रहा था, किन्तु देश की उन्नति उसके लेखन के केन्द्र में बराबर बनी रही। आज के अर्थों में राजनैतिक न सही, किन्तु समाज के विभिन्न वर्गों की दुर्दशा की बारम्बार चर्चा वस्तुत: औपनिवेशिक शासन की राजनैतिक विफलता की ही प्रस्तुति थी। उन्नीसवीं सदी के अन्तिम दशकों में यह स्वर प्रचुरता से गूँजा, किन्तु सावधानी की मुद्रा बनी रही। समाज की उन्नति का एक महत्त्वपूर्ण कारक चरित्र सुधार माना गया।

दृढ़ चरित्र और ऊँचे नैतिक मानदंड वाले नवयुवकों (बाद में गांधी जी ने नवयुवतियों को भी जोड़ा) द्वारा ही समाज सुधार के स्वप्न साकार की आशा व्यक्त की गई।

परीक्षा गुरु इसी श्रेणी का उपन्यास है। श्रीनिवासदास ने ब्रजकिशोर को आदर्श रूप में प्रस्तुत किया है। ब्रजकिशोर एक सच्चरित्र आदर्श नवयुवक है जो वकील होते हुए भी सत्यनिष्ठ है। वह अपराधियों के मुकदमे नहीं लड़ता। ग़रीबों की वह निःशुल्क सेवा करता है। वह स्वतंत्र विचारों का परोपकारी व्यक्ति है। अपने कार्य के अतिरिक्त समय में वह समाज चिन्ता करता है तथा सामाजिक परिवर्तन हेतु सक्रिय प्रयास करता है। ग़रीब बच्चों को कौशल सिखाने जैसे पुण्य के कई काम करता है। पुस्तकों को लिखकर, लिखवाकर अथवा अनूदित करवा अपने देश के सच्चे शुभचिन्तकों को प्रेरणा देता है—वह भी यशलिप्सा के बिना—"लाला ब्रजकिशोर को संसारी सुख भोगने की तृष्णा नहीं है और द्रव्य की आवश्यकता यह केवल सांसारिक कार्य निर्वाह के लिये समझते हैं। इस्वास्तै संसारी कामों की ज़रूरत के लायक परिश्रम और विद्याभ्यास देशोपकारी बातों में लगाते हैं।...ये उन अनसमझ बच्चों को पढ़ाने-लिखाने में अथवा कारीगरी इत्यादि सिखाकर कमाने-खाने के लायक बना देने में सच्चा धर्म समझते हैं जिनके माँ-बाप दरिद्रता अथवा मूर्खता से कुछ नहीं कर सकते।" (वही, पृ. 119)

इस उपन्यास में हिन्दी नवजागरण में समाज सुधार और देशोन्नति के लिए उठाया गया प्रत्येक प्रश्न उपस्थित है। पाश्चात्य सभ्यता की नकल पर अपनी सभ्यता को हेय समझना आलस्य, फूट और कलह, नई सभ्यता का लाभ, अतीत का गौरव, उद्योग-धन्धों को बढ़ावा, चरित्र का महत्त्व, समर्थ व्यक्तियों द्वारा सामाजिक जागरण हेतु आह्वान, नया साहित्य गढ़ना आदि ऐसा कोई मुख्य बिन्दु नहीं है जो श्रीनिवासदास से छूटा हो, किन्तु स्त्रियों की शिक्षा और उनसे सम्बद्ध प्रश्नों को इसमें सम्बोधित नहीं किया गया है। कुल 213 पृष्ठों के इस उपन्यास में भी स्त्री के पातिव्रत्य, त्याग और उसकी प्रीति का ही महिमामंडन है। पुरुषों का घर से बाहर जो विराट संसार है उसमें स्त्री अनुपस्थित है ही पुरुष भी स्त्री के साथ घर में उपस्थित नहीं है। अपनी स्त्री का स्मरण वह संकट काल में ही करता है। स्त्री प्रश्न पर जाने से पहले *परीक्षा गुरु* में उठाए गए विभिन्न प्रश्नों पर एक दृष्टिपात उचित होगा ताकि गृह-पिंजर में त्याग की देवी बने रहने के उपदेश और आज्ञा के साथ केवल—बच्चे पालती माता को बाहर की दुनिया का परिचय मिल सके। उस दुनिया का परिचय मिल सके जो पुराने और नए मेल से बन रही है, किन्तु अभी भी उसमें उसके लिए कोई जगह नहीं बनाई है। आधुनिक साहित्य, कला, वाणिज्य और विज्ञान से भलीभाँति परिचित हो नई दुनिया गढ़ता पुरुष वास्तव में इसे पुरुष के लिए ही निर्मित कर रहा है। 'मैन मेड वर्ल्ड' (पुरुष निर्मित संसार, Man Made World) बाइ मैन, फॉर मैन, और ऑफ मैन (By Man, For Man, Of Man) ही रहा।

पुरुषों द्वारा निर्मित संसार पुरुषों द्वारा, पुरुषों के लिए और पुरुषों का ही था। स्त्री के प्रति पुरुषों की अनुदारता का अनुपात कमोबेश उसी तरह का था। स्पष्ट तौर पर कहा जाए तो पुरुषों ने स्त्रियों को उनकी उपादेयता से बाध्य होकर घर में अपनी इच्छानुसार रहने की अनुमति तो दी, किन्तु सत्ता की भागीदारी तो दूर स्त्रियों को वह अपने समान मनुष्य पद की सत्ता देने को तैयार नहीं था। *परीक्षा गुरु* जैसा सुगठित कथानक और सुचिंतित उद्‌देश्य वाला आधुनिक उपन्यास भी इसी प्रवृत्ति पर मोहर लगाता है।

चूँकि समाज का सर्वेसर्वा पुरुष ही है, इसलिए स्वाभाविक रूप से देशवर्द्धन, देशचिन्ता, विद्या का प्रसार या ऐसे ही किसी भी अच्छे कार्य से स्त्री पूर्णत: अनुपस्थित है। ब्रजकिशोर अपने परोपकारी और समाज सुधारक कार्यों के अन्तर्गत पुरुषों को ही सम्बोधित करता है, क्योंकि सक्रिय कार्यकर्ता वही है,—''ये अपने देश में उपयोगी विद्याओं की चर्चा फैलने, अच्छी पुस्तकों का और भाषाओं में अनुवाद करवाकर अथवा नई बनवाकर अपने देश में प्रचार करने और देश के शुभचिन्तक और योग्य पुरुषों को उत्तेजन देने और कलों की अथवा खेती आदि की सच्ची देश हितकारी बातों के प्रचलित करने में सच्चा धर्म समझते हैं, परन्तु शर्त यह है कि इन सब बातों में अपना कुछ स्वार्थ न हो, अपनी नामवारी का लालच न हो, किसी पर उपकार करने का बोझ न डाला जाए बल्कि किसी को ख़बर ही न होने पाए।'' (वही, पृ. 119)

यह अपनी तरह की नवीनता का प्रथम आधुनिक उपन्यास है जिसका एक सशक्त बिन्दु पुरुष चरित्र निर्माण पर बल देना है। आधुनिक युग में साहित्य की जिस विधा ने सबसे अधिक सफलता पाई वह उपन्यास विधा थी। उपन्यास में ही दिनोंदिन जटिल होते जीवन और मानसिकता के चित्रण का अवकाश और स्थान था। कविता को यह सुविधा नहीं थी और नाटकों की भी अपनी सीमाएँ थीं। भारतेन्दु हरिश्चन्द्र ने इस बात को समझकर हरिश्चन्द्र मैगज़ीन के मुखपृष्ठ पर इस पत्र से सम्बद्ध विषयों में उपन्यास "Published in connection with the Kavi-Vachan-Sudha, containing articles on literary, scientific, political and religious subjects; antiquities, reviews, dramas, history, novels, poetical selections, gossip, humour and wit, edited by Harish Chandra." (*हरिश्चन्द्र मैगज़ीन,* अक्टूबर, 1873 ई.)

भारतेन्दु हरिश्चन्द्र हिन्दी के साहित्य भंडार को तन-मन-धन से भर रहे थे। वे हिन्दी में अच्छे 'नॉवेल' लिखे जाने के प्रति अत्यन्त आग्रही थे। भारतेन्दु हरिश्चन्द्र और लाला श्रीनिवास अक्षरश: समकालीन थे। श्रीनिवासदास का जन्म भी सन् 1850 में ही हुआ था। इन्हें भारतेन्दु से बस दो वर्ष अधिक जीवन मिला। भारतेन्दु एवं श्रीनिवासदास आपस में अच्छे मित्र थे। भारतेन्दु हरिश्चन्द्र ने श्रीनिवासदास द्वारा रचित नाटक *रणधीर और प्रेममोहिनी* नाटक में प्रस्तावना के अभाव की पूर्ति स्वयं उसकी प्रस्तावना लिखकर की। भारतेन्दु की हिन्दी भंडार में नाटक और उपन्यास

वृद्धि की इच्छापूर्ति के लिए राधाकृष्णदास ने नाटकोपन्यास पाक्षिक पुस्तिका प्रकाशित करने का अपना विचार *हरिश्चन्द्र चन्द्रिका* में विज्ञापित किया—''हिन्दी भाषा में नाटक और उपन्यास का सम्पूर्ण रूप से अभाव है विशेषकर अंग्रेज़ी और बंगभाषा के अनुसार उत्तम नाटक आज तक बहुत कम ही प्रकाशित हुए हैं और उपन्यासों के तो अभी तादृश स्वाद में भी हमारे देश बांधवगण वंचित हैं, इस हेतु ऐसा विचार किया है कि एक पाक्षिक पुस्तिका 20 पृष्ठ की हिन्दी भाषा की पूर्वोक्त नाम की प्रचलित हो और इसमें केवल मनोहर उपन्यास और नाटक रहें, अनेक कृतविद्यों ने बंगला और अंग्रेज़ी से अच्छे-अच्छे नाटकों और उपन्यासों (नॉवेल्स) के अनुवाद करना भी स्वीकार किया है।'' (हरिश्चन्द्र चन्द्रिका, नवम्बर-1878)

भारतेन्दु की ही प्रेरणा से संस्कृत, बंगला और मराठी उपन्यासों का अनुवाद प्रारम्भ हुआ था। बाबू गदाधर सिंह ने 1873 में संस्कृत से *कादम्बरी,* बंगला से *दुर्गेशनन्दिनी* का अनुवाद प्रस्तुत किया। 1875 में अनुवाद किए जाने योग्य पुस्तकों के नाम पूछे जाने पर भारतेन्दु ने अनुवाद के लिए पुस्तकों की एक सूची प्रस्तुत की थी जिसमें फ़ारसी से *आईने अकबरी,* संस्कृत से *राजतरंगिणी, विक्रमचरित्र, ललित विस्तर;* यास्क, वात्स्यायन, गौतम आदि के सूत्र और बंगला से *विधवार दांते मिसी, नवीन तपस्विनी, कृष्णाकुमारी, दुर्गेशनन्दिनी, नवनारी* आदि अच्छे-अच्छे नाटक और प्रबन्ध थे। उनकी इच्छानुसार नाटकों और उपन्यासों का समुचित प्रचार हो सके इसीलिए राधाकृष्णदास ने नाटकोपन्यास पाक्षिक पुस्तिका निकालने का प्रयास किया। सम्भवतः इसीलिए लाला श्रीनिवासदास ने हिन्दी में नई चाल का पहला उपन्यास लिखा। आचार्य रामचन्द्र शुक्ल ने *परीक्षा गुरु* को हिन्दी में अंग्रेज़ी ढंग का पहला मौलिक उपन्यास बताया। स्वयं उपन्यासकार श्रीनिवासदास ने इस उपन्यास के निवेदन में इसे नई चाल का उपन्यास बताया। साथ ही इसमें निहित नवीन तत्त्वों को भी स्पष्ट किया—''अब तक नागरी और उर्दू भाषा में अनेक तरह की अच्छी-अच्छी पुस्तकें तैयार हो चुकी हैं, परन्तु मेरे जान इस रीति से कोई नहीं लिखी गई। इसलिए अपनी भाषा में यह नई चाल की पुस्तक होगी। पहले तो पढ़ने वाले इस पुस्तक में सौदागर की दुकान का हाल पढ़ते ही चकरावैंगे क्योंकि अपनी भाषा में अब तक वार्ता रूपी जो पुस्तकें लिखी गई हैं उनमें अक्सर नायक-नायिका वगैरह का हाल ठेठ सिलसिलेवार लिखा गया है जैसे कोई राजा, बादशाह, सेठ, साहूकार का लड़का था उसके मन में इस बात से यह रुचि हुई और उसका यह परिणाम निकला—ऐसा सिलसिला इसमें कुछ भी नहीं मालूम होता।'' (वही, पृ. 3)

तो इसमें श्रीनिवासदास ने 'एक था राजा, एक थी रानी' की तर्ज पर कहानी नहीं कही। न ही यह क़िस्सा *तोता-ए-मैना* की तरह रूमानियत से भरा था और न ही *हातिमताई के क़िस्से* की तरह असम्भव कल्पनाओं से अँटा था। इसमें उन सांसारिक बातों का विस्तार से वर्णन था जो देश और समाज की प्रगति से जुड़ी थीं।

आचार्य रामचन्द्र शुक्ल ने अपने हिन्दी साहित्य का इतिहास में भारतेन्दु, प्रतापनारायण मिश्र, बालकृष्ण भट्ट और चौधरी बदरीनारायण 'प्रेमघन' से लाला श्रीनिवासदास की तुलना करते हुए लिखा है—"उपर्युक्त चारों लेखकों में प्रतिभाशालियों का मनमौजीपन था पर लाला श्रीनिवासदास व्यवहार में दक्ष और संसार का ऊँचा-नीचा समझने वाले पुरुष थे।" (*हिन्दी साहित्य का इतिहास,* रामचन्द्र शुक्ल, पृ. 322) लाला श्रीनिवासदास के लेखन में तत्कालीन व्यापार और बाज़ार से पूर्णत: परिचित थे। श्रीनिवासदास के लेखन में उनके सांसारिक व्यवहार एवं व्यापारिक दक्षता का बहुत से स्थानों पर परिचय मिलता है—"दूसरे साल रुई की भरती की जिस्मैं सात-आठ हज़ार रुपे टूटते रहे इसका घाटा भरने के लिए पहले से दुगुनी नील बनवाई जिसमें एक तो परता कम बैठा दूसरे माल कलकत्ते पहुँचा उस समय भाव मन्दा रह गया जिसमें नफे के बदले दस-बारह हज़ार इसमें टूटते रहे।" (*परीक्षा गुरु,* पृ. 13)

मिस्टर रसल लाला मदनमोहन से अपने डूबते व्यापार को बचाने के लिए सहायता माँगने आए हैं। वे चाहते हैं कि मदनमोहन रायप्रसाद बनारसीदास का डिक्री का रुपया चुका दे और वे मदनमोहन का क़र्ज़ एक वर्ष के भीतर चुका देंगे। लाला मदनमोहन अपना व्यापार बढ़ाना चाहते हैं। इसलिए वे जानना चाहते हैं कि रामप्रसाद बनारसीदास का पैसा चुका देने पर उनकी दिलजमई किस प्रकार हो सकेगी, रसल के पास इसका उत्तर तैयार है—"मैं थोड़े दिन में शीशे बरतन का एक कारखाना यहाँ बनाना चाहता हूँ अब शीशे बरतन की सब चीज़ें विलायत से आती हैं इसलिए खर्च और टूट-फूट के कारण उनकी लागत बहुत बढ़ जाती है जो वह सब चीज़ें यहाँ तैयार की जाएँगी तो उनमें ज़रूर फायदा रहेगा और खुदा ने चाहा तो एक वर्ष के भीतर-भीतर आपको सब रकम जमा हो जाएगी, परन्तु आपको इस समय इस बात पर पूरा भरोसा नहीं तो मेरा नील का कारखाना आपकी दिलजमई के वास्ते हाज़िर है।" (वही, पृ. 14-15)

उपन्यास के महत्त्वपूर्ण पात्र मास्टर शिम्भूदयाल तुरन्त इसका समर्थन करते हैं। तत्कालीन हिन्दुस्तान में किसी भी प्रकार के उद्योग-धन्धे की अनुपस्थिति में शीशे के बरतनों का कारखाना अवश्य ही लाभकारी होगा—"हिन्दुस्तान में अब तक कलों के कारखाने नहीं हैं इससे हिन्दुस्तानियों को बड़ा नुकसान उठाना पड़ता है। मैं जानता हूँ कि इस समय हिम्मत करके जो कलों के कारखाने पहले जारी करेगा उसको ज़रूर फायदा रहेगा।" (वही, पृ. 14-15)

इस पूरे प्रकरण में मदनमोहन को उलझाने के लिए जो जाल बुना जा रहा है उसका सबसे बड़ा भेद लाला श्रीनिवासदास अर्थशास्त्र के विशेषज्ञ की तरह प्रस्तुत करते हैं—"परन्तु काँच का कारखाना बनाने के लिए रुपे कहाँ से आएँगे? और लाला मदनमोहन के कर्ज़े लायक नील के कारखाने की हैसियत कहाँ है? इन्सालवेन्ट होने से लेनदारों के पल्ले चार आने भी न पड़ेंगे यह बात मिस्टर रसल अपने मुँह से अभी कह चुका है पर यहाँ इन बातों की याद कौन दिलावै?" (वही, पृ. 15)

प्रसंगवश उल्लेखनीय है कि परीक्षा गुरु का संक्षिप्त कथानक धनी लाला मदनमोहन के उत्थान और पतन फिर प्रायश्चित्त की कहानी है। बुरी संगति में पड़ कर सब कुछ गँवा बैठे लाला मदनमोहन का उद्धार उनका सच्चरित्र आदर्शवादी मित्र ब्रजमोहन तथा उसकी पत्नी करते हैं। इसी कथानक को उन्होंने अनेक उद्धरण के साथ प्रस्तुत किया है। यह उपन्यास लाला श्रीनिवासदास की पठन-बहुलता के असंख्य उदाहरणों से पटा पड़ा है। एकाधिक स्थानों से प्रतीत होता है मानो उन्होंने अपने पढ़े हुए साहित्य की अभिव्यक्ति के लिए ही कथानक में वह प्रसंग उत्पन्न किया हो। जैसे रसल लाला मदनमोहन से क़र्ज़ माँगते हुए तर्क देते हैं कि वे अपने लिए जितने चिन्तित नहीं हैं उससे अधिक मदनमोहन के दिए क़र्ज़े की चिन्ता करेंगे। अगर रसल की जायदाद बिक गई तो उसके लेनदारों का क्या होगा। मदनमोहन द्वारा इस पर विश्वास कर पिघल जाने पर उपन्यासकार शेक्सपियर और सादी दोनों को एक साथ दो पात्रों के माध्यम से उद्धृत करते हैं—

''सच है, महाकवि शेक्सपिअर ने कहा है मास्टर शिम्भूदयाल कहने लगे—

कोमल मन होत न किए होत प्रकृति अनुसार।
जो पृथ्वी हित गगन ते वारिस द्रवित फुहार॥
वारिद द्रवित फुहार द्रवहि मन कोमलताई।
लेत, देत शुभ हेत दो उनको मन हरषाई॥
सब गुनते उत्कृष्ट सकल वैभव को भूषन।
राजहु ते कछु अधिक देत शोभा कोमलमन॥

हजरत सादी कहते हैं कि ''दुर्बल तपस्वी से कठिन समय में उसके दुःख का हाल न पूछ और पूछे तो उसके दुःख की दवा कर'' ''मुंशी चुन्नीलाल ने कहा'' (वही, पृ. 163)

श्रीनिवासदास ने अपने समय की प्रचलित भाषा में व्यापारिक प्रक्रियाओं का ब्योरा अत्यन्त सहज भाषा में प्रस्तुत किया है। उसका एक और उदाहरण देख लेना उचित होगा—''जो रकमें बही-खाते में हिसाब पक्का करके लिखी जाने के लायक होती हैं और तत्काल उनका हिसाब पक्का नहीं हो सकता वह रकमें हिसाब की सफाई होने तक इसी खाते में रहती हैं और सफाई होने पर जहाँ की तहाँ चली जाती हैं।'' (वही, पृ. 163)

चूँकि मदन मोहन को कुसंगति ने बर्बाद किया है इसलिए उपन्यासकार को प्रकरण-3 का शीर्षक ही 'संगति का फल' देना पड़ा। शीर्षक के साथ ही '*हितोपदेश*' के उद्धरण से बाद में होने वाले घटना-क्रम का भी आयास दे दिया। लाला श्रीनिवासदास पाठकों की सुविधा हेतु उद्धरणों को अनूदित रूप में देकर साथ में मूल पाठ देते चलते हैं—

सहवासी बस होत नृप गुण कुल रीति विहाय।
नृप युवती अरु तरुलता मिलत प्राय संग पाय॥

(आसन्नमेव नृपतिर्भजते मनुष्यं विद्याविहीन मकुलीन मसंगतं वा प्रायेण भूमिपतय: प्रमदा लताश्च, य: पार्श्व तो वसति तं परिवेष्टयन्ति॥) (वही, पृ. 16)

इस प्रकार के रोचक अनुवादों में, मदनमोहन के पतन पर ब्रजकिशोर द्वारा प्रकट किया गया दु:ख उल्लेखनीय है। यह लॉर्ड बायरन की कविता के अनूदित रूप में अभिव्यक्त होता है। यहाँ कविता का अर्द्धांश द्रष्टव्य है—

''हा! कल क्या था। आज क्या हो गया!!! श्रृंगाररस का सुहावना समाँ एकाएक करुणा से बदल गया! बेल्जियम की राजधानी ब्रसेल्स पर नेपोलियन ने चढ़ाई की थी उस समय की दुर्दशा इस समय याद आती है, लॉर्ड बायरन लिखता है—

निशि मैं बरसेलस गाजि रह्यो॥
बल, रूप बढ़ाय बिराजि रह्यो
अति रूपवती युवती दरसै॥
बलवान सुजान जवान लसैं
सब के मुख दीपनसों दमकैं॥
सब हिय आनन्द सों धमकौं
बहु भाँति विनोद प्रमोद करैं॥
मधुर सुर गाय उमंग भरैं
जब रागन की मृदु तान उड़ैं॥
प्रिय प्रीतम नैनन सैन जुड़ै
चहुँ ओर सुखी सुख छाय रह्यो॥
जनु व्यहान घंट निनाद भयो
पर मौनगहो! अबिलोक इतै॥
यह होत भयानक शब्द कितै?
डरपौ जिन चंचल वायु बहैं॥
अथवा दौरत आवत है
प्रिय! नाचहु, नाचहु ना ठहरो॥
अपने सुख की अवधी न करो
जब जोबन और उमंग मिलै॥
सुख लूटन को दुहु दोर चलै
तब नींद कहूँ निशआवत है?
कुछ औरहु बात सुहावत है?

(वही, पृ. 137)

लाला श्रीनिवासदास बायरन की कविता का यह अनुवाद हिन्दी नवजागरण के देशी बुद्धिजीवी कहलाने वाले वर्ग की विश्व साहित्य और राजनीति के प्रति सचेतनता और उनकी अतुलनीय रचनात्मकता का प्रमाण है। अनपढ़ जनमानस की कुप्रवृत्तियों में अफवाह फैलाना एक प्रमुख दुर्गुण है। व्यक्ति इसका अपने हित में बखूबी उपयोग करते हैं। वे अपने शत्रु का अहित करने के लिए अफवाहों का सहारा लेते हैं। लोग सत्य का परीक्षण किए बिना किसी के भी बुरे पक्ष को झट से मान लेते हैं। परनिन्दा में ही मनोरंजन खोजने वाली यह भारतीय प्रवृत्ति अपने ईर्ष्यालु स्वभाव को अफवाहें फैलाकर खूब धार देती है। किसी की प्रतिष्ठा और ख्याति को नष्ट करने का सबसे सरल उपाय अफवाह फैलाना है—"अफवाह वह भयंकर वस्तु है जिससे बहुत से निर्दोष दूषित बन जाते हैं। बहुत लोगों के जी में रंज पड़ जाते हैं, बहुत लोगों के घर बिगड़ जाते हैं, हिन्दुस्तानियों में अब तक विद्या का व्यसन नहीं है, समय की कदर नहीं है, भले-बुरे कामों की पूरी पहचान नहीं है इसी से यहाँ के निवासी अपना बहुत समय औरों के निज की बातों पर हासिया लगाने में और इधर-उधर की जटल्ल हाँकने में खो देते हैं जिससे तरह-तरह की अफवाहें पैदा होती हैं और भलेमानसों की झूठी निन्दा अफवाह की जहरीली पवन में मिलकर उनके सुयश को धुँधला करती है।" (वही, पृ. 139)

लाला श्रीनिवासदास मानव स्वभाव की इस दुर्बलता का अद्‌भुत विश्लेषण करते हैं। केवल दुष्ट प्रवृत्ति के लोग ही नहीं बल्कि सरलता से उनकी बात मान लेने वाले भी किसी के चरित्र हनन के दोषी हैं।

श्रीनिवासदास पहले अफवाह फैलाने वाले दुष्ट व्यक्तियों का प्रकार और लक्ष्य सामने रखते हैं—"इन अफवाह फैलाने वालों में कोई दुर्जन खाने-कमाने वाले हैं और कोई पापी ऐसे भी हैं जो आप किसी तरह की योग्यता नहीं रखते इसलिए अपना भरम बढ़ाने को बड़े-बड़े योग्य मनुष्यों की साधारण भूलों पर टीका करके आप उनके बराबर के बनना चाहते अथवा अपना दोष छिपाने के लिए दूसरे के दोष ढूँढ़ते फिरते हैं या किसी की निन्दित चर्चा सुनकर आप उससे जुदा बनने के लिए उसकी चर्चा फैलाने में शामिल हो जाते हैं या किसी लाभदायक वस्तु से केवल अपना लाभ स्थिर रखने के लिए औरों के आगे उसकी निन्दा किया करते हैं पर बहुत ठिलुए अपना मन बहलाने के लिए औरों की पंचायत ले बैठते हैं।" (वही, पृ. 137-140)

फिर वे बुरे लोगों के इस लक्ष्य में सम्मिलित होने वाले भले लोगों का विश्लेषण करते हैं। मनुष्य अपनी नासमझी के कारण बुरी बातों पर सहज ही विश्वास कर लेता है। उसकी यह असावधानी बहुत से अच्छे लोगों का जीवन नष्ट कर देती है। यही नहीं झूठी अफवाहें सावधान से सावधान मनुष्य को भी ठग लेती हैं—"बहुत से अनसमझ भोले भाव से बात का मर्म जाने बिना लोगों की बनावट में आकर धोखा

खाते हैं। जो लोग औरों की निन्दा सुनकर काँपते हैं वह आप भी अपने अजानपने में औरों की निन्दा करते हैं। जो लोग निर्दोष मनुष्य की निन्दा सुनकर उन पर दया करते हैं वह आप भी धीरे से, कान में झुककर, औरों से कहने के वास्ते मनै करकर औरों की निन्दा करते हैं। जिन लोगों के मुख से यह वाक्य सुनाई देते हैं कि 'बड़े खेद की बात है', 'बड़ी बुरी बात है', 'बड़ी लज्जा की बात है', 'यह बात मानने योग्य नहीं', 'इसमें बहुत सन्देह है', 'इन बातों से हाथ उठाओ' वह आप भी औरों की निन्दा करते हैं। वह आप भी अफवाह फैलाने वालों की बात पर थोड़ा-बहुत विश्वास रखते हैं! झूठी अफवाह से केवल भोले आदमियों के चित्त पर ही असर नहीं होता सावधान से सावधान मनुष्यों को भी ठगती है, उसका एक-एक शब्द भले मानसों की इज़्ज़त लूटता है। कल्पद्रुम में कहा है—

होत चुगल संसर्ग ते सज्जन मनहुँ विकार।
कमल गंध वाही गलिन धूल उड़ावत ब्यार॥

जो लोग असली बात निश्चय किए बिना केवल अफवाह के भरोसे किसी के लिए मत बाँध लेते हैं वह उसके हक़ में बड़ी बेइंसाफी करते हैं।'' (वही, पृ. 140)

मानव समाज द्वारा निर्मित ये कुटिलताएँ उसे अच्छे सामाजिक कार्य में सहयोग देने से रोकती हैं। किसी की भलाई करके कष्ट पाने के कई मुहावरों के पीछे ऐसी ही सामाजिक निन्दाओं के कटु अनुभव हैं। अच्छे कार्यों के शत्रुओं के अस्त्र के रूप में निन्दा और अफवाह को नकार देने पर समाज की ऊर्जा बचेगी जिसका प्रयोग उचित दिशा में हो सकेगा। निन्दा और अफवाहों पर विश्वास कर लेने से अच्छे मनुष्य की अपनी मनोवृत्ति भी दूषित हो जाती है। श्रीनिवासदास इस उपन्यास के सन्देशपरक अंश के रूप में अफवाह से हुए जनसमाज के सबसे बड़े सर्वनाश की याद दिलाते हैं—''अफवाह के कारण अब तक हमारे देश का बहुत कुछ नुकसान हो चुका है। नादिरशाह से हार मानकर मुहम्मदशाह उसे दिल्ली में लिवा लाया नगर निवासियों ने यह झूठी अफवाह उड़ा दी की नादिरशाह मर गया। नादिरशाह ने इस झूठी अफवाह को रोकने के लिए बहुत उपाय किए परन्तु अफवाह फैले पीछे कब रुक सकती थी। लाचार होकर नादिरशाह ने विजन बोल दिया। दोपहर भीतर लाख मनुष्यों से अधिक मारे गए। तथापि हिन्दुस्तानियों की आँख न खुली।'' (वही, पृ. 140)

लाला श्रीनिवासदास की इस स्मृति और अफवाहों के दुष्परिणाम से सहमत हुए बिना नहीं रहा जा सकता। आत्मविश्लेषण एवं आत्मालोचना के बिना किसी भी समाज की प्रगति की मार्गदर्शिका तैयार नहीं की जा सकती। भारतीयों की परनिन्दा की कुवृत्ति के साथ उनके धार्मिक अन्धविश्वासों ने उन्हें बहुत हानि पहुँचाई। धर्म और उससे सम्बद्ध कुरीतियों से छुटकारा पाए बिना उनकी आधुनिक बनने की कोशिश अधकचरी प्रमाणित हुई। हिन्दू समाज यह समझने में असफल रहा कि वृक्ष

की सड़ी हुई जड़ को काट-छाँट कर उसे जिलाना है, केवल पत्तों और टहनियों को छाँट देने से सामाजिक सुधार असम्भव है। अपनी दुष्ट प्रवृत्ति के दमन के लिए भी निरन्तर प्रयासरत रहना पड़ता है। अंग्रेज़ समाज ने अपनी इन कुवृत्तियों पर जिस प्रकार नियंत्रण किया भारतीयों ने उसका अनुकरण न कर केवल बाह्य वेशभूषा और बाह्याचरण की नकल की—"हिन्दुस्तानियों को आजकल हर बात में अंग्रेज़ों की नकल करने का चस्का पड़ ही रहा है तो वह भोजन-वस्त्रादि निरर्थक बातों की नकल करने के बदले उनके सच्चे सद्‌गुणों की नकल क्यों नहीं करते? देशोपकार, कारीगरी और व्यापारादि में उनकी सी उन्नति क्यों नहीं करते? अपना स्वभाव स्थिर रखने में उनका दृष्टांत क्यों नहीं लेते? अंग्रेज़ों का बातचीत में किसी की निज की बातों का चर्चा करना अत्यन्त दूषित समझा जाता है। किसी की तनख्वाह या किसी का अधिकार या किसी का रोज़गार, किसी की सन्तान या किसी के घर का वृत्तान्त पूछने में, पूछा होय तो कहने में, कहा हो तो सुनने में वह लोग आनाकानी करते हैं और किसी समय तो किसी का नाम, पता और उम्र पूछना भी ढिठाई समझा जाता है। अपने निज के सम्बन्धियों की बातों से भी अज्ञान रहना वह लोग बहुधा पसन्द करते हैं। रेल में, जहाज में खोने-पीने के जलसों में, पास बैठने में और बातचीत करने में और जान-पहचान नहीं समझी जाती। वह लोग किराए के मकान में बहुत दिन पास रहने पर बल्कि दु:ख-दर्द में साधारण रीति से सहायता करने पर भी दूसरे की निज की बातों से अनजान रहते हैं।" (वही, पृ. 141)

सभ्यताओं को सम्भवत: अतियों में जीने का अभिशाप होता है। प्रत्येक सभ्यता अपनी-अपनी अतियों का शिकार होती है। भारतीय सभ्यता दूसरों के जीवन में आवश्यकता से अधिक ताक-झाँक करती रही है, तो पश्चिमी सभ्यता ने ऐसी अजनबीयत को अपनाया कि पड़ोसी पड़ोसी के सुख-दु:ख से अनजान थे। वे एक-दूसरे के अपरिचित हो गए। लाला श्रीनिवासदास ने अपनी सदी में इसे अंग्रेज़ों का गुण बताया था, हमारी सदी तक आते-आते यह भारतीयों का दुर्गुण हो गया।

भारतीयों के जिस एक और दुर्गुण से सभी सुधारकों ने बड़ा कष्ट पाया है वह है आपसी फूट और कलह। भारतेन्दु हरिश्चन्द्र से लेकर आज तक भारतीय समाज की आपसी फूट से उपजी कलहकारी स्थितियों में कोई विशेष सुधार नहीं है। विशेषकर जाति व्यवस्था इस फूट का मुख्य आधार है। भारतेन्दु ने फूट और बैर को इस देश के दो विशेष फल कहा था। इस नाम के दो फल होते भी हैं। लाला श्रीनिवासदास ने प्रकरण 28 का शीर्षक *फूट का मुँह काला* रखा है। वे गंग कवि को उद्धृत करते हैं—

फूट गए हीरा की बिकानी कनी हाय हाट।
काहू घाट मोल काहू बाढ़ मोल कों लयो॥
टूट गई लंका फूट मिल्यो जो विभीषण है।
रावन समेत बंस आसमान कौ गयो॥

कहे कवि गंग दुर्योधन सो छत्रधारी।
तनक के फूटेते गुमान वाको नै गयो॥
फूटेते नर्द उठ जात बाजी चौपर की।
आपस के फूटे कहु कौन को भलो भयो?''

(वही, पृ. 140-41)

गंग कवि ने अति प्रसिद्ध घर के भेदी विभीषण का उदाहरण दिया। प्राचीन भारतवर्ष के बाद के भारतवर्ष ने फूट का कम दुष्परिणाम नहीं भोगा। महाभारत से लेकर मुसलमानों का राज इस देश में आने और जाने तक का कारण यही फूट है—''मैं तुमको लज्जित करने के लिए यह बात नहीं कहता। मैंने अपने मन का निज भाव तुमको इसलिए समझा दिया है कि तुम मुझे अपना शत्रु न समझो।'' लाला ब्रजकिशोर कहने लगे ''हिन्दुस्तान के सत्यानाश की जड़ प्रारम्भ से यही फूट है। इसी के कारण कौरव-पांडवों का घोर युद्ध हुआ। इसी के कारण नन्द वंश की जड़ उखड़ी, पृथ्वीराज और जयचन्द की फूट से हिन्दुस्तान में मुसलमानों का राज आया और मुसलमानों का राज अन्त में इसी फूट के कारण गया।'' (वही, पृ. 142-43)

केवल मुसलमान ही क्यों अंग्रेज़ भी भारतीयों की आपसी फूट और कलह का लाभ उठाकर ही इस देश में घुसे। हिन्दू जातियों में बँटा था, हिन्दू-मुसलमान धर्मों में बँटे थे, मुसलमानों में भी आपसी एकता न थी—''सौ-सवा सौ बरस से लेकर अब तक हिन्दुस्तान में कुछ ऐसे अप्रबन्ध, फूट और स्वेच्छाचार की हवा चली कि बहुधा लोग आपस में कट मरे, साहूजी ने ईस्ट इंडिया कम्पनी को देवी कोटे का किला और जिला देकर उसके द्वारा अपने भाई प्रताप सिंह से तंजौर का राज छीन लिया। बंगाल के सूबेदार सिराजुद्दौला से अधिकार छीनने के लिए उसके बख्शी मीर जाफर और दिवान राय दुल्लभ आदि ने कम्पनी को दक्षिण कालपी तक की ज़मींदारी, एक करोड़ रुपया नगद और कलकत्ते के अंग्रेज़ों को पचास लाख, फ़ौज को पचास लाख और लोगों को चालीस लाख अनुमान देने किए। जब मीर जाफर सूबेदार हुआ तब उससे अधिकार छीनने के लिए उसके जँवाई कासम अली खाँ ने कम्पनी को बर्दवान, मेदनीपुर, चटगाँव के जिले, पाँच लाख रुपये नगद और काउंसिल वालों को बीस लाख रुपये देने किए। जब कासम अली खाँ सूबेदार हो गया और महसूल बाबत उसका कम्पनी से बिगाड़ हुआ तब मीर जाफर ने कम्पनी को तीस लाख रुपये नगद और बारह हज़ार सवार और बारह हज़ार पैदलों का खर्च देकर फिर अपना अधिकार जमा लिया।'' (वही, पृ. 143)

यह तो 'इधर' का हाल था, जहाँ से अंग्रेज़ों ने इस देश पर अपना क़ब्ज़ा जमाया। 'उधर' अर्थात् हिन्दुस्तान के बाकी भागों में इससे भिन्न दृश्य न था। राजनैतिक फूट और एकता की असम्भवता ने रणजीत जैसे कुशल प्रशासक की

विरासत को छिन्न-भिन्न कर दिया। पेशवा की मृत्यु के बाद मराठे आपस में लड़कर निस्तेज हो गए—पूरा का पूरा भारतवर्ष अंग्रेज़ों के क़ब्ज़े में आ गया। भारतवासियों में अगर आपसी एकता होती तो वह इतनी छोटी-छोटी रियासतों में बँटा ही क्यों होता? बँटने पर भी थोड़ी-बहुत एकता होती तो हिन्दुस्तान ग़ुलाम नहीं हुआ होता। छोटे-छोटे तिनके मिलकर रस्सी का निर्माण करते हैं, यह रस्सी गजराज तक को बाँधने में सक्षम होती है—"उधर अवध का सूबेदार सुजाउद्दौला कम्पनी को चालीस लाख रुपये नगद और लड़ाई का खर्च देना करके उसकी फ़ौज रुहेलों पर चढ़ा ले गया। दखन में बालाजी राव पेशवा के मरते ही पेशवाओं के घराने में फूट पड़ी। दो थोक हो गए। अब तक पंजाब बच रहा था। रणजीत सिंह की उन्नति होती जाती थी परन्तु रणजीत सिंह के मरते ही वहाँ फूट ने ऐसे पाँव फैलाए कि पहले सब झगड़ों को मात कर दिया। राजा ध्यानसिंह मंत्री और उसके बेटे हीरासिंह आदि की स्वार्थपरता, लहनासिंह और अंजीत सिंह सिंधा वालों का छल अर्थात् कुँवर शेरसिंह और राजा ध्यान सिंह के जी में एक दूसरे की तरफ से सन्देह डालकर विरोध बढ़ाना, और अन्त में दोनों के प्राण लेना, राजकुमार खड़गसिंह उसका बेटा नौनिहाल सिंह, राजकुमार शेरसिंह उसका बेटा प्रताप सिंह आदि की अनसमझी में यह कटमकटा हुई कि पाँच बरस के भीतर-भीतर उसके वंश में सिवाय दिलीपसिंह नामी एक बालक के कोई न रहा और उसका राज भी कम्पनी के राज में मिल गया। किसी ने सच कहा है—

अल्पसार हू बहुत मिल करै बड़ो सो जोर।
जो गज को बन्धन करे तृण की निर्मित डोर॥
बहुनामल्प साराणां समवायोहि द्धर्जया।
तृणै र्विधियते रज्जुर्बध्यन्ते दन्तिनरतया॥

(वही, पृ. 143)

इतिहास के पास ऐसी साहित्यिक समझदारी नहीं होती। उसके पास अपने विशिष्ट उपकरण हैं, किन्तु समस्या के कारणों के ऐसे विश्लेषण के सुयोग उपलब्ध नहीं हैं। अपनी इस कमी को न समझते हुए बहुत से इतिहासकारों ने साहित्य को ऐतिहासिक सामग्री के रूप में स्वीकार नहीं किया है। इसे कल्पना कहकर ख़ारिज किया है। इतिहास स्वयं भी कई बार अनुमानों के सहारे अपना ढाँचा खड़ा करता है और इन अनुमानों में कल्पना का योगदान भी होता है। *परीक्षा गुरु* जैसी साहित्यिक कृतियों की प्रसिद्धि में एक बाधा इनका अन्य भाषाओं में अनूदित न होना था। साथ ही हिन्दी द्वेषी साहित्यकारों, इतिहासकारों, आलोचकों और पत्रकारों ने हिन्दी की कृतियों में सदैव वही खोजने का प्रयास किया जिसे रचनाकार ने सम्बोधित नहीं किया। इस सन्दर्भ में वीरभारत तलवार का यह कथन देखा जा सकता है—*परीक्षा*

गुरु में राजनैतिक अभिव्यक्ति बिलकुल नहीं मिलती। जिन घटनाओं ने उस समय खलबली मचा रखी थी—जैसे अकाल, टैक्स, आर्म्स ऐक्ट, वर्नाक्यूलर प्रेस ऐक्ट और काबुल की लड़ाई का खर्च भारत से वसूलने का विधेयक—*परीक्षा गुरु* से इनका पता दूर-दूर तक नहीं मिलता। श्रीनिवासदास दिल्ली के थे और इसी दिल्ली में 1877 ई. में प्रसिद्ध दिल्ली दरबार हुआ था जिसमें भारत के सभी प्रान्तों से आए महत्त्वपूर्ण लोगों ने भाग लिया था। इस असाधारण सम्मेलन से प्रेरणा लेकर ही अखिल भारतीय सम्मेलनों और संगठनों को कायम करने का सिलसिला शुरू हुआ था। लेकिन *परीक्षा गुरु* पर इस घटना की परछाईं नहीं पड़ी। यहाँ तक कि उस समय के समाज-सुधार आन्दोलन जैसे विधवा-विवाह या आर्य समाज का भी *परीक्षा गुरु* में कोई असर या जिक्र नहीं मिलता। तब फिर *परीक्षा गुरु* की राष्ट्रीय भावना किस प्रकार की थी?'' (राष्ट्रीय नवजागरण और साहित्य कुछ प्रसंग : कुछ प्रवृत्तियाँ, वीरभारत तलवार, पृ. 9)

यहाँ केवल इतना कहना ही उचित होगा कि बीतते समय के साथ उन्नीसवीं सदी के रचनाकारों के लिए केवल उपरोक्त एजेंडे पर साहित्य रचना करना सम्भव नहीं था। इस उपन्यास में देशोन्नति के लिए चुने गए बिन्दुओं में से कुछ पर चर्चा की जा चुकी है।

सामाजिक दुर्गुणों का सबसे अधिक दंड समाज के निर्बल भाग को भोगना पड़ता है। जिस समाज के योग्य, कर्मठ और बाहरी जीवन में व्यस्त पुरुषों में इतने दुर्गुण हों उस समाज की गृहबंदिनी कुंठित जीवन जीती और नियमों के दायरे में बँधी स्त्रियों से यह आशा की गई कि वे आत्मिक उन्नति करें, विषम से विषम परिस्थिति में वे अपने चरित्र का उच्चतम विकास करें। पतनोन्मुखी भारतीय संस्कृति की प्राण-रक्षा का भार उन 'अबलाओं' के सिर पर डाल दिया गया था जिनके अपने अस्तित्व पर सदा संकट मँडराता है। धर्म द्वारा स्त्री के सम्पूर्ण विनाश को देखते हुए उससे किसी 'महान' कार्य की अपेक्षा कितनी अतार्किक है इस पर विचारकों ने कम ध्यान दिया। अफवाहों का बहुत बड़ा शिकार स्त्रियाँ ही बनती हैं इसका उल्लेख भी कम ही किया गया। आज भी किसी भी प्रखर, प्रतिभाशालिनी, योग्य, कार्यदक्ष और आत्मविश्वासिनी स्त्री के चरित्र हनन के लिए उसके विरुद्ध एक अफवाह फैलाना पर्याप्त होता है। स्त्री चाहे कितनी ही उच्च पदस्थ क्यों न हो उसका शत्रु पुरुष समाज निष्कंटक रूप से इस गर्हित अस्त्र का पूरी सफलता से प्रयोग करता है। बहुत अच्छे विचार रखने वाले स्त्री-पुरुष किसी भी स्त्री की निन्दा को तुरन्त मान लेते हैं बिना एक क्षण इस बात पर गँवाए कि उस स्त्री का पक्ष जानने की कोई कोशिश तक नहीं की गई है।

उन्नीसवीं सदी की विकट परिस्थितियों में नित्य-प्रतिदिन अपने पर लांछन सहती स्त्रियों के पास अपने पति के हर दुर्गुण को स्वीकार कर लेने के अतिरिक्त

कोई चारा नहीं था। समाज ने उनकी विद्रोह वृत्ति को दबाने और उनकी इस दुर्दशा पर पर्दा डालने के लिए उनकी इस असहायता को महिमामंडित किया। कुल इकतालीस प्रकरणों और दो सौ तेरह पृष्ठों के *परीक्षा गुरु* उपन्यास में अड़तीसवें प्रकरण और पृष्ठ एक सौ नब्बे पर स्त्री पात्र का अवतरण होता है। *सच्ची प्रीति* शीर्षक इस प्रकरण का तुलसीकृत कथन से आरम्भ होता है—

धीरज धर्म मित्र अरु नारी।
आपतिकाल परखिये चारी॥

अपनी सच्ची प्रीति के निर्वाह हेतु 'मदनमोहन की स्त्री' ने अपने और अपने बच्चों के गहने ब्रजकिशोर के पास इस निवेदन के साथ भेजे कि वह किसी भी तरह उसके पति को छुड़ा ले। लाला ब्रजकिशोर इंग्लैंड के बादशाह जेम्स प्रथम की बेटी की कहानी सुनाते हैं, साथ-साथ सीता-सावित्री का सन्दर्भ तो है ही—"इंग्लैंड के बादशाह पहले जेम्स की बेटी इलेक्टर पेलेटीन के साथ ब्याही थी उसने अपने पति को बोहोमिया का बादशाह बनाने की उमंग में इनकी तरह अपना सब जेवर खो दिया इससे अन्त में उसको अपने निर्वाह के लिए भेष बदलकर भीख माँगनी पड़ी थी।" (वही, पृ. 191) मदनमोहन की स्त्री नारोचित उत्तर देती है, "अपने पति के लिए भीख माँगनी पड़ी तो क्या चिन्ता हुई? स्त्री को पति से अधिक संसार में और कौन है? जगत माता जानकी जी ने राज सुख छोड़कर पति के संग बन में रहना बहुत अच्छा समझा था—

देत पिता परिमित सदा परिमित सुत और भ्रात।
देत अमित पति तासुपद नहिं पूजहि किहिं भाँति?

सती शिरोमणि सावित्री ने पति के प्राण वियोग पर भी वियोग नहीं सहा था।" (वही, पृ. 191)

मदनमोहन की स्त्री अपने चलते विलाप को रोक, यह भी बताती है कि मनुस्मृति ने क्या लिखा है। 'मदनमोहन की स्त्री' कहती है, मनुस्मृति में लिखा है—

शील रहित पर नारि रत होय सकल गुण हानि।
तदपि नारि पूजै पतिहि देव सदश जिय जानि॥
नारिन को ब्रत यज्ञ तप और न कछु जगमाहिं।
केवल पति पद पूज नित सहज स्वर्ग मैं जाहिं॥

पति के लिए गहना क्या, प्राण तक देने पड़ें तो मैं बहुत प्रसन्न हूँ। हाय! वह क़ैद रहे और मैं गहने का लालच करूँ? वह दुःख सहे और मैं चैन करूँ? हम लोगों की जबान नहीं है इससे क्या हमारे हृदय की प्रीति शून्य है। क्या कहूँ इस समय मेरे

चित्त को जो दु:ख है वह मैं जानती हूँ। हे धरती माता, तू क्यों नहीं फटती जो मैं अभागी उसमें समा जाऊँ?'' (वही, पृ. 191) लाला मदनमोहन की स्त्री केवल मनुस्मृति को उद्धृत कर नहीं रुक जाती। यह वार्तालाप आगे चलता है। अब तक लाज के बन्धन में बँधी लाला मदनमोहन की स्त्री अपने पति परमेश्वर के लिए पर्दे के पीछे से पराए पुरुष से बात करती है—''भाई! मैं तुमसे आज तक नहीं बोली थी परन्तु इस समय दु:ख की मारी बोलती हूँ सो मेरी ढिठाई क्षमा करना। मुझसे यह दु:ख नहीं सहा जाता। मेरी छाती फटती है। मुझको इस समय कुछ नहीं सूझता। जो तुम अपनी बहन के और इन छोटे-छोटे बच्चों के प्राण बचाया चाहते हो तो यह गहना लो और हो सके जैसे इसी समय उनको छुड़ा लाओ नहीं तो केवल मैं ही नहीं मरूँगी मेरे पीछे ये छोटे-छोटे बालक भी झुर-झुर कर—'' (वही, पृ. 191-92)

बच्चों समेत प्राण देने की मदनमोहन की स्त्री के इस निर्णय से विगलित लाला ब्रजकिशोर उसे शकुन्तला का उदाहरण देकर समझाते हैं कि पति के दोष पर शकुन्तला तक ने क्रोध किया था। वह भी बच्चों का मुख देखकर धैर्य धरे। मदनमोहन की स्त्री के उत्तर की ओर बढ़ने से पहले यह स्पष्ट कर देना आवश्यक है कि उपन्यासकार ने उस स्त्री पात्र को कोई नाम ही नहीं दिया है जो लाला मदनमोहन की पत्नी है। अत: इस स्त्री पात्र पर चर्चा करते समय पुनरुक्ति दोष से बचना असम्भव है। उपन्यासकार ने इस इकलौते प्रकरण में इस स्त्री पात्र को रखा है और उसे 'मदनमोहन की स्त्री' के नाम से सम्बोधित किया है। इस पर आश्चर्यचकित नहीं होना चाहिए क्योंकि 'श्रीमान और श्रीमती फलाँ-फलाँ' का प्रचलन तो अब तक है जिसमें केवल श्रीमान का नाम रहता है, श्रीमती का नहीं। हम उन्हें 'श्रीमती फलाँ' या 'मिसेज़ फलाँ' के नाम से जानते हैं। अत: इक्कीसवीं सदी को अभी भी उन्नीसवीं सदी पर इस विषय में निर्णय सुनाने का अधिकार नहीं है। 'मिसेज़ पटेल' या 'मिसेज़ गुप्ता' या 'मिसेज़ सिंह' आदि-आदि के बियाबान जंगलों में कितनी ही श्रीमतियों के नाम कभी जाने ही नहीं गए। उससे भी अधिक ख़तरनाक यह है कि लोगों ने नाम जानना तक नहीं चाहा। विवाह के साथ अपनी पदवी जाति का नाम बदलती, पति की जातिसूचक संज्ञा के साथ श्रीमती बनी बेनाम औरतों के बीहड़ से मदनमोहन की स्त्री को सम्बोधित करने में कोई कठिनाई नहीं होनी चाहिए। प्रसंगवश यह भी उल्लेखनीय है कि चिकित्सा क्षेत्र में एम.बी.बी.एस. की डिग्री प्राप्त महिलाओं और शिक्षा क्षेत्र में पीएच.डी. की डिग्री प्राप्त महिलाओं के नाम के साथ 'डॉक्टर' लिखने के बाद 'मिस' या 'मिसेज़' लिखा जाता है यानी 'कुमारी' या 'श्रीमती'। कोई महिला लिखने से इनकार करे तो उसे सरकारी प्रक्रिया का हवाला दिया जाता है। स्त्रियों को अपनी वैवाहिक स्थिति स्पष्ट रखनी पड़ती है। कहना न होगा कि पुरुषों के लिए ऐसी कोई बाध्यता नहीं है क्योंकि उन्होंने सृष्टि के आरम्भ से ही अपने लिए 'कुमार' या 'श्रीमान' का भेद ही नहीं रखा।

जब पति का प्रश्न आए तो स्त्री अपने बच्चे को त्याग सकती है। वह स्त्री कैसी जो पति की तुलना में किसी और को वरीयता दे दे? और वह तो स्त्री ही नहीं है जो पति में कोई दोष देखे। पता नहीं शकुन्तला को ऐसा मतिभ्रम कैसे हो गया! मदनमोहन की स्त्री शकुन्तला जैसी अधम नहीं है—"भाई! धैर्य तो पहले ही विदा हो चुका अब मैं क्या करूँ? तुम बार-बार बाल-बच्चों की याद दिलाते हो, परन्तु मेरे जान पति से अधिक स्त्री के लिए कोई भी नहीं है।" मदनमोहन की स्त्री लजाकर भीतर से कहने लगी, "पति से विवाद करना तो बहुत बात है परन्तु शकुन्तला के मन में दुष्यन्त की अत्यन्त प्रीति हुए पीछे शकुन्तला को दुष्यन्त के दोष कैसे दिखाई दिए यही बात मेरी समझ में नहीं आती। फिर मैं शकुन्तला की अधिक नकल कैसे करूँ? मैं बड़ी अधीनता से कहती हूँ कि ऐसे मर्मवेधी वचन कहकर मेरे हृदय को अधिक घायल मत करो और यह सब गहना ले जाकर हो सके जितनी जल्दी इस डूबती नाव को बचाने का उपाय करो। मुझको तुम्हारे सामने इस विषय में बात करते अत्यन्त लज्जा आती है हाय! यह पापी प्राण अब भी क्यों नहीं निकलते इससे अधिक और क्या दु:ख होगा?" (वही, पृ. 192)

द्रौपदी और शकुन्तला भारतीय स्त्रियों के शील और सतीत्व के पैरोकारों की आँखों की किरकिरी है। यह काँटा उन्हें सदा ही खटकता आया है। द्रौपदी अधिक शकुन्तला कम। विवशता यह भी रही कि न महाभारतकार को नकारा जा सकता था न शकुन्तला के रचयिता को। वेदव्यास और कालिदास पर प्रश्न उठाते ही उस धार्मिक और साहित्यिक विरासत पर भी संकट खड़ा होता जो भारतीय संस्कृति और साहित्य की आधारभूमि है। अत: इन नारी चरित्रों की प्रखरता को कम करने का निरन्तर प्रयास चला। बंकिमचन्द्र चट्टोपाध्याय ने शकुन्तला और देस्दिमोना की तुलना करते हुए शकुन्तला को हीन और देस्दिमोना को श्रेष्ठ ठहराया क्योंकि देस्दिमोना अपने पति द्वारा उस पर अकारण सन्देह में मारी जाने पर मुमुर्षु काल में भी पति से पूछती है कि स्वामी, आपको कष्ट तो नहीं हुआ? अर्थात् मुझे जान से मारते हुए आपको कष्ट तो नहीं हुआ? और शकुन्तला? दुष्यन्त को भरी सभा में मिथ्यावादी और प्रवंचक कहती है। एक तो राजा, उस पर दोनों पदों की अवमानना करती है। अनुमान है कि स्त्री विरोधियों ने कालिदास और वेदव्यास को मन ही मन कभी क्षमा नहीं किया होगा। भारतेन्दु ने भी शकुन्तला को एक स्थान पर 'परवश' दिखाकर यह धार कुन्द करने का प्रयास किया है। बंकिमचन्द्र चट्टोपाध्याय ने तो 'द्रौपदी' पर दो निबन्ध लिखे। बाद वाला 'द्रौपदी 2' निबन्ध द्रौपदी के पंचपतिगमन को पूर्णत: आध्यात्मिक प्रमाणित करने के लिए लिखा गया। लाला श्रीनिवासदास कृत हिन्दी के प्रथम आधुनिक उपन्यास *परीक्षा गुरु* में भी शकुन्तला का प्रकरण बलपूर्वक लाया गया प्रतीत होता है। मदनमोहन की स्त्री के मार्मिक कथनों को सुन लाला ब्रजकिशोर अत्यन्त भावुक हो उठते हैं—"बात सुनते ही ब्रजकिशोर की

आँखों से आँसू टपकने लगे, थोड़ी देर नहीं बोला गया। उसको उस समय नारमंडी के अमीरजादे की स्त्री समबिल्ला की सच्ची प्रीति याद आई। रोबर्ट के शरीर में एक जहरी तीर लगने से ऐसा घाव हो गया था कि डॉक्टरों के विचार में जब तक कोई मनुष्य उसका जहर न चूसे रोबर्ट के प्राण बचने की आशा न थी और जहर चूसने से चूसने वाले का प्राण भय था। रोबर्ट ने अपनी प्राण रक्षा के लिए एक मनुष्य के प्राण लेने को सर्वथा अंगीकार न किए परन्तु उसकी पतिव्रता स्त्री ने उसके सोते में उसके घाव का विष चूसकर उस पर अपने प्राण न्योछावर कर दिए।'' (वही, पृ. 192)

लाला ब्रजकिशोर पढ़े-लिखे विवेकवान युवक हैं। उन्होंने बहुत सारा विश्व साहित्य भी पढ़ रखा है, किन्तु मदनमोहन की स्त्री के पास तो इस प्रसंग के लिए महाभारत की कथा है। अत: मदनमोहन की स्त्री विलाप कर कहने लगी—महाभारत में लिखा है कि ''जिस समय एक कपोत ने अतिथि सत्कार के विचार से एक बधिक के लिए प्रसन्नतापूर्वक अपने प्राण दिए तब उसकी कपोती विलाप कर कहने लगी, हा! नाथ! हमने कभी आपका अमंगल नहीं विचारा। सन्तान के होने पर भी स्त्री पति बिना सदा दु:ख सागर में डूबी रहती है, भाई-बन्धु भी उसको देखकर शोक करते हैं। आपके साथ मैं सब दशाओं में प्रसन्न थी। पर्वत, गुफा, नदी, झरना, वृक्ष और आकाश में मुझको आपके साथ अत्यन्त सुख मिला था, परन्तु वह सुख आज कहाँ है? पति ही स्त्री का जीवन है पति बिना स्त्री को जीकर क्या करना है,'' यह कहकर वह कपोती आग में कूद पड़ी। फिर क्या मैं पक्षी से भी गई-बीती हूँ? तुमसे हो सके तो सौ काम छोड़कर पहले इसका उपाय करो न हो सके तो स्पष्ट उत्तर दो। मुझ स्त्री की जाति से जो उपाय हो सकेगा सो मैं ही करूँगी, हाय! यह क्या गजब है! क्या अभागों को मौत भी नहीं मिलती!'' (वही, पृ. 193)

लाला मदनमोहन अपने किए पर लज्जित हैं। उनकी इज़्ज़त, दौलत, आराम, नाम सब कुछ चला गया। कृतघ्न मित्रों के बहकावे में आकर उन्होंने सब कुछ गँवा दिया। यहाँ तक कि उन्हें जेल भी जाना पड़ा। जेल में उन्हें अपनी उस पतिव्रता पत्नी की याद आई जिसे वे झूठे मित्रों की झूठी प्रीति में भूल गए थे। पूरे उपन्यास में पति-पत्नी का साथ में कोई दृश्य तो दूर एक संवाद तक नहीं है। लाला मदनमोहन कचहरी में अपने बच्चों (लड़कों) से मिल लेते हैं, किन्तु पत्नी से 'प्रेतभय' प्रकरण में स्वप्नावस्था में मुलाकात होती है। जेल में बन्द लाला मदनमोहन को मृत्यु-भय और परलोक की चिन्ता सताती है। इन भयों के साथ ही भूत-प्रेत का डर जागता है। उन्हें लगता है कि उन्हें कोई प्रेत मार डालेगा, उनकी छाती पर सवार प्रेत उनका गला घोट रहा है, वे कुछ नहीं कर पा रहे हैं। लाला मदनमोहन अपनी जेल की कोठरी में मूर्च्छित हो जाते हैं। थोड़ी देर की मूर्च्छावस्था के पश्चात् जब उनकी आँखें खुलीं तो भयानक प्रेत के स्थान पर एक स्त्री उनका सिर अपनी गोद में लिये उनके

पैर दबा रही थी। (गोद में सिर लेकर पैर दबाना कैसे सम्भव है!) अन्धकार में जिसका मुख दिखाई नहीं दे रहा था, किन्तु उसकी आँखों से उसके चेहरे पर गिरते गर्म आँसुओं से ही उन्हें होश आया था। मदनमोहन उस स्त्री से भयभीत हो गए पर उस स्त्री ने उन्हें दिलासा दिया, ''प्राणनाथ अब कैसे हो! आपके चित्त में इस समय अत्यन्त व्याकुलता मालूम होती है इसलिए अपने चित्त का जरा समाधान करो, हिम्मत बाँधो मैं आपके लिए भोजन लाई हूँ सो कुछ भोजन करके दो घूँट पानी पियो जिससे आपके चित्त का समाधान हो। इस छोटी सी कोठरी में अँधेरे के बीच आपको ज़मीन पर लेटे देखकर मेरा कलेजा फटता है।'' (वही, पृ. 199)

मदनमोहन को उस स्त्री की आवाज़ अपनी पत्नी की आवाज़ लगी। उस पत्नी की आवाज़ जिसने उनसे सभी प्रकार के दुःख पाने पर भी अपना मन उनके प्रति कभी मैला नहीं किया, किन्तु वह जेल की कोठरी में कैसे आ सकती है? मदनमोहन ने जेल की अँधेरी कोठरी में आँखें बन्द कर ली। वह स्त्री पुनः बोली—''मेरे प्राण पति के लिए यहाँ क्या? सच्ची प्रीति का मार्ग कोई रोक सकता है? स्त्री को पति के संग क़ैद, जंगल या समुद्रादि में जाने से कुछ भी भय नहीं है, परन्तु पति के बिना सब संसार सूना है, यदि सुख-दुःख के समय उसकी विवाहिता स्त्री उसके काम न आवेगी तो और कौन आवैगा?'' (वही, पृ. 199)

लज्जित लाला मदनमोहन उस स्त्री की गोद में सिर रखकर फूट-फूट कर रोने लगे। वह स्त्री उन्हें ढाढ़स बँधाती रही। लाला मदनमोहन ने उस स्त्री के समक्ष अपनी करनी पर लज्जा व्यक्त की। उन्हें इसका भी आश्चर्य है कि उनकी स्त्री ने उनसे वैसा ही क्रूरतापूर्ण व्यवहार क्यों नहीं किया जैसा उन्होंने उसके साथ किया था। मदनमोहन की स्त्री इतनी सी बात तो समझती ही है कि उस पर उसके पति का पूरा अधिकार है। वह उसके साथ जो चाहे कर सकता है। महाभारत की छोटी सी कथा के साथ उसने उत्तर दिया—''प्यारे प्राणनाथ! मैं आपकी हूँ और अपनी चीज़ पर उसके स्वामी को सब तरह का अधिकार होता है जिस पर आप इतनी कृपा करते हैं यह तो बड़े ही सौभाग्य की बात है।'' वह स्त्री मदनमोहन की इतनी-सी बात पर न्योछावर होकर बोली, ''महाभारत में एक कपोती ने एक बधिक के जाल में अपने पति के फँसे पीछे उसके मुख से अपनी बड़ाई सुनकर कहा था कि आहा! हम में कोई गुण हो या न हो जब हमारे पति हमसे प्रसन्न होकर हमारी बड़ाई करते हैं तो हमारे बड़भागिनी होने में क्या सन्देह है? जिस स्त्री से पति प्रसन्न नहीं रहते वह झुलसी हुई बेल के समान सदा मुरझाई रहती है।'' (वही, पृ. 200)

लाला मदनमोहन बहुत पछताते हुए उससे क्षमा-याचना करते हैं। उनकी पत्नी की विनयशीलता और भी हृदय-विदारक है—''तेरी ये ही तो बातें हृदय विदीर्ण करने वाली हैं, मुझको क्षमा कर मेरे पिछले अपराधों को भूल जा। मैं जानता हूँ कि मुझसे अब तक जितनी भूलें हुई हैं उनमें सबसे अधिक भूल तेरे हक़ में हुई है। मैं

एक हीरा को कंकर समझा, एक बहुमूल्य हार को सर्प समझकर मैंने अपने पास से दूर फेंक दिया। मेरी बुद्धि पर अज्ञानता का पर्दा छा गया, परन्तु अब क्या करूँ? अब तो पछताने के सिवाय मेरे हाथ कुछ भी नहीं है।'' (वही, पृ. 200)

पत्नी पति की बातों से सहमत नहीं है। उसके पति ने कोई ग़लती नहीं की। अगर कोई ग़लती हुई है तो पत्नी से ही ''मुझको तो ऐसी कोई बात नहीं मालूम होती जिससे मेरे लिए आपको पछताना पड़े। मैं आपकी दासी हूँ फिर ऐसे सोच-विचार करने की क्या ज़रूरत है? और मैं आपकी मर्जी नहीं रख सकी उसमें तो उलटी मेरी ही भूल पाई जाती है।'' (वही, पृ. 200) अपनी भूल स्वीकार कर वह स्त्री दरवाज़े के पास जाकर अन्तर्धान हो गई।

उन्नीसवीं सदी के उत्तरार्द्ध में हिन्दी के सबसे बड़े लेखक के रूप में भारतेन्दु हरिश्चन्द्र का नाम निर्विवाद रूप से स्थापित एवं सर्व स्वीकृत है। अपने युग को नई दिशा दिखलाने वाले भारतेन्दु ने अपने समभावी लेखकों को प्रेरणा और प्रोत्साहन दिया है। वैष्णव भक्त भारतेन्दु की कृष्ण-राधा भक्ति उनके देश चिन्तन में कहीं बाधा नहीं बनती। बहुत से आलोचकों को अपने 'आधुनिक' दृष्टिकोण से यह बात समझ में नहीं आती कि कोई धार्मिक व्यक्ति कैसे राष्ट्रचिन्ता कर सकता है। आचार्य शुक्ल भारतेन्दु के सम्बन्ध में इस प्रवृत्ति को बड़ी स्पष्टता से समझते हैं—''भारतेन्दु के समय में ही देश के कोने-कोने में हिन्दी लेखक तैयार हुए जो उनके निधन के उपरान्त भी बराबर साहित्य सेवा में लगे रहे। उस काल में हिन्दी का शुद्ध साहित्योपयोगी रूप ही नहीं व्यवहारोपयोगी रूप भी निखारा। वे सिद्ध वाणी के अत्यन्त सरस हृदय कवि थे। इससे एक ओर तो उनकी लेखनी से शृंगार रस के ऐसे रसपूर्ण और धार्मिक कवित्त-सवैये निकले कि उनके जीवनकाल में ही चारों ओर लोगों के मुँह से सुनाई पड़ने लगे और दूसरी ओर स्वदेश-प्रेम से भरी हुई उनकी कविताएँ चारों ओर देश के मंगल का मंत्र-सा फूँकने लगीं।

अपनी सर्वतोमुखी प्रतिभा के बल से एक ओर तो वे पद्माकर, द्विजदेव परम्परा में दिखाई पड़ते थे, दूसरी ओर बंग देश के माइकल और हेमचन्द्र की श्रेणी में; एक ओर तो राधाकृष्ण की भक्ति में झूमते हुए भक्तमाला गूँथते दिखाई देते थे, दूसरी ओर मन्दिरों के अधिकारियों और टीकाधारी भक्तों के चरित्र की हँसी उड़ाते और मन्दिरों, स्त्री-शिक्षा, समाज सुधार आदि पर व्याख्यान देते पाए जाते थे। प्राचीन और नवीन का यही सुन्दर सामंजस्य भारतेन्दु की कला का विशेष माधुर्य है। साहित्य के एक नवीन युग के आदि में प्रवर्तक के रूप में खड़े होकर उन्होंने यह भी प्रदर्शित किया कि नए-नए बाहरी भावों को पचाकर इस प्रकार मिलाना चाहिए कि अपने ही साहित्य के विकसित अंग से लगें। प्राचीन-नवीन के उस सन्धिकाल में जैसी शीतल कला का संचार अपेक्षित था वैसी ही शीतल कला के साथ भारतेन्दु का उदय हुआ इसमें सन्देह नहीं।'' (*हिन्दी साहित्य का इतिहास*, पृ.-315)

अपनी परम्परागत सोच के साथ आधुनिक प्रवृत्तियों को स्वीकार करने की भारतेन्दु हरिश्चन्द्र की निर्विवाद असंदिग्धता ने हिन्दी साहित्य में स्त्री प्रश्न पर चर्चाओं की सम्भावनाओं को ठोस आकार और अभिव्यक्ति दी। मुनाफा कमाने को व्याकुल सेठ अमीचन्द के प्रपौत्र हरिश्चन्द्र ने अपना सर्वस्व देश और साहित्य को अर्पित कर दिया। क्लाइव के धोखे के अनगिनत शिकारों में से एक शिकार सेठ अमीचन्द इस धक्के को स्वीकार न कर पाए। डेढ़ वर्ष तक पागलपन की अवस्था में रहकर उन्होंने प्राण त्याग दिए। उनकी मृत्यु के पश्चात् उनका परिवार बंगाल के मुर्शिदाबाद से बनारस आकर बस गया। बनारस में सेठ अमीचन्द के पुत्र बाबू गोपालचन्द्र का अंग्रेज़ों से सम्पर्क बना रहा। यद्यपि भारतेन्दु के पिता गोपालचन्द्र का देहान्त भी केवल 24 वर्ष की अल्पायु में हो गया था फिर भी उन्होंने कई उल्लेखनीय रचनाएँ लिखीं। उनके उल्लेखनीय कार्यों में से एक कार्य उनका अपनी पुत्री को 'अंग्रेज़ी ढंग की' शिक्षा दिलवाना था। भारतेन्दु इस सम्बन्ध में लिखते हैं—''मेरे पिता ने बिना अंग्रेज़ी शिक्षा पाए इधर क्यों दृष्टि दी यह बात आश्चर्य की नहीं। उनके सब विचार परिष्कृत थे। बिना अंग्रेज़ी की शिक्षा के भी उनको वर्तमान समय का स्वरूप भलीभाँति विदित था। पहले तो धर्म के विषय में ही वह इतने परिष्कृत थे कि वैष्णवव्रत पूर्ण पालन के हेतु अन्य देवता मात्र की पूजा और व्रत घर से उठा दिए थे। टॉमसन साहब लेफ्टिनेंट गवर्नर के समय काशी में पहला लड़कियों का स्कूल हुआ तो हमारी बड़ी बहिन को उन्होंने उस स्कूल में प्रकाश रीति से पढ़ने बैठा दिया। यह कार्य उस समय बहुत ही कठिन था क्योंकि इसमें बड़ी ही लोकनिन्दा थी। हम लोगों को अंग्रेज़ी की शिक्षा दी। सिद्धान्त यह कि उनकी सब बातें परिष्कृत थीं और उनको स्पष्ट बोध होता था कि आगे काल कैसा चला आता है।'' (*भारतेन्दु समग्र,* पृ. 575)

भारतेन्दु के पिता गोपालचन्द्र (उपनाम कवि गिरधरचन्द्र) जैसे पूर्णत: धार्मिक बोध और स्पष्ट काल बोध वाले व्यक्तियों ने ही भारतवर्ष में आधुनिक स्त्री शिक्षा की नींव डाली। कोई भी समाज अपने निवासियों की आन्तरिक इच्छा के बिना परिवर्तित नहीं हो सकता। भारतीय नवजागरण में वे ही परिवर्तन स्थायी प्रमाणित हुए जो समाज ने स्वयं अपनाए। ऊपर से थोपे गए जिन सुधारों को समाज ने अस्वीकार कर दिया वे अपनी कोई जगह नहीं बना पाए।

नासिकेतोपाख्यान और स्त्री सम्बन्धी विचारधारा—उन्नीसवीं सदी पुरुष की सभी उचित-अनुचित इच्छाओं के समर्थन में खड़ी है। पुरुष की असभ्य कामेच्छाओं और कामचेष्टाओं को अनुमति देने वाली महान भारतीय परम्परा और संस्कृति के धार्मिक तथा अन्य साहित्य में पुरुष को विवाह और पत्नी का संसर्ग करने की आज्ञा केवल सन्तोनोत्पत्ति हेतु दी गई, वह भी बालक यानी लड़का यानी उसकी स्वयं की उत्पत्ति। स्त्री की कामेच्छा को स्वीकृति देना समाज के पुरुष

केन्द्रित नियमों को शिथिल कर देता। कैसी विडम्बनापूर्ण स्थिति है कि स्त्रियों को विवाह केवल सन्तानोत्पत्ति के लिए करना था। क्योंकि पुरुष ने केवल सन्तानोत्पत्ति (बालक) के लिए ही उससे विवाह किया है। स्त्री को बहुत जल्दी माँ भी बन जाना है। बाल-विवाह के प्रचलन के कारण कन्याएँ बहुत जल्दी ब्याह दी जाती थीं। कन्या के रजस्वला होने के पहले उसका विवाह न कर पाने की स्थिति में माता-पिता नर्क निवासी होते। सात-आठ-नौ वर्ष की आयु में ब्याही गई कन्या तेरह-चौदह-पन्द्रह-सोलह-सत्रह तक हर हाल में माँ बन जाती थी। अगर नहीं बनती तो उसका जीवन अन्धकारमय हो जाता था। आधुनिक हिन्दी गद्य में जिन पुस्तकों की कीर्ति पताका फहराई गई उनमें 1803 ई. में प्रकाशित सदल मिश्र की पुस्तक *नासिकेतोपाख्यान* है। यह पुस्तक अपने समय की स्त्री सम्बन्धी चिन्ताओं का प्रतिनिधित्व करती है।

नासिकेतोपाख्यान की कथा कहने के पीछे का कारण सदल मिश्र यूँ बताते हैं, "चित्र-विचित्र, सुन्दर-सुन्दर, बड़ी-बड़ी अटारिन से इन्द्रपुरी समान शोभायमान, नगर कलिकत्ता महाप्रतापी वीर नृपति कम्पनी महाराज के सदा फूल-फल रहे कि जहाँ उत्तम लोग बसते हैं औ देश-देश से एक से एक गुणी जन आय-आय अपने-अपने गुण को सुफल करे बहुत आनन्द में मगन होते हैं।

नाम सुन सदल मिश्र पंडित भी वहाँ आन पहुँचा। वो बड़ी बड़ाई सुनि सर्व विद्या-निधान ज्ञानवान महा-प्रधान श्री महाराज जान गिलकृस्त साहब से मिला कि जो पाठशाला के आचार्य हैं तिनकी आशा पाय दो-एक ग्रन्थ संस्कृत से भाषा व भाषा से संस्कृत किए।

अब संवत् 1860 में *नासिकेतोपाख्यान* को जिसमें चन्द्रावती की कथा कही है, देव वाणी से कोई-कोई समझ नहीं सकता, इसलिए खड़ी बोली में किया।" (चन्द्रावती अथवा नासिकेतोपाख्यान, अनुवाद सदल मिश्र, सम्पा. श्यामसुन्दर दास, नागरी प्रचारिणी सभा, काशी, 1950)

यहाँ पर *नासिकेतोपाख्यान* पर चर्चा आरम्भ करने से पहले इस पर विशेष ध्यान दिया जाना चाहिए कि उसी सरसों में भूत है जिससे भूत उतारा जा रहा है। पारम्परिक रूप से मर्यादा प्राप्त जिन ग्रन्थों को पूज्य माना जा रहा था वे सभी स्त्री विरोधी मूल्यों और मानदंडों का मुख्य उपकरण थे। हिन्दी में इन ग्रन्थों के अनुवादकर्ताओं या पुनर्लेखन करने वाले विद्वानों की मानसिकता तो उनके द्वारा इन ग्रन्थों के चयन से ही स्पष्ट हो जाती है। इन ग्रन्थकर्ताओं के सामने वास्तविक संकट यह भी था कि वे स्त्री के पक्षधर ग्रन्थ कहाँ से लाते ? जो बात आपकी संस्कृति में नहीं थी उसे कैसे प्रस्तुत करते और जो उपलब्ध था वह कम-से-कम स्त्री के पक्ष में तो नहीं था, इस प्रकार हिन्दी की जन्मपत्री में संस्कृत भाषा में रचित धार्मिक और अन्य सभी प्रकार के साहित्य की रूढ़ धारणाएँ उसके शत्रु घर में उसके जन्मलग्न से ही बैठी थीं। संस्कृत भाषा की स्त्री विरोधी

मान्यताओं का परित्याग हिन्दी ने बहुत बाद में किया। अत: सदल मिश्र *नासिकेतोपाख्यान* की कथा का आरम्भ पूर्णत: रीतिबद्ध प्रकार से करते हैं—"एक समय राजा जनमेजय गंगा के तीर पर बारह बरस यज्ञ करने को रहे। एक दिन स्नान पूजा कर ब्राह्मणों को बहुत सा दान दे, देवता पितरों को तृप्त करके ऋषि व पंडितों को साथ लिए वैशंपायन मुनि के पास जा, दंडवत कर खड़े हो, हाथ जोड़ कहने लगे कि 'महाराज! आप वेद-पुराण सब शास्त्र के सार जाननिहार तिस पर व्यास ऋषि मुनि के शिष्य, सब योगियों में इन्द्र समान हो। ऐसी कथा कि जिसके सुनने से पाप कटे और कोई रोग न होय, भर जन्म संसार में अच्छा भोग, अन्त में मुक्ति मिले, हमसे कहिए।'

प्रसन्न होकर वह बोले कि—'हे राजा! तुम बड़े ज्ञानी हो अच्छा, सब पाप दूर करने वाली पुराण की कथा कि जिसके सुनने से निस्संदेह मुक्ति होती है मैं कहता हूँ। तुम ऋषि व सेवकों के समेत सावधान होकर सुनो।'

किसी समय में ब्रह्मा के पुत्र उद्दालक मुनि भए कि उनके दर्शन से लोग पवित्र होते थे। वेद पुराण श्रुति स्मृति में बहुत निपुण और दातादयालु कहिए तो वैसे ही बड़े समर्थ सब मुनियों में श्रेष्ठ, कि जिनका तपस्या ही धन था, उनके सुहावने आश्रम पर कि जिसको बड़े-बड़े मुनि लोग नित्य आय सेवें और नाना प्रकार के वृक्षों पर लता सब छा रही थीं—पिप्पलाद मुनि आ पहुँचे।" (वही, पृ. 2)

उद्दालक मुनि ने आवभगत के पश्चात् आने का कारण जानना चाहा तो वह बोले कि "हम तुम्हारी बड़ी तपस्या इस वन में सुनकर आए, तैसे ही तुमको देख बहुत प्रसन्न हुए। पर बिना ब्याह यह तपस्या अकारथ होती है; क्योंकि स्त्री के साथ तप करके ऋषि सब सिद्धि को पहुँचे और वेद की आज्ञा से सन्तान के लिए पत्नी से भोग करना उचित है, नहीं तो तिस बिन क्या कभी क्रिया सिद्ध होती है और पुत्रहीन के, देवता व पितर इन दोनों में कोई सन्तुष्ट नहीं। जग में उसके देव पितर बहुत आनन्द होते कि जिसको कुल उपजाने वाला पुत्र होता है। वो निपुत्री को घर में क्या सुख कि जिस बिना सदा अन्धकार रहता है।" (वही, पृ. 3)

देवताओं-पितरों की प्रसन्नता केवल और केवल इस बात में है कि पुरुष के पुत्र हो, पुरुष स्वयं पुत्र उत्पन्न नहीं कर सकता अत: सर्वगुण हीना, सर्वदोष सम्पन्ना उसी स्त्री के पास जाता है जो नर्क का द्वार है, जो उसकी मुक्ति में बाधा है, जो अधम है। इस अधम नारी की अधमता तब चरम पर पहुँच जाती है जब वह अपने स्वामी को पुत्र उत्पन्न करके न दे सके। जिस सन्तानोत्पत्ति के लिए उसे ईश्वर ने उत्पन्न किया और जिस पुत्र-कामना से उसे पुरुष ने अनुकम्पापूर्वक ग्रहण किया अगर वह इनकी पूर्ति ही न कर सकी तो वृथा है उसका नारी जीवन। उसके सम्पूर्ण नारी जीवन की सार्थकता इसी में है कि अपने स्वामी की वंश परम्परा चलाने के लिए पुत्र उत्पन्न करे। जितने पुत्र उत्पन्न करे उसी अनुपात में सार्थकता लाभ करे। वंश वृद्धि की आवश्यकता तो उन महान ऋषि-मुनियों को भी है जिन्होंने सहस्त्रों वर्षों तक तपस्या

की है, जो सांसारिक मोहमाया आदि से सर्वप्रकार से दूर हैं। उन्हें भी चाहिए कि वे पुत्र उत्पन्न करें और इसके लिए उन्हें बड़ी सहजता से कहीं से भी किसी से भी उसकी कन्या मिल जाएगी।

"इसलिए हमारी आज्ञा से और सब ऋषियों के सम्मति से किसी से कन्या याचकर अपना वंश उत्पन्न करो, नहीं तो वह तपस्या का परिश्रम तुम्हारा सदा ही व्यर्थ है।" (वही, पृ. 3)

किसी की कन्या उसकी सम्पत्ति है अत: वह भी वस्तु है और उसका दान किया जा सकता है। किसी ऋषि की तपस्या को व्यर्थ से बचाने के लिए व्यक्ति का धर्म है कि वह कन्यादान करे मगर ऋषि-मुनि बनना इतना सरल नहीं। इतनी तपस्या से यह पद प्राप्त किया इसे स्त्री के कारण त्याग दें?—"उद्दालक ने उत्तर दिया कि महाप्रभु, तप करते हमको छियालीस सहस्र बरस बीते, स्त्री के कारण अब यों उसको त्याग दें तो महा नरक भोग होए। आप बड़े हो, जैसी आज्ञा करिए।" (वही, पृ. 3)

पिप्पलाद ऋषि ने हँसकर तत्क्षण शंकाशोधन किया—"तुमको यह कहना उचित नहीं, क्योंकि बिना सन्तान योग-तप कभी फलदायक नहीं होता है और सन्तति के लिए स्त्री के पास जाने को अगले मुनियों ने भी आज्ञा की है। तिसमें वह ब्रह्मचारी गिना जाता है कि जो मनुष्य ऋतु समय में उसके पास जाता है। ब्रह्मचर्य से तप भंग नहीं होता, धर्मशास्त्र भी कहता है।

ऐसी साँची-साँची बातें कहके मन में वेद के मंत्र जपते हुए पिप्पलाद मुनि ने फिर निपट समीप जा उद्दालक से कहा कि सन्तति के हेतु भार्या के पास जाने से तनिक भी दोष नहीं, आप स्वायंभुव मुनि ने ऐसा कहा है। यह वृत्तान्त वैशंपायन राजा जनमेजय से कहते हैं।" (वही, पृ. 3-4)

किसी भी कथा के रूप निर्धारण में उसके कथ्य का महत्त्वपूर्ण स्थान होता है। *नासिकेतोपाख्यान* के रचयिता इस दुविधा में नहीं हैं कि इतनी बड़ी आयु में पिता बनने हेतु कन्या याचना के लिए जाते ऋषि उद्दालक अश्लील प्रतीत होंगे, यद्यपि उन्होंने ऋषि के मन में ऐसा संशय दिखाकर उन्हें प्रार्थना हेतु ब्रह्मा के पास भेजा है। ब्रह्मा ने ऋषि उद्दालक से उनका हालचाल पूछने और शरण में आने का कारण जानने के बाद एक असम्भव सी बात कही—"पहले तुमको महातपस्वी कुल उद्धार करने योग्य पुत्र होगा। पीछे राजा इक्ष्वाकु के कुल की महासुन्दरी कन्या जो पतिव्रता सब गुण-भरी सो तुम्हारी भार्या होगी। चित्त में कुछ चिन्ता मत करो। हमारा कहा कभी झूठ न होगा। अपने आश्रम पर जा शिव पूजन करो।"

प्रजापति की बात सुन चकित हो उद्दालक ने कहा कि "महाराज! आप बड़े होकर ऐसी मिथ्या बात कहते हो कि जो देखने में आई न सुनने में। भला, बिना भार्या भी किसी को पुत्र होता है।" (वही, पृ. 4-5)

विधाता की बात पर ऋषि उद्दालक चकित हैं। और इक्कीसवीं सदी का पाठक इस बात पर चकित है कि इतने बूढ़े ऋषि को ऐसी उच्च कुल की रूपसी कन्या मिल जाएगी ? ऋषि स्वयं अपनी आयु पर चिन्तित हो रहे हैं, ''अब इतना कह पिप्पलाद वहाँ से विदा भए, तब उद्दालक चिन्ता करने लगे कि देखो, हमारी तपस्या में क्या विघ्न आ पड़ा। कहाँ मेरी बुढ़ापे की अवस्था कि एक भी केश काला नहीं, सो सन्तति के कारण किससे कन्या हम माँगें। कौन उसको देने में प्रसन्न होगा। ऐसे व्याकुल होकर मन में ठहराया कि अब तो ब्रह्मा के पास चलिए, वे ही हमारी अभिलाषा को पुरावेंगे।'' (वही, पृ. 4)

मस्तक पर एक काला केश न रहने पर भी ऋषि उद्दालक को इक्ष्वाकु के कुल की कन्या सन्तानोत्पत्ति हेतु प्राप्त होगी यह विधाता का कथन है और विधाता का कथन भला कभी झूठा हो सकता है ? स्त्री चाहे मात्र सन्तानोत्पत्ति (पुत्र) के लिए ही चाहिए हो उसका रूपवती होना परम आवश्यक है। विधाता ने आश्वस्त कर ही दिया है कि महासुन्दरी, पतिव्रता और सर्वगुण सम्पन्न राजकन्या वृद्ध ऋषि उद्दालक को उनकी सन्तान उत्पत्ति के लिए प्राप्त होगी।

नासिकेतोपाख्यान या किसी भी कथा का वाचक कभी भी रूपवती स्त्री का वर्णन करने से नहीं चूकता। यह स्पष्ट कर देना आवश्यक है कि कन्या सुन्दरी होनी आवश्यक है, सौन्दर्य ही उसके गुणों की खान का सबसे आवश्यक रत्न है, स्त्री अगर सुन्दरी नहीं तो वृथा है उसका नारी जीवन। सुन्दरी कैसी होनी चाहिए यह भी बताया जाना आवश्यक है। अत: इक्ष्वाकु के कुल की राजकन्या चन्द्रावती के सौन्दर्य की छटा देखी जानी चाहिए—''यहाँ चन्द्रावती नामक उस राजा की महासुन्दरी कन्या, जिसके लक्षणों का वर्णन न तो किया जाता है, न तो कोई वैसी देवताओं की कन्या न गंधर्व और नागों को देखने में आई, न सुनने में जिसके रूप को देखते जग जीतने वाले कामदेव भी मोहित होय और तीनों लोक में ऐसा कोई नहीं कि उसकी आँखों के देखने से अचेत हो न गिरे। दस सहस्र राजाओं की कन्या दिन-रात उसकी सेवा-टहल में रहती थीं। अपने बाप के घर में नाना भाँति आनन्द विहार किया करती। सागर में लक्ष्मी व तारों में चन्द्रमा समान शोभती, सब रनिवास में उसके चौथाई भी रूप किसी को नहीं कि जिसको देखकर आपस में लोग सब कहते थे कि विधि ने अपने हाथों से बनाया। कोई तो कहता था कि अरे! यह इन्द्र की अप्सरा है कि किसी के शाप से इहाँ आ पहुँची।'' (वही, पृ. 5-6)

अप्सराओं के लिए विधान था कि वे वैवाहिक जीवन नहीं जी सकतीं, चूँकि विवाह नहीं कर सकतीं तो सन्तानोत्पत्ति भी नहीं कर सकतीं। साथ ही सन्तानोत्पत्ति करने वाली स्त्रियों का भी अप्सरा की भाँति सुन्दर होना काम्य है। अप्सराओं के जीवन की झलक तो बीसवीं सदी के लगभग अन्त की ओर विमान परिचारिकाओं (एयर होस्टेस) के उस अनुबंध में भी मिल जाती है जिसमें वे नौकरी करते हुए

विवाह नहीं कर सकती थीं। विवाहिताएँ विमान परिचारिका की नौकरी के लिए आवेदन नहीं दे सकती थीं।

महारूपवती चन्द्रावती उस कमल को सूँघ लेती है जिसमें उद्दालक मुनि ने अपना बीज बाँधकर उसे नदी में बहा दिया था। चन्द्रावती की नाक से बीज पेट में चला गया, वह गर्भवती हो गई उसे पता भी नहीं चला। उसे भी अपने गर्भ का पता तब चला जब माता को पता चला और माता उसकी अवस्था देख मूर्च्छित हो गई। रूपवती चन्द्रावती ने बहुत विलाप किया, अपनी निदोर्षिता की बात कही, इसे अपने पिछले जन्म के कर्मों का पाप बताया, आत्मघातिनी होने की कामना की, किन्तु पेट के जीव का वध न कर सकने की बाध्यता से वह भी न हो सकी। पिता ने सुना तो क्रोधित होकर पापिनी की संज्ञा दे उसे वन में छोड़ आने की आज्ञा दी। राजा की आज्ञा पाकर सेवक उस रोती हुई कन्या को रथ पर चढ़ाकर वन में छोड़ आए। वन में सिंह-व्याघ्र से भयभीत अकेली कन्या के रुदन और भय वर्णन में भी लेखक उसके 'कमल के समान चंचल नेत्र' (वही, पृ. 9) नहीं भूलता। इस रोती हुई स्त्री की ध्वनि सुनकर जो मुनि उसके निकट चले आए उन्होंने भी पहले उसका रूप देखा बल्कि कहना चाहिए कि उसका शरीर देखा विपत्ति में पड़ी अनाथ स्त्री को रोती देख, "मुनि से रहा नहीं गया, सो निकट चले आए और देखकर जी में कहा कि हो न हो यह अहल्या है कि द्रौपदी, कि इन्द्र की अप्सरा तिलोत्तमा कहीं से भूल पड़ी। इसके हाथ-पाँव के आगे क्या कमल का फूल कि जिनके देखने से तनिक भी नहीं मेरी आँखें तृप्त होती हैं। और चन्द्रमा समान वदन, केहरि कटि, मृग के से चंचल नयन, बड़ी-बड़ी छाती कि जैसे सोने का दो कलस होय, लाल अधर, तोते की सी नाक कि जिसके नीचे एक तिल कुछ और ही शोभा दे रहा है। इस भाँति रूप देख चकित हो निदान पूछा कि कहो कहाँ से आई हो और क्यों इतनी आतुर हो रोती हो?" (वही, पृ. 10)

इस उद्धरण पर कोई प्रश्न उठाना व्यर्थ है क्योंकि स्त्रियों को सदा लज्जाशीलता का पाठ पढ़ाने वाला पुरुष 'सोने का दो कलस' घूरते समय अपनी निर्लज्जता की यदि पहचान कर पाता तो मानव संस्कृति का स्वरूप ही दूसरा होता। वह केवल पुरुषों की थोपी हुई संस्कृति नहीं होती जो स्त्रियों के लिए संस्कृति कम निषेधों का अशेष मकड़जाल अधिक है। यह प्रश्न पूछना भी व्यर्थ है कि क्यों वृद्ध ऋषि उद्दालक ने अपने बीज को कमल के सुन्दर फूल में बाँधकर बहा दिया क्योंकि इसका उत्तर यही मिलेगा कि चन्द्रावती को क्या पड़ी थी इसे सूँघने की? स्त्रियाँ होती ही वाचाल हैं।

नासिकेतोपाख्यान को पुरुष प्रधान बल्कि कहें पुरुष वर्चस्ववादी स्त्री विरोधी संस्कृति का प्रतिनिधि ग्रन्थ कहा जा सकता है। प्रथम द्रष्ट्या वह स्वर्ग-नर्क के विधान को स्पष्ट करने वाली पुस्तक प्रतीत होती है, किन्तु यह स्त्री के प्रति सामाजिक अविचार के समर्थन और प्रतिपादन की पुस्तक है। निर्दोष, अकेली और असहाय चन्द्रावती

को घने डरावने जंगल में छुड़वा देने के पश्चात् जब जनता को इसकी सूचना मिली तो "हर किसी ने चन्द्रावती को धिक्कारा, यह वृत्तान्त सारे राज में फैल गया। दिन-रात घर-घर यही चर्चा हो रही कि देखो रे भाई! स्त्री जन का विश्वास न करना। राजा रघु ने चन्द्रावती को लड़कई से आज तक सुग्गा-सा पढ़ाया, वो वैसा ही मानते रहे हैं। व्रत-नियम पूजा-ध्यान में उसकी लगन देखकर जी में महाराज बहुत प्रसन्न थे कि यह कोई देवी है कि सुतपस्या से चूक के हमारे यहाँ आ जन्मी है। इसलिए दस सहस्त्र अपने जात भाई की कन्या उसकी सेवा में रखी थीं। वो बेटों से भी अधिक प्यार करते, वो निपट भोली-सी जानते थे और ऐसा नेम-आचार कि सब दिन भलीभाँति से गंगा-स्नान व ठाकुर की पूजा, पुराणों का श्रवण होता है, और विवाह के लिए कितना हठ हुआ पर यह अभागी ने न माना, वो कुकर्म किया तो ऐसा कि जिससे राजा रघु के कुल में कलंक लगा। कोई तो लगा कहने कि हे भगवान्! सब दो, पर लड़की नहीं कि जिससे लोक में हँसी होय।" (वही, पृ. 8-9)

पुरुष प्रधान समाज अपने पितृत्व के प्रति सौ प्रतिशत आश्वस्ति चाहता है अत: उसने स्त्री की कुक्षि (कोख) को पूर्णत: नियंत्रित करने के विधान बनाए, किन्तु पुरुष और प्रकृति के द्वन्द्व में प्रकृति ने एक भारी उलटफेर कर दी कि उसने स्त्री को भी जीती-जागती हाड़ और मांस की पुतली बनाया। इस कारण से वह जड़ वस्तुओं की तरह पुरुष के निर्देश पर एक ही स्थान पर 'रखी' नहीं रह सकती थी। फिर भी इस सजीव और सचल 'वस्तु' पर उसने हर सम्भव पहरे बैठाए। चन्द्रावती ऋषि से कहती है—"महाप्रभु! मैं राजा रघु की बेटी हूँ। चन्द्रावती मेरा नाम है। मुझसी अभागी दूसरी कोई नहीं। दस सहस्त्र राजाओं की कन्या के बीच में रहके कि किसी पुरुष का मुँह अपने जानने में न देखा, वो नाना प्रकार के भोग-विलास छोड़ सदा मैं ठाकुर की सेवा करती थी न जानूँ कि वह गर्भ कहाँ से हुआ। इस कारण पिता ने देश-निकाला दिया। वह सत्य बात आपके आगे कही, पर विश्वास न कीजिएगा।" (वही, पृ. 10)

विश्वास का प्रश्न ही नहीं उठता क्योंकि विश्वास कर लेने पर स्त्री का आत्मविश्वास बढ़ेगा और फिर वह एक दिन पूछ बैठे कि मुझे प्रताड़ित क्यों किया जा रहा है? वह बीज वाला कहाँ है? *नासिकेतोपाख्यान* कृति उन हज़ारों स्त्री विरोधी कृतियों का आदर्श है जो भारतीय संस्कृति के नाम पर परोसी गईं। इस कृति की कथा आगे बढ़ती है, नासिकेत का जन्म होता है। माता की नाक से जन्म लेने के कारण उसका नाम पड़ा नासिकेत। माता बालक को एक दिन क्रोधवश पानी में बहा देती है, वह उद्दालक ऋषि अर्थात् अपने पिता को ही मिलता है फिर एक दिन पुत्र-माता का भी मिलन होता है। पुत्र पिता से मिलाने के लिए माँ को बुलाने दौड़ा जाता है। माँ उत्तर देती है, "पुत्र! क्या अजुगत कहते हो कि जिससे लोक में निन्दा और अन्त में नरक होय। भला सुनो तो पिता, माता, भाई, गोतिया ये सब तो कन्यादान कर सकते हैं, पर पुत्र को कहीं नहीं सुना जो अपनी माता को किसी और को देता है।" (वही, पृ. 15)

विचारधारात्मक कृतियों में इस तथ्य का विशेष ध्यान रखा जाता है कि मस्तिष्क अनुकूलन का विचार छिपा रहे। उसे एक आवरण में प्रस्तुत किया जाता है। आवरण जितना चमकीला और चटकीला होगा, पीछे के रास्ते से दबे पाँव घुस आए विचार पर उतना ही कम ध्यान जाएगा।

इन आदर्शों का ध्यान रखते हुए समस्त स्त्री विरोधी साहित्य में एक ओजमयी गौरवमयी भाषा का प्रयोग किया है जिसमें माधुर्य का सौन्दर्य भी है, क्योंकि नारी सौन्दर्य वर्णन में ऐसे साहित्यकार खूब रमे हैं। आदर्श स्त्री कैसी हो इस पर भी उनके खूब परिष्कृत विचार हैं, पर स्त्रियाँ उपस्थित हैं उनके सम्बन्ध में उनकी टिप्पणियाँ हीनता बोधक हैं। 'स्त्री हीन है' यह विचारधारा सम्पूर्ण परम्परागत साहित्य में यत्र-तत्र-सर्वत्र उपस्थित है। स्त्री जाति की निरर्थकता का विचार ऐसे साहित्य की संरचना में उपस्थित है। स्त्री के अधम, हीन, तुच्छ और गुणहीन होने के सम्बन्ध में पुरोहितों और पुरोहितनुमा साहित्यकारों के विचार बड़े सहज स्वाभाविक ढंग से आए हैं, बल्कि अनेक स्थानों पर ऐसा लगता है कि चरम आदर्श के सामने सामान्य स्त्रियों के सम्बन्ध में तो ऐसी ही भाषा का प्रयोग होगा, आखिर रचनाकार का एक आदर्श है और उस आदर्श के ढाँचे में स्त्रियाँ आ नहीं रहीं। अत: उन्हें नीच कहा ही जा सकता है। आखिर कायर तो उसे ही कहते हैं जो वीरता की कसौटी पर खरा नहीं उतरता, किन्तु तर्क के इस 'भोलेपन' की धज्जियाँ उसी क्षण उड़ जाती हैं जब यही कसौटी पुरुष के लिए नहीं रखते। इस प्रकार की रचनाओं विशेषकर उपन्यासों में नारी पुरुष सम्बन्धी उनके यथार्थबोध का भिन्न दृष्टिकोण हिन्दी उपन्यासों के विकास में अन्तर्निहित है। ''प्रत्येक रचना में विचारधारा और यथार्थबोध का सम्बन्ध रचना की पूरी संरचना में व्यक्त-अव्यक्त रूप में मौजूद होता है। यहाँ तक कि रचना के भाषा के स्वरूप में भी विचारधारात्मक प्रभाव मौजूद होते हैं। ग्राम्शी ने लिखा है कि '' भाषा एक साथ ही एक जीवित वस्तु भी है और जीवन तथा सभ्यता का अजायबघर भी। भाषा का भोलापन एक भ्रम है। व्यवहार में भाषा का विचारधारात्मक प्रभाव एक सच्चाई है।'' (*शब्द और कर्म,* मैनेजर पांडेय, वाणी प्रकाशन, नई दिल्ली, 1997, पृ. 27)

अत: चन्द्रावती का उपरोक्त भोला कथन अपने साथ 'कन्यादान' का विचार लेकर आता है। जो दान में दी जा सके वह जड़ वस्तु होती है, स्त्रियों को दान में दिए जाने के लिए उन्हें वस्तु रूप में परिणत किया जाना अत्यावश्यक था। अत: स्त्रियाँ जड़ पदार्थ न होते हुए भी दान में दी जा सकें इसका विचारधारात्मक स्तर पर पक्का प्रबन्ध किया गया। आज भी यह मान्यता कि 'कन्यादान के बिना मुक्ति नहीं मिलती' कन्या का माहात्म्य बढ़ाने हेतु नहीं है वरन् कन्या को दान दिए जाने के अधिकार को सुरक्षित रखने के लिए है।

स्त्रीलिंग विरोधी भाषा के भोलेपन का एक और स्वरूप देखने में आता है कि किसी महापुरुष की स्त्री विरोधी उक्ति की व्याख्या तत्कालीन प्रवृत्ति के अनुसार

कर, यह कहना कि उनका यह तात्पर्य नहीं था। यह एक अनावश्यक कृत्य है। रचनाकार अपने युग को नई दिशाएँ देने के साथ उस युग की प्रवृत्तियों का भी वहन करता है। रचना करते समय कबीरदास या अन्य स्त्री विरोधी मत प्रकाश करने वाले विद्वान, विचारक और लेखक अपने युग का ही प्रतिनिधित्व करते हैं। कबीर की *साखी* में *अथ काम को अंग* शीर्षक के अन्तर्गत कबीर ने नारी की तुलना नागिन से की है—

इक नारी इक नागिनी, अपना जाया खाय।
कबहुँ सरपटि नीकसे, उपजै नाग बलाय॥

(*कबीर समग्र*, प्रथम खंड, पृ. 437)

जो नारी और नागिन के खाने से बच गया वह नाग बना। साथ ही नागिन नारी से भली है क्योंकि उसके तो दो ही फन हैं, किन्तु नारी के बीस फन हैं—

नागिन के तो दोय फन, नारी के फन बीस।
जाको डस्यो न फिरि जिये, मरिहै बिस्वा बीस॥

(*कबीर समग्र*, प्रथम खंड, पृ. 440)

कबीरदास ने सोरठा छन्द में स्पष्ट मत दिया है—

नारी सेती नेह, बुद्धि सबहीं हरै॥
वृथा गमावै देह, कारज कोई ना सरै॥

(*कबीर समग्र*, प्रथम खंड, पृ. 437)

धन्य है पुरुष जाति जिसने ऐसे नितान्त व्यर्थ जीव के साथ जीवन बिताया *नासिकेतोपाख्यान* भी इसी प्रकार स्त्री दोष को स्वीकार करता आगे बढ़ता है। पुत्र से पूरी कथा सुनने पर ऋषि उद्दालक राजा रघु के पास जाकर चन्द्रावती का हाथ माँगते हैं, उन्हें 'सत्य घटना' से अवगत करवाते हैं। चन्द्रावती के अद्भुत गर्भ की बात एक ऋषि द्वारा कहे जाने पर पिता राजा रघु विश्वास करते हैं एवं पुत्री को क्षमा कर देते हैं। क्षमा किए बिना कन्यादान नहीं किया जा सकेगा। एक पुरुष दूसरे पुरुष द्वारा कही गई बात पर विश्वास करता है। कथा शीघ्रतापूर्वक आगे बढ़कर उस भाग में पहुँचती है जहाँ ग्रन्थकार का लक्ष्य पापियों के लिए नियत नर्क का वर्णन करना है। गौण रूप में स्वर्ग वर्णन भी है, किन्तु मुख्य लक्ष्य नर्क और नर्क जाने के कारणों का वर्णन है।

कथा यमराज की सभा में पहुँचती है जहाँ सबका न्याय होता है। वहाँ यथोचित् स्थानों पर सुन्दर आसनों पर अग्नि, मैत्रेय, गौतम, बृहस्पति, शुक्र, वेदव्यास, जह्नु, कर्ण, भरद्वाज, दधीचि, गोमिल, दुर्वासा, मरीच, भृगु, गालव, सनत्कुमार, पुलह, पुलस्त्य, ऋतु, याज्ञवल्क्य, विश्वामित्र, मार्तंड, हरिमित्र और सुमित्र बैठे हैं।

चूँकि कोई भी मनुष्य स्वर्ग और नर्क दर्शन अपनी मृत्यु के बिना नहीं कर सकता और मरकर कोई वापस नहीं आता, इसलिए स्वर्ग-नर्क की बातों की प्रामाणिकता कैसे सिद्ध हो? नासिकेत का धार्मिक दर्शन में सबसे बड़ा योगदान यही है कि वह पिता द्वारा शापित होकर यमलोक गया, किन्तु अपने तपोबल से उसने यह यात्रा सशरीर की और सशरीर वापस लौटा। अगर नासिकेत यमलोक से लौटकर स्वर्ग-नर्क का आँखों देखा विस्तृत ब्योरा न देता तो वहाँ विभिन्न पापकर्मों के लिए निर्धारित भिन्न-भिन्न दंडों की प्रामाणिकता कैसे सिद्ध होती?

नासिकेत ने यमलोक से लौटकर बताया कि नर्क में ब्राह्मण हत्या पर कुंभीपाक नर्क, जिसमें सहस्रों बड़े-बड़े कीड़े देह से लिपटकर मांस-काट-काट कर खाते हैं, मिलता है। इसके पहले यमदूत मोटे-मोटे डंडों से पीटते हैं। गोहत्यारों, विश्वासघातियों, गर्भपात करने वालों, अनैतिक काम सम्बन्ध बनाने वालों, वर्जित खाद्य खाने वालों को गर्म तेल के कड़ाहों में डालकर सूली पर चढ़ाया जाता है।

चोरी करने वालों, सीनाजोरी करने, गुरु द्रोहियों और माता-पिता-गुरु द्वेषियों को ब्राह्मण हत्या वाला नर्क भोगना पड़ता है। काँसा, ताँबा, पीतल चुराने वालों, कन्यादान में भाँजी मारने वालों, मुनि ब्रह्मचारियों की तपस्या भंग करने वालों, घर और वन में आग लगाने वाले हत्यारों को लाल अंगारों पर डाला जाता है। इसी प्रकार बालक, वृद्ध, स्त्री, साधु-सन्त को छलने वालों और छिप-छिप कर अकेले मिठाई खाने वालों को विष्ठा में कीड़े भरे हुए कूपों में डाल दिया जाता है।

अपनी पतिव्रता पत्नी को बहुत दिनों तक भोग कर किसी अपराध में त्याग देने वाले नाना प्रकार की पीड़ाएँ सहते हैं। नासिकेत उन कोटि-कोटि पर-पुरुषगामिनी स्त्रियों को मिलने वाले नर्क का विस्तृत वर्णन करते हैं—"इससे अधिक और भी नरक मैंने देखे कि जहाँ महाडरावन आग लहर रही है। अपने कर्मों से पापी, लोग बार-बार जलाए जाते हैं, बहुतेरे शीकरों से बाँधे हुए मुँगरों के मार से नीचे गिर विलाप कर बेड़ी सहित उठ भागते हैं, तिस पर निर्दयी यम के दूत सब तुरन्त उसे पकड़ लोहे के घनों पर पटकते हैं, कितने एक को तो गलों में फाँसी लगा, किसी को दोनों पाँव ही धर घसीटते थे, डाँटकर कहते हैं कि हे मूर्खो! बहुत सबसे वैर बिसाहे हो, क्यों अब रोते हो। अपना कमाया हुआ दु:ख भोगो और जो दूसरों से कुकर्म किया है उनको अष्ट धातु की खड़ी प्रतिमा को, जो कि अग्नि में लाल की हुई है, अकबर से पकड़ाते वो कहते हैं कि जैसे ही तुमने पराए की भार्या से विहार किया है वैसे ही इससे भी हर्षित करो; जिनके कहने पर जो-जो तो नहीं उठते तिनको मारे लाठिन से चूर कर नीचे गिराते हैं। ऐसे ही गंजन होते कोटिन स्त्रियों को भी देखा जो दूसरे पुरुष से अपने धर्म को नाशती हैं।" (चन्द्रावती अथवा नासिकेतोपाख्यान, पृ. 32)

नर्क में केवल पर-पुरुषगामिनी स्त्रियों के लिए ही कठोर दंड नहीं है। पति की निन्दा करने वाली स्त्रियों को भी यातनाएँ सहनी पड़ती हैं—"जो नारी स्वामी को निन्दती व नित्य कलह करती हैं सो वहाँ डाली जाती हैं कि जहाँ बड़े-बड़े सीमर के अंगारे ऐसे लहर रहे हैं। पति के मरे पर औरों से मिलती हैं यम के दूत सब बिस (उस) की जीभ को काट लेते व अष्टधातु की प्रतिमा को पकड़ाते हैं।" (वही, पृ. 33)

नर-नारियों के पापों के अनुसार नारकीय दंड विधि का आँखों देखा विस्तृत वर्णन करने के तुरन्त बाद सदल मिश्र नासिकेतोपाख्यानकार द्वारा स्वर्ग के सुखों के विधान वर्णन को प्रस्तुत करते हैं। स्वर्ग के सारे विधान, सारे सुख पुरुषों के लिए हैं। स्वर्ग के किसी भी सुख में स्त्री की कोई भागीदारी नहीं है। पतिव्रता स्त्री के लिए भी स्वर्ग सुख नहीं है। स्वर्ग के सारे सुख पुरुषों के लिए हैं, सारे सुखों में विशेष आकर्षण अप्सराएँ हैं। अति सुन्दर केवल एक अप्सरा नहीं, अति सुन्दर-सुन्दर अप्सराएँ दानियों को अप्सराएँ मिलने की बात कई बार दोहराई गई है—"और जहाँ मनभावते नाना प्रकार के पकवान दही, दूध, घी, मिठाई वो रतन जड़ाव एक से एक अद्‌भुत भूषण वो भाँति-भाँति पटंबर वस्त्रों की कूट सदा लगी रहती है, वो कानन में कुंडल, गले में मोतिन की माला पहिरे, अति सुन्दर-सुन्दर अप्सरा सब बीना आदि बाजा हाथों में लिये नाचती-गाती बजाती रहती हैं, तिस स्थान में वो उनके संग में अच्छे पुण्य के प्रताप से उत्तम-उत्तम भोग-विलास करने को वे धर्मात्मा लोग जाते हैं वो विमानों पर चढ़े फिरते हैं और यमराज की दया से बहुत दिन तक महा-महा सुख है करते कि जो संसार में देवता, ब्राह्मण, गुरु इनको मन लगा भक्ति से पूजते हैं; वो जो भूमि, सोना, गौ, वस्त्र देते हैं, अतिथि अभ्यागत को आसन दे बैठाय अच्छा सुन्दर मधु वचन बोल, कंद मूल से भी सन्तुष्ट करते हैं; और जो लोग ऋतु समय अपनी पत्नी के पास जाते व नित्य धर्म-पुण्य करते, ऐसे जितने भी नर हैं वे कभी न यम का मुँह नहीं देखते हैं।" (वही, पृ. 34)

जो ब्रह्मण को घर बनाकर दे, भूखे को भोजन दे शरणवत्सल हो, वह भी अप्सराओं के साथ विहार करते हैं—"और जो मनोहर घर बना, सोना विधि से ब्राह्मण को देते हैं सो सब तो ऐसे स्थान पावते हैं जहाँ सौनह के मन्दिर अनेक आश्चर्य-आश्चर्य भोग कि जिनका कुछ बखान न किया जाता है। और जो मनुष्य भूखे लोग को एक ग्रास भी अन्न देते और सब प्राणियों में दया करते, शरण में आए को पालते हैं, सो सुरपुर में अप्सराओं के साथ जा विहार करते हैं।" (वही, पृ. 34)

यही नहीं, जो यहाँ अपनी कन्या कुलीन वर को देते हैं उन्हें स्वर्ग में इसके बदले में महासुन्दर स्त्रियाँ मिलती हैं—"और नाना भूषण पहिराय वेद की विधि के कुलीन वर को जो कन्या देते हैं, सो तो सब सहित सारी पृथ्वी दान किए को फल पाय स्त्री के निकट महासुन्दर स्त्रियों से विलसते हैं कि जिनके में कामदेव भी मोहित होते हैं; वो बिना धर्म-पुण्य के जिनके दिन हैं।" (वही, पृ. 35)

नासिकेत ऋषियों को बताते हैं कि चतुर लोग सभी प्रकार के दानों में चित्त देकर स्वर्ग में सुखोपभोग करते हैं। ऐसे दानी महापुरुषों को "धर्मात्मा लोगों के लिए यमराज से टिकाई हुई नख से शिख लों नाना रतन जड़ाव आमरण और गज-मुक्ता आदि मणि से अलंकृत उन महासुन्दरी देवकन्याओं से भोग-विलास करते हैं जिनका चन्द्रमा सा बदन, कांचन-सी देह, तिनमें कितनी तो स्फटिक-सी स्वच्छ, कोई सिन्दूर का रंग, बहुतेरी अति मनोहर स्याम सरूप, सब मिलजुल नाचती-गाती-बजाती हुई स्वर्गीय लोगों को जहाँ इच्छा आवे तहाँ सुभग विमानों पर चढ़ाए लिये फिरती हैं।" (वही, पृ. 36)

विभिन्न तीर्थ स्थानों पर देवताओं को पूजने और नहाने वालों के लिए भी स्वर्ग में व्यवस्था है—"वे युवती स्त्रियों के साथ नाना जल विहार करते हैं।" (वही, पृ. 37)

जिस नदी के तट पर ये तीर्थ जाने वाले महात्मा युवतियों के साथ जल क्रीड़ा करते हैं उसी नदी के तट पर नासिकेत युवतियों के साथ जल क्रीड़ा करते हैं। उसी नदी के तट पर नासिकेत ने यह भी देखा है—"उस नदी के तट में चन्द्र-सूर्य समान बहुतेरे मणि और मोती-मूँगे, हीरों से रचित सोनन्ह के सहस्त्रन मन्दिर मैंने देखे कि जहाँ पुण्यवान लोगों को अति सुख देने के रतन जड़ाव भूषण वस्त्र पहिर सोरह-सोरह (सोलह-सोलह) वर्ष की अप्सराओं को यमराज ने टिकाया है कि जिनकी कमल सी सुन्दर बड़ी-बड़ी आँख और चन्द्रमा-सा बदन है।" (वही, पृ. 37)

यह सारा वृत्तान्त नासिकेत ने अपने माता, पिता, अग्रजों एवं पितृतुल्य ऋषियों को सुनाया। पुस्तक के अन्त में सदल मिश्र कहते हैं—वैशंपायन मुनि राजा जनमेजय से कहते हैं कि चित्रगुप्त सहित यमलोक का वह समाचार नासिकेत जब कह चुके तब ऋषि लोग सुन के बहुत चकित भए, और बारम्बार प्रणाम स्तुति कर उनसे विदा हो अपने-अपने आश्रम पर जा परलोक में सुख पाने को और भी तप से अधिक जप पूजा ध्यान में लगे।

"इति श्री नासिकेतोपाख्यान समाप्तम्।"

(वही, पृ. 44)

ऋषि और भी जप-तप में लगे क्योंकि उन्हें स्वर्ग की अप्सराएँ मिलनी हैं। अप्सराएँ केवल पुरुषों को मिलती हैं। स्त्रियों के लिए केवल दंड की व्यवस्था है, शुभ कार्यों का पुरस्कार नहीं। पतिव्रता सती नारियाँ स्वर्ग में देवों की भी माँग नहीं कर सकतीं क्योंकि वे भी 'पर-पुरुष' ही होंगे। अत: स्त्रियों के लिए नारकीय दंड ही उचित हैं।

बंगला नवजागरण—ऐसा नहीं है कि यह व्यवस्था केवल हिन्दी नवजागरण के भाग में आई हो, यह भारतीय नवजागरण का अविभाज्य अंग है। जिस बंगला नवजागरण की हम सराहना करते नहीं थकते उसी बंगला नवजागरण के पुरोधा

बंकिमचन्द्र अपने प्रसिद्ध उपन्यास *चन्द्रशेखर* में सुन्दरी शैवालिनी को नर्क की आग में झुलसते दिखलाते हैं। स्त्री का परम सुन्दरी होना आवश्यक है। अतः *चन्द्रशेखर* उपन्यास की सुन्दरी नायिका शैवालिनी बाल्यावस्था की सात-आठ वर्ष की आयु से ही अपने से आयु में थोड़े बड़े प्रताप से प्रेम करती है। शैवालिनी निर्धन है और प्रताप धनी। अतः प्रताप से उसका विवाह नहीं हो पाता निर्धनता के कारण शैवालिनी का विवाह उससे आयु में बहुत बड़े चन्द्रशेखर से हो जाता है। शैवालिनी परम सुन्दर है। स्त्री का सौन्दर्य और उसकी कुरूपता, दोनों ही उसके शत्रु हैं। कुरूप स्त्री तो स्त्री ही नहीं भले ही सौन्दर्य के मानदंड उसने न बनाए हों इसमें दोष स्त्री का ही है।

सुन्दरी शैवालिनी को ईस्ट इंडिया कम्पनी की एक रेशम कोठी का मालिक लॉरेन्स फॉस्टर उठाकर ले जाता है, उसको कोई भी उठाकर ले जा सकता है, सुन्दरी को अवश्य ही, निर्धन वर हो तो यह अवश्यम्भावी है। मुग़ल शासन में यही होता था, अंग्रेज़ भी यही करते हैं, दोनों के बीच जो शासक वर्ग बचा वह भी यही करता आया है। शैवालिनी की ननद सुन्दरी उसे उस नाव पर जाकर घर चलने के लिए कहती है जिस पर फॉस्टर उसे ले जा रहा है, किन्तु शैवालिनी नहीं लौटती। उसकी एक समस्या है। शैवालिनी स्त्री है वह जानती है कि उसे उठाकर ले जाने वाला फॉस्टर दोषी नहीं कहलाएगा, उसे न बचा पाने वाला उसका प्रकांड पंडित पति भी अपराधी नहीं कहलाएगा। यह पति शायद अपना भी ले, राजाराम के धोबी की तरह प्रश्न भी न पूछे। अतः समस्या पति की ओर से नहीं है दूसरे स्थान पर है—"मैं जाऊँगी, मेरे स्वामी भी मुझे अपनाएँगे, किन्तु क्या मेरा कलंक कभी मिटेगा? इतने पर भी गाँव की छोटी लड़कियाँ मेरी ओर उँगली उठाकर कहेंगी या नहीं—देखो, उसको अंग्रेज़ उठाकर ले गया था। ईश्वर न करे, किन्तु यदि कभी पुत्र होगा तो उसके अन्नप्राशन में निमंत्रण देने पर मेरे घर कौन खाने आएगा? यदि कभी पुत्री हुई तो उसके साथ कौन कुलीन ब्राह्मण विवाह करेगा? मेरे इस समय लौट जाने पर क्या कोई विश्वास करेगा कि मैं अपने धर्म में पवित्र हूँ? मैं घर लौटकर किस तरह मुँह दिखाऊँगी।" (*बंकिम समग्र*, पृ. 390)

बड़ा उचित प्रश्न है शैवालिनी का। एक ही मुँह है उसके पास, वह भी काला हो गया भले ही वह बलात् किया गया। वह किस मुँह से घर लौटेगी? यह विचारधारा के अनुकूलन की चरम पराकाष्ठा है जब शोषित शोषक की भाषा में बोलने लगे, जब शोषित उन मूल्यों और मानदंडों को बिना प्रश्न किए बिलकुल वैसे ही स्वीकार कर ले जैसा कि शोषक चाहता है। सामन्तवादी पितृसत्तात्मक वर्चस्ववादी विचारधारा ने स्त्री और दलित के साथ यही किया। उन्होंने स्वयं को निम्न और नीच जन्मना ही स्वीकार लिया।

आगे चलकर इस कहानी में दलनी बेगम का प्रवेश होता है जो परिस्थितिवश बेगम होते हुए भी तत्काल एक हिन्दू घर में शरण लेने के लिए बाध्य है। बंकिमचन्द्र

कथा के इस स्थल पर कहते हैं—"इसी घर के दूसरे भाग में एक-दूसरे व्यक्ति सोए हुए हैं। यहाँ उनका कुछ परिचय देना होगा। उनका चरित्र लिखते-लिखते शैवालिनी के पाप से सनी हुई मेरी लेखनी पुण्यमयी हो जाएगी।" (*बंकिम समग्र*, पृ. 399) पहले ही भाषा की चर्चा की जा चुकी है। हिन्दी नवजागरण में नासिकेतोपाख्यान का चयन एक प्रकार के निश्चित दृष्टिकोण का ही परिणाम है। ऐसा नहीं है कि उसे गिलक्राइस्ट ने न पढ़ा हो। इसे पढ़े जाने की सम्भावना ही अधिक है, किन्तु तथाकथित ब्रिटिश आधुनिक सोच का इस पर कोई प्रभाव नहीं दिखता।

बंकिमचन्द्र की भाषा का भोलापन इस कथन में है। उपन्यास की अब तक की संक्षिप्त कहानी से शैवालिनी का पाप स्पष्ट हो चुका है। पापिनी शैवालिनी आगे चलकर एक और पाप करती है। बारह वर्षीय पापिनी शैवालिनी का विवाह बत्तीस वर्षीय चन्द्रशेखर से हुआ था। अपने आठ वर्षीय वैवाहिक जीवन में शैवालिनी चन्द्रशेखर के लिए प्रताप को नहीं भुला पाती। प्रताप से वह अब भी प्रेम करती है। यहाँ पर शैवालिनी के वैवाहिक जीवन की एक झलक देख लेना उचित होगा। अपने से उम्र में बहुत छोटी सुन्दरी कन्या से विवाह कर उसे सुखी न कर पाने की कचोट एक बार उसके पति चन्द्रशेखर के मन में जागती है—"हाय क्यों मैंने इसके साथ विवाह किया? यह फूल तो राजा के मुकुट में शोभा पाता। क्यों मैंने शास्त्र के मनन में लीन ब्राह्मण पंडित की कुटी में यह रत्न ला रखा? इसमें सन्देह नहीं कि इसे लाकर मैं सुखी हुआ, किन्तु शैवालिनी को उससे क्या सुख मिला? मेरी जो उम्र है, उसमें मेरे प्रति शैवालिनी का प्रेम होना असम्भव है। अथवा मेरे मन में उसकी प्रेम की अभिलाषापूर्ण होने की सम्भावना नहीं है। खासकर मैं तो सदा अपने ग्रन्थों में उलझा रहता हूँ, मुझे शैवालिनी के सुख की चिन्ता कब होती है? मेरी पुस्तकों को उठाने-रखने में इस नवयुवती को क्या सुख होगा? मैं तो बिलकुल अपने ही सुख का ध्यान रखता हूँ, और इसीलिए इससे विवाह करने की मेरी इच्छा हुई। अब मैं क्या करूँगा? कष्ट से जुटाई हुई इन पुस्तकों को जल में फेंककर क्या रमणी के मुख का ही उपासक बन जाऊँगा? छिः-छिः सो तो होगा नहीं। तब क्या यह शैवालिनी मेरे पापों का प्रायश्चित्त करेगी? क्या इस सुकोमल फूल को यौवन की ज्वाला में जलाने के लिए ही मैंने वन से तोड़ लिया था?" (वही, पृ. 386)

पत्नी के लिए पुस्तकें नहीं छोड़ी जा सकतीं। पत्नी का ही कर्तव्य है पति के साथ हर हाल में प्रसन्न रहना। उसके पास दूसरा कोई विकल्प नहीं अतः चन्द्रशेखर का ऐसा सोचना शैवालिनी के पाप को कम नहीं कर सकता। बंकिमचन्द्र शैवालिनी पर बस एक क्षण के लिए सदय होते हैं। पति चन्द्रशेखर के मुँह से शैवालिनी के प्रेम-शून्य जीवन का उल्लेख करवाकर उसकी क्षतिपूर्ति का क्षीण और अनमना-सा प्रयास करते हैं, किन्तु अपने 'पापों' का शैवालिनी को प्रायश्चित्त तो करना ही

होगा। स्त्री को इतने बड़े पाप की अनुमति नहीं दी जा सकती। उसके इस पाप के लिए अगर कठोर विधान नहीं किया गया तो तिरसठ वर्षीय रामसदय बाबू की उन्नीस वर्षीय पत्नी लवंगलता के पापिनी हो जाने का पूरा संकट है।

अतः शैवालिनी को ही रोकना होगा। उसके लिए की गई घोर नरक यातना की व्यवस्था अन्य स्त्रियों को नष्ट होने से बचाएगी बंकिमचन्द्र चट्टोपाध्याय चन्द्रशेखर उपन्यास की बीस वर्षीय अति सुन्दरी नायिका शैवालिनी के अपने बाल सखा प्रताप के प्रति अभी भी मन में अनुराग रखने पर रौरव नर्क का विधान करते हैं। प्रायश्चित्त के बिना काम चल ही नहीं सकता। घोर पापिनी शैवालिनी का प्रायश्चित्त आरम्भ होता है—"शैवालिनी ने अँधेरे में पर्वत पर चढ़ना आरम्भ किया। अँधेरे में पत्थर के टुकड़ों की ठोकर से उसके दोनों पैर बुरी तरह घायल होने लगे। इन छोटी लता-झाड़ियों में रास्ता मिलता नहीं था, काँटों में टूटी हुई डालियों के अगले सिरे में या निकली हुई जड़ों के अगले भाग में लगकर कट जाने से उसके हाथ-पैरों सभी से खून गिरने लगा। शैवालिनी का प्रायश्चित्त आरम्भ हुआ। इससे शैवालिनी को दुःख नहीं हुआ। शैवालिनी अपनी इच्छा से इस प्रायश्चित्त में लगी थी।...इतने दिनों तक घोर पाप में डूबी हुई थी। अब दुःख भोगने से क्या वह पाप किसी प्रकार मिट जाएगा।" (वही, पृ. 424)

शैवालिनी अपने पाप की 'विकटता' से स्वयं परिचित है। उपन्यास सम्राट बंकिमचन्द्र चट्टोपाध्याय इस विधा में अन्य भाषाओं में लिखे गए उपन्यासों के भी प्रेरणास्रोत माने गए। यह कहना अनुचित न होगा कि वे केवल विधागत ढाँचा नहीं बल्कि उपन्यास की भावभूमि के भी प्रेरणास्रोत थे। किन्तु हिन्दी नवजागरण के उपन्यासों में इस प्रविधि का पालन नहीं किया। उन्होंने स्त्री को पापिनी तो कहा पर सुधारने के लिए दयालुता का सहारा लिया। स्त्री को दी जाने वाली ऐसी बीभत्स नाटकीय घटना के बोध से हिन्दी उपन्यासकार दूर रहे। बंकिमचन्द्र की शैवालिनी इस प्रायश्चित्त में स्वयं जुटी है। उसे अपने पापों का भास हो गया है। उसका यह प्रायश्चित्त लम्बी अवधि बल्कि सम्पूर्ण जीवन चलने वाला है तभी उसके भयंकर पाप का बोझ हल्का होगा। पर्वत पर चढ़ते-चढ़ते अन्धकार, वायु और पानी को झेलती शैवालिनी बेहोश हो जाती है। बेहोशी में उसे उस रौरव नर्क के दर्शन होते हैं जिसकी कि वह अधिकारिणी है—"पूर्ण रूप से बेहोश हो जाने पर शैवालिनी ने देखा सामने एक अनन्त नदी फैली हुई है, किन्तु नदी में पानी नहीं है, दोनों किनारों को डुबाती हुई खून की धार बह रही है। उसमें आदमियों की टूटी हुई हड्डियों के ढाँचे, आदमियों के सिर और कंकाल बह रहे हैं। मगर की शक्ल के सारे जीव, चाम, मांस से रहित केवल हड्डियों और बड़ी भीषण दो आँखों वाले इधर-उधर घूम-घूम गले हुए मुर्दों को पकड़कर खा रहे हैं। शैवालिनी ने देखा कि वही महाकाय पुरुष जो उसे पर्वत से पकड़कर ले आया है, उसी ने फिर उसे

पकड़कर नदी के किनारे ला बैठाया है। उस प्रदेश में धूप नहीं, चाँदनी नहीं, तारे नहीं, बादल नहीं, उजाला भी नहीं और अन्धकार भी नहीं है। सब कुछ दिखाई पड़ रहा है, किन्तु धुँधला। खून की नदी, गले हुए मुर्दे, सोते में बहती हुई ठठरियाँ, हड्डियों वाले मगर, सब उस भयानक अन्धकार में दिखाई पड़ रहे हैं। नदी के किनारे बालू नहीं है।...शैवालिनी इस खून की नदी में कैसे तैरेगी? तब उस भीमकाय पुरुष ने अपने हाथ में लिये हुए बेंत को उसे मारने के लिए उठाया। शैवालिनी ने भयभीत होकर देखा कि वह बेंत जलता हुआ लोहा है और लोहे का बना है। उसे देर करते देख यह पुरुष शैवालिनी की पीठ पर बेंत की वर्षा करने लगा। शैवालिनी उसकी चोट से जलने लगी। उस चोट को न सहकर खून की नदी में कूद पड़ी। ...खून की धारा उसके मुँह में घुसने लगी।...बीच-बीच में सड़े हुए मांस की दुर्गन्ध से भरे मुर्दे उसकी देह से आकर लगने लगे।...सामने से क्षण-क्षण पर भयंकर गर्जन करती हुई ऐसी प्रचंड हवा बहने लगी कि वह आग की लपट के समान उसे जलाने लगी। कभी-कभी शरीर में सैकड़ों-हज़ारों छुरियों की चोट के समान लगती हवा अंगों को काट-काट कर छिन्न-भिन्न करने लगी। शैवालिनी चिल्ला उठी—''प्राण गए, बचा लो।'' तब एक असह्य दुर्गन्ध भरा कीड़ा आकर शैवालिनी के मुँह में घुसने लगा।'' (वही, पृ. 428-29)

चूँकि बंकिमचन्द्र चट्टोपाध्याय साहित्य द्वारा सामाजिक धर्म को परम्परागत नियम पालन का उपदेश दे रहे थे इसलिए वे शैवालिनी को सशरीर नर्क नहीं भिजवा सके। विधामूलक बाध्यता के कारण उन्हें शैवालिनी को बेहोश करना पड़ा। नासिकेतोपाख्यानकार जैसी स्वतंत्रता उनके पास नहीं है फिर भी 'पापिन' स्त्री को दी जाने वाली नाटकीय यातना के वर्णन में वे सफल रहे हैं। उपन्यास में शैवालिनी की बीभत्स नर्क यातना और विस्तार से दी गई है। यद्यपि पूरे उद्धरण को उद्धृत किए बिना यह स्पष्ट करना कठिन है कि शैवालिनी अपने पापों के लिए किस प्रकार के भयानक मानसिक नर्क को झेल रही है। व्यावहारिक रूप में उसे प्रायश्चित्त स्वरूप बारह वर्षों का व्रत करना है। जिसमें उसे झोंपड़ी में रहना है, भूमि पर सोना है, केवल फल-फूल-पत्ते खाने हैं, जटा रखनी है और साथ ही संध्या को एक बार भीख लेने गाँव जाना है। छुटकारा यहीं नहीं है, ''भीख माँगते समय गाँव-गाँव में अपने पापों को कहना है।'' (वही, पृ. 430) स्मरण रहे, केवल कठिन प्रायश्चित्त ही नहीं पुनः-पुनः अपने पाप की सस्वर सार्वजनिक स्वीकारोक्ति भी। इन सबके अतिरिक्त शैवालिनी को कन्दरा में सात दिनों तक रहकर साधना करनी है और हाँ, यह पूछना निषिद्ध है कि बाल सखा के प्रति अनुरक्त रहने के पाप की इतनी बड़ी सज़ा? वह भी इतने बेमेल विवाह के बाद?

बंकिमचन्द्र चट्टोपाध्याय के *देवी चौधरानी* उपन्यास की चर्चा पहले ही की जा चुकी है। उस उपन्यास में स्त्री को देशहित के काम में नियुक्त करने के उपरान्त वे

उसे पुनः गार्हस्थ्य धर्म में ही दीक्षित करवाते हैं। वह देवी चौधरानी। जिससे पूरा उत्तर बंगाल काँपता था, अपनी गृहस्थी में लौट जाती है। "देवी चौधरानी की भूमिका का निर्वाह करते समय प्रफुल्ल को अन्य पुरुषों से काम पड़ता था। प्रफुल्ल इसमें भी नारी धर्म का पूरा-पूरा ध्यान रखती थी। काम पड़ने पर प्रफुल्ल पुरुषों से बात करती थी अन्यथा नहीं। जब वह पुरुषों से बात करती, उन्हें अपना पुत्र समझती थी।" (वही, पृ. 856) उपन्यासकार एवं उसके पाठक जानते हैं कि कोई पुरुष स्त्री से कभी नहीं डरता। प्रफुल्ल का पति ब्रजेश्वर अत्यन्त निर्भय पुरुष है, देवी चौधरानी से सामना होने पर उसे हँसी आती है। जिस देवी चौधरानी के नाम से सारा उत्तरी बंगाल काँपता था, उसके पास आकर उसे हँसी आई। उसने सोचा—"पुरुष भी कभी स्त्री से डरते हैं? स्त्री तो पुरुष की दासी है।" (वही, पृ. 857) हँसते समय ब्रजेश्वर एक बात भूल जाता है कि देवी चौधरानी से सारा उत्तरी बंगाल डरता था तो क्या पूरे उत्तरी बंगाल में केवल स्त्रियाँ थीं? यहाँ हँसने योग्य एक और बात है क्या उत्तरी बंगाल की स्त्रियाँ मात्र ही देवी चौधरानी से डरती थीं, पुरुष नहीं?

स्त्री-पुरुष के मध्य का वैषम्य हर स्थान पर है। यहाँ तक कि दोनों के दिए जाने वाले आशीर्वाद में भी अन्तर है। "सधवा को एक तरह का आशीर्वाद दिया जाता है, विधवा को दूसरी तरह। पुत्रवती को ...।" (वही, पृ. 859) स्त्री को दिया जाने वाला आशीर्वाद वस्तुतः किसके लिए है वह स्पष्ट है। और स्त्री के अगर उसके धर्म पर अडिग रहने का आशीर्वाद दिया गया तो उसका धर्म भी भलीभाँति व्याख्यायित है। मनुस्मृति के पंचम अध्याय में स्नातकों से वार्ता करने के उपरान्त महर्षि भृगु से मुनिगण प्रश्न पूछते हैं। उनके पूछे गए प्रश्नों के उत्तर में भृगु अध्याय के अन्त में कहते हैं, "सदाचार से हीन, पर-स्त्री में अनुरक्त और विद्या आदि गुणों से हीन पति भी पतिव्रता स्त्रियों का देवता के समान पूज्य होता है।

स्त्रियों के लिए पृथक् (पति के बिना) यज्ञ नहीं है, और (पति की आज्ञा के बिना) व्रत तथा उपवास नहीं है, पति की सेवा से ही स्त्री स्वर्गलोक में पूजित होती है। मन, वचन तथा कार्य से संयत रहती हुई स्त्री पति के विरुद्ध कोई कार्य (व्यभिचारादि) नहीं करती है, वह पतिलोक को प्राप्त करती है तथा उसे सज्जन लोग 'पतिव्रता' कहते हैं।" (*मनुस्मृति*, साधना पॉकेट बुक्स, दिल्ली, 1999, पृ. 96-97)

उन्नीसवीं सदी के भारतीय नवजागरण की स्त्री चिन्ता में भृगु द्वारा दिए गए नियम ही मान्य हैं। वे आधुनिक होते समाज के अनुरूप नहीं ढले हैं। उन्हें उसी रूप में स्वीकार किया गया है। इस सदी के बंगला साहित्य के अन्य लेखकों में भी यही प्रवृत्ति देखने को मिलती है। इस सदी के प्रतिनिधि बंगला साहित्यकार के रूप में बंकिमचन्द्र चट्टोपाध्याय के साहित्य का अवलोकन किया जा सकता है। बंकिमचन्द्र की बंगाल में अपार लोकप्रियता बंगाली जाति की स्त्री सम्बन्धी धारणाओं को भी स्पष्ट करती है। बंकिमचन्द्र भृगु से पूर्णतः सहमत हैं। प्रफुल्ल के सन्दर्भ में पति को

परमेश्वर प्रमाणित करने के अतिरिक्त भी अपने साहित्य में उन्होंने पत्नियों को यत्र-तत्र-सर्वत्र उपदेश दिए हैं।

बंकिमचन्द्र ने विवाहिताओं के कर्तव्य निर्धारण को दोनों सिरों से पकड़ा है। स्त्री को क्या-क्या करना चाहिए और पुरुष उससे क्या-क्या चाहता है? कोई बात अगर स्त्री कर्तव्य तालिका में छूट गई है तो इस तालिका में आ गई।

स्त्री को पूरे जीवन में केवल एक पुरुष को पति मानने का अधिकार है या यूँ कहा जाए कि जो भी उसे पति रूप में मिला है वही उसका एकमात्र आधार है, किन्तु पुरुष के लिए असंख्य स्त्रियों के अनन्त मार्ग खुलते हैं। पत्नी की मुक्ति के लिए पति परमेश्वर की आवश्यकता है, किन्तु पति को ऐसे किसी माध्यम की आवश्यकता नहीं है। क्योंकि विवाह उसके लिए मुक्ति का नहीं वरन् उमंग पूर्ति का साधन है। एक बार उमंग पूर्ति न होने पर दूसरी, तीसरी, चौथी बल्कि अपनी सामर्थ्यानुसार अनगिनत बार यह प्रयास कर सकता है। उसकी विवाह सम्बन्धी कल्पनाएँ स्वच्छन्द हैं। उसकी आशाएँ अनन्त हैं। बंकिमचन्द्र चट्टोपाध्याय के *रजनी* उपन्यास की नायिका रजनी अन्धी है और दैव वशात् उसकी सम्पत्ति का उपभोग शचीन्द्र कर रहा है, किन्तु शचीन्द्र इस बात को नहीं जानता। वह रजनी से विवाह करना नहीं चाहता—"रजनी सुन्दरी होने पर भी अन्धी है, मालिन की कन्या है और अशिक्षिता है। रजनी से मैं विवाह कर नहीं सकता, इच्छा भी नहीं है।" (*बंकिम समग्र,* पृ. 507)

शचीन्द्र पुरुष है उसकी विवाह सम्बन्धी इच्छाएँ जानना आवश्यक है। उसके विवाह सम्बन्धी स्वप्न दूसरे हैं—"मेरी विवाह की अनिच्छा भी नहीं है। फिर भी, मनोनुकूल कन्या नहीं मिलती। मैं जिसके साथ शादी करूँगा वह रजनी की तरह सुन्दरी होगी। विद्युत-कटाक्ष वर्षिणी होगी, वंश मर्यादा में शाह आलम मल्हारराव होल्कर जैसे वंश वालों की पौत्री होगी, विद्या में लीलावती या शाप भ्रष्टा सरस्वती होगी, पति भक्ति में सावित्री होगी, चरित्र में लक्ष्मी, पाक विद्या में द्रौपदी, आदर-सत्कार में सत्यभामा और गृहस्थी करने में गदा की माँ की तरह होगी। मेरे पान खाने के समय बीड़े से लवंग निकाल देगी, तमाखू पीने के समय हुक्के में नली लगा देगी, भोजन के समय मछली के काँटे निकाल देगी और स्नान के समय देह पोंछी है या नहीं इसकी खोज-ख़बर रखेगी। मैं चाय पीने के समय दावात में चम्मच डालकर चाय की परीक्षा न करूँ और लिखने के समय दावात में कलम न डालकर चाय पात्र में न डालूँ, उसकी खबरदारी करेगी। पीकदानी में रुपए रखकर अलमारी में न रख दूँ, इसकी जाँच करती रहेगी। मित्र को पत्र लिखकर लिफाफा पर अपना नाम लिख दूँ। तो उसे ठीक कर दे और पैसा देने के बदले रुपया तो नहीं दे दिया—इसकी देखभाल करेगी। नोट की पीठ पर किसी को पत्र तो नहीं लिख रहा हूँ इसकी सावधानी रखेगी तथा औषधि खाने के समय फुलेल न खा लूँ और नौकरानी को

बुलाने के बदले कहीं मकान मालिक को तो नहीं बुलाया इसका ख़याल रखेगी। ऐसी ही कन्या मिलने पर मैं शादी करूँगा।" (वही, पृ. 507) शचीन्द्र की शादी रजनी से ही होती है, किन्तु इस विवाह को सम्पन्न करवाने हेतु बंकिमचन्द्र रजनी को शचीन्द्र की जाति की और सम्पत्तिशाली सिद्ध करते हैं। शचीन्द्र को अपने वैवाहिक जीवन में कोई कष्ट न हो इसलिए रजनी की आँखें भी ठीक कर देते हैं। रजनी सब कुछ देखने लग जाती है और इस प्रकार वह पति सेवा के योग्य बन जाती है। शचीन्द्र द्वारा सम्भवत: पत्नी के कर्तव्य की पूरी तालिका प्रस्तुत नहीं हो पाई थी अत: बंकिमचन्द्र अपने अति प्रसिद्ध उपन्यास *विषवृक्ष* में सूर्यमुखी की मृत्यु पर उसके पति नगेन्द्र की स्मृति में सूर्यमुखी की उपयोगिता दर्शाते हैं। ये वही नगेन्द्र हैं जो इतनी उपयोगी पत्नी को छोड़कर असीम सुन्दरी, किन्तु विधवा कुन्दनन्दिनी से विवाह करते हैं। सूर्यमुखी उनके द्वितीय विवाह, वह भी विधवा से, जो कि उपन्यास का शीर्षक अर्थात् *विषवृक्ष* है, कर लेने पर गृहत्यागिनी होती है और नगेन्द्र तक उसकी मृत्यु का समाचार पहुँचता है। सूर्यमुखी की मृत्यु का समाचार सुनते ही नगेन्द्र कुंदनन्दिनी का मुँह देखना तक बन्द कर देता है। अपनी सूर्यमुखी के लिए विलाप करता हुआ कहता है—"मैंने अपनी ही सूर्यमुखी का वध किया है। यदि मैं इन्द्रिय दमन कर सकता तो सूर्यमुखी परदेस में आकर कुटी के जलने से क्यों मरती? मैं सूर्यमुखी का हत्यारा हूँ, कौन ऐसा पितृघ्न है जो मेरी अपेक्षा अधिक पापी हो? क्या सूर्यमुखी केवल मेरी स्त्री थी? सूर्यमुखी तो मेरी सब कुछ थी—सम्बन्ध में स्त्री, सौहार्द में भाई, आदर में बहन, सन्तोष देने वाली कुटुम्बिनी, स्नेह में माता, भक्ति में कन्या, प्रमोद में मित्र, परामर्श में शिक्षक, परिचर्या में दासी थी। मेरी सूर्यमुखी जैसी स्त्री किसके पास थी? संसार में सहायक, गृह में लक्ष्मी, हृदय में धैर्य, कंठ में अलंकार थी—मेरी आँखों का तारा, हृदय का रक्त, शरीर का जीवन, जीवन की सर्वस्व थी। मेरे प्रमोद में हर्ष, विवाद में शान्ति, चिन्ता में बुद्धि कार्य में उत्साह थी। और इससे बढ़कर संसार में और कौन है? मेरी आँखों की रोशनी, श्रवण में संगीत, नि:श्वास में वायु, स्पर्श में जगत थी। मेरे वर्तमान का सुख अतीत की स्मृति, भविष्य की आशा, परलोक का पुण्य थी वह।" (वही, पृ. 304)

उन्हें धर्मशास्त्रों का यह विधान पूर्णत: स्वीकार है कि पत्नी का स्वर्ग पति के चरणों में ही है वह चाहे जैसा भी हो। यद्यपि बंकिमचन्द्र का मानना है कि नारी को गहरे अनुराग की पहचान ही नहीं है और जिस नारी जाति को गहरे अनुराग की पहचान ही नहीं उसे बंकिमचन्द्र निर्देश देते हैं कि वह प्रेम की मर्यादा का हर हाल में पालन करे। जो नारी जाति पुरुष के रूप पर मुग्ध है उसका गुण होना चाहिए कि वह अपने पितामह तुल्य पति से प्रेम करे। पितामह की अवस्था में पुरुष कितना रूपवान होगा प्रश्न को पूछे बिना करे। तिरसठ वर्षीय रामसदय बाबू के दूसरे विवाह की पत्नी ललित लवंगलता उन्नीस वर्षीय युवती है। "लवंगलता के अशेष गुणों में

एक यह है कि वास्तविक पितामह तुल्य अपने स्वामी से प्रेम करती है—कोई नवीना अपने नवीन स्वामी से उतना प्रेम करती होगी, सन्देह है।" (वही, पृ. 483)

पुरुष के लिए इसका विपरीत विधान है। रामसदय बाबू और लवंगलता का विधान ही उसके लिए सर्वोत्तम है। पुरुष चाहे नवीन हो या प्राचीन या और भी प्राचीन उसे कम आयु की वधू चाहिए। स्त्रियाँ तो कम आयु में ही अच्छी लगती हैं। एक की आयु बढ़ते ही अन्य अल्पायु स्त्री की ओर पुरुष का स्वाभाविक आकर्षण ग़लत नहीं है। पर कितनी आयु तक स्त्रियाँ सुन्दर लगती हैं? बंकिमचन्द्र चट्टोपाध्याय *विषवृक्ष* उपन्यास में बताते हैं। *विषवृक्ष* उपन्यास के नायक नगेन्द्र कुन्दनन्दिनी के सौन्दर्य की चर्चा अपने मित्र हरदेव घोषाल को पत्र लिखकर करते हैं—"बताओ तो सही किस उम्र में स्त्रियाँ सुन्दर होती हैं? तुम कहोगे चालीस के बाद, क्योंकि तुम्हारी ब्राह्मणी के दो-एक वर्ष उससे अधिक हो गए हैं। मैंने कुन्दन नाम की जिस कन्या का परिचय दिया, उसकी उम्र तेरह वर्ष है। उसे देखकर जान पड़ता है कि यही सौन्दर्य का समय है। प्रथम यौवन संचार के कुछ पहले ही जैसा माधुर्य और सरलता होती है, बाद में उतनी नहीं रहती।" (वही, पृ. 240)

नगेन्द्र अपनी पत्नी सूर्यमुखी से भी कुन्दनन्दिनी की चर्चा करते हैं। पत्नी सूर्यमुखी पति को पत्र लिखती है कि वह उनके पास आना चाहती है, किन्तु अनुमति नहीं मिलती। सूर्यमुखी पुनः पत्र लिखती हैं—"दासी यह न समझ सकी कि उसने श्रीचरणों का क्या अपराध किया है। यदि कलकत्ते में तुम्हें अधिक दिन ठहरना पड़े तो मैं भी क्यों न पास आकर पद सेवा करूँ। इस विषय में मेरी विशेष विनती है, आज्ञा पाते ही दौड़कर आऊँगी...

एक बालिका के पाने से क्या मुझे भूल गए? बहुतेरी चीज़ों का कच्चे में ही आदर होता है। नारियल का डाभ ही ठंडा होता है। यह अधम स्त्री जाति भी शायद कच्चे में ही मीठी लगती है, नहीं तो बालिका को पाकर तुम मुझे क्यों भूल जाते?" (वही, पृ. 240)

सूर्यमुखी की यह पत्र लिखते समय आयु लगभग छब्बीस वर्ष है और नगेन्द्र की आयु चर्चा बेकार है क्योंकि वह हर हाल में रामसदय बाबू से छोटा है। स्त्री के सौन्दर्य में कम आयु के आग्रह का एक और उदाहरण देखिए—"चौदह बरस की होने से क्या हुआ? तुम तो सत्रह साल की हो, तुमसे अधिक तो मेरा रूप भी है यौवन भी।" (वही, पृ. 113)

बंकिमचन्द्र अनायास ही स्त्री द्वारा अपनी आयु कम बताने के दुराग्रह का कारण स्पष्ट नहीं देते? उनके साहित्य में इस प्रश्न का उत्तर सहज ही मिल जाता है कि 'पता नहीं औरतें अपनी उम्र क्यों छिपाती हैं?' स्त्री की कमसिनी को वृद्ध पुरुषों द्वारा महत्त्व दिया जाना उनके अबाध अधिकारों में से एक है। जिस प्रकार मानव मन में नूतन वस्तुओं के प्रति ललक और लोभ बना रहता है उसी प्रकार पुरुष के मन में स्त्री एक वस्तु रूप में है। जितने नियम हैं वे स्त्रियों के लिए, जितने नियामक विधानों

का विधान है स्त्री के लिए। 'मनुस्मृति' में पतिव्रता की परिभाषा के बाद पतिव्रता को इस लोक में उत्तम यश और परलोक में शुभ लाभ मिलने की बात कही गई है। उसके अगले श्लोक में कहा गया है, "ऐसे आचरण वाली पहले मरी हुई सवर्णा स्त्री की दाहक्रिया धर्मज्ञ द्विजाति अग्निहोत्र की अग्नि तथा यज्ञपात्रों से विधिवत करें।" (मनुस्मृति, पृ. 97) इसका अगला ही श्लोक है, "पहले मरी हुई स्त्री का दाहकर्म आदि अन्त्येष्टि संस्कार करके गृहस्थाश्रम को चाहने वाला (सपुत्र या अपुत्र) द्विजाति फिर विवाह करे अथवा श्रोताग्नि का आधान करे।" (वही, पृ. 97) स्त्री के दाह-संस्कार के एक हफ़्ते या एक महीने के अन्दर विवाह कर लेने वालों का कृत्य अत्यन्त क्रूर प्रतीत होता था, इसे पढ़कर पता चला कि ऐसा करने वाले अकेले क्रूर और निष्ठुर नहीं हैं यह हमारी अति प्राचीन महान संस्कृति के कुछ व्यवस्थापकों की बर्बर परम्परा का पालन है।

बंकिमचन्द्र चट्टोपाध्याय के प्रत्येक उपन्यास में स्त्री के चरित्र पर सन्देह करते पुरुष हैं, पत्नियों को अकारण दंडित करते पति हैं। स्त्रियों को सौत से मिलजुल कर रहने की सलाह है। स्त्रियों पर अवमाननामूलक टिप्पणियों की तो भरमार है।

बंकिमचन्द्र ने अपने नारी पात्रों को अनुपम त्याग की मूर्ति बनाने के प्रयास में सारे त्याग उनसे ही करवाए हैं। उन्होंने ऐसा एकपक्षीय होकर किया है। उनके नारी पात्रों का गठन पारम्परिक आदर्शों के साँचे में हुआ है। बंकिमचन्द्र ने स्त्री कर्तव्यों की तालिका कई स्थानों पर प्रस्तुत की है। बंकिमचन्द्र का मानना है कि स्त्री जाति को त्यागिनी होना चाहिए। यदि उसमें अनन्त यंत्रणा सहने की शक्ति नहीं है तो उसका स्त्री जीवन व्यर्थ है। बंकिमचन्द्र के नारी पात्र देखने में बड़े दृढ़ लगते हैं; अपनी टेक पर अड़े हुए, किन्तु यह दृढ़ता पुरुष वर्ग की भलाई के लिए है। उनकी नारी दृढ़ता का सारा आग्रह पुरातन के प्रति है। उसकी दृढ़ता का, उसकी सारी सफलता का केन्द्रबिन्दु उसका चरित्र है। चरित्र अर्थात् एक पुरुषव्रती होना अर्थात् पतिव्रता होना। स्वप्न में भी पराए पुरुष के सम्बन्ध में न सोचना, पुरुष द्वारा तो क्या किसी उड़ते पक्षी ने भी यदि उसकी यौनता पर आरोप लगाए तो सभी को जस का तस स्वीकार कर लेना। अपने ही चरित्र के निर्णय में किसी स्त्री के किसी वक्तव्य का कोई मूल्य नहीं है। एक बार उसे कुलटा कह दिया तो वह कुलटा है। *देवी चौधरानी* उपन्यास में पड़ोसियों के कहने मात्र से प्रफुल्ल के श्वसुर प्रफुल्ल की माँ को चरित्रहीन मानकर प्रफुल्ल को उसके मायके ही छोड़ देते हैं। अधम प्रफुल्ल की विधवा माँ पड़ोसियों को भोज न खिला सकी तो उन लोगों ने इस तरह प्रतिशोध लिया। स्त्री के विनाश के लिए पुरुष का इतना कह देना भर पर्याप्त है कि यह स्त्री चरित्रहीन है, किसी एक धोबी का एक कथन स्त्री के सम्पूर्ण जीवन को तहस-नहस कर सकता है केवल अपनी पत्नी नहीं राजा की पत्नी का भी और पूरे समाज का स्वर बनकर पहले से ही मनुष्य श्रेणी से वंचित स्त्री को और वंचित कर देता है।

बंकिमचन्द्र के हर उपन्यास में स्त्री चरित्र पर सन्देह करने वाले पुरुष पात्र उपस्थित हैं। *दुर्गेशनन्दिनी* में तिलोत्तमा के सम्बन्ध में एक ब्राह्मण द्वारा झूठ बोल देने पर कि तिलोत्तमा नवाब की उपपत्नी हो गई है, जगतसिंह का हृदय जल उठता है। "जिस तिलोत्तमा के मरने पर जगतसिंह संसार को शून्य समझते, अभी उस तिलोत्तमा ने प्राणत्याग नहीं किया। उनके परिताप का विषय है।" (*बंकिम समग्र,* पृ. 63)

उपन्यास *कपाल कुंडला* में पति नवकुमार वनपालिता भोली-भाली कपाल कुंडला पर अविश्वास करता है। कपाल कुंडला सीता का आदर्श सामने रखती है। सीता भूमि में समा गई थी, कपाल कुंडला जल समाधि ले लेती है—"मैं अविश्वासिनी नहीं हूँ—यह वचन स्वरूप कहती हूँ। लेकिन मैं घर न जाऊँगी। भवानी के चरणों में देह विसर्जन करने आई हूँ—निश्चय ही करूँगी। स्वामिन! तुम घर लौट जाओ। मैं मरूँगी, मेरे लिए रोना नहीं।" (वही, पृ. 149)

स्त्री चरित्र की यही दृढ़ता काम्य है। और उसकी यह प्रार्थना भी कि वह मरे तो कोई उसके लिए रोए भी नहीं। सम्भवत: इसलिए भी कोई रोएगा तो है नहीं और इसलिए भी कि पुरुष कह सके कि मेरी पत्नी ने ही उसके मरने के बाद रोने से मना किया। बंकिमचन्द्र के प्रत्येक उपन्यास का विस्तृत उदाहरण न देकर नामोल्लेख करना उचित होगा। *मृणालिनी* उपन्यास की नायिका मृणालिनी पर हेमचन्द्र जो उसके प्रति अत्यधिक अनुरक्त है, *विषवृक्ष* उपन्यास में कुन्दनन्दिनी के चरित्र पर, *चन्द्रशेखर* उपन्यास में शैवालिनी पर, *कृष्णकान्त का वसीयतनामा* में रोहिणी पर उनके हर उपन्यास में प्रमुख नारी पात्रों के चरित्र पर संदेह किया गया है—गोविन्दलाल तो उसकी हत्या ही कर देता है, *सीताराम* उपन्यास में एकदम सीता मैया की कहानी की तर्ज पर रमा पर सन्देह किया जाता है। सन्देह किए जाने पर रमा मरना चाहती है। रमा को मरना ही होगा, उसके स्त्री जीवन के सारतत्त्व उसकी यौन-शुचिता पर सन्देह किया गया है। सन्देह किया जाना ही 'स्त्री जीवन चरित्र' की समाप्ति के लिए पर्याप्त है, रमा को अब जीवित नहीं रखा जा सकता। रमा मरेगी, क्योंकि "मैं तो महाराज की रानी हूँ! एक भिखारिणी भी ऐसा कलंक लग जाने पर जीना पसन्द न करेगी।" (वही, पृ. 947)

नन्दा इस संकट से उबरने के लिए सीताराम से बातचीत करती है। सीताराम रमा के रानी होने के कारण सर्वसाधारण के सम्मुख उसके द्वारा सफाई देने के पक्ष में नहीं है। उनके पास सीधा उपाय है—"रानियों के सम्बन्ध में इस प्रकार का कलंक सीता के काल से चला आ रहा है। प्रथानुसार इतना कांड न करके रमा को त्याग देना ही ठीक है। फिर यह कलंक न रहेगा।" (वही, पृ. 947)

राजा राम की पत्नी सीता ने कोई कांड नहीं किया अपनी पत्नी को उस द्वारा जिस पर वह सबसे अधिक विश्वास करती थी, घने भयानक जंगल में छुड़वा दिया था। रमा से तो चूक हुई है, फिर भी नन्दा विनती कर राजा सीताराम को मनाने में

सफल हो जाती है। 'दरबार-ए-आम' में रमा अपनी सफाई देने के लिए दासी की साड़ी माँगकर पहनकर आती है। लोगों द्वारा उस पर लगाए पापाचार के आसेप के खंडन हेतु रमा सार्वजनिक सभा में अपने पुत्र की शपथ खाती है। लोग इस पर भी कानाफूसी करते हैं जो राजा सीताराम के कानों तक पहुँचती है। राजा सीताराम रमा से कहते हैं—"सारी जनता तो तुम्हारी बातों पर विश्वास नहीं करती।" (वही, पृ. 951) अब ऐसे में राजाराम कर भी क्या सकते हैं।

स्त्रियों की एक बहुत बुरी आदत है आँसू बहाना। इसी डर से भगवान राम ने सीता मैया को चुपचाप वन में छुड़वा दिया था। झंझट समाप्त। स्त्री के स्वभावानुसार अश्रुपात करती रमा बोली—"महाराज! यदि लोगों को मेरी बातों पर यकीन नहीं तो आप चिता तैयार करें। मैं उसे स्वर्ग मानकर उसमें समा जाऊँगी। लेकिन महाराज! क्या आपको भी मुझ पर विश्वास नहीं है? यदि यह ठीक है तो मेरा मरना भी व्यर्थ होगा, महाराज! श्रेष्ठ परलोक को बनाने वाले श्रेष्ठ गुरुदेव यहीं उपस्थित हैं, मैं उनके सामने अपने इष्टदेव को साक्षी मानकर कहती हूँ कि मैं विश्वासघातिनी नहीं हूँ जो गुरु से भी ज़्यादा मेरे लिए पूज्य हैं यही पतिदेव आप स्वयं मेरे सामने हैं—मैं उन्हीं पतिदेव को साक्षी मानकर कहती हूँ, मैं विश्वासघातिनी नहीं हूँ। महाराज! अगर मैं विश्वासघातिनी हूँ तो नारी शरीर पाकर जो सेवा देव सेवा, ब्राह्मण सेवा, दान व्रत मैंने किया उन सबसे वंचित हो जाऊँ। जो सेवा मैंने आपकी तन-मन और वाणी से की है, उन सबसे वंचित हो जाऊँ। पति के दर्शन से बढ़कर और कोई पुण्य नारी के लिए नहीं है—मैं उससे भी वंचित हो जाऊँ! अगर मैं विश्वासघातिनी हूँ तो नारी देह धारण करके जन्म-जन्मान्तर तक पति-पुत्र के दर्शन से वंचित रहूँ।" (वही, पृ. 951-52)

वाल्मीकि ने सीता की पहले ही अग्नि परीक्षा करवा ली थी, राम ने स्वयं ली थी अग्नि परीक्षा, समाज के समक्ष ली थी अकेले में नहीं, तो जब राम पर सीता को धोखे से वन भिजवाते समय कोई प्रभाव नहीं पड़ा तो रमा की इन मार्मिक शपथों का गंगाराम पर कोई प्रभाव कैसे पड़ता? वह रमा को भ्रष्ट ही बताता है, उस पर अन्य किसी पुरुष के साथ पथभ्रष्ट होने का आरोप लगता है, किन्तु त्रिशूलधारी संन्यासिनी द्वारा प्राणाघात के भय से अपना दोष स्वीकार कर लेता है, रमा निरपराध सिद्ध होती है।

पर कथा यहीं समाप्त नहीं हो जाती। जनता के समक्ष सार्वजनिक क्षमा-याचना करने और निर्दोष सिद्ध होने पर भी बंकिमचन्द्र ने रमा को जीवित नहीं रखा। उसे आखिर मरना ही पड़ा—"इस जन्म के लिए विदा लेती हूँ। आशीर्वाद दो कि दूसरे जन्म में भी आपको ही पाऊँ।" (वही, पृ. 960) रमा की अपनी प्रार्थना है कि उसे जन्मों-जन्मों तक ऐसा ही पति मिले। प्रसंगवश पति-पत्नी के सात जन्मों के बन्धन की उत्पत्ति की ओर संकेत किया जा सकता है कि इसकी रचयिता निश्चय ही स्त्री नहीं है।

बंकिमचन्द्र के साहित्य में परम्परानुसार सतीत्व के प्रति इतना आग्रह है कि उन्होंने मुस्लिम नारी पात्रों पर भी इसका आरोपण किया है। *चन्द्रशेखर* उपन्यास में ही नवाब के शक के घेरे में दलनी बेगम है। उसे भी मरना पड़ता है। दलनी बेगम नवाब के आदेश पर जहर पीकर प्राण त्याग देती है।

आनन्दमठ उपन्यास में महेन्द्र कल्याणी पर सन्देह करते हैं। देश-भक्ति के लिए सन्नद्ध होना एक बात है और अपनी पत्नी पर विश्वास कर पाना दूसरी बात है। बंकिमचन्द्र की नारी सम्बन्धी विचारधारा का केन्द्रीय तत्त्व है नारी चरित्र की शुचिता। हिन्दी नवजागरण ही नहीं, बंगला नवजागरण में भी स्त्री के लिए सतीत्व परम धर्म है—"स्त्रियों के लिए सतीत्व से अधिक और कोई धर्म नहीं। जिस स्त्री में सतीत्व नहीं है वह शूकरी से भी अधम है। यह बात नहीं कि केवल कार्य से ही सतीत्व की हानि होती है, पति के अतिरिक्त अन्य पुरुष की चिन्ता भी सतीत्व के लिए विघ्न है। तुम विधवा हो यदि पति के अतिरिक्त और किसी को मन में स्थान दोगी, तो तुम इहलोक और परलोक की स्त्रियों में अधम होकर रहोगी।...स्त्री के लिए परम धर्म सतीत्व है।" (वही, पृ. 201)

बंकिमचन्द्र चट्टोपाध्याय सती प्रथा के समर्थक और विधवा-विवाह विरोधी थे। जिस बंगाल ने स्त्री सम्बन्धी सुधारों का मार्गदर्शन दिया उसे अपने ही घर में इनका विरोध झेलना पड़ा। बंगाल में यद्यपि राजा राममोहन राय सती प्रथा के विरुद्ध क़ानून बनवाने में सफल हो चुके थे, किन्तु मान्यता के स्तर पर इससे सती प्रथा की महानता की कोई हानि नहीं हुई थी। पूरा बंगाली समाज वैसा आधुनिक नहीं हो गया था जैसा कि मान लिया जाता है। बंकिमचन्द्र राजा राममोहन राय के सती प्रथा विरोध से सहमत नहीं थे। उन्होंने अफीम सेवी कमलाकान्त के माध्यम से सती प्रथा विरोधी क़ानून पर व्यंग्य किया। अफीम के नशे में कमलाकान्त को पतंगों की भाषा समझ में आने लगती है। फानूस में क़ैद होने के कारण पतंगे को प्रकाश में जल मरने का अवसर सुलभ नहीं है। पतंगा कहता है—"देखो जलकर मरना हम लोगों का राइट है, हम लोगों का चिर काल का हक़ है। हम लोग पतंग जाति के हैं, पहले से प्रकाश में जलकर मरते आ रहे हैं—कभी किसी रोशनी ने हम लोगों को मना नहीं किया। हम लोगों के लिए सहमरण निषेध का क़ानून जारी क्यों, हम लोग क्या हिन्दू की लड़कियाँ हैं जो जलकर मर नहीं सकते हैं।" [बंकिम रचनावली, डॉ. विष्णु बसु (भूमिका) कलकत्ता, 1993, पृ. 57]

स्मरण रहे कि कमलाकान्त बंकिमचन्द्र द्वारा रचित अत्यन्त प्रसिद्ध चरित्र है। औपनिवेशिक शासन के अन्तर्गत नौकरी करने के कारण राष्ट्रहित की जो बातें वे खुलकर नहीं कह पाते थे उसे कमलाकान्त के माध्यम से कहते थे। वास्तविकता सामने रखने के लिए कमलाकान्त की उनकी बौद्धिक आड़ है। बंकिमचन्द्र चट्टोपाध्याय का मानना है कि स्त्री का एकमात्र आसरा उसका पति है, इहलोक

पति है, परलोक पति है, कोई और लोक खोज लिया जाए तो वह भी पति है। पति के चरणों में ही सुख है, पति ही मुक्ति है, पति ही सिद्धि है, जिस हाल में पति रखे स्त्री रहे क्योंकि पति ही निधि है। पति परमेश्वर है। एवं शास्त्रों द्वारा निर्देशित इन बातों को 'पतियाना' (विश्वास करना) स्त्री होने का प्रथम और सर्वप्रमुख लक्षण है। पति ही उसे धर्म मार्ग की ओर उन्मुख करता है। ऐसे में पति की मृत्यु होने पर, विधवा होने पर, किसी पुरुष का सहारा न रहने पर सम्भव है कि स्त्री पथच्युता हो जाए। इसलिए पति के साथ सती हुई स्त्री समाज में कलंक उत्पन्न न कर सकेगी। जिस पति की आज्ञा के बिना उसका कुछ भी करना वर्जित है तो उसके न रहने पर वह धर्म रक्षा कैसे कर सकेगी? अत: स्त्री जीवन का चरम लक्ष्य है सती होना। हर हाल में सती होना। सदियों से सनातन धर्म की स्त्री को सती होने से रोकने वाले लोग विधर्मी हैं, उसे धर्म भ्रष्ट कर रहे हैं।

मृणालिनी उपन्यास में मनोरमा के लिए पहले ही भविष्यवाणी हो चुकी है कि वह सती होगी। उसके पिता उसे उसके पति से दूर करके उसे सती होने से बचाने का हर सम्भव प्रयास करते हैं, किन्तु असफलता हाथ लगती है। मनोरमा सती होकर ही रहती है। विधि का विधान नहीं टाला जा सकता। मनोरमा के सती होने हेतु शास्त्रानुसार आयोजित इस गौरवपूर्ण क्षण का बंकिमचन्द्र इस तरह वर्णन करते हैं—''ब्राह्मणों ने मनोरमा को यथाशास्त्र इस भीषण व्रत में व्रती कराया और शास्त्रीय आचार के बाद मनोरमा ने ब्राह्मण के लाए नए वस्त्र को धारण किया। नया वस्त्र पहन, दिव्य पुष्पमाला गले में धारण कर पशुपति की जलती हुई चिता की प्रदक्षिणा करके वह चिता पर चढ़ गई। हँसते मुख उस चिता में बैठकर गर्मी में सूखती कुसुमकली की तरह अनल के ताप से उसने प्राण त्याग किया।'' (*बंकिम समग्र*, पृ. 232) बंकिमचन्द्र चट्टोपाध्याय के सती प्रथा समर्थन और विधवा-विवाह विरोध से स्त्री प्रश्न पर जिस बंगाल की क्रांतिधर्मिता का डंका बजता रहा है उसका एक और पक्ष उभरकर आता है। यहाँ राजा राममोहन राय और सती प्रथा तथा ईश्वरचन्द्र विद्यासागर और विधवा-विवाह पर संक्षिप्त चर्चा उचित रहेगी।

यह जानना आश्चर्यजनक होगा कि राजा राममोहन राय बंगाल की नारी को सती जैसे कुप्रथा से मुक्ति दिलाने वाले अंग्रेज़ों को ही इस कुप्रथा के प्रचार-प्रसार के लिए उत्तरदायी मानते हैं। आम भारतीय की समझ अंग्रेज़ों को स्त्री उद्धारक समझने की रही है, किन्तु राजा राममोहन राय का स्पष्ट मत था कि स्त्री सम्बन्धी पारम्परिक क़ानूनों को अंग्रेज़ों द्वारा नकारे जाने के कारण ही बंगाल में यह कुप्रथा पनपी। हिन्दुओं के सम्पत्ति सम्बन्धी उत्तराधिकार के बारे में बंगाल में एक ग्रन्थ का चलन था जिसका नाम था *दायभाग*। इसके लेखक जीमूतवाहन थे। इसका चलन बंगाल में विशेष रूप से था, राजा राममोहन राय ने इस ग्रन्थ का हवाला देते हुए कहा है, ''सम्पत्ति के मालिक का निधन होने के बाद उस पर पुत्र

का अधिकार होता है और जिस कारण पुत्र का अधिकार होता है उसी कारण उस सम्पत्ति पर उसकी माता का अधिकार होता है। और उस स्वामी के भाई अथवा उसके अन्य सम्बन्धियों की अपेक्षा उस विधवा का दावा ही सही माना जाएगा।'' (*भारतीय साहित्य की भूमिका,* रामविलास शर्मा, पृ. 316) इसके पश्चात् राजा राममोहन राय ने बृहस्पति, याज्ञवल्क्य, कात्यायन, नारद, भीष्म, व्यास आदि के उद्धरणों से सिद्ध किया कि सन्तान के पिता का निधन होने पर सम्पत्ति माँ को मिलेगी, ताकि वह अपना जीवन सम्मानपूर्वक व्यतीत कर सके, किन्तु अंग्रेज़ों ने इन क़ानूनों को नकार दिया एवं उन पुरोहितों और ज़मींदारों के स्वार्थों की रक्षा की जो सती प्रथा को चला रहे थे। राजा राममोहन राय को अंग्रेज़ी शिक्षा का पूर्ण समर्थक प्रमाणित करने के फेर में उनके उपनिवेशवाद के विरोध को सामने नहीं रखा गया है। राजा राममोहन राय का स्पष्ट मानना है कि सती प्रथा का चलन केवल बंगाल में है और वह भी अंग्रेज़ों द्वारा दूसरी पत्नी लाने सम्बन्धी पुराने कठोर नियम की उपेक्षा के कारण। बंगालियों के उच्च वर्गीय विशेषकर ब्राह्मण पुरुषों में बहुविवाह का प्रचलन हो गया था। इसका एक कारण बंगाल और मिथिला के दो-तिहाई ब्राह्मण और उनके अनुयायियों द्वारा विवाह के नाम पर लड़कियों को बेच दिया जाना भी था। बंगाल के निम्न श्रेणी के ब्राह्मण और उच्च श्रेणी के कायस्थ अपनी बहन या बेटी का विवाह ऐसे पुरुष से करते थे कि उन्हें तगड़ी आमदनी हो। ''ऐसे ब्राह्मण और कायस्थ अपनी लड़कियों को ऐसे लोगों से ब्याह देते हैं जिनमें कोई-न-कोई शारीरिक दोष होता है, जो बूढ़े हैं या बीमार हैं, केवल इसलिए कि उन्हें पैसा मिलता है। इस तरह वे लड़कियाँ या तो बहुत जल्दी विधवा हो जाती हैं अथवा उनका जीवन अत्यन्त कठिन हो जाता है। कुलीन ब्राह्मण दस, बीस, तीस लड़कियाँ तक ब्याह लाते हैं। इसका नतीजा यह होता है कि बंगाल में आत्महत्या करने वाली स्त्रियों की संख्या अन्य ब्रिटिश प्रान्तों की अपेक्षा दस गुनी है।'' (वही, पृ. 319)

विधवा के दुश्चरित्र हो जाने के प्रश्न पर राजा राममोहन राय ने कहा कि पति और पुत्र के अभाव में स्त्री के अन्य सम्बन्धियों द्वारा उसकी देखरेख का विधान है। इसके अतिरिक्त आए दिन पति अपनी पत्नी पर से अपना अधिकार छोड़ देता है, पत्नी अलग रहने पर बाध्य होती है। उस अवस्था में भी उसे अपने जीवन का निर्वाह करना पड़ता है। मनुस्मृति तक में मृत पति के साथ विधि-विधानपूर्वक उसकी पत्नी के सती होने का निर्देश नहीं दिया गया है। वरन् 'पुत्रहीन' पिता की स्त्रियाँ समान भागवाली कही गईं।'' (मनुस्मृति, पृ. 184)

मनुस्मृति में व्यवस्था है कि पति से छोड़ी गई या विधवा स्त्री अपनी इच्छा से दूसरे को पति बनाकर जिस पुत्र को उत्पन्न करती है, उसे 'पौनर्भव' पुत्र कहते हैं। ''सन्तानहीन पुत्र उत्पन्न कर सकती है। वह मृत पति की स्त्री नियोग धर्म के द्वारा

संयोग से पुत्र उत्पन्न करे तथा मृत पति का जो धन हो उसे उस पुत्र के लिए दे देवे।'' मनुस्मृति के उपरोक्त उद्धरण और राममोहन राय का यह मत उन अंग्रेज़ी राज और अंग्रेज़ी शिक्षा के गुण-गायकों के उस बहुप्रचारित तथ्य के परीक्षण की माँग करता है, जिसके अनुसार भारतीय परम्परा से स्त्रियों को कोई अधिकार नहीं दिया एवं अंग्रेज़ी ने बर्बर और असभ्य भारतवासियों को सदैव प्रगति का शुभ मार्ग दिखाया। राममोहन राय के लेखन से यह भी पता चलता है कि शेष भारतवर्ष में यह कुप्रथा प्रचलन में नहीं थी जैसा कि बाद में दुष्प्रचार किया गया, ''विधवाओं को चिता के लक्कड़ों के साथ बाँधकर जला देने की प्रथा हिन्दुस्तान में कहीं नहीं थी। थोड़े दिनों से बंगाल में इसका प्रचलन हुआ है जो कि हिन्दुस्तान का एक छोटा-सा हिस्सा है।'' (*भारतीय साहित्य की भूमिका,* पृ. 316)

बंगाल को बहुविवाह प्रथा एवं अंग्रेज़ों द्वारा उच्च वर्ण और जातियों को प्रश्रय देने के कारण सती प्रथा को यहाँ अत्यधिक महिमामंडित किया गया। इसलिए विधवा हुई स्त्री को नशीला पदार्थ खिलाकर गाजे-बाजे के साथ उसे जला देते थे। बंगाल की विधवाएँ वृन्दावन और काशी इसलिए भेज दी जाती थीं कि यदि वे सजातीय नियोग द्वारा पुत्र जन्म कर लेंगी तो वह अपनी माँ के मृत पति की सम्पत्ति का अधिकारी हो जाएगा। धन के लालच में समाज के व्यवस्थापकों ने स्त्री को धार्मिक अनुष्ठान की आड़ में जला देने की व्यवस्था की।

राजा राममोहन राय के सती प्रथा के विरुद्ध आवाज़ उठाने और अंग्रेज़ों के हस्तक्षेप के पश्चात् बंगाल में सतियों की संख्या बढ़ गई। निस्सन्देह यह 'घरेलू मामले' में बाहरी हस्तक्षेप की प्रतिक्रिया थी। बंगाल की स्त्री सम्बन्धी चेतना का अध्ययन यहाँ से आरम्भ कर विद्यासागर द्वारा विधवा-विवाह के समर्थन एवं बंकिमचन्द्र द्वारा उसके विरोध करने तक उन्नीसवीं सदी लगभग व्यतीत हो चुकी थी।

प्रसंगवश उल्लेखनीय है कि राजा राममोहन राय स्त्री शिक्षा के परम समर्थक थे। उनका मानना था कि स्त्री के नैसर्गिक गुणों का विकास उसे उचित अवसर देने पर ही हो सकेगा।

विधवा-विवाह—बंगाल में ही ईश्वरचन्द्र विद्यासागर ने विधवा-विवाह के लिए प्रयास किए चूँकि विधवा समाज से आई थी और उसका पुनर्विवाह समाज में ही होना था अत: विद्यासागर को भी शास्त्रों की शरण में जाना पड़ा क्योंकि समाज शास्त्रसम्मति को मानता है। 'लोक' शास्त्र का उपहास उड़ाता है, किन्तु स्वीकृति भी उसी की शक्ति को देता है। विद्यासागर ने शास्त्रसम्मत युक्तियाँ देकर विधवा-विवाह अभियान चलाया। इसके लिए आरम्भ में उन्हें भी औपनिवेशिक सहयोग मिला, किन्तु बाद में अंग्रेज़ों की नीति परिवर्तन के कारण यह सहयोग बन्द हो गया। विद्यासागर की मृत्यु 1891 ई. में हुई, किन्तु विधवा-विवाह आन्दोलन को सरकारी सहयोग और प्रोत्साहन मिलना उसके बहुत पहले ही बन्द हो चुका था।

बंकिमचन्द्र अपने विधवा-विवाह विरोध सम्बन्धी विचारों के कारण ईश्वरचन्द्र विद्यासागर के प्रति बहुत सदय नहीं रह पाए। उन्होंने अपने साहित्य और विभिन्न पत्रिकाओं में लिखे अपने लेखन में ईश्वरचन्द्र विद्यासागर पर अनेक कटूक्तियाँ कीं। उन्हें 'पढ़े-लिखे विद्यासागर' के मतिभ्रम पर घोर आपत्ति थी। अपने 'साम्य' के दिनों में तो फिर भी उन्होंने सौम्य सुर रखा, किन्तु बाद में वे पूरे औदात्य के साथ विधवा-विवाह विरोधी हो गए। जातीय चिन्तन के इतने बड़े साहित्यकार का यह स्त्री विरोधी पक्ष अत्यन्त पीड़ादायक है। बंकिमचन्द्र की स्त्री विरोधी विचारधारा के कारण उनके साहित्य में इस सम्बन्ध में स्पष्ट अन्तर्विरोध दिखाई पड़ते हैं। इस पुस्तक में औपनिवेशिक काल के सभी भाषाओं के बुद्धिजीवियों की स्त्री विरोधी मान्यताएँ देना सम्भव नहीं है, अत: बंगला को उनकी प्रतिनिधि के रूप में चुन लिया गया है। यह चयन इसलिए भी उचित प्रतीत होता है कि बंगला भाषा को सबसे प्रगतिशील माना गया है बंगला नवजागरण को अग्रणी।

अपने 'साम्य' निबन्ध में विधवा-विवाह के प्रश्न पर बंकिम कहते हैं—"विधवा-विवाह अच्छा है या बुरा यह अलग बात है। उसका विवेचन स्थल यह नहीं है। हम कहेंगे विधवा-विवाह अच्छा भी नहीं है, बुरा भी नहीं है, सभी विधवाओं को इच्छानुसार विवाह का अधिकार होना चाहिए। जो स्त्री साध्वी है, जिसने पूर्व पति से आन्तरिक प्रेम किया है वह कभी भी पुन: परिणय की कामना नहीं करेगी, जिन जातियों में विधवा-विवाह प्रचलित है उन जातियों में भी पवित्र स्वभाव विशिष्ट स्नेहमयी साध्वियाँ विधवा होने पर कदापि दूसरा विवाह नहीं करतीं। किन्तु यदि कोई विधवा, हिन्दू हो अथवा किसी भी जाति की हो, पति की मृत्यु के बाद पुन: परिणय करना चाहती है तो वह अवश्य इसकी अधिकारिणी है।" (*बंकिम रचनावली*, पृ. 402) विधवा-विवाह के समर्थक तो वे अपने रचना जीवन आरम्भिक काल में भी नहीं हैं। भला उस काल की किस हिन्दू विधवा की हिम्मत थी कि वह स्वयं को साध्वी न कहलाकर पुनर्विवाह की ओर प्रवृत्त होती या दोबारा विवाह कर यह सिद्ध करती है कि उसने अपने पूर्व पति से आन्तरिक प्रेम नहीं किया था। पूर्वपति से अपने प्रेम को नकार कर अर्थात् अपनी अस्मिता पर दाग लगाकर ही वह नया वैवाहिक जीवन आरम्भ कर सकती थी। बंकिमचन्द्र विधवा स्त्री को पुनर्विवाह की अनुमति उसके पवित्र स्वभाव, स्नेह, पति से आन्तरिक प्रेम और उसके साध्वीपन के मूल्य पर दे रहे हैं। स्त्री का समस्त जीवन इन्हीं मूल्यों पर आकलित किया जाता था। अत: यह पुनर्विवाह उस सम्पूर्ण जीवन के मूल्य पर करना था। इस मूल्य पर उस काल की हिन्दू विधवा कैसे पुन: विवाह की ओर प्रवृत्त हो सकती थी! उसका साहस समाप्त करने के लिए तो यह कथन ही पर्याप्त है कि 'जिसने पूर्व पति से आन्तरिक प्रेम किया है वह कभी भी पुन: परिणय की कामना नहीं करेगी।'

बंकिमचन्द्र के उपन्यासों में उनकी विधवा-विवाह विरोधी प्रवृत्ति स्पष्ट अधिक हुई है। बंकिमचन्द्र जाति प्रथा के समर्थक थे। जाति बन्धन तोड़ने और विधवा-विवाह करवाने को उन्होंने एक विकार माना है। बंगाल में राजा राममोहन राय और विद्यासागर जैसे नारी सम्बन्धी आन्दोलनकारियों से असहमत होते हुए उन्होंने विधवा-विवाह के प्रयास का उपहास किया—"इसी रोग का एक तरह का विकार और होता है। विधवाओं का विवाह कराओ, कुलीन ब्राह्मणों का विवाह बन्द करो, बाल्य-विवाह बन्द करो, जाति भेद उठा दो, स्त्रियों को आजकल गोशाला में बाँधकर रखा जाता है—उन्हें खोल दो, उनकी डोरी को काट दो, थोड़ा चर आवें। मेरे पास तो गौ भी नहीं है, दूसरों की गौ से मेरा कोई सम्बन्ध नहीं। जात-पाँत तोड़ने में भी मैं सहमत नहीं—मैं उतना सुशिक्षित अभी हो नहीं पाया हूँ। मैं अभी भी अपने भंगी के साथ बैठकर खाने का इच्छुक नहीं हूँ—उसकी कन्या के साथ शादी करने का भी इच्छुक नहीं हूँ। दो गाली शिरोमणि महाशय के देने पर सह सकता हूँ, अपने झाड़ूदार की गाली नहीं सह सकता। अत: मेरी जाति रहने दो। लोग विधवा-विवाह करते हैं करने दो, बाल-बच्चे चिरकुमार रहें—रहने दो, कुलीन ब्राह्मण एक विवाहित पत्नी की यंत्रणा में खुश हो तो रहने दो मुझे आपत्ति नहीं है, किन्तु इसके समर्थन से लोगों का क्या हित होगा यह मेरी बुद्धि के बाहर है।" (वही, पृ. 500)

अपने विरोध के अतिरेक में बंकिमचन्द्र चट्टोपाध्याय स्त्रियों को पशुओं के समकक्ष रख देते हैं। उन्हें स्त्रियों की कैसी भी स्वतंत्रता किसी भी हाल में स्वीकार नहीं है। स्त्रियाँ और निम्न जाति के मनुष्य मानव जाति में तो हैं, किन्तु उच्च वर्गीय पुरुषों से अति निम्न अवस्था में हैं। बंकिमचन्द्र चाहते हैं कि ये व्यर्थ के सुधार प्रयास बन्द कर दिए जाएँ। इससे समाज की पुरानी व्यवस्था टूटेगी। वे स्त्री सम्बन्धी नई विचारधारा से एकदम सहमत नहीं हैं। इसलिए स्त्रियों को गाय की भाँति चरने के लिए कहते हैं अब स्त्री और गौ को एक स्थान पर रखने के लिए बंकिमचन्द्र की बुद्धि पर दुखी ही हुआ जा सकता है। इस दु:ख के साथ आश्चर्य की बात यह है कि बंकिमचन्द्र के जिस पात्र ने ये उद्गार व्यक्त किए हैं वह सुशिक्षित है। वह विदेशी चिन्तक टिंडेल, हॉक्सली, अर्विन और लॉयल का अध्येता है। उसने बेकन, सोक्रेटिस और शेक्सपियर को पढ़ रखा है। ये उद्गार कायस्थ कुल के संसार भ्रमण कर चुके एक सम्पन्न शिक्षित पुरुष के हैं। इसी के साथ वे एक अशिक्षिता युवती के विचार भी सामने रखते हैं, उसका भी मानना है कि समाज में कोई भी विधवा-विवाह समर्थक नहीं है और यह एक मज़ाक़ है। इस कथन से विधवा-विवाह समर्थकों की कठिनाई का अनुमान भी होता है—'एक मज़ाक़ की बात और है! ईश्वरचन्द्र विद्यासागर नामक कलकत्ते में शायद कोई बड़े पंडित हैं, वे विधवा-विवाह की व्यवस्था देते हैं। वे यदि पंडित हैं तो

मूर्ख कौन है? आजकल बैठकखाने में भट्टाचार्य ब्राह्मण के आने पर इसी ग्रन्थ पर बड़ा तर्क-वितर्क चलता है। उस दिन न्यायशास्त्री ठाकुर, माता सरस्वती के साक्षात् वरपुत्र विधवा-विवाह के बारे में तर्क कर बाबू से पाठशाला की परम्परा के लिए दस रुपए ले गए। उसके दूसरे दिन सार्वभौम महाराज ने विधवा-विवाह का प्रतिवाद किया। उनकी कन्या के विवाह के लिए मैंने पाँच भर सोने का कड़ा बनवा दिया है। और कोई भी विधवा-विवाह का तरफदार नहीं है।" (वही, पृ. 252)

अपनी ओर से बंकिमचन्द्र समाज के प्रत्येक वर्ग और वर्ण के पात्रों द्वारा विधवा-विवाह विरोधी वक्तव्य दिलवाकर विधवा-विवाह के विरुद्ध पक्की किलेबन्दी का प्रयास करते हैं। वे विद्यासागर के विधवा-विवाह समर्थन एवं बहुविवाह विरोध से अत्यन्त कुपित हैं। उनका यह क्षोभ, कई बार विद्यासागर के प्रति तीखी टिप्पणियों में व्यक्त हुआ है। यद्यपि विद्यासागर सम्बन्धी कई कटु टिप्पणियों को उनकी मृत्यु के बाद उन्होंने अपने साहित्य से निकाल दिया फिर भी बच रही टिप्पणियाँ कम कटु नहीं हैं।

बंकिमचन्द्र ने अपने उपन्यास साहित्य में बहुविवाह के पक्ष में भी मत दिया। यद्यपि बंकिमचन्द्र इसे कुरीति मानते थे। उनका मत था कि यह प्रथा अपनी मौत मर जाएगी। जिस समय वे बहुविवाह की प्रथा की स्वाभाविक मृत्यु की बात कर रहे थे, विद्यासागर ने बहुविवाह कर चुके पुरुषों की एक सूची तैयार की जिसमें कुछ नाम ऐसे भी थे जिन्होंने अस्सी से अधिक विवाह किए थे। ऐसे स्थानों पर बंकिमचन्द्र का तर्क था कि लोकाचार शास्त्रों से अधिक सशक्त है इसलिए जो बुरा है उसे बुरा कहकर त्याग देना चाहिए, शास्त्रों से उसके लिए प्रमाण नहीं जुटाना चाहिए। बंकिमचन्द्र लोकाचार पर शास्त्रों का प्रभाव इस स्थान पर भुला देते हैं। वे भूल जाते हैं कि लोकमानस शास्त्रसम्मत युक्तियों पर अधिक ध्यान देता है। सती प्रथा के प्रचलन में शास्त्रों की दुहाई ने बड़ी अंधेरगर्दी मचाई। बंकिमचन्द्र ने स्वयं अपने कृष्ण के चरित्र गठन में शास्त्रों की सहायता ली। द्रौपदी को पंचपतियों के पातक से बचाने के लिए पंचपतियों की शास्त्रीय व्याख्या की और लोकमत को गौण माना। बंकिमचन्द्र ने एकाधिक स्थान पर विद्यासागर के भाषा सम्बन्धी योगदान की सराहना की है, किन्तु अधिकांश स्थलों पर उन्होंने विद्यासागर का उपहास किया है या उनके लिए कटूक्तियों का प्रयोग किया है।

हिन्दी नवजागरण में सती प्रथा पर बहुत कम लिखा गया। विधवा-विवाह के समर्थन में उन्नीसवीं सदी के उत्तरार्द्ध में राधामोहन गोकुल, राधाचरण गोस्वामी के साथ सनद्ध दिखते हैं। पूर्वार्द्ध में भी विधवा-विवाह का प्रबल विरोध नहीं था वरन् अनमने ढंग से ही सही इसे मान लेने का प्रस्ताव था। भारतेन्दु हरिश्चन्द्र ने सती प्रथा की महिमा का एकाधिक स्थानों पर गान किया, किन्तु स्त्रियों पर सामाजिक अत्याचारों

को देखते हुए उन्होंने विधवा-विवाह के पक्ष में मत दिया। धर्म के आधार पर विधवाओं को पुनर्विवाह की अनुमति न दिए जाने की स्थिति में समाज में बढ़ रहे दुराचारों से परिचित भारतेन्दु ने दयानन्द सरस्वती से घोर असहमति होते हुए भी उनके विधवा-विवाह के प्रयासों की सराहना की। 'स्वर्ग' में विचारसभा के आयोजन में स्वामी दयानन्द के पाप-पुण्य पर विचार करते हुए भारतेन्दु कहते हैं—"जिस चंडाल रूपी आग्रह और कुरीति के कारण मनमाना पुरुष धर्मपूर्वक न पाकर लाखों स्त्री कुमार्गगामिनी हो जाती हैं, लाखों विवाह होने पर भी जन्म-भर सुख नहीं भोगने पातीं, लाखों गर्भनाश होते और लाखों ही बालहत्या होती है, उस पापमयी परम नृशंसी रीति को इन लोगों ने उठा देने में शक्य भर परिश्रम किया। जन्मपत्री की विधि के अनुग्रह से जब तक स्त्री-पुरुष जीएँ एक तीर घाट एक पीर घाट रहैं, बीच में इस वैमनस्य और असन्तोष के कारण स्त्री व्यभिचारिणी पुरुष विषयी हो जाएँ परस्पर नित्य कलह हो, शान्ति स्वप्न में भी न मिले, वंश न चले। यह उपद्रव इस लोगों से नहीं सहा गया।" (*भारतेन्दु समग्र,* पृ. 984-85) भारतेन्दु की विचारधारा की एक अन्यतम विशेषता यह है कि वे लोकोपकारी प्रवृत्तियों को अपनी पारम्परिक धारणाओं से अधिक वरीयता देते हैं।

विधवा-विवाह के सबसे बड़े समर्थकों में राधाचरण गोस्वामी (1859-1925) का उल्लेख गर्वपूर्वक किया जा सकता है। अत्यन्त धार्मिक परिवार में जन्मे पंडित राधाचरण गोस्वामी के आदर्श भारतेन्दु हरिश्चन्द्र थे। ब्रजभाषा के कुशल कवि गोस्वामी जी उर्दू, बंगला, अंग्रेज़ी, मराठी, गुजराती और उड़िया के अच्छे जानकार और अपने निबन्धों में तीखे व्यंग्यकार थे। राधाचरण गोस्वमी ने सनातनी परिवार के होते हुए भी नए और पुराने के द्वन्द्व में पुराने में जो व्यर्थ था उसे छोड़ा, नए का जो निरर्थक लगा उसे नहीं अपनाया। डॉ. रामविलास शर्मा ने उन्हें अपने युग का सबसे उग्र लेखक माना है। राधाचरण गोस्वामी ने वृन्दावन से भारतेन्दु पत्रिका का प्रकाशन किया। वर्नाक्यूलर प्रेस ऐक्ट के चरम विरोधी राधाचरण गोस्वामी ने 10 फरवरी 1879 के सार सुधानिधि में निर्भीकतापूर्वक लिखा, "हमारी गवर्नमेंट ने प्रेस-ऐक्ट का प्रचार करके समाचार-पत्रों की स्वाधीनता हर ली। विलायत तक अपील करने पर भी वह नहीं फेरी गई। देशी भाषाओं के समाचार-पत्र उसके बिना अन्त:शून्य हो रहे हैं। उनकी कान्ति अब बड़ी मलिन किंबहुना राजद्रोह के कलंक से यह सकल समाज में परिचित हो गए हैं।" (*हिन्दी नवजागरण,* राधाचरण गोस्वामी, पृ. 186)

इस कथन का सीधा तात्पर्य है कि हिन्दी समाचार-पत्र अंग्रेज़ी सरकार की आँखों में खटक रहे थे। और जो अंग्रेज़ों की आँखों में खटके उन्हें अंग्रेज़ी दां बौद्धिकों के उपनिवेशित हृदय और मस्तिष्क को खटकना ही था अत: ऐसे विचारकों को शुद्ध धार्मिक खाते में डाल दिया गया। तथा 'धार्मिक' विद्वानों को आधुनिकता

विरोधी प्रमाणित कर दिया गया। धार्मिक निरपेक्षता की मनचाही छद्म से भरी रणनीति के तहत अपने रूढ़िवादी परिवेश से गहरा संघर्ष करके आए ऐसे बुद्धिजीवियों की आधुनिकता को दरकिनार कर दिया गया। हिन्दी नवजागरण को राधाचरण गोस्वामी की सबसे अद्‌भुत देन उनका निबन्ध *हिन्दू बाल विधवाओं का न्याय ईश्वर के हाथ है*, इसके शीर्षक से उन्हें पुरातनपंथी प्रमाणित किया जाता रहा है जबकि वास्तव में इस निबन्ध में उन्होंने रूढ़िवादियों के विधवा-विवाह विरोध की जमकर ख़बर ली है। बाद में उन्होंने इस निबन्ध को पुस्तिका रूप (1898 ई.) में छपवाकर इसका वितरण करवाया था। पंडित राधाचरण गोस्वामी ने शास्त्रों से साक्ष्य जुटाकर विधवा-विवाह को शास्त्रसम्मत प्रमाणित किया था। उन्होंने ऋषि मनु, पराशर, वशिष्ठ, नारद और बौधायन को उद्धृत करते हुए विधवा-विवाह सम्मति के प्रमाण प्रस्तुत किए। इस पुस्तिका में उन्होंने 25 जुलाई, 1856 में भारत के गवर्नर जनरल द्वारा लेजिस्लेटिव काउंसिल के ऐक्ट 15 जो 'हिन्दू जाति की विधवा स्त्रियों के विवाह विषयक नियम की सब बाधा दूर करने के लिए ऐक्ट' था भी सम्मिलित किया। (वही, पृ. 250)

हिन्दू बाल विधवाओं का न्याय ईश्वर के हाथ है निबन्ध के आरम्भ में वसुदेव वंदना के पश्चात् पंडित राधाचरण गोस्वामी ने लिखा, "हमारे समाज के चालाक ब्राह्मण पंडित आबाल वृद्ध इसके विपक्ष में हैं। उनकी यजमान मंडली भी इसके विरुद्ध है। हिन्दू समाज में पुरानी रीति को छोड़कर नवीन रीति को ग्रहण करना एक बड़ा कठिन कार्य है परन्तु समय परिवर्तनशील है। आपसे आप किसी दिन विधवाओं की विपत्तियाँ दूर होंगी। विधवाएँ असहाय अबला स्त्री जन हैं। उनकी विपत्ति में कौन उनका साथी है? माता-पिता बन्धु-बान्धवों को क्षणिक शोक होता है, फिर कुछ नहीं। पति पक्ष वालों को ऐसी विधवाओं का शीघ्र ही मरना अभीष्ट है और लोगों को क्या पड़ी है जो उनके लिए कष्ट उठावें।

जाति के दुष्ट शासन, मूर्खों के परिहास, समाज के घोर आक्रमण आदि से घबड़ाकर, कोई स्त्री अथवा पुरुष इसमें अग्रसर नहीं होना चाहता। जो सब विपत्तियों को झेलकर इस कार्य में पड़ता है, वह धन्य है! प्रणम्य है!

इसमें सन्देह नहीं कि काशी में बड़े-बड़े पंडित हैं। अन्यत्र भी सांसारिक काम चलाने वाले साक्षर हैं तथा भारतवर्ष महामंडल में भी कितने आकाश-पाताल एक करने वाले लेक्चरार हैं, परन्तु इससे क्या सत्य बात कहने से रह सकता हूँ। वागाडम्बर से वह अग्नि नहीं बुझ सकती।" (भारतेन्दु मंडल के प्रमुख रचनाकार राधाचरण गोस्वामी की चुनी रचनाएँ, सम्पा. कर्मेन्दु शिशिर, परिमल प्रकाशन, इलाहाबाद, 1990, पृ. 84)

गोस्वामी जी का मानना है कि पंडितों की प्रतिकूलताओं के कारण विधवा-विवाह सम्भव नहीं हो पा रहा है, किन्तु यदि कोई राजा-महाराजा किसी विधवा का

विवाह करवाना चाहे तो पंडितगण तुरन्त इसे शास्त्रसम्मत प्रमाणित कर देंगे। वे विधवा-विवाह विरोधी धार्मिक संस्थाओं का नामोल्लेख करते हैं उनका स्पष्ट मानना है कि शास्त्रीय आधार पर विधवा-विवाह का विरोध ठीक नहीं है।

"भारतवर्ष महामंडल में तो यह नियम ही है कि विधवा-विवाह का सपक्ष इसका मेम्बर न होगा, चाहे विलायत प्रत्यागत, थियासोफिस्ट, फ्रीमेसन भले ही मेम्बर हो और मजा यह है कि विधवा-विवाह के प्रतिवाद की सभा में विलायत प्रत्यागत सभापति हो।

विधवा-विवाह के प्रतिवाद की सभाओं में जो कुछ खंडन किया जाता है उसमें से गालियाँ, व्यक्तिगत कटाक्ष, हास-परिहास आदि के आडम्बर निकाल दिए जाएँ तो बहुत थोड़ा शास्त्रीय विषय रह जाता है। उसका उत्तर बहुधा पंडित विद्यासागर, पंडित विष्णुपरशुराम, अमात्य रघुनाथ राव आदि के ग्रन्थों में हो चुका है।" (वही, पृ. 85)

राधाचरण गोस्वामी विद्यासागर के अतिरिक्त पंडित विष्णुपरशुराम और आमात्य रघुनाथ राव के ग्रन्थ की भी चर्चा करते हैं जिनसे अधिकांश विद्वान अपरिचित हैं। पंडित राधाचरण गोस्वामी शास्त्रों में विधवा के पक्ष में दिए गए वचनों को संक्षेप में इस प्रकार प्रस्तुत करते हैं। "विधवा-विवाह के प्रतिवादकारियों से मैं संक्षेपतः कुछ निवेदन करता हूँ, आशा है कि वह इस पर विचार करेंगे।"

पाराशर जी ऋषि थे, उनके 'नष्टे मृते' वचन और समाधानों के रहते भी 'पतौ' शब्द को आप आर्य क्यों नहीं मानते? यदि पाराशर जी का तात्पर्य 'नष्टे मृते' में वागदत्ता से होता, तो 'कन्यानाम्' लिखते, 'नारीणाम्' न लिखते। माधवाचार्य के भाष्य में 'नष्टे मृते' को विधवा-विवाह पर लिखा है। नारद स्मृत्यादि में इस वचन की पोषकता की है।

वशिष्ठ मनु पुराणादि में इस नियम का अनुमोदन है।

'पौनर्भवेन' का 'पूनर्भूपुत्र' अर्थ असंगत है।

'पाणि ग्राहे मृते' का 'पाणिग्राहमृते' पाठ कर देना साहस है।

'मनुस्मृति' के विरुद्ध अनेक कार्य हिन्दू समाज में प्रचलित हैं तथा अन्यान्य अशास्त्रीय कार्यों का भी अभाव नहीं है फिर विधवा-विवाह पर ही क्यों दंश है।

चतुर्थी कर्म के पूर्ण हुए बिना विवाह पूर्ण नहीं होता इससे अक्षता का पुनर्विवाह दूषित नहीं है।

कलियुग में संन्यास भी निषिद्ध है, तो क्या यह मान्य नहीं है।

श्रुति स्मृति पुराणों में पहले श्रुति फिर स्मृति फिर पुराणों के वचन मान्य हैं जबकि श्रुति स्मृति से विधवा-विवाह सिद्ध है, तो फिर आप पुराणों को कष्ट देकर व्यास जी सिद्धान्त विरुद्ध क्यों चाहते हैं?

पुराणों में भी पद्मपुराण दिव्या देवी का प्रकरण देखिए और विशेषत: इन श्लोकों पर दृष्टि दें।

ब्राह्मण: ऊचु:
विवाहोजायतेराजन्! कन्यायास्तुविधानत:
पतिर्मृत्युम्प्रयात्यस्या: नोचेतसंककरोतिच।
महाव्याध्यभिभूतश्च! त्यागर्कत्वाप्रयातिवा।
प्रव्राजितो भवेद्राजन्! धर्मशास्त्रेषुदृश्यते।
उद्वाहिताया: कन्याया: विवाह: क्रियतेवधै:।
नस्याद्रजस्वलावावत्अन्येष्वपिविधीयते।
विवाहन्तुविधानेनपिताकुर्य्यान्निर्सशय:।

श्रीकृष्ण के पुत्र प्रद्युम्न का रति, अर्जुन का उलूपी से जो विवाह हुआ वह भी विचारणीय है। प्राचीन नियोग कथाओं को भी सोचिए। महाभारत आदि का नियोग प्रकरण देखिए। पुत्रोत्पादन जो हिन्दुओं में प्रधान कर्तव्य है उसकी अवहेलना करके हिन्दू जाति का अस्तित्व मत लोप कीजिए।

विधवा-विवाह के विरोध में यहाँ तक हठ किया गया है कि पाराशर स्मृति को भी प्राप्ति और आप्रमाणिक बनाने में संकोच नहीं है। जिस स्मृति के ऊपर माधव, नन्द पंडित आदि ने व्याख्या की है जिसको सब निबन्धकारों ने प्रमाण माना है, विधवा-विवाह विधायक होने से ही वह प्रमाण नहीं है।

शिव! शिव! कलरेष महिमा!

धर्मशास्त्र का वचन है—

चत्वारो वेदधर्मज्ञा: पर्षत् त्रैविध मेव वा
साब्रूते यं सधर्म:स्यादे को बाध्यात्म वित्तम:

चार वेदज्ञ वा तीन विद्वान् अथवा एक ही श्रेष्ठ अध्यात्मवेत्ता जो कहे वह धर्म है। इसी मूल पर पंडितों से व्यवस्था ली जाती है और धर्माधर्म का निर्णय होता है, परन्तु विधवाओं के ऐसे मन्द भाग्य कि पंडित लोग भी प्रतिकूल हो गए। (वही, पृ. 87)

विधवा-विवाह विरोधियों ने जो असंख्य विचित्र प्रश्न पूछे हैं उनका गोस्वामी जी ने उत्तर दिया है। ऐसा ही एक उत्तर वे *विधवा-विवाह विवरण* के अन्तर्गत देते हैं—"अनेक लोग कहते हैं कि विधवा-विवाह यदि सिद्ध भी हो तो भी कभी मान्य नहीं, क्योंकि पहले किसी ने मान्य नहीं किया। इसका इतना ही उत्तर है कि अर्जुन के विधवा-विवाह करने का प्रमाण हम पहले दे चुके हैं।

अनेक मनुष्य कहते हैं कि यदि विधवा स्त्री पुनर्विवाह करेगी तो फिर मर जाएगी तब स्वर्ग में किस पति के साथ रहेगी, पहले पति के साथ अथवा दूसरे के? यदि यह प्रश्न उपहासास्पद है, तथापि इसका उत्तर दिया जाता है कि पत्नी-पुरुष का अर्द्धांग, जिस पति के साथ उसने जितना धर्माचरण किया है उसी पति के साथ उतने दिन स्वर्ग में रहेगी। क्रमशः दोनों पतियों के साथ रहेगी। (वही, पृ. 147-48)

मरणोपरान्त दोनों पतियों के साथ क्रमशः रहने की क्रान्तिकारी सोच रखने और अभिव्यक्त करने वाले राधाचरण गोस्वामी नास्तिक नहीं थे। पहले ही उल्लेख किया जा चुका है कि भारतेन्दु ने विधवा-विवाह के सबसे बड़े उद्योक्ता ईश्वरचन्द्र विद्यासागर की प्रशंसा में लिखा था।

अपने *भारत दुर्दशा* नाटक में भारतेन्दु ने उन सभी कारणों को सामने रखा जिनसे देश रसातल में चला गया। धर्म की इस पतन में बहुत बड़ी भूमिका रही। *भारत दुर्दशा* करने हेतु धर्म ने जो-जो कर्तव्य निभाए हैं उनमें से एक विधवा-विवाह निषेध भी है—

करि कुलीन के बहुत ब्याह बलि वीरज मार्यो।
विधवा ब्याह निषेध कियो विभिचार प्रचार्यो।

(भारतेन्दु समग्र, पृ. 262)

इसी सम्बन्ध में भारतेन्दु के एक ग्रन्थ *भ्रूण-हत्या* भी लिखने की चर्चा मिलती है। भारतेन्दु हरिश्चन्द्र ने अपने साहित्य में कई स्थानों पर विधवा-विवाह के समर्थन में ही मंतव्य दिया है। उन्होंने विधवा-विवाह का विरोध नहीं किया है। वे विधवा-विवाह के लिए मूर्तिपूजा विरोधी दयानन्द सरस्वती तक का समर्थन करते हैं। *"स्वर्ग में विचारसभा"* के अधिवेशन में भारतेन्दु ने स्वामी दयानन्द सरस्वती और केशवचन्द्र सेन के विधवा-विवाह सम्बन्धी प्रयासों की सराहना की। विधवा-विवाह के पक्ष में कहते हैं। विधवा-विवाह प्रचलन में न सही, किन्तु कुकर्म करने से अच्छा है—"विधवा गर्भ गिरावै, पंडित जी या बाबू साहब यह सह लेंगे, वरंच चुपचाप उपाय भी करा देंगे, पाप को नित्य छिपावेंगे, अन्ततोगत्वा निकल ही जाए तो सन्तोष करेंगे। इस दोष को इन दोनों ने निस्सन्देह दूर करना चाहा।" (वही, पृ. 985)

इस तरह भारतेन्दु विधवा-विवाह पापाचार नहीं है, यह स्वीकार करते हैं। भारतेन्दु का मानना है कि यदि विधवाओं के कारण पापाचार बढ़े, समाज का सन्तुलन बिगड़े तो विधवा-विवाह कर देना ही श्रेयस्कर है।

वैदिकी हिंसा हिंसा न भवति में मांस-मदिरा के बढ़ते चलन के साथ विधवा-विवाह पर भी टिप्पणी है। चूँकि विधवा-विवाह का आन्दोलन बंगाल से आरम्भ

हुआ था इसलिए एक बंगाली पात्र विधवा के पुनर्विवाह के प्रश्न पर कहता है—"पुनर्विवाह का करना क्या! पुनर्विवाह अवश्य करना। सब शास्त्र की यही आज्ञा है। और पुनर्विवाह के न होने से बड़ा लोकसान होता है, धर्म का नाश होता है, ललनागन पुंश्चली हो जाती है। जो विचार कर देखिए तो विधवागन का विवाह कर देना उनको नरक से निकाल लेना है और शास्त्र की भी यही आज्ञा है।"

शास्त्राज्ञा के सम्बन्ध में पूछे जाने पर पुरोहित उत्तर देता है—"बहुत जगह शास्त्र में आज्ञा है, सो जो विधवा-विवाह करती है उनको पाप तो नहीं होता पर जो नहीं करती उनको पुण्य अवश्य होता है।" (वही, पृ. 311)

भारतेन्दु हरिश्चन्द्र ने अपने अति प्रसिद्ध निबन्ध *'भारतवर्ष की उन्नति कैसे हो सकती है* में विधवा-विवाह को धर्मशास्त्रसम्मत माना है। यह भाषण उन्होंने अपनी मृत्यु से डेढ़-दो महीने पहले सन् 1884 ई. में दिया था—"खराबी जो बीच में भई है वह यह है कि उन लोगों ने ये धर्म क्यों मानन लिखे थे, इसका लोगों ने मतलब नहीं समझा और इन बातों को वास्तविक धर्म मान लिया। भाइयो! वास्तविक धर्म तो केवल परमेश्वर के चरण-कमल का भजन है। ये सब तो समाज-धर्म है जो देशकाल के अनुसार शोधे और बदले जा सकते हैं। दूसरी खराबी यह हुई कि उन्हीं महात्मा ऋषियों के वंश के लोगों ने अपने बाप-दादों का मतलब न समझकर बहुत से नए-नए धर्म बनाकर शास्त्र में धर दिए। बस सभी तिथिव्रत और सभी स्थान तीर्थ हो गए। सो इन बातों को अब एक बेर आँख खोलकर देख और समझ लीजिए कि फलानी बात उन बुद्धिमान ऋषियों ने क्यों बनाई और उनमें देश और काल के जो अनुकूल और उपकारी हो उसको ग्रहण कीजिए बहुत सी बातें जो समाज के विरुद्ध मानी हैं, किन्तु धर्मशास्त्र में जिनका विधान है उनकी चलाइए। जैसे जहाज का सफर, विधवा-विवाह आदि।" (वही, पृ. 311)

स्त्री के पतिव्रत की प्रशंसा भारतेन्दु ने भी की है। अपने नाटकों में उन्होंने सुयोग मिलते ही 'स्त्री धर्म' का बखान किया है और स्त्री का सबसे बड़ा धर्म पति सेवा है—स्त्री के लिए स्वतंत्र सुख काम्य नहीं है अन्यथा वह अपने एकमात्र सुख पति सेवा का सुख नहीं जान पाएगी। "स्त्री धर्म बड़ा कठिन है। जिसको एक बेर मन से पति कहकर वरण किया उसको छोड़कर स्त्री शरीर की अब इस जगत में कौन गति है। पिता-माता बड़े धार्मिक हैं सखियों के मुख से यह संवाद सुनकर यह अवश्य उचित ही करेंगे। वा न करेंगे तो भी इस जन्म में पुरुष अब मेरे हेतु कोई नहीं। (अपना वेश देखकर) अहा! यह वेश मुझको कैसा प्रिय बोध होता है। जो वेश हमारे जीवितेश्वर धारण करें वह क्यों न प्रिय हो। इसके आगे बहुमूल्य हीरों के हार और चमत्कार दर्शक वस्त्र सब तुच्छ हैं। वही वस्तु प्यारी है जो प्यारे को प्यारी हो। पत्नी का सुख एकमात्र पति की सेवा है। जिस बात में प्रियतम की रुचि उसी में सहधर्मिणी की रुचि। अहा! वह भी कोई धन्य दिन

आवेगा जब हम भी अपने प्राणाराध्य देवता प्रियतम पति की चरण सेवा में नियुक्त होंगी।'' (वही, पृ. 539)

भारतेन्दु ने भारतवर्ष की सती की गौरवमयी परम्परा पर गर्व प्रकट किया है कि पृथ्वी पर भारत जैसा कोई देश नहीं जहाँ कि स्त्रियाँ अपने पति के मरने पर उसके साथ जलकर मर गई हों। महान जंगबहादुर की मृत्यु पर उनकी बहुत सी रानियों में से कुछ रानियाँ सती नहीं हुईं, जो रानियाँ सती हुईं उनका भारतेन्दु गर्व से उल्लेख करते हैं—

''सारी रानियों में छोटी रानी अत्यन्त प्रसन्नतापूर्वक सती हुई। कहते हैं कि जिन रानियों से विशेष प्यार था और सदा महाराज के साथ सती होना प्रकाश करती थीं वे न सती हुईं और इन दोनों छोटी रानियों से प्रकाश में प्रेम विशेष नहीं था और यह सती हुईं। कहाँ हैं और देश की स्त्रियाँ, आवें, और आँख खोलकर भारत भूमि का प्रेम और पतिव्रता देखें और लाज से सिर झुका लें।'' (वही, पृ. 622)

भारतीय सतियों के प्रताप से प्रभावित भारतेन्दु हरिश्चन्द्र ने एक गीतिरूपक *सती प्रताप* (1884) (अधूरा) लिखा था। (इसे राधाकृष्णदास ने अन्तिम तीन दृश्य लिखकर पूरा किया।) भारतेन्दु ने इस गीति रूपक का आरम्भ सती शिरोमणि रुक्मिणी की वन्दना से किया है। इसके पश्चात् भारतेन्दु सानन्द सती प्रताप की स्तुति करते हैं—

जग में पतिव्रत सम नहिं आन।
नारि हेतु कोउ धर्म न दूजो जग में वायु समान॥
अनसूया सीता सावित्री इनके चरित प्रमान।
पति देवता तीव्र जग धन-धन गावत वेद पुरान॥
धन्य देश कुल जहाँ निवासत है नारी सती सुजान।
धन्य है समय जन जनम लेत वे धन्य ब्याह असथान॥

(वही, पृ. 532)

हिन्दी नवजागरण के साथ भारतीय नवजागरण पर अब तक की स्त्री चर्चा मुख्यत: सवर्ण जाति केन्द्रित रही है। अवर्ण जाति की स्त्रियों की कुछ समस्याएँ लिंग और कुछ समस्याएँ जाति केन्द्रित थीं। कहा जाना चाहिए कि तथाकथित निम्न जाति की स्त्रियों को जातिगत भेदभाव का भी शिकार होना पड़ता था।

अवर्ण जातियाँ हिन्दू शास्त्रसम्मत विधि से जीवनयापन नहीं करती थीं। सती, पर्दा प्रथा, विधवा-विवाह निषेध आदि कुप्रथाएँ सवर्ण जातियों की समस्या थीं। अवर्णों में सती प्रथा नहीं थी और विधवा-विवाह का चलन था। उनके अपने सामाजिक नियम और मान्यताएँ थीं। स्त्रियों का यहाँ भी शोषण था, किन्तु यह शोषण उनकी अपनी मान्यताओं के अनुसार होता था। अंग्रेज़ शासकों ने सवर्णों के

सामाजिक नियमों को ही एकमात्र नियम माना। इससे विभिन्न अवर्ण जातियों की निजी मान्यताओं और परम्पराओं का हिन्दू शास्त्रसम्मत रीति-रिवाजों से अन्तर और टकराव उभरकर सामने आया। अवर्ण स्त्रियों के मामले हिन्दुओं के शास्त्रसम्मत नियम अनुसार सुलझाए जाने लगे। इससे कई बार अवर्ण और आदिवासी स्त्रियों को उनके उन अधिकारों से वंचित होना पड़ा जो उन्हें उनका अपना समाज देता था। अंग्रेज़ों के आगमन से पहले भारतीय व्यवस्था धार्मिक संहिताओं पर आधारित ये धार्मिक संहिताएँ अलग-अलग क्षेत्रों, जातियों, धर्मावलम्बियों के लिए अलग-अलग थीं। भारतवर्ष में प्रचलित धार्मिक क़ानूनों में एकरूपता नहीं थी। इतनी विविधता से अंग्रेज़ इससे पहले परिचित नहीं थे। अतः उन्हें शासन चलाने में कठिनाई आ रही थी। इस परेशानी को दूर करने के लिए उनके द्वारा उठाए गए कदमों ने अवर्ण जातियों को समस्या में डाल दिया।

सन् 1772 से 1780 के बीच अंग्रेज़ों ने कई कदम उठाए। सबसे पहले उन्होंने धर्मशास्त्रियों की सहायता से धर्मशास्त्रों के आधार पर हिन्दू क़ानून संहिता को संकलित करने के लिए प्रयास किए। सन् 1773 में हेस्टिंग्स ने कलकत्ता के 11 पंडितों को इस काम में लगाया। 1775 ई. में संहिता संस्कृत में तैयार हुई। बाद में इसका फ़ारसी तथा अंग्रेज़ी में अनुवाद किया गया। इंग्लैंड में इसे *ए कोड ऑफ गैन्टू लॉज* शीर्षक से छापा गया। इस पुस्तक की भूमिका हेस्टिंग्स ने लिखी। हिन्दू क़ानून का वह सर्वाधिक प्रामाणिक स्त्रोत माना जाने लगा। अंग्रेज़ शासकों ने इसे देश के इलाकों में भी व्यभिचार, विवाह, गोद लेने, सम्पत्ति, उत्तराधिकार तथा स्त्री के कर्तव्यों के मामलों में लागू करना आरम्भ कर दिया। चूँकि शास्त्रसम्मत आचरण की अपेक्षा सवर्ण जातियों से ही की जाती थी इसलिए आम भारतीय इन शास्त्रीय नियमों और क़ानूनों से न तो वाकिफ था न ही अपनी कमज़ोर आर्थिक हालत की वजह से वह इन नियमों के अनुकूल आचरण करने में सक्षम था। इस प्रकार बहुसंख्यक 'अवर्ण' और आदिवासी समाजों के रीति-रिवाज, परम्पराएँ, और नियम इसमें समाहित नहीं किए जाने से उनकी परेशानियाँ बढ़ गईं। इससे हिन्दू क़ानून के विभिन्न पहलुओं की विवेचना सम्बन्धी संशय और अन्तर्विरोध भी कम नहीं हुए। उन्नीसवीं सदी के तीसरे दशक तक आते-आते अंग्रेज़ी सरकार को यह समझ में आ गया कि व्यवहार में कोई एक निश्चित हिन्दू क़ानून लागू नहीं हो सकता। दरअसल हिन्दू क़ानूनी व्यवस्था के कई केन्द्र थे। उनमें विभिन्न जातियों के लिए भिन्न-भिन्न नियम तथा व्यवस्थाएँ थीं। यहाँ तक कि कई परिवारों के अपने अलग नियम और क़ानून थे। इसके साथ ही झगड़ों के निपटारों में स्थानीय रीति-रिवाजों की महत्त्वपूर्ण भूमिका रहती थी।

विश्व की सभी संस्कृतियों में नारी के उसकी चेस्टिटी, उसकी पाकीज़गी का जितना महिमामंडन रहा है वेश्याओं को उतना ही गर्हित बताया गया है। यह चर्चा

की जा चुकी है कि किस प्रकार आदिम काल से ही असहाय स्त्रियों को वेश्यावृत्ति के नर्क में ढकेला गया। पुरुषवादी समाज ने स्वयं ही स्त्रियों को इस पेशे में ढकेल कर उनकी घोर भर्त्सना की। सती नारी का जितना महिमामंडन किया वेश्या का उतना ही तिरस्कार किया गया। परम्परा का पालन करते हुए हिन्दी नवजागरण के प्रतिनिधि माने जाने वाले भारतेन्दु ने 'वेश्या' को पापिष्ठा माना है। वेश्याओं की वास्तविक स्थिति का वे आकलन न कर सके जबकि अपने निजी जीवन में उनका वेश्याओं से सम्पर्क रहा। आश्चर्यजनक है कि भारतेन्दु वेश्याओं की उत्पत्ति के कारणों पर विचार नहीं कर सके और न ही वेश्याओं के पोषकों का पाप देख सके। *वेश्यास्तवराज* में वेश्याओं के 'कीर्तिगान' के पहले भारतेन्दु ने भूमिका में लिखा—''प्रिय पाठकगण! यद्यपि ये स्तोत्र हास्यजनक है तथापि विज्ञ लोग इनसे अनेकहों उपदेश निकाल सकते हैं। सोच का विषय है कि इन दिनों हम आर्य लोगों का दीन भारतवर्ष मांस-मदिरा वेश्यादि दोषों से ग्रस्त हो रहा है। यदि इसके बचाव का कोई शीघ्र उपाय न किया जाएगा तो हम लोगों को बड़ी भारी क्षति सहनी पड़ेगी।'' (वही, पृ. 986) इस रचना में भारतेन्दु की विचारधारा का यह अन्तर्विरोध स्त्री के प्रति पुरुष समाज के दृष्टिकोण का अन्तर्विरोध है। वास्तव में रचनाकार को समझने का मुख्य आधार उसकी रचनाएँ ही होती हैं। भारतेन्दु की रचनाएँ यह स्पष्ट करती हैं कि वेश्या समाज के प्रति उनकी सहानुभूति नहीं है। उन्हें वे समाज के लिए कलंक ही मानते हैं। यद्यपि अपनी नगरी काशी का गौरवगान करते समय वे ठगिनी वेश्याओं की विलासिता का वर्णन करना नहीं भूलते—''जहाँ अनेक रंगों के कपड़े पहने, सोरहों सिंगार, बत्तीसों आभरण सजे पान खाए मिस्सी की धड़ी जमाए जोबन मदमाती झलझलाती हुई वारविलासिनी देव दर्शन वैद्य ज्योतिषी गुणीगृहगमन जार मिलन गानश्रवण उपवन भ्रमण इत्यादि अनेक बहानों से राजपथ में इधर-उधर-घूमती झूमती नैनों की पटें फेरती बिचारे दीन पुरुषों को ठगती फिरती हैं।'' (वही, पृ. 246)

भारतेन्दु को वेश्याओं की वृद्धि का कारण ज्ञात है। रीतिकालीन वातावरण में जीवन को केवल भोग की ओर मोड़ देने के कारण समाज केवल विलासमग्न हो गया। देश में विलासिता का अन्धकार बढ़ने पर वेश्याओं की बहुलता बढ़ी—

जब सों बढ़्यौ विषय इत मूरखता सब नैननि छाई।
तब सो बाढ़े भांड भगतिया गनिका के समुदलाई॥

(वही, पृ. 550)

वेश्याएँ स्वयं उत्पन्न नहीं हुईं। जिस वेश्या से समाज नष्ट हो रहा था उस समाज की दुर्वृत्ति को दूर करने का उपाय न कर उन्हें ही विनाश का कारण मान लिया। सती और वेश्याओं की तुलना करते हुए भारतेन्दु ने वेश्याओं को विषमय कहा—

कुलकामिनी ह्वै गनिका धरमहि अभिलाखो।
तजि अमृतफल क्यों विषमय विषयहि चाखो॥

(वही, पृ. 540)

समाज अर्थात् पुरुष को चाहिए कि वह वेश्याओं से दूर रहे, किन्तु वेश्यावृत्ति के बने रहने का कारण वे वेश्याएँ नहीं थीं जिन्हें दोषी ठहराया जा रहा था। पुरुषों के कुकर्मों से उपजी इस लज्जाजनक व्यवस्था को निरन्तर धिक्कारने में सबसे आगे पुरुष ही थे। भारतेन्दु ने वेश्याओं के 'गुण' गिनवाने के लिए 'महा संस्कृत' में वेश्यास्तवराज लिखा—"ओं अस्य श्री वेश्यास्तवराज महामाला मंत्रस्य भंडाचार्य: श्री हरिश्चन्द्रो ऋषि: द्रव्योवीजं मुख कीलकं वारवधू महादेवता सर्वस्वाहार्थ जपे विनियोग:। अथ अंगन्यास:। द्रव्यहारिण्यै हृदयाय नम: जेरपायी धारिण्यै शिर से स्वाहा चोटी काटिन्यै शिखायै वषट् प्रत्यंगालिंयै कवचाय हुंकामान्ध कारिण्यै नेत्राभ्यां वौषट् विषयार्थिन्यै अस्त्र त्रयाय फट्।" (वही, पृ. 987)

इसके पश्चात् के वे स्तोत्र प्ररम्भ करते हैं—

नोमि नौमि नौमि देवी रण्डिके।
लोक वेद सिद्ध पंथ खण्डिके॥
कोटि यक्षराज कोप नासिनी।
स्वार्थ सिद्धि हेत ही विलासिनी॥

(वही, पृ. 987)

स्तोत्र के पहले वे 'अथ ध्यानम' लिखते हैं—

पद्माकारामुखां कपोल ललितां माधुर्य पूर्णोधरां।
अत्युच्चस्तनमंडलां विषजलै: पूर्णा घटकांचनी।
मिथ्याप्रेममयी तनुं विदधर्ती सर्वस्य संहारिणी।
ध्यायेद्वार वधू सदेव हृदये धर्मार्थ विच्छित्तये।

(वही, पृ. 987)

इसके बाद वे पद्य में पूरी 49 पंक्तियाँ वेश्या के दुर्गुणों का बखान करते हैं—जिनके अनुसार वह 'खण्डिके', 'नासिनी', 'विलासिनी', 'मद्यपायिनी', 'लोभिनी', 'कुण्डिनी', 'भुसुण्डिनी', 'भक्षिका', 'तक्षिका', 'हारिणी', 'मंजिका', 'मूंडनी', 'बूड़नी', 'फाड़नी', 'गाड़नी', 'सांड़नी', 'उजाड़नी' इत्यादि-इत्यादि हैं। यह बेहद आश्चर्य का विषय है कि भारतेन्दु जैसा दानी, उदार, परहितकामी एवं दूरद्रष्टा वेश्याओं के एक ही पक्ष को देख सका। वेश्याएँ जिस व्यवस्था की उत्पत्ति और परिणाम हैं उसकी गर्हिता पर भारतेन्दु जैसे मनीषी का ध्यान न जाना अजीब लगता है। सबसे विडम्बनापूर्ण स्थिति यह है कि जिन संभ्रांत परिवारों के पुरुष सती को

वेश्या से अच्छा बताकर उसे झूठी मर्यादा देकर वेश्याओं को पीड़ित करते हैं उनका वेश्यागमन ही इस संस्था को बनाए रखने की स्थिति का दोषी है। भारतेन्दु हरिश्चन्द्र के वेश्यागमन की बात इनके जीवनकारों ने भी स्वीकार की है। ''मल्लिका के अतिरिक्त एक अन्य रक्षिता अलीजान को आश्रय देने का श्रेय भी उन्हें प्राप्त था।'' (भारतेन्दु हरिश्चन्द्र, ब्रजरत्न दास, हिन्दुस्तानी एकेडेमी, इलाहाबाद, 1962, पृ. 154) कहने का तात्पर्य है कि अपने व्यावहारिक जीवन में उनका वेश्याओं से संसर्ग रहा, किन्तु अपने लेखन में वे उनके प्रति आश्चर्यजनक रूप से कटु हैं। यहाँ वे कबीरदास के पथानुगामी हैं।

परम्परा द्वारा पुरुष को अनगिनत स्त्रियों से शारीरिक सम्पर्क स्थापित करने के अधिकार को पुरुष छोड़ना नहीं चाहता। एक व्रती होना स्त्रियों के भाग्य में लिख दिया गया है। वेश्यागमन का एक बहाना असन्तुष्ट दाम्पत्य जीवन है। भारतेन्दु ने अपने दाम्पत्य-जीवन के सम्बन्ध में अपने होम्योपैथिक चिकित्सक को एक पत्र में लिखा था कि उनका जी घर में नहीं लगता। वेश्या उनकी ही तरह 'घर में जी न लगने वाले पुरुषों' की बनाई हुई है, इस ओर उनका ध्यान एकदम नहीं गया। उनके इस अन्तर्विरोध को बाद के साहित्यकारों ने लगभग बनाए रखा। वेश्याओं को यौनकर्मी कहके उनकी अवमानना को कम करने का प्रयास तो बहुत-बहुत बाद की घटना है।

उन्नीसवीं सदी की नारी सम्बन्धी विचारधारा का सबसे बड़ा अन्तर्विरोध आदर्श और कल्पना की नारी में अत्यधिक अन्तर है। लेखक, विद्वान, विचारक और समाज सुधारक जिस नारी का आदर्श प्रस्तुत कर रहे हैं वह स्त्रियों की वास्तविक स्थिति से मेल नहीं खाता। उन्नीसवीं सदी की नारी की व्यावहारिक स्थिति और आदर्श नारी की कल्पना में कोई सामंजस्य नहीं है। बाल-विवाह के प्रचलन, जति बन्धनों की कठोरता, बहुविवाह इत्यादि के कारण समाज में विधवाओं की संख्या अधिक थी। धर्म के माध्यम से स्त्री पर पुरुष जितने बन्धन लाद सकता था लाद चुका था। भक्ति साहित्य नारी को नरक का द्वार कह चुका था और रीतिसाहित्य इस नरक कुंड में विलासिता के गोते खा रहा था। पर्दा प्रथा और दहेज समाज के मुख्य अंग थे। स्त्रियों के आर्थिक अधिकार की कल्पना कल्पनातीत थी। चूँकि विधवा-विवाह शास्त्रानुसार अनुमोदित होने पर भी प्रचलन में नहीं था इसलिए सती प्रथा को महिमामंडित किया गया। हिन्दी नवजागरण में स्त्री समस्या के एक पक्ष को उस काल के रचनाकारों ने एकदम नहीं छुआ है, वह है परित्यक्ता की समस्या, जिसे आगे चलकर प्रेमचन्द के साहित्य में स्थान मिलता है। आधुनिक शिक्षा से लैस होकर पुरुष समाज जब नई उड़ान के लिए पर तौल रहा था उसे स्त्री समाज सबसे बड़ा बोझ दिखाई दिया जो उसकी अपनी ना:समझी से उपजा था। यह भार वैषम्य उसे स्वयं ही समझ नहीं आ रहा था कि

इसे किस प्रकार सन्तुलित किया जाए। इसीलिए भारतेन्दु एवं उन्नीसवीं सदी के अन्य रचनाकारों की नारी सम्बन्धी विचारधारा का केन्द्रीय तत्त्व यही है कि नारी माया है, नारी छलना है। अपने पूर्वजों की धारणा के अनुरूप ही इन्होंने स्त्री को प्रलोभन माना। स्त्री ही वह बाधा है जिसके कारण पुरुष इस संसार में कुछ नहीं कर पाता। स्त्री का निर्माण ईश्वर ने पुरुष जाति को कष्ट देने के लिए ही किया है। यह पुरुष जाति का दुर्भाग्य रहा है कि उसे इस संसार में स्त्री जाति के साथ जीवन निर्वाह करना पड़ता है जो अवगुणों की खाई और पुरुष पतन का एकमात्र कारण है, क्योंकि वही उसे साधना पथ से विचलित करती है। स्त्री विचलन का कारण है क्योंकि वह आकर्षित करती है। आम आदमी तो उसके आकर्षण का मारा हुआ है ही परम वैष्णव तक नहीं बचे 'प्रेम योगिनी' के वैष्णव धनदास और बनितादास की पीड़ा यही है कि उन्हें कोई वैष्णविन नहीं मिली, किन्तु गोसाईं के मजे हैं—''गुरु इन सबन का भाग बड़ा तेज है, मालो लूटैं मेहरुवो लूटैं।'' (वही, पृ. 409) पुरुष की स्त्री पर असली खीज यही है। वह स्त्री के आकर्षण का मारा हुआ है और अपनी इस कमज़ोरी को छिपाना चाहता है। वह स्त्री को अपने नियंत्रण में रखना चाहता है। अपने से ऊँची अवस्था प्राप्त मनुष्य पर नियंत्रण रख पाना कठिन है इसलिए परम्परासम्मत कुटिलता से उसने स्त्रियों को शिक्षा, कारीगरी और ज्ञान से वंचित रखा, किन्तु उन्नीसवीं सदी की नई परिस्थितियों में उसे नारी सहयोग की आवश्यकता पड़ी।

''भारतेन्दु की ऐतिहासिक अवस्था में स्त्रियाँ हीनावस्था में हैं, किन्तु एक आदर्श स्थिति की प्राप्ति के लिए उनका सहयोग भी आवश्यक है। इस आवश्यकता की विशिष्टता के कारण स्त्री की वास्तविक अवस्था का उल्लेख कम होता है एवं काम्य आदर्श की प्रस्तुति अधिक होती है। विचारधारा का यह अन्तर्विरोध वास्तविकता और आकांक्षा का अन्तर्विरोध है। इसलिए स्त्रियों के अधिकारों के प्रश्न पर जहाँ ये विद्वान 'मामूली' छूट देने को तैयार होते हैं वहीं उनके 'अवगुणों' को बड़ी बारीकी से प्रस्तुत करते हैं। ताकि इन अवगुणों का निराकरण कर समाज अपने काम्य आदर्श को प्राप्त कर सके। कोई भी समाज स्वयं विकराल-भार वैषम्य उत्पन्न कर सन्तुलन नहीं बना सकता। भारतेन्दु जैसे सच्चे देशचिन्ता में संलग्न रचनाकार नारी के आदर्श रूप को स्थापित करने का प्रयास कर रहे थे, किन्तु कल्पना और आदर्श की नारी समाज में उपस्थित नहीं थी। जिन मानदंडों पर नारी जीवन निर्देशित किया था उसकी प्राप्ति हेतु सामाजिक परिस्थितियाँ कभी बनाई ही नहीं गईं। इस आदर्श को स्थापित करने की ओर पुरुष प्रधान समाज का कभी कोई प्रयास ही नहीं रहा। उसने स्त्री को सतीत्व और पतिव्रत का पाठ पढ़ाया, किन्तु स्वयं सदा परस्त्रियों की ताक में रहा। यह अद्‌भुत आकांक्षा रही पुरुषों की, उसे अनगिनत स्त्रियाँ भी चाहिए थीं, उसे कन्या मुक्त समाज भी चाहिए था। उसने

'दर्शन' तो बड़ा भारी गढ़ लिया, किन्तु व्यावहारिकता में पुरुषों के टुच्चेपन को कोई सही दिशा न दे सका। इसलिए पुरुष इस बात पर भी दुखी हैं कि स्त्री प्रलोभन है, पुरुष इस बात पर भी दुखी हैं कि वह उसे क्यों नहीं मिली। और वह भी तब जब बाज़ार में रुपया किलो औरत मिलती है। बनितादास धनदास के रुआँसे होने पर कहते हैं—"अरे गुरु गली-गली तो मेहरारू मारी फिरथीं तौहें एहू पर रोनै बना है। अब तो मेहरारू टके सेर है। अच्छे-अच्छे अमीरनौ के घर की तो पैसा के वास्ते हाथ फैलावत फिरथीं।" (वही, पृ. 409)

अमीर घर की स्त्रियाँ यदि हाथ फैलाए घूमती हैं तो भारतीय समाज में उच्च वर्ण की हैसियत में स्त्रियाँ सम्मिलित नहीं थीं। और बनितादास झूठ भी कह रहा है तो भी पुरुषों की उच्च सामाजिक औकात उनके परिवारों की स्त्रियों का सम्मान नहीं बढ़ा पाती थी/है इसीलिए कोई भी ऐरा-गैरा-नत्थू-खैरा किसी भी वर्ग, वर्ण और हैसियत की स्त्री पर कुत्सित टिप्पणियाँ करना अपना जन्मसिद्ध अधिकार समझता है और इस अधिकार का प्रयोग पिता द्वारा सौंपी गई विरासत की तरह करता है। पुरुषों के लिए एक ओर स्त्री का ऐसा बिकाऊपन है, दूसरी ओर उसके सतीरूप का काम्य चरम आदर्श। अधिकांश स्थानों पर उन्नीसवीं सदी के विचारक दोनों रूपों में सामंजस्य नहीं बैठा पाए हैं। उनके नारी सम्बन्धित अन्तर्विरोधों के सम्बन्ध में प्रो. मैनेजर पाण्डेय का यह कथन एकदम सटीक है—"किसी समाज की विशेष ऐतिहासिक अवस्था के सम्पूर्ण सामाजिक यथार्थ के अन्तर्विरोधों और जटिलताओं की अभिव्यक्ति विचारधाराओं में होती है। विचारधाराओं में विभिन्न वर्गों के जीवन की वास्तविकताएँ और आकांक्षाएँ भी व्यक्त होती हैं। विभिन्न विचारधारात्मक रूपों में इन सबकी अभिव्यक्ति एक जैसी नहीं होती। इनकी अभिव्यक्ति राजनीति, धर्म और दर्शन में जिस तरह होती है उसी तरह कला और साहित्य में नहीं होती। एक विशेष ऐतिहासिक कालखंड के विभिन्न विचारधारात्मक रूपों पर विचार करते समय विभिन्न विचारधारात्मक रूपों में निहित एकता के साथ-साथ व्यक्त अन्तर्विरोधों पर भी ध्यान देना ज़रूरी है, उनकी ऐतिहासिकता के साथ-साथ विशिष्टता को भी देखना ज़रूरी है।" (*शब्द और कर्म,* पृ. 27)

फिर भी उन्नीसवीं सदी के हिन्दी नवजागरण के प्रधान दिशा निर्देशक के रूप में भारतेन्दु निश्चित तौर पर विशिष्ट ठहरते हैं। वे इतिहास से प्राप्त रीतिकालीन वैचारिक पतन से मुक्ति का भरसक प्रयास करते हैं और इसमें सफल भी होते हैं। वे स्त्रियों के पक्ष में वातावरण तैयार करते हैं और इसमें अपने सहयोगियों को भी जोड़ते हैं। भारतेन्दु की नारी सम्बन्धी विचारधारा का एक सकारात्मक पक्ष यह भी है कि उन्होंने स्त्री की दुरवस्था पर करुणा व्यक्त की है; उनका मानना है कि प्राचीन काल में स्त्री की इतनी बुरी अवस्था नहीं थी; उस समय के लोगों के आदर्श

ऊँचे थे। जीवन के सभी क्षेत्रों में वे आदर्श पालन करते थे। अपने गौरवान्वित अतीत की दुहाई देकर वे वर्तमान की स्त्रियों की दुर्दशा पर दुखित हैं। भारतेन्दु लिखते हैं कि—"निस्सन्देह किसी समय में हिन्दुस्तान के लोग ऐसे राजभक्त थे कि राजा को साक्षात् ईश्वर की भाँति मानते और पूजते थे, परन्तु मुसलमानों के अत्याचार से यह राजभक्ति हिन्दुओं से निकल गई। राजभक्ति क्या इन दुष्टों के पीछे सभी कुछ निकल गया, विद्या ही का वैसा आदर न रहा। अब हिन्दुस्तान में तीन बात का बड़ा घाटा है—वह यह है कि लोग विद्या, स्त्री, राजा का तादृश स्वरूपा ज्ञानपूर्वक आदर नहीं करते। विद्या को केवल एक जीविका की वस्तु समझते हैं वैसे ही स्त्री को केवल काम-शांत्यर्थ वा घर की सेवा करने वाली मात्र जानते हैं।" (*भारतेन्दु समग्र,* पृ. 629)

राजा, विद्या और स्त्री समाज के तीन प्रमुख कारकों का सम्मान न किए जाने का वही परिणाम हुआ जिसकी आशंका थी। समाज का एक बड़ा भाग पंगु हो गया। वचन में चाहे जितना बखान किया जाए कि स्त्री और पुरुष शक्ति और शिव हैं, ईश्वर अर्धनारीश्वर भी है, पुरुष और प्रकृति का सन्तुलन भी आवश्यक है, पति और पत्नी दाम्पत्य जीवन के रथ के दो पहिए हैं आदि आदि, किन्तु रथ का एक पहिया बहुत बड़ा और एक पहिया बहुत छोटा माना गया, परिणामस्वरूप परिवार, समाज और देश की उन्नति एक असम्भव सपना बन गई। भारतेन्दु युगीन रचनाकार देशोद्धार का स्वप्न देख रहे हैं, स्त्रियों में शिक्षा प्रसार का प्रयास कर रहे हैं, उनकी जागृति के लिए उन्हें प्रशिक्षित करने का प्रयास कर रहे हैं। स्त्रियों के लिए प्रथम प्रकाशित अपनी पत्रिका *बालाबोधिनी* के मुखपृष्ठ पर जिस दोहे को स्थान दिया था उसके सम्बन्ध में भारतेन्दु अवश्य ही जानते होंगे कि मुखपृष्ठ पर छपने वाले दोहे को सच में क्रियान्वित करना कितना कठिन कार्य है। नारी और पुरुष में समानता बस इतनी ही है कि दोनों ईश्वर के बनाए हुए हैं। बीच में ईश्वर के दलालों ने यह भ्रमजाल फैला दिया कि ईश्वर ने ही पुरुष को श्रेष्ठ बनाया है और नारी को हीन। पुरुष समाज ने नारी के सभी अधिकार अपने अधिकार में कर लिए। भारतेन्दु ने अपने अत्यन्त महत्त्वपूर्ण निबन्ध *भारतवर्ष की उन्नति कैसे हो सकती है* में नारी शिक्षा सम्बन्धी कुल अढ़ाई पंक्तियाँ नारियों के लिए लिखीं और उन्हीं में निश्चयात्मक ढंग से उनका कर्तव्य निश्चित कर दिया यद्यपि नारी पुरुष की समानता की आकांक्षा भारतेन्दु ने *कविवचन सुधा* में भी व्यक्त की थी।

आज इक्कीसवीं सदी में सभी संवैधानिक अधिकार समान होते हुए भी स्त्रियों और पुरुषों की सामाजिक प्रतिष्ठा और उपलब्धि में आकाश-पाताल का अन्तर है। स्त्रियों को समान अवसर और अधिकार सुलभ करवाने की अपनी सदिच्छा को स्वाधीन भारत की चुनी हुई सरकारें सच्चाई में नहीं बदल पाई हैं जबकि इन सरकारों के चयन में स्त्रियों की भागीदारी है। गृह की चारदीवारी में रहकर स्त्रियों

के पुरुष के समान होने की सम्भावना आकाश कुसुम है। उन्नीसवीं सदी में तो कोई भी अवसर हो उन्हें घर से बाहर निकलने की अनुमति नगण्य थी। लॉर्ड म्यो की शवयात्रा का वर्णन करते समय भारतेन्दु कहते हैं कि वृद्ध, बालक अपना-अपना कर्म छोड़कर प्रिंसेपघाट की ओर चले, किन्तु "स्त्री बेचारी कुलमर्याद सीमा परिबद्ध उद्विग्न चित्त होकर खिड़कियों पर बैठी युगल नेत्र प्रसारणपूर्वक अपने हितैषी परम गुणवान उपराज के मृतक शरीर के आगमन की मार्ग प्रतीक्षा करती थी।" (वही, पृ. 629)

बीसवीं सदी में बंगला भाषा के सबसे महत्त्वपूर्ण रचनाकार रवीन्द्रनाथ टैगोर की एक कविता में भी एक स्त्री खिड़की से दुनिया देखने का प्रयास करती है। कितनी और कैसी दिखती होगी पूरी दुनिया केवल एक छोटी सी खिड़की से!

अत: उन्नीसवीं सदी में स्त्रियों के लिए खुले द्वार की आकांक्षा निरर्थक है। 'नारी नर सम होहिं' की आकांक्षा करना एक बात है समाज में नारी की वास्तविक स्थिति दूसरी बात है। समाज में नारी पुरुष के अधीन है। सत्यवान के प्रेम में डूबी सावित्री की सखी मधुकरी सत्यवान से जाकर कहती है—"कुमारी कहती है कि किसी दिन माता-पिता की आज्ञा लेकर हम आवेंगे तब आथित्य स्वीकार करेंगे। आप तो जानते हैं कि आर्य कुल की ललनागण किसी भी अवस्था में स्वतंत्र नहीं है। इससे आज क्षमा कीजिए।" (वही, पृ. 629) यही तो कठिनाई है। बेचारी मर्यादा में बँधी स्त्रियाँ किसी भी अवस्था में स्वतंत्र नहीं छोड़ी जा सकतीं और जब-जब ऐसे प्रयास किए जाते हैं तो सामने सीता, सावित्री, अनसूया, गांधारी और वृन्दा आदि आदि आ खड़ी होती हैं।

स्त्री की दशा-दुर्दशा की चर्चा दहेज प्रथा के उल्लेख के बिना पूरी नहीं हो सकती। दूसरे परिवार में भेजे जाते समय, इस मर्यादा के जन्मदाता को कन्या उत्पन्न करने के अपराध में कुछ अर्थदंड सहना पड़ता है जिसे कन्या का पिता ख़ुशी-ख़ुशी देता है, जिसे दहेज कहते हैं। भारतेन्दु ने अपने उपन्यास *पूर्ण प्रकाश चन्द्रप्रभा* में इस समस्या का भी उल्लेख किया है। इस उपन्यास में उन्होंने अपने युग की साहित्यिक लीक से हटकर एक नारी पात्र गुणमंजरी रचा है। भारतेन्दु हरिश्चन्द्र के उपन्यास *पूर्ण प्रकाश चन्द्रप्रभा* (कुछ लोग इसे भारतेन्दु द्वारा अनूदित भी मानते हैं।) की गुणमंजरी कतई भिन्न नारी पात्र है। वह समाजसुधारकों, विचारकों, स्वप्नद्रष्टाओं यहाँ तक कि स्वयं भारतेन्दु के अन्य नारी-पात्रों से भी भिन्न है। गुणमंजरी ऐसे कुलीन पति की पत्नी है जिसकी चार पत्नियाँ हैं। परित्यक्ता गुणमंजरी अपने मायके में अपनी पुत्री चन्द्रप्रभा के साथ रहती है। वह अपनी पुत्री को कुलीनता की भेंट चढ़ाना नहीं चाहती। इसलिए पति द्वारा 'कुल बनाए रखने' के आग्रह पर (दामाद कम रुपयों में मिल रहा है) गुणमंजरी क्रोधित होकर कहती है—"पन्द्रह रुपये की जो बड़ी निधि है तो उतना रुपया हम तुमको देते हैं।

तुम अपने घर जाओ—हमको कुल से कोई प्रयोजन नहीं है। कुल न रहने से ही हमारा कल्याण है। हमारे पिता ने कुल किया था इसी से हमको यावत् दुःख भोगना पड़ा। अब हम कुलक्रिया करके चन्द्रप्रभा को चिरकाल हेतु दुःख भोगी करें यह हमसे कभी नहीं होगा।'' (*पूर्ण प्रकाश चन्द्रप्रभा,* भारतेन्दु हरिश्चन्द्र, पृ. 18-19) यद्यपि 'कुल निर्वाह' के इस दायित्व से ब्राह्मण पुरुष मुक्त थे, ब्राह्मण किसी भी वर्ण की स्त्री से विवाह कर सकता था। शास्त्रों की इस अनुमति का कोई लाभ विधवा-विवाह आन्दोलन को भी नहीं मिला था। मिल भी नहीं सकता था क्योंकि विधवाओं के विरुद्ध पुरोहित वर्ग ने ही षड्यंत्र किया था। कन्या को वस्तु रूप में दान करना और उसके साथ दहेज देने का प्रपंच भी ब्राह्मणों ने ही रचा था। इस कन्या के विवाह के समक्ष दहेज समस्या मुँह फैलाए आज तक खड़ी है। *पूर्ण प्रकाश चन्द्रप्रभा* में भारतेन्दु ने दहेज समस्या पर लिखा था—ढुंढिराज जिनका कार्य ही है ब्याह कर कन्याओं का उद्धार करना बोले, ''उपयुक्त दहेज मिले तो ब्याह करने में कोई बाधा नहीं है। और एक बात यह भी है कि वह अपनी स्त्री के भरण-पोषण का भार नहीं लेंगे।...दहेज की बात पात्री की अवस्था के ऊपर निर्भर है। कन्या की जितनी ही अवस्था होगी उतना ही दहेज अधिक लगेगा। यह बात आप नहीं जानते हैं सो तो नहीं है। आप भी तो कुलीन हैं।'' (वही, पृ. 12-13)

पात्री की जैसे-जैसे आयु बढ़ेगी, वैसे-वैसे दहेज की धनराशि बढ़ेगी। यह सच सभी जानते हैं। कन्या के पिता आनन्द विग्रह बोले—''तुम जो बोले सो सत्य है, किन्तु हमारी अवस्था पर दृष्टि रखकर दहेज की बात कहो। हमारी कन्या की अवस्था भी अधिक नहीं है। बहुत हो तो चौदह बरस।'' ढुंढिराज ने कुछ चिन्ता करके उत्तर दिया, ''जै बरस की हो हिसाब से बरस पीछे दो-दो रुपया दे दीजिए। आपसे ज़्यादा प्रार्थना नहीं करते। आनन्द विग्रह उनको बहुत कह-सुनकर 15 रुपये पर राजी करके साथ लेकर चले।'' (वही, पृ. 13)

बालाबोधिनी के दोहे में भारतेन्दु कह रहे हैं कि नारी और पुरुष में कोई भिन्नता नहीं है, किन्तु इसके पहले *कविवचन सुधा* में वे यह आकांक्षा व्यक्त कर रहे हैं कि नारी और नर समान हों, अर्थात् विभेद कहीं है अवश्य। फिर भी भारतेन्दु द्वारा नारी को नर के समान कहना भी उस युग में क्रान्तिकारी वक्तव्य था। भारतेन्दु की यह क्रान्तिकारिकता उस युग के परिप्रेक्ष्य में निस्सन्देह प्रशंसनीय है। उन्नीसवीं सदी में स्त्री सम्बन्धी इस क्रान्तिकारी वक्तव्य की प्रशंसा के साथ समाज की रग-रग में घुला पारम्परिक स्त्री विरोध भी नहीं भुलाया जाना चाहिए। परम्परा का यह विष सद्भावनापूर्ण भाषा के मुलम्मे में छिप नहीं पाता। भारतेन्दु स्त्री की हीनावस्था पर सहानुभूति प्रकट करते हैं, किन्तु इस सहानुभूति प्रदर्शन में वह भेद उपस्थित है जो स्त्री के प्रति विचारधारा का अभिन्न अंग है; भारतेन्दु कहते हैं—''स्त्री व्यभिचारी

पुरुष विषयी हो जाएँ।" (*भारतेन्दु समग्र,* पृ. 985) भारतेन्दु यह नहीं कहते कि स्त्री-पुरुष व्यभिचारी हो जाएँ। या पुरुष व्यभिचारी और स्त्रियाँ विषयी हो जाएँ। स्त्री-पुरुष दोनों की भिन्न कोटियाँ हैं। एक ही जैसा कर्म करने पर एक व्यभिचारिणी है तो दूसरा विषयी।

उन्नीसवीं सदी में उठे स्त्री प्रश्नों के अन्तर्विरोधों में सर्वप्रमुख परम्परा और आधुनिकता का द्वन्द्व ही है। बाद की सदियों में स्त्री सम्बन्धी अन्तर्विरोधों को देखकर यह निस्संकोच कहा जा सकता है कि स्त्रियों के लिए भारत में आधुनिकता अपने पूर्ण स्वरूप में नहीं पनप सकी, परम्परा का भारी बोझ लादकर चलने के कारण उसकी गति स्वाभाविक, सहज और अबाध न हो सकी। *बालाबोधिनी* (1874) के मुखपृष्ठ पर छपने वाले जिस दोहे की हम सराहना करते हैं वह इस प्रकार है—

जो हरि सोई राधिका जो शिव सोई शक्ति।
जो नारी सोई पुरुष या में कुछ न विभक्ति॥
पितृ पति सुत करतल कमल लालि ललना लोग
पढ़ैं गुनैं सीखैं सुनैं नासैं सब जग सोग॥
वीर प्रसविनी बुध वधू हीनता खोय
नारी नर अरधंग की सांचोहि स्वामिनी होय॥

(*बालाबोधिनी,* मुखपृष्ठ)

प्रथम दो पंक्तियाँ तो हृदय स्पन्दित कर ही चुकी हैं, शेष चार पंक्तियों का अर्थ है कि ललनाएँ पिता, पति और पुत्र संरक्षण में पढ़ें, सीखें, गुणी हों और जगत के शोक का विनाश करें। वीर पुत्रों की माता बनकर अपनी हीनता का नाश करें और सच में नर के अर्द्धांग की स्वामिनी बनें। बात जहाँ से आरम्भ हुई वहीं लौटती दिखती है। औरतों के हिस्से पूरी आधुनिकता की बात छोड़िए। खंडित आधुनिकता भी खंड-खंड ही रह जाती है।

पंचम अध्याय

उन्नीसवीं सदी का अन्तिम डेढ़ दशक और स्त्री प्रश्न

उन्नीसवीं सदी में सन् 1885 दो बिन्दुओं पर अत्यन्त महत्त्वपूर्ण है। प्रथमत: भारतेन्दु हरिश्चन्द्र की मृत्यु (6 जनवरी, 1885) एवं द्वितीयत: ए.ओ. ह्यूम द्वारा कांग्रेस का गठन। भारतेन्दु की मृत्यु के पश्चात् हिन्दी नवजागरण के रचनाकारों ने उन्हीं की परम्परा को आगे बढ़ाते हुए देश की बड़ी तीव्रता से बदलती परिस्थितियों के अनुरूप अपने लेखन में गुणात्मक परिवर्तन किए। इसी तरह कांग्रेस के आरम्भिक वर्ष नर्म राजनीति में बीते। कांग्रेस में गर्म दल की प्रमुखता और गांधी जी के आगमन के पहले जो सक्रियता थी वह वस्तुत: ज्ञापनों, आवेदनों और प्रतिवेदनों की राजनीति ही थी। भारतेन्दु हरिश्चन्द्र की अल्पायु में आकस्मिक मृत्यु ने हिन्दी में बड़ा रिक्त स्थान उत्पन्न अवश्य कर दिया, किन्तु इससे नेतृत्व का संकट उत्पन्न नहीं हुआ। इसका बहुत सारा श्रेय भारतेन्दु को ही जाता है कि उनके जीवन काल में ही उनकी प्रेरणा और प्रोत्साहन से हिन्दी के अत्यन्त समर्थ लेखकों का परिपक्व मंडल तैयार हो गया था। भारतेन्दु मंडल कहलाने वाले लेखकों के उस समूह ने हिन्दी साहित्य को गरिमापूर्ण समृद्धि दी। बड़ी संख्या में छप रहे हिन्दी पत्रों ने हिन्दी भाषा और हिन्दी भाषियों के दार्शनिक साहित्यिक और अब राजनैतिक विचारों को पूरी शक्ति और सामर्थ्य के साथ अभिव्यक्त किया। हम कह सकते हैं कि 1873 ई. में नई चाल में ढली हिन्दी की शैली में दिनोंदिन निखार आया और इसने सन्तोषजनक गति से अपनी यात्रा जारी रखी।

उन्नीसवीं सदी का साहित्य एक निश्चित विचारधारा से प्रेरित है। साहित्य जब किसी विशेष उद्‌देश्य से प्रेरित होकर रचा जाता है तो उसका विचारधारात्मक होना बाध्यतामूलक है। उन्नीसवीं सदी में हिन्दी गद्य में मनोरंजनार्थ और देशोद्धार की भावना से प्रेरित दोनों ही तरह की रचनाएँ हुईं। उन्नीसवीं शताब्दी के अन्तिम दो दशकों में हिन्दी में तिलिस्मी ऐयारी साहित्य के आगमन से प्रचुर परिमाण में मनोरंजक साहित्य रचा गया जिसका एकमात्र उद्‌देश्य लोगों का मनोरंजन था। इस मनोरंजन की ऐसी धूम मची कि लोगों ने देवनागरी लिपि सीखी, इसने हिन्दी को

अचानक ही एक बड़ा पाठक वर्ग दिया, किन्तु देवकीनन्दन खत्री, किशोरीलाल गोस्वामी और गोपालराम गहमरी का पाठक वर्ग गम्भीर हिन्दी पत्र-पत्रकिाओं से नहीं जुड़ पाया। रोज़गार की भाषा के रूप में अंग्रेज़ी की जड़ें हर नए दिन के साथ मज़बूत हो रही थीं। उन्नीसवीं सदी के आख़िरी दो दशक अपनी सदी के अन्य दशकों से इस अर्थ में महत्त्वपूर्ण रहे कि पूरी सदी में होने वाले परिवर्तन अब ठोस आकार लेने लगे थे। इस देश की औपनिवेशिक सत्ता की मंशा अब पूर्ण स्पष्टता की ओर बढ़ रही थी। औपनिवेशिक शासकों ने भी समाज सुधारक की भंगिमा छोड़ दी थी। अपनी परम्पराओं से बुरी तरह चिपटा हुआ भारतीय समाज पूरी तरह आधुनिक नहीं हो पा रहा था। विडम्बना यह भी थी कि वास्तविक परम्परा को बहुत पीछे छोड़ आया भारतीय समाज केवल उसकी रूढ़ियों का पालन कर रहा था। उससे भी बड़ी विडम्बना यह थी कि उसने पुरुषों के खानपान, वेशभूषा, रहन-सहन और भाषा बोली में पश्चिम को जितनी जगह दी थी उसका दशमांश भी वह स्त्रियों को देने के लिए तैयार नहीं था। पुरुष पश्चिमी सभ्यता के अनुसार केवल स्वयं को 'एडजस्ट' करना चाहते थे और ऐसा उन्होंने किया भी। पहले-पहल पुरुषों ने कोट-पैंट के भीतर जनेऊ और सिर पर शिखा सुरक्षित रखे, किन्तु बाद के दिनों में साहबी वेश-भूषा गर्व का विषय मानी जाने लगी। रोचक तथ्य यह है कि परिवर्तन की ये हवा औरतों को न लगे इसके लिए वे अत्यन्त सजग रहे हैं। स्त्रियों के आचार-विचार, व्रत-त्योहार, पहनना-ओढ़ना, सिंगार-पटार, धर्म-सदाचार एवं बुद्धि-हृदय 'प्राचीन काल' की ही भाँति रहें, इस पर पुरुषों की विशेष रूप से सावधान दृष्टि बनी रही। यह कहना अनुचित न होगा कि समाज के मन की प्राचीन भारतीय सती सावित्री नारी की यह छवि कम-से-कम कथोपकथन में तो बीसवीं सदी के तीसरे दशक तक कम नहीं हुई। आदर्श नारियों एवं 'वीर पुरुषों' की कल्पना में पुरुषों को किसी वीरता का प्रदर्शन अब भी नहीं करना था, किन्तु स्त्री को इसे जीना ही था। सतियों के उदाहरण इस युग में विरल ही रहे, पर जिस नियम वैषम्य की बात हम कर रहे थे वह यहाँ भी लागू होता है। अब भी निरन्तर चेष्टा यही थी कि पश्चिमी बयार अर्थात् नई बयार अर्थात् नए ढंग की शिक्षा की बयार स्त्री को छूकर न गुज़रे, केवल पुरुष समाज उससे लाभान्वित हो। अभी पिछली सदी के अन्त तक किसी माता-पिता के पुत्र-पुत्री दोनों ही उच्च शिक्षा ग्रहण कर रहे हों, जिसका माध्यम अंग्रेज़ी है, तो बेटा 'एजूकेटेड' और बेटी 'बिगड़ गई' मान ली जाती थी। बहरहाल स्त्रियों को ईसाई ढंग की शिक्षा से दूर और परम्परागत तरीकों को आदर्श रूप में अपनाने के उपदेश रूप में समस्त स्त्री सम्बन्धी साहित्य रचा गया। पिछले अध्याय में इस पर चर्चा हो चुकी है कि उन्नीसवीं शताब्दी की कोई भी भारतीय भाषा इस परिधि से बाहर नहीं है। इस सम्बन्ध में हिन्दी के कुछ उदाहरण देखे जाएँ। 1890 ई. का पंडित बालकृष्ण भट्ट का *सौ अजान एक सुजान*

भी समाज शिक्षा के लिए लिखा गया था। अयोध्या सिंह उपाध्याय 'हरिऔध' का *ठेठ हिन्दी का ठाठ* (1899) भी सामाजिक वैवाहिक समस्या के चित्रण के साथ स्त्रियों को पातिव्रत्य का उपदेश देता है। *धूर्त रसिकलाल* (1899) में महता लज्जाराम शर्मा ने खल पात्र रसिकलाल द्वारा सज्जन मित्र मोहनलाल को कष्ट दिलवाया है। वेश्यागमन, जुआ जैसे व्यसनों में फँसाया है साथ ही वह पति द्वारा साध्वी सत्यवती पर व्यभिचार का कलंक लगाकर उसे गृह-निष्कासन का दंश झेलने पर बाध्य करता है। सदी के अन्तिम डेढ़ दशक में भी स्त्री के चरित्र हनन के लिए किसी भी पुरुष की, वह चाहे कितना ही खल हो, शराबी हो, जुआरी हो, व्यभिचारी हो, हत्यारा हो, उठी हुई उँगली पर्याप्त है। आदर्श दंपती में पारम्परिक हिन्दू मान्यताओं के अनुसार पति-पत्नी को जीवन-निर्वाह का सन्देश है। *बिगड़े का सुधार अथवा सती सुखदेई* (1907) में मेहता जी ने ऐसे स्त्री पात्र को प्रस्तुत किया है जो पातिव्रत्य धर्म पालन में अतुलनीय है। वह अपने पति के अनेक अत्याचार सहती है फिर भी उसे परमेश्वर मानती है तथा अन्त में सती सुखदेई बिगड़े का सुधार कर लेती है। *सुशीला विधवा, सुशीला, लक्ष्मी, विद्याधरी, कुलवती शीला, मनोरमा, रमा बाई, सुलोचना* आदि उपन्यासों के शीर्षक में ही इनकी कहानी छिपी हुई है।

पितृसत्तात्मक समाज जिस आध्यात्मिक ऊँचाई को छूना चाहता था उसकी प्राप्ति का माध्यम स्त्रियों की शुचिता थी। उन्नीसवीं शताब्दी के अन्तिम डेढ़ दशकों ने भी यही प्रमाणित किया कि स्त्रियों के लिए यह शताब्दी आदर्श के निर्माण की शताब्दी है, 'गौरवमय' अतीत के चरित्रों के पुनर्निर्माण की शताब्दी है। सन् 1878 ई. में पंडित देवपंत त्रिवेदी ने वाल्मीकीय रामायण पर आधारित *सीता बनवास* लिखी। भारतीय आदर्श नारी का जो रूप गढ़ा जा रहा था वह सीता-सावित्री जैसी सतियों पर आधारित था। पति के हर कार्य का अनुमोदन करती हुई एवं उसके किसी भी अत्याचार का विरोध न करती हुई बल्कि अनुमोदन करती हुई—सुशीला, सौम्या, विनम्रा, त्याग, दया, माया, मधुरिमा, ममता की देवी साथ ही अतुलित सौन्दर्यमयी सीता सदी के अन्त में भी भारतीय नारी के लिए प्रतिमान बनी हुई थी। बंगला भाषा में विद्यासागर ने भी *सीतार बनवास* लिखी। 1874 ई. में मुंशी हरिवंश लाल ने इसका हिन्दी अनुवाद किया। स्त्री का यह सीता-सावित्री वाला सती रूप बीसवीं शताब्दी में भी उतना ही स्वीकार्य रहा। *सीतार बनवास* का अगला अनुवाद 1917 ई. में ईश्वरी प्रसाद शर्मा ने और 1921 ई. में रामस्वरूप कौशल विद्याभूषण ने किया।

किसी भी समाज में व्याप्त वैषम्य का मूल कारण—उसमें सबके लिए एक जैसे नियमों का न होना। स्त्री और पुरुष तथा उच्च एवं निम्न जातियों के बीच इन नियमों की असमानता ही उनकी श्रेणीबद्ध स्थितियों की उत्तरदायी है। प्रत्येक धर्म अपने नियमों की सर्वोत्कृष्टता पर गौरवान्वित है। कुछ नस्लों ने स्वयं ही अपने आप को सर्वश्रेष्ठ घोषित कर अपने से 'हीन' और 'बर्बर' नस्लों के लिए भिन्न नियमावली

बनाई और यही हाल अपने रंग पर मुग्ध लोगों का है। यहाँ तक कि 'न्याय' जैसे पवित्र शब्द में धनी–निर्धन के बीच नियम वैषम्य है। तात्पर्य यह कि चरित्र निर्माण और उसके परीक्षण की कसौटी सबके लिए एक जैसी नहीं है।

इस वैषम्य व्याप्ति में सीता की तरह स्त्री को ही उसके सतीत्व की सुरक्षा की जिम्मेदारी दी गई। स्त्री चरित्र–चर्चा में केन्द्रीय तत्त्व बल्कि कहें इकलौता मानदंड यही रह गया। स्त्री का सतीत्व अर्थात् उसकी यौन शुचिता उसके मूल्यांकन का एकमात्र पैमाना थी, है। स्त्री चाहे कैसी भी विपत्तियों में पड़े, अपनी लाज न खोए, अपने दामन को दागदार न होने दे, मुख पर कलंक कालिमा न पोत ले। स्त्रियों के लिए समाज में मची भारी हलचल के मध्य घर ही सुरक्षित स्थान है और विवाहोपरांत उसकी रखवाली करने वाला उसका पति उसका स्वामी है, उसका सर्वस्व है, अतः परमेश्वर है, इस धारणा में परिवर्तन नहीं हुआ। स्त्री सम्बन्धी प्रत्येक रचना इस तथ्य की पुष्टि करती है। गृह धर्म से बड़ा कोई धर्म नहीं, पातिव्रत्य से बड़ी मुक्ति कोई दूसरी मुक्ति नहीं। घर से बाहर निकलकर अपनी योग्यता और आत्मबल पर अपने मनुष्य होने को प्रमाणित करने की बात कुछ ठोस उदाहरणों के उपरांत भी सामाजिक स्वप्न का हिस्सा नहीं थी। उन्नीसवीं सदी के प्रत्येक स्वाधीन या उपनिवेशित देश की स्त्री के पूरे जीवन की यही सच्चाई थी।

उन्नीसवीं शताब्दी में पश्चिमी नारी स्वातंत्र्य का स्वर—जॉन स्टुअर्ट मिल इतिहासकारों ने भारतीय नवजागरण की मूल प्रेरणा पश्चिमी रेनेसाँ को माना है। पश्चिमी नवजागरण के प्रधान बिन्दुओं के आधार पर भारतीय मनीषियों ने अपने देश की उन्नति का स्वप्न देखा जिसमें स्त्री प्रश्न समाहित नहीं था। पश्चिम में स्त्री अधिकारों की बढ़ती माँग और उसके पक्ष में किए जा रहे आन्दोलन और लेखन की छाया भारतीय नवजागरण की गतिविधियों और लेखन में दिखाई नहीं पड़ते। सन् 1789 की फ्रांसीसी क्रान्ति को राजतंत्र से मुक्त जन साधारण के अधिकारों की ओर पहला बढ़ा हुआ महत्त्वपूर्ण कदम माना जाता है, यद्यपि यह बहुत ही छोटा–सा कदम था। साथ ही, यह भी नहीं भुलाया जाना चाहिए कि बाद में यह कदम पीछे हटा लिया गया पर इस बढ़े हुए कदम ने मध्ययुगीनता से अपने बढ़े हुए कदम की आहट दे दी थी। विश्व इतिहास का समान दृष्टि से पर्यवेक्षण करने पर यह स्पष्ट हो जाता है कि मध्ययुगीन पश्चिमी तथा अन्य देश कमोबेश एक जैसी बर्बर सत्ता के पोषक थे जिसमें निर्धन, दास, अकुलीनों, श्रमिकों और स्त्रियों के लिए कोई सम्मानजनक स्थान नहीं था।

आधुनिकता और उसके प्रसार के लिए फ्रांसीसी क्रान्ति को कुछ अतिरिक्त महत्त्व दिया जाता है। वहाँ के समता, स्वतंत्रता और भाईचारे के जिस नारे को महिमामंडित किया गया उसे अपने ही जन्मस्थान में अधिक लागू नहीं किया गया। भारतीय दर्शन अपने आप पर मुग्ध था। उसे अपने आध्यात्मिक और दार्शनिक

ज्ञान की श्रेष्ठता पर पूरा विश्वास तो क्या लगभग अहंकार था। यहाँ पर शासन के अपने कुछ सौ वर्षों में इस्लाम ने भी सूफीवाद के माध्यम से संग रहने-सहने का मार्ग सुगम कर लिया था। भारत में हिन्दू-मुसलमान के सम्बन्धों पर बात करते समय यह तथ्य कभी नहीं भुलाया जाना चाहिए कि राजनैतिक रक्तपात अपनी जगह था, किन्तु जनसामान्य में आपसी दंगे 1890 के बाद हुए। प्रथम अध्याय में इन परिस्थितियों पर समुचित विचार किया जा चुका है। इस अध्याय में हमें उन पश्चिमी विचारकों के योगदान पर संक्षिप्त चर्चा कर लेनी चाहिए जिनके बल पर पश्चिम की नारी पूर्व की नारी की तुलना में अधिक अधिकार और उन्नत अवस्था प्राप्त कर सकी। यद्यपि पूर्व और पश्चिम की नारी की यह तुलना आलोचना का विषय हो सकती है। हिन्दू, भारतीय और एशियाई संस्कृति के पैरोकार इस कथन से असहमत हो सकते हैं, किन्तु यह सत्य नहीं नकार सकते कि जिस पश्चिम की स्त्रियाँ उन्नीसवीं सदी के उत्तरार्द्ध के बाद तक पूर्व की स्त्रियों जैसी ही दुर्दशा में थीं, उसने अपनी स्त्रीलिंग आबादी के लिए कुछ तो ऐसा किया कि वे आगे चलकर अधिक स्वाधीन चेता, आत्मनिर्भर, सशक्त, अधिकार सम्पन्न और आत्मविश्वासी बन सकीं। जो लोग इस स्थान पर यूरोपीय नारी के शोषण की बात करना चाहते हैं उन्हें यह स्मरण करवाना आवश्यक है कि वहाँ की नारी के शोषण की तुलना यहाँ की नारी के शोषण से नहीं की जा सकती। पश्चिमी स्त्रियों के शोषण और उनके प्रति दोहरे मानदंडों को उनके परिप्रेक्ष्य में देखा जाना चाहिए न कि पूर्व की स्त्रियों के अधकचरे अधिकारों से उनकी तुलना कर अपने आत्मदम्भ की परम्परा को बनाए रखना चाहिए।

यहाँ एक और सावधानी रखी जानी चाहिए कि इतिहास को वर्तमान दृष्टि से न देखा जाए। इक्कीसवीं सदी की भारतीय नारीवादी चिन्ताएँ और समाधान उसके नितांत अपने होने चाहिए जबकि इसमें पश्चिम का अन्धानुकरण की झलक है। हालाँकि नवजागरण की तरह ही कुछ सिद्धान्तकार स्त्री स्वातंत्र्य को भी बिलकुल पश्चिमी नकल पर घटित परिघटना मानते हैं पर ऐसा नहीं है। नवजागरण की तरह स्त्रीवाद को भी उसके अपने देश और परिवेश की जड़ों के सन्दर्भ में समझा जाना चाहिए। किसी भी देश का कोई भी आन्दोलन अपनी मिट्टी, हवा और पानी की उपज होने पर ही टिकाऊ होता है। दूसरे देश के पौधों के फलने और लोकप्रिय होने के उदाहरण भी मिलते हैं लेकिन अपवाद रूप में। प्रत्येक नियम के अपवाद होते हैं, किन्तु अपवादों से नियम नहीं बनते। मनुष्य मात्र की स्वाधीनता में जिन विचारकों का महत्त्वपूर्ण स्थान है उनमें जॉन स्टुअर्ट मिल (1806-1873) का शीर्ष स्थान है। मिल ने दार्शनिक, इतिहासकार, अर्थशास्त्री, नीतिशास्त्र और राजनीति विज्ञान के पंडित के रूप में 'व्यक्ति स्वातंत्र्य' के सिद्धान्त को अत्यन्त प्रभावशाली रूप से सामने रखा। मिल ने राजतंत्र की मुख्य विचारधारा के विरुद्ध 'उपयोगितावाद'

को अधिकतम व्यक्तियों के लिए अधिकतम सुख की विचारधारा को विकसित किया। प्रखर सांसद और समाज सुधारक मिल का इस मानवता को सबसे बड़ा योगदान व्यक्ति स्वातंत्र्य के साथ स्त्री मुक्ति की अवधारणा को जोड़ना है।

जॉन स्टुअर्ट मिल उपयोगितावाद के प्रवर्तक बैन्थम का शिष्य था। बैन्थम इंग्लैंड में पूँजीवाद के आगमन के बाद श्रमिकों की दुर्दशा में सुधार का सबसे बड़ा प्रवक्ता था। बैन्थम ने अपनी उपयोगिता को श्रमिकों की अमानवीय स्थितियों में काम करने की स्थितियों के परिवर्तन हेतु 'उपयोगितावाद' के दर्शन को भौतिक आधार पर विकसित किया था। मिल ने अपने गुरु बैन्थम के उपयोगितावाद की आलोचनाओं को स्वीकार करते हुए, उनसे एक कदम आगे बढ़कर आत्मशक्ति, आत्मनिष्ठा और आत्मा की आवाज़ से जोड़ा। बैन्थम ने व्यक्ति सुख को प्रधानता दी थी जिसके कारण उसके दर्शन को 'शूकरवाद' कहकर नकारा गया था। मिल अपने गुरु के सिद्धान्त को नए कलेवर से बचाना चाहता था, इसलिए उसने व्यक्ति के सुख को समाज के सुख से जोड़ दिया और इस क्रम में समाज का सुख व्यक्ति का सुख हो गया। इससे 'उपयोगितावाद' के सिद्धान्त की महानता तो बढ़ गई, किन्तु व्यावहारिक रूप में उससे मिलने वाला लाभ कम हो गया। उपयोगितावाद भी पिछले दर्शनों की तरह आध्यात्मिकता की ऊँचाइयों की वायवीयता में परिवर्तित हो गया। इस परिप्रेक्ष्य में जॉन स्टुअर्ट मिल ने स्त्रियों के अधिकारों की आवाज़ उठाई, पर इस बार वह सजग था। उसने स्त्रियों से जुड़े तमाम पारम्परिक प्रश्नों, उनसे जुड़ी भ्रांतियों और आपत्तियों का तार्किक उत्तर दिया।

प्रबुद्ध जॉन स्टुअर्ट मिल की विद्वत्ता में स्त्री के प्रति संवेदना के उदय का श्रेय श्रीमती टेलर को जाता है। सुन्दर, प्रबुद्ध और विवाहिता टेलर के सम्पर्क में आने के बाद मिल के सामने स्त्रियों का संसार खुला। अपने देश ब्रिटेन में स्वतंत्रता, समानता और सम्मान से वंचित स्त्रियों की पीड़ा उसे श्रीमती टेलर ने समझाई। मिल ने पाया कि स्त्रियाँ उच्च शिक्षा से वंचित और कदम-कदम पर अपमानित होती हैं। उन्हें वोट देने तक का अधिकार नहीं है। उनका संसार घर की चहारदीवारी तक सीमित और जीवन पति परमेश्वर की सेवा में अर्पित था। नारी को केवल वैवाहिक जीवन की देखभाल का अधिकार था, उन्हें पुरुषों के लिए बच्चे जन कर उनकी सेवा का भी अधिकार था। इंग्लैंड का तत्कालीन क़ानून स्त्री को पुरुष से बहुत नीचे दर्जे का मानता था। उसने पतियों को इतने अधिकार दे दिए थे कि पत्नियों की स्थिति गुलामों जैसी थी। उसे न शिक्षा का अधिकार था और न ही वह सार्वजनिक क्षेत्र में प्रवेश कर सकती थी। स्वाभाविकत: वह किसी भी बड़े पद या नीति निर्धारक की भूमिका में नहीं थी। स्त्रियों के लिए अविवाहित रहना भी वर्जित था। उनके पास विवाह के अतिरिक्त कोई 'कैरियर' नहीं था। उस समय का इंग्लैंड किसी भी तरह अपनी स्त्रियों के लिए बेहतर नहीं था।

ऐसे समय में स्त्रियों के हितों की आवाज़ उठाने के लिए मिल ने 1869 ई. में *द सब्जेक्शन ऑफ विमैन (स्त्रियों की पराधीनता)* पुस्तक लिखी। मिल ने स्त्री-पुरुष को असमान ठहराने वाले नियमों को सिरे से ही ग़लत बताया—"स्त्री और पुरुष के बीच सामाजिक सम्बन्धों का संचालन करने वाले नियम, जो एक सेक्स को श्रेष्ठ और दूसरे को उसके अधीन बनाते हैं अपने आप में ही ग़लत हैं, इन्हें पूर्ण समानता के नियम द्वारा बदल दिया जाना चाहिए, ताकि न तो किसी एक पक्ष में अधिक शक्ति रहे और न ही किसी एक की अधीनता।" (जॉन स्टुअर्ट मिल, प्रस्तुति डॉ. ओम नागपाल, हिन्द पॉकेट बुक्स, दिल्ली, 1991,पृ. 48) मिल ने पुरुष के प्राकृतिक स्वामित्व को सर्वथा नकारते हुए कहा कि कभी मानव जाति में दास प्रथा हुआ करती थी, उसमें भी प्राकृतिक नियम का हवाला दिया जाता था। अरस्तू तक इस सिद्धान्त में विश्वास रखता था। मिल ने इस तर्क को भी नकारा कि स्त्रियों को दबाया नहीं जाता, वे स्वेच्छा से पुरुष की अधीनता स्वीकार करती हैं। भारत में जिसे स्त्री स्वभाव की कोमलता, मृदुता, त्यागशीलता, सहनशीलता और ममता के नाम पर महिमामंडित किया गया, स्वेच्छा का यह भाव वैसा ही था जिसमें स्त्रियों ने पुरुषों को स्वयं ही स्वामी स्वीकार कर लिया था। मिल ने स्त्रियों पर लगे इस दासत्वप्रियता के आरोप का खंडन किया—"पहली बात तो यह कि अधिकांश महिलाएँ इस तर्क को स्वीकार नहीं करतीं। जब से महिलाओं ने अपनी भावनाओं को लेखन के रूप में व्यक्त करना आरम्भ किया है, उन्होंने इस सामाजिक व्यवस्था के विरुद्ध आवाज़ ही उठाई है और वर्तमान समय में कई हज़ार महिलाओं ने, जिनमें प्रख्यात महिलाएँ सम्मिलित हैं, संसद को एक ज्ञापन दिया है, जिसमें यह माँग की गई है कि उन्हें भी वोट देने का अधिकार दिया जाए। महिलाओं की यह माँग कि उन्हें भी शिक्षा और वही शिक्षा दी जाए, जो पुरुषों को दी जाती है, अब अधिक तीव्रता से बढ़ती जा रही है। इसमें उन्हें सफलता भी मिलती जा रही है। और उनकी विभिन्न व्यवसायों में प्रवेश पाने की माँग, जो अब तक उनके लिए वर्जित क्षेत्र था, और अधिक तीव्रतर होती जा रही है।" (वही, पृ. 49-50) जिनमें दासत्व की भावना प्रबल होगी वे क्योंकर इसके विरुद्ध उठ खड़ी होंगी? स्त्रियों के लिए अब तक वर्जित क्षेत्रों में उनके प्रवेश की माँग पुरुषों के इस मिथ्या आरोप को ग़लत प्रमाणित करती है। मिल ने कहा—"यह ध्यान रखा जाए कि किसी भी ऐसे वर्ग ने, जिसे दास बनाकर रखा गया हो, सभी माँगें एक साथ नहीं उठाईं।" (वही, पृ. 50)

स्त्रियों के पक्ष में मिल का यह संघर्ष केवल तत्कालीन विद्वानों और जनसाधारण से नहीं था। उन्हें सदियों से प्रभावी उस विचारधारा के विरुद्ध खड़ा होना पड़ा था जिसे अरस्तू से लेकर हीगेल तक ने पोषित किया था। मिल ने दुनिया भर के विकसित देशों में महिला के लिए महिला होने के कारण वर्जित क्षेत्रों और नकार

दिए गए अधिकारों के सम्बन्ध में कहा—"वर्तमान में, अपेक्षाकृत अधिक विकसित देशों में महिलाओं की वर्जनाएँ ही मात्र ऐसी स्थिति है, एक को छोड़कर, जिसमें क़ानून व प्रथा व्यक्ति को उसके जन्म से पहचानते हैं और निर्धारित कर देते हैं कि जीवन भर उन्हें निश्चित चीज़ों की प्रतिस्पर्धा में भाग लेने की अनुमति नहीं दी जाएगी। एक अपवाद केवल राजसी मूल का है।"(*स्त्रियों की पराधीनता,* जॉन स्टुअर्ट मिल, राजकमल प्रकाशन, नई दिल्ली, 2016, पृ. 50) यद्यपि भारतवर्ष में जन्म के आधार पर जाति का निर्धारण और जाति के आधार पर अधिकारों का निर्णय लगभग वैसी ही अन्यायपूर्ण व्यवस्था थी किन्तु फिर भी स्त्री के लिए, वह चाहे किसी भी जाति की हो वंचना की यह नियति सार्वभौमिक थी। मिल ने कहा, "आधुनिक दुनिया में एक ऐसी असंगति, जो इसके सिद्धान्तों और रीति-रिवाज़ों के कतई विपरीत है,...लेकिन इस अपवाद के सन्दर्भ में, जिसमें एक उच्च सामाजिक कार्य, महत्त्वपूर्ण वजहों से प्रतियोगिता नहीं वरन् जन्म के आधार पर किसी के लिए निर्धारित किया जाता है, सभी राष्ट्र किसी न किसी तरह उस सिद्धान्त के सारतत्त्व से सहमति रखते हैं, जिसकी वे नाममात्र को निन्दा करते हैं,...इसलिए, महिलाएँ सिर्फ़ जन्म के कारण जिन असमर्थताओं का शिकार हैं वह आधुनिक विधान में अपनी तरह का एकमात्र उदाहरण है।" (वही, पृ. 50-51)

मिल का यह कथन कितना सटीक है कि सभी राष्ट्र अपने अन्तर्विरोधों के सम्बन्ध में मौन रखना या बहुत कम बोलना पसन्द करते हैं किन्तु स्त्री के क्षेत्र में सभी देशों के महान विचारकों ने विष वमन ही किया। दर्शन, साहित्य और संस्कृति के क्षेत्र में अति प्रसिद्ध कुछ ऐसे स्त्री निंदकों पर अवश्य ध्यान दिया जाना चाहिए।

स्त्री विरोधी पश्चिमी विचारक—पश्चिमी बुद्धिजीवियों की स्त्री विरोधी विचारधारा ने इतिहास को 'हिज स्टोरी' (HISTORY) के नए रूप में ही देखा, समझा, माना और चित्रित किया था। 'हिज स्टोरी' (HISTORY) ने औरतों के सम्बन्ध में कुछ कहना आवश्यक ही नहीं समझा। औरतों का स्थान घर में था और घर इतिहास में दर्ज नहीं था। सुदूर प्राचीन भारतीय संस्कृति की भाँति ग्रीक साहित्य में अमेजन के मातृसत्तात्मक समाजों का उल्लेख अवश्य मिलता है, इसके अतिरिक्त ग्रीकों ने स्त्रियों को बहुत हेय दृष्टि से देखा। होमर के साहित्य में सारा कृतित्व पुरुष का है, स्त्री कहीं है भी तो पुरुष को रिझाती हुई नायिका और समर्पिता पत्नी के रूप में। महान ग्रीक कवि हीसियद ने पैंडोरा के मिथक द्वारा स्त्रीलिंग को मानवता के लिए सारी बुराइयों की जड़ बताया। पुरुषों की सारी मुसीबतों का कारण स्त्रियाँ ही हैं। हीसियद, महान ग्रीक साहित्यकार लिखता है—"For of old the tribes of men lived on the earth apart from evil and grievous toil and sore diseases that bring the fates of death to men, for in the day of evil men speedily wax old. But the woman to off the great lid of the jar with her hands and made a scattering there of and devised baleful sorrows for men." (Theorizing Feminism, Chandrakala padia, Rawat Publications, Jaipur, 2011, p. 2)

यह जानकर दुःख में और वृद्धि हो जाती है कि पूरा ग्रीक साहित्य संस्कृत साहित्य की ही तरह स्त्री विरोधी और स्त्री-निन्दक है। ताराबाई शिंदे की पुस्तक 'स्त्री-पुरुष तुलना' में स्त्रियों पर पुरुषों द्वारा लगाए जाने वाले आरोपों की जो सूची मिलती है, वास्तव में ख़ुद पुरुष उन अवगुणों की खान है। संसार की सभी सभ्यताओं में पुरुषों के आत्मदम्भ और उनकी आत्मकेन्द्रीयता का समान चित्र मिलता है। कैसे आश्चर्य की बात है कि स्त्री के सम्बन्ध में अतार्किकता में सभी सभ्यताएँ समान हैं। स्त्री के प्रति पुरुषों का दुराग्रह सभी सभ्यताओं में है। संसार की लगभग सभी सभ्यताओं में आरम्भ से ही स्त्री के प्रति पुरुषों की नस-नस में बसे इस दुराग्रह का मनोविश्लेषणात्मक परीक्षण किया जाना चाहिए कि उनकी किस हीन ग्रंथि ने उन्हें स्त्रियों के प्रति इतना विद्वेषी बनाया।

मानव सभ्यता में पुरुषों ने जिन-जिन विचारकों को अति महान पद प्रदान किया, जिन्हें मनुष्यता के अग्रदूत के रूप में स्थापित किया, जो समाज को पथ दिखलाने वाले बने, जिन्होंने धर्म, राजनीति, अर्थ और सैन्य और साहित्य के क्षेत्र का स्वरूप और दिशा निर्धारित किए, ये सभी महान कहलाने वाले पुरुष कमोबेश व्यक्तिगत और पारम्परिक तौर पर घोर स्त्री विरोधी और स्त्री-निन्दक थे। यह भावना स्त्रियों को प्रतिपक्ष समझने की ईर्ष्या और हीन भावना से उपजी होगी, इसके साथ दूसरे पक्ष की निन्दा कर स्वयं महान कहलाने की इच्छा भी काम कर रही होगी शायद।

ग्रीक संस्कृति में हैरोडॉटस (HERODOTUS—प्राचीन ग्रीक इतिहासकार, 484 से 425 ईसा पूर्व) से लेकर थूसायडाइड्स (THUCYDIDES—460 ई.पू. से 395 ई.पू.—प्राचीन ग्रीक इतिहासकार और 500 ई.पू. से 411 ई.पू. तक के स्पार्टा और एथेन्स के बीच हुए युद्ध पर 'हिस्ट्री ऑफ द पैलोपॉनिजन' पुस्तक का लेखक) तक घर में बंदिनी स्त्री का केवल निन्दा पुराण मिलता है। यहाँ तक कि ग्रीक सभ्यता के चरम पेरिकल्स (ग्रीक राजनेता जो प्राचीन और क्लासिक समय में था) के समय भी स्त्रियों की स्थिति और खराब हुई। स्वयं पेरिकल्स ने स्त्रियों को सभी सार्वजनिक स्थानों से अलग रखने की अनुशंसा की थी। यहाँ तक कि अपनी प्रसिद्ध 'फ्यूनरल स्पीच' (शोकसभा में दिया गया वक्तव्य) में उसने स्त्री को पुरुष से बहुत नीचे का दर्जा दिया था, "If I must also speak a word to all those who are in widowhood on the powers and duties of women, I will cast all my advice in one brief sentence Great will be your glory if you do not lower the nature which is within you- hers most of all whose praise or blame is least bruited on the lips of men." (Ibid, p. 3)

केवल एक संक्षिप्त वाक्य—इतने बड़े नायक को अधिक कुछ कहने की आवश्यकता नहीं है। स्त्रियाँ अपने गौरव को बनाए रखने के लिए इतना ही कर

सकती हैं कि पुरुष समाज के बीच उनकी कोई चर्चा न हो। स्त्रीवादी इतिहासकार चन्द्रकला पाडिया इस सन्दर्भ में लिखती हैं, "...Yet unquestionably, the bias has prevailed from the very down of history. The Biblical Eve, The Freek Pandoraa, Aristotle's view of females as nothing but only incomplete males, are just a few glaring example to show how the feminine part of humanities was degraded in Greek Society. A woman was all along potrayed as a defective, incomplete, lower grade of male that just lacked something. Thomas Browne puts it all very pointedly : "Man is the whole world, and the breath of God, woman the Rib and crooked piece of man." (Ibid, p. 3)

ग्रीक स्त्रियाँ भी भारतीय स्त्रियों की भाँति हेय दृष्टि से देखी गईं, उनका जीवन भी घर की चहारदीवारी तक सीमित था। उनके विवाह भी कम आयु में हो जाते थे, हाँ वे बाल-विवाह से बची हुई थीं। विवाह होने तक वे भी सीने-पिरोने, रसोई एवं गृहकार्य में दक्षता प्राप्त कर लेती थीं। ग्रीक में भी देवियाँ सम्मानित थीं, किन्तु साधारण स्त्रियों के अधिकार बहुत मामूली थे। स्त्रियाँ विवाह आदि समारोह और किसी सहेली से वह भी बहुत थोड़ी देर के लिए, मिलने जा सकती थीं। शोक समारोहों में उन्हें प्रमुख भूमिका का निर्वाह करना होता था। ग्रीक की प्राचीन महान सभ्यता में स्त्रियों की मुख्यत: तीन श्रेणियाँ थीं। पहली श्रेणी में विवाहिता स्त्रियाँ थीं जो घर-बार सँभालती थीं और केवल धार्मिक समारोहों में जा सकती थीं। द्वितीय श्रेणी में वे ग़रीब स्त्रियाँ थीं जो विधवा और दासी वर्ग की थीं और जिन्हें उनके माता-पिता और घरवाले उनके बहुत बचपन में ही उन्हें मरने के लिए छोड़ देते थे या उन्हें वेश्या बनना पड़ता था। तीसरी श्रेणी की स्त्रियाँ उच्च वर्ग की शिक्षित स्त्रियाँ थीं। ये संख्या में कम थीं। ये स्त्रियाँ पुरुषों के साथ बौद्धिक एवं सामाजिक सभाओं में जा सकती थीं। धनिक वर्ग की स्त्री सुरक्षित थीं, किन्तु वेश्याओं की दुर्दशा वर्णनातीत थी।

महान विचारक अरस्तू ने अपने अत्यन्त प्रसिद्ध ग्रन्थ *'पॉलिटिक्स'* में बहुत स्पष्ट, विस्तृत एवं विशेष रूप में पुरुषों को अपनी स्त्रियों को अबाध नियंत्रण में रखने का निर्देश दिया। पुरुष को अपनी स्त्री को ठीक उसी प्रकार शासित करना है जैसे एक स्वतंत्र मालिक अपने परतंत्र दास को नियंत्रित करता है। स्त्रियाँ पुरुषों द्वारा शासित होने के लिए हैं। ऐसा नहीं होने पर संसार का प्राकृतिक नियम भंग हो जाएगा। इस स्वाभाविक नियम को बनाए रखने के लिए स्त्रियों का दासत्व आवश्यक है। पुरुष अपने आप में पूर्ण है। वह राजनीति में सक्रिय है,व्यापार करता है, संस्कृति संचालित करता है जबकि स्त्री निष्क्रिय है, वह घर में रहती है जैसा कि उसका स्वभाव है। वह एक पदार्थ है, जिसे प्रतीक्षा है सक्रिय पुरुष द्वारा गढ़े जाने की। पुरुष प्रजनन में बड़ी भूमिका का निर्वाह करता है जबकि स्त्री उसके 'बीज' की निष्क्रिय वाहिका मात्र है—"Man is full in movement, creative in politics, business and culture. Woman on the other hand is passive. She stays at home, as is her nature. She is matter, waiting to be formed by the active male principle... Man consequently plays a major part in reproduction; the woman is merely the passive incubator of his seed." (*The Women's History of the world*, Rusalined miles, salem house, New Jersey, 1989, p. 47) अरस्तू का मानना था कि स्त्रियों की बाँझ आत्माओं को पुरुष की सक्रिय ऊर्जा की आवश्यकता है।

रोम साम्राज्य में स्त्री की ऐन यही अवस्था थी। रोम साम्राज्य के पतन के बाद यूरोप में ईसाइयत के प्रचार के साथ स्त्रियों की दुर्दशा और बढ़ी। चर्च और मिशनरियों ने स्त्री सम्बन्धी उन्हीं पुराने विचारों को मान्यता दी जिसके अनुसार स्त्री शासित किए जाने योग्य है। यह सब बाइबिल के आधार पर था जिसमें इनको मानवता के पतन का जिम्मेदार माना गया है। क्लासिक युग में विवाह समाप्त हो सकते थे अब यह भी सम्भव नहीं रहा। विवाह और तलाक के क़ानून स्त्रियों के लिए और कठोर हो गए। पति भला हो या बुरा पत्नी को उसके साथ निभाना ही पड़ेगा। सामन्तवादी व्यवस्था के इस चरम काल में पुरुषों की बहुगामिता बढ़ी। विवाह के बाद सन्तान न होने पर हर हाल में स्त्री दोषी मानी गई। अगर वह अविवाहिता या बाँझ रह गई तो उससे 'डायन' की तरह व्यवहार किया जाता था।

सामन्तों द्वारा ग़रीब किसानों की स्त्रियों का दैहिक शोषण किया जाता था। लॉर्ड (ज़मींदार) अपने ऊपर निर्भर किसान की नवविवाहिता पत्नी का विवाह की पहली रात कौमार्य परीक्षण कर सकता था। स्त्रियों के शोषण के सम्बन्ध में पूर्व और पश्चिम के एक और स्थान पर आश्चर्यजनक साम्य था—"At marriage, the bride would be given in exchange for a dowry of money or jewellery; and at some places, the prevailing custom required her to kneel down in front of her husband–a practice that symbolized his absolute power over her.", (Women in Middle ages, Religion Marriage and letters, M. Angela lucas, St. Martin's, New York, 1983, p. 85)

उन्नीसवीं सदी के बंगाल में रिवाज था कि पत्नी विवाह की प्रथम रात्रि को पति के चरणों को अपने केशों से साफ करती थी। बहुत हाल में एक बंगला सीरियल में इसे पूरे ताम-झाम के साथ अत्यन्त गर्व-बोध के साथ यह जुगुप्साजनक दृश्य दिखाया गया, उन्नीसवीं सदी की पृष्ठभूमि की कहानी में नहीं, इक्कीसवीं सदी की कहानी में। भारत के सभी प्रान्तों में पत्नियाँ 'पति परम गुरु' की चरण धूलि लेना या पाना अपना परम सौभाग्य समझती थीं।

1776 की अमेरिकी क्रान्ति और 1789 की फ्रांस की जन क्रान्ति, जिसका उल्लेख पहले किया जा चुका है, का स्त्रियों को कोई लाभ नहीं मिला। इन क्रान्तियों ने भी आदमी की योग्यता को ही सर्वोपरि माना। केवल पुरुषों के लिए स्वाधीनता, समानता और भाईचारे का नारा बुलन्द हुआ, स्त्रियों तक उसकी छाया भी नहीं

पहुँची। दोनों क्रान्तियाँ स्त्रियों के लिए निष्फल थीं। फिर भी पुरुष स्त्रियों की दासता के लिए उन्हीं को दोषी ठहरा रहे थे कि वे क्यों नहीं संगठित होकर गुलामी की इन जंजीरों को काट फेंकतीं ? इस आपत्ति का उत्तर देते हुए जॉन स्टुअर्ट मिल ने कहा था—''सामाजिक और प्राकृतिक सभी प्रकार के कारण मिलकर भी यही बताते हैं कि यह अप्रत्याशित है कि महिलाएँ संगठित होकर पुरुषों के विरुद्ध विद्रोह करें। वे दासत्व भोग रहे उन सभी वर्गों से भिन्न हैं, क्योंकि उनके स्वामी वास्तविक सेवा के अतिरिक्त उनसे और भी बहुत कुछ चाहते हैं। पुरुष महिलाओं से पूर्ण आज्ञापालन ही नहीं चाहते, वे उनकी भावनाएँ भी चाहते हैं। सभी पुरुष, केवल अत्यधिक जंगली पुरुषों को छोड़कर, उन स्त्रियों से जिनका सम्बन्ध उनसे है, केवल बलात् गुलामी ही नहीं चाहते, बल्कि स्वैच्छिक गुलामी भी चाहते हैं। वे केवल दासी ही नहीं चाहते, बल्कि एक प्रिया भी चाहते हैं। अत: उन्होंने उनके मस्तिष्क को गुलाम बनाने के सभी उपाय अपनाए हुए हैं। अन्य दासों के स्वामी भय द्वारा अपने दासों को वश में करते हैं, परन्तु महिलाओं के स्वामी केवल आज्ञापालन नहीं चाहते, इसलिए उन्हें मानसिक दास बनाने के लिए उन्होंने सम्पूर्ण शिक्षा का बल भी इसी काम में लगा दिया है।'' (जॉन स्टुअर्ट मिल, पृ. 46)

ज्ञान-विज्ञान से आलोकित, तर्क शक्ति से देदीप्यमान पश्चिमी देशों में स्त्रियों को इन सब उपलब्धियों का कोई लाभ नहीं मिला बल्कि दार्शनिकों के बीच यह आम सहमति थी कि स्त्रियों को इसका लाभ मिलना भी नहीं चाहिए क्योंकि वह इस योग्य नहीं है—"There was a wide spread consensus among the philosophers that the Enlightenment principle of rational individualism could not be extended to women, who, were by their very nature (allegedly) incapable of being generally or essentially rational. This preconception permeated the writings of Voltaire, Diderot, Montesque and above all Rosseau. They maintained that women are essentially creatures of emotion and passion, and therefore they have an important role to play as wives and mothers. They are biologically unsuited to work in the public sphere." (*Theorizing Feminism*, p. 8-9)

स्त्रियों के विरुद्ध विचारकों में जब रूसो का भी नाम आ गया तो बाकी कौन बचा ? बहरहाल स्त्रियों की इस भावुकता और शारीरिक दुर्बलता पर मिल ने पितृसत्तात्मक समाज के षड्यंत्र को सामने रखा—''सभी महिलाओं को उनके बचपन से ही यह पढ़ाया जाता है कि उनके चरित्र के आदर्श पुरुषों के आदर्श से सर्वथा भिन्न है अपनी इच्छा या आत्मनियंत्रण द्वारा अपने पर शासन नहीं, बल्कि दूसरों की अधीनता और दूसरों के नियंत्रण के सामने झुकना। सभी नैतिकताएँ यह बताती हैं कि यह स्त्रियों का कर्तव्य है तथा सभी भावुकताएँ बताती हैं कि यह स्त्रियों की प्रकृति है कि वे अन्य लोगों के लिए जीएँ।...और महिलाओं के मस्तिष्क को प्रभावित करने वाले

सभी साधनों पर क़ब्ज़ा करने के बाद पुरुष ने अपने स्वार्थ की भावना से प्रेरित होकर इसका प्रयोग महिलाओं को गुलाम बनाने के लिए किया और कहा कि दुर्बलता, पराधीनता और अपनी इच्छाओं का त्याग ही उनका चरित्र है और इसलिए पुरुषों की अधीनता ही उनके लिए सर्वाधिक उपयुक्त है।" (जॉन स्टुअर्ट मिल, पृ. 51)

महिला स्त्री विमर्शकार— जॉन स्टुअर्ट के बहुत पहले फ्रांस की क्रिस्टिन द पसन (1364-1430) ने स्त्रियों के अधिकार एवं दायित्व के सम्बन्ध में प्रश्न उठाए थे। पश्चिमी के स्त्रीवादी आन्दोलन की पहली पुरोधा की जड़ें मध्ययुग तक जाती हैं। उन्होंने समाज में स्त्री की भूमिका पर लिखा। क्रिस्टिन ने स्त्री-पुरुष के बीच सत्ता सम्बन्धों पर कुछ नहीं लिखा फिर भी उनके लेखन में उत्प्रेरक का काम किया और सत्रहवीं सदी में इंग्लैंड की अफ्रा बन (Aphra Benn) और मेरी एस्टेल (Mary Astell) ने इस दिशा में प्रभावशाली लेखन किया। इन लेखिकाओं ने स्त्री सम्बन्धी रूढ़ पारम्परिक विचारों और नई उभरती पूँजीवादी व्यवस्था में स्त्री प्रश्नों को एक साथ सम्बोधित किया। नई व्यवस्था में परिवार आश्रित घरेलू उद्योग का पतन और बाहरी संसार में रोज़गार के अवसरों का तीव्र विकास हुआ। इस क्रम में पारिवारिक व्यवस्था के लिए किए गए श्रम का भी तेजी से अवमूल्यन हुआ। घर और बाहर की तेजी से बदलती दुनिया और मूल्य व्यवस्था ने स्त्रियों के समक्ष तीखे प्रश्न खड़े कर दिए। नारीवादियों ने यह सोचना आरम्भ किया कि तब स्त्री का समाज में कहाँ स्थान है? साथ ही पारिवारिक मूल्यों के तीव्र क्षय के साथ केवल परिवार से बँधी स्त्रियाँ इस प्रश्न के सम्मुखीन हुईं कि तब उनके अस्तित्व की उपयोगिता और सार्थकता क्या है। अब परिवार के लिए समर्पिता पत्नियों और माँओं का सम्मान भी घटने लगा जिसने स्त्रियों को नई पीड़ा और व्याकुलता से भर दिया।

मेरी वोल्सटनक्राफ़्ट (Mary Wollstonecraft) पश्चिम के स्त्रीवादी विमर्श की वह पहली पुरखिन है जिसने आने वाली पीढ़ियों की औरतों की पथरीली राह को हमवार किया। अठारहवीं सदी के अन्त के सबसे प्रमुख स्वरों में वोल्सटनक्राफ़्ट ने रेनेसाँ और ज्ञानदीप्ति के लाभों से स्त्रियों को वंचित किए जाने पर प्रश्न उठाए। मेरी ने कहा कि जिसे 'स्त्रीत्व' कहकर परिभाषित किया जाता है यह पुरुष द्वारा उसकी निर्मित छवि है। यह स्त्री की वास्तविक छवि को प्रस्तुत न कर उसके विकृतिकरण का सफल प्रबन्धन है। यह प्रबन्धन स्त्री की असल आवश्यकताओं और सम्भावनाओं को छिपाता है, नकारता है। मेरी वोल्सटनक्राफ़्ट ने बहुत प्रभावशाली ढंग से कहा कि स्त्रियाँ पुरुषों की लिप्सा पूर्ति का खिलौना मात्र नहीं हैं, बल्कि वे भी उनकी ही तरह किसी भी प्रकार के कौशल और विद्या प्राप्ति की दक्षता की प्रतिभा रखती हैं। चूँकि उन्हें उचित शिक्षा और प्रशिक्षण नहीं मिलता इसलिए वे पिछड़ी हुई लगती हैं। स्त्रियों को उनकी पति की सफलता में दिए गए उनके सहयोग को कोई प्रतिष्ठा नहीं मिलती। पुरुष बाहर की दुनिया में इसलिए सफल है कि वह घर के दायित्वों से मुक्त

है। मेरी ने कहा कि गृह कार्यों को भी अब उन सामाजिक कार्यों जैसी मान्यता मिलनी चाहिए जो घर के बाहर की दुनिया में किए जाते हैं। मेरी वोल्सटनक्राफ़्ट (1759-1797) ने अपनी पुस्तक *स्त्री-अधिकारों का औचित्य साधन,* 1792 (A vindication of the Rights of Woman) पर महान विचारक रूसो की पोल खोलते हुए लिखा—"रूसो कहता है कि एक स्त्री को क्षण मात्र के लिए भी स्वयं को कदापि स्वाधीन नहीं अनुभव करना चाहिए, कि उस पर अपनी 'नैसर्गिक' चालाकी का प्रयोग कर बैठने के भय द्वारा नियंत्रण होना चाहिए और उसे एक नखरीले हावभाव वाला दास बनाना आवश्यक है जिससे कि वह कामना की एक प्रलोभनकारी वस्तु के रूप में, पुरुष के लिए, जब भी वह स्वयं को तनावमुक्त करना पसन्द करता है, एक अधिक रमणीय संगिनी के रूप में प्रस्तुत की जा सके। वह इन तर्कों को, जिसे वह प्रकृति के संकेतों से निगमित करने का स्वाँग रचता है, और आगे विस्तार देता है और युक्तिपूर्वक हृदय में यह अंकित कर देता है कि समस्त मानव सदाचार की आधारशिला सत्यनिष्ठा और धीरज, किंचित् प्रतिबन्धों के साथ विकसित की जानी चाहिए। कारण, नारी चरित्र के सन्दर्भ में, आज्ञापरायणता वह महान शिक्षा है जिसे अनमनीय दृढ़ता के साथ मन का संस्कार बनाना चाहिए।" (*स्त्री-अधिकारों का औचित्य साधन,* मेरी वोल्सटनक्राफ़्ट, अनु. मीनाक्षी, राजकमल प्रकाशन, दिल्ली, 2003, पृ. 48-49)

मेरी वोल्सटनक्राफ़्ट ने स्त्री प्रश्नों को राजनैतिक प्रश्नों से जोड़ने पर बल दिया। उन्होंने तेरह अध्यायों में लिखी अपनी पुस्तक में मनुष्य रूप में स्त्री के अधिकारों, स्त्रियों के यौनिक चरित्र, यौनिक चरित्र से ही स्त्री के महत्त्व का प्रतिपादन, समाज में स्त्री-पुरुष के बीच अस्वाभाविक विभेदीकरण के विनाशकारी प्रभाव और स्त्रियों की अधोगति के कारणों पर विचार किया। उन्होंने माता-पिता के प्रेम और उनके प्रति कर्तव्य और राष्ट्रीय शिक्षा पर भी विचार किया।

वोल्सटनक्राफ़्ट इस प्रचलित धारणा कि स्त्रियों की सृष्टि पुरुषों के लिए ही हुई है का उत्स मूसा की काव्यात्मक गाथा में पाती हैं। प्राचीन साहित्य में की गई इस गड़बड़ी से वे असहमत हैं। उनका मानना है कि "अति प्राचीन काल में पुरुष ने अपनी सहचर को पराभूत करने में अपनी शक्ति झोंक देने को और यह प्रमाणित करने में कि जुवे के नीचे अपनी ग्रीवा नत कर देना स्त्री का कर्तव्य है, अपना दिमाग लगा देने को सुविधाजनक पाया कि पशु जगत के साथ स्त्री की भी उत्पत्ति पुरुष के आमोद-प्रमोद के लिए हुई थी।" (वही, पृ. 49-50)

मेरी वोल्सटनक्राफ़्ट की पुस्तक *स्त्री-अधिकारों का औचित्य साधन* को आगे चलकर नारीवादी विमर्श की प्रथम सैद्धान्तिक कृति माना गया। मेरी और उनकी 1792 ई. में लिखी गई इस पुस्तक ने अमेरिकी स्त्री आन्दोलन की नेत्रियों—एलिजाबेथ कैंडी स्टैन्टन और मार्गरेट फुलर को विशेष तौर पर प्रभावित किया।

1848–49 में यूरोप की विभिन्न क्रान्तियों के पश्चात् जब यूरोप में स्त्री के अधिकार की माँग आन्दोलन का स्वरूप लेने लगी तब मेरी वोल्सटनक्राफ़्ट को स्पष्टत: स्त्री-मुक्ति की आदि सिद्धान्तकार स्वीकार किया गया। लन्दन में जन्मी अनेक पुस्तकों की रचयिता और अपने समय के सभी वर्गों की महिलाओं के कष्ट से परिचित, उनके लिए सदैव संघर्षरत मेरी वोल्सटनक्राफ़्ट ने पुरुषों को अपनी मूर्खता पर ध्यान देने की साहसपूर्ण बात कही थी—"सत्ता के मद में पुरुषों को, ऐसे ही तर्क के प्रयोग की जिसका प्रयोग निरंकुश महाराजा और धनलोलुप मंत्री करते हैं, तथा दोषपूर्ण तर्क से यह दावा करने की कि स्त्रियों की पराधीनता आवश्यक है क्योंकि वे सदैव ही ऐसी रही हैं, अनुमति नहीं होनी चाहिए। परन्तु तर्कसंगत नियमों द्वारा संचालित पुरुष जब अपनी नैसर्गिक स्वतंत्रता का उपभोग करता है तो उसे स्त्री को तभी हेय समझने का अधिकार है जब तक वह उसके साथ स्वतंत्रता का साझा नहीं करती और जब तक वह गौरवशाली युग नहीं आता, स्त्री की मूर्खता का राग अलापने में उसे स्वयं की मूर्खता की अनदेखी नहीं करनी चाहिए।" (वही, पृ. 71)

इतिहास गवाह है कि पुरुषों ने मेरी की सलाह नहीं मानी। उसका अपनी महानता और अपने सुखोपभोग में स्त्रियों का वस्तु रूप में उपयोग निरन्तर जारी रहा। इंग्लैंड तथा अन्य देशों में तो फिर भी स्त्री प्रश्नों पर चर्चा तेज रही, किन्तु भारतीय नवजागरण में स्त्री के समान अधिकारों पर चर्चा की स्थिति अभी भी बहुत दूर थी। इस प्रश्न पर कहीं कोई हल्की-सी चर्चा हुई भी तो इसका उपहास करने के लिए, क्योंकि इसकी असम्भाव्यता पर हर प्रान्त और भाषा के विचारक एकमत थे।

कल्पना और यथार्थ की स्त्री—उस समय का भारतवर्ष एक भारी ऊहापोह में था। भारतीय समाज स्वयं को परिवर्तित भी करना चाहता था, किन्तु अपनी 'मूल्य व्यवस्थाओं' के साथ। भारत के मनीषी भौतिकता के क्षेत्र में अंग्रेज़ों का वर्चस्व मानने को तैयार थे पर जहाँ तक धर्म, संस्कृति और जीवन-पद्धति का प्रश्न था उन्हें अपनी सर्वश्रेष्ठता में कोई सन्देह नहीं था। पार्थो चटर्जी ने इस सांस्कृतिक प्रतिरोध को ही औपनिवेशिक शासन के विरुद्ध पहला प्रतिरोध माना है। अपने धर्म और अपनी संस्कृति में अंग्रेज़ों का हस्तक्षेप उनके लिए असहनीय था, किन्तु उनकी राजनैतिक दुर्बलता ने उन्हें विवश कर रखा था। स्त्री उस सांस्कृतिक महानता को प्रमाणित करने का माध्यम थी। स्त्री की शुचिता, ममता, शीलता, धर्म एवं आचार प्रवणता, सन्तोषप्रियता, त्याग-वत्सलता, निष्ठा और मृदुता के आधार पर वे इस सांस्कृतिक युद्ध में जीतना चाहते थे। जिन स्त्रियों के बल पर वे इस संघर्ष में विजयी होना चाहते थे, उन्हें सदियों से किसी भी प्रकार के कौशल से वंचित कर, बाहरी संसार में उसका प्रवेश निषिद्ध कर उसकी ऊर्जा को केवल घर में सीमाबद्ध कर चुके थे। उन्नीसवीं सदी की वास्तविक स्त्री कल्पना और आदर्श की स्त्री से एकदम भिन्न है।

इस सदी की वास्तविक स्त्री को *घराऊ घटना* उपन्यास अत्यन्त प्रामाणिकता से प्रस्तुत करता है। हिन्दी उपन्यासों के आरम्भिक दौर में भुवनेश्वर मिश्र का *घराऊ घटना* (1894) अपेक्षाकृत प्रौढ़ कृति है। इसके मुखपृष्ठ पर ही उन्होंने स्पष्ट कर दिया है कि यह 'दस घराऊ घटनाओं के अपूर्व दृश्य' का संयोजन है। लेखक ने अपना नाम इस प्रकार दिया है—श्री झगड़ूलाल के मित्र शहर दरभंगा निवासी श्री भुवनेश्वर मिश्र ने बड़े परिश्रम से सज्जनों के चित्तानन्दार्थ इस पुस्तक की रचना की।

घरेलू घटनाओं के दस दृश्यों में यह उपन्यास सँजोया गया है। इन घटनाओं में स्त्री-पुरुष सम्बन्धों के सहज सूत्र हैं। विशेषकर वैवाहिक विधि-विधानों और पति-पत्नी के मिलने के बीच इन विधि-विधानों की लम्बाई एवं जटिलता है। यह दाम्पत्य जीवन की छोटी-छोटी, किन्तु महत्त्वपूर्ण रससिक्त घटनाओं की अभिव्यक्ति करता है। यह औरतों के स्वभाव एवं उनके निजी संसार की जानकारी देता है। सबसे महत्त्वपूर्ण बात यह है कि सामान्य नारी की बात करता है। उन्नीसवीं शताब्दी के उपलब्ध उपन्यासों में यह उस दुर्लभ कोटि का उपन्यास है जिसमें स्त्रियों के लिए उपदेशों की झड़ी अथवा उनके सतीत्व और पातिव्रत्य महिमा का वर्णन नहीं है। उसमें स्त्रियों के उस सामान्य संसार का वर्णन है जिसमें वे अपने सुख-सन्तोष, ईर्ष्या-द्वेषों, रीति-रिवाजों, हँसी-ठिठोलियों, कुरीतियों-अन्धविश्वासों, नाज-नखरों तथा गहनों-कपड़ों के प्रति अपने दुर्निवार आकर्षण तथा उनकी प्राप्ति के लिए पति पर हर अस्त्र का उपयोग करती हुई हाड़-मांस से बनी हुई लगती हैं। 'घराऊ घटना पहला खंड पहली घटना। पहली रात। पहला अध्याय।' ही आरम्भ होता है पत्नी की शिकायतों से—"अच्छा आप लोगों का भी तो ब्याह-गौना हुआ है, आप लोग भी तो जोरू-जाते वाले हैं, आप ही लोग कहिए तो कि पहली रात के लिए तबीयत कैसी लगी रहती है? आप लोगों ने आरजू-मिन्नत नहीं की थी? आप लोगों को खुशामद करनी न पड़ी थी?—तब एक मैं ही क्यों बदनाम होता हूँ? चार दिन की बात है कि मैं किसी वजह से रंज होके तमककर घर से निकला और सीधे बाहर दरवाज़े पर आ रहा था कि इसी में उसने उधर से कहा—"ए दाई! आज किसी की कितनी ही इज़्ज़त होवे, एक दिन मेरी ही खुशामद करते रात बीती थी।" (*घराऊ घटना,* भुवनेश्वर मिश्र, मुंशी नवलकिशोर प्रेस, लखनऊ, 1894, पृ. 5) सुनते ही तो मैं भीतर से जल गया। लोहू घोट के रह गया। भला ऐसी बातें भी दाई-मज़दूरिन के सामने कही जाती हैं? कहाँ पति परमेश्वर की कल्पना और कहाँ परमेश्वर का ऐसा अपमान। इस उपन्यास की 'दस घटनाएँ' *हिन्दी बंगवासी* के लिए सन् 1893 में लिखी गई थीं। लेखक की भाषा अत्यन्त साफ़-सुथरी एवं प्रौढ़ है। उनका हास्य-व्यंग्य अत्यन्त उच्च कोटि का है।

इस उपन्यास की वास्तविक स्त्री को थोड़ा और देख लेना उचित होगा। विवाह से पूर्व लड़की-लड़का का आपस में परिचय की उस समय कल्पना ही असम्भव

थी। लड़का गौने तक लड़की का चेहरा तक न देख पाता था। लड़का-लड़की अर्थात् वर-वधू अर्थात् पति-पत्नी—"मैं यह भी न जानता था कि वह गोरी है कि काली, नाटी कि लम्बी। ब्याह के समय और गौने में वह मेरे सामने तो आई थी कई बार, पर सिर झुकाए, घूँघट गिराए और बदन सुकड़ाए रहने के कारण मैं उसे देख न सका था—और देखता ही कैसे? देखने की मजाल थी? जरा सा उस तरफ नज़र गड़ाए तो झट से कोई आई-माई कह उठती 'ए बाबा! बर कलयुगा हबा!' सो डर से मैं ख़ुद भी सिर नीचे ही किए था।" (वही, 1894, पृ. 6)

और जब वर सिर उठाकर देख पाता है तो अपनी किस्मत खुलने पर प्रसन्न होता है क्योंकि उसे गोरी, सुन्दर और लम्बी अर्द्धांगिनी मिली है। उसके उमंगों से भरे हृदय को ठंडक मिलती है, किन्तु विवाह की रीतियों का अन्त नहीं है। वे समाप्त होने का नाम नहीं लेतीं—"गृहप्रवेश के बखेड़े में भी करीब एक घंटा लगा। महल्ले भर की औरतें वहाँ मौजूद थीं। हज़ारों तरह की रीत-बीत हुई, कनिया का मुँह देखने को सब ही छटपट कर रही थीं, इन्हीं रीत-बीतों में मैंने उसका हाथ भी देखा, गोया कटे पर नमक छिड़क गया—गोरा हाथ दिल में गड़ गया।" (वही, पृ. 7)

हृदय चाहे उमंगों से भरा कितने ही ठाठ मार रहा हो 'पारम्परिक अच्छे लड़के' की तरह झगड़ूमल को अपने विवाह पर प्रसन्न नहीं होना है। अपने विवाह पर प्रसन्न होना बुरी बात है, "पर डेवढ़ी में जाने पर मुझे मालूम हुआ कि चार-पाँच बाहरी औरतें भी आँगन में बैठी हैं। तब मुझे कुछ होश हुआ। अगर उनके सामने मैं हँसता जाऊँगा तो मुझे क्या कहेंगी? तमाम महल्ले में इसकी शोहरत हो जाएगी, मेरी शिकायत सब लोग करने लगेंगे, पर इधर हँसी रुकती भी नहीं थी। आखिर को मैंने आँख-भौं चढ़ा ली और चोटिली साँपिन की तरह नाक इधर-उधर फुफकारता आँगन में आया।" (वही, पृ. 14) बहन के टोके जाने पर मैंने झिड़क के कहा, "दीदी! यह क्या वाहियात शोरगुल कर रही हो? भला लोग भी सुनें तो क्या कहें, राम।" (वही, पृ. 15) 'मन मन भावै मूड़ी हिलावै' के भाव के नायक सारे रीति-रिवाजों का निर्वाह करता गया। उपन्यासकार ने विस्तार से इसका चित्रण किया है।

नायक की गृहस्थी चल निकलती है। एक वर्ष बाद उसकी पत्नी के मायके से बुलावे का पत्र आता है। नथुआ के पत्र से तो पाँच बातें ही स्पष्ट होती हैं पर वह मुँहजबानी भी बहुत-सी बातें कहता है। झगड़ूलाल सभी सामान्य सांसारिक पुरुषों की तरह ससुराल विरोधी एवं पत्नी के अपने मायके से लगाव को नापसन्द करने वाला है—"नथुआ बहुत देर तक आँगन में रहा। उस शैतान ने सब बातें उसे कह दीं। चिट्ठी में तो केवल आम का फलना, माय का जी लगना, दीदी के रहने से अच्छा होना, दीदी का आना और सो जाना—ये ही पाँच बातें थीं। परन्तु नथुआ ने जबानी ख़बर भीतर यह पहुँचाई कि जब कोई पक्का आम आँगन में आता है तो माय रो देती हैं। कहती हैं, हाय! चमेलिया रहती तो कितना खुश होती; जब माय गाछी

जाती हैं और पेड़ में आम लगे देखती हैं तो रो देती हैं, कहती हैं, हाय! चमेलिया रहती तो कितना खुश होती; जब रात को माय खाने बैठती हैं तो रो देती हैं, कहती हैं, हाय! चमेलिया रहती तो कितना खुश होती; जब माय किसी के आँगन जाती हैं तो रो देती हैं, कहती हैं, हाय! चमेलिया रहती तो कितना खुश होती इत्यादि-इत्यादि। गरज कि बात-बात में माय रो देती हैं, कहती हैं, हाय! चमेलिया रहती तो कितना खुश होती, इन सब बातों का असर मेरी श्रीमती के चित्त पर पूरे तौर से हुआ।'' (वही, पृ. 23-24)

विवाहोपरांत कन्या को अपने पिता का घर छोड़ श्वसुर गृह जाना होता है। सदियों से यही होता आया है। शास्त्रों में यही लिखा है। परम्परा भी ऐसी ही रही है। उस पितृ गृह पालिता कन्या से रातोंरात यह आशा की जाती है कि वह अपने रक्त और अब तक जिए जीवन सम्बन्धों को एकदम भूलकर नए घर की हो जाए। कन्या गृह से दहेज और दान (कन्या का) लेकर भी ससुराल वालों का जैसा द्वेषपूर्ण व्यवहार कन्या के मायके वालों के प्रति रहता है, कन्या से भी वैसे ही द्वेषपूर्ण व्यवहार की आशा की जाती है क्योंकि पहले मायका उसका घर था अब ससुराल ही उसका घर है। बहू का उसके मायके से लगाव शत्रु पक्ष से लगाव रखने के समान माना जाता है। प्रत्येक भारतीय लड़की को, अविवाहिता को छोड़कर, गृह विस्थापन की इस प्रक्रिया से गुज़रना पड़ता है। विवाह के पश्चात् लड़की का मायका उसका घर नहीं रह जाता। जिस घर यानी ससुराल जा रही है वह उसके पति का घर होता है। ऐसे में कन्या के विवाह का अर्थ है उससे स्थायी रूप से उसका घर छीन लेना। एक स्त्री को 'होमलेस' (गृह-विहीन) कहने का वही अर्थ नहीं है जो किसी पुरुष को गृह-विहीन कहने का अर्थ है। स्त्री के लिए गृह-विहीन होने के साथ ही पुराने नेह-नातों को भूलने की भी शर्त है। चूँकि स्त्री निर्जीव काष्ठ का टुकड़ा नहीं है, इसलिए ऐसा नहीं कर पाती। उसके इस लगाव को कहीं 'वैधानिकता' न मिल जाए इसलिए पुरुष समाज स्त्री के मायके-प्रेम का सदैव उपहास करता है। निर्ममता की सीमा तक पहुँचे उसके अनन्त उपहास उसकी पत्नी को मायके से दूर रखने में उसकी सहायता करते हैं। स्त्रियों के गीतों और आपसी बातचीत में अपने माता-पिता के घर से लगाव के प्रति एक मार्मिकता होती है। पुरुष स्त्रियों के मायका-प्रेम को ख़तरे की घंटी समझता है। इस भावना से बिलकुल भिन्न, स्त्रियों में मायका छूटने की पीड़ा समझने की एक अनकही आपसी समझदारी और सहभागिता होती है। समाज में पति द्वारा अपनी पत्नी के लिए दिया गया ताना—''इनका मायका-प्रेम तो बस...'' पत्नी को सुरक्षात्मक होने पर बाध्य करता है। वह अपने मायके के प्रति किसी भी प्रकार के लगाव की अभिव्यक्ति करने से बचती है। इधर उसी साँस में पुरुष अपने घर (क्योंकि वह मायके जैसी किसी अवधारणा के वृत्त से बाहर है), अपने माता-पिता से अपने लगाव की बात से गर्वित होता है। पुरुष आजीविका की खोज या घोर

आर्थिक विपन्नता से गृह-विहीन होता है, स्त्रियों के लिए नए संसार का आरम्भ उसके पुराने संसार को छोड़कर होता है। इसलिए झगड़ूमल न केवल अपनी पत्नी चमेली के मायके-प्रेम का मज़ाक़ उड़ाते हैं बल्कि मायके जाने को उतावली पत्नी द्वारा पति की 'अनुमति प्राप्ति' के लिए की गई चेष्टाओं को पाठकों के सामने परोसते हैं—"गौना होने के बाद कुछ दिनों तक वह मुझसे बहुत शरमाती थी। आगे जैसे-जैसे उसकी लज्जा छूटने लगी वैसे-वैसे—वह मुझसे अधिक बेतकल्लुफ होने लगी। कभी उसने किसी दिन किसी तरह का नाज-नखरा नहीं दिखलाया था और मैं भी उसे साधारण पतिव्रता समझकर बहुत प्यार करने लगा था। सच कहते हैं कि आज तक मैंने उसकी विद्या नहीं देखी थी। पर आज का मामला ही कुछ और था। समूचा मुँह खुला रहने पर भी शरम के घूँघट में छिपा और भीतर ही भीतर हँसता मालूम हुआ। कुछ टेढ़ी आँख एक-एक सेकंड में सौ बार मेरे मुँह की तरफ देखती है और सौ बार मिट्टी की तरफ देखती है और उसके साथ ही दाँत भी खुल जाता है और छिप जाता है। बाएँ हाथ से बाएँ पैर का अँगूठा छू रही थी और दाहिने हाथ से पंखा इस तरह डोला रही थी कि मालूम होता था कोई निर्जीव स्टीमकल के द्वारा वह इधर-उधर घूम रहा है। सिर पर का कपड़ा धीरे-धीरे नीचे गिरा जाता था और आँचल आधा गिर गया था। मुझे तो पूरा विश्वास है कि नारद जी को कौन पूछे अगर श्री शुकदेव जी भी वहाँ रहते तो लँगोटी छोड़ धोती पहनते और भस्म छोड़ फुलेल लगाते, पर मुझे तो न लँगोटी थी न राख! तन छोड़ मन उसको समर्पण कर दिया। थोड़ी देर तक ऐसा ही हाव-भाव होता रहा।" (वही, पृ. 24-25)

महाप्राण निराला ने कहीं लिखा है कि स्त्रियों को अपनी साधारण से साधारण बात मनवाने के लिए भी युक्तियों (जुगत) का सहारा लेना पड़ता है और इसे ही हम 'तिरिया चरित्तर' का नाम देते हैं। अपनी भारतीय संस्कृति पर गर्वित उस समाज की आत्ममुग्धता पर क्या टिप्पणी की जा सकती है जो किसी बेटी को अपने माता-पिता-प्रियजनों से मिलने की अनुमति प्राप्त करने के लिए अपने ही पुरुष (पति) को रिझाने के लिए 'हाव-भाव' दिखाने पर बाध्य करता है। अपनी इस असामान्य इच्छा की पूर्ति के लिए वह सामान्य अधिकार से मायके नहीं जा सकती। ऐसे स्थानों पर स्त्री विमर्शकारों की तथाकथित उग्रता भद्रता ही प्रतीत होती है। उसकी यह इच्छा बार-बार जागृत न हो इसलिए पितृसत्तात्मक समाज ने इसे एक अपराध या अनुचित माँग के रूप में स्थापित कर दिया। इस पर भी कोई स्त्री किसी भी कारण से मायके जाए तो उसे स्त्रियों से ही निन्दित करवाया जिन्हें पूर्णतः पितृसत्तात्मक विचारधारा में दीक्षित किया जा चुका है। झगड़ूमल की जिस पत्नी को स्वयं मायके जाने के लिए इतने 'हाव-भाव' का प्रयोग करना पड़ा, वही एक अन्य बेलीफूल से आपसी बातचीत में कहती है, "तीन महीने से अपने नैहर की मिट्टी कोड़ रही है।" (वही, पृ. 30) यही नहीं, अपने भाइयों की प्रशंसा करने वाली यमुना की उसके पीठ पीछे

चर्चा होती है, "अब जो अपनी बड़ाई हाँकने लगी है तो—अपनी बड़ाई कि अपने भाई की बड़ाई—मर बज्जर पड़े! एक उन्हीं को भाई हैं? हम लोगों को भाई है जो!" (वही, पृ. 30)

यहाँ यह न समझा जाए कि निन्दकों का उद्देश्य अपने भाइयों की प्रशंसा करना है। यहाँ उनका एकमात्र लक्ष्य यमुना को उसके भाई की प्रशंसा से रोकना है। यहाँ पर वार्ता एक और स्तर पर बहन को भाई से विलग करती है। यमुना अपनी जो प्रशंसा करती है वह उसकी नहीं उसके भाई की है। मायके की जिस समृद्धि की चर्चा स्त्री करती है वह उसकी नहीं उसके भाई की है क्योंकि वह स्त्री तो पराया धन है। 'पराए धन' को पिता ने पराए घर भेज दिया। उसका बस उतना ही भाग था जितना उसे 'दान-दहेज' में दिया गया। जो वस्तु स्वयं दान में दी गई उसे किसी भी प्रकार का माँगने का अधिकार ही नहीं रहा। उसके केवल दायित्व हैं। उसका प्रथम दायित्व सुन्दर लगना है, किन्तु शृंगार करना उसका अधिकार नहीं है। ऐसा करने में जो 'मर्द' हैं वे उसे उचित सबक सिखाएँगे—"...सो उसी को कहती हो? और तुम अपनी सखी की बात न कहो? वह अपना रंग-रूप कैसे बनाए रहती है।" "उसकी तो कुछ न पूछो! ऐसी बेटी पुतोही हम लोगों के घर में रहती तो न जाने क्या होता।" "होता क्या? हम लोगों के घर के मर्द क्या ऐसे ही हैं? सांझ ही काट के फेंक देते।" (वही, पृ. 30)

उपन्यास में जो स्त्री वार्ता या सखी वार्ता प्रस्तुत की है वह भी ऐसी ही उपहासात्मक शैली में है। भारतीय समाज में 'दूधो नहाओ पूतो फलो' का मुहावरा विवाह के अगले ही साल फलीभूत न हो तो विषय गहन चिन्ता का बन जाता है। झगड़ूलाल के गौने के चार वर्षों बाद भी कोई सन्तान न होने पर आसपास का समाज सजग एवं प्रयासरत हो उठता है। उसकी माता ने तो विवाह के बाद ही आशा आरम्भ कर दी थी और अब उसकी पत्नी वैसी ही भाषा का प्रयोग कर रही है—"मेरी माँ यद्यपि गौना होने के एक ही बरस के अन्दर जाती रही तो भी अक्सर कहती थी 'दुलहिन की लड़कोरी देख लूँ तो मुझे कुछ हो।' किन्तु भगवान को यह पसन्द नहीं। जब से मेरी श्रीमती घरवाल के काम में माँ की गद्दी पर बैठी तब से उसने भी कुछ इसी तरह की बातें कहनी शुरू की 'न जाने भगवान कब घर भरेंगे!' 'बिना लड़के का घर भी कोई घर है। इत्यादि-इत्यादि!'" (वही, पृ. 35) और चमेली देवी महिला मंडली के साथ सन्तान प्राप्ति के लिए हर सम्भव पूजा-पाठ, झाड़-फूँक, जादू-टोना, गंडा-ताबीज और साधु-संन्यासियों के आशीर्वाद की प्राप्ति में जुट जाती है—"जितनी बूढ़ी औरत भीख माँगने आती थीं, सब जादू-टोना जानती थीं और सबसे जड़ी-मंत्र हासिल होता था। सब साधु-संन्यासी पहुँचे फकीर थे और आशीर्वाद तथा जड़ी-विभूति देते थे। देवस्थान, देवीस्थान तथा पंडा-स्थान और मेला-स्थान सबके सब प्रत्यक्ष फल देने वाले थे और सब जगह का मानता

किया जाता था। इनके अलावे दूर-दूर के ओझा, डाइन, बैद, हकीम की दवा मँगाई जाती थी क्योंकि किसी न किसी की मनोकामना इनमें से एक ने पूरी की थी। अगर अकेली 'वही' इस तरद्दुद में रहती तो भला यंत्र-मंत्र कहीं रखा भी जाता, परन्तु यहाँ तो कई कोशिश करने वाली थीं। दाई अलग ही दिन-रात परेशान रहती थी। अपने ससुराल में मेरी बहन इसीलिए परेशान रहती थी और मेरे घर के पास रहने वाली बेलीफुल, कचनार, लौंग, सीताफल, सखी बहनपा सबकी सब हैरान थीं। इन सबसे बढ़कर मेरी सास भी दिन भर में तीन बार मंत्र फूँका करती थीं। पर चार बरस तक इन लोगों के फूँक-फाँक से कुछ नहीं हुआ।'' (वही, पृ. 35)

इन सभी अभियानों से झगड़ूलाल को अपरिचित रखने का पूरा प्रयास किया गया पर सब कुछ अत्यन्त प्रत्यक्ष था—''जब कोई बूढ़ी या साधु वेषधारी दरवाज़े पर भीख माँगने आता था तो दाई दरवाज़े पर आकर उससे बातचीत करती, 'वह' डेवढ़ी में छिपकर खड़ी होती। दाई कई बार भीतर जाती और बाहर आती और भीख भी अच्छी तरह दी जाती। पर यदि और कोई भीख माँगने आता तो घंटों चें-चें करता रहता था। मेरे ससुराल से और बहन के यहाँ से मर्दों का आना बन्द हो गया। जब आवे तो दाई आवे और उसके साथ घंटों बातचीत होती रहे। इन दाइयों के आने के दिन में अपनी स्त्री को अक्सर असमय स्नान करते, विचित्र प्रकार से भोजन करते, कभी-कभी कुछ धूपदीप देते देखता था। अड़हुल का फूल, लाल एकरंगा, रक्त चन्दन, कोरी प्याली आदि का खर्च मेरे यहाँ अधिक होने लगा।'' (वही, पृ. 36)

नायक सब कुछ समझता है पर कुछ कहता नहीं। वह इन कोशिशों की व्यर्थता को जानता है। सन्तान वह भी चाहता है पर इन मूर्खों की तरह नहीं—''मैं सब कुछ देखता था, सब कुछ समझता था, परन्तु बोलता कुछ न था। विद्वान शिक्षित और सभ्य अंग्रेज़ों की तरह मैं निष्पुत्र रहना नहीं चाहता था, परन्तु इन मूर्खों की तरह पुत्रवान होने के लिए मैं व्यग्र भी नहीं रहता था। मैं बखूबी जानता था कि इन कोशिशों से कुछ होने को नहीं था।'' (वही, पृ. 36) उपन्यासकार लगे हाथों अंग्रेज़ी सभ्यता से पढ़े-लिखे हिन्दी भाषी पुरुष की भिन्नता और इस बहाने उसकी पारम्परिकता भी सिद्ध कर देता है। आसन्न-प्रसवा चमेली कुछ महीनों तक पति से गर्भधारण की बात छिपाकर रखती है। झगड़ूमल प्रश्न करता है, उसने उसे क्यों नहीं बताया—

मैं—''मैं किसको कहने जाता?''
वह—''ढेर यार दोस्त को! मर्द के पेट में बात पचती है?''
मैं—''और अगर सब लोग जान ही लेते तो क्या?''
वह—''उसने मना किया था।''
मैं—''किसने?''
वह—''जिसने जड़ी दी थी।''
मैं—''तो यह जड़ी ही से हुआ?''

वह—"तब?"

मैं—"और मुझसे..."

वह—"एह! जाइए।"

जादू-टोनों के भय में जकड़ी स्त्रियों के इस आधारहीन तर्क के तार *सारा आकाश* की प्रभा की कमर से बँधे काले धागे तक पहुँचते हैं।

वास्तविक अन्तर यह है कि अब 1952 में पढ़ी-लिखी नायिका की इस कर्मकांड में अनिच्छा है, किन्तु घरवालों की इच्छा उसे बाध्य करती है। नायक न तो स्त्री को 1894 ई. में इस मामले में टोकता है और न ही 1952 में उसे बचाने खड़ा होता है। 1952 के *सारा आकाश* उपन्यास में वह पागलों की तरह अट्टहास, करके अपनी पत्नी को उसकी विषादमय परिस्थितियों के बीच छोड़ चुपके से वहाँ से निकल जाता है। *सारा आकाश* की उसकी सारी खोज अपने लिए है पत्नी के लिए नहीं। वह बस प्रगतिशील मुखौटे के साथ घर से निकल जाता है अपने घरवालों के समक्ष खड़ा नहीं होता, यह नर्क प्रभा को ही झेलना है, समर को नहीं।

घराऊ घटना की भाषा अत्यन्त सहज और प्रवाहपूर्ण है। बोलचाल की भाषा में व्यंग्य की अन्तर्धारा के साथ कथाकार ने कथा को अत्यन्त रोचक ढंग से प्रस्तुत किया है। उपन्यासकार ने चमेली के माँ बनने के बाद के सौन्दर्य का बड़ा सुन्दर वर्णन किया है—"ग्रहण से मोक्ष हो जाने पर निर्मल नीले गगनमंडल में आप ने कभी सम्पूर्ण चन्द्रमंडल की शोभा देखी है? अहा! वह कोमलता, वह सुन्दरता, वह माधुर्य और वह लालित्य! उस अनुत्कट कान्ति की उपमा आपने कहीं देखी है? मैंने तो उस चन्द्रमंडल की उपमा उस दिन अपनी श्रीमती के मुखमंडल में देख ली। यह मंडल उस मंडल से भी एक बात में बड़ा था। इसमें ईषत हँसी भी थी। मेरी यह दशा और औरतों की वह दशा देखकर उसे प्रसव का दुःख भूल गया था, बल्कि कुछ खुश हुई थी। खुले काले बालों के बीच में पुत्रोत्पादन की असह्य पीड़ा के चिह्नों से अंकित उसका गोरा, पर पीला चेहरा थोड़ी हँसी के साथ विचित्र छवि दिखला रहा था। उसकी यह मनमोहिनी सूरत देखकर मन ही मन सौ बार मैंने उसे प्राणेश्वरी कहा।" (वही, पृ. 41) उन्नीसवीं सदी का सम्बन्धी आदर्शपरक साहित्य केवल 'प्राणेश्वर' का ही भजन गाता रहा, *घराऊ घटना* उपन्यास 'प्राणेश्वरी' की बात करता है। वह प्राणेश्वरी जो अपने पति और परिवार के लिए किसी व्रत-त्योहार और तीर्थस्थान को छोड़ना नहीं चाहती। पता नहीं कब कोई देवी-देवता, पीर-पैगंबर की पूजा रह जाने पर वे रुष्ट हो जाएँ और उसके परिवार का अमंगल कर बैठें। परिवार की मंगल कामना करती स्त्री किसी अघट के घटने से सदैव भयभीत और आशंकित रहती है। वे किसी द्वितीया, तीज, चौथ, पाँचें, छठ, सप्तमी, अष्टमी, नौवीं, दशमी, एकादशी, चौदस, पूर्णिमा, अमावस्या को नहीं भूलती। जीवितपुत्रिका (जितिया) से लेकर करवाचौथ तक के सारे स्नान-व्रत करते हुए भी सदैव अपनों के अमंगल के भय से त्रस्त रहती है, किन्तु पुरुष के लिए हिन्दू होने का

अर्थ यह नहीं है। वह कह सकता है कि—"ब्राह्मण होने पर भी मैं पुराने खित्ते का चंडूल नहीं हूँ; अंग्रेज़ी में अच्छी लियाकत हासिल करने पर भी मैं आचमनादि से कफ-पित्त-वायु का नाश नहीं करता हूँ और कलकत्ते में रहने पर भी रविवार को आँख मूँदकर निराकार ब्रह्म देव का ध्यान नहीं लगाता हूँ। मैं अपने को पक्का हिन्दू—पर समाज-संस्कारक समझता हूँ। इसी परिष्कृत बुद्धि के कारण मैं स्त्री-शिक्षा आदि से प्रेम रखता हूँ। अब आप लोग समझ गए होंगे कि मेरी मनमोहिनी सुकुमारी अर्द्धांगिनी अन्ततः हिन्दी-विद्या में पूरी पंडिता होगी। सच पूछिए तो हिन्दी लिखने-पढ़ने में वह बहुत ही होशियार है, और समाचार-पत्र पढ़ने का मुझसे भी अधिक शौक रखती है।" (वही, पृ. 56-57) पढ़ी-लिखी होने पर चमेली के सन्तान प्राप्ति के लिए किए गए सभी उद्योगों से हम परिचित हो चुके हैं।

उपन्यास का दूसरा खंड 'दोनों बहन' है। इसका पहला अध्याय हिन्दी बंगवासी में 20 फरवरी, 1893 के अंक में छपा। उपरोक्त स्त्री सम्बन्धी उद्धरण से यह भाग आरम्भ होता है, इसमें नायिका द्वारा गंगा स्नान का प्रसंग है। अब गंगा स्नान के लिए उसकी बहन चम्पा उसके घर आ रही है। यह 'सूचना' देने के लिए चमेली झगड़ूलाल का घर लौटते ही जैसा स्वागत करती है उसके लिए स्वयं उपन्यासकार ने लिखा है कि पूरा ब्योरा देने पर उसके अश्लील होने का भय है, किन्तु इतना अवश्य कहा है—"एक काली थान में मैंने देखा था कि बकरों की इतनी कसरत हुई थी कि उनकी यथोचित पूजा आदि होनी सम्भव हो गई थी। बकरों के आगे फूल रख दिया जाता था और जब वे फूल खाने को सिर नीचे करते थे, तब ऊपर से खंग उनकी गरदन पर गिरता था। आज जब ऊपर कहा हुआ अन्तिम वाक्य मेरे मुँह के सामने कहा गया तब मैंने समझा कि मैंने फूल खा लिया। खंग गिरने में भी देरी नहीं हुई। मेरा जवाब पाते ही उसने हँसकर कहा, 'एक बात सुनी है?' मैंने कहा, 'नहीं तो।' उसने कहा, 'चम्पा आती है।' सुनते ही तो मेरा होश उड़ गया।" (वही, पृ. 59-60) इसके बाद गंगा स्नान की अनुमति प्राप्ति के लिए चमेली द्वारा किए गए स्वाँग का वर्णन है। साथ ही बहन के आ जाने पर चमेली द्वारा पति-सेवा में बरती गई लापरवाही का दुःख व्यक्त किया है—"मैं तो अपनी पतिव्रता तथा शिक्षिता स्त्री की सेवा-शुश्रूषा से परेशान था, अब चम्पा के आ जाने से मेरी मिट्टी और भी खराब हो गई। दो ही दिन में उसने नाक में दम कर दिया। दिल बहलाने के लिए तीसरे दिन दोपहर को मैं एक सभा में गया। यहाँ 'बाल-विवाह' और 'बहुविवाह' पर व्याख्यान था। व्याख्यान सुनकर आए झगड़ूमल अपनी साली को अपने घर से भगाने के लिए इस्तेमाल करता है,

"क्रिस्तानों से हम हिन्दुओं का ही धर्म अच्छा है।"

मेरी स्त्री—"सो क्या?"

मैं—"और काहे को, एक बात यही देख न लो। क्रिस्तानों को एक ही समय दो स्त्री नहीं रह सकती है; और हम लोग चाहे जितनी करें।"

मेरी स्त्री (मुँह लम्बा करके सिर हिला के)—"हूँ।"

मैं—"और देखो, वे लोग अपनी साली से कभी ब्याह नहीं कर सकते हैं।"

मेरी स्त्री (क्रोध से)—"और आप अपनी साली से ब्याह कर सकते हैं।"

मैं (शर्मिन्दा और घबराकर)—"ऊँ, ऊँ, सो-सो-मैं-ओः, ओः मैं सो नहीं कहता हूँ। पर तुम भी तो चम्पा को बहुत मानती हो।" (वही, पृ. 65-66)

सुने हुए व्याख्यान के शीर्षक और इस उपहास से उन्नीसवीं सदी के अन्तिम दशक के प्रथमार्द्ध में हिन्दुओं में पुरुषों के बहुविवाह की सूचना मिलती है।

घराऊ घटना उपन्यास की छठी घटना का शीर्षक ही है *सिकरी और चम्पाकली*। इस अंश में दर्शाया गया है कि गहने बनवाने के लिए स्त्रियाँ किन-किन हथकंडों का प्रयोग करती हैं। उपन्यास में दो सखियों द्वारा गाया गया गीत पूरी तरह गहनों का विवरण है—

आज लाड़ो हँस के बोलो दुलहा मैं तेरा॥
कलकत्ते से बेसरी तुम्हारे लिए लाया हूँ।
झूलनी में मोती पटने में गुँथाया हूँ॥ 1॥
जगमग मंगरी का मेरठ से आया है।
झूमका झबीयादार झाँसी से मँगाया है॥ 2॥
जुगनू जड़ाऊदार पाँचलड़ातिलरी।
हार चन्द्रकली चम्पा खास कसमीरी॥ 3॥
अंग अंग गहना देखन को है आरसी।
रंग रंग कपड़ा झलाबोर बनारसी॥ 4॥
यही एक बात अब मानो मेरी लाडली।
फिरो देखो बोलो हँसो खोलो मन की कली॥ 5॥

(वही, पृ. 33)

गीत के बीच में ही उपन्यासकार भुवनेश्वर मिश्र की टिप्पणी है कि "भिखारीलाल के घर में स्त्री शिक्षा कब पूरे तौर से होगी?—झगड़ूलाल।" (वही, पृ. 33) किन्तु वे झगड़ूलाल, जिनकी पत्नी स्त्री शिक्षा का सुन्दर नमूना है, भी अपनी स्त्री द्वारा गहने की माँग से परेशान हैं।

इसी तरह उपन्यास के 'दूसरा खंड' के 'गोटादार चुँदरी' के 'पहिला अध्याय' में (यह हिन्दी बंगवासी; तारीख 13वीं मार्च सन् 1893 ई. में छपा था।) तथा 'दूसरा अध्याय' (हिन्दी बंगवासी; तारीख 20वीं मार्च, सन् 1893 ई.) चुनरी गोटा हासिल करने के लिए की गई कवायदों का विस्तृत वर्णन है। हिन्दी बंगवासी तारीख 19वीं अप्रैल, सन् 1893 ई. में *घराऊ घटना* तीजव्रत। 'पहिला अध्याय' छपा। इस अध्याय में मध्यवर्ग द्वारा त्योहारों में किए गए खर्चे का ब्योरा है। इस अंश में सहज व्यंग्य

की सुन्दर अभिव्यक्ति है—"अब यही देखिए, बरसाइत आ रही है। लोग कहते हैं कि हाथी ज्वर को दूर ही से देखकर मर जाता है। पर मैं इस बरसाइत को आते देखकर मन ही मन हलाल हो रहा हूँ। जो तरछुद पितृ श्राद्ध के लिए उठानी नहीं पड़ती वह बहुला व्रत के लिए उठानी पड़ती है। दुर्गा पूजा और काली पूजा में मेरा खर्च ज़्यादे होता है परन्तु जो परेशानी मुझे भ्रातृ-द्वितीया के लिए भोगनी पड़ती है, वह उनमें नहीं। और क्या कहूँ, इस साल होली में मैंने बहुत तूलफजूल करके बड़ी धूमधाम की थी, किन्तु कुछ तरहुद नहीं मालूम हुई थी। पर यह वाहियात बरसाइत ज्यों-ज्यों समीप आ जाती है, त्यों-त्यों मेरे बदन का लोहू सूख जाता है। लेकिन आफत आने वाले सब तिहवारों का परनाना भादों सुदी तीज का तिहवार है। इसमें मेरी श्रीमती एक दिन एक रात निराहार रहती है। निराहार वह रह जाती है सही, पर उसकी तकलीफ मुझे भोगनी पड़ती है—अवश्य ही अतिशय प्रेम के कारण नहीं। अब परही साल की बात सुनिये न।

सलोनी पूर्णिमा हुई थी सोमवार को उसके तीन-चार दिन पहिले मैं कचहरी जाने के लिए घर में कपड़े पहन रहा था, तो ओसारे पर दाई को बोलते सुना—'दुलहिन! इबरी सोमारेके सलोनी होई?' दुलहिन बोली—'हाँ सुना तो है,' और एक सेकंड ठहरके भारी आवाज़ से बोलीं—'सलोनी बीतते ही धम्मसे तीज पहुँच जाएगा।' मैंने उसी समय समझ लिया तिजारी ज्वर का पूर्वरूप आ पहुँचा।

सलोनी के दो दिन बाद मैं घर में बैठा जन्माष्टमी के खर्च का हिसाब कर रहा था। और मेरी दुलहिन नीचे चटाई पर बैठी पान लगा रही थी।

इन त्योहारों में धर्म कितना है और कर्मकांड कितना, निम्नोक्त उदाहरण से इसका परिचय मिलता है—"जन्माष्टमी के बिहान ही मुझे तीन रुपये का गेहूँ मँगाना पड़ा। आँगन में गेहूँ के आते ही मेरी दुलहिन ने दो रुपये का गेहूँ एक जगह और एक रुपये का गेहूँ दूसरी जगह रखा। मैंने आश्चर्य के साथ पूछा—'यह दो ढेर क्यों?'

दुलहिन (बड़े ढेर को दिखलाकर)—'और यह?'

दुलहिन (बड़े झोंक से)—'आ सरगही न होती है तो?'

मैं (कुछ विस्मित होकर)—'सरगही के लायक गेहूँ तो घर ही में था, बाज़ार से क्यों मँगाया गया?'

दुलहिन (बड़े गम्भीर भाव से)—'सो मैं नई रीत काहे चलाऊँ जो हर साल हो आया है, सो इस साल भी हुआ है।' मैं चुप हो गया।" (वही, पृ. 60)

त्योहारों की लम्बी सूची और उसमें उलझा हुआ आधा भारतीय समाज शेष बचे भारतीयों को भला कैसे निर्द्वन्द्व रहने दे सकता है? एक ओर स्त्री का वास्तविक संसार शिक्षा-विहीन (अथवा अक्षर ज्ञान से परिचित मात्र) एवं कैसी भी तार्किकता से परे था। दूसरी ओर पुरुष चिन्तक उसे जिस उच्चासन पर बैठाने के 'आदर्श' का

कल्पनालोक रच रहे थे जो और भी तर्क-विहीन था। उन्नीसवीं सदी की जीती-जागती हाड़-मांस की बनी हुई साधारण स्त्री यमुना जैसी है। वह पुरुषों द्वारा थमाए गए धर्म के झुनझुने को बजाने में व्यस्त है। उसे इसी में अपनी सार्थकता दिखती है। उसका असुरक्षाबोध कि उसका पति कहीं उसे छोड़ न दे उससे हर प्रकार के धार्मिक क्रियाकलाप यहाँ तक कि तंत्र-मंत्र साधना भी करवाता है। आज भी भारतीय संस्कृति के नाम ऐसे ही रीति-रिवाजों के पालन का सिक्का चलता है और अब भी नई बहुएँ कहती हैं कि मैं नई रीति क्यों चलाऊँ? तथा यही कह-कहकर पुरानी रीति पालती चलती है।

वास्तव में भारतीय समाज जिसे अपनी ईश्वर भक्ति समझता है वह धर्मभीरुता है। जो धारण करने योग्य तत्त्व था वह बहुत पहले तिरोहित हो गया। उसकी जगह पुरोहितों-पंडों और स्वयं उसके पालनकर्ताओं के मकड़जाल ने ले ली। तार्किकता के नितान्त अभाव ने ढकोसलों को धर्म बना दिया। धर्म प्रधान भारतीय समाज वास्तविक धार्मिक उपदेशों को भुलाकर अन्धविश्वासों और रूढ़ियों की काइयों भरी गन्दी तलैया में गोते लगाकर मोक्ष प्राप्ति के सुख में मगन है। धर्म की शुचिता और नैतिकता का सिरे से अभाव है। रिवाज और परम्परा के नाम पर केवल ढकोसलों का पालन धर्म बन गया है।

घराऊ घटना उपन्यास गृहस्थी के सामान्य दृश्यों के माध्यम से उन्नीसवीं सदी के अन्तिम दशक में एक हिन्दू गृहस्थ (विशेषकर गृहस्थन) के जीवन का वास्तविक चित्र सामने रखता है। उपन्यासकार ने एकाध स्थान पर सामान्य जीवन से अलग बौद्धिक हलचलों का भी उल्लेख किया है। यह उपन्यास *हिन्दी बंगवासी* में धारावाहिक प्रकाशित हुआ था। *हिन्दी बंगवासी* पर भुवनेश्वर मिश्र चुटकी लेते हैं। नायिका अपने पति से पूछती है कि वे क्या लिख रहे हैं; उत्तर में नायक कहता है—

मैं (उसी भाव से)—"एक आर्टिकल लिखता हूँ।"

वह—(मेरी पीठ पर भार देकर)—"आर्टिकल काहे को?"

मैं—"*हिन्दी बंगवासी* के लिए।"

वह (आश्चर्य से)—"हिन्दी बंगवासी में? उसकी तो आप निन्दा करते थे? बंगाली—हिन्दी उसी को न कहते थे।" (वही, पृ. 70)

सच पूछिए तो यह सब बातचीत लिखने की मेरी तबीयत नहीं है। पर क्या करूँ सच्ची बात न लिखूँ तो झूठा ठहरूँ। धर्म का मामला है। खैर, मैंने उस समय कुछ सकपकाकर उत्तर दिया, "सो तो जब 'उन लोगों ने मेरा लेख नहीं छापा था, तब कहा था।" *हिन्दी बंगवासी* की भाषा पर होने वाली टिप्पणियों पर यह अच्छा व्यंग्य है।

उपन्यास के अन्त की ओर भी सामान्य स्त्री समाज की सबसे सामान्य समस्या कि 'पहनने के लिए कुछ नहीं है', की चर्चा है। बहुत क्षीण सा चेहरा बनाकर डबडबाई आँखों से पत्नी पति से यह बात कहती है। मैं शैली में उपन्यासकार तुरन्त

स्पष्ट कर देता, ''उसने जो कहा कि 'पहनने के लिए कुछ नहीं है इससे आप लोग यह मत समझिए कि वह मेरे सामने नग्न खड़ी थी, वा सचमुच उसको पहनने के लायक अच्छा कपड़ा नहीं था। मैं अपनी धोती मोल लेता हूँ उसकी साड़ी के कपड़े के साथ, चकमक पायजामे का कपड़ा उसकी कुरती के कपड़े के साथ, टोपी का कपड़ा उसकी चोली के कपड़े के साथ। मेरे कपड़े का एक ही बक्स सो भी आधा खाली पड़ा हुआ है, पर उसके कपड़े के दो बक्स भरपूर भरे हैं। तौ भी उसको 'पहनने के लिए कुछ नहीं है।' कहिए इसमें मैं क्या कर सकता हूँ?'' (वही, पृ. 82) इस प्रश्न की निर्दोष मुद्रा से स्त्रियों के 'भरे-पूरे संसार' की छवि मिलती है। इससे अविवेकी सीमा तक स्त्रियों को मात्र सौन्दर्य की वस्तुओं में बदल देने के वास्तविक षड्यंत्र पर और चटक पर्दा पड़ता है। यमुना के पास झगड़ूबाबू के अधिकारों की तुलना में डेढ़ बक्से कपड़े अधिक हैं। बस इससे अधिक कुछ नहीं। ये कपड़े-लत्ते भी उसे इसलिए दिलवाए गए हैं कि वह पति के लिए लौंडी की तरह खटती है, साथ ही उसकी आँखों की ख़ुशी उसके पति को ख़ुशी देती है—''यहाँ पर एक बात कह देना उचित है। अगर वह मुझे किसी बात में अपनी ही राय के अनुसार रखना चाहती है, तो और सब बातों में मेरी लौंडी की तरह पर काम करती है, और उसकी इच्छानुसार कोई काम न होने से अगर मुझसे कोई रंज हो जाती है, तो उसकी इच्छानुसार काम हो जाने से खुश भी खूब हो जाती है। जिस वक़्त मैंने उसके हाथ में साड़ी दी उस वक़्त उसके लवों का विकसित होना और आँखों की चमक देखकर मेरे जी से कल की बातें एकदम जाती रहीं।'' (वही, 1894, पृ. 83)

घराऊ घटना सामान्य गृहस्थ जीवन की असल छवि प्रस्तुत करता है। वकालत आदि कर रहे सम्पन्न परिवारों की स्त्रियों के सामाजिक जीवन में स्त्री शिक्षा का इतना ही महत्त्व था कि वे हिन्दी अख़बार पढ़ लें। उनके विधि-विधानों, रीति-रिवाजों और व्रत-त्योहारों से भरे जीवन में कोई खलल या विघ्न तभी पड़ता था जब वे परिवार से निष्कासित हो जाती थीं या अन्य किसी कारण से निराश्रिता हो जाती थीं।

स्त्री की दशा सुधारने के लिए जो विभिन्न आन्दोलन हुए वे भी पता नहीं किन राहों में भटक गए। एक तो कुछ आरम्भिक बातों को छोड़कर इन सभा-समाजों ने भी स्त्री को वही पुराने राग सुनाए, बस भाषा थोड़ी बदल दी, दूसरे ये आपसी युद्ध में उलझ गए—''भारत के दुर्भाग्य से इस आध्यात्मिक विद्या की अवनति हुई। जिस समय भारत में विद्या का प्रचार बहुत कम हो गया था, उस समय बहुत से मनुष्यों ने केवल अपने स्वार्थ के कारण सैकड़ों तरीके, मनमाने मत चलाए। परस्पर सहानुभूति के स्थान पर ईर्ष्या और द्वेष का प्रचार भारत में दिनोंदिन बढ़ता गया, जिसका विषम परिणाम भारत के निवासी भोग रहे थे। वर्तमान समय में बस आध्यात्मिक विद्या के

उन्नति के लिए कई आर्य समाज स्थापित हुए हैं उनमें तीन मुख्य हैं, प्रथम, धर्म समाज वा हरि समाज, द्वितीय, आर्य समाज, तृतीय, ब्रह्म समाज। परन्तु इन तीनों समाजों में परस्पर इतनी द्वेष दृष्टि है जिसके कारण हम ऐसी आशा नहीं कर सकते कि इनसे भारत व्यापी उपकार हो सके, जब तक ये तीनों एकत्रित होकर किसी एक नियम के अधीन होकर धर्म प्रचार न कर सकेंगे तब तक सम्पूर्ण आध्यात्मिक उन्नति का होना असम्भव है, इनमें परस्पर धर्म का आन्दोलन भी विभिन्न रूप से होता है। किसी धर्म समाज के नेता किसी दीर्घरत्ती ने 5-6 वर्ष हुए किसी संवादपत्र में विज्ञापन दिया था कि हम ललकार कर आर्यसमाजियों का आह्वान करते हैं कि हमारे सहित द्वैरथ युद्ध के लिए प्रस्तुत होवें। फिर किसी आर्य समाज के नेता ने उसी पत्र में छपाया कि हम फलाने दीर्घरत्ती को फटकार के कहते हैं कि तू क्या हमारे साथ द्वैरथ युद्ध करेगा। तू तो अर्द्धरथी है, इत्यादि। पाठक! जरा ख़याल करिए कि इसे धर्म का आन्दोलन कहें या महाभारत के उद्योग पर्व का अभिनय कहें। जिनके चित्त में ललकार-फटकार का अभिमान है वह क्या आध्यात्मिक विद्या की आलोचना करेंगे और उनसे देशोन्नति की आशा भी क्या हो सकती है? इसलिए सब समाज के सभासदों को चाहिए कि वे परस्पर प्रीतिपूर्वक अपने-अपने अन्याय हठ को छोड़कर धर्म के नियमों का प्रचार करें, जिससे कि भारत का उद्धार हो।" (25 जुलाई एवं 8 अगस्त, 1897, मारवाड़ी गजट, सम्पा. राधाकृष्ण टीबड़ेवाल, कलकत्ता)

मराठी नवजागरण और पंडिता रमाबाई—भारतेन्दु युगीन विचारधारा के सन्दर्भ में स्त्री प्रश्न का भारतीय स्वरूप समझने के लिए महाराष्ट्र की पंडिता रमाबाई एवं उनकी प्रसिद्ध पुस्तक *ऊँची जाति की हिन्दू स्त्रियाँ (The High Cast Hindu Women)* जून 1887 में प्रकाशित हुई। उन्होंने यह पुस्तक मूलतः हिन्दू विधवाओं की दयनीय स्थिति को समाज तक पहुँचाने के लिए लिखी। यह पुस्तक आठ अध्यायों में विभक्त है। पुस्तक का प्रथम अध्याय 'प्रारम्भिक टिप्पणियाँ', द्वितीय अध्याय 'बचपन', तृतीय अध्याय 'वैवाहिक जीवन', चतुर्थ अध्याय 'धर्म व समाज में स्त्रियों का स्थान', पंचम अध्याय 'वैवाहिक अधिकार', षष्ठ अध्याय 'वैधव्य', सप्तम अध्याय 'स्त्रियों की स्थिति से समाज का रिश्ता' और अष्टम अध्याय 'अपील' है। पंडिता रमाबाई ने यह पुस्तक अपनी माँ लक्ष्मीबाई डोंगरे को समर्पित की है जिनके सहयोग और समर्थन से उन्होंने अपने जीवन के लक्ष्य प्राप्त किए।

पंडिता रमाबाई ने यह पुस्तक ऊँची जाति की बाल-विधवाओं की नारकीय स्थितियों को सबके सामने उजागर करने के लिए लिखी। मूलतः यह पुस्तक अंग्रेज़ी में, अमेरिकन पाठकों के लिए लिखी गई थी। किन्तु इसने हर भाषा में अनूदित होकर आलोड़न उत्पन्न किया। ऊँची जाति की हिन्दू स्त्रियों को सम्पूर्ण जीवन जिस बन्धन, घुटन और अन्यायपूर्ण व्यवस्था के साथ जीना पड़ता था उसका मुख्य आधार मनु-संहिता थी। स्त्रियाँ इस मनुसंहिता को नहीं देख सकती थीं। पंडिता रमाबाई विदुषी

के रूप में अपनी सार्वजनिक पहचान बनाने के बाद ही इस पुस्तक को देख सकीं। रमाबाई ने मनु-संहिता का आद्योपान्त अध्ययन किया। उन्होंने अत्यन्त ध्यान और परिश्रम से स्वयं मूल संस्कृत से कुछ अंशों का अनुवाद किया। कुछ अनुवाद पहले से उपलब्ध थे, किन्तु पंडिता रमाबाई ने उन पर पूर्णत: भरोसा नहीं किया। इस कट्टर स्त्री विरोधी पुस्तक को पढ़कर पंडिता रमाबाई ने स्त्री विरोधी ख़तरनाक रीतियों को सबके सामने लाने का दृढ़ निश्चय किया। उन्होंने उस कटु सत्य को उद्घाटित करने का निर्णय लिया कि पुरुष समाज अपनी सड़ी-गली मान्यताओं को स्त्रियों पर थोपकर उनके जीवन को नर्क बना रहा था। उन्होंने पुरुष समाज के उस क्रूर अमानवीय चेहरे को सामने लाने का निश्चय किया जिसने अपने लिए सभी सुख-साधन जुटाकर स्त्री-जीवन की राह में पग-पग पर काँटे बोए थे तथा जो पितृसत्तात्मक समाज बड़ी बर्बरता से इस बात का ध्यान रखता था कि कोई भी स्त्री इन काँटों पर चलने से बच न जाए, वह चाहे बालिका हो या युवती या वृद्धा। पंडिता रमाबाई ने सैकड़ों निराश्रिताओं और समाज की सताई हुई स्त्रियों की काँटों भरी राह को सुगम बनाया। उन्होंने अपना सम्पूर्ण जीवन इन स्त्रियों को समर्पित कर दिया। पंडिता रमाबाई (1858-1922) का जीवन कष्टों, संघर्षों, साहस, दृढ़ निश्चय, ऊँचे उद्देश्यों और सत्कार्यों का जीवन्त दस्तावेज़ है।

कोंकण के चौवालीस वर्षीय चितपावन ब्राह्मण अनन्त डोंगरे ने अपनी दूसरी पत्नी नौ वर्षीय लक्ष्मीबाई डोंगरे को संस्कृत पढ़ाने का दृढ़ निश्चय किया तो समाज ने उन्हें इस कार्य से अत्यधिक हतोत्साहित किया। क्षुब्ध पंडित अनन्त शास्त्री (उनकी उपाधि) ने भारत के पश्चिमी घाट में बसे गंगामूल के जंगल को अपना निवास स्थान बनाया। जंगली पशुओं से भयभीत लक्ष्मीबाई डोंगरे के विद्याध्ययन में कोई कमी नहीं आई। इन्हीं अनन्त शास्त्री और लक्ष्मीबाई डोंगरे की छठी और सबसे छोटी सन्तान थीं रमाबाई। छोटी पुत्री के जन्म तक पिता बूढ़े हो चुके थे। अत: घर-गृहस्थी-अतिथि और अध्यापन का पूरा भार रमाबाई की माँ लक्ष्मीबाई डोंगरे पर था। माँ ने उन्हें बड़े प्यार और अनुशासन से पढ़ाया, किन्तु साहसी अनन्त शास्त्री ने भी सामाजिक दबावों के कारण अपनी बड़ी पुत्री का विवाह छोटी आयु में ही कर दिया। पुत्री के विवाह और ''अनन्त शास्त्री के एक अध्यापक के रूप में प्रसिद्धि और वन्य क्षेत्र में पवित्र आवास ने उन्हें क़र्ज़दार बना दिया। अतिथियों के लिए भोजन-व्यवस्था और उनसे जुड़े धार्मिक दायित्वों को हर क़ीमत पर पूरा करना पड़ता था। पैतृक गाँव में जो भू-सम्पत्ति थी, जिसमें लक्ष्मीबाई के पुत्र का भी हिस्सा था, उसके आधे भाग को पुत्र की सम्मति से क़र्ज़मुक्त होने के लिए बेच दिया। बाद में यह परिवार बेघर होकर तीर्थयात्रा पर निकल पड़ा। पाश्चात्य पाठक (और अब भारतीय पाठक भी),जिनके लिए बिना घर के परिवार की कल्पना मुश्किल है, के लिए यह विश्वास करना कठिन है कि कोई हिन्दू परिवार इस प्रकार सात वर्षों तक

घूमता रहा। रमाबाई तब तक नौ साल की हो चुकी थीं जब वे लोग तीर्थयात्रा पर निकले थे।'' (*हिन्दू स्त्री का जीवन,* पंडिता रमाबाई, अनु. शम्भू जोशी, पृ. 20)

नौ वर्ष की रमाबाई लगभग दृष्टिहीन हो चुके अपने वृद्ध पिता, माता और भाई के साथ लगातार सात वर्षों तक एक तीर्थस्थान से दूसरे तीर्थस्थान की यात्रा करती रहीं। माता-पिता के निर्देशन और संरक्षण में सोलह वर्ष की रमाबाई अपने अत्यधिक पुस्तक प्रेम से अद्‌भुत वैदुष्य की ओर बढ़ रही थीं। इसी समय गृहविहीन रमाबाई के सिर से माता-पिता का साया उठ गया। डेढ़ महीने के भीतर उनके माता-पिता की मृत्यु हो गई। भाई-बहन इस संसार में निराधार-निराश्रित रह गए। इतने ग़रीब कि पिता को श्मशान घाट तक ले जाने में भी असक्षम थे। रमाबाई का भाई श्रीनिवास अकेले दो मील दूर श्मशान तक अपने पिता का मृत शरीर लेकर गया। माता की मृत्यु पर रमाबाई को उनकी अर्थी को कन्धा देना पड़ा, वस्तुतः सिर पर उठाना पड़ा। दो दयालु ब्राह्मणों की सहायता से श्रद्धालु पुत्र और पुत्री ने इस अमूल्य भार को अंत्येष्टि स्थान तक उठाया। रमाबाई के कद में छोटे होने के कारण उन्हें अर्थी को सिर पर उठाना पड़ा।'' (वही, पृ. 21)

इस असह्य और अवर्णनीय दुःख के कारण अपनी ससुराल में प्रताड़ित होती बड़ी बहन कृष्णाबाई को अपनी ससुराल लौट जाना पड़ा जहाँ उनकी हैजे से मृत्यु हो गई। बड़ी पुत्री कृष्णा के बाल-विवाह का दुष्परिणाम देखकर ही पंडित अनन्त शास्त्री ने रमाबाई का बाल-विवाह न कर उन्हें पढ़ाया। उनके माता-पिता ने उनके साथ 'बेटी जैसा व्यवहार' नहीं किया। डॉ. हंटर की अध्यक्षता में एजुकेशन कमीशन ने पूरे देश के विद्वानों से विचार संगृहीत किए थे। भारतेन्दु के विचारों का उल्लेख किया जा चुका है। डॉ. हंटर ने रमाबाई से तीन प्रश्न पूछे थे। प्रथम प्रश्न कि ''भारत में शिक्षा के विषय पर के विचार/मत बनाने के लिए आपके पास क्या अवसर हैं और आपने प्रोविंस के अनुभवों से क्या सीखा?'' के उत्तर में पंडिता रमाबाई सबसे पहले अपने पिता का उल्लेख किया था, ''मैं उस व्यक्ति की सन्तान हूँ जिसे स्त्री शिक्षा का समर्थन करने पर कई कठिनाइयों का सामना करना पड़ा और व्यापक विरोध के बीच उन्हें इस विषय पर बहस करने को और अपने विचारों को क्रियान्वित करने हेतु दबाव डाला गया...मैं आजीवन इस देश में स्त्रियों को समुचित स्थिति की वकालत करना और इसके लिए कार्य करना अपना दायित्व समझती हूँ।'' (वही, पृ. 23)

अपने गृहविहीन सात वर्षीय तीर्थ-यात्रा काल में रमाबाई ने कन्नड़, हिन्दी और बंगला भाषाएँ सीखीं। उनकी मराठी की शिक्षा विधिवत् नहीं हुई थी, किन्तु माता-पिता के आपसी व्यवहार में प्रयुक्त यह भाषा उन्होंने सुनकर तथा पुस्तकें और अख़बार पढ़कर सीखीं। आगे चलकर उन्होंने अंग्रेज़ी भाषा पर अधिकार किया। माता-पिता की मृत्यु के बाद कुछ दिन तक बड़ी बहन इनके साथ रहीं। तीनों बहन-

भाई ने अपने निरन्तर भ्रमण में भारत के अनेक प्रान्तों—संयुक्त प्रान्त, राजपूताना, पंजाब, मद्रास, बंगाल और आसाम की यात्राएँ कीं। इन यात्राओं के दौरान उनकी आजीविका का साधन ऊँची जाति की लड़कियों को संस्कृत और स्थानीय भाषा में शिक्षित करना रहा। रमाबाई यह शिक्षा प्राचीन शास्त्रों के अनुसार ही देती थीं। युवा पंडिता रमाबाई की कलकत्ता यात्रा ने उनके वैदुष्य का डंका बजा दिया। युवती विदुषी का संस्कृत में प्रकांड ज्ञान और उसके प्रगतिशील विचारों से कलकत्ता रोमांचित हो उठा। कलकत्ते की विद्वत्मंडली ने उनकी परीक्षा ली। परीक्षा में उत्तीर्ण होने पर उन्हें 'सरस्वती' पदनाम से विभूषित किया गया। यहीं पर कुछ समय बाद बंगाल के हिन्दू नेता महाराज ज्योतीन्द्र मोहन ठाकुर ने उन्हें विधिवत् 'पंडिता' की उपाधि प्रदान की।

तीर्थयात्रा के दौरान रमाबाई ने सम्पूर्ण भारत में स्त्रियों की दुर्दशा को स्वयं को देखा। कलकत्ता प्रवास में भी उन्होंने अन्य स्थानों की तरह स्त्री शिक्षा की आवश्यकता, हिन्दू स्त्रियों की स्थिति और आर्य जाति के उत्थान-पतन पर घूम-घूम कर वक्तृताएँ दीं। कलकत्ता के बाद उनका पड़ाव आसाम था। यहाँ भी उन्होंने छोटे शहरों और गाँव में वक्तृताएँ दीं। उन्हें ढाका आने का निमंत्रण मिला। इसी यात्रा के बीच उनके भाई की भी मृत्यु हो गई। इस अथाह संसार में 22 वर्षीय रमाबाई अकेली रह गईं। असम यात्रा के दौरान रमाबाई और उनके भाई श्रीनिवास की एक बंगाली व्यक्ति बिपिन बिहारी दास से भेंट हुई थी। अपने भाई की मृत्यु, अपने विवाह, अपने पति की मृत्यु और उनकी ईश्वर के प्रति सन्निकटता के सम्बन्ध में रमाबाई लिखती हैं—
"उसकी संक्षिप्त बीमारी के दौरान उसके मन में मुझे लेकर यह विचार था कि इस संसार में अकेले रहने पर तुम्हारा क्या होगा? जब उसने दुखी होकर पूछा तो मैंने जवाब दिया, 'कोई नहीं है लेकिन भगवान तुम्हारी व मेरी देखभाल करेगा,' उसने उत्तर दिया, 'ओह! अगर ईश्वर को हमारी परवाह है तो मुझे किसी बात का डर नहीं।' वास्तव में अपने अकेलेपन में मैंने ईश्वर को अपने पास अनुभव किया। छह महीने के बाद मैंने एक बंगाली सज्जन बिपिन बिहारी मेधावी एम.ए.बी.एल. वकील और कलकत्ता विश्वविद्यालय के स्नातक से विवाह किया, लेकिन हम दोनों में से कोई भी न तो हिन्दू न तो ईसाई धर्म में पूरा विश्वास करता था, अतः हमने कोर्ट में शादी की...वैवाहिक जीवन के उन्नीस महीनों बाद मेरे पति की हैजे के कारण मृत्यु हो गई। यह दारुण दुःख मुझे ईश्वर के समीप ले आया। मैंने यह अनुभव किया कि वह मुझे निर्देश दे रहा है और अगर मैं उसके करीब जाऊँगी तो वह मुझे अपनी ओर ज़रूर खींचेगा।" (वही, पृ. 22)

ब्रह्म समाजी बिपिन बिहारी गोहाटी के स्कूल में हेडमास्टर और अत्यन्त प्रगतिशील विचारों के व्यक्ति थे, किन्तु असम में कायस्थ शूद्र जातियों में गिने जाने के कारण इस विवाह का अत्यधिक विरोध हुआ था। बिपिन बिहारी दास को उनके समाज ने

बहिष्कृत कर दिया। केवल उनकी मौसेरी बहन श्रीमती कृष्णप्रिया चौधरानी उनके साथ खड़ी रहीं। कृष्णप्रिया चौधरानी असमिया भाषा की पहली महिला रचनाकार थीं। अपने जीवन के आरम्भ से ही संस्कृत और धार्मिक साहित्य से भलीभाँति परिचित पंडिता रमाबाई का जीवन क्रम में कई ईसाई विद्वानों, मिशनरियों एवं धर्म प्रचारकों से सम्पर्क हुआ। अपने डेढ़ वर्षों के संक्षिप्त वैवाहिक जीवन में वे अपने पति की ईसाई धर्म के सिद्धान्तों को जानने की उत्सुकता के कारण एलेन नामक बैपटिस्ट मिशनरी से मिल चुकी थीं। अपने पति की मृत्यु के समय पंडिता रमाबाई की गोद में उनकी कुछ महीनों की बेटी मनोरमा थी। अपने सामाजिक कार्यों के निर्वाह में रमाबाई मनोरमा को साथ लिये-लिये जुटी रहीं। उनकी बेटी ने सदैव उनका साथ दिया। मनोरमा की असमय मृत्यु के आठ-नौ महीने के बाद पंडिता रमाबाई की भी मृत्यु हो गई।

विधवा पंडिता रमाबाई ने मद्रास जाकर पढ़ने का प्रयास किया, किन्तु भाषाई कठिनता के कारण उन्हें पूना जाना पड़ा। 30 अप्रैल, 1882 को पूना पहुँची पंडिता रमाबाई का भव्य स्वागत हुआ।

विधवाओं की दुर्दशा से भारतवासियों को परिचित करवाने के उनके लक्ष्य को दिशा मिली। उन्हें प्रार्थना समाज और दूसरी सामाजिक संस्थाओं ने सहयोगी भाव से अपनाया। पूना में रानाडे, मोदक केलकर, भंडारकर, तेलंग और चन्दावरकर जैसे लोगों ने पंडिता रमाबाई को स्नेहपूर्वक स्वीकार किया। यहीं पर उन्होंने 1 मई, 1882 में आर्य महिला समाज की स्थापना की। आर्य महिला समाज ने बाल-विवाह और स्त्री शोषण के विरुद्ध सामाजिक सुधार के अतुलनीय कार्य किए। आज भी राजस्थान और बंगाल आदि जैसी जगहों में बाल-विवाह रोकने में प्रशासन का पसीना छूट जाता है तो उन्नीसवीं सदी के नवें दशक में, रमाबाई के प्रति समाज के विरोधी और हिंसक व्यवहार का अनुमान लगाना कठिन नहीं होना चाहिए, किन्तु पंडिता रमाबाई के दृढ़ निश्चय को कोई नहीं डिगा सका। इसकी अगली शाखा बम्बई में खोली गई। आर्य महिला समाज ने अन्य कई शहरों में भी अपनी शाखाएँ खोलीं। बंगाल पर भी इनके कार्यों का प्रभाव पड़ा। द्वारिकानाथ गांगुली ने रमाबाई से बंगाल में 'आर्य महिला समाज' की शाखा खोलने का आग्रह किया।

इसी वर्ष जून 1882 में पंडिता रमाबाई ने अपनी प्रथम पुस्तक *स्त्री धर्म नीति* लिखी। मराठी भाषा में अपने पति की स्मृति में लिखी इस पुस्तक में आठ खंड थे। उस समय के नियमानुसार पुस्तक का अंग्रेज़ी टाइटल (शीर्षक) भी छापा गया—*Morals for Women.* इस पुस्तक का बंगला अनुवाद भी लोगों द्वारा सराहा गया।

स्त्री धर्म नीति में पंडिता रमाबाई ने स्पष्ट मत दिया कि आत्मविश्वास और आत्मनिर्भरता ही स्त्री जीवन की प्रगति के कारक बन सकते हैं। स्त्रियों को केवल

गृहकार्य-विज्ञान नहीं बल्कि इतिहास, पुराण, धर्मशास्त्र, नीतिशास्त्र, गणित, भूगोल, राजनीति शास्त्र, अर्थशास्त्र, चिकित्सा विज्ञान, भौतिक विज्ञान और भाषा का ज्ञान भी होना चाहिए। स्त्रियों को गृहकार्य में भी निपुण होना चाहिए। अपनी स्थिति को सशक्त बनाने के लिए स्त्रियों को अपने चरित्र में गहराई अपने सीमाबोध, संयम, सतर्कता, नैतिकता, विनम्रता और दूसरों का आदर जैसे गुणों का समावेश करना चाहिए।

उन्होंने कहा कि बालविवाह किसी भी अवस्था में स्वीकार्य नहीं है। अतीत को ढोने से स्त्रियों का भला नहीं होगा। अधिकार सम्पन्न स्त्रियाँ ही अच्छी माँएँ बन पाएँगी। उसी समय पंडिता रमाबाई ने मिस हफर्ड से अंग्रेज़ी भाषा पढ़नी आरम्भ की। इन्हीं ईसाई महिला ने उनका पूना की पंचहौद मिशन से परिचय करवाया। यही वह समय था जब वे फादर गोरे से मिलीं। धर्मान्तरण के पहले फादर गोरे कोंकणस्थ चितपावन ब्राह्मण पंडित नीलकंठ शास्त्री गोरे थे। धर्म परिवर्तन के बाद उनका नाम नेहमिया गोरे (Nehemiah Goreh) हो गया फिर भी पूना के लोगों के मन में उनका सम्मान बना रहा। फादर गोरे से पंडिता रमाबाई की भेंट ने उन्हें हिन्दू और ईसाई धर्म की तुलनात्मक समझ दी।

पंडिता रमाबाई ने ऊँची जाति की विधवाओं की करुण दशा को सुधारने हेतु अपना सम्पूर्ण जीवन स्वाहा किया। उन पर केवल ऊँची जाति की महिलाओं के लिए काम करने का आरोप लगाने को उत्सुक आलोचकों को यह स्मरण करवाना आवश्यक है कि भारतवर्ष में विधवा-विवाह निषेध की कुरीति ऊँची जातियों की स्त्रियों पर ही लागू थी। वैधव्य के बाद स्त्री के जीवन को नारकीय बना देने का कुकृत्य अपने को ऊँचा समझने वाली जातियों की स्त्रियों के साथ ही होता था। निम्न जातियों में किसी स्त्री को विधवा होने पर सारे रंग, श्रृंगार, भोजन, उत्सव यहाँ तक कि जीवन से भी वंचित नहीं किया जाता था। इसका सबसे घृणित पक्ष यह था कि ऊँची जातियाँ अपने स्त्री समाज के इस उत्पीड़न पर गर्वित थीं, इसे अपनी महान परम्परा के रूप में स्थापित करती थीं, उससे भी घिनौना यह था कि स्त्रियों के साथ हुए इस शारीरिक और मानसिक शोषण और दुराचार के बल पर ऊँची जातियों के पुरुष अपनी महत्ता और श्रेष्ठता स्थापित करते थे।

पंडिता रमाबाई ने इसे अच्छी तरह समझ लिया था। वे समझ गई थीं कि स्त्रियों को उनकी इस दुर्दशा से छुटकारा दिलाने का एकमात्र उपाय आत्मनिर्भरता है और यह आत्मनिर्भरता शिक्षा के द्वारा ही मिल सकती है, किन्तु वर्तमान शिक्षा के ढाँचे में लड़कियों का प्रवेश असम्भव है। हंटर कमीशन द्वारा पूछे गए दूसरे प्रश्न कि 'लड़कियों के लिए अध्यापिकाएँ उपलब्ध करवाने का अच्छा तरीका क्या है?' के उत्तर में उन्होंने कहा था—"मेरा अनुभव इस बात को प्रमाणित करता है कि जो स्त्रियाँ अध्यापिकाएँ बनना चाहती हैं उन्हें इसका पर्याप्त प्रशिक्षण दिया जाए।

इसके अलावा अपनी भाषा के समुचित ज्ञान के साथ-साथ उन्हें अंग्रेज़ी का भी ज्ञान होना चाहिए। प्रशिक्षण प्राप्त करने वाली महिला अध्यापिकाएँ—विवाहित-अविवाहित-विधवा जो भी हों, उन्हें अपने आचार-व्यवहार एवं नैतिकता में सही होना चाहिए और वे सम्मानित परिवारों से होनी चाहिए। उन्हें पर्याप्त समुचित छात्रवृत्तियाँ उपलब्ध होनी चाहिए। लड़कियों की अध्यापिकाओं को लड़कों के अध्यापकों से ज़्यादा वेतनमान देना चाहिए ताकि वे श्रेष्ठ स्तर पर चरित्र को प्राप्त कर बनाए रख सकें। छात्राओं को कॉलेज परिसर में रहना चाहिए ताकि उनके तौर-तरीके और आदतें सुधारी जा सकें तथा एक विशाल इमारत होनी चाहिए जहाँ अध्यापिकाएँ एवं विद्यार्थियों के लिए हर प्रकार की समुचित व्यवस्था हो। किसी स्थानीय श्रेष्ठ महिला को इसका भार सौंपना चाहिए। केवल सीखना ही पर्याप्त नहीं होना चाहिए अपितु विद्यार्थियों का आचार-व्यवहार व नैतिक आचरण क्रिया रूप में उतरना चाहिए।'' (वही, पृ. 24)

इसके साथ ही तीसरे प्रश्न कि 'आपने जो विभिन्न दोष बताए हैं, उनके अलावा वर्तमान शिक्षा व्यवस्था में प्रमुख दोष आप क्या देखती हैं? साथ ही इन दोषों को दूर करने हेतु आपके पास क्या सुझाव है?' के उत्तर में उन्होंने लड़कियों के स्कूल में स्त्री निरीक्षिकाओं की माँग की। उन्होंने कहा कि तीस या उससे अधिक आयु की सुशिक्षित और श्रेष्ठ स्त्रियाँ ही इस कार्य के लिए उचित होंगी चाहे वे यूरोपियन हों अथवा भारतीय। पुरुषों के विरोध के उन्होंने कई कारण गिनवाए। उन्होंने कहा—''इस देश की महिलाएँ संकोची स्वभाव की हैं। अगर एक पुरुष निरीक्षक किसी छात्रा-विद्यालय में जाता है तो सभी स्त्रियाँ व छात्राएँ डर जाती हैं और उनकी जबान बन्द हो जाती है; यह स्थिति देखकर निरीक्षक विद्यालय व शिक्षिकाओं के बारे में बुरी रिपोर्ट देता है और सम्भवत: सरकार इस विद्यालय के लिए पुरुष अध्यापक की नियुक्ति करेगी और इस तरह विद्यालय को स्त्री-शिक्षिका का लाभ नहीं मिलेगा, चूँकि लड़कियों की शिक्षा लड़कों की शिक्षा से भिन्न है अत: छात्राओं के विद्यालयों का भार स्त्री शिक्षिकाओं के हाथ में होना चाहिए।'' (वही, पृ. 24)

अपने विशद धार्मिक अध्ययन और व्यापक देश भ्रमण से पंडिता रमाबाई की प्रखर बुद्धि ने इस देश की स्त्रियों की दुर्दशा का सबसे महत्त्वपूर्ण कारण—इस देश के पुरुषों का स्त्री विरोधी होना, भलीभाँति समझ लिया था। इस देश के अनपढ़ पुरुष तो स्त्री विरोधी थे ही, किन्तु जिन सुशिक्षित पुरुषों से स्त्री शिक्षा के समर्थन की आशा की जा सकती थी वे कुपढ़ों से भी भयंकर थे। पंडिता रमाबाई ने स्त्रियों की शिक्षा के लिए शिक्षिकाओं की ही आवश्यकता का दूसरा कारण बताया कि ''100 में से 90 मामलों में इस देश का सुशिक्षित पुरुष स्त्री-शिक्षा व स्त्री की उन्नति के विरोध में है, अगर उन्हें कोई छोटी-सी ग़लती दिख जाती है तो वे राई का पहाड़ बना देते हैं और स्त्री के चरित्र को ख़राब करने का प्रयास करते

हैं। प्रायः दुखी स्त्री जो न तो साहसी बन पाती है, न ही सूचनाओं से लैस होती है, उसका पूरा उत्साह टूट जाता है। यह विश्वास बन गया है कि पुरुष-सत्ता तक आसानी से पहुँच सकते हैं और स्त्रियों को चहारदीवारी में सीमित रहना चाहिए और अभिभावकीय सरकार की नज़र में उसकी सन्तानें—फिर चाहे वह पुरुष हो या स्त्री—समान होनी चाहिए। दोनों को समान न्याय मिलना चाहिए यह एक प्रमाण है कि इस देश की जनसंख्या के आधे हिस्से स्त्रियों के साथ बाकी बचे आधे हिस्से पुरुषों द्वारा दमनात्मक एवं निर्दयतापूर्ण व्यवहार किया जाता है। इस असंगति को रोकना एक अच्छी सरकार के लिए प्रशंसनीय है।'' (वही, पृ. 25)

कमीशन को दिए पंडिता रमाबाई के तीसरे सुझाव ने ब्रिटेन और हिन्दुस्तान की सम्राज्ञी का ध्यान भी आकर्षित किया। भारत में डफरिन आन्दोलन का आरम्भ इसी ध्यानाकर्षण के कारण हुआ। डफरिन की पत्नी इस आन्दोलन की अगुआ बनीं। लेडी डफरिन, इन भलीमानस का नाम भी कहीं उल्लेखित नहीं है, उन्हें लेडी डफरिन कहकर ही सम्बोधित किया गया है। ऐसे में 'मदनमोहन की स्त्री' सम्बोधन की और व्यापकता में देखने पर पूरी दुनिया में औरतों के नाम को गुम करने के पुरुषों के षड्यंत्रों को सहज ही समझा जा सकता है, ने 'द नेशनल एसोसिएशन फॉर सप्लाइंग फीमेल मेडिकल एंड टू द वूमन ऑफ इंडिया' के माध्यम से इस देश में बीमारियों से चुपचाप मरती औरतों तक चिकित्सा पहुँचाने का प्रयास किया। अपने तीसरे सुझाव में पंडिता रमाबाई ने कहा था—''मैं एक अन्य सुझाव और देना चाहूँगी, वह स्त्री-चिकित्सक के बारे में है। यद्यपि हिन्दुस्तान में कई सज्जन डॉक्टर हैं, परन्तु स्त्रियाँ इस कार्य-व्यवसाय में नहीं हैं। अन्य देशों की स्त्रियों की तुलना में इस देश की स्त्रियाँ ज़्यादा संकोची हैं और उनमें से अधिकांश किसी पुरुष को अपनी बीमारी बताने की बजाय चुपचाप बीमारी से मर जाती हैं। अतएव हज़ारों-लाखों स्त्रियों की अकाल मृत्यु/असमय मृत्यु को रोकने के लिए स्त्री चिकित्सकों की आवश्यकता है। अतः मैं अपनी सरकार से अनुरोध करती हूँ कि स्त्रियों को मेडिसिन पढ़ने की सुविधाएँ उपलब्ध करवाए और जन-साधारण के जीवन की रक्षा करे। भारत में स्त्री-चिकित्सकों की गहरी आवश्यकता अनुभव की जा रही है और यह इस देश की स्त्रियों की शिक्षा में एक बहुत बड़ी कमी है।'' (वही, पृ. 25)

हिन्दू धर्म के प्रति एक विचित्र खालीपन अनुभूत करती पंडिता रमाबाई ने 29 सितम्बर, 1883 ई. में चर्च ऑफ इंग्लैंड में अपना और अपनी बेटी मनोरमा का बपतिस्मा करवाया। धर्म परिवर्तन के पश्चात् पंडिता रमाबाई का नाम मेरी रमा और मनोरमा का नाम मनोरमा मेरी रखा गया। मेरी रमा को अपने देशवासियों और मित्रों की बहुत आलोचनाएँ सहनी पड़ीं, ऐसे कठिन समय में ज्योतिबा फुले ने उनका साथ दिया। जिस पर आगे चलकर चर्चा होगी।

स्त्री विरोधी एवं धार्मिक संकीर्णताएँ केवल हिन्दू पुरुषों की जागीर नहीं है, संसार के प्रत्येक धर्म के पुरुष के पास इसकी पट्टेदारी है, मेरी रमा को इसका परिचय बहुत जल्दी ही मिल गया। सितम्बर 1884 में मेरी रमा ने चैल्तेहम लेडीज़ कॉलेज में प्रकृति-विज्ञान, गणित, अंग्रेज़ी साहित्य और ग्रीक भाषा पढ़ने के लिए विधिवत् दाखिला लिया। अपनी आजीविका के लिए वे संस्कृत और मराठी पढ़ाने लगीं। कुछ लोगों ने उन्हें थोड़ी आर्थिक सहायता भी दी। कॉलेज ने भी उनके लिए रियायत की, किन्तु कॉलेज में उनके लड़के-लड़कियों के पढ़ाने के बिन्दुओं पर लाहौर और बम्बई के बिशपों ने उनके विरुद्ध निर्देश दिया। मेरी रमा के लिए इससे भी अधिक दु:ख यह था कि उनकी सदैव सहायिका सिस्टर जेरल्डिन भी बिशपों से सहमत थीं। मेरी रमा ने स्पष्ट कहा कि उन्हें अपनी व्यक्तिगत स्वतंत्रता में किसी का हस्तक्षेप स्वीकार नहीं है। हिन्दू पंडिता रमाबाई धर्मान्तरण कर ईसाई मेरी रमा भले ही बन गई थी पर मेरी रमा ने अपना पंडिता रमाबाई वाला तेवर नहीं छोड़ा था। उन्होंने सिस्टर जेरल्डिन को पत्र लिखकर अपनी बात स्पष्ट कर दी। रमाबाई ने अनुभव किया कि "मिशनरियों का ज़्यादा जोर सिर्फ़ हिन्दू-धर्म की खामियों को उजागर करने पर रहता है। रमाबाई की ईसाई धर्म के प्रति सूक्ष्म आलोचनात्मक दृष्टि, भारतीयता के प्रति आग्रह अभी भी सबको खटकता था।" (वही, पृ. 112)

सन् 1885 के दिसम्बर महीने में मेरी रमाबाई का ईसाई धर्म में 'कन्फर्मेशन' हुआ। सन् 1886 के आरम्भ में अमेरिका के फिलेडेल्फिया वीमेंस कॉलेज की डीन प्रो. रैचेल एल. बॉडले ए.एम.एम.डी. ने उन्हें अपने कॉलेज के दीक्षांत समारोह में निमंत्रित किया। इसी दीक्षांत समारोह में भारत की प्रथम महिला चिकित्सक आनन्दीबाई जोशी को डॉक्टर की डिग्री मिलने वाली थी। प्रो. बॉडले चाहती थीं कि ये दोनों महिलाएँ आपस में मिलें और आनन्दीबाई जोशी भारतीय महिलाओं के लिए काम करने के अपने सपने को पंडिता रमाबाई के निर्देशन में पूरा करे। पंडिता रमाबाई ने फौरन यह प्रस्ताव स्वीकार कर लिया। वे इंग्लैंड के चर्च की पुरुषवादी ढाँचे की मिशनरी महत्त्वाकांक्षा और औपनिवेशिक शासक की मानसिकता के बोझ से मुक्त होकर आगे बढ़ना चाहती थीं। उन्हें अपने आश्रम के लिए राशि भी एकत्रित करनी थी। पंडिता रमाबाई ने अमेरिका पहुँचकर वीमेंस कॉलेज के दीक्षांत समारोह में पौन घंटे का भाषण दिया। इसी अमेरिका के शिकागो में सन् 1893 ई. में स्वामी विवेकानन्द ने अपने भाषण द्वारा हिन्दू धर्म की उदारता और सर्वधर्म सहिष्णुता को स्थापित किया था। जहाँ पंडिता रमाबाई ने धार्मिक कुरीतियों के कारण असंख्य त्रस्त हिन्दू स्त्रियों के दु:ख का कारण धर्म को बताया था।

1886 ई. में पंडिता रमाबाई ने अमेरिका के गाँव-गाँव, शहर-शहर घूमकर अपने देश की स्त्रियों की अवस्था सामने रखी। उन्होंने वहाँ के लोगों से अपने देश

की स्त्रियों के उत्थान के लिए सहायता माँगी। अमेरिका में ही उनके मस्तिष्क में हिन्दू विधवाओं के लिए खोले जाने वाले आश्रम का खाका स्पष्ट हुआ। उन्होंने अपने आश्रम की रूपरेखा में यह निर्णय लिया कि इस आश्रम में हिन्दू विधवाओं के लिए खान-पान, रहन-सहन और जातिगत नियमों के पालन की स्वतंत्रता होगी। उन्हें शिक्षिका, नर्स, आया बनने और टाइपिंग से लेकर सिलाई-कढ़ाई आदि का प्रशिक्षण देकर आत्मनिर्भर बनाया जाएगा। यहाँ वे किसी की आश्रिता न होकर निर्द्वन्द्व भाव से रह सकेंगी। इस कार्य में पढ़ी-लिखी विदेशी स्त्रियों का मार्गदर्शन सहायक होगा। इससे पूर्व और पश्चिम की संस्कृतियों को एक-दूसरे का लाभ भी मिल सकेगा।

अमेरिका में बॉस्टन में मई 1887 ई. में 'रमाबाई एसोसिएशन' का गठन हुआ। इसमें विभिन्न ईसाई पंथों के लोग आए और उन्होंने अपनी धार्मिक संकीर्णता से ऊपर उठकर मानवता के नाम पर भारतीय स्त्रियों की दुर्दशा निवारण में सहायता करने का निश्चय किया। इंग्लैंड में पढ़ाई कर रही पंडिता रमाबाई ने वीमेंस कॉलेज का निमंत्रण यह सोचकर स्वीकार किया था कि वे लौटकर अपनी पढ़ाई पूरी कर विधिवत् डिग्री लेंगी। इंग्लैंड में उन्हें आजीविका के साधन के रूप में सरकारी शैक्षणिक नियुक्ति मिलने की भी सम्भावना थी, किन्तु अपने अनुभवों से पंडिता रमाबाई को अमेरिका इंग्लैंड से अधिक अच्छा लगा—"मैं अमेरिकी स्त्रियों और उनके कार्यों से प्रभावित हूँ और उनके कार्यों में मेरी रुचि भी है। उनका कार्य एक लक्ष्य लेकर चलता है वह है स्त्रियों की बेहतरी। मेरा यह सपना है कि मैं अपने देश की बहनों को अपनी भाषा में यह आश्चर्यजनक कहानी सुनाऊँगी।" (वही, पृ. 27)

किन्तु इससे पहले अपने देश की जिन हिन्दू विधवाओं के लिए उन्होंने अपना सारा जीवन अर्पित किया, उनकी कहानी दुनिया को सुनानी आवश्यक थी। उन्हीं की कहानी को उन्होंने अंग्रेज़ी में जून 1887 ई. में *द हाई कास्ट हिन्दू वूमेन* के नाम से लिखा।

जिस प्रकार शोषितों की एक जैसी दुर्दशा होती है उसी प्रकार शोषकों का चरित्र भी एक-सा ही होता है। उन्नीसवीं सदी में भारतवर्ष की भौगोलिक सत्ता अस्वीकार करने वालों के लिए यह रोचक तथ्य होगा कि रमाबाई ने भी उन्हीं वेदों और मनु-संहिता को बार-बार उद्धृत किया जिसे आज के हिन्दी प्रदेश और बंगाल और तब के बेंगाल प्रेसीडेंसी के विद्वान अपने मत की स्थापना के लिए उद्धृत कर रहे थे। अपनी पुस्तक के अध्याय एक में पंडिता रमाबाई ने हिन्दू धर्म को एक परिभाषा देने का प्रयास किया जिसमें पाया गया कि हिन्दू का प्रत्येक कार्य—सामान्य से सामान्य कार्य धर्म से अत्यधिक प्रभावित है। प्राचीन पद्धति के नाम पर ऐसे कार्यों को भी सम्मिलित कर लिया जाता है, जो वास्तव में प्राचीन संहिताओं में निर्देशित नहीं था।

जैसे पवित्र क़ानूनों द्वारा निम्न जाति के हाथ का बना हुआ भोजन खाना निषिद्ध नहीं था, इसे बाद में रीतियों के द्वारा ख़ारिज किया गया। इस अध्याय में उन्होंने जातियों और उनके बनने पर भी विचार किया। हिन्दुओं के लिए वेद अमर और अपौरुषेय है जिन्हें ईश्वर ने ऋषियों द्वारा अभिव्यक्त किया। वेदों के अतिरिक्त 25 से अधिक ऐसे पवित्र ग्रन्थ हैं, जिन्हें बाद के लेखकों ने लिखा और सम्पादित किया, इनमें मनु-संहिता का सर्वोच्च स्थान है। मनु-संहिता को वेद के बाद स्थान दिया गया है। ''यद्यपि मनु व अन्य विधिदाता विभिन्न मुद्दों पर गहरी भिन्नता रखते हैं, परन्तु स्त्रियों से सम्बन्धित बातों पर इनमें सहमति है। इस पवित्र नियम के अनुसार स्त्री का जीवन तीन भागों में विभाजित है; पहला—बचपन, दूसरा—युवावस्था या विवाहिता जीवन, तीसरा—वैधव्य या बुढ़ापा।'' (वही, पृ. 40)

अध्याय : 2 'बचपन' में पंडिता रमाबाई मनु द्वारा निर्देशित पुत्र से मुक्ति की अवधारणा सामने रखती है। यद्यपि मनु-संहिता में एक स्थान पर पुत्री को पुत्र के समान बताया गया है, किन्तु यही मान्यता स्थापित की गई है कि पुत्र ही पिता को मुक्ति दिलवाता है। इसलिए स्त्रियों को यशस्वी होओ, चिरंजीवी होओ जैसे आशीर्वाद नहीं दिए जाते। पंडिता रमाबाई दक्षिण और पश्चिम भारत में लड़कियों को दिए जाने वाले आशीर्वाद के सम्बन्ध में कहती हैं, ''पश्चिमी व दक्षिण भारत में जब भी कोई लड़की या नारी अग्रज़ों और पुजारियों को प्रणाम करती है तो वे उन्हें इन शब्दों में आशीष देते हैं, 'भगवान करे तुम्हारे आठ पुत्र हों, भगवान करे तुम्हारा सुहाग बना रहे', आशीर्वाद के रूप में भी ईश्वरत्व कभी पुत्रियों द्वारा प्राप्त नहीं किया जा सकता है।'' (वही, पृ. 41)

उत्तर-आधुनिक विमर्श ने जिस स्त्री-विमर्श के लिए स्थान बनाया उसकी कोई भी आहट पंडिता रमाबाई के युग में नहीं थी फिर भी स्त्री-विमर्श के अन्तर्गत उठाए गए लगभग सभी प्रश्न उनकी इस पुस्तक में उपस्थित हैं। भारतीय समाज में पुत्र जन्म की अन्धी लालसा के सम्बन्ध में उन्होंने दो उदाहरण दिए हैं। पहला उदाहरण अमीर परिवार का है, ''स्त्रियाँ चाहे वह अमीर परिवार की हों या ग़रीब परिवार की, लगभग सभी को आवश्यक रूप से इस घटना का शिकार होना पड़ता है। अनेक कारुणिक एवं हृदय विदारक घटनाएँ दुखी महिलाओं के मुँह से सुनी जा सकती हैं जिन्होंने अपने पति के स्नेह को इसलिए खो दिया कि या तो केवल उनकी पुत्रियाँ हुई थीं या वे निस्सन्तान थीं। मैं उस दुःखद दृश्य को कभी नहीं भुला पाऊँगी जो मैंने बचपन में देखा था। मैं अपनी माँ की बहन के साथ एक शाही जनानखाने में गई। राजकुमार की चार पत्नियाँ थीं जिनमें से तीन निस्सन्तान थीं। सबसे बड़ी पत्नी के ईश्वर की कृपा से दो लड़के थे, जो निश्चित रूप से उसके पति के प्रिय थे, उस पत्नी का चेहरा खुशियों से चमक रहा था।...लेकिन इस चकाचौंध से उलट एक दूसरी स्थिति निस्सन्तान पत्नियों के कक्षों से प्रकट हो

रही थी। उनके चेहरे दुखी एवं चिन्ताग्रस्त थे, इस संसार में उनके लिए आशा की कोई किरण प्रकट नहीं हो रही थी क्योंकि उनके पति उनसे दुर्भाग्य को लेकर अप्रसन्न थे।'' (वही, पृ. 42)

विज्ञान ने बहुत बाद में उन्नति की। उन्नति कर उसने बताया कि सन्तान के लिंग का निर्धारण पिता के गुणसूत्र से होता है। देखा जाए तो विज्ञान ने यह बताकर कौन-सा तीर मार लिया। स्त्रियों के सिर से 'बेटी पैदा करने वाली अभागिन' का पट्टा चिपकाने वाली सभ्यता ने बेटी पैदा करने के लिए कौन-सा पुरुष को दोषी ठहराना आरम्भ कर दिया? या इस तथ्य को जानने वाले पुरुषों ने बेटी के जन्म पर दुखी होना छोड़ दिया? या पुरुष इंजीनियरों, वैज्ञानिकों, डॉक्टरों, राजनीतिज्ञों और शिक्षकों के मन से बेटों की चाह मिट गई? इस सम्बन्ध में सबसे बुरी बात यह है कि स्त्रियाँ पितृसत्तात्मक समाज के इस 'बेटावाद' की सबसे अधिक शिकार बनीं, फिर भी इस विचार की सबसे बड़ी वाहिका बनीं। उन्हीं स्त्रियों का उतना ही संसार बदला जितना उन्होंने बेटी के जन्म पर कोई अपराधबोध नहीं पाला और वे स्त्रियाँ तो किसी भी प्रकार के जाल से मुक्त हो गईं जो केवल बेटी की माँ होने पर भी गर्वित हैं।

पंडिता रमाबाई एक और घटना का उल्लेख करती हैं, ''कलकत्ता में मेरी एक महिला मित्र ने मुझे बताया कि उसके पति ने उसे चेतावनी दी कि वह पहली बार किसी लड़की को जन्म न दे अन्यथा वह उसका चेहरा कभी नहीं देखेगा।...इसी परिवार में एक अन्य स्त्री थी, मेरी मित्र की भाभी, जिसकी पहली सन्तान लड़की हुई थी। वह अनवरत लालायित थी कि उसके पुत्र हो ताकि वह अपने पति का स्नेह जीत सके। मैं जब उसके घर गई तब मैंने देखा कि वह मुझसे उम्मीद किए बैठी थी कि मैं यह कहूँ कि उसके इस बार पुत्र हो। बेचारी औरत! उसे उसके पति द्वारा यह बता दिया गया है कि अगर उसे पुत्रियाँ ही होती रहीं तो अन्य औरत उसका स्थान ले लेगी।'' (वही, पृ. 43)

पंडिता रमाबाई उन्नीसवीं सदी के उत्तरार्द्ध की बात कर रही हैं, उस सदी के अस्सी के दशक में यह लिख रही हैं। यह लेखिका बीसवीं सदी के उत्तरार्द्ध में एक ऐसे परिवार को निजी तौर पर जानती है जिसमें पति ने अपनी पत्नी को प्रथम सन्तान लड़की के जन्म देने पर बहुत से उलाहने दिए थे। संयोग से उस परिवार में सभी बेटों की प्रथम सन्तानें पुत्र नहीं थे। दूसरी बार आसन्न-प्रसवा पत्नी को मायके भेजते समय पति ने पत्नी से कहा था कि या तो बेटा जनना या वहीं रह जाना, बिना बेटे के लौटकर मुँह मत दिखाना। संयोग से यह घटना भी कलकत्ता की ही है। हम सभी ऐसी घटनाओं से परिचित हैं, निजी तौर पर परिचित हैं। इस इक्कीसवीं सदी के समाप्त होते दूसरे दशक में परिचित हैं, किन्तु ऐसे लोगों का विरोध करने की या तो हमारी इच्छा नहीं है या साहस।

आगे इस अध्याय में उन्होंने भाई-बहनों के लालन-पालन के बीच घोर विषमता, बहु-विवाह और बाल-विवाह के लिए उत्तरदायी गोत्र व्यवस्था का विश्लेषण किया है। पंडिता रमाबाई एक रोचक तथ्य प्रस्तुत करती हैं कि ब्राह्मणों में बहु-विवाह का अत्यधिक प्रचलन था। वे बूढ़े-बूढ़े समगोत्रियों को अपनी बालिका ब्याह देते थे। केवल गोत्र के बल पर विवाह कर पैसे कमाने वालों की बड़ी संख्या कभी लौटकर अपनी पत्नी को लेने नहीं आती थी। ब्राह्मणों को ब्याही ये लड़कियाँ जीवन भर अपने बाप के घर में पूरे परिवार की सेवा-टहल कर के काटती थीं। पिता गर्व से फूला घूमता-फिरता था कि उसने बेटी का विवाह भी कर दिया, नौकरानी भी पा ली और चूँकि उसकी बेटी का पति ऊँचे गोत्र का ब्राह्मण है अतः अपने लिए स्वर्ग में स्थान भी बना लिया।

क्षत्रिय इन प्रपंचों में नहीं पड़ते थे। चूँकि उन्हें दूसरों से उपहारस्वरूप 'कन्या' प्राप्त कर विवाह का अधिकार भी नहीं था। इसलिए वे अनेक पत्नियाँ प्राप्त नहीं कर पाते थे। अपने कुल-खानदान की मर्यादा की रक्षा के लिए उन्होंने बालिका भ्रूण हत्या का उपाय निकाला। "जाति एवं गोत्र की भ्रांत धारणाओं ने उत्तरी, उत्तरी-पूर्व तथा मध्य भारत के क्षत्रिय जाति से सम्बन्ध रखने वाले राजपूतों को आतंकित किया है। यह इस सीमा तक प्रभावशाली है कि इन्होंने अपने समाज में बालिका शिशु हत्या के अधार्मिक एवं अमानवीय रिवाज को बनाया और निभा रहे हैं। यह क्रूर काम स्वयं पिताओं द्वारा किया जाता है और बच्ची की माँ भी अपने पति...जिसके हर आदेश का पालन करने के लिए वह बाध्य है...के कहने पर बालिका शिशु की हत्या करती है।" (वही, पृ. 47)

राजपूतों में लड़का और लड़की के जन्म के अन्तर को बड़े सहज तरीके से समझा जाता है। पास-पड़ोस, मुहल्ले-नाते, मित्र-रिश्तेदार एक-दूसरे के यहाँ सन्तान के जन्म के समय बधाई देने एकत्रित होते हैं। लड़की और लड़के के जन्म पर अपनी अलग-अलग प्रतिक्रियाएँ देते हैं—"अगर लड़का जन्म लेता है तो उसके जन्म की सूचना संगीत, ख़ुशी के गानों तथा मिठाई बाँटकर की जाती है। अगर लड़की ने जन्म लिया तो पिता शान्त स्वर में घोषणा करता है कि उनके परिवार में 'किसी का जन्म नहीं' हुआ है। इस हाव-भाव संवाद से यह समझ लिया जाता है कि सन्तान लड़की है तथा वह इस संसार में 'कुछ नहीं' के बराबर है। सारे मित्र दुखी होकर शान्ति से घर चले जाते हैं।" (वही, पृ. 47)

पिता और उसके मित्रों की यह 'शान्ति' उस लड़की के खात्मे की सूचना है। वे शान्ति से हैं क्योंकि वे जानते हैं कि यह लड़की इस संसार में जीवित नहीं रहेगी, "पुत्रियों की हत्या के बाद मारने वाले पिता की रक्षा जाति और गोत्र का यह अत्याचारी रिवाज करता है, जो इन हत्याओं को वैसे ही पूरा करता है जैसे किसी मच्छर या अन्य परेशान करने वाले कीड़े को समाप्त करना। उस शिशु को कौन

बचा सकता है जिसके अभिभावक ही उसे मारने पर तुले हों। उसे मारने के लिए उन्हें और उचित अवसर की ताक में भी नहीं रहना है। रोते हुए बच्चे को चुप कराने के लिए साधारणतया अफीम प्रयुक्त होती है। इसकी छोटी-सी गोली इस निर्दय हत्या के कार्य को पूर्ण करने के लिए पर्याप्त है; गर्दन पर कौशलपूर्वक दबाव जो कि 'गले पर नाख़ून रखने' से जाना जाता है। इस उद्‌देश्य प्राप्ति के अन्य कई तरीके हैं। इस प्रकार के अनेक अज्ञात तरीके हैं, जो जाति और गोत्र व्यवस्था की 'पवित्र बलिवेदी' पर निर्दोषों की बलि चढ़ाने में प्रयुक्त होती है।'' (वही, पृ. 48) इस महान संस्कृति में सारे पुरुषों का योगदान है।

लड़की के मर जाने पर यूँ तो कोई परवाह नहीं करता फिर भी गायब हो गई कन्या के लिए कुछ तो कहना ही पड़ता है। यह कहना भी लोक-लाज ढाँपने के लिए ही है। वरना सभी यह काम कर चुके हैं, सभी जानते हैं कि लड़की कहाँ गई। कह दिया जाता है कि जानवर उठा ले गया या कोई चोर चुराकर ले गया—''कुछ ऐसे शिशु चोर ही नहीं हैं, जो लड़कियों को चुराते हैं अपितु जंगली जानवर भी इतने बुद्धिमान हैं तथा इनका स्वाद इतना शुद्ध है कि वे ब्रिटिश क़ानून का उपहास करते हैं तथा अपनी भूख को शान्त करने के लिए प्रायः लड़कियों को ही चुराते हैं। बालिका शिशु हत्या, अधार्मिक है और सचेत लोगों द्वारा इसे अच्छा नहीं माना गया है। इसके बावजूद यह भारत के अन्य क्षेत्रों में प्रचलित है तथा इसे चुपचाप होने दिया जाता है।'' (वही, पृ. 48)

'बच्ची को जानवर खा गया या कोई चोर उठाकर ले गया' इस कथन को छोड़ दिया जाए तो यह पाठ इक्कीसवीं सदी का लगता है। विज्ञान की प्रगति से कन्या हत्या कन्या भ्रूण हत्या में बदल गई। आवश्यकता आविष्कार की जननी है। विज्ञान ने मानव जीवन को सुगम से सुगमतर बनाया। माँ के गर्भस्थ शिशु की लिंग जाँच में सक्षमता प्राप्त कर विज्ञान ने पुत्राभिलाषी माता-पिताओं के जीवन को सुगमतम बना दिया है। कस्बों और शहरों में खुल गए ऐसे असंख्य क्लिनिकों के बाहर वैधानिक बाध्यतावश यह सूचना तो चिपकाई जाती है कि 'यहाँ गर्भस्थ शिशु का लिंग परीक्षा नहीं किया जाता है। क़ानूनन यह अपराध है', किन्तु वास्तविकता से यह धर्मपरायण देश सर्वथा परिचित है। 'बेटी बचाओ बेटी पढ़ाओ' का नारा बृहस्पति और मंगल ग्रह पर पहुँचने की ख़ुशी को सशंकित करता है। हम बेटियों को बचा नहीं पाए हैं, हम बेटियों को पढ़ा नहीं पाए हैं। विज्ञान की और प्रगति का अर्थ बालिका शिशु के जीवन की प्रतिभूति नहीं है।

पंडिता रमाबाई का यह कथन कि इसे चुपचाप होने दिया जाता है, क्या इस सदी पर भी लागू नहीं होता ? बल्कि अब यह और चुपके से होता है, किसी को कानों-कान ख़बर नहीं होती। कठोर सरकारी क़ानून इसे रोकने का एक कारगार उपाय हो सकते थे पर तभी जब समाज की नस-नस में भरा स्त्री विद्वेष का विष निकल पाता।

"1802 के प्रारम्भ में ब्रिटिश सरकार ने इस भयानक अपराध का दमन करने हेतु अधिनियम बनाया। 40 वर्ष पूर्व मेजर लुडलाऊ, एक सहृदय अंग्रेज़ व्यक्ति ने अर्द्ध स्वतंत्र प्रदेशों को इस रिवाज को प्रतिबंधित करने हेतु प्रेरित किया, जिसे हिन्दू राजाओं ने माना और एक पारस्परिक सहमति बनाई कि पुत्री के पिता पर कोई भी व्यक्ति उसके सामर्थ्य से 1880-81 अधिक दहेज देने का दबाव नहीं डालेगा तथा शादी के उत्सव पर फिजूलखर्ची को हतोत्साहित किया गया। लेकिन जाति और गोत्र की भ्रांत धारणाओं को इतनी आसानी से नहीं जीता जा सकता था।" (वही, पृ. 48) दहेज की विभीषिका से आदर्शों की खान महान संस्कारी भारतीय समाज क्या मुक्त हो गया है?

सरकारी क़ानून तो आज भी हैं। पंडिता रमाबाई सूचना देती हैं कि अमृतसर में सन् 1870 ई. में अंग्रेज़ सरकार की नाक के नीचे से 300 शिशु बालिकाएँ चुरा ली गईं। उन्होंने भारत में लिंगानुपात में भारी असन्तुलन के सम्बन्ध में बताया कि जनसंख्या आँकड़ों के अनुसार इस देश के पुरुषों की तुलना में महिलाओं की संख्या 50 लाख कम थी। सन् बदलकर थोड़ी फेरबदल के साथ यही आँकड़े बीसवीं सदी में चले और इक्कीसवीं सदी तक भी चले आए। पंडिता रमाबाई की पुस्तक से होकर गुज़रना एक त्रासदी के निरन्तर घटित होने के अनुभव से गुज़रना है।

वैवाहिक जीवन के सन्दर्भ में इस पुस्तक के पिछले अध्यायों में पतियों के पत्नियों पर असीमित अधिकारों और अनधिकारी पत्नियों की चर्चा की जा चुकी है। अपने बेटे-बेटियों के जीवनसाथी पारिवारिक नाई से ढुँढ़वाने की परम्परा तो लम्बे समय तक बनी रही। यद्यपि मनु ने कहा था कि अपनी कन्या को गुणहीन वर को न दें, किन्तु माता-पिता निम्न जाति के धनी, योग्य और युवक से अपनी पुत्री का विवाह करने की बजाय सगोत्रीय 60-70 साल के बूढ़े से 8-9 साल की लड़की का विवाह कर देते हैं। बाद में बेमेल विवाह का प्रश्न साहित्य में बड़ी प्रमुखता से उठाया गया, किन्तु जन्मपत्रियाँ मिलाने वाला समाज अच्छी जोड़ियाँ न मिला सका। योग्य वर ढूँढ़ने के नाम पर 'अच्छा परिवार' विवाह का मुख्य आधार बना रहा जिससे कम-से-कम लड़की को खाने-पहनने का कष्ट न रहे। वैसे भी भारतीय समाज की जोड़ियाँ ऊपर वाला मिलाता रहा है, बस कन्या भ्रूण हत्या, दहेज के लिए प्रताड़ित या मार दी गई स्त्री मनुष्य होने के सामान्य अधिकार से वंचित पशुवत् जीवन व्यतीत करने वाली लड़कियों, अपने अधिकार के लिए लड़ती जुझारू महिला के चरित्र हनन और सामूहिक बलात्कार के समय वह न जाने कहाँ चला जाता है।

अधिकाधिक प्रेम, भक्ति, त्याग और सौहार्द की बात करने वाला भारतीय समाज वास्तव में प्रेम-विहीन समाज है। जहाँ जिस चीज़ की जितनी अधिक कमी होती है वहाँ उस चीज़ का उतना ही अधिक दिखावा होता है। भारतीय हिन्दू हों या किसी अन्य धर्म के, सवर्ण हों या अवर्ण उनके घरों के लड़के-लड़कियों के प्रेम करते ही सबसे

पहले कुल, खानदान और पिंड की इज़्ज़त का सवाल उठ खड़ा होता है। यह समाज सबसे अधिक प्रेम-प्रेम भजता है और प्रेम विवाहों को अनुमति नहीं देता। अनुमति देना तो दूर ऐसा सोचना भी पाप है, यही सिखाता है। प्रेम की जितनी महिमा गाता है उतने ही जोर से प्रेम के मुँह पर दरवाज़ा बन्द करता है। हिन्दुस्तानियों के लिए प्रेम का अर्थ है दान-दहेज ले-देकर अपने-अपने जातिगत समूहों में ही विवाह करना। विवाह के एक वर्ष के अन्दर ख़ुशख़बरी सुनाना इस प्रतिभूति के साथ कि लड़का ही होगा। भारतीय समाज इस बात की बिलकुल चिन्ता नहीं करता कि सिवाय जाति के होने वाले पति-पत्नी में कोई वैचारिक समानता है या नहीं। इसकी कोई आवश्यकता भी नहीं है। उनका तंत्र ऐसा है कि पत्नी पति को परमेश्वर मानकर प्रेम तो क्या उसकी पूजा भी करेगी और पति यदि पत्नी से प्रेम नहीं कर पाया तो किसी और से प्रेम कर लेगा। इस प्रकार सारे वातावरण में प्रेम ही प्रेम फैला हुआ है। शादियाँ दो परिवारों के बीच होने के कारण परिवारों में प्रेम फैला है और इस प्रकार पूरा देश प्रेममय है। इतने प्रेमपूर्ण व्यवहार के बाद भी पता नहीं क्यों लड़कियाँ ससुराल शब्द से डरती रहीं, सास, ननद, जेठ डरावने सपने की तरह हो गए। विशेषकर सास शब्द जल्लाद का पर्यायवाची बन गया। सास द्वारा बहू को पीटे जाने की कहानियाँ बहुत पुरानी नहीं पड़ी हैं। उन्नीसवीं सदी की सासें बालिका वधू को निन्दित और प्रताड़ित करती थीं। "प्राय: सास यह सब अपने आपसे करने से भी सन्तुष्ट नहीं होती हैं और अपने बेटे को इस ओर प्रवृत्त करती हैं और ऐसा करने के लिए उसका उत्साहवर्धन भी करती हैं। मैंने बहुत बार जवान पत्नियों को अपने जानवर पतियों द्वारा पिटते हुए देखा है, जिनके मन में पत्नियों के लिए कोई प्यार नहीं होता है।" (वही, पृ. 59)

अध्याय 4 *धर्म और समाज में स्त्रियों का स्थान* में पंडिता रमाबाई कहती हैं कि जो व्यक्ति मूल संस्कृति, सहित्य को कठिन परिश्रम व निष्पक्षता से पढ़ते हैं, यह पहचानने में कभी धोखा नहीं खा सकते कि आचार-संहिता निर्माता मनु उन कई सौ लोगों में से एक है जिसने दुनिया की नज़रों में स्त्रियों को घृणास्पद जीव बनाने में अपना सारा जोर लगा दिया। उसे आनन्द को भोगने नहीं दिया गया, उसे पवित्र धर्म ग्रन्थ पढ़ने की मनाही है। उसको किसी भी पाठ को उच्चरित करने का अधिकार भी नहीं है। उसकी अविकसित एवं निम्न स्तरीय इच्छाओं को सन्तुष्ट करने के लिए आभूषण, कभी-कभी अच्छा खाना और कुछ अवसरों पर सम्मान इत्यादि काफ़ी है। वह राष्ट्र की प्यारी माता, समर्पित पत्नी, सहृदयी बहन तथा स्नेही पुत्री स्वतंत्रता के लिए कभी उपयुक्त नहीं होती तथा अपने आप में असत्य की भाँति अपवित्र होती है। कभी विश्वास की पात्र नहीं होती तथा कभी भी महत्त्वपूर्ण मुद्दे इन्हें नहीं सौंपे जाते।" (वही, पृ. 64) ध्यान दिया जाए कि मनु कई सौ विकृत मस्तिष्कों में से एक हैं, अत: केवल उन्हीं को कोसकर अन्य जातियाँ स्त्री शोषण के अपने पापाचार को दूसरों पर नहीं थोप सकतीं।

इसके बाद की पंडिता रमाबाई की पंक्तियाँ भीतर तक हिला देती हैं। उस काल में स्त्रियाँ संस्कृत नहीं पढ़ती थीं, किन्तु रमाबाई को इसका अवसर मिला था। भारतीय संस्कृत गर्वोद्धत 'संस्कार' सम्पदा इसी संस्कृत धार्मिक एवं अन्य साहित्य की नींव पर टिकी है। इन संस्कृत रचनाओं के सम्बन्ध में पंडिता रमाबाई कहती हैं—"मैं ईमानदारी व शपथपूर्वक कह सकती हूँ कि मैंने कोई भी ऐसी पवित्र संस्कृत की रचना नहीं पढ़ी, जिसमें महिलाओं के प्रति ऐसा घृणा भाव न हो। सच में, बस कहीं-कहीं उनके बारे में कुछ अच्छे शब्द कहे गए हैं, लेकिन वे शब्द भी क्रूर व भद्दे मज़ाक़ के सिवा कुछ नहीं।" (वही, पृ. 65) जिसे हमने देवभाषा कहा, जिसे पूजनीय माना उस ईश्वर मुख निःसृत भाषा का मनुष्य जाति के अर्द्धांश के प्रति इतना कलुषित एवं कुत्सित भाव!

पंडिता रमाबाई के इस कथन के समर्थन में नारायण पंडित का संस्कृत में रचित *हितोपदेश* सटीक उदाहरण है। *हितोपदेश* में पशु-पक्षियों के माध्यम से मानव-समाज के लिए ज्ञान का सागर उड़ेला गया है। यह अपने प्रकार की अद्‌भुत रचना है जिसमें लेखक ने पशु-पक्षी के माध्यम से न केवल राजनीति, नैतिकता और मनोविज्ञान के ज्ञान को सामने रखा है, वरन् कथा की रोचकता भी बनाए रखी है। यह वह रचना है जिसे विश्व के अन्य भागों से भारत में पढ़ने आए लोगों ने पढ़ा बल्कि इसका विश्व की दूसरी भाषाओं में अनुवाद भी हुआ। *हितोपदेश* का विश्व की सबसे अधिक भाषाओं में अनुवाद हुआ। यह गर्व का विषय है कि यह एक भारतीय लेखक नारायण पंडित की संस्कृत में लिखी रचना है। हितोपदेश के दूसरे ही पृष्ठ पर प्रत्यक्षतः मूर्ख पुत्र के लिए की गई कटूक्ति वस्तुतः पुत्रियों की अवमानना करती है, "जो औलाद सुन्दर और जवान होकर भी अज्ञानी हो उसका गर्भ में मर जाना ही अच्छा है। ऐसी औलाद यदि भूल से जन्म ले भी ले तो उसे पैदा होते ही मर जाना चाहिए। ऐसे एक मूर्ख पुत्र से तो सात बुद्धिमान लड़कियाँ भी अच्छी होती हैं।" (*हितोपदेश,* नारायण पंडित, रूपान्तरकार—नरेन्द्र शर्मा, साधना पॉकेट बुक्स, दिल्ली, 2002, पृ. 10) इन पंक्तियों में एक साथ अवमानना और विरोधाभास है। जिस स्त्री को ईश्वर ने इतना निकृष्ट बनाकर भेजा है वह बुद्धिमती कैसे होगी!

हितोपदेश की दूसरी कहानी बूढ़ा शेर लालची यात्री कहानी में विद्वान ग्रन्थकार कहता है, "नदियों, शस्त्रधारियों, सींग वाले पशुओं, स्त्रियों और राजवंशी लोगों पर कभी विश्वास ही नहीं करना चाहिए, क्योंकि इनका मन बदलते देर नहीं लगती।" (वही, पृ. 10) कितना अद्‌भुत है, पशुओं में केवल सींग वाले पशुओं को चुना, प्रकृति में केवल नदियों को चुना, पुरुषों में केवल शस्त्रधारियों और राजवंशियों को चुना, किन्तु स्त्रियों में सारी स्त्रियों को चुन लिया। जब हम संस्कृत साहित्य अर्थात् शास्त्रीय और प्राचीन साहित्य की बात कर रहे हैं तो लोक साहित्य

में स्त्री के प्रति सदयता की आशा बची रह सकती है, किन्तु पंडिता रमाबाई यह भय भी तोड़ देती हैं—"लौकिक साहित्य और रचनाएँ भी स्त्रियों के प्रति ज़्यादा सम्मानपूर्ण व कम कठोर नहीं हैं। मैं एक लोकाचार (Ethical) संहिता के प्रश्नोत्तर के एक भाग को कुछ कहावतों के साथ उद्धृत करती हूँ—

प्रश्न—निर्दय कौन है?
उत्तर—दुष्ट का हृदय।
प्रश्न—इससे भी क्रूर क्या है?
उत्तर—स्त्री का हृदय।
प्रश्न—सबसे क्रूरतम क्या है?
उत्तर—पुत्रहीन-निर्धन विधवा का हृदय।"

(हिन्दू स्त्री का जीवन, पृ. 65)

कहावतें लोक के दीर्घ जीवन के अनुभव की परिणाम होती हैं। कोई समाज लोक में चली आ रही कहावतों को सँजोकर रखता है। ये उसके आगे आने वाले समय में दिशा निर्देशन का काम करती हैं। ऐसी ही कुछ कहावतें हैं, 'औरत का भरोसा कभी मत करो', 'जिसने औरत की सुनी (परामर्श लिया) वह गया,' 'स्त्रियाँ सन्देह का भँवर, पापाचार से युक्त, कपटपूर्ण, स्वर्ग प्राप्ति में बाधक और नरक का द्वार हैं।' (वही, पृ. 65)

जब धर्म और राजसत्ता मानव विरोधी हों तो साहित्य अन्तिम आसरा बचता है। सबका हित साधने वाले साहित्य के रचनाकार से मानव-मूल्यों की स्थापना की आशा की जाती है, यहाँ तक कि मानव सत्ता से इतर पशु-पक्षियों और प्राकृतिक जगत के प्रति भी उनसे करुणा का सन्देश प्रसारित होता है, ऐसा माना जाता है किन्तु स्त्री का सन्दर्भ उठते ही ये आशाएँ भी दुराशाओं में परिवर्तित हो जाती हैं। स्त्रियों को नए-पुराने साहित्यकारों ने भी कम मानव (Lesser Human Being) और 'दोयम दर्जे की प्राणी' (Second Sex) माना। कबीरदास और तुलसीदास की चर्चा की जा चुकी है, और भी कुछ साहित्यकारों का उल्लेख किया गया है। "पंडिता रमाबाई ऊँची साहित्यिक प्रतिष्ठा रखने वाले एक हिन्दू सज्जन का बिना नाम लिए उनके द्वारा नैतिक विषय पर लिखित एक प्रश्नोत्तर उद्धृत करती हैं—

प्रश्न—नरक का मुख्य द्वार क्या है?
उत्तर—स्त्री।
प्रश्न—शराब की भाँति सम्मोहक कौन है?
उत्तर—स्त्री।
प्रश्न—बुद्धिमानों में सर्वोत्तम महान कौन है?
उत्तर—वह जो कि औरतों द्वारा छला नहीं गया है।
प्रश्न—पुरुष के लिए बन्धन क्या है?

उत्तर—स्त्रियाँ।
प्रश्न—वह कौन-सा विष है जो अमृत की भाँति प्रतीत होता है?
उत्तर—स्त्रियाँ।''

(वही, पृ. 65)

उफ!!! उस स्त्री समाज से इतनी घृणा जिससे पुरुष का जन्म, जिसके साथ रहना, सहना, खाना, पीना, सोना, रोग, शोक, परिचर्या और दिन-रात का संग है! जिससे वह कितने ही नातों से बँधा है, जिसके शारीरिक सौष्ठव और सौन्दर्य की प्रशंसा में उसने अनन्तकाल से कितने ही ताड़ पत्र और पृष्ठ रंग डाले हैं। न सही उस औरत से मुहब्बत पर इतनी नफरत!!! जो भक्ति और मुक्ति के रंग में रँगे सियारों की वाणी फूटते ही फटे ढोल की पोल की तरह सामने आ जाती है।

साहित्य के इस हमाम में आदि, मध्य और आधुनिक सभी कालों के साहित्यकार खड़े हैं। बहुत क्रान्तिकारी तेवर के कवि माने जाने वाले धूमिल के उद्धरण तो स्त्रियों या औरतों के प्रति नहीं बल्कि सभी 'मादा' के प्रति व्यक्त हुए हैं—

नहीं—अपना कोई हमदर्द नहीं
यहाँ नहीं है। मैंने एक-एक को
परख लिया है।
मगर बेकार...
मैंने जिसकी पूँछ उठाई है उसको मादा
पाया है।

(संसद से सड़क तक, धूमिल, राजकमल प्रकाशन, नई दिल्ली, 1972, पृ. 126)

धूमिल के सभी मादाओं के प्रति ये विचार उनकी अति प्रसिद्ध कविता 'पटकथा' में व्यक्त हुए हैं। अति पठित और उद्धृत बहुचर्चित और प्रशंसित धूमिल की कविताएँ हिन्दी कविता की धरोहर मानी जाती हैं। इस धरोहर में 'कुत्ता' भी परेशान है अपने भीतर घुस गई मादा से, वह भी व्याकुल है इसे निकाल बाहर करने के लिए—

कुत्ता
साल में सिर्फ़ एक बार
अपने खून में जहरमोहरा तलाशती हुई
मादा को बाहर निकालने के लिए
वह तुम्हारी जंजीरों से शिकायत करता है
अन्यथा, पूरा का पूरा वह
उसके लिए घास है
उसकी सही जगह तुम्हारे पैरों के पास है।

(वही, पृ. 71)

इस सृष्टि के केन्द्र में प्रकृति की सर्वोच्च कृति आदमी तो पशु है नहीं अतः उसे पूरा अधिकार है कि वह प्रत्येक दिन, प्रत्येक क्षण स्त्री का अपमान करे। साहित्य रचना के तथाकथित पवित्र और निजी क्षणों में भी समाज की भलाई सोचते हुए वह जिन घृणास्पद उदाहरणों से अपनी कोमल मानवीय संवेदनाओं को प्रकट करे, उसमें 'औरत' से बढ़कर सुविधाजनक उपादान क्या हो सकता है? अपनी ग़रीब माँ की तुलना में उसी आयु की धनी स्त्री प्रेमिका की तरह ही देखी जा सकती है—

वह कौन-सा प्रजातांत्रिक नुस्खा है
कि जिस उम्र में
मेरी माँ का चेहरा
झुर्रियों की झोली बन गया
उसी उम्र की मेरे पड़ोस की महिला
के चेहरे पर
मेरी प्रेमिका के चेहरे-सा
लोच है।

(वही, पृ. 17)

अति मार्क्सवादी और संवेदनशील कवि से इन्हीं उपमानों की आशा होती है? पूरे काव्य-संग्रह में स्त्री की जाँघ, उसका क्वाँरापन, क्वाँरेपन का टूटना, जीभ और जाँघ का चालू भूगोल, सहवास, मासिक धर्म, मासिक धर्म का लत्ता, जाँघ के लिए बढ़ता लाल और तो नक्सलबाड़ी आन्दोलन की परिणति भी ऐसी जगह पर पहुँचना ही है—

उसने पाया कि वह अपनी जुबान
सहुवाइन की जाँघ पर भूल आया है;

(वही, पृ. 66)

एक कवि स्त्री के गर्भपातों के आधार पर उसे सार्वजनिक इमारत घोषित कर देता है, जहाँ जो चाहे आ जाए, और यह सब लिखकर कवि सभा में समादृत होता है—

एक सम्पूर्ण स्त्री होने के पहले ही
गर्भाधान की क्रिया से गुज़रते हुए
उसने जाना कि प्यार
घनी आबादी वाली बस्तियों में
मकान की तलाश है
लगातार बारिश में भीगते हुए।
उसने जाना कि हर लड़की

तीसरे गर्भपात के बाद
धर्मशाला हो जाती है...

(वही, पृ. 7)

ऐसे और पचीसों उद्धरण बीसवीं सदी के उत्तरार्द्ध के उस कवि के हैं जिसके हृदय में दमितों–दलितों के लिए दया का पारावार छलकता था, जो सामाजिक अन्याय के प्रति तिक्त था और सर्वोपरि वामपंथी था।

ईश्वर, धर्म, राजनीति, संस्कृति, साहित्य और आधुनिकता, सभी की नैतिकता का स्त्री प्रश्न उठते ही स्खलन हो जाता है।

पंडिता रमाबाई के पाँचवें अध्याय 'वैवाहिक अधिकार' में पुरुषों के उन अधिकारों का उल्लेख है जिसके अनुसार वह जब चाहे पत्नी का त्याग कर सकता है। ये वे अधिकार हैं जो नियमतः बताए गए हैं उसके अतिरिक्त पति का पत्नी पर असीमित अधिकार मनु महाशय इस प्रकार तय कर देते हैं, "पत्नी अपने पति की वैवाहिक सम्पत्ति घोषित की गई है तथा उसे 'गायों, घोड़ी, ऊँट, दासी, भैंस, बकरी, भेड़ के वर्ग में रखा गया है।'" (वही, पृ. 68)

पति के किसी भी प्रकार के व्यसन, दुर्व्यवहार से त्रस्त पत्नी भी उसका त्याग नहीं कर सकती। पति के दूसरे विवाह से कुपित स्त्री यदि उसे छोड़ना चाहे तो पति उसे क़ैद कर सकता है या परिजनों के सामने उसका त्याग कर सकता है। पति अकारण दंडित कर सकता है, दंड का कारण पूछने पर और दंडित कर सकता है, किन्तु स्त्रियों के लिए ऐसा कोई प्रावधान नहीं है, स्त्रियों के अधिकारों के लिए ही कोई प्रावधान नहीं है। सती अनसूया का चरित्र उनका आदर्श होना चाहिए। अद्‌भुत रूप से करुणाशाली है भारतीय संस्कृति! वसुधैव कुटुम्बकम का दर्शन बघारने वाली संस्कृति अपनी माता, बहन, बेटी, पत्नी और बहू के प्रति इतनी अन्यायी? या यह वसुधैव कुटुम्बकम संसार के उन अन्यायी पुरुषों के साथ है जिन्होंने अपने यहाँ स्त्रियों को सारे अधिकारों से वंचित रखा?

पंडिता रमाबाई अपनी बहन कृष्णा के बाल–विवाह, कृष्णा के ससुराल वालों के इस पर सहमत होने कि वे अपने लड़के को पढ़ाएँगे, फिर इससे मुकर जाने और तेरह वर्षों बाद अपने निकम्मे–मूर्ख लड़के की बहू को, पढ़ी–लिखी कृष्णा को ससुराल ले जाने की कहानी उसी अंश में कही है। अनन्त शास्त्री के अपनी पुत्री को ससुराल भेजने से मना कर देने पर समाज के दकियानूसी लोगों ने चन्दा इकट्‌ठा कर कृष्णा के पति से अदालत में मुकदमा दायर करवाया। न्यायालय ने हिन्दू विधि का अनुसरण करते हुए उस लड़के के पक्ष में फ़ैसला सुनाया। जीवन–मृत्यु की बातों को छोड़कर ब्रिटिश सरकार भारतीय जनता के साथ हुए समझौते के अन्तर्गत अन्य किसी धार्मिक रीति–रिवाजों एवं नियमों में हस्तक्षेप नहीं करने के लिए बाध्य कर दी गई थी, साथ ही न्यायिक फ़ैसलों में भी इसका उल्लंघन न

हो इसकी बाध्यता थी।" (वही, पृ. 70) स्वाभाविक है कि अधिकांशत: रीति-रिवाज स्त्रियों के विरुद्ध थे। अत: ब्रिटिश सरकार स्त्रियों के पक्ष में नहीं बोली, आप उसके द्वारा किए गए सुधारों का ढोल चाहे जितना पीटें।

रख्माबाई और बाल-विवाह के अस्वीकार का संघर्ष—दूसरा उदाहरण रख्माबाई का है। सुशिक्षिता रख्माबाई ने ग्यारह वर्ष की अवस्था में हुए अपने बाल-विवाह को बाईस वर्ष की आयु में मानने से इनकार कर दिया। उनका पति होने का दावा करने वाले व्यक्ति ने उनके विरुद्ध बम्बई न्यायालय में अभियोग दाखिल कर दिया। न्यायाधीश मि. पिनी ने रख्माबाई के पक्ष में निर्णय सुनाया। इस निर्णय को सुनकर पितृसत्तात्मक समाज में हाहाकार मच गया। सारे भारत के सभी दकियानूसी लोग एकजुट हो गए। ऐसे सभी पुरुषों ने "मानो वे सब एक पुरुष हों और एक साथ उन्होंने उस असहाय स्त्री और उसके महज मुट्ठी भर साथियों को सबक सिखाने के लिए कमर कस ली हो। उन्होंने पति को अपने पक्ष पर अड़े रहने के लिए प्रोत्साहित किया तथा ब्रिटिश सरकार को हिन्दू कायदे के अनुसार रख्माबाई को उसके पति के साथ जाने व रहने के लिए दबाव डालने में विफल रहने पर जन असन्तोष की धमकी दी।" (वही, पृ. 71)

एक स्त्री को अपने ऊपर अपना अधिकार दे देने पर हज़ारों वर्ष पुरानी महान भारतीय संस्कृति का क्या होता? संस्कृति के रखवाले ऐसा होने नहीं दे सकते थे। इस मामले के रख्माबाई के विरुद्ध लड़ने वाले व्यक्ति की पूरी आर्थिक सहायता की गई। सहायता की जानी आवश्यक थी क्योंकि "बाईस वर्ष की एक युवती ने असाधारण विद्रोह करते हुए उस विवाह को मानने से इनकार कर दिया जिसमें उसे मात्र ग्यारह वर्ष की आयु में झोंक दिया गया था। उसका कहना था कि वह एक ऐसे व्यक्ति को तन-मन नहीं सौंप सकती है जिसके प्रति ग्यारह वर्षों के अपरिणत विवाह और अलग-अलग वास के दौरान उसके मन में गहरी वितृष्णा पैदा हो गई थी।" (*रख्माबाई स्त्री अधिकार और क़ानून,* सुधीर चन्द्र, राजकमल प्रकाशन, नई दिल्ली, 2012,पृ. 19)

कौन थी यह रख्माबाई जिसने सदियों से चले आ रहे उस स्वयं सिद्ध क़ानून को चुनौती दी थी जिसमें पत्नी पति की सम्पत्ति के अतिरिक्त और कुछ नहीं थी? महाराष्ट्र की रख्माबाई के पिता का नाम जनार्दन पांडुरंग और माँ का नाम जयन्तीबाई था। जयन्तीबाई मात्र सत्रह वर्ष की आयु में विधवा हो गई। तब रख्माबाई बस ढाई वर्ष की थीं। जनार्दन पांडुरंग की कुछ सम्पत्ति जयन्तीबाई को मिली थी। उसकी मृत्यु के छह वर्षों बाद जयन्तीबाई ने सखाराम अर्जुन से पुनर्विवाह करने से पहले वह सम्पत्ति अपनी साढ़े आठ वर्षीय पुत्री रख्माबाई के नाम कर दी। "ये लोग सुतार (बढ़ई) जाति के थे, जिसमें विधवाओं को पुनर्विवाह की अनुमति थी। ढाई वर्ष बाद जब रख्माबाई ग्यारह वर्ष की हुई तो उसका विवाह सखाराम अर्जुन के एक निर्धन

सम्बन्धी दादाजी भीकाजी से कर दिया गया। पितृसत्तात्मक समाज की परम्पराओं के विपरीत दादाजी को रख्माबाई के परिवार के साथ घरजमाई रखने का फ़ैसला किया गया। परिवार उसका पूरा खर्च उठाने के लिए तैयार था। रख्माबाई के अनुसार परिवार को उम्मीद थी कि समय के साथ वह उचित शिक्षा प्राप्त कर लेगा और एक अच्छा इनसान बनेगा।'' (वही, पृ. 29)

किन्तु ऐसा न हुआ। सभी प्रकार के ऐबों में पड़कर दादाजी ने न पढ़ाई-लिखाई की न कोई काम-धन्धा। अपनी माँ की मृत्यु के बाद दादाजी पढ़ाई को एकदम तिलांजलि दे अपने से अधिक ऐबी और दुराचारी अपने मामा नारायण धर्मा जी के साथ रहने लगा। उसने ससुराल छोड़ दी और उस मामा के साथ रहने लगा जो ''अच्छे-खासे सम्पन्न व्यक्ति थे और स्त्रियों, विशेषकर पत्नी को घरेलू काम-काज और यौन-सुख का साधन मात्र मानते थे। उन्होंने एक रखैल भी रखी हुई थी। चिनम्मा नाम की यह रखैल एक कमाटी मज़दूरिन थी, जिसे वे एक चूना-भट्ठी से लेकर आए थे। उन दिनों इस तरह के व्यवहार को पुरुषोचित माना जाता था। परन्तु वे एक कदम आगे बढ़ गए। वे अपनी रखैल को उसी घर में ले आए जहाँ उनका अपना परिवार रहता था। इस व्यवस्था से उनकी पत्नी इतनी दुखी हो गई कि उसने एक बार कुएँ में छलाँग लगाकर आत्महत्या करने की भी कोशिश की।'' (वही, पृ. 31)

विभिन्न ऐबों में फँसे दादाजी को टी.बी. का रोग हुआ जिसमें वह मरते-मरते बचा। समाज सुधारक पिता सखारम अर्जुन ने, जो विष्णु पंडित शास्त्री जैसे स्त्रियों के अधिकारों और उनकी दशा में सुधार के प्रबल समर्थक थे, रख्माबाई को ऐसी ससुराल भेजने से मना कर दिया। यह कार्य उन्होंने अत्यन्त सावधानीपूर्वक किया। विवाह हो जाने के बाद रख्माबाई की पढ़ाई छुड़वा दी गई थी। यह दुःख उन्हें हमेशा सालता रहा। अपने 'असीम शिक्षा प्रेम' की एकाएक समाप्ति के बारे में उसने लिखा, ''मैं उन अभागी हिन्दू स्त्रियों में हूँ जो बाल-विवाह क़ी प्रथा से जुड़े अवर्णनीय कष्टों को चुपचाप झेलते रहने के लिए विवश हैं। इस दुष्ट प्रथा ने मेरे जीवन की खुशियों को बर्बाद कर दिया है। यह मेरे और उन चीज़ों के बीच में आ खड़ी हुई है जिन्हें मैं सबसे ज़्यादा मूल्यवान मानती हूँ—अध्ययन और मानसिक विकास। मेरा कोई दोष न होते हुए भी मुझे अलग-थलग जीने का अभिशाप भोगना पड़ रहा है। अपनी अज्ञानी बहनों से ऊपर उठने की मेरी हर आकांक्षा को सन्देह की दृष्टि से देखा जाता है।'' (वही, पृ. 45)

रख्माबाई के अपने पति दादाजी के पास न लौटने के निर्णय ने पूरे भारतीय समाज को हिला दिया। इस बीच रख्माबाई ने स्वअध्ययन जारी रखा और अपनी यूरोपियन सहेलियों से अंग्रेज़ी सीखी। दादाजी ने रख्माबाई के सौतेले पिता के सारे एहसानों को भुलाकर अदालत में मुकदमा दायर किया। यह अपने आप में इस

प्रकार का पहला और अनूठा मुकदमा था। ब्रिटेन में ऐसे मुकदमे दायर होते थे, किन्तु कालान्तर में वहाँ क़ानून स्त्री के पक्ष में बदले। यहाँ पर ऐसा कुछ नहीं हुआ। रख्माबाई के साथ भारतीय परम्परा और औपनिवेशिक सत्ता दोनों ने मिलकर घिनौना खेल खेला। सुधीर चन्द्र ने अपनी पुस्तक *रख्माबाई स्त्री अधिकार और क़ानून* में इस पूरे मुकदमे का विस्तृत ब्योरा दिया है। उन्होंने ऐतिहासिक और सामाजिक सन्दर्भों में रख्माबाई की पराजय के कारण दिखाए हैं। रख्माबाई के मुकदमें में रख्माबाई का विरोध करने वालों में प्रसिद्ध समाचार-पत्र 'केसरी' भी था और 'केसरी' के सम्पादक बालगंगाधर तिलक थे। अंग्रेज़ों के न्याय के सम्बन्ध में सुधीर चन्द्र लिखते हैं—''ब्रिटिश भारतीय न्याय व्यवस्था में एक ऐसा विरोधाभास था जो पूरी साम्राज्यवादी सत्ता में अन्तर्निहित विसंगतियों को दर्शाता था। साम्राज्यवादी सत्ता जहाँ सिद्धान्ततः शासितों के समस्त मामलों में अपनी सर्वोच्च सत्ता बनाए रखना चाहती थी, वहीं देशी क़ानूनों और परम्पराओं की शक्ति को पहचानते हुए शासितों के सामाजिक-धार्मिक मामलों में वस्तुतः कम-से-कम दखल देना चाहती थी व्यावहारिक सावधानी की यह प्रवृत्ति 1857 के अनुभव के बाद और गहरा गई।'' (वही, पृ. 79)

मुकदमे के प्रथम चरण में रख्माबाई की जीत हुई। जज पिनी ने उनके पक्ष में फ़ैसला दिया था। उन्हें पता था कि इंग्लैंड के वैवाहिक मुकदमों का बार-बार उल्लेख होने पर भी यह मुकदमा भिन्न था। 19 सितम्बर, 1885 को मुकदमे की सुनवाई आरम्भ हुई। रख्माबाई के वकीलों के उठाए गए तीन मुद्दों में पहला मुद्दा था कि 'क्या वादी को मुकदमा दायर करने का अधिकार था?' दादाजी के वकीलों ने पति का पत्नी पर अधिकार बताते हुए उसमें रख्माबाई की उस सम्पत्ति का मामला भी जोड़ दिया जिस पर मामा-भांजे की शुरू से ही गिद्ध दृष्टि थी। इस मुकदमे में दोनों पक्ष के वकीलों ने बहसें कीं। पूरे देश में इसने एक गरमागरम बहस छेड़ दी। यद्यपि रख्माबाई के पक्ष में दिए गए जस्टिस पिनी के फ़ैसले को बदल दिया गया। फिर भी उस पर एक दृष्टिपात करना ऐतिहासिक परिवर्तन की उस चिर प्रतीक्षित आहट को सुनना है जिसकी प्रतीक्षा भारतीय स्त्रियाँ सदियों से कर रही थीं।

जस्टिस पिनी एक 'कमज़ोर जज' समझे जाते थे। उस कमज़ोर जज ने अपने साहसिक निर्णय में कहा कि ग्यारह वर्ष पहले धार्मिक रस्म से हुए विवाह में अब वादी चाहता है कि बाईस वर्ष की प्रतिवादी उसके साथ रहकर वैवाहिक अनुबंध पूरा करे। ''प्रतिवादी जो अब अपनी पूरी उम्र में पहुँच चुकी है, उसे वैवाहिक समागम की अनुमति देना नहीं चाहती, और उस अनुबंध की पुष्टि करने या उसे पूरा करने से इनकार कर रही है जो उसकी तरफ से उसके अभिभावकों ने उस समय किया था जब वह ग्यारह वर्ष की अबोध उम्र में थी।'' (वही, पृ. 53-54)

एक नैतिक दृष्टिकोण के साथ अत्यन्त मर्मस्पर्शी शब्दों में जस्टिस पिनी ने रख्माबाई की आहत संवेदनाओं को अपनी अभिव्यक्ति दी—"मुझे ऐसा लगता है कि इन परिस्थितियों में एक युवा महिला को उस पुरुष के पास जाने के लिए बाध्य करना जिसे वह नापसन्द करती हो—ताकि वह पुरुष उसकी इच्छा के ख़िलाफ़ उसके साथ सहवास कर सके—एक बर्बर, क्रूर और घृणित कृत्य होगा..." (वही, पृ. 54)

पिनी ने अपनी संवेदनाओं को क़ानूनी रूप दिया, "उन्होंने ऐसा बर्बर, क्रूर और घृणित आदेश न देने के पीछे क़ानूनी कारण बताए। उन्होंने कहा कि किसी भी अदालत ने विवाह की धार्मिक रस्म के बाद किसी स्त्री को अपनी इच्छा के ख़िलाफ़ उस पुरुष को अपने साथ समागम की अनुमति देने का आदेश नहीं दिया था। इसलिए न तो क़ानून और न इंग्लैंड और भारत की अदालतों का प्रचलन इस तरह के आदेश को न्यायसंगत ठहरा सकता था, या दादाजी को यह मुकदमा जारी रखने की अनुमति दे सकता था।" (वही, पृ. 54)

जस्टिस पिनी इंग्लैंड में बाल-विवाह न होने के कारण इस मुकदमे का उदाहरण वहाँ के उदाहरणों से देना नहीं चाहते थे—"इंग्लैंड में वर और कन्या दोनों के वयस्क होने के कारण उनके विवाह और वैवाहिक समागम में समय का अधिक अन्तराल नहीं होता था। उन्होंने इंग्लैंड की तर्ज पर भारत में भी 'वैवाहिक अधिकारों की पुनर्स्थापना' के मुकदमों की अनुमति दिए जाने पर खेद प्रकट किया। इंग्लैंड में इस तरह के मुकदमे कुछ विशिष्ट परिस्थितियों की उपज थे। उनका हिन्दू क़ानूनों में कोई आधार नहीं था। उन्होंने जोर देते हुए कहा कि हिन्दू क़ानून के अन्तर्गत दीवानी अदालतों में 'इस तरह का मुकदमा स्वीकार ही नहीं किया जाएगा।' 1851 में उनके भारत आने के बाद से, 'कई वर्षों तक' अदालतों ने सचमुच ही इस तरह के मुकदमे स्वीकार नहीं किए थे। 1857 के बाद न्याय और क़ानून व्यवस्था का पुनर्गठन किया गया, और सर्वोच्च और सदर अदालतों को मिलाकर अच्छी न्यायालयों का रूप दे दिया गया। उसके बाद ही इस तरह के मुकदमे स्वीकार किए जाने लगे थे।" (वही, पृ. 54)

पिनी ने अपना खेद नहीं छिपाया कि इंग्लैंड में अपयश अर्जित कर चुकी क़ानूनी मान्यताओं और प्रथाओं को भारत पर थोपने का प्रयास किया जा रहा है। उन्होंने इंग्लैंड के 'वेल्डन बनाम वेल्डन' क़ानून का उदाहरण दिया था जिसकी वहाँ के न्यायाधीश सर जेम्स हेनन ने तत्कालीन अंग्रेज़ी क़ानून की बहुत कड़ी आलोचना की थी और इंग्लैंड में अगस्त 1884 में वैवाहिक मामलों का तुरन्त नया क़ानून आ गया था। "इंग्लैंड में Matrimonial Cause Act-Stat.47 Vic., Cap.68 लाया गया था। इस क़ानून ने पति या पत्नी द्वारा अदालत के निर्देश का पालन न किए जाने की स्थिति में उसे क़ैद की सज़ा देने या उसकी सम्पत्ति ज़ब्त कर लिए जाने के प्रावधान

को ख़त्म कर दिया था। बल्कि इस क़ानून के बाद इस तरह के मुकदमों को दायर करना ही कठिन हो गया था।'' (वही, पृ. 54-55)

पर कितनी बड़ी विडम्बना थी कि जस्टिस पिनी इंग्लैंड के उसी पुराने क़ानून से बँधे थे जो भारत पर लागू था। अंग्रेज़ों ने अपने यहाँ वह क़ानून सुधार लिया था, किन्तु हिन्दुस्तान अब भी उनके उसी क़ानून से बँधा था। पिनी जो कर सकते थे उन्होंने किया। उन्होंने वैवाहिक अधिकारों की 'स्थापना' को 'पुनर्स्थापना' के दायरे में समेटने से इनकार कर दिया। पुनर्स्थापना का दायरा बढ़ाना न तो क़ानूनी दृष्टि से अनिवार्य था और न ही नैतिक दृष्टि से न्यायसंगत। उन्होंने घोषणा की : ''अंग्रेज़ी क़ानूनों के प्रावधानों से आगे जाकर इस परम्परा को और ज़्यादा विस्तार देने के लिए मैं बाध्य नहीं हूँ, खासकर यह देखते हुए कि इस मामले में जो राहत माँगी जा रही उसको देने के ऐसे परिणाम होंगे जो न सिर्फ़ सभ्य लोगों को बल्कि सामान्य संवेदनाओं वाले अनपढ़ लोगों को भी घृणास्पद प्रतीत होंगे...मैं निश्चित रूप से ऐसा कोई उदाहरण उपस्थित नहीं करना चाहता; और न ही इस तरह के मामलों में अदालत के अधिकार को उस सीमा से आगे ले जाना चाहता हूँ जितने का क़ानूनी प्रावधान है।'' (वही, पृ. 55)

जस्टिस पिनी ने जो सन्तुलित कार्य किया वह यह कि उन्होंने अपने नैतिक पुकार को अनसुना न कर उसके समर्थन में क़ानूनी रास्ता निकाल लिया—''क़ानून के अनुसार, मैं वादी को उसके द्वारा माँगी गई राहत प्रदान करने के लिए, और इस बाईस वर्षीय युवा महिला को उसके साथ उसके घर में रहने के लिए आदेश देने के लिए—ताकि वादी उक्त महिला के साथ उसके मासूम बचपन में हुए अपने विवाह को परिणति तक पहुँचा सके—बाध्य नहीं हूँ।'' (वही, पृ. 55)

विक्टोरिया युगीन इंग्लैंड में वैवाहिक क़ानूनों की कई कमियों को दूर किया गया था। रख्माबाई बनाम दादाजी के 'वैवाहिक अधिकारों की 'पुनर्स्थापना' के मुकदमे का फ़ैसला सुनाते समय पिनी के इन शब्दों में उसी नैतिक उत्साह की झलक थी जो 'रेगिना बनाम हॉल' के मुकदमे में जस्टिस मॉल के उद्‌गारों में देखा गया था। उस मुकदमे के बाद वैवाहिक मामलों से जुड़े अंग्रेज़ी क़ानून की कमज़ोरियाँ सामने आ गई थीं। जस्टिस मॉल के भावनापूर्ण शब्दों ने विक्टोरिया-युगीन इंग्लैंड की अन्तर्चेतना को झकझोर डाला था, और परिणामस्वरूप वैवाहिक मामलों से जुड़े क़ानून में कई महत्त्वपूर्ण संशोधन किए गए थे।'' (वही, पृ. 55) यहीं से भारतीय समाज पश्चिम से पिछड़ने आरम्भ हो गए थे, क्योंकि पश्चिम अपने क़ानूनों में भी सुधार करने को तैयार था और पूर्व ने अभी तक परम्परा का पंजा गड़ा रखा था।

जस्टिस पिनी रख्माबाई की उस त्यागशील भावना को समझ रहे थे जिसके अन्तर्गत वह यह मुकदमा लड़ रही थी। मुकदमे का आरम्भ भले ही वैचारिक मामलों से हुआ था, पर वह भारतीय नारी की मुक्ति का पहला संकल्प पत्र बना।

''...रख्माबाई की दलीलों ने, और उनमें निहित सिद्धान्तों के लिए शहीद हो जाने के उसके संकल्प ने, इस मुकदमे को भारतीय स्त्री की एक नई और अलग धारणा और उसके अधिकारों की एक नई परिभाषा का ऐतिहासिक मुकदमा बना दिया। वे ऐसी मिशनरी भावना के साथ यह लड़ाई लड़ रही थीं कि उन्होंने अपने मुकदमे के लिए जनता द्वारा चन्दा इकट्ठा किए जाने के प्रस्ताव को भी ठुकरा दिया। यही नहीं 1886 में बॉम्बे गजट ने उसके मुकदमे क़ानूनी खर्चों के लिए एक चन्दा अभियान की शुरुआत की तो उसे अस्वीकार कर उन्होंने उस अभियान को बन्द करवाया। भारतीय स्त्रियों की दुर्दशा को लेकर ऊँचे सिद्धान्तों की पहली झलक रख्माबाई के उस लिखित बयान में मिलती है जो उसने दादाजी की अर्जी के जवाब में उच्च न्यायालय में दाखिल किया था। इससे पहले जब दादाजी के लोग उसे लिवाने गए थे तो उसका सीधा-सा जवाब था कि 'जब तक वह कोई दूसरा घर किराए पर नहीं ले लेता, वह उसके साथ नहीं रहेगी।' इसके बाद ही असुरक्षित स्वास्थ्य की बात जोड़ दी गई थी। ये सभी पारिस्थितिक आपत्तियाँ थीं, जिनके दूर होने पर वे दादाजी के साथ रहने के लिए तैयार थीं।

''परन्तु दादाजी की अर्जी के जवाब में रख्माबाई ने एक सैद्धान्तिक आपत्ति उठाई। उसने कहा कि क्योंकि वह विवाह के समय 'सोचने-समझने की उम्र तक नहीं पहुँची थी', इसलिए वह उस विवाह को मानने के लिए बाध्य नहीं है। यह एक आधारभूत प्रस्थापना थी। कोई विवाह—भले ही वह हिन्दू विवाह हो—उस पक्ष के लिए बाध्य नहीं हो सकता था जिसने इसके लिए अपनी सहमति न दी हो। आगे चलकर यही प्रस्थापना इस मुकदमे का केन्द्र बिन्दु बन गई और अदालत में और बाहर भी इस पर जमकर बहसें हुईं। जैसे-जैसे यह मुकदमा आगे बढ़ता रहा, रख्माबाई की दलीलें इसी तरह के मूलभूत सिद्धान्तों पर आधारित होती चली गईं।'' (वही, पृ. 37)

अपने सिद्धान्त पर अटल रख्माबाई ने *एक हिन्दू स्त्री (A Hindu Lady)* के छद्मनाम से स्त्रियों के दु:ख को स्त्री स्वर दिया। स्त्रियाँ अब तक घरों में रोती-कलपती थीं, लोकगीतों में अपनी पीड़ा पिरोती थीं, सहन नहीं होता था तो कुएँ-बावड़ी में कूद जाती थीं, किन्तु रख्माबाई ने न कुएँ-बावड़ी में छलाँग लगाई, न रो-बिसूर कर जीवन काटा। *टाइम्स ऑफ इंडिया* ने उनके पत्रों को छापा तथा साथ ही बहराम जी मलबारी के लेखों के उल्लेख के साथ इसे हिन्दू स्त्रियों के सामाजिक दर्जे से जोड़ा। पुरुषों के साथ हिन्दू स्त्रियों के दीन सम्बन्धों पर अख़बार में सम्पादकीय में भारतीय पाठकों से एक हिन्दू महिला के सच्चे और स्वाभाविक विद्रोह में उसका साथ देने और पुरुषों द्वारा स्त्रियों के लिए बनाए गए अन्यायपूर्ण क़ानूनों के विरुद्ध उसकी लड़ाई को सही निष्कर्ष तक पहुँचाने का अनुरोध किया गया। *टाइम्स ऑफ इंडिया* के एक असाधारण कदम ने इन पत्रों के प्रभाव और इन्हें पढ़ने वालों की संख्या

को और भी बढ़ा दिया। दोनों अवसरों पर इन पत्रों के साथ-साथ एक सम्पादकीय भी छापा गया, जिसमें पाठकों से इन पत्रों को पढ़ने का आग्रह किया गया।

मुकदमे की सुनवाई वाले दिन *टाइम्स ऑफ इंडिया* ने अपने सम्पादकीय में इस हिन्दू महिला की असाधारण शैक्षणिक योग्यताओं का उल्लेख किया। वह ऊँचे आदर्शों वाली भद्र, सुसंस्कृत और बौद्धिक महिला थी। उसने पश्चिमी और भारतीय साहित्य का गहरा अध्ययन किया था और यूरोप में अपनी बहनों की दशा से वह भलीभाँति परिचित थी। वह धर्मशास्त्रियों के उन घिसे-पिटे तर्कों से मुक्त हो चुकी थी जिसने भारतीय नारी को सदियों से गुलामी में जकड़ रखा था। जल्दी ही उसकी योग्यताएँ उसके निकम्मे पति के साथ उसकी तुलना का मापदंड बन गईं। *टाइम्स ऑफ इंडिया* को लिखे पत्रों में रख्माबाई ने बहराम जी मलबारी के प्रति कृतज्ञता व्यक्त की और उनसे अपने पत्रों की अंग्रेज़ी सुधारने का भी संकेत दिया। रख्माबाई ने लिखा है—''हिन्दू सामाजिक प्रथाएँ स्त्रियों के लिए अत्यधिक कष्टदायक हैं। पुरुषों को बाल-विवाह और बलात् वैधव्य जैसी प्रथाओं के कारण स्त्रियों की तुलना में आधी कठिनाइयाँ भी नहीं झेलनी पड़तीं।' (विवाह उनकी पुरुषों की, शिक्षा के रास्ते में कोई अलंघनीय बाधा खड़ी नहीं करता। ये न सिर्फ़ पहली पत्नी के मृत्यु के बाद दूसरा विवाह कर सकते हैं, बल्कि उन्हें एक साथ कई पत्नियाँ रखने या अपनी इच्छानुसार कभी भी विवाह करने का अधिकार है। कम उम्र में विवाह होने के बाद उन्हें अपनी ससुराल जाकर अपनी सास की दया पर निर्भर होकर नहीं जीना पड़ता; और न विवाह के कारण उनकी गतिविधियों में कोई बाधा उत्पन्न होती है।'' (वही, पृ. 43)

स्त्रियों के लिए ठीक विपरीत परिस्थितियाँ हैं। स्त्रियों के मामले में ठीक उलटा होता था। यदि किसी लड़की का आठ वर्ष की उम्र में विवाह हो जाए, जैसा कि अधिकांश लड़कियों के साथ होता था, और अगर सौभाग्यवश उसके अभिभावक खुले विचारों के हों, तो भी वह सिर्फ़ दस वर्ष की उम्र तक स्कूल जा सकती थी। इसके बाद उसकी शिक्षा उसकी ससुराल की अनुमति पर निर्भर करती थी। बम्बई जैसे बड़े शहर में भी, जिसे 'सभ्यता का मुख्य केन्द्र' माना जाता था, अधिकांश सास अपनी बहुओं को आगे पढ़ने की अनुमति नहीं देती थीं। इस तरह शिक्षा का महत्त्व समझ में आने की उम्र तक पहुँचते-पहुँचते सभी बहुओं जो कि छोटी लड़कियाँ थीं, का स्कूल छूट जाता था। जिन थोड़ी-बहुत सौभाग्यशाली लड़कियों को आगे पढ़ने की अनुमति मिलती थी, वे भी अधिक समय तक अपनी पढ़ाई जारी नहीं रख पाती थीं। कम उम्र में ही मातृत्व का बोझ लद जाने के कारण उनके पास पढ़ने का अवकाश न था। अधिकांश लड़कियाँ तेरह-चौदह वर्ष की उम्र में ही गर्भवती हो जाती थीं, जैसा कि रख्माबाई की माँ जयन्तीबाई के साथ भी हुआ था। इन लड़कियों को मानसिक विकास के सपने छोड़ देने पड़ते थे और जीवन की कठोर सच्चाइयों

को स्वीकार कर लेना पड़ता था। बाल-विवाह स्त्रियों के अधिकारों के हनन का सबसे बड़ा हथियार था। यह उनकी प्रतिभा के प्रस्फुटन के पहले ही उसे कुंठित कर देने की चालाकी और घिनौनी धूर्तता थी। बाल-विवाह के रहते स्त्रियों के लिए उच्च शिक्षा सम्भव ही नहीं थी। बाल-विवाह पर रख्माबाई का प्रहार अपने समय के लिए सचमुच क्रान्तिकारी था। समाज-सुधार से जुड़ी समकालीन बहस बाल-विवाह और सुधार के तौर पर कम उम्र के विवाह के अन्तर पर केन्द्रित थी। ऐसे बहुत से लोग थे जो बाल-विवाह का विरोध करते थे, किन्तु कम उम्र में विवाह के पक्ष में थे और इसे शास्त्रों और हिन्दू पारिवारिक अर्थव्यवस्था के अनुकूल मानते थे। मलबारी ने भी विवाह के लिए कन्या की सहमति की उम्र कम-से-कम बारह वर्ष रखे जाने का सुझाव दिया था। इसके विपरीत, रख्माबाई विवाह के लिए 'कन्या की उम्र पन्द्रह वर्ष और वर की उम्र बीस वर्ष' निर्धारित किए जाने की बात कह रही थीं। यूँ तो पन्द्रह वर्ष की न्यूनतम सीमा भी अच्छी शिक्षा के लिए काफ़ी नहीं थी, फिर भी रख्माबाई ने पन्द्रह वर्ष पर समझौता कर लिया था। उसका यह सुझाव अपनी हिन्दू बहनों के कष्टों को दूर करने के लिए दिए गए उनके अन्य सुझावों का अंश था।

ठीक पंडिता रमाबाई की तरह रख्माबाई ने भी एक बालिका वधू की दुर्दशा का वर्णन किया है। उसके साथ इतना अमानवीय व्यवहार किया जाता था कि उसकी स्थिति घर के नौकरों से भी बदतर हो जाती थी (उन्हें कम-से-कम नौकरी छोड़कर जाने की छूट तो थी) हर तरह की 'मानसिक या शारीरिक स्वतंत्रता' से वह पूरी तरह वंचित हो जाती थी। ससुराल वालों की निरन्तर डाँट-फटकार जिसके साथ अक्सर मार-पीट भी जुड़ी होती—जल्दी ही उसे 'पालतू-पशु की तरह आज्ञाकारी' बना देती। ऐसा न हो पाने की स्थिति में सास अपने 'अन्तिम शस्त्र' का उपयोग करते हुए 'बहू को घर से बाहर निकाल सकती थी।' कोई भी समझदार बहू ऐसी नौबत नहीं आने देना चाहती थी। विवाह के बाद वह अपने मायके में शरण पाने की अपेक्षा नहीं कर सकती थी। उसे बता दिया जाता था—जैसा कि अब भी बताया जाता है—कि विवाह के बाद उस घर की दहलीज उसके लिए पराई हो गई। जिस पति के साथ उसका जीवन बाँधा गया उससे भी किसी मदद की उम्मीद नहीं कर सकती थी। सीताएँ धोखे से वन में भेजी जा सकती थीं, जनकपुर नहीं लौट सकती थीं। शास्त्रों का यही विधान था, यही चलता आया है। रमाबाई ने लिखा, स्त्रियों की यह अन्धकारपूर्ण नियति उन शास्त्रकारों की देन थी जिन्होंने स्वयं को पुरुष के रूप में भला और पवित्र चित्रित किया है और सभी तरह के पाप और अशुद्धियाँ हमारे माथे मढ़ दी हैं। यदि इन महानुभावों की बात पर विश्वास किया जाए तो हम मैले-कुचैले पशुओं का एक झुंड भर हैं, जिन्हें ईश्वर ने सिर्फ़ पुरुषों की विशिष्ट सेवा करने और उनकी काम-वासना को शान्त करने के लिए पैदा किया है, और पुरुषों को हमारे साथ मनमाना व्यवहार या दुर्व्यवहार करने का ईश्वरीय अधिकार प्राप्त है।" (वही, पृ. 45)

स्त्रियों की यह पशुवत् स्थितियाँ पुरुषों की बनाई हुई हैं। शास्त्र और लोक की उन्हें 'दबाकर रखने' की सलाह इतनी निर्ममता से मानी गई कि वे दब्बू, उदास, सुस्त और हीन भावना से ग्रस्त हो गईं। सभी सुविधाओं से सम्पन्न पुरुषों के पास यदि करुणास्पद हृदय होता तो वे स्त्रियों पर इतना अत्याचार करते ही क्यों? रख्माबाई की उनसे हिन्दू स्त्रियों का दु:ख समझने की अपील व्यर्थ थी। पुरुष कभी स्त्री-जीवन की असन्तुष्टता नहीं समझ पाया। वह नहीं समझ पाया कि स्त्रियों में भी श्रेष्ठ जीवन की समझ या आकांक्षा है। स्त्रियों के स्त्री रूप की पहचान पुरुष प्रदत्त थी। स्त्रियाँ न संगठित थीं न इसकी कोई सम्भावना थी। रख्माबाई यह भलीभाँति समझ रही थीं। "रख्माबाई और उसकी मूक भारतीय बहनों के जीवन के सबसे कड़वे सच को वाणी देते हुए *ए हिन्दू लेडी* ने आगे लिखा : मैं अपने देशवासियों से विनती करती हूँ कि स्त्रियों की जगह पर पुरुषों को रखकर विधवाओं के कष्टों की कल्पना करें। मैं पूछना चाहती हूँ कि क्या मेरे पुरुष, देशवासियों ने ऐसे अमानवीय व्यवहार के विरुद्ध बहुत पहले ही विद्रोह न कर दिया होता?...एक विधवा की स्थिति कितनी ही दु:खद क्यों न हो, यदि यह समानता और न्याय के सिद्धान्त पर आधारित होती तो इसका बचाव किया जा सकता था। परन्तु हमारे क़ानून निर्माताओं की दृष्टि में पुरुष और स्त्रियाँ दो अलग मानव प्रजातियाँ हैं।" (वही, पृ. 56) रख्माबाई को यह स्वीकार कर लेना पड़ा कि पितृसत्तात्मक समाज के लिए सचमुच ही ये दोनों अलग प्रजातियाँ हैं। जस्टिस पिनी ने इस मुकदमे के सम्बन्ध में कहा था, "जब वादी को पता चल गया कि यह युवती उसके साथ गृहस्थी नहीं बसाना चाहती तो उसे किसी घोड़े या बैल की तरह हासिल करने की कोशिश ही नहीं करनी चाहिए थी।" (वही, पृ. 56)

जस्टिस पिनी के फ़ैसले को छह महीने के भीतर बदल दिया गया। औपनिवेशिक क़ानूनी प्रक्रिया भारतीय स्त्री को कोई राहत न दे सकी। चारों ओर से हमले झेलती जिस बाईस वर्षीय युवती ने अपने तथा अपने जैसों के अधिकारों के लिए सबसे टकराने का दुस्साहस दिखाया था उसने अपनी सखी पंडिता रमाबाई को 18 मार्च, 1887 को यह विषादमय पत्र लिखा : "इस जागृत युग में भी फुल बेंच के सुशिक्षित और सभ्य जज चार हज़ार साल पहले के बर्बर युग में बनाए अमानवीय नियमों को लागू करने हेतु निश्चयवान दिखाई देते हैं। वे न केवल मुझे उस आदमी के पास जाकर रहने का आदेश दे चुके थे, बल्कि विवाद के ख़र्च का भुगतान करने के लिए दबाव डाल रहे थे। जरा इस असाधारण निर्णय पर विचार तो करो! क्या हम निष्पक्ष ब्रिटिश सरकार के अन्तर्गत नहीं रह रहे जो कि सभी को समान न्याय देने की डींगें भरती है तथा क्या हम सभी रानी सम्राज्ञी विक्टोरिया के द्वारा शासित नहीं हैं, जो स्वयं एक स्त्री हैं? मेरी प्रिय रमाबाई जब तक यह पत्र तुम तक पहुँचेगा मैं राज्य की जेल में होऊँगी, क्योंकि मैं न्यायाधीश फेरन के आदेश को स्वीकार नहीं करती हूँ और न ही कर सकती हूँ। भारत में स्त्रियों के लिए कोई आशा नहीं है, फिर चाहे

वह हिन्दू-क़ायदा हो या फिर ब्रिटिश शासन। वैसे कुछ लोग कह रहे हैं, इस क्रूर फ़ैसले की वजह से हो सकता है कि उसके प्रति (रख्माबाई) जनमत के रुख में नरमी आए। लेकिन इसकी उम्मीद कम ही है। मुझे डर है कि कठोर-हृदया सास अब ज़्यादा मज़बूत होगी तथा अपने उन पुत्रों को ज़्यादा प्रेरित कर सकेगी, जो किसी कारण से ब्रिटिश कोर्ट में अपनी पत्नियों के प्रति वैवाहिक अधिकार लागू करने में धीमे रहे थे। अब ये विश्वास है कि किसी भी परिस्थिति में ब्रिटिश सरकार हिन्दू-क़ायदे के प्रतिकूल कार्य नहीं करेगी।" (वही, पृ. 71-72)

रख्माबाई को जेल नहीं हुई। उनके विरुद्ध लड़ रहे पारम्परिक पुरुष भी नहीं चाहते थे कि उन्हें जेल हो। रख्माबाई जेल जाने को प्रतिबद्ध थीं, किन्तु यदि वे जेल चली जातीं तो उन्हें 'शहीद' का दर्जा मिल जाता और फिर अन्य स्त्रियों के संक्रमित हो जाने का संकट था। स्त्रियाँ इस छह महीने की जेल को जीवन भर की जेल के कष्टों से मुक्ति के रूप में ख़ुशी-ख़ुशी स्वीकार कर लेतीं।

रख्माबाई के चरित्र का खूब हनन हुआ। 'उस जैसी औरत' के साथ समाज और क्या सलूक कर सकता था! उस जैसी औरत के साथ समाज आज भी क्या करता है? पंडिता रमाबाई के जीवनानुभवों ने उन्हें तनिक भी आश्चर्यचकित नहीं किया। उन्होंने लिखा—"अतीत के अनुभवों द्वारा पढ़ाए गए पाठों के आधार पर हम सभी कोर्ट के निर्णयों पर आश्चर्यचकित नहीं हैं। हमारा आश्चर्य यह है कि शक्तिशाली हिन्दू-क़ायदे, बलशाली ब्रिटिश सरकार—लगभग 13 करोड़ पुरुषों एवं हिन्दुओं के 33 करोड़ देवी-देवताओं; इन सभी ने आपस में रख्माबाई को निर्मूल करने हेतु षड्यंत्र रचा और रख्माबाई जैसी एक असहाय स्त्री ने इन सभी के सामने अपनी आवाज़ उठाने का साहस किया। हम ब्रिटिश सरकार को असहाय स्त्री की रक्षा नहीं करने के लिए दोष नहीं दे सकते, क्योंकि वो तो मात्र भारत के पुरुषों के साथ की गई अपनी सन्धियों को ही पूरा कर रही है।" (वही, पृ. 72)

भारतीय पुरुष को उसकी महान परम्पराओं और ब्रिटिश सरकार को उसकी मजबूरियों में घिरा छोड़ रख्माबाई डॉक्टरी की शिक्षा ग्रहण करने इंग्लैंड चली गईं। जाने से पहले उन्होंने अपने पति परमेश्वर दादाजी भीका से मात्र दो हज़ार रुपयों में अपनी आज़ादी खरीद ली। इन दो हज़ार रुपयों के नुकसान और अशेष मानसिक संताप को झेलकर रख्माबाई स्त्रियों के लिए उनकी कष्ट मुक्ति के मार्ग का एक काँटा निर्मूलित कर गईं।

इस काल के कुछ सामाजिक उपन्यासों की सूची पर दृष्टिपात करना समीचीन होगा। सूची में बाद के भी कुछ उपन्यासों के नाम सम्मिलित किए गए हैं। इन्हें शामिल करने का एक कारण यह है कि ये अगली सदी में उन्नीसवीं सदी के सक्रिय लेखकों की निरन्तरता की अभिव्यक्ति तो हैं ही साथ ही बीसवीं सदी की मानसिकता के भी परिचायक हैं जो पिछली सदी से बहुत भिन्न नहीं हैं।

इस सूची में 1920 ई. तक के उपन्यास रखे गए हैं क्योंकि बीसवीं सदी के आरम्भिक दशकों में उन्नीसवीं शताब्दी के अन्तिम दो दशक से बहुत विशेष अन्तर नहीं है।

सूची द्रष्टव्य है—

कुसुमलता	—1898-1900 (चार भाग)	—हरिकृष्ण जौहर
भयानक भ्रम	—1900	”
नारी पिशाच	—1901	”
मयंक मोहिनी या मायाजाल	—1901	
कमल कुमारी वा तिलस्म नीलम	—1901	”
मोती महल या लक्ष्मी देवी	—	निहालचन्द वर्मा
जादू का महल या रूपवती	—	”
माया विलास अथवा सत्यजित प्रकाश	—1899	पंडित मदनमोहन पाठक
कामिनी	—1900	बालमुकुन्द गुप्त
राजेन्द्र मोहिनी	—1901	”

बीसवीं शताब्दी के द्वितीय दशक में छपे उपन्यासों के कुछ नामों पर दृष्टि से यह स्पष्ट हो सकेगा कि यह प्रवृत्ति केवल उन्नीसवीं सदी तक ही थककर नहीं रह गई थी।

राजकुमारी	—1902	—किशोरी लाल गोस्वामी
आनन्द सुन्दरी	—1902	—मदन मोहन पाठक
चन्द्रभाग	—1904	—विनायक लाल दादू
भयानक भुलावा कनक कामिनी	—1904	—बाबू कमला प्रसाद वर्मा
राजेन्द्र कुमार या वसन्ती कुमारी	—1907	—ठाकुर जंगबहादुर सिंह
अद्भुत रहस्य वा विचित्र वारांगना	—1908	—शंकरदयाल श्रीवास्तव
कोकिला वा पाप का भीषण प्रतिफल	—1908	—ईश्वरी प्रसाद शर्मा
पुतली महल या गुलाब कुँवरी	—1908	—बाबू रामलाल वर्मा
प्रेमा का खून	—1911	—पंडित ब्रह्मदत्त शर्मा
शशिकला वा भयंकर मठ	—1911	—पंडित चन्द्रशेखर पाठक
मदन मोहिनी	—1911	—पंडित गोविन्द राव तेलंग
मधुपलतिका वा इश्क की आग	—1912	—पंडित जगन्नाथ मिश्र
सोमलता	—1913	—प्रसू सरस्वती प्रिय

सूरजमुखी	—1913	—ज्योतिषी हरदेव प्रसाद मुदर्रिस
हेमलता	—1914	—पंडित चन्द्रशेखर पाठक
स्वर्णकान्ता	—1915	—पंडित नन्दलाल शर्मा
तिलिस्माती सुन्दरी	—1916	—श्रीधर पाठक
सूर्यकान्ता	—1918	—बालमुकुन्द वर्मा
सुन्दरी	—1918	— ”
चन्द्र प्रभा	—1918	—श्री रामनारायण दीक्षित
खूनी औरत का सात खूना	—1918	—किशोरीलाल गोस्वामी

इसी काल के कुछ ऐतिहासिक उपन्यासों पर भी दृष्टिपात कर लेना उचित होगा—

अनारकली	—1900	—पंडित बलदेव प्रसाद मिश्र
हीराबाई बा बेहयायी का बोरका	—1904	—किशोरीलाल गोस्वामी
सुलताना रजिया बेगम वा रंगमहल में हलाहल	—1904	— ”
मल्लिका देवी वा वंग सरोजिनी	—1905	— ”
सोना और सुगंध वा पन्नाबाई	—1909	— ”
लाल कुँवर वा शाही रंगमहल	—1909	— ”
नूरजहाँ	—1909	— ”
नूरजहाँ व संसार सुन्दरी	—1902	—गंगा प्रसाद गुप्त
वीरपत्नी	—1903	— ”
वीरजयमल वा कृष्णकान्ता	—1903	— ”
किशोरी वा वीर बाला	—1907	—जयराम दास गुप्त
मायारानी	—1908	— ”
कलावती	—1909	— ”
प्रभात कुमारी	—1909	— ”
वीर वीरांगना व आदर्श ललना	—1909	— ”
रानी पन्ना व राजललना	—1910	— ”
राजरानी	—1910	— ”
वीरबाला	—1911	—रामनरेश त्रिपाठी
महारानी पद्मिनी	—1912	—बसन्त लाल शर्मा
यमुनाबाई	—1912	—स्वामी अनुभवानन्द सरस्वती
रजिया बेग़म	—1915	—बाबू ब्रजनन्दन सहाय
कृष्णकुमारी बाई	—1916	—मुंशी देवी प्रसाद

राजपूत रमणी	—1916	—बाबू युगल किशोर नारायण सिंह
सोने की राख या पद्मिनी	—1917	—पंडित रूपनारायण जी
रानी दुर्गावती	—1917	—बाबू श्यामलाल गुप्त
आदर्श वीरांगना दुर्गा	—1918	—शेर सिंह

निम्नलिखित सूची में उपलब्ध कुछ उपन्यास की यथास्थानों विवेचना होगी। यहाँ सूची प्रस्तुत है—

रहस्यकथा उपन्यास	—1879	—पंडित बालकृष्ण भट्ट
निस्सहाय हिन्दू	—1881	—राधाकृष्ण दास
अमृत चरित्र	—1881	—श्री देवकीनन्दन त्रिपाठी
परीक्षा गुरु	—1882	—लाला श्रीनिवासदास
गुप्त बैरी	—1882	—पंडित बालकृष्ण भट्ट
नूतन चरित्र	—1883	—रत्नचन्द्र प्लीडर
उचित दक्षिणा	—1884	—पंडित बालकृष्ण भट्ट
नूतन ब्रह्मचारी	—1886	—पंडित बालकृष्ण भट्ट
सुहासिनी	—1890	—किसी साध्वी सती प्राणा अबला
सौदामिनी	—1890	—राधाचरण गोस्वामी
सौ अजान एक सुजान	—1890	—पंडित बालकृष्ण भट्ट
घराऊ घटना	—1893	—भुवनेश्वर मिश्र
चतुरा अथवा साध्वी सुरेन्द्र	—1894	—श्री सतीश चन्द्र बसु (आगरा)
बुद्धिवती	—1894	—श्री रोशनलाल बी.ए.
सुबोध कन्या	—1894	—लाला देवराज
बसन्त मालती	—1899	—पंडित जगन्नाथ प्रसाद चतुर्वेदी
ठेठ हिन्दी का ठाठ	—1899	—अयोध्या सिंह उपाध्याय 'हरिऔध'
धूर्त रसिकलाल	—1899	—मेहता लज्जाराम शर्मा
कर्कशा सास	—1901-02	—लाला देवराज
सती सुखदेई	—1901	—अमृतलाल चक्रवर्ती
शीला	—1901	—श्री हरिहर प्रसाद जिंजल
चन्द्रावली	—1902	--लालजी सिंह
हिन्दी गृहस्थ	—1902	—मेहता लज्जाराम शर्मा
आदर्श दंपती	—1902	—मेहता लज्जाराम शर्मा
देवरानी जेठानी	—1902	—गोपालराम गहमरी
दुनिया अर्थात् संसार की कुछ बातें	—1903	—पंडित गया प्रसाद मिश्र
विद्याधरी	—1904	—पंडित गिरिजानन्द तिवारी

कुलवन्ती	—1904	—रामचीज सिंह
चन्द्रावली वा कुलटा कुतूहल	—1904	—किशोरीलाल गोस्वामी
ललना बुद्धि प्रकाशिनी	—1904	—पंडित परमेश्वर मिश्र
चतुरा की चतुराई	—1904	—स्वामी विश्वेश्वरानन्द सरस्वती
चम्पा दुर्दशा	—1904	—रामफेरन सिंह
कुलकलंकिनी	—1905	—कमला प्रसाद वर्मा
तीन पतोहू	—1905	—गोपालराम गहमरी
विचित्र उपन्यास अर्थात् बुढ़ापे का ब्याह	—1906	—बाबू चन्द्रसेन जैनी
सुलोचना	—1906	—पंडित गिरिजानन्द तिवारी
मेरी सूरज	—1907	—रामजी दास वैद्य
बिगड़े का सुधार अथवा सती सुखदेई	—1907	—मेहता लज्जाराम शर्मा
गुलनार	—1907	—श्री जैनेन्द्र किशोर
प्रेमा अर्थात् दो सखियों का विवाह	—1907	—प्रेमचन्द अर्थात् बाबू नवाब राय बनारसी
रमाबाई	—1907	—पंडित चन्द्रशेखर पाठक
सुशीला विधवा	—1907	—मेहता लज्जाराम शर्मा
सुशीला विधवा	—1908	—लीलाराम शर्मा
सुशीला	—1908	—गोपाल दास वरैया
मनोरमा	—1908	—जैनेन्द्र किशोर
हिरण्यमयी	—1908	—ईश्वरी प्रसाद शर्मा
लक्ष्मी	—1908	—श्रीमती प्रियंवदा देवी
दिव्यमती	—1908	—ईश्वरी प्रसाद शर्मा
विपत्ति की कसौटी	—1909	—मेहता लज्जाराम शर्मा
पार्वती	—1909	—श्रीमती कुन्ती देवी
स्वर्णमयी वा जैसी करनी वैसी भरनी	—1910	—ईश्वरी प्रसाद शर्मा
लक्ष्मी देवी	—1910	—बाबू गंगा प्रसाद गुप्त
लक्ष्मी	—1911	—पंडित रामनरेश त्रिपाठी
आदर्श रमणी	—1911	—शालीग्राम गुप्त
सच्चा पति प्रेम	—1911	—श्रीमती यशोदा देवी
माधवी	—1911	—रूपकिशोर जैन
तारामती	—1911	—पंडित केदार शर्मा

लक्ष्मी	—1912	—पंडित ओंकारनाथ वाजपेयी
शांता	—1912	—पंडित ओंकारनाथ वाजपेयी
माधवी	—1912	—कृष्णलाल गोस्वामी
प्रेमलता वा आदर्श दंपती	—1912	—उमराव सिंह गुप्ता
आदर्श कन्या पाठशाला	—1912	—श्री ओंकारनाथ वाजपेयी
आदर्श माता	—1912	—श्रीमती हेमन्त कुमारी चौधरी
आदर्श बहू	—1913	—उमराव सिंह गुप्ता
लवंगलता	—1914	—बाबू प्यारेलाल गुप्त
हमारी दाई	—1914	—पंडित पारसनाथ त्रिपाठी
सौभाग्यवती	—1914	—पंडित प्राणनाथ
सौन्दर्य कुमारी	—1914	—श्रीमती ब्रह्म कुमारी भगवान देवी दुबे
आदर्श परिवार	—1914	—पंडित मणिशंकर शर्मा
वारांगना रहस्य वा स्त्री वैचित्र्य	—1914	—चन्द्रशेखर पाठक
विमला	—1915	—
तरल तरंग	—1916	—सोमेश्वर दत्त शुक्ल
रोहिणी	—1916	—पांडेय नवल किशोर सहाय
अद्‌भुत रहस्य वा सचित्र विचित्र वारांगना	—1917	—माधव केसीट
जहर का प्याला वा राज राजेश्वरी	—1920	—बाबू जयराम वास

कुछ उपन्यासों पर संक्षिप्त चर्चा से इस काल के साहित्यिक वातावरण को समझने में सुगमता होगी। गोपालराम गहमरी के उपन्यास *देवरानी-जेठानी* और तीन पतोहू में परिवार की बहुओं के परस्पर ईर्ष्या-द्वेष तथा छोटी बहू के आदर्श चरित्र का वर्णन है। पारिवारिक कलह और भाई-भाई का बँटवारा उस युग की प्रधान समस्याओं में से एक है। 'आधुनिकता' के आगमन और पल्लवन के साथ-साथ समाज में बढ़ रही वैयक्तिकता परिवारों में कलह के बीज बो रही है। 1901-02 में लाला देवराज ने कर्कशा सास में सासों द्वारा हिन्दू बहुओं पर किए गए अत्याचारों का वर्णन किया है तथा सास-बहुओं के लिए उपदेश है। *कुलवन्ती* उपन्यास (रामचीज सिंह) का प्रधान उद्‌देश्य है सतीत्व का महत्त्व प्रतिपादन तथा धर्म और नीति का उपदेश। *कुलकलंकिनी* (1905) उपन्यास में कमला प्रसाद वर्मा ने स्त्री स्वातंत्र्य का विरोध किया है साथ ही पर्दा प्रथा का समर्थन भी इसका मुख्य कथ्य है। *हिरण्यमयी* (1908) और *हमारी दाई* (1914) उपन्यासों में नायिकाओं

के एक वंचक के प्रलोभन में कलकत्ता आकर कष्टों को भोगने की कथा है। हिरण्यमयी विधवा है और धन-वैभव के लोभ में कलकत्ता चली आती है। इस उपन्यास में स्मृतिसम्मत नारी धर्म का पालन न करने के दुष्परिणामों को दिखाया गया है। *सुलोचना* और *मेरी सूरज* उपन्यास में वेश्यागमन की बुराइयों तथा पापों (साथ ही वेश्याओं की भी) पर प्रकाश डाला गया है। *गुलनार* में पातिव्रत्य के माहात्म्य का बखान है। *जहर का प्याला वा राजराजेश्वरी* उपन्यास पातिव्रत्य की महिमा के साथ वेश्यागमन की बुराइयों को दर्शा कर उनसे बचने की सलाह देता है। *आदर्श रमणी* (1911) में शालीग्राम गुप्त ने भी पातिव्रत्य की महिमा-वर्णन, सन्तान-धर्म की श्रेष्ठता प्रतिपादित की है। इस उपन्यास में विधवा-विवाह का विरोध किया गया है। इसमें स्त्री-स्वातंत्र्य की निन्दा की गई है। इसमें तो स्त्री-शिक्षा की भी निन्दा की गई है। *माधवी* उपन्यास (1911) अपराध प्रधान होते हुए भी सतीत्व और पातिव्रत्य की महिमा का वर्णन करता है। *शांता* उपन्यास एक आदर्श सच्चरित्र कन्या की कहानी कहता है तो *शीला, सुशीला, लक्ष्मी देवी* और *मनोरमा* उपन्यासों में स्त्री-शिक्षा और पर्दा-प्रथा के लाभ दिखाए गए हैं। श्रीमती कुन्ती देवी के *पार्वती* उपन्यास (1909) की कथावस्तु का अनुमान सहज ही लगाया जा सकता है। श्रीमती प्रियंवदा देवी ने *लक्ष्मी* (1908) नामक उपन्यास में स्त्री को यह समझाने का प्रयास किया है कि किस प्रकार अपने वैदुष्य के प्रयोग से वे सौतिया डाह से बच सकती हैं। उन्होंने इस उपन्यास में स्त्री को पातिव्रत्य धर्म की शिक्षा दी है। *ललना बुद्धि प्रकाशिनी* भी स्त्री शिक्षा से सम्बन्धित रचना है तथा आदर्श परिवार में कृष्णा देवी का चरित्र है जो *भाग्यवती* जैसा है। *अद्भुत रहस्य वा सचित्र विचित्र वीरांगना* उपन्यास शीर्षकानुसार वेश्याओं की बुराइयों—उनकी धूर्तता तथा उनके बुरे अन्त की कहानी कहता है। विमला, रोहिणी और तरल-तरंग में सतीत्व-पालन, पातिव्रत्यपालन तथा धर्मपालन के उपदेश हैं। श्रीमती ब्रह्मकुमारी भगवान देवी दुबे ने *सौन्दर्य कुमारी* में स्त्रियों को धैर्य और स्त्री-धर्म की शिक्षा दी है। श्रीमती हेमन्त कुमारी चौधरी के *आदर्श माता* उपन्यास में शीर्षकानुसार आदर्श माता होने के लक्षण बताए गए हैं। *आदर्श बहू* की कथावस्तु कोई रहस्य नहीं रह जाती। सच्चा पति प्रेम में श्रीमती यशोदा देवी ने पातिव्रत्य का महत्त्व दर्शाया है। *दो स्त्री का पति* (1907) में मुंशी हजारीलाल ने एक नीच जाति की दुश्चरित्र स्त्री को रखैलिन बनाकर रखने के कारण एक सेठ की दुर्दशा का वर्णन किया है। *असभ्य रमणी* उपन्यास का शीर्षक ही बतलाता है कि यह उपन्यास स्त्री-स्वातंत्र्य विरोधी होगा। गोस्वामी ब्रजनाथ शर्मा ने पाश्चात्य नारी की स्वतंत्रता को भारतीय नारी के अनुपयुक्त बताया है। *मनोरमा* उपन्यास में एक प्राचीन कथा के माध्यम से पातिव्रत्य की महिमा चित्रित की गई है। 1907 ई. में बाबू नवाब राय बनारसी के उपन्यास *प्रेमा अर्थात् दो सखियों का विवाह* का जिक्र दिलचस्प होगा। इस उपन्यास

की जुलाई 1907 ई. के हिन्दी प्रदीप संख्या-7 में छपी संक्षिप्त समीक्षा द्रष्टव्य है—*प्रेमा*—एक उपन्यास...दो विधवाओं के विवाह का प्रस्ताव इसमें है।...लिखने...वाले ने तो अपने समय में विधवा-विवाह के अनुमोदन में इसे लिखा है पर सो नहीं विधवा-विवाह की जीट इससे भले ही उड़ती है। इंडियन प्रेस के मालिक को चाहिए कि ऐसी पुस्तकें न छापा करें। ये बाबू नवाब राय बनारसी उपन्यास सम्राट प्रेमचन्द हैं। वे प्रेमचन्द जिनके आधार पर उपन्यास साहित्य का काल विभाजन किया जाता है।

सन् 1890 ई. में *सुहासिनी* नामक उपन्यास प्रकाशित हुआ था जो किसी साध्वी सती प्राणा अबला द्वारा लिखा गया था। यह उपन्यास धर्मामृत प्रेस, बनारस सिटी से मुद्रित तथा श्री राधिकानाथ बंद्योपाध्याय द्वारा प्रकाशित हुआ। पुरुष रचनाकार अगर कृति के साथ नाम न देना चाहे तो अज्ञात, अनाम जैसी संज्ञाओं का प्रयोग करते हैं या कोई भी उपनाम अपना लेते हैं। 'रसा', 'एक भारतीय आत्मा', 'अज्ञेय', 'निराला', 'दिनकर', 'रेणु' बहुत से उदाहरण हैं। किन्तु स्त्री अज्ञातनामा भी रहना चाहे तो इतनी विनय और अगर यह किसी पुरुष द्वारा लिया गया उपनाम है तो स्त्री नाम चयन में उसकी रुचि दिशा स्पष्ट है।

सन् 1906 ई. में मुंशी देवी ने *रूठी रानी* नामक एक ऐतिहासिक उपन्यास लिखा। यह उपन्यास मेवाड़ के राजा राव मालदेव की पत्नी उमा देवी रानी की आन, वीरता तथा पातिव्रत्य का वर्णन करता है। सबसे रोचक तथ्य है कि यह रानी पति से जीवन भर रूठी रही, किन्तु उसके पातिव्रत्य में कोई खोट न थी। उतना ही रोचक तथ्य यह भी है कि रूठी रानी लोगों को कुछ ऐसी प्यारी लगी कि कई ज़बानों में पूछे बिना ही छप गई।

उन्नीसवीं सदी के अन्तिम डेढ़ दशकों के साहित्य का एक बड़ा भाग तिलिस्मी और ऐयारी उपन्यासों का रहा। देवकीनन्दन खत्री की *चन्द्रकान्ता* और *चन्द्रकान्ता सन्तति* की लोकप्रियता अभूतपूर्व तथा वृहत्तर समाज की अभिरुचि की सूचक थी। *चन्द्रकान्ता* के संस्करण अभी तक निकलते रहे हैं, 1959 ई. तक यह गति और तीव्र थी। इसके अतिरिक्त अन्य लेखकों हरिकृष्ण जौहर, निहालचन्द वर्मा, मदनमोहन पाठक, किशोरी लाल गोस्वामी की पुस्तकों के नाम (विशेषकर स्त्री नाम वाचक शीर्षक वाली) पर एक दृष्टिपात कर लेना उचित होगा। इस काल के अन्य महत्त्वपूर्ण लेखक गोपालराम गहमरी ने अपनी अपराध, तिलिस्म और ऐयारी पुस्तकों के अधिकतर शीर्षक जासूसी टाइप ही रखे हैं। अपराध, तिलिस्म और ऐयारी पुस्तकों के ये शीर्षक तत्कालीन समाज की नारी दृष्टि के उस पक्ष के परिचायक हैं जिसमें नारी माया, छलना, दुष्टा और पतिता है।

चन्द्रकान्ता सन्तति भाग 10 के छठे संस्करण के साथ *सुरसुन्दरी* उपन्यास का निम्नांकित विज्ञापन संलग्न है—"*सुरसुन्दरी*—यदि आप निःस्वार्थ प्रेम, अद्‌भुत

शूरता, मुग़लों की दुष्टता, स्त्रियों की सतीत्व रक्षा और राजपूतों के आत्मगौरव का हाल पढ़ना चाहें तो इस उपन्यास को पढ़ें।''

ऐतिहासिक उपन्यासों में आदर्श वीरों और वीरांगनाओं के माध्यम से खोए हुए गौरव की पुनर्प्राप्ति की चेष्टा जगाने का स्वप्न है। 1902 ई. में ब्रजबिहारी सिंह ने *कोटा रानी* नामक उपन्यास की रचना की। इसमें काश्मीर की रानी कोटारानी की वीरता तथा अपनी सतीत्व रक्षा का वर्णन है। 1903 ई. में विट्ठलदास नागर ने *पद्माकुमारी* (दो भागों में) नामक उपन्यास लिखा। सन् 1904 ई. में अथवा उसके कुछ पूर्व गंगाराम गुप्त लिखित *रानी भवानी* नामक उपन्यास प्रकाशित हुआ। ...*हिन्दी प्रदीप* (नवम्बर-दिसम्बर 1904 ई.) में प्रकाशित विवेच्य उपन्यास के परिचय से इसके सम्बन्धों में निम्नलिखित सूचनाएँ प्राप्त होती हैं—''गंगाराम जी गुप्त ने अपनी थोड़ी उमर में बहुत से उपन्यासों की भरमार कर डाली है। उनमें से हाल में उन्होंने एक *रानी भवानी* लिखा है। बंगाल की वीर सती साध्वी रानी भवानी का चरित्र किसके चित्त में अंकित नहीं है। हमारे यहाँ की स्त्रियाँ मनबहलाव औरत मर्द का क़िस्सा आदि किताबें न पढ़ ऐसी किताबें पढ़ें तो क्या ही अच्छा हो—पर पुस्तक रचयिता ने अपनी पुस्तक में क्लिष्ट शब्द भरने को नहीं मालूम कहाँ का गौरव समझा—यदि कोई स्त्री पढ़ना भी चाहे तो पढ़कर क्या समझेगी। स्त्रियों की शिक्षा-दीक्षा का 'स्तर' इससे समझा जा सकता है। वे अक्षर ज्ञान से बस जरा-सा ही आगे बढ़ रही थीं। समाज के बहुलांश की स्त्रियों को तो क्या पुरुषों को भी अक्षर ज्ञान उपलब्ध नहीं था।

1905 ई. में अपने उपन्यास *पद्मिनी* में गिरिजानन्द तिवारी ने अलाउद्दीन खिलजी के विरुद्ध चित्तौड़ की वीरता तथा पद्मिनी के सतीत्व एवं जौहर व्रत की महिमा का प्रतिपादन है। रचनाकार ने इसकी प्रेरणा टॉड के 'राजस्थान' से स्वीकार की है। टॉड के राजस्थान की वीरता के मिथ पर हिन्दी ही नहीं बंगला इत्यादि में भी राजपूती शौर्य को कथानक बनाया गया। इस राजपूती शौर्य में भी मर्यादा बिन्दुओं में एक केन्द्र स्त्री थी। शत्रु का ज्ञान-मर्दन उसके पक्ष की स्त्रियों के अपमान के बिना सम्भव नहीं था। टॉड के राजस्थान से प्रभावित होकर बंगला में बंकिमचन्द्र चट्टोपाध्याय ने राजपूती शौर्य से सम्बन्धित कुछ उपन्यास लिखे—*राजसिंह, सीताराम*। इन उपन्यासों में राजपूती वीरता का विस्तार से वर्णन है। *राजसिंह* उपन्यास में राजपूती आन-बान-शान के प्रदर्शन के लिए राजसिंह शपथ उठाते हैं कि वे औरंगज़ेब की बेग़म से चंचलकुमारी का हुक्का भरवाएँगे। राजपूतों को अपनी वीरता का इतना दम्भ है अगर ऐसे ही वीर थे तो किसी स्त्री से हुक्का क्यों भरवा रहे हैं? चाहिए तो यह था कि ख़ुद औरंगज़ेब से अपना हुक्का भरवाते। उस समय के रचनाकारों के मन में यह प्रश्न है ही नहीं कि बंकिमचन्द्र ने हुक्का भरने के लिए उदयपुरी बेग़म का चयन क्यों किया? स्वयं बादशाह आलमगीर या उनके किसी पुत्र या उससे भी कम उनके किसी सेनापति का क्यों नहीं?

पिछले अध्यायों में इस तथ्य का विस्तारपूर्वक विश्लेषण किया जा चुका है कि उन्नीसवीं शताब्दी इस अर्थ में सकारात्मक शताब्दी है कि स्त्री की सम्पत्ति से भिन्न रूप में भी तनिक चर्चा आरम्भ हुई। यह अलग बात है कि उसे आदर्शों, उपदेशों और नीति वचनों से इस कदर लाद दिया गया कि न तो उस कसौटी पर खरा उतरना सम्भव था और न ही उनकी वास्तविक स्थिति ऐसी थी कि वह ऐसे किसी ऊँचे प्रतिमान तक पहुँच पातीं। पुरुष के लिए सतीत्व या यौन शुचिता का कोई भी और कैसा भी प्रतिमान तय नहीं था। उसके लिए कोई नियम निर्धारित नहीं था। अत: प्रेम का आदर्श पुरुष चरित्र से निर्धारित नहीं हो सकता था इसलिए रचनाकारों ने सामाजिक भावनाओं का प्रतिनिधित्व करते हुए स्त्री को सच्चे प्रेम के निर्वाह का दायित्व सौंपा और इसका पालन किसी भी सामाजिक सच्चाई से सरोकार न रखने वाले जासूसी लेखन में भी किया गया। 1893 ई. में देवकी नंदन खत्री ने *नरेन्द्रमोहिनी* नामक एक रोमांटिक उपन्यास लिखा, जिसमें उन्होंने राजकुमार नरेन्द्र सिंह का दो युवतियों के प्रेमपाश में पड़ने तथा उनकी वीरता आदि का वर्णन किया। राजकुमार के प्रति रम्भा का सच्चा प्रेम उपन्यास का मुख्य सन्देश था। अपने *कुसुमकुमारी* (1894) उपन्यास में भी उनके वर्ण्यविषय मित्र की धोखेबाज़ी, स्त्री का सच्चा प्रेम और डाकुओं की भयानक लीला है। विडम्बना यह है कि एक ओर ऐसे सच्चे प्यार का निदर्शन, दूसरी ओर इस धारणा का निरूपण कि औरत जात से बुरा कोई नहीं।

भारतीय साहित्य के तत्कालीन निर्माताओं के मन में भी स्त्री के परम्परागत मायाविनी, छलना, नरक-द्वार आदि रूप ही जीवित हैं। स्त्री की मिट्टी में धोखा है। WOMEN THE NAME IS FRAILTY उसके सच्चे प्रेम की कामना एक दुराशा ही सिद्ध होनी है। अत: स्त्री में कहीं अगर—भूले भटके—सच्चा प्रेम मिल जाए तो वह उल्लेखनीय बन पड़ता है। इस मायाविनी धोखे की पुतली को खुला और स्वतंत्र नहीं छोड़ा जा सकता है। तुलसी का परम भक्त अनुसरणकर्ता आज का हिन्दी प्रदेश तुलसी की उक्तियों को ब्रह्म वाक्य मानता आया है। तुलसी ने तो 'जिमि स्वतंत्र होहिं बिगरहिं नारि' के मूल मंत्र को अपने आविर्भाव से बहुत पहले से ही चली आ रही भावना की पुनर्प्रस्तुति की थी। यह तो पूछना ही व्यर्थ है कि स्त्री को प्रेम में क्या मिला!

1894 ई. में श्री रोशनलाल बी.ए. का *बुद्धिवती* उपन्यास कन्याओं को गृहस्थ धर्म का उपदेश देने के लिए लिखा गया। *भाग्यवती* उपन्यास की तरह इस उपन्यास में भी बुद्धिवती स्त्री के शिक्षित्र होने के कारण उसकी कार्यकुशलता, धार्मिकता, गृहप्रबन्ध कौशल एवं सर्वोपरि उसके सतीत्व की महिमा का वर्णन है। आम समझ यही रही है कि पढ़े-लिखे पुरुष प्रगतिशील सोच रखते हैं। उपरोक्त उपन्यास अपने युग के भाव से तनिक भी भिन्न नहीं है जबकि इसके लेखक रोशनलाल बी.ए. पास हैं।

सुबोध कन्या (1894) में लाला देवराज ने इन्हीं आदर्शों की स्थापना की है। साथ ही भूमिका में यह भी जोड़ा गया है—इसे पढ़कर पाठिकाएँ विपत्काल में माता-पिता को सहायता देने, दुःख पड़ने पर धैर्यवती रहने, पराक्रम तथा बुद्धिमत्ता से दुःख निवृत्त करने, देश तथा धर्म भक्ति में तत्पर होने, उत्तम जीवन व्यतीत करने, उत्तम कार्यों में उत्साहित होने और विद्या आदि शुभ गुणों में रुचि बढ़ाने का स्वभाव धारण करें।

उन्नीसवीं शताब्दी में हिन्दी के सर्वाधिक प्रमुख व्यक्तित्व भारतेन्दु हरिश्चन्द्र कह चुके थे कि लड़कियों को भी पढ़ाइए, किन्तु उस चाल से नहीं जैसे आजकल पढ़ाई जाती है जिससे उपकार के बदले बुराई होती है। ऐसी चाल से उनको शिक्षा दीजिए कि वे अपना देश और कुलधर्म सीखें, पति की भक्ति करें और लड़कों को सहज में शिक्षा दें।

स्वाधीनता स्त्री समाज के लिए संकट है। 1819 ई. में मेहता लज्जाराम शर्मा ने *स्वतंत्र रमा और परतंत्र लक्ष्मी* में इसी सत्य की स्थापना की है। इसमें स्त्री स्वाधीनता का उपहास किया गया है। उपहास से भी जो न डरे उसके लिए भी विधान है। परतंत्र रहकर लक्ष्मी सम्पूर्ण जीवन सभी सुखों का उपभोग करती है जबकि स्वतंत्रता प्राप्ति के लिए रमा को अनेक कष्टों एवं कठिनाइयों का सामना करना पड़ता है। अपने निष्कंटक जीवन के लिए स्त्री के पास सर्वोत्तम सुलभ उपाय है परवशता स्वीकार करना। पता नहीं रमा नाम शायद पंडिता रमाबाई के नाम पर रखा गया हो। फिर स्त्री के सुखी होने के नाम पर ही सही उसकी परतंत्रता अस्तित्व में आ जाती है। परतंत्र लक्ष्मी। भूमिका में ही अपनी रचना का उद्देश्य स्पष्ट कर देते हैं—''पश्चिमी शिक्षा-दीक्षा के प्रभाव से कितने ही भारतवासियों के चित्त में इस देश की स्त्रियों को स्वतंत्रता प्रदान कर उन्हें उच्छृंखल बनाने का भूत सवार हुआ है। स्त्री स्वातंत्र्य के पक्षपाती स्वतंत्र स्त्रियों के सुख और परतंत्र स्त्रियों के दुःख की परिसीमा प्रकाशित करने में नहीं चूकते हैं। यद्यपि इस विषय का खंडन भी समय-समय पर समाचार-पत्रों में होता रहता है, परन्तु सुख-दुख की तुलना का पाठकों के चित्त पर जैसा आम चित्र नाटक वा उपन्यास से खिंच सकता है उतना लेखों और व्याख्यानों से काम नहीं चल सकता।'' (*स्वतंत्र रमा और परतंत्र लक्ष्मी,* महता लज्जाराम जी शर्मा, श्री वेंकटेश्वर यंत्रालय, बम्बई, 1899)

इस प्रकार महता लज्जाराम शर्मा अपने उपन्यास *स्वतंत्र रमा परतंत्र लक्ष्मी* के आरम्भ में ही अपने उद्देश्य की पूर्ति हेतु रमा के पिता राधेलाल, जो अब मिस्टर राधेलाल हो चुके हैं, की आधुनिक चाल की असफलता की घोषणा रमा से करवा देते हैं। रमा पिता द्वारा प्रदत्त स्वयं अपना पति चुनने की स्वतंत्रता से परेशान है। वह इस महत्त्वपूर्ण निर्णय में उलझ गई है कि किससे विवाह करे। उपन्यासकार दिखलाते हैं कि युवती हो जाने के कारण कामदेव उसके अंग-अंग को पीड़ित कर रहे हैं, (अर्थात् बाल-विवाह हो जाता तो रमा को यह काम कष्ट न सहना पड़ता), इस

दृश्य में रमा दो पुरुषों में से एक को चुनने की 'आधुनिक' नारी की भयंकर दुविधा से ग्रस्त है, "अभी तक अनेक पुरुष मेरा हाथ माँगने की इच्छा से आ चुके हैं। बड़े-बड़े मेरी खुशामद करते हैं। मैं नई सभ्यता के अनुसार कोर्टशिप करते-करते थक गई। कोर्टशिप भी आधा विवाह है। बाकी ही क्या रहता है?...इससे तो हिन्दुओं की रीति अच्छी है। माता-पिता अच्छी तरह देखभाल कर विवाह कर देते हैं। भला हम कच्ची उमर की लड़कियाँ पति के अच्छे-बुरेपन का पहले से क्या निश्चय कर सकती हैं। पिता ने बहुत बुरा किया जो जाति बन्धन छोड़ दिया। मैं दादा जी के पास रहती तो कभी का मेरा विवाह हो जाता। अभी तक दो-एक बालक भी देखने में आते। पिता अब भी हठ नहीं छोड़ते हैं। मुझको दो वर्ष तक फिर विवाह करने से रोकते हैं। हाय मेरी अवस्था निकली जाती है।" (वही, पृ. 1)

इस उपन्यास की अन्य अनेक कृतियों की तरह सोद्देश्य रचना की गई है। किसी विचारधारा से प्रेरित उपन्यास या अन्य कोई कृति कला के मूल्यों से समझौता करने को बाध्य हो जाती है। वह कृति अपने विचारों की स्थापना की इतनी हड़बड़ी में रहती है कि रचना के सौन्दर्य और भाव पक्ष का सन्तुलन उससे नहीं सध पाता। उपरोक्त उद्धरण जो उपन्यास का दूसरा ही पृष्ठ है स्पष्ट कर देता है कि मिस्टर राधेलाल अपनी पुत्री का युवावस्था में विवाह कर कितनी भयंकर भूल कर रहे हैं।

राजनीति हो या साहित्य, प्रभावी विचारधारा अपने शिकार के मुँह से अपने पक्ष की बातें कहलवाती है। इससे वह अधिक मस्तिष्कों को इस सूचना के साथ अपने क़ब्ज़े में ले पाती है कि देखो लड़की स्वयं कह रही है और पिता को सूझ नहीं रहा। जब समाज में शोषितों के पक्ष में गौण विचारधारा पनपती है तो प्रभावी या मुख्य विचारधारा इस धूर्तता से उसे नकारने का प्रयास करती है। इसमें पहले से अनुकूलित मस्तिष्क और विद्रोह करने वाले सम्भाव्य मस्तिष्क दोनों तरह के पात्र चुन लिए जाते हैं। इस तरह प्रचलित मान्यताओं और सामाजिक मूल्यों से इतर कार्य करने वालों को बड़ी सहजता से हतोत्साहित किया जाता है। रमा हिन्दुओं की रीति को अच्छा बताते हुए अपनी गोद अभी तक भर जाने की बात कर एक समृद्ध-सुखी जीवन का चित्र सामने रखती है, जाति का बन्धन तोड़ देने की पिता की भूल से पारम्परिक दादा जी की सामाजिक व्यवस्था को श्रेष्ठ ठहराती है। महता लज्जाराम शर्मा व्याख्यान-भाषण द्वारा परम्परा के पक्ष में यह प्रभाव उत्पन्न नहीं कर सकते थे, इसलिए उन्होंने यह उपन्यास लिखा—"बस ऐसा ही समझकर मैंने एक उपन्यास तैयार करने का साहस किया है। इस उपन्यास के पढ़ने से पाठकों को विदित हो जाएगा कि स्वतंत्रता प्राप्त करने से रमा ने कैसे-कैसे दुःख उठाए।" (वही, पृ. 4) उपन्यासकार लक्ष्मी के साथ है और लक्ष्मी को परतंत्र रहकर कितना सुख हुआ। "इस विषय में अधिक लिखने की आवश्यकता नहीं है। पुस्तक ही अपने गुणों और उद्देश्यों का स्वयं वर्णन कर लेगी।" (वही, पृ. 1)

तो पुस्तक के कथानक की ओर लौटते हैं। पुत्री रमा अपने पिता राधेलाल या मिस्टर आर.एल. बोर्मन पर कुपित है कि उन्होंने उसका बाल-विवाह क्यों नहीं किया। पिता अपनी पुत्री को उसके पढ़ने का हवाला देकर बाल-विवाह से नष्ट हो गए भारतवर्ष की बात समझाते हैं, ''उस दिन मधुसूदन बाबू के व्याख्यान में यही तो बात थी कि थोड़ी उमर के विवाह से सन्तान बलिष्ठ नहीं होती है। हमने भारत सुधार का बीड़ा उठाया है। जब हम ही न बरतेंगे तो हमारी कौन सुनेगा। रमा! दो वर्ष और ठहर जा।'' (वही, पृ. 5)

अब तक रमा को विवाह के लिए दो वर्ष रुकने की सलाह दो बार दी जा चुकी है पर रमा की आयु पता नहीं चली है कि वह बारह वर्ष की है या चौदह वर्ष की। पंडिता रमाबाई के समकालीन बम्बई में स्त्री-अवस्था के सुधार आन्दोलन के उद्योक्ता बहराम जी मलबारी लड़कियों के विवाह की आयु पाँच-सात-नौ से बढ़ाकर बारह वर्ष तक करने हेतु संघर्ष कर रहे थे। पिता के लाख कहने पर भी रमा अपने विवाह के लिए और दो वर्ष रुकने को तैयार नहीं है, वह कट्टर सनातन धर्मियों की भाषा में पिता को उत्तर देती है, ''मैं सब जानती हूँ। मैंने इन बातों को व्याख्यानों में सुना और पुस्तकों और समाचार-पत्रों में पढ़ा है। मैं स्वयं कई बार इस विषय को लिख चुकी हूँ। मैंने अनेक बार स्त्री समाज में व्याख्यान भी दिए हैं परन्तु पिताजी, कहने और करने में बहुत अन्तर होता है। मैं यही कह सकती हूँ कि मेरा मन न मालूम क्यों उछलता रहा है। बेकली बढ़ती जा रही है। अब मुझे अनुभव हो गया। युवावस्था में विवाह करने की सलाह देने वाले लोग भूल करते हैं।'' (वही, पृ. 5) 1899 ई. में प्रकाशित इस उपन्यास में नायिका द्वारा कामेच्छा प्रदर्शन पर कोई भी आलोचक इसकी ख़बर नहीं लेता! आश्चर्य है इतनी 'बेशर्म' लड़की कि स्वयं विवाह करने को अकुलाई जा रही है और उपन्यासकार उसके पक्ष में है, क्योंकि स्त्री के विवाह की आयु कम ही रखी जानी चाहिए।

उपन्यास के पाँचवें पृष्ठ तक उपन्यासकार महता लज्जाराम शर्मा बाल-विवाह का औचित्य पूर्णतः प्रमाणित कर देते हैं। यह उपन्यास 1899 ई. में लिखा गया है जिसके समाप्त होते ही अगली सदी आरम्भ होने वाली है। स्वतंत्र रमा भविष्य में चाहे जैसे भी कष्ट पाने वाली हो, किन्तु नायिका होने की आवश्यक शर्त, सौन्दर्यशालिनी होना, को पूरा करती है—''रमा के चन्द्रमा समान मुख पर काली रेशमी साड़ी और पीली साटन का बास्कट श्वेत कुर्ते के साथ ऐसे शोभा देते थे मानो रंग-बिरंगे बादलों ने शरद के चन्द्रमा को घेर रखा है। उसके दमकते हुए दाड़िम से दाँत, हरिण के बच्चों के समान आँखों समान दर्शक के चित्त को बिना मोल का सेवक बना लेने वाली चपल आँखें, तोते की चोंच जैसी नाक, उभरे हुए गुलाबी गाल, चीते सी पतली कमर, उठी हुई छातियाँ और सभी अंग के सुडौलपन को देखकर आगत मनुष्य का चित्त ठिकाने न रहा।'' (वही, पृ. 6)

तत्पश्चात् रमा जिन दो लोगों से विवाह करना चाहती है उनमें से एक दूसरे के विरुद्ध झूठी चिट्ठी लिखता है, रमा सच जान जाती है। झूठ बोलने वाले बाबू रघुनन्दन गुप्त को अस्वीकार कर रमा श्यामाचरण गुप्त का प्रेम स्वीकार कर लेती है। महफिल सजती है, मद्यपान होता है, भोज होता है, अंग्रेज़ी ढंग का नृत्य होता है। रमा का प्रेम प्रसंग चल पड़ता है, किन्तु रघुनन्दन फिर षड्यंत्र करता है। इस बार रमा सन्देह के जाल में फँस जाती है, आत्महत्या करने जाती है, किन्तु करती नहीं, घर लौट आती है। ''दो-चार दिनों में यह बात नवसमाज में फैल गई। रमा के पास फिर उम्मीदवार आने लगे। इनमें से उसने किसी को पसन्द नहीं किया।'' (वही, पृ. 27) एक दिन आरामकुर्सी पर बैठकर शेक्सपियर का नाटक *रोमियो जूलियट* पढ़ती रमा के पास श्यामाचरण गुप्त की बीस वर्षीय पत्नी रम्भा अपना पाँच वर्ष का बालक लेकर आती है जो रमा को तुतलाकर बताता है कि उसके पिता का नाम श्यामाचरण है, वह उसकी माँ को बहुत मारता है और एक वेश्या के साथ लखनऊ गया है। रमा पुनः रघुनन्दन गुप्त की ओर आकर्षित हो जाती है। प्रेम प्रसंग बढ़ता है। आलिंगन-चुम्बन होता है। दो-तीन मास में विवाह हो जाता है। रघुनन्दन रमा के पैसों पर ऐश करता है। तभी रमा को श्यामचरण गुप्त का पत्र मिलता है कि वह बीमार था और उसने आजीवन कुँवारा रहने का प्रण किया है। रमा ठगी गई। रघुनन्दन शराबी, जुआरी और चोर निकलता है। रमा की संयोग से फिर श्यामचरण से मुलाकात होती है। रघुनन्दन अपनी प्यारी वेश्या महबूबजान की उसके विरुद्ध गवाही से फँस जाता है। वह जाली पत्र लिखने और झूठा मामला बनाने का अपराध स्वीकार कर लेता है। और छह महीने के लिए जेल चला जाता है। रमा और श्यामाचरण का प्रेम फिर उमड़ने लगता है। दोनों एक-दूसरे से मिलने लगे, ''रविवार का दिन आया। घड़ी में नौ बजे देखकर रमा ने अपने मित्र से मिलने की इच्छा में कमरे का सामान ठीक-ठाक किया...उस दिन के *टाइम्स* में डाइवोर्स कोर्ट में पति परित्याग के एक अद्भुत अभियोग का वर्णन था। पति-पत्नी की लड़ाई पर पुरुष से रमण कर उसी के साथ विवाह करने की इच्छा आदि के समाचार पढ़कर रमा की कली-कली खिल गई।'' (*स्वतंत्र रमा और परतंत्र लक्ष्मी,* पृ. 43) रमा ने आज श्यामाचरण बाबू से पहले से अधिक प्यार दिखलाया। फिर दोनों ने एक दिन बाद विवाह कर लिया, भोज हुआ, अंग्रेज़ी ढंग का मद्यपान और नाच हुआ जिसमें ''जिस स्त्री की (अपने पति के सिवाय) जिस पुरुष के साथ नाचने की इच्छा हुई उसी के साथ कमर मिलाकर नाची।'' (वही, पृ. 44) अब तक नौ प्रकरण हो चुके हैं।

अचानक से प्रकरण दस में उपन्यासकार महता लज्जाराम शर्मा रमा को एक स्कूल में नौकरी करते, मि. जॉनसन की उस पर कृपा और उसकी वेतन वृद्धि, मि. जॉनसन का रमा के लिए ऐसा पत्र प्रेम पत्र जो कोई विवाहित पुरुष ही अपनी विवाहिता पत्नी के नाम लिख सकता है, श्यामाचरण बाबू के हाथ पड़ जाता है। वह

उस पत्र को अपने पास रख लेता है। रमा समझ जाती है कि उसके पति को उसकी चालाकी पता चल गई है पर वह परवाह नहीं करती। मि. जॉनसन बदस्तूर उसके घर आते-जाते हैं। श्यामाचरण बाबू पूना जाने का बहाना करते हैं, पूना जाने वाली गाड़ी पर रमा के सामने चढ़ते हैं पर पूना नहीं जाते। तीन-चार दिनों तक घात लगाकर रमा और मि. जॉनसन को किवाड़ों की सन्धि में से इंस्पेक्टर और चार साथियों के साथ ठीक ऐसे समय पर देखते हैं जिसको लिखते हुए उपन्यासकार को लज्जा आती है।

आठवें दिन लौटकर रमा को व्यभिचारिणी कहते हैं, रमा अपने को सती रमणी कहती है। इस कलंक पर रमा घर छोड़कर चल देती है। जाती हुई रमा को श्यामाचरण बाबू एक लात मारते हैं। लात खाकर रमा नि:शंक होकर मि. जॉनसन के घर चली जाती है।

शनिवार को रमा को उसके व्यभिचार के बारे बताया गया। रविवार को लात मारकर बाहर निकाली गई, सोमवार को दस बजे श्यामा बाबू ने न्यायालय में अपनी पत्नी के व्यभिचार के विरुद्ध नालिश की, सभी साक्षियों, पत्र और इंस्पेक्टर की गवाही से व्यभिचार प्रमाणित हुआ। इस मनोरंजक मुकदमे को सुनने के लिए भीड़ उमड़ पड़ी। रमा ने अपने पति को छोड़ने की इच्छा प्रकट की। "स्त्री स्वातंत्र्य की उन्नति करने के विचार पर न्यायालय ने रमा और मि. जॉनसन पर और किसी प्रकार का दंड न कर वादी का खर्चा और 500 रुपया प्रतिवादी से वादी को दिलवाए। न्यायाधीश की आज्ञा से दोनों का सम्बन्ध टूटा।" (वही, पृ. 49)

दस-बारह दिनों के बाद रमा ने मि. जॉनसन से तीसरा विवाह कर लिया। पति-पत्नी सुखपूर्वक रहने लगे। उपन्यासकार अचानक से रमा पर सदय होकर लिखता है, "रमा ने यद्यपि स्वतंत्र पिता के यहाँ जन्म लिया था परन्तु ठेठ में वह हिन्दू थी, अपनी अपेक्षा पति का अधिक दर्जा मानती थी, ऐसा ही समझकर दुराचारी रघुनन्दन के साथ उसने अच्छा बर्ताव किया था।" (वही, पृ. 49) जिस रमा ने अकारण एक पति से विश्वासघात किया उसके भी पति सम्बन्धी विचार अति उच्च हैं?

प्रकरण दस के अन्त में शर्मा जी रमा की कहानी छोड़ देते हैं और यह कहकर प्रकरण समाप्त करते हैं, "समय जाने के साथ वह स्वतंत्रता के लाभों को भलीभाँति जान गई। अंग्रेज़ी क़िस्से-कहानी-नाटक-उपन्यास और परित्याग के अभियोगों का वर्णन समाचार-पत्रों में पढ़ने से स्वतंत्रता में अधिक अनुभव प्राप्त कर लिया। मि. जॉनसन ने सिखा-पढ़ा कर रमा को परतंत्र रहने की पूरी टेंव छुड़ा दी। जॉनसन ने उसे समझा दिया कि पति और पत्नी का समान अधिकार है। स्त्री पुरुष के आज्ञापालन में किसी तरह बँधी हुई नहीं है और न पुरुष का स्त्री पर दबाव डालने का किसी तरह का स्वत्व है। वरन् स्त्री की सेवा करना और उसे किसी तरह सुख पहुँचाना पुरुष मात्र का कर्तव्य है।" (वही, पृ. 49)

अब तक की कहानी के विश्लेषण पर महता लज्जाराम शर्मा द्वारा रमा के चरित्र से की गई कई ज़्यादतियाँ उभरकर सामने आती हैं। रमा अगर ठेठ हिन्दू थी तो उसने रघुनन्दन जैसे दुराचारी के साथ अच्छा व्यवहार किया, यह तो ठीक है, किन्तु सदाचारी श्यामाचरण गुप्त के साथ उसने वही अच्छा व्यवहार क्यों नहीं किया। आरम्भ में बाल-बच्चे वाली होने को उत्सुक रमा व्यभिचारिणी कैसे हो गई? उसके व्यभिचारिणी बनने का कारण उपन्यासकार की दृष्टि में उसकी स्वतंत्रता है। रमा को बाद में मिलने वाले दुःखों का कारण यही स्वतंत्रता है जो उसे अपने स्वतंत्र पिता से मिली, जो अपने पारम्परिक हिन्दू पिता का घर छोड़ आए थे। और उनकी बड़ी बेटी लक्ष्मी को उन्होंने ही पाला था जिसका बाल-विवाह हुआ जो 'परतंत्र' रही, किन्तु सुखी रही। उसने जीवन के सभी कष्ट सहे, उसके गहने बिक गए, सतीत्व दाँव पर लगा, पति बीमार पड़ा, किन्तु हिन्दू नारी ने अपनी शक्ति से सब कुछ ठीक कर लिया।

यहाँ उपन्यासकार अपने चरित्रों का भविष्य अपनी पसन्द-नापसन्द से तय करता है। वह अपने विचार का पक्ष और प्रतिपक्ष तय करता है। उन्हें अपने निर्देशानुसार परिस्थितियों में डालता है। उनका व्यवहार सामने रखता है और निर्णय सुना देता है कि उसने जिस विचार की वकालत की वही सही है।

इस उपन्यास में लज्जाराम शर्मा स्वतंत्र स्त्री को पतनशील प्रमाणित करना चाहते हैं, अपने इस विचार को वे उपन्यास में स्वाभाविक-कृत्रिम दोनों तरह की स्थितियों का निर्माण कर प्रमाणित करने में सफल होते हैं। रमा का आत्मनिर्भर जीवन तीन पुरुषों से होता हुआ दुखान्त को प्राप्त होता है। इस बीच के जीवन में वे स्वयं रमा के भोग-विलास, सुख-स्वच्छन्दता, अध्ययन-आत्मनिर्भरता का वर्णन करते चलते हैं। इस वर्णन में उनका स्वर व्यंग्यपरक है। वर्णन छोटे हैं। उनका रवैया प्रसंगों को यथाशीघ्र निपटा देने का है, किन्तु लक्ष्मी के दुःखपूर्ण जीवन के सुखान्त वर्णन में उन्हें ऐसी कोई हड़बड़ी नहीं है क्योंकि यही उनकी रचनात्मकता का लक्ष्य है।

इस उपन्यास के विवेचन में रमा की कहानी सुनानी आवश्यक थी क्योंकि नापसन्द होते हुए भी लेखक नए चरित्र पर लिख रहा था जबकि लक्ष्मी की कहानी तो जानी-पहचानी है, स्त्रियों को सतीत्व और धर्म का उपदेश देने के क्रम में बार-बार सुनाई गई है। धार्मिक कथाओं का प्रतिदिन पारायण पुण्यकारी जो होता है।

हिन्दी साहित्य को अपने आदिकाल से लेकर अब तक कोई अलमस्त, मज़बूत, खिलंदड़ी ऊर्जा का भंडार और मुश्किलों में भी खिलखिलाती नायिका नहीं मिली। क्यों? कारण अत्यन्त सीधा, सरल और स्पष्ट है—स्त्री के 'स्त्रीकरण' के नाम पर उसकी प्रतिभा और ऊर्जा का जैसा बंध्याकरण होता है, वह दुर्भाग्य पुरुष के हिस्से नहीं आता। जर्मेन ग्रीयर (1949) ने अपनी पुस्तक *बधिया स्त्री* (1970, The

Female Eunch) में मेरी वोन्सटनक्राफ़्ट को उद्धृत किया है, ''जिस लड़की के उत्साह को अकर्मण्यता की सील न लग गई हो या जिसकी निष्पापता को झूठी लज्जा का ग्रहण न लगा हो वह हमेशा ही अलमस्त रहेगी।'' (*बधिया स्त्री,* जर्मेन ग्रीयर, अनु. मधु वी. जोशी, राजकमल प्रकाशन, नई दिल्ली, 2001, पृ. 75)

लड़की अलमस्त नहीं रह सकती क्योंकि उसे चयन की स्वतंत्रता नहीं है, उसे जीवन के चयन की स्वतंत्रता नहीं है, उसे जीवन जीने की ही स्वतंत्रता नहीं है। जब-जब रमा और उस जैसी कोई, स्वतंत्रता की बात करेगी उसके लिए एक निश्चित परिणाम प्रतीक्षा करेगा। धर्म और साहित्य यहाँ एक-दूसरे के पूरक के रूप में काम करते हैं। केवल धार्मिक साहित्य ही नहीं, वह साहित्य भी जो धार्मिक लोगों द्वारा लिखा जाता है, धार्मिक विचारधारा की और मज़बूत स्थापना की दिशा में काम करता है। ऐसा साहित्य प्रत्यक्षत: समाज चिन्ता व्यक्त करता है, किन्तु उसका वास्तविक उद्देश्य स्त्री-मुक्ति की बात करना नहीं हो सकता क्योंकि यह धर्म का एजेंडा नहीं है। यह प्रमुख विचारधारा का अंग नहीं है। पूँजीवादी व्यवस्था भी स्त्रियों के लिए वैसी ही खाई खोदती है, वह स्त्रियों के अधिकारों के लिए लड़ती हुई दिखाई देती पर लड़ती नहीं। दोनों ही व्यवस्थाएँ मुनाफा देखती हैं जो किसी भी प्रकार स्त्री के हक़ में नहीं जाता, क्योंकि पुरुष का वर्चस्ववादी स्वभाव स्त्री को अपने मुनाफ़े में सम्मिलित नहीं करता। जिन समाजों में राजनीति ने धर्म को किनारे कर स्त्रियों को अधिकार प्रदान किए वहाँ भी चालाकी भरी विषमताएँ बची रह गई हैं, बड़ी भारी संख्या में विषम मानदंड अब भी बचे हैं। पुरुष अपनी स्वाधीनता के प्रति अत्यन्त सजग है, इतना सजग है कि वह एक स्त्री की पूरी स्वाधीनता छीनकर उसे विवाह व्यवस्था के अन्तर्गत पूर्णत: पारिवारिक दायित्वों के हवाले करता है जिसे अभी भी वह उसका कर्तव्य कहता है, किन्तु पति और पिता रूप में अपने कर्तव्यों के निर्वाह पर बड़ी चालाकी से व्यंग्यात्मक मुद्रा अपना लेता है। गृहस्थी के पाटों में स्वैच्छिक ढंग से पिसते पति-पत्नी में से पति सदैव अपनी स्वतंत्रता छिन जाने पर चुटकुले सुनाता रहता है। बड़े निर्लज्ज तरीके से वह अपने कुँवारे जीवन की आज़ादी-अवारागर्दी छिन जाने का बार-बार उल्लेख करता है—उसकी पत्नी उसका मुँह टुकुर-टुकुर ताकती है। उसके दिमाग में अपनी आज़ादी छिनने का ख़याल तक नहीं आता, उलटे वह एक अपराधबोध से घिरती जाती है। जिस कारण पुरुष की स्वतंत्रता छिन गई वह कारण मान ली जाती है। स्त्री के सन्दर्भ में उसका सम्पूर्ण उसकी अपनी स्वाधीनता के हनन का किसी को ध्यान नहीं आता, ख़ुद स्त्री को भी नहीं।

हम सभी हिन्दू विवाहों में होने वाले उस मज़ाक़ से परिचित होंगे जिसमें फेरे पड़ने से पहले वर पक्ष के लोग दूल्हे से 'भाग जा, अब भी वक़्त है, भाग ले फिर मत कहना, मत फँस, शादी का जुआ मत पहन' जैसे वाक्य कहते हैं। सभी आनन्दित होते हैं।

लेकिन ऐसा कोई वाक्य, एक भी वाक्य दुलहन से नहीं कहा जाता। दुलहन को आज़ादी नहीं चाहिए, वह स्वतंत्रता नहीं चाहती बल्कि वही दूसरे की स्वतंत्रता की अपहर्ता है, वही बन्धन है जिससे बचने की सलाह दूल्हे को दी जाती है। धर्माश्रित समाज की मानसिकता स्त्री और स्वतंत्रता में कोई अन्तस्सम्बन्ध नहीं पाती। उसके अनुसार विवाह स्त्रियों की सुख-सुविधा और सुरक्षा के लिए है अत: उसे क्यों चाहिए स्वाधीनता? वह यह नहीं सोचता कि स्त्री को आज़ादी चाहिए। वह यह नहीं सोचना चाहता कि स्त्री को भी आज़ादी चाहिए हो सकती है,वह सोच ही नहीं सकता कि स्वतंत्रता स्त्री की भी कामना है, इसलिए स्वतंत्र रमा को दुखी होना होगा, स्वाधीन रमा के भाग्य में उसका रचनाकार सुख लिख ही नहीं सकता। स्त्री-पुरुष की आज़ादी के सम्बन्ध में दोहरा मानदंड रखने वाले पुरुष स्त्री की स्वतंत्रता पर चालाकी भरा मौन और अपने स्वातंत्र्य को सदा सामने रखते हैं। "वे कभी ये नहीं सोचते या सोचना चाहते कि औरत भी आज़ादी चाहती है, सम्मान, ईमानदारी, उदात्त मनोवेग, गौरव, व्यक्ति होने के सभी घटकों से युक्त एक व्यक्ति होने की आज़ादी, दौड़ने, चिल्लाने, जोर से बोलने और घुटने फैलाकर बैठने की आज़ादी। पृथ्वी और उस पर तैरने, पड़े रहने और रेंगने वाली तमाम संज्ञाओं को जानने और उनसे प्यार करने की आज़ादी। सीखने की आज़ादी और सिखाने की आज़ादी। डर से आज़ादी, भूख से आज़ादी, बोलने की आज़ादी और विश्वास की आज़ादी।" (वही, पृ. 10) आज़ादी का यह सपना अब भी सपना है क्योंकि "संसार की ज़्यादातर औरतें अब भी डरी हुई हैं। अब भी भूखी, अब भी गूँगी और धर्म द्वारा तमाम तरह की बेड़ियों से जकड़ी हैं, उनके चेहरों पर नकाबें हैं, मुँह पर मुहारे, उनके अंग-भंग हैं, वे पिटी हुई हैं।" (वही, पृ. 11)

राष्ट्रवाद और स्त्री-सम्बन्धी धारणाओं और आचरणों में सामान्यत: भारतीय समाज और परिणामत: नवजागरण गहरे अन्तर्विरोधों का समुच्चय रहा है, हिन्दी नवजागरण भी इसका अपवाद नहीं है। अन्य सभी स्त्री सम्बन्धों को नकारते हुए माँ को भारतीय संस्कृति में बहुत महत्त्वपूर्ण माना गया है। यह एक स्वार्थ भरा आरम्भ था जो अपने नाभि-नाल सम्बन्धों के कारण परिवार व्यवस्था का भरोसेमन्द और मानवीय सम्बन्धों का सच्चा प्रतिनिधि बना। माँ रूप में स्त्री पवित्र और पूज्यनीय थी। राष्ट्रवाद के उदय के साथ जन्मभूमि को इसी पवित्र धारणा के साथ जोड़ा गया। जन्मभूमि को माँ माना गया और उसके लिए प्राणों का उत्सर्ग करना गुलाम देश के युवकों का प्रथम कर्तव्य माना गया। इस प्रकार 'राष्ट्र' पुल्लिंग का एक प्रकार से स्त्रीलिंगकरण हो गया। प्रसिद्ध समाजशास्त्री आशीष नन्दी इस सम्बन्ध में एक बड़ी रोचक स्थिति का वर्णन करते हैं। अपनी पुस्तक द *इन्टीमेट एनिमी* (The Intimate Enemy Loss and Recovery of Self Under Colonialism) के अध्याय द *साइकोलॉजी ऑफ कोलोनियलिज्म* (The Psychology of

Colonolialism : Sex, Age and Ideology in British India) में साम्राज्यवादी शक्ति द्वारा राष्ट्रवादी भावना को पददलित करने के तरीके बताते हैं। साम्राज्यवाद अपने पैर केवल सैन्यबल पर नहीं पसारता बल्कि जीती गई जाति के आत्मबल पर निरन्तर प्रहार करता है। वह उसके मनोबल को इतना पस्त कर देता है कि वह विद्रोह के सम्बन्ध में सोच तक न सके। भारतीयों की उभरती देशभक्ति का सबसे सशक्त माध्यम संस्कृति थी। भारत ने ब्रिटिशों के विरुद्ध अपना राष्ट्रवाद सांस्कृतिकवाद के रूप में दर्ज किया था। भारतीयों द्वारा अपने आत्मबल को बनाए रखने के लिए सांस्कृतिक राष्ट्रवाद का मनोबल तोड़ने के लिए ब्रिटिश अपने को विजेता राष्ट्र के रूप में पुरुष बता रहे थे और विजित राष्ट्र को स्त्री ठहरा रहे थे। आशीष नन्दी डी.सी. सॉमखेल के हवाले से कहते हैं कि साम्राज्यवाद का वर्चस्व नीति से अधिक भावना का मामला था जो बौद्धिक से अधिक नैतिक था।

स्त्री पर पुरुष की विजय को बिलकुल इसी सन्दर्भ में भी देखा जा सकता है। आशीष नन्दी इसे साम्राज्यवादी सन्दर्भ में औपनिवेशिक शक्ति द्वारा देखे गए रूप में दिखाते हैं। औपनिवेशिक साम्राज्य ने लिंग क्रम की ऊँच-नीच को इस प्रकार तय किया—पुरुषत्व > नारीत्व > क्लीवत्व अर्थात् पुरुषत्व नारीत्व से और नारीत्व क्लीवत्व से श्रेष्ठ है। इस क्रम में पुरुषत्व सर्वश्रेष्ठ है। चूँकि भारतीय जिस संस्कृति राष्ट्रवाद से साम्राज्यवाद का सामना करने का प्रयास कर रहे थे वह स्वयं पुरुषत्व की श्रेष्ठता का अति कायल था, इसलिए उसके पुरुषत्व को यह तुलना बहुत चुभी। जितनी चुभन उसे 'पराजित' कहने पर थी, उससे अधिक चुभन स्त्री कहे जाने पर थी। विवेकानन्द ने इस पर 1898 ई. में अल्मोड़ा के अद्वैत आश्रम में प्राच्य और पाश्चात्य विषय पर भाषण देते समय व्यंग्यपूर्वक कहा था—"British had following the 'real' injuction of the classical Indian texts, excelled in their this-worldly, hedonic, manly, pursuits, while the Indians, foolishly following the 'true' injuctions of christianity, feminine subject." नारी छवि से मुक्ति के लिए गणेश पूजा और शक्ति पूजा (दुर्गा पूजा) का महाराष्ट्र और बंगाल में आरम्भ होना उसी समय की घटनाएँ हैं। राणा प्रताप, शिवाजी आदि की गौरवगाथाओं का गान इसी आवश्यकता की पूर्ति है। तिलक, लाजपत, विवेकानन्द आदि का गहन अध्ययन कर चुके मोहनदास करमचन्द गांधी इस मानसिक युद्ध में अंग्रेज़ों से अधिक तेज और टिकाऊ प्रमाणित हुए। उन्होंने अपने अहिंसा के सिद्धान्त को भलीभाँति योजनाबद्ध किया और उसे ईसाइयत से जोड़ा।

गांधी जी ने अपने अहिंसा के सिद्धान्त को पश्चिम से जोड़कर उसके राजनैतिक प्रयोग के लिए सबसे पहले लिंगीय स्तर निर्धारण की विचारधारा को चुनौती दी और इसे राजनैतिक असमानता और अन्याय को वैधता प्रदान करने वाला बताया। जब पंजाब, महाराष्ट्र और बंगाल पुरुषत्व क्षत्रिय धर्म की महत्ता प्रतिपादन में जुटे थे तो

गांधी इस मानसिक युद्ध की सर्वोत्तम काट लेकर मैदान में उतरे। उन्होंने वामाचारियों के चुनाव में स्त्री-पुरुष दोनों के सम्मिलन को नहीं चुना। वामाचारियों का मानना था—उभयलिंगी > पुरुषत्व नारीत्व। अर्थात् पुरुषत्व और नारीत्व समान हैं, किन्तु दोनों के गुण प्राप्त कर लेना और श्रेष्ठ है। गांधी अर्द्धनारीश्वर की धारणा की ओर भी नहीं गए। बस उन्होंने शोषण के हथियार वैचारिक स्तर विभाजन का क्रम ही बदल दिया। उन्होंने अपने साम्राज्यवाद-विरोधी-आन्दोलन के लिए क्रम इस प्रकार रखा—नारीत्व > पुरुषत्व > कापुरुषत्व। गांधी जी की इस विचारधारात्मक रणनीति पर आशीष नन्दी लिखते हैं—"The Shrewed Bania, practical Idealist had correctly seen that, at some levels of National conciousness in Britain, there was near perfect legitimacy for the political methodology was forgins. On the other hand, he knew well that he would have to fight hard in India to establish his version as 'true' Hindustan or as the central core of Hindustan. After all Gandhi himself said that he had borrowed his idea of nonviolence not from the sacred texts of India but from the sermon on the Mount." (*The Intimate Enemy*, p. 25)

देवी पूजन भारतीय संस्कृति का अंश रहा है। यहाँ एक और बात भी थी—स्त्री का मातृ रूप अधिक स्वीकृत था बनिस्बत पत्नी रूप के। धरती या जन्मभूमि को माता मानने से भक्ति और श्रद्धा भाव प्रकट होता था। क्रान्तिकारियों ने भी भारत को सहर्ष ही माता मान लिया। भारत माता के लिए हँसते-हँसते प्राण न्योछावर कर देना उसके किसी भी देशभक्त के लिए आन और श्रद्धा की बात थी। अर्द्धनारीश्वर के सिद्धान्त के बजाय नारीत्व त्याग, दया, माया, ममता, करुणा और अहिंसा का सटीक द्योतक था। गांधी ने भी क्रान्तिकारियों की तरह मातृ रूप को अधिक मान्यता दी और मातृ रूप को नारीत्व से जोड़ दिया। मोहनदास कर्मचन्द गांधी ने कहा, नारीत्व पुरुषत्व से श्रेष्ठ है, पुरुषत्व कापुरुषत्व से श्रेष्ठ है। अर्थात् पुरुष कायर से श्रेष्ठ है, किन्तु नारी से कमतर है। भारत में स्त्री को पहली बार घर से बाहर निकालकर सार्वजनिक जीवन में लाने वाले गांधी ने यहाँ भी पश्चिम और पूर्व में एक भेद रखा। उन्होंने भारतीय नारी को परम्परा से जोड़ते हुए शक्ति, सक्रियता और नारीत्व को लक्ष्य बनाने के लिए कहाँ अब तक शक्ति और सक्रियता पुरुषत्व की थाती थे। सुविधा भी कि भारतीय संस्कृति में अधिक शक्तिशाली आक्रामक और अनियंत्रित संघटक शक्ति के रूप में दुर्गा और काली के उदाहरण पहले से थे। परम्परा ने भी नारी-शक्ति को वहाँ-वहाँ कारगर माना जहाँ पुरुष असफल रहे थे।

बीसवीं शताब्दी के आरम्भिक दशकों में गांधी जी भारतीय स्त्रियों के सम्बन्ध में अपने आन्दोलन की कार्यशैली निश्चित कर चुके थे और बड़ी सफलता से उसके प्रयोग कर रहे थे। इस सदी की स्त्री को साहित्य के क्षेत्र में राधामोहन

गोकुल और राजनीति के क्षेत्र में मोहनदास कर्मचन्द गांधी जैसे सचेत विचारक और सच्चे हमदर्द मिले। इन दोनों में राधामोहन गोकुल तो स्त्री-पुरुष समानता से कम पर समझौते को तैयार नहीं हैं। कोई आश्चर्य नहीं कि इसीलिए उन जैसे 'रेडिकल' विचारक को रामविलास शर्मा के अतिरिक्त कोई विचारक सराह न सका और उन्हें अनदेखा कर दिया गया, किन्तु गांधी के साथ ऐसा करना सम्भव न था। राधामोहन गोकुल भारत में क्रान्तिकारियों के सक्रिय सहायक और पक्षधर थे। उन्होंने गांधीवादी भी होना चाहा था पर हो न पाए, उन्हें गांधीवाद जँचा नहीं। उनके नागपुर झंडा आन्दोलन की स्वयं महात्मा गांधी ने प्रशंसा की थी। राधामोहन गोकुल ने स्त्री के मातृ रूप को महत्त्व देने के साथ उसके अन्य सभी रूपों की बात की। अपने प्रसिद्ध निबन्ध 'स्त्रीमानस' में उन्होंने स्त्रियों को पुरुषों से हीन नहीं श्रेष्ठ माना। उनका मानना था कि स्त्रियों के पास भी पुरुषों के समान मस्तिष्क है, ईश्वर ने उसे कमज़ोर बनाकर नहीं भेजा, प्रत्येक धर्म के पोंगापंथियों ने उन्हें सताया है और अब भी सताते जा रहे हैं।

गांधी जी ने स्त्रियों को भी निर्भयता के सिद्धान्त से जोड़ा। इस तरह उन्होंने पुरुष के सबसे बड़े एकाधिकार को चुनौती दी—"पुरुष और स्त्री दोनों निर्भय बन सकते हैं। पुरुष (प्राय:) ऐसा मानता है कि वह निर्भय रह सकता है, लेकिन यह बात हमेशा सच नहीं होती। इसी तरह स्त्रियाँ भी अपने को निर्बल मानकर, अपने लिए 'अबला' नाम चलाने देती हैं—यह बात भी ठीक नहीं है। स्त्रियों को भयभीत रहने की तनिक भी आवश्यकता नहीं है।" (*आज़ादी और औरत,* महात्मा गांधी, संकलन-सम्पादन कुमार प्रशांत, सर्व सेवा संघ-प्रकाशन, वाराणसी, 2013, पृ. 7)

राधामोहन गोकुल ने कहा कि "हम भारत में स्त्रियों को शारीरिक और मानसिक दोनों प्रकार की उन्नति से रोकते हैं, नहीं तो स्त्री-मानसशक्ति पुरुष-मानसशक्ति से अनेक गुणा श्रेष्ठ है। स्त्रियों में जो त्रुटियाँ देखी जाती हैं, ये नैसर्गिक या स्वाभाविक नहीं, किन्तु बनावटी हैं और इस सबके जिम्मेवार पुरुष हैं, न कि स्त्रियाँ।" (*राधामोहन गोकुल की अप्राप्य रचनाएँ,* भाग-2 रूपा गुप्ता, स्वराज प्रकाशन, नई दिल्ली, पृ. 27)

मोहनदास कर्मचन्द गांधी ने स्त्री प्रश्न को भी आध्यात्मिकता से जोड़ा, भारतीय स्त्रीवादी विमर्श आरम्भ किया। *आज़ादी और औरत* में महात्मा गांधी ने पृष्ठ छह पर गांधीवादी सन्देश दिया—"मेरा आदर्श यह है कि पुरुष, पुरुष रहते हुए स्त्री बने तथा स्त्री, स्त्री रहते हुए पुरुष बने।"

सन्दर्भ-ग्रन्थ सूची

प्राथमिक स्रोत

1. उपाध्याय, श्री प्रभाकेश्वर प्रसाद, श्री दिनेश नारायण उपाध्याय, एम.ए. साहित्य रत्न, *प्रेमघन सर्वस्व, प्रथम भाग (1939) एवं द्वितीय भाग (2003),* हिन्दी साहित्य सम्मेलन, प्रयाग
2. 'एक अग्रवाल श्रेष्ठकुल की कुलीन जैनमती स्त्री का रचा हुआ', *मर्द-औरत का क़िस्सा,* मुंशी नवलकिशोर (सी.आई.ई.) के छापेखाने में छपी, लखनऊ, 1895
3. गुप्त, बालमुकुन्द, *शिवशम्भु के चिट्ठे,* राजकमल प्रकाशन, नई दिल्ली, 1988
4. गुप्ता, रूपा (सम्पा.), *राधामोहन गोकुल की अप्राप्य रचनाएँ,* स्वराज प्रकाशन, नई दिल्ली, 2013
5. गुप्ता, रूपा (सम्पा.), *नज़ीर अकबराबादी रचनावली,* स्वराज प्रकाशन, नई दिल्ली, 2015
6. दास, लाला श्रीनिवास, *परीक्षा गुरु,* लोकभारती इलाहाबाद, 2002
7. दास, श्यामसुन्दर (सम्पा.), अनु. सदल मिश्र, *चन्द्रावती अथवा नासिकेतोपाख्यान,* नागरी प्रचारिणी सभा, काशी, 1950
8. फिल्लौरी, श्रद्धाराम, *भाग्यवती,* लाहौर, 1912
9. भनोट, सरनदास, *श्रद्धाराम फिल्लौरी ग्रन्थावली,* नेशनल पब्लिशिंग हाउस, नई दिल्ली
10. मल्ल, विजय शंकर (सम्पा.), *प्रतापनारायण ग्रन्थावली,* ***प्रथम खंड,*** **ना**गरीप्रचारिणी सभा, काशी, 1957
11. मिश्र, भुवनेश्वर, *घराऊ घटना,* मुंशी नवलकिशोर प्रेस, लखनऊ, 1894
12. मिश्र, सत्यप्रकाश, (सम्पा.), *बालकृष्ण भट्ट के श्रेष्ठ निबन्ध,* लोकभारती प्रकाशन, इलाहाबाद, 1998
13. मेन्प्राम, एल.जी., विमल कीर्ति (अनु. एवं सम्पा.), *महात्मा जोतिबा फुले रचनावली—भाग-1 एवं भाग-2,* राधाकृष्ण, दिल्ली, 1994
14. वर्मा, निहालचन्द्र, *बंकिम समग्र, प्रचारक ग्रन्थावली परियोजना,* वाराणसी, 1989

15. शर्मा, हेमन्त (सम्पा.), *भारतेन्दु समग्र,* सस्ता प्रकाशन, वाराणसी, 1989
16. शर्मा, महता लज्जाराम जी, *स्वतंत्र रमा और परतंत्र लक्ष्मी,* श्री वेंकटेश्वर यंत्रालय, बम्बई, 1899
17. *शिवपूजन सहाय रचनावली,* बिहार राष्ट्रभाषा परिषद, पटना, 1959
18. *श्री रामावतार शर्मा निबन्धावली,* बिहार राष्ट्रभाषा परिषद, पटना, 1954

पत्र-पत्रिकाएँ

1. *उदन्त मार्तण्ड* (1826-27), युगल किशोर सुकुल, कलकत्ता
2. *उचित वक्ता,* मिश्र दुर्गाप्रसाद, कलकत्ता, 1880
3. *कविवचन सुधा,* भारतेन्दु हरिश्चन्द्र, वाराणसी, 1868
4. *तद्भव,* अखिलेश (सम्पा.), वर्ष-3, अंक-2, **अप्रैल** 2015
5. *बंगदूत* (1829), राजा राममोहन राय, कलकत्ता
6. *बालाबोधिनी* हरिश्चन्द्र मैगजीन हरिश्चन्द्र भारतेन्दु, वाराणसी, 1873
7. *ब्राह्मण,* मिश्र प्रतापनारायण, कानपुर, 1883
8. *बिहार बंधु,* कलकत्ता, अली मुंशी हसन, भट्ट केशवराम, 1872
9. *भारतमित्र,* मिश्र छोटूलाल, कलकत्ता, 1878
10. *मारवाड़ी गजट,* दुर्गा प्रसाद मिश्र, कलकत्ता, (1897)
11. *समाचार सुधावर्षण* (1854-68), श्यामसुन्दर सेन, कलकत्ता
12. *सारसुधानिधि* (1879-1890), दुर्गा प्रसाद मिश्र, कलकत्ता
13. *हरिश्चन्द्र भारतेन्दु,* वाराणसी, 1874
14. *हिन्दी बंगवासी,* पराड़कर बाबूरामविष्णु, चक्रवर्ती, कलकत्ता, 1890
15. *हिन्दी प्रदीप,* भट्ट बालकृष्ण, इलाहाबाद, 1877
16. *क्षत्रिय पत्रिका,* सिंह रामदीन, पटना, 1891

अन्य सन्दर्भ-ग्रन्थ

1. अबला मतिवेग *रोधिक संगीत-भगवती,* लाहौर, 1893
2. अमीन, शाहिद (सम्पा.), पाण्डेय ज्ञानेन्द्र, *निम्नवर्गीय प्रसंग,* भाग-1,2, राजकमल प्रकाशन, नई दिल्ली 1995, 2002
3. इगल्टन, टेरी, *इंट्रोडक्शन टू आइडियोलॉजी,* लन्दन, 1991
4. *उपदेश रत्नमाला,* एक जैन महिला, आरा, 1918
5. एरिक, हॉब्सबाम—*दुनिया को कैसे बदले,* गुप्त रामकिशन (अनु.) ग्रन्थ शिल्पी, दिल्ली, 2013
6. कस्तूरिया, उषा, माथुर उमेश, *हिन्दी उपन्यास-कोश (1870 ई.-1980 ई.),*भाग-1, 2, 3 बी.आर. पब्लिशिंग कॉर्पोरेशन, दिल्ली, 2001
7. किरण, प्रभात, *अबलाओं के आँसू,* इन्दौर, 1929
8. कुमार, रमेश, *नवजागरण और हिन्दी आलोचना,* नेहा प्रकाशन, दिल्ली, 2006

9. Kohn, Hans, *Nationalism and Realism:1852-1879,* d.Van Nostrand Company,inc, London, 1968
10. गांधी, महात्मा, *आज़ादी और औरत,* संकलन-सम्पादन कुमार प्रशांत, सर्व सेवा संघ-प्रकाशन, वाराणसी, 2013
11. *गांधी, मोहनदास कर्मचन्द,* त्रिवेदी काशिनाथ (अनु.), राष्ट्रभाषा हिन्दुस्तानी, नवजीवन प्रकाशन मन्दिर, अहमदाबाद, 1947
12. गुप्त, उमराव सिंह, *आदर्श बहू,* प्रयाग, 1916
13. गुप्त, श्रीयुत कुन्दन लाल, *हिन्दू विधवा,* लुहारी दरवाज़ा, लाहौर चिरंजीव पुस्तकालय
14. गुप्ता,रूपा, *बंकिमचन्द्र के हिन्दी में अप्रकाशित निबन्ध,* प्रकाशन विभाग, सूचना और प्रसारण मंत्रालय, भारत सरकार, दिल्ली, 2012
15. गुप्ता, रूपा, *साहित्य और विचारधारा,* यश पब्लिकेशन, नई दिल्ली, 2006
16. गुप्ता, रूपा (सम्पा.), *हिन्दी और बंगला नवजागरण भारतेन्दु एवं बंकिमचन्द्र के निबन्ध,* स्वराज प्रकाशन, नई दिल्ली, 2013
17. गोयन्दका, जयदयाल, *नारी धर्म,* 1937
18. ग्राम्शी, अन्तोनियो, कृष्णकान्त मिश्र (अनु.), *सांस्कृतिक और राजनीतिक चिन्तन के बुनियादी सरोकार,* ग्रन्थ शिल्पी, 2002
19. ग्रीयर, जर्मेन, *बधिया स्त्री,* अनु. मधुवी जोशी, राजकमल प्रकाशन, नई दिल्ली, 2001,
20. घोष, जे.सी., *दि इंग्लिश वर्क्स ऑफ राजा राममोहन राय,* पेटिशन अगेंस्ट प्रेस रेग्यूलेशन,
21. चतुर्वेदी, जगदीश्वर (सम्पा.), *साम्प्रदायिकता के सवाल, रामजन्मभूमि बाबरी मस्जिद विवाद,* न्यूमैन्स, कलकत्ता, 1991
22. चतुर्वेदी, नरेशचन्द (सम्पा.), *प्रतापनारायण मिश्र कवितावली,* हिन्दी साहित्य सम्मेलन, प्रयाग, इलाहाबाद, 1997
23. Chandra, Satish, *Parties and politics at the Munghal court,* Peoples Publishing House, Bombay, 1973
24. चन्द्र, सुधीर, *हिन्दू, हिन्दुत्व, हिन्दुस्तान,* राजकमल प्रकाशन, दिल्ली, 2003
25. Chandra, Sudhir, *The Oppressive present,* Oxford University Prees, Delhi, 1992
26. Chandra, Sudhir, *Communal Elements in Late Nineteenth Century Hindi literature, occasional paper no.15,* Nehru memorial museum and library, New Delhi, 1981
27. चन्द्र, सुधीर, *रख्माबाई स्त्री अधिकार और क़ानून,* राजकमल प्रकाशन, नई दिल्ली, 2012
28. चौबे, शिवानी किंकर, भारद्वाज मिलिन्द (अनु.), *भारत में उपनिवेशवाद, स्वतंत्रता संग्राम और राष्ट्रवाद,* ग्रन्थ शिल्पी, दिल्ली, 2000
29. जैन, जगदीशचन्द्र, भूमिका, हजारीप्रसाद द्विवेदी, *दो हज़ार वर्ष पुरानी कहानियाँ,* भारतीय ज्ञानपीठ, नई दिल्ली, 2003
30. जैनी, बाबू चन्द्रसेन, *बुढ़ापे का विवाह,* इटावा, 1906

31. जैसवाल, श्रीश, *हिन्दी का नवजागरण काल एवं भाषा विवाद,* हिन्दी साहित्य सम्मेलन प्रयाग, इलाहाबाद, 2007
32. Donald, E, *India is a Secular State,* Smith, Princoton University Press, London, 1963
33. तलवार, वीरभारत, *राष्ट्रीय नवजागरण और साहित्य कुछ प्रसंग : कुछ प्रवृत्तियाँ,* हिमाचल पुस्तक भंडार, दिल्ली, 1994
34. तलवार, वीरभारत, *रस्साकशी,* सारांश प्रकाशन, दिल्ली, 2004
35. तलवार, वीरभारत, *उन्नीसवीं सदी का नवजागरण और पश्चिमोत्तर प्रान्त,* सारांश प्रकाशन, दिल्ली, 2002
36. तिलक, रजनी, *भारत की पहली शिक्षिका सावित्री बाई फुले,* सेंटर फॉर ऑल्टरनेटिव दलित मीडिया (कदम), नई दिल्ली, 2002
37. तिवारी, पारसनाथ, *कबीर वाणी,* राका प्रकाशन, इलाहाबाद, 1984
38. दास, राधाकृष्ण (श्रीयुत भारतेन्दु बाबू हरिश्चन्द्र जी ने शोधा), *दुःखिनी बाला,* बनारस, 1898
39. द्विवेदी, देवनारायण, मैनेजर पाण्डेय (सम्पा.), *देश की बात,* स्वराज प्रकाशन, नई दिल्ली, 2012
40. द्विवेदी, रामनिवास, साव शम्भुनाथ, (सम्पा.), *हिन्दी नवजागरण : बंगीय विरासत,* कोल इंडिया लिमिटेड, कलकत्ता, 1993
41. द्विवेदी, हजारीप्रसाद, *हिन्दी साहित्य की भूमिका,* राजकमल प्रकाशन, नई दिल्ली, 2006
42. द्विवेदी, हजारीप्रसाद, *हिन्दी साहित्य उद्भव और विकास,* राजकमल प्रकाशन, नई दिल्ली, 1952
43. दे, अमलेन्दु, *एसेज़ इन ऑनर ऑफ प्रो. एस.सी. सरकार, रूट्स ऑफ सेपरेटिज़्म इन नाइंटीन्थ सेंचुरी बंगाल*
44. देउस्कर, गणेश सखाराम, *बाबूराव विष्णु पराड़कर* (अनु.), भूमिका और प्रस्तुति पाण्डेय मैनेजर, नेशनल बुक ट्रस्ट, इंडिया, नई दिल्ली, 2005
45. देवी, यशोदा, *आदर्श हिन्दू विधवा,* कर्नलगंज, इलाहाबाद ने वनिता हितैषी प्रेस, प्रयाग से मुद्रित करवाया, 1913
46. देवी, यशोदा (सम्पा.), *आदर्श सखियाँ,* प्रयाग, नवम्बर 1916
47. धूमिल, *संसद से सड़क तक,* राजकमल प्रकाशन, नई दिल्ली, 1972
48. नगेन्द्र (सम्पा.), *हिन्दी साहित्य का इतिहास,* नेशनल पब्लिशिंग हाउस, नई दिल्ली, 1989
49. नन्दी, आशीष (अनु.), दुबे अभय कुमार, *राष्ट्रवाद बनाम देशभक्ति,* वाणी प्रकाशन, नई दिल्ली, 2005
50. Nandy, Ashis, *At the Edge of psychology Essays in politics and culture,* Oxford University Press, Deihi, 1980
51. निजामी, ख्वाजा हसन, *बेगमात के आँसू,* स्वर्ण जयन्ती, दिल्ली, 1998

52. निजामी, ख्वाजा हसन, *बेचारे अँगरेज़ों की विपता व उनके पत्र,* वाणी प्रकाशन, नई दिल्ली, 2002
53. पंडित नारायण, नरेन्द्र शर्मा (रूपान्तरकार), *हितोपदेश,* सधना पॉकेट बुक्स, दिल्ली, 2002
54. पणिक्कर, के. एन., आदित्यनारायण सिंह (अनु.), *औपनिवेशिक भारत में सांस्कृतिक और विचारधारात्मक संघर्ष,* ग्रन्थ शिल्पी, 2003
55. Padia, Chandrakala, *Theorizing Feminism,* Rawat Publications, Jaipur, 2011
56. परिमलेन्दु, रामनिरंजन, *भारतेन्दु काल का अल्पज्ञात हिन्दी गद्य-साहित्य,* हिन्दी साहित्य सम्मेलन, प्रयाग, इलाहाबाद, 2004
57. परिमलेन्दु, रामनिरंजन, *भारतेंदु काल के भूले-बिसरे कवि और उनका काव्य,* नागरी प्रचारिणी सभा, वाराणसी, 2002
58. पांडेय, रामतेज, *नारी धर्म शास्त्र,* काशी, 1931
59. फारूक, शम्सुर्रहमान, *उर्दू का आरम्भिक युग,* राजकमल प्रकाशन, नई दिल्ली, 2007
60. बंद्योपाध्याय, शेखर, *पलासी से विभाजन तक आधुनिक भारत का इतिहास,* ओरियंट ब्लैकस्वान, दिल्ली, 2006
61. बंद्योपाध्याय, राखालदास, वाजपेयी शम्भुनाथ (अनु.), *लुत्फुल्ला,* नागरी प्रचारिणी सभा, काशी, 1971
62. बाबू सूरजभान जी वकील, *विधवा कर्तव्य,* सहारनपुर
63. बाबू हरिकृष्ण (जौहर), *शीरीं फरहाद,* बनारस, 1899
64. Bukanan, Francis, Ed. Ferminger, *A Journey From Madras through the Countries of Massore, Canara and Malabar,* Vol. I, London, 1807
65. बेरी, बाबू श्रीराम, *आदर्श महिला* (उपन्यास), कलकत्ता, 1918
66. भट्ट, पंडित केशवराम, *सज्जाद सुम्बुल,* भारतमित्र यंत्रालय, कलकत्ता, 1904
67. भारती, अनीता (सम्पा.), पवार शेखर (अनु.), *फारुकशाह, सावित्री फुले की कविताएँ,* स्वराज प्रकाशन, दिल्ली, 2015
68. Majumdar, R.C., Firma, Mukhoadhyay K.L. (Editor), *Classical Accounts of India,* Calcutta, 1960
69. मनुस्मृति, *आर्ष साहित्य प्रचार ट्रस्ट,* दिल्ली, 1985
70. (माई भगवती की आज्ञा अनुसार), *अबला मति वेग रोधिक संगीत,* लाहौर, 1893
71. मिल, जॉन स्टुअर्ट, *प्रस्तुति,* नागपाल हिन्द पॉकेट बुक्स, दिल्ली, 1991
72. मिश्र, कृष्णबिहारी, *पत्रकारिता इतिहास और प्रश्न,* वाणी प्रकाशन, नई दिल्ली, 1993
73. मिश्र, कृष्णबिहारी, *हिन्दी पत्रकारिता,* लोकभारती प्रकाशन, इलाहाबाद, 1998
74. मिश्र, शितिकंठ, *खड़ी बोली का आन्दोलन,* नागरी प्रचारिणी सभा, काशी, 1956
75. Mukherji, Radhakumud, *Rise of Magadhian Imerialism, in History and culture of the Indian people,* Editor, R.C. Majumdar, Bhartiya Vidya Bhawan, Bombay, 1968
76. मैक्समूलर, मोतीलाल (सम्पा.), जूलियस एगलिंग (अनु.), *शतपथ ब्राह्मण,* बनारसी दास, दिल्ली, 1963

77. यायावर, भारत (सम्पा.), *हिन्दी भाषा,* महावीरप्रसाद द्विवेदी, दिवि इंटरनेशनल, नई दिल्ली, 2004
78. रघुवंश, *हिन्दी साहित्य की समस्याएँ,* हिन्दी साहित्य सम्मेलन, प्रयाग, 1986
79. रमाबाई, पंडिता, शम्भू जोशी (अनु.), *हिन्दू स्त्री का जीवन,* संवाद प्रकाशन, मेरठ, 2006
80. राजवाड़े, विश्वनाथ काशीनाथ, *भारतीय विवाह संस्था का इतिहास,* वाणी प्रकाशन, नई दिल्ली, 2004
81. रामगोपाल, *स्वतंत्रता-पूर्व हिन्दी के संघर्ष का इतिहास,* हिन्दी साहित्य सम्मेलन प्रयाग, 1964
82. राय, गोपाल, *हिन्दी उपन्यास कोश,* (भाग-1,2), ग्रन्थ निकेतन, पटना, 1968
83. Ray, Chaudhury Tapan, *Europe Reconsidered,* Oxford university press, Delhi, 1989
84. राय, बाबू गुलाब, अग्रवाल लक्ष्मीनारायण, *हिन्दी साहित्य का सुबोध इतिहास,* आगरा, 1995
85. राय, शिवमंगल, *ईस्ट इंडिया कम्पनी की हिन्दी नीति,* हिन्दी प्रचारक संस्थान, वाराणसी, 1984
86. लक्ष्मीकान्त (संकलनकर्ता), *हिन्दी भाषा आन्दोलन,* हिन्दी साहित्य सम्मेलन, प्रयाग, 1963
87. लक्ष्मीकान्त (सम्पा.), *हिन्दी आन्दोलन,* हिन्दी साहित्य सम्मेलन प्रयाग, 1964
88. लाल, श्रीकृष्ण, (सम्पा.), *श्रीनिवास ग्रन्थावली,* नागरी प्रचारिणी सभा, 1953
89. लाल, श्रीकृष्ण, (सम्पा.), *जगमोहन ठाकुर सिंह,* नागरी प्रचारिणी सभा, काशी, 1953
90. वर्मा, निर्मल, *साहित्य का आत्म-सत्य,* भारतीय ज्ञानपीठ, नई दिल्ली, 2010
91. वर्मा, रामकुमार, *हिन्दी साहित्य का आलोचनात्मक इतिहास,* लोकभारती प्रकाशन, इलाहाबाद, 2010
92. वशिष्ठ, बृज किशोर (सम्पा.), बालमुकुन्द गुप्त, *उर्दू-हिन्दी समाचार-पत्रों का इतिहास,* स्वराज प्रकाशन, नई दिल्ली, 2010
93. वाजपेयी, पंडित ओंकारनाथ, *कन्या सदाचार,* प्रयाग, 1915
94. वाजपेयी, पंडित ओंकारनाथ, *लक्ष्मी,* प्रयाग,1917
95. वार्ष्णेय, लक्ष्मीसागर, *उन्नीसवीं शताब्दी,* साहित्य भवन प्रा. लि., इलाहाबाद, 1963
96. विलियम, स्लीमेन हेनरी, राय राजेन्द्र चन्द्रकान्त (अनु.), *स्लीमेन की अवध डायरी,* विभा प्रकाशन इलाहाबाद, 2016
97. वोल्सटनक्राफ़्ट, मेरी, अनु. मीनाक्षी, *स्त्री-अधिकारों की औचित्य साधना,* राजकमल प्रकाशन, दिल्ली, 2003
98. शर्मा, पंडित मणिराम, *आदर्श परिवार,* प्रयाग,1917
99. शर्मा, पंडित मणिराम, *सरला,* प्रयाग, 1918
100. शर्मा, महता लज्जाराम, *हिन्दू गृहस्थ,* वेंकटेश्वर यंत्रालय, बम्बई,1909

101. शर्मा, रामविलास, *भारतेन्दु हरिश्चन्द्र और नवजागरण की समस्याएँ,* राजकमल प्रकाशन, दिल्ली, 1953
102. शर्मा, रामविलास, *भारत में अंग्रेज़ी राज और मार्क्सवाद (भाग-1),* राजकमल प्रकाशन, नई दिल्ली, 1982
103. शर्मा, रामविलास, *भारत में अंग्रेज़ी राज और मार्क्सवाद (भाग-2),* राजकमल प्रकाशन, नई दिल्ली,1982
104. शर्मा, रामविलास, *भाषा साहित्य और जातीयता,* सं. विजय मोहन शर्मा और वेद प्रकाश, किताब घर, नई दिल्ली, 2012
105. शर्मा, रामविलास, *इतिहास दर्शन,* वाणी प्रकाशन, नई दिल्ली, 1995
106. शर्मा, रामविलास, *हिन्दी जाति का साहित्य,* राजपाल एंड संस, दिल्ली, 1992
107. शर्मा, रामविलास, *भारतीय साहित्य के इतिहास की समस्याएँ,* वाणी प्रकाशन, नई दिल्ली, 1986
108. शर्मा, रामविलास, *प्रेमचन्द और उनका युग,* राजकमल प्रकाशन, नई दिल्ली, 1993
109. शर्मा, रामविलास, *भारतेंदु और हिन्दी नवजागरण की समस्याएँ,* राजकमल प्रकाशन, नई दिल्ली, 1953
110. शर्मा, रामविलास, *प्रेमचन्द,* राधाकृष्ण, नई दिल्ली, 1941
111. शर्मा, रामविलास, *भाषा और समाज,* राजकमल प्रकाशन, नई दिल्ली, 1989
112. शर्मा, रामविलास, *सन् सत्तावन की राज्यक्रान्ति और मार्क्सवाद,* लोकभारती प्रकाशन, इलाहाबाद, 1990
113. शर्मा, रामविलास, *भारतीय नवजागरण और यूरोप,* हिन्दी माध्यम कार्यान्वयन निदेशालय दिल्ली विश्वविद्यालय, 1996
114. शर्मा, रामविलास, *महावीरप्रसाद द्विवेदी और हिन्दी नवजागरण,* राजकमल प्रकाशन, नई दिल्ली, 1977
115. शर्मा, रामविलास, *भारतीय साहित्य की भूमिका,* राजकमल प्रकाशन, नई दिल्ली, 1996
116. शर्मा, रामविलास, *परम्परा का मूल्यांकन,* राजकमल प्रकाशन, नई दिल्ली, 1981
117. शर्मा, रामविलास, *पश्चिमी एशिया और ऋग्वेद,* हिन्दी माध्यम कार्यान्वयन निदेशालय दिल्ली विश्वविद्यालय, 1994
118. शर्मा, रामविलास, *भारतीय सौन्दर्यबोध और तुलसीदास,* साहित्य अकादेमी, नई दिल्ली, 2001
119. शर्मा, रामविलास, *मार्क्स त्रोत्स्की और एशियाई समाज,* लोकभारती प्रकाशक, इलाहाबाद, 2007
120. शर्मा, रामविलास, *संगीत का इतिहास और भारतीय नवजागरण की समस्याएँ* (प्रस्तुति—विनय मोहन शर्मा), वाणी प्रकाशन, नई दिल्ली, 2010
121. शाहजादाराम, म., *पुत्री शिक्षक,* लाहौर, 1921
122. शिशिर, कर्मेन्दु (सम्पा.), *भारतेन्दु-मंडल के प्रमुख रचनाकार राधाचरण गोस्वामी की चुनी रचनाएँ,* परिमल प्रकाशन, इलाहाबाद, 1990

123. शुक्ल, आचार्य रामचन्द्र, *श्री राधाकृष्णदास,* नागरी प्रचारिणी सभा, वाराणसी, 1986
124. *श्रीमद् भागवत गीता,* गीता प्रेस, गोरखपुर, 2012
125. श्रीमती सत्यदेवी मैया, *मारवाड़ी महिलाएँ और पर्दा,* बम्बई 1931
126. श्रीमती रानी साहिबा, *वनिता बुद्धि विलास,* प्रयाग, 1913
127. Shriniwas, M. N., *Social change in Modern India,* Orient Longman, New Delhi, 1972
128. श्रीवास्तव, हरिशंकर, *मुग़ल शासन प्रणाली,* वाणी प्रकाशन, नई दिल्ली, 1978
129. Sarkar, Sumit, *Modern India,* Mcmillan, Delhi, 1983
130. सहाय, शिवपूजन, *राष्ट्रभाषा और हिन्दी,* स्मारक न्यास, पटना, 1993
131. सहाय, श्रीयुत मुंशी बैजनाथ, *कन्या कौमुदी,* प्रयाग, 1913
132. सिंह, धीरेन्द्रनाथ, *आधुनिक हिन्दी के विकास में खड्गविलास प्रेस की भूमिका,* बिहार राष्ट्रभाषा परिषद, पटना, 1986
133. सिंह, धीरेन्द्रनाथ *हिन्दी पत्रकारिता,* विश्वविद्यालय प्रकाशन, वाराणसी, 2003
134. सिंह, नामवर (प्र. सम्पा.), नवल नन्दकिशोर (सम्पा.), *रामावतार शर्मा,* नेशनल बुक ट्रस्ट, इंडिया, नई दिल्ली, 1999
135. सिंह, नामवर (प्र. सम्पा.), नवल नन्दकिशोर (सम्पा.), *रामावतार शर्मा प्रतिनिधि संकलन,* नेशनल बुक ट्रस्ट, इंडिया, दिल्ली, 1998
136. 'सुमन', क्षेमचन्द्र, *हिन्दी के यशस्वी पत्रकार,* प्रकाशन विभाग, सूचना और प्रसारण मंत्रालय, भारत सरकार, दिल्ली, 1986
137. हबीब, इरफान, नरेश नदीन (अनु.), *मध्यकालीन भारत का आर्थिक इतिहास एक सर्वेक्षण,* राजकमल प्रकाशन, नई दिल्ली,2001
138. हसन, मोईनुद्दीन, हक अब्दुल,(अनु.), *गदर 1857,* हिन्दी माध्यम कार्यान्वयन निदेशालय, दिल्ली विश्वविद्यालय, 1999
139. हुसैन, एहतेशाम, *उर्दू साहित्य का आलोचनात्मक इतिहास,* लोकभारती प्रकाशन, इलाहाबाद, 2008
140. त्रिपाठी, गंगानारायण, *हिन्दी पत्रकारिता और गद्यशैली का विकास,* शान्ति प्रकाशन, इलाहाबाद, 1991
141. त्रिपाठी, शास्त्री रामप्रताप, *उपनिषदों की कहानियाँ,* लोकभारती प्रकाशन, इलाहाबाद, 2010
142. त्रिपाठी, शीतला प्रसाद, सिंह धीरेन्द्रनाथ,(सम्पा.), *जानकी मंगल नाटक,* नागरी प्रचारिणी सभा, 1969
143. त्रिपाठी, हरिहरनाथ, *भारतीय विचारधारा,* नन्दकिशोर एंड संस, वाराणसी, 1961

✪✪✪